BLUE BOOK

Annual Report on
China's Educational Equipment Industry

中国教育装备行业
蓝皮书

（2019版）

中国教育装备行业协会

王　富　主编

图书在版编目（CIP）数据

中国教育装备行业蓝皮书：2019 版 / 王富主编 .—北京：知识产权出版社，2019.12

ISBN 978-7-5130-6667-9

Ⅰ . ①中… Ⅱ . ①王… Ⅲ . ①教学设备—研究报告—中国—2019 Ⅳ . ① G484

中国版本图书馆 CIP 数据核字 (2019) 第 276533 号

责任编辑：石陇辉	责任校对：谷　洋
封面设计：智兴设计室·索晓青	责任印制：刘译文

中国教育装备行业蓝皮书（2019版）

王　富　主编

出版发行：知识产权出版社 有限责任公司	网　　址：http：//www.ipph.cn
社　　址：北京市海淀区气象路 50 号院	邮　　编：100081
责编电话：010-82000860 转 8175	责编邮箱：shilonghui2009@163.com
发行电话：010-82000860 转 8101/8102	发行传真：010-82000893/82005070/82000270
印　　刷：三河市国英印务有限公司	经　　销：各大网上书店、新华书店及相关专业书店
开　　本：720mm×1000mm　1/16	印　　张：31
版　　次：2019 年 12 月第 1 版	印　　次：2019 年 12 月第 1 次印刷
字　　数：500 千字	定　　价：139.00 元

ISBN 978-7-5130-6667-9

《中国教育装备行业蓝皮书（2019版）》

编委会

主　编

王　富

副主编

夏国明　李兴植

编　委

（按姓氏笔画排序）

王　富　王　瀛　朱俊英　李兴植　李梦莹

夏国明　崔　峣　景维华　鲍亚培

序　言

党的十八大以来，在以习近平同志为核心的党中央坚强领导下，在习近平总书记关于教育工作的重要论述指引下，教育战线继往开来、开拓进取，全面深化综合改革，我国教育事业取得历史性成就、发生历史性变革，实现了全方位、系统性的整体提升。

党的十九大确立了习近平新时代中国特色社会主义思想的历史地位，开启了全面建设社会主义现代化国家的新征程。在全国教育大会上，习近平总书记发表重要讲话，强调培养什么人是教育的首要问题。我国是中国共产党领导的社会主义国家，这就决定了我们的教育必须把培养社会主义建设者和接班人作为根本任务，要培养一代又一代拥护中国共产党领导和我国社会主义制度、立志为中国特色社会主义奋斗终身的有用人才。

坚持以人为本、全面发展素质教育是教育改革发展的战略主题，是贯彻党的教育方针的时代要求，其核心是培养及怎样培养社会主义建设者和接班人的重大问题。当前，我国教育进入提高质量、优化结构、推进公平的新阶段，确保包容、公平和有质量的教育，促进全民享有终身学习机会，成为教育发展的新目标。教育与经济社会发展的结合更加紧密，以学习者为中心，注重能力培养，促进人的全面发展，全民学习、终身学习、个性化学习的理念日益深入人心。教育模式、教育形态、教育内容和学习方式正在发生深刻变革，教育治理呈现出多方合作、广泛参与的特点。我们要准确把握、全面贯彻习近平新时代中国特色社会主义思想和党的十九大精神，以时不我待、只争朝夕的精神，全面开创教育改革发展新局面。

教育装备是教育的重要组成部分，是教书育人的必要条件，是实现教育现代化的重要支撑，是培养学生创新精神和实践能力、促进学生全面发展的重要物质基础。近年来，迅猛发展的信息技术，丰富了教育装备的品种，优化了教育装备的结构，极大地提升了教育装备的品质。以云计算、物联网、虚拟现实、大数据及人二智能等为代表的新兴信息技术在教育中的应用，促进了教育模式、教学方法和办学方式的转变。加强教育装备工作是推进均衡发展、促进教育公平的重要内容，成为提高教育质量的重要保障，成为构建泛在学习环境、实施终身学习的必要条件，成为教育事业贯彻创新驱动战略、迈向世界先进水平的关键举措。

教育装备行业贯彻创新、协调、绿色、开放、共享的发展理念，逐步建立与教育改革发展相适应、与学生发展核心素养相协调、与国家课程标准相匹配的教育装备和管理体系，形成政府、社会组织、学校、科研机构、企业等多方深度参与、相互促进的教育装备发展格局。

中国教育装备行业协会在促进教育装备行业科学发展中发挥了重要作用：注重行业理论建设，成立教育装备研究院，开展横向、纵向课题研究，促进行业人才培养和学科建设；开展行业调查、数据统计，研究行业发展与改革中存在的经济、社会问题，推动行业大数据建立；举办品牌展会和特色论坛，以展带会，以会促展，搭建展示、交流、合作、发展的服务平台；制定并监督执行行业规约，选拔和树立诚信典型，构建行业信用体系；积极参与制定国家标准、行业标准、团体标准，建立行业准入和监管机制，形成公平有序的市场环境；开展实验教学交流活动、校园阅读活动、新产品鉴定及推广应用活动，促进教育装备与教育教学的深度融合；引导会员自觉履行社会责任，积极参与社会公益活动，树立良好社会形象，发展行业和社会公益事业。

是为序。

第十届全国人大常委会委员

原国家教委副主任

原国家总督学

柳斌

2018年10月

主编的话

2018年恰逢改革开放40周年。40年间，在党中央、国务院的领导下，我国教育实现了跨越式发展，取得了全方位成就和世界性影响。经过教育工作者的不懈奋斗，我国教育体系不断完善，受教育渠道大幅拓宽；教育公平不断加强，教育均衡持续优化；人才培养和科技供给水平逐步提高，教育贡献力不断增强；教育总体发展水平跃居世界中上行列，业已成为全球规模最大、发展速度最快、发展潜力最大、特色最为鲜明的教育体系。在40年砥砺前行的过程中，教育装备战线为教育事业发展提供了坚实的物质保障，逐步形成了创新、协调、绿色、开放、共享的行业发展理念，逐步建立了与教育改革相适应、与学生发展核心素养相协调、与国家课程标准相匹配的产业和管理体系，形成了政府、社会组织、学校、科研机构、企业等多方深度参与、相互促进的发展格局。

对于教育事业而言，2018年是继往开来、全面实施"奋进之笔"的进取之年。这一年，教育系统贯彻落实习近平新时代中国特色社会主义思想和党的十九大精神，坚持党对教育工作的领导，系统推进立德树人和素质教育；聚焦人民群众之关切，完善公共教育服务体系；促进高等教育内涵式发展，提升教育贡献力；推进教育改革向纵深发展，激发教育事业活力；加强教师队伍建设，促进教师素质和专业化提升；夯实教育事业基础，落实教育投入责任。

2018年更是教育事业迈入历史新征程之年。继2010年后，党中央召开了改革开放以来第五次、新时代第一次全国教育大会。习近平总书记在会上发表重要讲话，从新时代坚持和发展中国特色社会主义的战略高度，深刻阐明了教育在党和国家工作大局中的战略地位。在讲话中，习近平总书记态度鲜明地指出，要坚持把立德树人作为教育根本任务，以"六个下功夫"凝练总结出社会主义建设者和接班人所应具备的基本素质和精神状态，用"九个坚持"科学回答了教育的根本性问题，为教育工作指明了前进方向，提供了根本遵循。

新时代，教育装备战线将继续为教育事业发展保驾护航，加强教育装备工作已成为推进均衡发展、促进教育公平的重要内容，成为提高教育质量的重要保障，成为构建泛在学习环境、实施终身学习的必要条件，成为教育事业贯彻创新驱动发展战略、迈向世界先进水平的关键举措。作为我国教育装备行业的重要成员，中国教育装备行业协会将继续发挥纽带和桥梁作用，以行业理论研究、团体标准建设、信用体系构建、品牌展会组织、国际交流合作、扶贫公益活动等工作为抓手，积极引领、推动行业科学发展，为加快推进教育现代化、建设教育强国、办好人民满意的教育提供支持，为决胜全面建成小康社会、实现中华民族伟大复兴的中国梦做出新的更大贡献。

《中国教育装备行业蓝皮书》由中国教育装备行业协会按年度组织编撰。2019版的编撰工作主要有以下几点变化：一是加强了研究的原创性，报告内容均由中国教育装备行业协会教育装备研究院及其特约研究员执笔；二是提升了内容的可视化水平，改单色印刷为双色印刷，绘制大量数据图表和信息图示辅助说明；三是优化了全书的内容板块，将文章整合至"发展报告""专题报告"两大模块之中，使结构层级简明化。通过上述调整，我们力求以更明晰的形式呈现教育装备行业的年度发展历程，以更全面的视角反映我们对行业发展趋势的观察和思考。

2019版蓝皮书的发展报告由针对全行业发展情况的总报告和针对不同教育层级（幼儿教育、基础教育、职业教育、高等教育）装备的四篇子报告组成，旨在对我国教育装备行业发展的年度宏观环境、政策法规导向、重要事件节点等予以全方位记录与解析，提出发现与观点。专题报告则侧重通过多样化视角对行业的不同领域和最新趋势予以立体呈现，其中既有针对特定品类装备年度发展的深入述评（如学校体育、后勤、STEM等），又有针对特定类别行业数据的专题解读（如知识产权、投融资、招标采购等）；既有针对装备应用及融合创新的实证研究（如信息化教学行为、信息化优秀试点案例等），又有针对行业热点及未来发展趋势的学术探讨（如学校照明环境、深度学习、智慧教育等）。

本书在编撰过程中得到了教育部基础教育司和发展规划司的指导和支持，也得到了地方教育装备管理部门、地方教育装备行业协会、相关科研单位、行业企业等的帮助，在此表示衷心的感谢。最后，对参与撰稿、审稿工作的专家致以诚挚的敬意，感谢你们为本书付出的辛勤劳动。

中国教育装备行业协会　会长

教育装备研究院　院长

王富

2019年10月 于北京

目　录

发展报告

专题报告

附录

发展报告

中国教育装备行业2018年度发展报告

中国教育装备行业协会教育装备研究院

2018年是贯彻党的十九大精神的开局之年，是改革开放40周年，是决胜全面建成小康社会、实施"十三五"规划承上启下的关键一年。这一年中，新时代第一次全国教育大会胜利召开，教育系统在党中央、国务院领导下，贯彻落实习近平新时代中国特色社会主义思想和党的十九大精神，聚焦人民群众的"关切题"，瞄准基础教育学生减负、大班额消除、校外培训整治、儿童青少年体质健康水平提升、高等教育内涵式发展等教育改革发展过程中的"硬骨头"，努力写好新时代教育的"奋进之笔"。

作为教育事业的重要组成部分，教育装备战线于2018年围绕书写"奋进之笔"的工作部署，继续为各级课程教学改革和创新人才培养提供支撑，为推进教育公平和优质均衡提供保障。这一年中，教育装备战线通过标准体系的完善与推广，推动教育装备品质全面提高；通过优秀案例的遴选与宣传，促进教师装备应用能力全面增强；通过学校视觉环境、体育场馆器械、图书馆等基础装备的优化与升级，助力学生综合素养和体质健康水平全面提升；通过宽带网络校校通、优质资源班班通、网络学习空间人人通工作的深化与攻坚，推进教育信息化基础设施全面覆盖；通过国家教育资源公共服务平台、教育管理公共服务平台的建设与应用，加快信息化教育资源全面共享；通过教育信息化2.0建设任务的提出与部署，开启信息技术与教育实践全面融合。

本报告中，我们将以教育规模、教育投入、办学条件等基础数据为依托，全景描摹教育装备行业所处的宏观环境；以国家政策、法律法规、标准规范等官方文件为根据，专题解读教育装备行业需知的发展导向；以政府工作、行业实践、相关活动等为线索，全面呈现教育装备行业走过的重要节点。最后，我们将从人口变化、教育均衡化、体育与健康、知识产权等方面，阐述对行业发展的观察与思考，供广大教育装备及相关行业工作者参考。

一、行业相关数据解读

（一）各类教育规模

2018年，我国教育总体规模有所扩增，有各级各类学校51.88万所，各级各类学历教育在校生2.76亿人，各级各类学校专任教师1672.85万人；反映教育规模的3项核心指标自2016年起连续三年保持增长（见图1）。

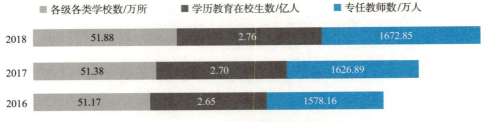

图1　2016~2018年我国教育规模变化

（1）学前教育

2018年，全国共有幼儿园26.67万所，比上年增加1.17万所，增长4.60%。学前教育入园幼儿1863.91万人，比上年减少74.04万人，下降3.82%；在园幼儿4656.42万人，比上年增加56.28万人，增长1.22%。幼儿园教职工453.15万人，比上年增加33.86万人，增长8.08%；专任教师258.14万人，比上年增加14.92万人，增长6.14%。学前教育毛入园率达到81.7%，比上年提高2.1个百分点，距离2020年学前三年毛入园率85%的目标达成还差3.3个百分点。

学前教育的各项数据中，入园幼儿人数的减少值得关注。在毛入园率持续提升的前提下，2018年继2016年后，成为近10年来我国第二个入园幼儿数同比减少的年份（见图2）。

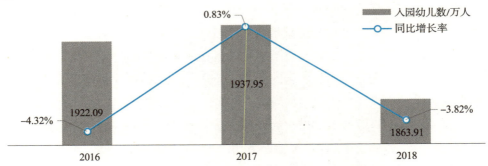

图2　2016~2018年我国学前教育入园幼儿数变化情况

（2）义务教育

2018年，全国共有义务教育阶段学校21.38万所，招生3469.89万人，在校生1.50亿人，专任教师973.09万人，九年义务教育巩固率94.2%。

义务教育阶段学校数较上年减少0.51万所，延续了自2001年以来的下降趋势。2009~2018年的10年间，这一数字下降达36.46%。学校总数的减少与学龄人口总数变化、人口城乡流动及2001年起实施的"撤点并校"政策有关。然而，从在校生人数变化情况可以观察到，2009年以来，义务教育阶段在校生人数由1.55亿人降至2013

年、2014年的最低点1.38亿人后，便呈现回升趋势，2018年在校生数较2009年仅减少3.23%，远低于学校数降幅（见图3）。

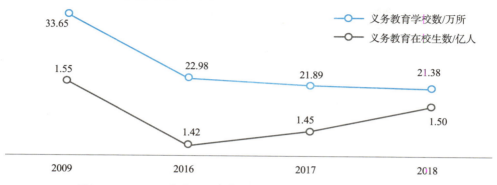

图3　2009~2018年我国义务教育阶段学校数、在校生数变化情况

学龄人口波动和学校数量变化不同步所导致的学校规模及班额过大问题已引发社会的广泛关注。近年来，国家不断加大在化解义务教育"大班额"方面的工作力度，2018年大班额、超大班额数量比2017年分别减少了18.9%和48.7%，为近10年来最大降幅。另外，义务教育阶段专任教师数总体呈现增长趋势，2018年较2009年增长6.33%，未随学校数减少而下降。专任教师人数的增加使我国义务教育阶段生师比基本保持稳定，在一定程度上缓解了校均人数增长所带来的压力。

（3）高中阶段教育

2018年，全国高中阶段教育共有学校2.43万所，比上年减少298所，下降1.21%；招生1349.76万人，比上年减少32.73万人，下降2.37%；在校学生3934.67万人，比上年减少36.32万人，下降0.91%。高中阶段毛入学率88.8%，比上年提高0.5个百分点。

高中阶段教育由普通高中、成人高中、中等职业教育学校（包括普通中专、职业高中、技工学校、成人中专）组成。随着学龄人口的减少，我国高中阶段教育总体规模逐渐缩小，2018年高中阶段学校数较2009年减少17.91%，在校生数减少15.29%。

然而，高中教育阶段的三类学校及其在校生数变化幅度却存在显著差异：普通高中学校数及在校生数下降最少（较2009年分别下降5.96%和2.42%），且近三年来有小幅回升；中等职业教育学校下降较多，学校数与在校生数分别较2009年下降28.20%和29.31%；成人高中学校数与在校生数下降最多（较2009年分别下降52.99%和64.86%）。

我国高中阶段教育结构也由此产生变化：2009年普通高中教育与中等职业教育规模相当；而9年后的2018年，普通高中教育在校生人数占比已超六成，中等职业教育在校生则不足四成（见图4）。

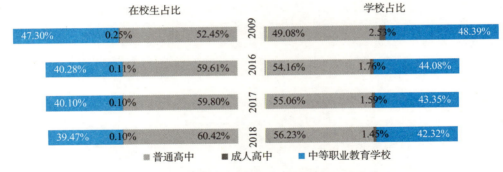

图4　2009~2018年我国高中阶段教育结构变化情况

　　与义务教育阶段情况相似，高中教育阶段的生师比并未因学校数量减少而受到影响。2016~2018年的数据表明，高中教育阶段的生师比不断改善：普通高中生师比由13.65:1下降至13.10:1，中等职业教育生师比由20.47:1下降至19.10:1。

　　（4）高等教育

　　2018年，全国各类高等教育在学总规模3833万人。全国共有普通高等学校2663所（含独立学院265所），比上年增加32所，增长1.22%。其中，本科院校1245所，比上年增加2所；高职（专科）院校1418所，比上年增加30所。全国共有成人高等学校277所，比上年减少5所；研究生培养机构815个，其中，普通高校580个，科研机构235个。普通高等学校校均规模10605人，其中，本科院校14896人，高职（专科）院校6837人。

　　我国高等教育总体规模不断扩增，在学规模多年排名世界第一，2018年毛入学率已达48.1%，距高等教育普及化阶段（毛入学率达到50%）仅一步之遥。在规模逐年递增的同时，我国高等教育的综合实力也有较大提升。2018年"QS高等教育体系实力排行"中，我国位列美国、英国、澳大利亚、德国、加拿大、法国、荷兰之后，排名第八。需要指出的是，此排名在计算时给予"总量"的权重较大；若从本国高等教育在学规模与本国顶尖大学数量（入围"QS世界大学排名"学校数，见图5）的比值角度衡量，我国仍处于相对落后的位次。

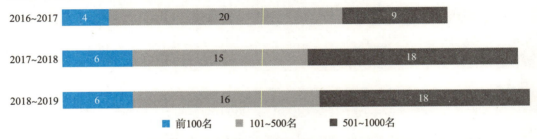

图5　2016~2019年我国高等教育学校入围"QS世界大学排名"情况（单位：所）

　　普通本科和普通专科（高职）是我国高等教育体系的主体，其在校生占高等教育在学规模的近3/4。鉴于二者的学制时长不同，我们可从其招生数变化进行考察，了解我国高等教育的结构变化。2018年普通专科招生数与普通本科招生数的比值为1:1.14。近10年该比值总体呈小幅下降（近三年略有回升），说明普通本科教育招生总体处于走强趋势（见图6）。

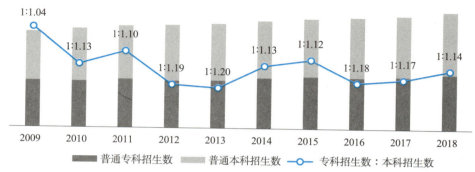

图6　2009~2018年普通本科与普通专科招生情况变化

（5）民办学历教育

2018年，全国共有各级各类民办学校18.35万所，比上年增加5815所，占全国各级各类学校比重的35.36%；招生1779.75万人，比上年增加57.89万人，增长3.36%；各类教育在校生5378.21万人，比上年增加257.74万人，增长5.03%。

从在校生规模结构看，学前教育仍是民办教育的绝对主体，其次是普通小学、普通本专科及初中，高中阶段教育（普通高中、中等职业教育）民办教育占比最少（见图7）。

图7　2018年我国民办学历教育在校生规模结构

从近三年在校生规模变化情况看，各级各类民办教育均保持增长，但增长情况存在差异。幼儿园、普通高中、高等职业教育在校生增长整体放缓；小学、初中、中等职业教育、普通本科增速均有提升，其中初中和中等职业教育提升较快（见图8）。

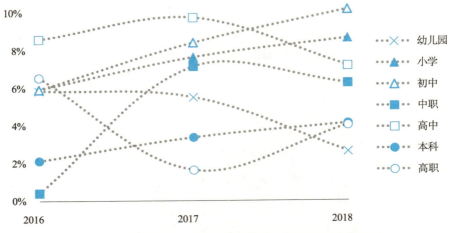

图8　2016~2018年各级各类民办学历教育在校生增幅变化

（6）特殊教育

2018年，全国共有特殊教育学校2152所，比上年增加45所，增长2.14%；特殊教育学校共有专任教师5.87万人，比上年增加0.27万人，增长4.78%。全国共招收各种形式的特殊教育学生12.35万人，比上年增加1.27万人，增长11.43%；在校生66.59万人，比上年增加8.71万人，增长15.05%。其中，附设特教班在校生3316人，占特殊教育在校生的0.50%；随班就读在校生32.91万人，占特殊教育在校生的49.41%；送教上门在校生11.64万人，占特殊教育在校生的17.48%。

（二）教育投入

2018年，全国教育经费总投入46135亿元，比上年增长8.39%。其中，国家财政性教育经费（主要包括一般公共预算安排的教育经费、政府性基金预算安排的教育经费、企业办学中的企业拨款、校办产业和社会服务收入用于教育的经费等）36990亿元，比上年增长8.13%。国家财政性教育经费支出占国内生产总值的4.11%（自2012年起连续第7年超过4%），处于联合国教科文组织《教育2030行动框架》提议的4%~6%范围之中，但仍低于4.7%的全球中位数（2015年）（见图9）。

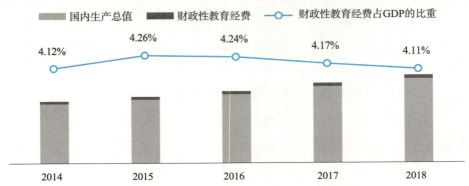

图9　2014~2018年国家财政性教育经费占国内生产总值（GDP）的比重变化

（1）各级各类教育经费

观察教育经费在各级教育间的分配情况可以得知：2018年学前教育经费投入增幅最大，职业教育（高等职业教育和中等职业教育）增幅最小；对比2016~2017年，2017~2018年仅中等职业教育和其他教育类经费投入同比增幅有所提升，其他各级教育经费投入增幅均有下降（见表1）。

表1 2017年、2018年各级教育经费总投入情况

教育层级	教育经费总投入			
	2017年/亿元	同比增长	2018年/亿元	同比增长
学前教育	3255	16.17%	3672	12.81%
义务教育	19358	9.97%	20858	7.75%
高中阶段教育（不含中职）	4318	9.82%	4721	9.33%
中等职业教育	2319	4.32%	2463	6.21%
高等教育（不含高职）	9086	9.71%	9863	8.55%
高等职业教育	2023	10.67%	2150	6.28%
其他	2198	0.14%	2408	9.55%

从各级教育生均教育经费支出情况来看：2018年普通高中生均教育经费支出增幅最大，义务教育阶段增幅最小；对比2016~2017年，2017~2018年各级教育生均教育经费支出同比增幅均有所下降（见图10）。

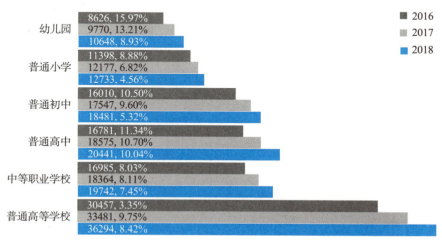

图10 2016~2018年各级教育生均经费支出额及同比变化情况（单位：元）

（2）居民教育支出

家庭教育支出是教育投入的重要组成部分。根据联合国教科文组织统计，在开展相关数据统计的国家中，教育总支出中由家庭负担的比例在高收入国家为15%，中等

收入国家为25%，低收入国家为32%；除欧盟和经合组织成员国外，在1/3以上的国家里，家庭负担份额占到总支出的30%以上。另外，家庭教育支出具有"刚需"属性，受经济周期影响相对较小。

目前，我国官方尚未发布有关家庭教育支出情况的统计数据。可供参考的是德勤研究在《中国教育发展报告2018》中引用的来自教育部口径的2006~2016年"城镇居民人均教育消费支出"数据。该数据显示，我国城镇居民在教育消费方面的意愿提升显著，人均教育消费支出的年复合增长率由2006~2010年的1.9%迅速提升至2010~2016年的13.5%。

在此数据基础上，我们按年增长率10%进行保守测算，得到2018年我国城镇居民人均教育消费支出为1710元；结合2018年城镇居民人数可知，2018年我国城镇居民教育消费支出总额为14214.18亿元，约为当年国家财政性教育经费投入总额的四成（见图11）。

图11　2013~2018年城镇居民人均消费支出、人均教育消费支出及比重关系

（3）资本市场投融资

2018年全球经济增长势头放缓，贸易摩擦加剧导致贸易增长速度回落，国际直接投资明显下降，大宗商品价格不断走低。国际金融市场走势出现分化，全球整体金融环境有所收紧，多数国家股市出现震荡下跌。"降杠杆""稳杠杆""防范化解金融市场风险"成为当年我国金融市场的关键词。由于教育行业天然的"抗周期"属性，教育资本市场（尤其是一级市场）热度在2018年不降反升，成为活跃资本的"避风港"。

1）一级市场情况

就一级市场来看，多份跟踪教育市场投融资情况的报告均指出，仅2018年上半年，行业投融资事件数及投资额即已超过2017年全年的数量；全年投融资事件数与投资总额创下历史新高。根据媒体报道，连同上市公司参与或接受的一级市场投资，2018年行业总融资事件579起，同比增长41%；披露金额的事件融资总额524亿元，同比增长88%（见图12）。

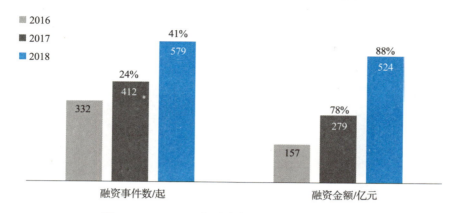

图12　2016~2018年融资事件数与融资金额情况

　　从细分领域看，语言教育、K-12培训、早幼教、素质教育、STEAM教育在一级市场上最受资本青睐。这些热点领域中，除语言教育和K-12培训已步入成熟期外，其他领域的有效商业模式多处于探索阶段，行业规范与标准仍有待明确，机会与风险并存，投资轮次也多集中于早期。

　　值得注意的是，虽然2018年行业投融资创下新高，但2018年上、下半年投融资热度变化较大。受二级市场波动及国家监管政策影响，下半年融资事件数和融资额显著下降，反映出投资方的风险偏好变化。

　　2）二级市场情况

　　就二级市场来看，2017~2018年教育行业动作频频，正在经历一波企业上市高峰。在市场准入门槛较高的A股，不断有教育企业通过重组或借壳方式入市。在港股和美股市场上，直接上市的教育类企业数量创历史新高：2018年有8家在港股上市，另有11家拟上市；有5家在美股上市，另有1家拟上市。

　　上市公司业绩表现方面，安信证券通过对A股以教育为主营业务的31家代表企业的年报研究发现，2018年其教育业务内生增速为30.62%，与2017年的32.70%相当（见图13）。考虑到2018年行业监管政策的密集出台，这一表现已算可圈可点。就细分领域内生增速来看，各领域排序依次为：职业教育（37.5%）、教育信息化（31.3%）、早幼教（24.06%）、K-12培训（12.81%）、高等教育（11.58%）。

　　股价表现方面，受年内监管政策密集出台影响，A股、港股、美股教育板块全面走弱，A股上市企业更同时受国内证券市场整体疲软拖累。截至2018年最后一个交易日收盘，A股追踪教育板块的多支券商教育主题指数均大幅跑输沪深300指数（后者年内跌幅25.3%）。美股、港股市场当年上市的教育类公司股价平均跌幅分别为35.9%和23.9%，2018年以前上市的公司平均跌幅分别为44.0%和24.5%（见表2）。

图13　2016~2018年A股教育行业代表企业财务指标变化

* 利润大幅下降的原因是相关公司计提大额商誉减值。

表2　美股、港股教育类上市公司2018年股价整体表现

市场	上市时间	企业数	年末收盘价比发行价/年初开盘价	平均涨跌幅
美股	2018年	5	−73.6%~27.8%	−35.9%
	2018年前	11	80.1%~10.6%	−44.0%
港股	2018年	8	−55.7%~2.1%	−23.9%
	2018年前	11	−82.1%~45.9%	−24.5%

3）教育科技投资

2018年，教育科技投资成为全球教育资本市场的亮点和热点，投资者对新一代教育与学习技术（包括在线教育、人工智能、移动学习、教育游戏等）表现出浓厚的兴趣。行业报告显示，2018年全球共有1087家教育科技公司取得投资，较2017年增长33%，融资总额163.4亿美元。凭借巨大的市场基数，2018年我国企业在教育科技领域的融资额首次超越美国成为世界第一。在融资额超2亿美元的12家教育科技公司中，有11家来自中国。

从行业细分领域来看，人工智能技术在教育中的应用备受资本青睐，共有29亿美元资金投向197家企业，用于开发基于人工智能的教育产品。在这一细分领域内，美国占有绝对优势，61.5%（17.8亿美元）的投资被102家美国公司斩获，中国企业仅获得3亿美元，占10.3%（见图14）。

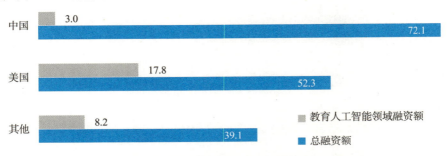

图14　2018年中国、美国及其他国家教育科技类企业融资情况（单位：亿美元）

（三）学校办学条件

（1）校舍建设

2018年，除高等教育阶段学校生均校舍建筑面积有小幅下降外，我国幼儿园、义务教育阶段学校、普通高中学校、中等职业教育学校生均校舍建筑面积均较2017年有所增长，其中幼儿园生均面积增幅最大（见图15）。与学生在校活动直接相关的生均教学及辅助用房面积的情况相同，除高等教育阶段同比有所下降外（-2.05%），其他各类学校均有上涨，以幼儿园涨幅最大，涨幅为9.07%。

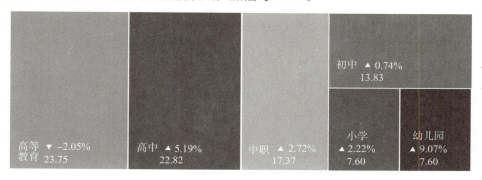

图15　2018年各类学校生均校舍建筑面积及同比增幅（单位：m²）

1）教室

教室是学生在校期间的主要学习场所。2018年我国各类学校生均教室面积仅高等教育阶段较前一年有所下降（-5.50%），其他类型学校均有0.25%（小学）~9.86%（幼儿园）的增长。教室数量方面，在以行政班为主要教学单位的小学至高中教育阶段学校中，每50名学生拥有普通教室（指可供行政班每班1间、固定使用的教室）数量变化情况如图16所示。总体来看，上述各类学校该项数据值均已接近或大于1.50，为消除50人以上"大班额"现象提供了基础设施保障。具体来看，义务教育阶段普通教室资源较高中教育阶段更为有限，且近三年基本未有增长。

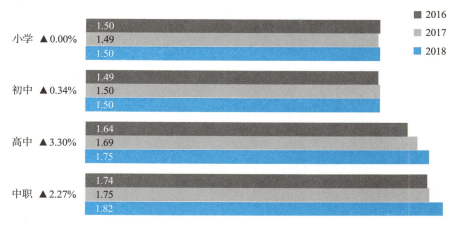

图16　2016~2018年各类学校每50名学生拥有普通教室数及年复合增长率（单位：间）

2）体育运动场（馆）

学校运动场所主要由运动场地和体育馆组成。运动场所总面积方面，2018年除中等职业教育学校较前一年有小幅下降（运动场地面积降幅为1.56%、体育馆面积降幅为0.25%）外，其他各类学校均有增长。生均面积方面：初中学校生均运动场地面积下降0.49%；高等学校生均运动场地面积下降1.45%，生均体育馆面积下降1.93%；其他类型学校的两项指标均有提升（见图17）。

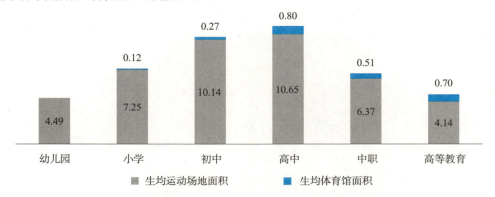

图17　2018年各类学校生均运动场地与生均体育馆面积（单位：m²）

2018年，中小学体育运动场（馆）面积达标率较2017年进一步提升，其中，小学提升3.70%至88.47%，初中提升2.22%至92.58%，高中提升0.63%至91.77%。值得注意的是，近年来各类学校明显加快了体育馆建设，体育馆面积增速显著高于运动场地（见图18）。

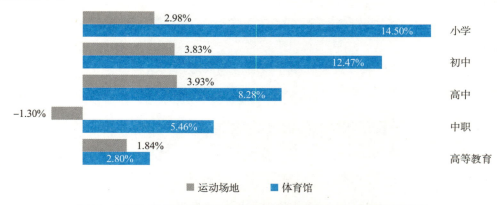

图18　2015~2018年各类学校运动场地与体育馆面积年复合增长率

3）功能性教学与辅助用房

功能性教学与辅助用房包括：幼儿园开展保育工作所需的活动室、保健室、图书室，小学至高中阶段学校的实验室、微机室、语音室、图书室，中等职业教育学校的实验室、实习场所、图书馆，以及高等教育学校的实验室、实习场所、专用科研用房、图书馆。

从以上房舍的面积变化情况看，2018年，除幼儿园活动室、保健室生均面积同比增速有大幅提升外，其他各类功能性教学与辅助用房的生均面积同比增速均呈下降趋势。其中，初中学校微机室、语音室，高中学校语音室，高等学校图书馆、实验室、实习场所的生均面积较2017年出现了下降（见表3）。

表3 2016~2018年各类学校功能性教学与辅助用房生均面积及同比变化趋势

学校类别	房舍类型	生均面积/m²				
		2016	2017	2018	2018同比	同比趋势
幼儿园	活动室	2.642	2.824	3.102	9.86%	
	保健室	0.135	0.142	0.150	6.01%	
	图书室	0.180	0.197	0.214	8.67%	
小学	实验室	0.234	0.251	0.262	4.40%	
	图书室	0.202	0.218	0.224	2.84%	
	微机室	0.158	0.171	0.176	2.69%	
	语音室	0.045	0.048	0.049	3.04%	
初中	实验室	0.831	0.867	0.882	1.66%	
	图书室	0.327	0.343	0.350	2.10%	
	微机室	0.248	0.252	0.251	−0.38%	
	语音室	0.085	0.086	0.084	−2.40%	
高中	实验室	1.329	1.383	1.442	4.31%	
	图书室	0.693	0.724	0.758	4.71%	
	微机室	0.323	0.336	0.346	2.95%	
	语音室	0.131	0.133	0.130	−2.12%	
中职	图书馆	0.560	0.557	0.569	2.13%	
	实验室、实习场所	3.229	3.366	3.577	6.29%	
高等	图书馆	1.281	1.297	1.261	−2.75%	
	实验室、实习场所	4.027	4.066	4.037	−0.70%	
	专用科研用房	0.559	0.612	0.627	2.44%	

4）行政办公及生活用房

2018年，除中等职业教育学校教职工人均行政办公用房面积稍有下降（同比−0.69%）外，其他各类学校均保持小幅增长，同比增幅在0.43%（初中学校）~1.63%（普通高中），教师办公空间小幅改善（见图19）。

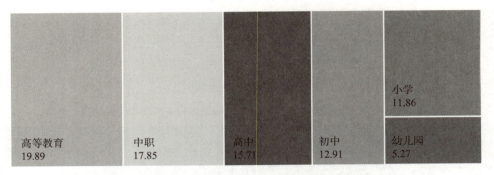

图19　2018年各类学校教职工人均行政办公用房面积（单位：m²）

学校生活用房主要包括学生/教工宿舍（公寓）、学生/教工食堂（幼儿园厨房）、厕所等；另外，从装备配置角度，幼儿园睡眠室也可归入此类。以下对宿舍/睡眠室和食堂/厨房两类主要学校生活用房情况予以考察。2018年，除中等职业教育学校宿舍、食堂总面积较2017年略有减少外，其他各类学校相关面积均有不同幅度增长，以幼儿园增幅最大（见图20）。高等教育学校宿舍总面积虽有上涨，但生均面积连续下降（由2015年的7.97m²降至7.78m²），值得关注。

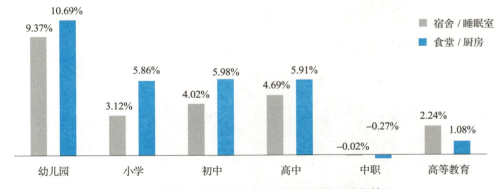

图20　2018年各类学校宿舍、食堂面积同比增长情况

5）安全监控系统

随着技术的快速发展，安全监控系统已普遍应用于全国各级各类学校，成为学校基础设施建设的组成部分，为校内安全管理工作提供支持。截至2018年底，超过90%的中小学校布设有安全监控系统且覆盖区域较为完善。校门和教学楼是监控覆盖比例最高的区域（见图21）。

（2）中小学学科教育装备配置

中小学学科教育装备主要包括义务教育和普通高中阶段体育、音乐、美术三门学科的教学器械、器材及理科/自然实验器材。2018年，全国义务教育及普通高中学校体育器械、音乐器材、美术器材、理科/自然实验仪器配备达标学校比例进一步提高，普遍达到较高水平（见图22）。其中：

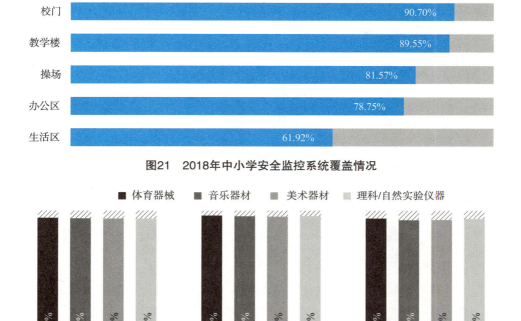

图21　2018年中小学安全监控系统覆盖情况

图22　2018年中小学学科教育装备配备达标学校占比

● 小学阶段连续快速提升，各学科装备配置达标率首次全部突破90%并超过普通高中；

● 普通初中稳步增长，各学科装备配置达标率自2017年全面超过普通高中后，连续两年居三类学校之首；

● 普通高中增速相对较慢，截至2018年，各学科装备配置达标率已被义务教育阶段学校反超。

（3）教育信息化建设

在技术革新的有效支撑和应用驱动下，在国家的大力投入和积极建设下，教育信息化基础设施不断改善，信息化教学与管理应用渐成常态，教育资源供给服务能力快速提升，企业和社会力量投身教育信息化积极性日益高涨。

1）网络建设

2018年，全国54%的区县、46%的地市和22%的省份建有教育城域网，学校层面的网络覆盖率和品质进一步提升（见图23）：

● 小学、初中、高中学校互联网接入比例接近100%，出口带宽100Mbit/s的学校占比55.4%；

● 有67.56%的小学、77.29%的初中和88.05%的普通高中学校建有校园网。普通高中建有校园网学校的比例虽连续两年微幅下降（共下降0.6个百分点），但仍明显高于义务教育阶段学校。

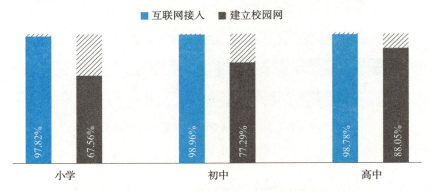

图23　2018年中小学接入互联网、建立校园网学校占比

2）网络多媒体教室

网络多媒体教室是实施信息化教学的基础设施和主要场所，全国各类学校网络多媒体教室占教室总数的比例呈上升趋势。小学、初中、高中、中等职业学校、高等教育学校网络多媒体教室占教室总数的比例分别为61.07%、66.92%、68.59%、49.52%、54.42%。在以行政班为主要教学单位的小学至高中教育阶段学校中，每50名学生拥有网络多媒体普通教室（指可供行政班每班1间、固定使用的网络多媒体教室）数量变化情况如图24所示。总体来看，除中职学校外，上述各类学校的该项数据值均已大于1.00，为50人以下班额信息化教学的常态化开展提供了基础保障。从增速来看，2016~2018年各类学校网络多媒体普通教室数增速均显著高于普通教室数增速，其中以小学增长最快，中等职业教育学校次之，普通高中、初中相对较慢。

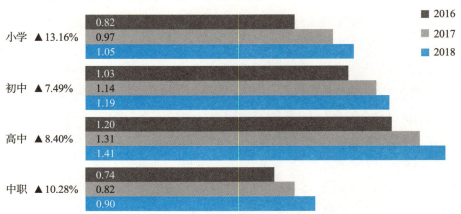

图24　2016~2018年各类学校每50名学生拥有网络多媒体普通教室数及年复合增长率（单位：间）

在数量增多的同时，网络多媒体教室配备水平也在逐步提升。2018年底，全国超过半数的普通中小学校建有基于交互式电子白板的多媒体教室（见图25）。

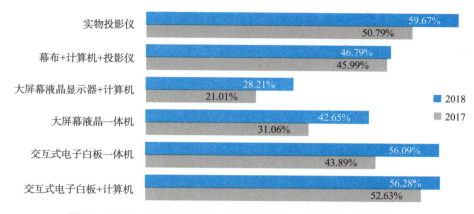

图25 2017、2018年普通中小学建有各类多媒体教室的学校占比

3）教学用终端设备

教学用终端设备是开展信息化教学的基础性硬件设备。2018年，除高等教育学校有微幅下降外，全国各类学校每100名学生拥有教学用计算机数均有所增长，其中，高中阶段同比增幅最大。总体来看，学龄层越高，生均教学用计算机拥有量越高（见图26）。

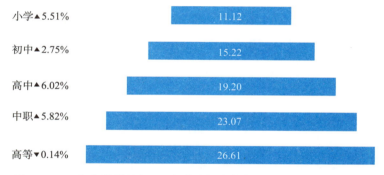

图26 2018年各类学校每100名学生拥有教学用计算机数及同比增幅

教学用计算机中的教学用平板电脑值得关注。相比传统的台式或笔记本计算机，平板电脑可移动性更强、交互更加方便，将成为未来课堂中重要的教育信息化终端。作为近年来新兴的计算设备，我国学校教学用平板电脑占教学用计算机总数的比例仍旧较低，2018年占比分别为小学5.70%、初中学校5.97%、普通高中学校7.19%、中等职业学校4.53%、高等教育学校1.46%。从每100名学生拥有教学用平板电脑数量看，普通高中最多，高等教育学校最少（见表4）。

表4 2016~2018年各类学校每100名学生拥有教学用平板电脑数量及增长情况

学校类别	每100名学生拥有教学用平板电脑数/台			
	2016	2017	2018	年复合增长率
小学	0.37	0.50	0.63	30.49%
初中	0.54	0.70	0.91	29.81%

续表

学校类别	每100名学生拥有教学用平板电脑数/台			
	2016	2017	2018	年复合增长率
高中	0.84	1.07	1.38	28.17%
中职	0.86	0.91	1.05	10.50%
高等教育	0.29	0.34	0.39	15.97%

可以观察到，虽然近年来各类学校教学用平板电脑数量保持了高速增长，但整体配置水平仍处于起步阶段，距常态化教学应用还有较长距离。

4）国家级教育信息化平台

国家数字化教育资源公共服务平台与教育管理公共服务平台旨在整合全国各级教育资源平台、管理平台，实现教育内容资源及政务信息的互通、衔接与开放，是连通信息化设施和教育实践的国家级公共服务体系，是教育信息化应用层的重要基础设施。目前，该体系已陆续接入19个省级平台、28个市级平台、26个区县级平台（见图27）。

图27　2018年国家级教育信息化平台建设情况

网络学习空间方面：截至2018年底，全国网络学习空间开通数量超过7900万个，其中国家教育资源公共服务平台开通教师空间1252万个、学生空间605万个、家长空间556万个、学校空间40万个。小学至高中阶段学校中，网络学习空间开通率为45.89%，教师和学生的开通率分别为61.95%和44.76%。

内容资源建设方面：截至2018年底，基础教育领域通过"一师一优课、一课一名师"活动形成生成性资源990万条，推荐省级优课22837堂，遴选部级优课10070堂；职业教育领域的专业教学资源库建成各类资源超过200万条，累计覆盖19个专业大类和69个二级类；高等教育领域认定1291门国家精品在线开放课程；另外，全国还建成249个继续教育数字化学习资源分中心，免费向全社会提供5.1万门高校课程。

教育管理信息化方面：2018年，国家教育管理公共服务平台已启动运行，全国中小学生学籍信息管理系统共采集2.46亿名学生信息，教师管理系统入库教职工数据1635万人（2018年内教师信息更新率超40%）。职业教育领域的全国职业教育数据采集与管理平台高职模块已投入使用，中职模块及中等职业学校管理信息系统等基础管理系统也已进入省校试点或建设阶段。

（4）教育装备相关固定资产值

国家教育统计中，教育装备固定资产值包括义务教育和普通高中学校的教学仪器设备资产值，中等职业教育学校的教学、实习仪器设备资产值，高等教育学校的教学、科研仪器设备资产值及信息化设备资产值，是反映学校教育装备总体投入情况的重要指标。

近年来，各类学校的上述固定资产值增长较快，但同比增速均呈下降趋势。从2016~2018年各项固定资产值的年复合增长率来看，小学阶段生均教学仪器设备资产值增长最快（年化13.90%），高等教育学校生均信息化设备资产值增长最慢（年化8.27%）。

中小学教学仪器设备资产值的子项"实验设备资产值"也呈增长趋势，但其生均值增速显著小于母项。2016~2018年的三年间，小学、初中、高中学校的生均实验设备资产值年复合增长率分别为9.00%、5.66%、7.53%，低于相应生均教学仪器设备资产值（小学、初中、高中分别为13.90%、10.47%、11.37%）的年化增长，说明近年来中小学教学仪器设备配备过程中实验仪器方面的投入力度相对较弱，其原因或与实验仪器配置达标率已达到较高水平有关（见表5）。

表5 2016~2018年各类学校教育装备类固定资产值及同比变化趋势

学校类别	指标	生均固定资产值/元				
		2016	2017	2018	2018同比	同比趋势
小学	教学仪器设备	1201	1405	1558	10.89%	
	其中：实验设备	250	277	297	7.16%	
初中	教学仪器设备	2010	2265	2453	8.30%	
	其中：实验设备	619	666	691	3.75%	
高中	教学仪器设备	3325	3729	4124	10.60%	
	其中：实验设备	1094	1182	1265	7.08%	
中职	教学、实习仪器设备	5695	6362	7123	11.96%	

续表

学校类别	指标	生均固定资产值/元				
		2016	2017	2018	2018同比	同比趋势
高等教育	教学、科研仪器设备	13204	14274	15216	6.61%	
	信息化设备	3664	4001	4295	7.34%	
	其中：信息化软件	664	790	918	16.18%	

二、政策法规环境分析

据统计，2018年中共中央、国务院，以及教育部和相关部委公开发布的政策性文件、标规性文件、制度性文件、事务性文件中，与教育装备事业发展密切相关的有109份。此外，年内还有多项教育装备相关团体标准和行业推荐性目录发布。

从109份文件所针对的学校类型看，面向义务教育阶段学校和普通高中（中小学）的最多（46份），其后依次是职业教育（14份）、学前教育（12份）、高等教育（10份），另外还有40份面向所有类型学校。

根据以上文件所涉工作内容，可归纳出14个主题类型[①]：涉及资源建设与应用主题的最多，共计29份；涉及教育信息化主题的其次，共计28份；其后是涉及体育与健康主题和安全与后勤事务管理主题的，分别有17份和15份；涉及文件数小于10份的主题类型依次是经费管理、校舍建设、赛事、思想教育与宣传、学生减负、学科装备配置、扶弱改薄、高校科研和教师发展；另有6份文件涉及主题范围较广，归为综合类（见图28）。

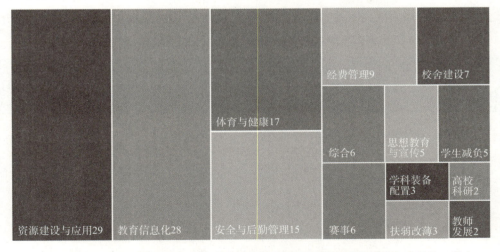

图28　2018年涉及教育装备事业的中央及部委文件主题类型及数量分布（单位：份）

---

① 统计中有同一文件涉及多种学校或主题类型的情况，故总数相加大于109份。

（一）教育信息化

教育信息化是2018年我国教育装备领域的一项核心工作，不但发布文件数量众多，更有《教育信息化2.0行动计划》这样的重要政策出台。

（1）教育信息化2.0

党的十八大以来，我国教育信息化建设成就显著，宽带网络校校通、优质资源班班通、网络学习空间人人通，国家教育资源公共服务平台和教育管理公共服务平台建设与应用快速推进，教师信息技术能力明显提升。从前文相关数据分析可以看出，教育信息化的基础条件建设和普及应用问题已基本得到解决。

在这一前提的基础上，教育部于2018年4月印发《教育信息化2.0行动计划》，标志着我国教育信息化建设工作步入新的阶段。教育信息化2.0旨在以"三通两平台"为基础，推动教育信息化的转段升级，全面提升教育信息化的整体目标和应用水平，使我国教育信息化步入国际先进行列，发挥全球引领作用（见图29）。

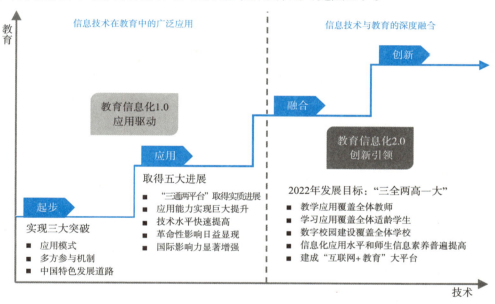

图29　教育信息化不同阶段比较

作为一项为期五年的教育信息化建设总规划，《教育信息化2.0行动计划》提出了"三全两高一大"的2022年发展目标和计划开展的八大行动（见表6），推动从教育专用资源向教育大资源转变、从提升师生信息技术应用能力向全面提升其信息素养转变、从融合应用向创新发展转变，努力构建"互联网+"条件下的人才培养新模式、发展基于互联网的教育服务新模式、探索信息时代教育治理新模式。

表6 《教育信息化2.0行动计划》八大行动

行动名称	具体要求
数字资源服务普及行动	建成国家教育资源公共服务体系 ● 国家枢纽和国家教育资源公共服务平台、32个省级体系全部连通 ● 数字教育资源实现开放共享，教育大资源开发利用机制全面形成
网络学习空间覆盖行动	规范网络学习空间建设与应用 ● 保障全体教师和适龄学生"人人有空间" ● 开展校长领导力和教师应用力培训 ● 普及推广网络学习空间应用，实现"人人用空间"
网络扶智工程攻坚行动	大力支持以"三区三州"为重点的深度贫困地区教育信息化发展 ● 促进教育公平和均衡发展，有效提升教育质量 ● 推进网络条件下的精准扶智 ● 服务国家脱贫攻坚战略部署
教育治理能力优化行动	完善教育管理信息化顶层设计 ● 全面提高利用大数据支撑保障教育管理、决策和公共服务的能力 ● 实现教育政务信息系统全面整合和政务信息资源开放共享
百区千校万课引领行动	结合教育信息化各类试点和"信息技术与教育深度融合示范培育推广计划"的实施 ● 认定百个典型区域、千所标杆学校、万堂示范课例 ● 汇聚优秀案例，推广典型经验
数字校园规范建设行动	● 通过试点探索利用宽带卫星实现边远地区学校互联网接入、利用信息化手段扩大优质教育资源覆盖面的有效途径 ● 全面推进各级各类学校数字校园建设与应用
智慧教育创新发展行动	● 以人工智能、大数据、物联网等新兴技术为基础，依托各类智能设备及网络，积极开展智慧教育创新研究和示范 ● 推动新技术支持下教育的模式变革和生态重构
信息素养全面提升行动	充分认识提升信息素养对于落实立德树人目标、培养创新人才的重要作用 ● 制定中小学生信息素养评价指标体系 ● 开展规模化测评 ● 实施有针对性的培养和培训

　　需要明确的是，"教育信息化2.0"是一个长期发展阶段，而《教育信息化2.0行动计划》是进入该阶段的第一个五年规划和先导措施。该行动计划是一项包括一揽子工作部署的系统工程，教育装备行业有关主体应对后续印发的一系列指导性或操作性配套文件保持关注，为教育信息化2.0时代的到来开路架桥。

　　（2）严禁有害APP进校园

　　2018年12月25日，教育部办公厅印发《关于严禁有害APP进入中小学校园的通知》，要求各地开展全面排查，要将涉嫌违法违规的APP、微信公众号报告当地网络信息管理和公安部门查处，要采用多种方式提醒家长慎重安装使用面向中小学生的APP（见图30）。该通知强调，各地要建立学习类APP进校园备案审查制度，学校首先要把好选用关，报上级教育主管部门备案审查同意。要建立健全日常监管制度，明确监管责任和办法，切实保障进入校园的APP安全健康、科学适宜。对违规使用、疏于管理并造成不良影响的教育行政部门、学校和教师要严肃问责。

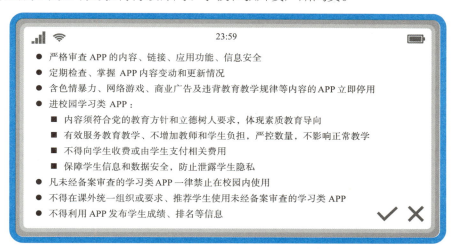

图30　《关于严禁有害APP进入中小学校园的通知》的部分要求

APP内容监管是教育信息化时代教育管理部门、学校面临的一项全新挑战。目前，关于学习类APP的内容要求、审查标准和监管办法仍不完善，尚缺乏成熟的管理机制。教育装备行业相关主体应深化研究并关注各地为落实上述通知要求而出台的具体措施，共同推进"互联网+教育"，发挥信息技术促进基础教育教学改革的有益作用。

（二）体育与健康

2018年9月10日，习近平总书记在全国教育大会上的讲话中提出"要树立健康第一的教育理念"，指明了学生健康在整个教育事业发展中的重要地位。贯彻"健康第一"的教育理念是一项系统性工程，需要政府、学校、社会的共同参与，需要硬件设施、课程人才、评价机制、社会环境的共同保障。

对教育装备事业而言，2018年国家发布的涉及教育装备事务的各类文件中有近两成与体育和健康议题相关，显示出体育与健康装备工作在整个教育装备事业中的重要地位。夯实学校体育基础，科学创设教育环境，为"开齐开足体育课"和学生在校健康学习提供过硬的硬件设施和安全保障，将成为未来一段时期内教育装备领域的重点工作。

（1）儿童青少年近视防控

防控儿童青少年近视是2018年党中央、国务院对教育战线的一项重大部署，是落实健康第一的教育理念的重要举措，对整个教育行业具有广泛影响。

2018年8月30日，针对我国儿童青少年近视率居高不下、不断攀升，近视低龄化、重度化日益严重的问题，教育部、国家卫生健康委员会、国家体育总局、财政部、人力资源和社会保障部、国家市场监督管理总局、国家新闻出版署、国家广播电视总局联合发布通知，印发《综合防控儿童青少年近视实施方案》。八部委联动充分体现了此项工作的重要性和复杂性。

《综合防控儿童青少年近视实施方案》明确了防控工作的短期和长期目标：到2023年，力争实现全国儿童青少年总体近视率在2018年的基础上每年降低0.5个百分点以上，近视高发省份每年降低1个百分点以上；到2030年，实现全国儿童青少年新发近视率明显下降，儿童青少年视力健康整体水平显著提升，6岁儿童近视率控制在3%左右，小学生近视率下降到38%以下，初中生近视率下降到60%以下，高中阶段学生近视率下降到70%以下，国家学生体质健康标准达标优秀率达25%以上。

该方案详细说明了家庭、学校、医疗卫生机构、学生、政府部门等有关各方在防控儿童青少年近视方面所应采取的具体行动，明确了各级人民政府在防控工作中的主体责任，提出了多项考核近视防控效果的措施（见图31）。

图31　《综合防控儿童青少年近视实施方案》相关主体及开展行动

（2）校园足球

2018年国家发布的涉及体育与健康装备的17份文件中，与青少年校园球类特色学校相关的数量最多（共8份）。具体内容包括：强化全国青少年校园足球特色学校建设质量管理与考核，2018~2025年青少年校园足球特色学校、试点县（区）创建，2018年"满天星"训练营遴选，设立全国青少年校园足球改革试验区，公布2018年校园网球、校园篮球特色学校名单等。

以国家体育总局和教育部联合下发《关于开展全国青少年校园足球活动的通知》为起点，2018年已是校园足球活动开展的第十个年头。十年来，党中央、国务院高度重视青少年校园足球的改革发展，习近平总书记多次做出重要指示批示，强调青少年足球事关长远，涉及基础，工作要抓细抓实。

据统计，针对校园足球工作，中央财政累计投入8.98亿元校园足球扶持基金，带动各地投入校园足球各类资金累计超过270亿元。截至2018年9月，全国各级各类学校共有校园足球场地120960块；全国38万所中小学中遴选认定校园足球特色学校24126所；设立地市级和省级校园足球改革试验区38个，认定135个校园足球试点县，建立47个校园足球"满天星"训练营；校园足球教练员培训基地培训超过30万人次（见图32）。推进校园足球工作已经有了一定的物质基础。

中央财政累计投入
8.98亿元

校园足球场地
120960块

校园足球特色学校
24126所

校园足球试验区
38个

图32 校园足球活动开展情况

（3）冬季体育项目

北京2022年冬奥会和冬残奥会（以下简称冬奥会）是我国的重大标志性活动，是展现国家形象、促进国家发展、振奋民族精神的重要契机，也是促进青少年冰雪运动普及发展的有效推动力。为助力冬奥会成功举办，在全国中小学生中传播奥林匹克知识、弘扬奥林匹克精神，加快推动青少年冰雪运动普及发展，教育部、国家体育总局会同北京冬奥组委共同制定了《北京2022年冬奥会和冬残奥会中小学生奥林匹克教育计划》，于2018年初发布。

针对学校日常教育教学、奥林匹克教育活动、学生国际交流、学生冬奥赛事活动、奥林匹克教育研究，该计划设定了五大工作目标和七大主要任务（见表7），要求以东北、华北和西北等北方地区为重点，积极推进各项冬季运动进校园工作，有条件的地区将冬季运动纳入学校体育课教学内容；同时要求其他地区积极参与该项工作，重点做好冬季奥林匹克知识宣传和奥林匹克教育，因地制宜开展冬季运动普及。该计划还从加强组织领导、加大支持力度、完善保障制度、协调统筹推进四方面进行了部署；在经费保障层面，要求各级教育部门加大投入力度，对奥林匹克教育、冬季体育项目给予倾斜，完善政府向社会力量购买公共服务机制。

表7 《北京2022年冬奥会和冬残奥会中小学生奥林匹克教育计划》主要任务

主要任务	具体要求
将奥林匹克教育纳入学校常规教育教学	● 通过综合实践活动课程、体育课程、德育活动等方式，将奥林匹克教育纳入全国中小学教育教学内容 ● 有条件的北方地区中小学开设冰雪项目运动课程，鼓励南方地区城市学校与冰雪场馆或冰雪运动俱乐部建立合作
开展冬奥教育文化活动	● 开展冬奥普及推广活动（冰雪运动进校园、冬奥宣讲团、体验学习、冬奥教育周、教育日、主题班会等） ● 组织学生参与赛会文化宣传活动及重要节点文化活动 ● 开展冬奥艺术活动（冬奥主题音乐节、戏剧节、征文、绘画、摄影、英语大赛、知识竞赛等活动）
开展冬季运动项目系列比赛活动	● 举办青少年冰雪冬令营、青少年公益冰雪系列等青少年冰雪普及活动 ● 鼓励学校与冰雪场馆、冰雪运动俱乐部、培训机构等合作开设冬季运动技能课程 ● 鼓励有条件的学校建立常态化校园冬季运动竞赛机制 ● 在特教学校开设适合残疾学生的冰雪或仿冰、仿雪运动项目课程
建设北京2022年冬奥会和冬残奥会奥林匹克教育示范学校、特色学校	● 鼓励开设冰雪运动特色学校，2020年全国达到2000所，2025年达到5000所 ● 分批次建设冬奥教育示范校，计划北京命名200所，河北200所，其他省、市、区各10所
开展冬奥交流活动	● 由北京市、河北省教育和体育部门组织与东北、华北、西北地区城市中小学生冰雪运动文化交流活动 ● 北京市、河北省教育和体育部门组织设立"同心结"学校，与各国家、地区的学校进行结对联系 ● 冬奥会期间，以初中学生为主体，由北京市、河北省教育和体育等有关部门组织学生参与奥林匹克青年营活动
组织冬奥教育课程资源研发	● 出版相关教学指南、知识读本、挂图、冬奥项目介绍等 ● 鼓励各地方开发冬季运动课程
加强冬奥教育研究	● 鼓励有条件的地方成立奥林匹克教育学院，组织专家学者开展冬奥教育研究，召开冬季奥林匹克教育国际论坛

（三）安全与后勤管理

2018年国家发布的涉及安全与后勤管理的文件数量相对较多。除关于加强校园人身财产安全保障的事务性通知外，还有以下几项工作值得关注。

（1）学校垃圾分类管理

《关于在学校推进生活垃圾分类管理工作的通知》由教育部办公厅、中共中央宣传部办公厅、国家发展改革委办公厅、环境保护部办公厅、住房和城乡建设部办公厅、国家机关事务管理局办公室六部门联合发布，是国务院办公厅《关于转发国家发展改革委住房和城乡建设部生活垃圾分类制度实施方案的通知》在教育系统的具体落实。

该通知要求各地教育部门和学校在当地人民政府的统一部署下，有序开展生活垃圾分类投放、收集、贮存工作和生活垃圾分类知识教育工作，提出到2020年底，各学校生活垃圾分类知识普及率达到100%。该通知特别提出要进一步做好实验室废弃物等其他垃圾处理工作：

● 加强教学和实验垃圾（特别是含有毒有害成分的垃圾）的分类处理，严格区分教学和实验中产生的普通垃圾和有毒有害垃圾。对后者要坚守安全红线、专人管理、重点监控、定时巡查，建立实验室危险废物管理计划。

● 做好实验室危险废物的源头分类，设立临时贮存场所，规范实验室废物分类收集、运送、贮存、交接及处置的相关要求。严格规范实验室危险废物贮存场所（设施）管理，在醒目位置设立危险废物标识，不得露天堆放，防止二次污染。

● 将实验室危险废物交由有危险废物经营许可证的危险废物集中处置单位处置，建立交接登记制度，严格执行危险废物转移联单管理制度。

（2）杜绝商业行为侵蚀校园

2018年10月10日，针对个别地方发现不当使用、佩戴红领巾，甚至利用红领巾等少先队标志标识恶意营销炒作的问题，教育部办公厅发布《关于严禁商业广告、商业活动进入中小学校和幼儿园的紧急通知》，要求各地教育行政部门立即组织力量对区域内中小学校、幼儿园开展全面检查，重点排查在中小学校、幼儿园开展商业广告活动，或利用中小学生和幼儿的教材、教辅材料、练习册、文具、教具、校服、校车等发布或者变相发布广告等行为，要特别关注有无将红领巾及其名义用于商标、商业广告及商业活动，各类"进校园"活动有无夹带商业活动等问题，坚决杜绝任何商业行为侵蚀校园。该通知同时要求各地教育行政部门严格审批各类"进校园"活动，切实加强校园日常监管。

2018年10月17日，教育部、共青团中央、全国少工委又专门针对红领巾等少先队标志标识使用联合发布《关于严肃规范红领巾等少先队标志标识使用的通知》，要求各地教育行政部门、团委和少工委切实提高思想认识，共同组织中小学校迅速开展排查，了解少先队员佩戴使用红领巾、队徽、队旗、队歌和呼号、誓词、队礼、队委标志、鼓号等学校少先队标志标识基本情况，重点排查不当使用少先队标志标识、利用少先队标志标识进行商业活动等问题。该通知还对提升少先队辅导员和相关教师专业化水平、严格规范学校管理、推动营造良好社会氛围等工作进行了部署。

对于上述两项通知，教育装备企业应做好自查、自律，杜绝以任何形式发布不利于中小学生和幼儿身心健康的商业广告，不违规在校园开展商业宣传活动，不分发带有商业广告的物品，不给学校、教师、学生摊派任何购买、销售任务，确保学校一方净土，为中小学生和幼儿健康成长营造良好的氛围。

（3）新建校舍室内空气质量检测

2018年9月21日，针对西安、衡阳、深圳、德州等地陆续曝出中小学新建校舍室内甲醛超标问题，国务院教育督导委员会办公室下发《关于开展中小学新建校舍室内空气质量（甲醛）排查、检测工作的通知》，要求各地组织力量，对2018年以来新竣工交付使用校舍、新采购设施设备的使用情况进行全面排查，及时发现影响校舍室内空气质量隐患，有关排查情况要通过学校宣传栏、微信等媒体向学生家长和社会进行公示；针对新建校舍投入使用后发现学生群体性头晕、眼睛红肿、咳嗽、流鼻涕的，要重点做好校舍室内空气质量检测工作，聘请有资质的第三方检测机构，对相关校舍和设施设备进行甲醛检测，检测结果也要及时进行公示；对室内空气质量不合格的校舍要及时整改，检测合格后方可投入使用，整改期间要合理安排好学生的学习和生活，确保不影响正常的教育教学秩序。

（四）深化学前教育改革

2018年对我国学前教育及相关教育装备发展意义非凡。中共中央、国务院于2018年11月出台《关于学前教育深化改革规范发展的若干意见》，这是中华人民共和国成立以来我国首次以中共中央、国务院名义专门印发关于学前教育工作的意见。

该意见提出了对新时代学前教育改革发展的顶层设计和重大部署，是贯彻落实党的十九大"办好学前教育"、实现"幼有所育"的实际行动，进一步确立了学前教育公益普惠的基本方向和发展目标，进一步完善了学前教育政策保障体系，进一步强化了完善监管体系、规范办园行为、提高办园质量等方面的规定要求（见图33）。该意见为我国学前教育发展设置了两个近期目标和一个远期目标：

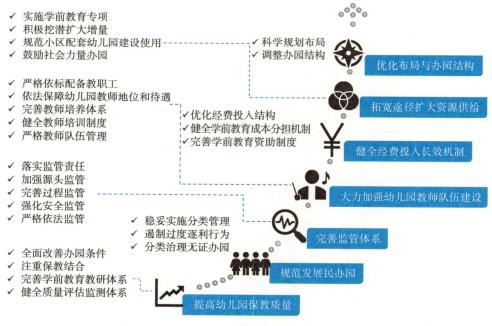

图33 《关于学前教育深化改革规范发展的若干意见》主要措施

● 到2020年，全国学前三年毛入园率达到85%，普惠性幼儿园覆盖率（公办园和普惠性民办园在园幼儿占比）达到80%。广覆盖、保基本、有质量的学前教育公共服务体系基本建成，学前教育管理体制、办园体制和政策保障体系基本完善。投入水平显著提高，成本分担机制普遍建立。幼儿园办园行为普遍规范，保教质量明显提升。不同区域、不同类型城市分类解决学前教育发展问题，大型、特大型城市率先实现发展目标。

● 到2020年，基本形成以本专科为主体的幼儿园教师培养体系，本专科学前教育专业毕业生规模达到20万人以上；建立幼儿园教师专业成长机制，健全培训课程标准，分层分类培训150万名幼儿园园长、教师；建立普通高等学校学前教育专业质量认证和保障体系，幼儿园教师队伍综合素质和科学保教能力得到整体提升，幼儿园教师社会地位、待遇保障进一步提高，职业吸引力明显增强。

● 到2035年，全面普及学前三年教育，建成覆盖城乡、布局合理的学前教育公共服务体系，形成完善的学前教育管理体制、办园体制和政策保障体系，为幼儿提供更加充裕、更加普惠、更加优质的学前教育。

作为针对学前教育的全面性综合改革方案，《关于学前教育深化改革规范发展的若干意见》将成为未来一段时间内广大学前教育从业者和相关教育装备工作者的行动指南。对教育装备事业而言，该意见的实施将对行业发展产生多方面（如玩教具研发定位、装备质量安全、渠道区位布局、客户性质变化等）直接或间接影响，相关行业主体应做好研究工作，提前布局，应对学前教育领域深化改革、规范发展所带来的机遇和挑战，助力保育工作走进新时代。

（五）标准、规范、推荐性文件

国家、行业、地方出台的各类标准、规范及推荐性文件是促进和引导教育装备行业规范发展的重要保障。2018年11月教育部《关于完善教育标准化工作的指导意见》指出，进入新时代，我国教育事业步入高质量发展阶段，教育标准的重要性愈益凸显，加快教育现代化、建设教育强国、办好人民满意的教育，引导我国教育总体水平逐步进入世界前列，必须增强标准意识和标准观念，形成按标准办事的习惯，提升运用标准的能力和水平，形成可观察、可量化、可比较、可评估的工作机制，充分发挥标准的支撑和引领作用。

2018年发布的涉及教育装备行业的全国性相关文件中，共有国家标准10项、部级规范26项、团体标准6项、行业推荐性目录2个（见表8）。

表8　2018年涉及教育装备行业的全国性标准、规范及推荐性文件

序号	文件名称（按发布时间先后排列）	级别性质
1	中等职业学校农业机械使用与维护专业仪器设备装备规范	部级规范
2	高等职业学校农业装备应用技术专业仪器设备装备规范	部级规范
3	中等职业学校现代林业技术专业仪器设备装备规范	部级规范
4	高等职业学校林业技术专业仪器设备装备规范	部级规范

续表

序号	文件名称（按发布时间先后排列）	级别性质
5	中等职业学校农业与农村用水专业仪器设备装备规范	部级规范
6	高等职业学校水利工程专业仪器设备装备规范	部级规范
7	中等职业学校粮油储运与检验技术专业仪器设备装备规范	部级规范
8	高等职业学校粮油储藏与检测技术专业仪器设备装备规范	部级规范
9	中等职业学校茶叶生产与加工专业仪器设备装备规范	部级规范
10	高等职业学校茶树栽培与茶叶加工专业仪器设备装备规范	部级规范
11	2018年全国幼儿园图书配备推荐书目	行业推荐
12	中国教育装备行业协会2018年度推荐产品名单	行业推荐
13	教育装备行业企业信用等级评价规范（试行）	团体标准
14	教育用音视频录播系统	团体标准
15	小学学具基本要求	团体标准
16	教学钢琴产品质量等级的划分与判定	团体标准
17	中小学教室照明技术规范	团体标准
18	中小学学生作业本 基本要求	团体标准
19	普通高等学校建筑面积指标	国家标准
20	网络学习空间建设与应用指南	部级规范
21	中小学数字校园建设规范（试行）	部级规范
22	中小学合成材料面层运动场地	国家标准
23	中小学图书馆（室）规程	部级规范
24	智慧校园总体框架	国家标准
25	多媒体教学环境设计要求	国家标准
26	信息技术 学习、教育和培训 虚拟实验 框架	国家标准
27	信息技术 学习、教育和培训 教育云服务：框架	国家标准
28	数字语言学习环境设计要求	国家标准
29	学习设计XML绑定规范	国家标准
30	电子考场系统通用要求	国家标准
31	中等职业学校焊接技术应用专业实训教学条件建设标准	部级规范
32	中等职业学校工业分析与检验专业实训教学设施建设标准	部级规范
33	中等职业学校电气技术应用专业实训教学条件建设标准	部级规范
34	中等职业学校城市轨道交通运营管理专业实训教学条件建设标准	部级规范
35	高等职业学校智能控制技术专业实训教学设施建设标准	部级规范
36	高等职业学校移动应用开发专业实训教学条件建设标准	部级规范
37	高等职业学校物联网应用技术专业实训教学条件建设标准	部级规范
38	高等职业学校焊接技术与自动化专业实训教学条件标准	部级规范
39	高等职业学校工业分析技术专业实训教学设施建设标准	部级规范
40	高等职业学校电气自动化技术专业实训教学条件建设标准	部级规范
41	高等职业学校城市轨道交通运营管理专业实训教学条件建设标准	部级规范
42	全国青少年校园足球改革试验区基本要求（试行）	部级规范
43	全国青少年校园足球试点县（区）基本要求（试行）	部级规范
44	信息技术 学习、教育和培训 在线课程	国家标准

国家标准中，针对教育信息化软硬件配置与开发的标准数量最多（6项），也有如《中小学合成材料面层运动场地》（GB 36246—2018）这样有广泛影响的强制性标准出台。教育部办公厅专门为后者配发《关于加强中小学合成材料面层运动场地建设管理的通知》，督促各地遵守落实，确保中小学校广大师生的健康安全。

部级规范性文件中，职业教育学校各专业的仪器设备装备及实训教学条件建设类规范和标准数量最多（21项），其他主要针对教育信息化（中小学数字校园建设、网络学习空间建设与应用）、中小学图书馆建设与运行，以及青少年足球（改革试验区、试点县基本要求）。

教育装备行业团体标准的首次出台值得关注。2018年1月1日新修订实施的《中华人民共和国标准化法》正式赋予了团体标准法律地位，此次出台的6项团体标准即是教育装备行业在这一领域积极探索的成果体现。团体标准的研制将有助于行业更好地拥抱技术发展，贴近市场需求，将成为国家标准体系的重要补充和活力来源。

三、行业发展情况综述

（一）行业重要工作与事件（见图34）

1月23~24日 2018年全国教育工作会议	**5月22日** 教育部召开课程教材研究所成立大会
3月26日 我国教育装备行业首批团体标准发布	**8月30日** 《综合防控儿童青少年近视实施方案》印发
4月13日 《教育信息化2.0行动计划》发布	**9月10日** 全国教育大会
4月24~25日 2018年全国教育信息化工作会议	**11月7日** 《关于学前教育深化改革规范发展的若干意见》下发
5月5~7日 第三届全国基础教育信息化应用展示交流活动	**11月17~19日** 第75届中国教育装备展示会在南昌举行
5月11~13日 第74届中国教育装备展示会在成都举行	**11月17~18日** 全国中小学实验教学说课活动现场说课展示环节举行
5月14日 国家标准《中小学合成材料面层运动场地》发布	**12月28日** 《关于印发中小学生减负措施的通知》印发

图34　2018年教育装备行业发展相关重要事件

（1）教育部2018年工作要点

教育部年度工作要点是对我国教育战线全年工作的重点部署。2018年，教育工作的总体思路是推进教育优先发展，落实立德树人根本任务，深化教育改革，推进教育公平，发展素质教育，加快教育现代化，努力培养德智体美全面发展的社会主义建设者和接班人，培养担当民族复兴大任的时代新人。2018年工作要点中涉及教育装备工作的内容如表9所示。

表9　《教育部2018年工作要点》教育装备相关工作摘录

总体工作	具体要求
强化教育督导	● 全面改善贫困地区义务教育薄弱学校基本办学条件，确保2018年底校舍建设和设备采购任务"过九成" ● 鼓励和支持地方进一步扩大农村义务教育学生营养改善计划实施范围
切实加强教材建设	● 加强大中小学德育教材纵向有序衔接，发布大中小学教材建设五年规划，出台中小学、职业院校、高等学校教材及引进教材管理办法 ● 修订"马克思主义理论研究和建设工程"重点教材，落实地方和高校主体责任，推进统一使用工作 ● 设立若干个国家课程教材研究基地
加强体卫艺和国防教育工作	● 推进全国青少年校园足球改革试验区、试点县（区）和特色学校建设，建设"满天星"训练营试点，推进冰雪运动进校园，遴选冰雪运动特色学校 ● 推进体育教学改革，推进学校体育场馆向社会开放 ● 开齐开足美育课程，推进全国中小学生艺术素质测评实验区建设
办好学前教育	● 推进实施第三期学前教育行动计划，扩大普惠性资源 ● 印发《幼儿园玩教具配备指南》，组织征集优质游戏化课程资源 ● 开展防止和纠正"小学化"专项治理行动
推动城乡义务教育一体化发展	● 大力推进实施消除大班额专项计划，基本消除义务教育阶段66人以上的超大班额 ● 印发《关于全面加强乡村小规模学校和乡镇寄宿制学校建设的指导意见》，全面实施两类学校建设底部攻坚
加快普及高中阶段教育	● 深入实施《高中阶段教育普及攻坚计划（2017—2020年）》 ● 完善全国高中阶段学校建设项目库 ● 合理布局中等职业学校，加快改善办学条件
提升基础教育质量	● 推动全面实施《义务教育学校管理标准》 ● 结合高考综合改革，统筹实施和推进修订后的普通高中课程方案和语文等学科20个课程标准 ● 健全中小学教育装备配备标准和质量标准体系，开展生态文明教育，推进绿色校园建设
深入推进教育信息化	● 启动《教育信息化2.0行动计划》，实施宽带卫星联校试点行动、大教育资源共享计划、百区千校万课信息化示范工程、网络扶智工程，推进智慧教育创新示范，普及推广网络学习空间应用 ● 实施农村中小学数字教育资源全覆盖项目，倡导网络校际协作，启动探索基于信息技术新型教学模式试点 ● 推进职业教育专业教学资源库建设与应用 ● 认定首批国家精品在线开放课程，实施信息技术与教育教学深度融合的变轨超车工程，推进高等学校课堂革命
维护校园安全稳定	● 加强校园安全监管 ● 加强中小学校车安全管理

（2）探索教育装备行业党建工作新路径

中国教育装备行业协会党支部于2011年6月成立，现有正式党员10名，党支部书记由会长王富同志兼任。为更好地引领行业党建工作，协会党支部针对近3500家会员单位中民营、中小微企业占多数，很多企业缺少党组织，党员缺少常态化、系统性政治学习机会的现状，借力"互联网+"思维和信息技术建立了智慧党建云平台，通过协会支部学习带动行业学习，开辟行业党建工作新路径。该平台目前设有"时政要闻""行业党建""纪律建设""学习园地"等栏目，面向协会会员单位开放。

（3）幼儿园图书配备推荐书目

2018年1月5日，中国教育装备行业协会、中国出版协会、中国书刊发行业协会联合发布《2018年全国幼儿园图书配备推荐书目》。该书目的评审工作由中国教育装备行业协会联合中国出版协会、中国书刊发行业协会共同组织，旨在贯彻落实党的十九大精神，向全国幼儿教育机构提供优质的图书资源。该书目发布后，将发挥其在幼儿阅读、家庭阅读、亲子阅读中的指导作用，为各幼儿教育机构的图书配备、各出版单位的童书出版等工作提供参考依据。

（4）教育装备年度推荐产品

2018年2月2日，中国教育装备行业协会发布通告，公布了2018年度推荐产品名单。2018年度推荐产品工作开展以来，经会员企业自愿申报、所属省级行业主管单位预审、协会秘书处资格审查、专家初评和第73届中国教育装备展示会现场终评，结合网上公示反馈意见，共有222家企业的676项产品获得推荐。获推企业均已签署《中国教育装备行业企业诚信承诺书》。此项活动鼓励了教育装备企业进行产品创新，促进了教育装备产品质量提高，提升了中国教育装备展示会的展示效果和社会影响。

（5）教育装备行业团体标准

2018年3月26日，中国教育装备行业协会发布6项团体标准，这是我国教育装备行业正式发布的首批团体标准。在中国教育装备行业协会的组织领导下，教育装备行业团体标准建设工作取得了可喜的成绩，除发布首批6项标准外，2018年又有第二批7项团体标准通过立项审批，开始研制；中国教育装备行业协会也经国家标准委批准，成为团体标准试点单位。在促进团体标准应用方面，中国教育装备行业协会发挥行业组织的桥梁作用，通过参加团体标准发展联盟、中国标准化协会的相关活动，努力扩大团体标准影响力，同时积极推动地方教育装备管理部门在相关采购过程中采用团体标准。2018年12月6日，国家市场监督管理总局标准创新管理司团体和企业标准化处专门组织召开了教育装备行业团体标准调研工作会，对教育装备行业团体标准工作给予了高度认可。

（6）全国教育信息化工作会议

2018年4月24~25日，全国教育信息化工作会议在重庆璧山举行。时任教育部副部长杜占元在会议讲话中指出，党的十八大以来，全国教育信息化和网络安全工作取得巨大成就，实现了"五大进展""三大突破"和"双轮驱动、两翼齐飞"，有力地支撑了教育改革和发展。会议围绕《教育信息化2.0行动计划》进行了深度解读和重点部署，要求全面贯彻全国网络安全和信息化工作会议精神，健全领导体制、加强统筹规划、抓好重点工作、鼓励多方参与、注重培训宣传、落实安全责任，全力写好教育信息化"奋进之笔"，努力让教育信息化2.0变成现实。会议还就加快推进教育信息化融合创新发展进行了交流研讨，重庆、上海、江苏、贵州、宁夏等省（区、市）在会上作了典型发言。

（7）基础教育信息化应用展示交流

2018年5月5日，由教育部基础教育司主办的第三届全国基础教育信息化应用展示交流活动在北京举行，中共中央政治局委员、国务院副总理孙春兰，教育部部长陈宝生出席。时任教育部副部长朱之文在开幕式致辞中指出，进一步发挥好信息化在扩大优质教育资源覆盖面、提高教学效率、提高管理水平等方面的作用，促进信息化与基础教育深度融合，具有重要战略意义，同时也是一项紧迫任务。要学习贯彻全国网络安全和信息化工作会议精神，抓住信息化发展的历史机遇，把信息化摆在更加重要的位置，努力以信息化支撑和引领新时代基础教育的改革和发展。要充分利用互联网和信息技术，全面落实立德树人根本任务；要注重统筹规划，将信息技术引入教育教学全过程；要勇于改革创新，不断完善基础教育信息化发展的体制机制。本届活动为期3天，主题为"信息技术推动基础教育教与学模式的变革与创新"。活动集中展示各地基础教育信息化的优秀典型案例，全面反映各地信息技术应用在深度应用、机制创新、推进教育公平和提高教育质量方面取得的进展，展现各地利用信息技术开展教育教学和管理等方面的成果。

（8）行业品牌展会

第74、75届中国教育装备展示会分别于2018年5月11~13日、11月17~19日在四川成都和江西南昌举办。展示会期间举行了主题丰富、形式多样的同期活动，包括世界创造力大会、全国名师名校长峰会、中国生态校园建设高峰论坛、城市教育装备创新论坛、"关心下一代明亮'视'界"专项培训、信息化2.0时代智慧校园建设与应用研讨会、首届中小学教育装备应用创新校长论坛暨优秀案例颁奖活动、"迈向智能时代 关注未来教育"论坛，等等（见图35）。

中国教育装备展示会是国内教育行业规模最大的展会之一。2018年4月，中国教育装备展示会主办方中国教育装备行业协会获得"全国百强展览主办机构"称号；2018年5月，商务部发布《中国展览业发展统计分析报告（2017）》，第73届、第72届中国教育装备展示会分列2017年教育类展会规模排行第一名、第二名。截至目前，中国教育装备展示会已6次荣膺"中国行业品牌展会金手指奖"，被列入商务部重点引导支持展会。

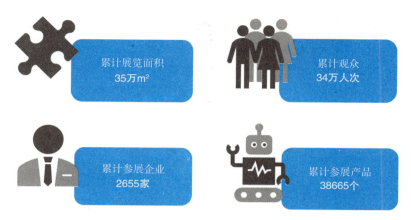

累计展览面积 35万m²

累计观众 34万人次

累计参展企业 2655家

累计参展产品 38665个

图35　第74、75届中国教育装备展示会部分规模数据

（9）课程教材研究所成立

2018年5月22日，教育部在北京召开课程教材研究所成立大会，我国第一个国家级课程教材研究专业机构正式成立。会议指出，建立课程教材研究所是贯彻落实中央决策部署、加强和改进大中小学教材建设的重大举措，国家教材委员会及其专家委员会、教育部教材局、课程教材研究所，形成决策、实施、研究三位一体的工作格局，为推进教材建设提供了有力的组织保障。会议强调了新形势下教材建设的重点任务：一是抓方向，强化马克思主义对教材建设的统领；二是抓服务，推进教材建设与国家重大战略的对接；三是抓质量，把好教材建设的各个关口；四是抓制度，提高教材建设的规范化水平；五是抓保障，推动教材建设持续加快发展。会上，课程教材研究所分别与人民教育出版社、高等教育出版社签署战略合作协议。国家教材委员会专家委员会全体委员、教育部24个相关司局及直属单位负责人、人民教育出版社和高等教育出版社领导班子成员、课程教材研究所和课程教材中心全体人员共300余人参加了会议。

（10）塑胶跑道新国标

2018年5月14日，历时两年多修订的塑胶跑道国家强制性标准《中小学合成材料面层运动场地》（GB 36246—2018）由国家市场监督管理总局、中国国家标准化管理委员会发布，自2018年11月1日起实施。新国标将代替《中小学体育器材和场地　第11部分：合成材料面层运动场地》（GB/T　19851.11—2005）。与旧标准相比，新国标有诸多技术变化，涉及中小学合成材料面层运动场地的术语和定义、分类、技术要求、试验方法、取样要求、检验规则等各个方面。

近年来，"问题跑道"事件屡有发生，保障塑胶跑道的安全一直是社会、学校、家长关注的焦点问题。随着新国标的出台，塑胶跑道行业面临一场质量革命，塑胶跑道市场必将更加规范。新国标充分考虑了安全性、耐用性、环保性、舒适美观性等多方面要求，将为中小学校新建、改建和扩建室外合成材料面层运动场地的设计、选材、铺装、检测与验收提供依据和指导，推动相关产品质量提升，保障学生运动健康，促进学校体育的绿色健康发展。

（11）义务教育基本均衡目标

2018年8月28日，教育部部长陈宝生受国务院委托，向全国人大常委会报告关于推动城乡义务教育一体化发展、提高农村义务教育水平的工作情况时表示，将继续开展国家义务教育基本均衡督导评估认定，2018年底努力实现全国85%的县（区）达到基本均衡；到2020年，比例达到95%；在本届政府任期内，全面实现基本均衡。

（12）全国教育大会

2018年9月10日，全国教育大会在北京召开。中共中央总书记、国家主席、中央军委主席习近平出席会议并发表重要讲话。他强调，在党的坚强领导下，全面贯彻党的教育方针，坚持马克思主义指导地位，坚持中国特色社会主义教育发展道路，坚持社会主义办学方向，立足基本国情，遵循教育规律，坚持改革创新，以凝聚人心、完善人格、开发人力、培育人才、造福人民为工作目标，培养德智体美劳全面发展的社会主义建设者和接班人，加快推进教育现代化、建设教育强国、办好人民满意的教育（见图36）。

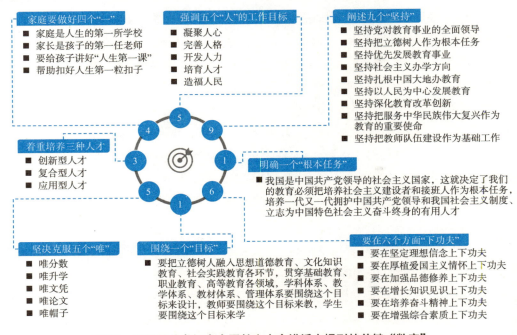

图36　习近平总书记在全国教育大会讲话中提到的关键"数字"

李克强出席会议并讲话。汪洋、王沪宁、赵乐际、韩正出席会议。中共中央政治局委员、中央书记处书记，全国人大常委会有关领导，国务委员，最高人民法院院长，最高人民检察院检察长，全国政协有关领导出席大会。中央教育工作领导小组成员，各省区市和计划单列市、新疆生产建设兵团，中央和国家机关有关部门、有关人民团体，军队有关单位，部分高校负责人参加大会。

会后，教育部党组于9月14日下发《关于认真学习贯彻全国教育大会精神的通知》，要求各省区市党委教育工作部门、教育厅（教委），新疆生产建设兵团教育局，有关部门（单位）教育司（局），部属各高等学校、部省合建各高等学校党委认真做好会议精神学习工作：要充分认识大会的重大意义，切实把思想和行动统一到大会精神上来；要加强思想理论武装，深入学习贯彻习近平总书记关于教育的重要论述；要加快教育现代化步伐，努力写好新时代教育改革发展的奋进之笔；要创新工作方式方法，确保全国教育大会精神落实落地。

（13）义务教育国家课程教材检查

教育部教材局发布通知，决定对义务教育国家课程教材开展一次全面检查。教育部教材局表示，发现一些编写出版单位违反《中小学教科书选用管理暂行办法》的规定，擅自更改个别版本教材内容，个别学校存在以校本课程教材替代国家课程教材等现象。通知要求各地教育行政部门对本地区中小学使用的教材进行一次全面排查，对以校本课程教材、境外课程教材替代国家课程教材，或使用未经审定的教材等违规违法行为，要坚决予以纠正和清理。此外，各教材编写出版单位要立即组织对自己编写出版的、依据2011年版义务教育课程标准修订、经教育部审定通过的国家课程教材进行一次全面自查。

（14）教育装备行业企业信用等级评价

2018年3月2日，中国教育装备行业协会发布通知，启动2018年教育装备行业企业信用等级评价工作。经参评资格确定、初评、公示等环节，中国教育装备行业协会信用评价工作委员会于9月21日公布了评价结果。2018年教育装备行业企业信用等级评价共有46家企业获得信用等级，其中AAA等级39家、AA等级5家、A等级2家。

自2015年以来，中国教育装备行业协会已组织开展3次教育装备行业企业信用等级评价工作，共有155家企业获得信用等级，对于推进行业信用体系建设、营造行业良好诚信氛围、增强企业信用意识起到了显著的作用。

（15）网络学习空间应用普及活动

2018年10月15日，教育部办公厅发布《关于开展2018年度网络学习空间应用普及活动的通知》，决定开展2018年度网络学习空间应用普及活动。该通知提出，活动将按照"普及应用、融合创新、示范推广"的原则，依托国家数字教育资源公共服务体系，组织广大师生开通实名制网络学习空间，使师生网络学习空间开通数量新增1000万个，通过多种形式的应用活动，促进网络学习空间与物理学习空间的融合互动和创新发展，并引导师生科学合理使用。推荐遴选40个网络学习空间应用优秀区域和200所优秀学校，示范推广网络学习空间在网络教学、资源共享、教育管理、综合素质评价等方面的典型案例和成功经验，引导各地加强网络学习空间建设与应用，推动从"三个率先"向全面普及发展，实现"一人一空间"。活动范围以基础教育和职业教育网络学习空间应用普及为主。

（16）中小学实验教学说课活动

2018年3月30日，教育部基础教育司下发《关于举办第六届全国中小学实验教学说课活动的通知》。本届活动由教育部基础教育司主办，教育部教育装备研究与发展中心、中国教育装备行业协会提供专业支持，主要包括各地遴选推荐实验教学说课案例和现场说课展示两个环节。该通知下发后，各省、自治区、直辖市教育部门积极举办本地区遴选推荐活动，广泛动员中小学教师参与，最终推荐实验教学说课优秀案例457个，涉及科学、物理、化学、生物、音乐、体育、通用技术、信息技术等学科。经评审委员会专家网络评审和综合评议，170个优秀案例进入现场说课展示环节，由教育部基础教育司通知公布。11月17~18日，此次活动的现场说课展示环节在南昌举行。在为期两天的展示过程中，教师说课精彩纷呈，评委点评细致深入，获得了各方一致好评。据统计，现场展示环节观摩人数超3000人，通过网络直播设置的"说课好声音"在线投票活动参与人数超10万人。

截至目前，全国中小学实验教学说课活动已成功举办6届，累计吸引了全国各地两万多名中小学教师参与，调动了广大教师开展实验教学探究的积极性，形成了一批可共享的优质中小学实验教学资源，取得了良好的社会效益。

（17）教育装备行业"走出去、引进来"

2018年12月4~5日，第十三届孔子学院大会在成都举行。受孔子学院总部邀请，中国教育装备行业协会支持并协办了大会期间举行的国际汉语教学资源展，搭建了智慧教室以展示教育装备在汉语教学中的应用。大会期间推出了"孔子学院合作伙伴计划"，旨在促进中外人文交流，推动世界多元多彩的文明发展，鼓励社会各界积极参与孔子学院建设。12月5日，中国教育装备行业协会与孔子学院总部签署战略合作协议，加入"孔子学院合作伙伴计划"。这是提升我国教育装备行业国际化程度，实现"走出去、引进来"的一项重要举措。

据了解，"孔子学院合作伙伴计划"中既有中长期战略合作计划，又有具体项目合作方案，内容涉及中外人文交流等多领域，包括企业捐资捐赠合作办学、联合培养人才、提供实习机会和就业岗位、开展文化交流活动、孔子学院数字化建设、共建联合实验室等。通过该计划，各国孔子学院将发挥遍及全球的语言教学和文化交流网络的作用，与国内外合作伙伴一起打造开放包容、共建共享的公共平台，为国内外合作伙伴提供更好的发展空间。同时，国内外合作伙伴也将充分发挥各自的行业优势和丰富资源，支持和帮助孔子学院总部及各国孔子学院开展相关业务，共同为各国民众提供更加优质、便捷的汉语学习服务和文化交流体验。

（18）中小学影视教育

教育部、中央宣传部联合印发的《关于加强中小学影视教育的指导意见》指出，优秀影片具有生动、形象、感染力强等显著特点，蕴含着丰富的思想、艺术和文化价值。利用优秀影片开展中小学生影视教育，是加强中小学生社会主义核心价值观教育的时代需要，是落实立德树人根本任务的有效途径，是丰富中小学育人手段的重要举措。该意见提出，力争用3~5年时间实现全国中小学影视教育基本普及，形式多样、资源丰富、常态开展的中小学影视教育工作机制基本建立，中小学生影视教育活动时间得到切实落实，适合中小学生观看的优秀影片得到充分保障，学校、青少年校外活动场所和社会观影资源得到有效利用，形成中小学影视教育的浓厚氛围。该意见提到，有条件的中小学校可依托现有礼堂、阶梯教室等改扩建放映场地，利用原有电教设施或购置专门放映设备为学生观影提供良好环境。宣传部门要积极实施中小学生观影普惠计划，推动当地影片放映机构创造条件为城市中小学生开设电影专场，精心组织观影活动。中小学校要积极开展校园影视教育活动，营造浓厚校园影视文化氛围，让中小学生在看电影、评电影、拍电影、演电影中收获体会和成长。

（19）国家级教学成果奖

2018年12月21日，教育部发布《关于批准2018年国家级教学成果奖获奖项目的决定》，公布了2018年国家级教学成果奖获奖项目名单。教育装备战线荣获多个奖项：上海市教委教育技术装备中心完成的"引领学习环境重构的中小学创新实验室行动研究"获得2018年基础教育国家级教学成果一等奖；浙江省教育技术中心完成的"构建数字资源体系支撑个性化教育的实践"获得2018年基础教育国家级教学成果二等奖；上海市教委教育技术装备中心完成的"跨界合作、浸润实践、精准服务——上海市职业学校教师企业实践体系构建与实践""面向人人、体验职业、多元发展——'学生职业体验'体系的创设与实践"获得2018年职业教育国家级教学成果二等奖；此外，浙江省教育技术中心、浙江亚龙教育装备股份有限公司分别参与完成的3个项目也获得了2018年职业教育国家级教学成果二等奖。

上述获奖项目都是项目完成人和所在单位经过多年努力取得的创造性成果，代表了近年来我国教育装备战线在参与教育教学改革实践和研究方面所取得的成就。

（二）行业社会组织发展

行业社会组织介于政府、企业、用户之间，介于商品生产者、经营者、使用者、监管者之间，通过沟通、协调、监督、统计、研究，为行业相关主体提供公平、专业的信息、培训、咨询、会展等服务，发挥桥梁纽带作用。行业社会组织是现代市场经济的重要组成部分，是行业发展的推动者和引领者，具有独特的社会价值、经济价值、法治价值、学术价值。

目前，中国教育装备行业协会是我国教育装备行业以"教育装备"（原"教学仪器"）命名的唯一一家全国性社会组织。协会成立于1986年，是由生产、经营、管理、研究教育装备的企事业单位和有关人员自愿结成的行业性、全国性、非营利性社会组织。协会设有秘书处、高教装备分会、教育信息化装备分会、教育装备产融结合分会、城市教育装备工作委员会、学校体育装备分会、学校图书装备分会、学校后勤装备管理分会、幼儿教育装备分会、创造教育分会、教育装备研究院、《中国教育技术装备》杂志社、中国教育装备网等机构。其中，教育信息化装备分会、教育装备产融结合分会、城市教育装备工作委员会是2018年新成立的分支机构。

截至2018年底，中国教育装备行业协会共有会员单位3425家，较上年增加198家。会员单位数量连年增长，且增长率逐年提高。会员单位涵盖从事教育装备生产、经营的企业，负责教育装备管理、研究的省级事业单位，以及为教育装备发展提供服务、指导的省级行业协会。企业类会员单位中有微软、联想、腾讯、百度、希沃、学而思等知名企业，上市公司共计108家。从会员单位的地域分布来看，江苏省会员单位数量最多（333家），其次是广东省（288家）；来自北京市、河北省、上海市、浙江省、安徽省、山东省、河南省、湖北省的会员单位均超过100家；而来自内蒙古自治区、吉林省、黑龙江省、海南省、云南省、甘肃省、青海省、宁夏回族自治区、新疆维吾尔自治区、新疆生产建设兵团等的会员单位数量较少（均在20家以下）。通过会员单位的地域分布，可从侧面反映各地教育装备行业的发展情况。

2018年，在中央和国家机关工委、民政部的领导和会员单位的支持下，中国教育装备行业协会恪守为政府和社会服务、为教育服务、为行业发展和会员服务的办会宗旨，依靠理事会集体决策和下设机构的共同努力，继续为各级教育装备管理部门、协会会员及一线教育工作者开展各项专业服务工作（见图37）。

行业理论研究
- 行业课题研究
  累计立项49项，结题6项
- 行业蓝皮书编纂
  出版发行《中国教育装备行业蓝皮书(2018版)》

行业标准建设
- 团体标准研制、调研
  发布首批6项团体标准，审批启动7项标准研制
- 标准推广宣传
  多渠道宣传，推进标准应用
- 行业产品推荐
  发布年度推荐产品名单

信用体系建设
- 开展年度教育装备行业企业信用等级评价及复审工作

行业展会组织
- 主办第74、75届中国教育装备展示会

国际交流合作
- 引进来、走出去
  与世界教具联合会达成战略合作伙伴关系
  3次组团参加国际展会，组建中国教育装备企业出口联盟
- 搭建交流平台
  加入孔子学院合作伙伴计划，举办2018世界创造力大会

政府活动承接
- 承办第六届全国中小学实验教学说课等活动

扶贫公益实践
- 参与三区三州、国家级贫困县扶贫等公益活动
  年内直接或牵头捐款捐物价值近2000万元

行业人员培训
- 举办教育装备行业党性教育实践与提升干部综合素质培训班

专业领域服务
- 各分会开展相关领域理论研究与标准化工作
  举办多项专题学术研讨、论坛

内部管理
- 夯实党建：严格落实组织生活，党的组织和工作全覆盖
- 细化管理：改进完善管理流程，对标争创5A级社会组织
- 规范发展：建立健全规章制度，严格依法合规开展工作
- 优化组织：增设机构引进人才，强化下设机构监督管理
- 提升服务：升级优化信息系统，提高管理宣传服务水平

图37　2018年中国教育装备行业协会主要工作

四、行业观察与思考

（一）人口变化对行业发展的影响

2018年，我国全年出生人口1523万人，人口出生率为10.94‰，创1949年以来新低。人口数量与结构变化事关国家整体发展，也是影响教育行业总体规模和供给结构的根本性因素。教育装备行业相关主体应密切关注国家人口变化，提前研判布局。

（1）人口总量和学龄人口变化

我国的"人口红利"得益于1949~1957年、1962~1970年、1981~1990年的3次人口生育高峰。其中，三年自然灾害结束后出现的第二次生育高峰规模最大，9年间人口出生率最高达到43.60‰，年平均出生人口2688万人，出生人口总计2.15亿人。这次"婴儿潮"结束后，我国总人口数虽保持增长，但以10年为单位看，人口增长率始终呈下降趋势（见图38）。

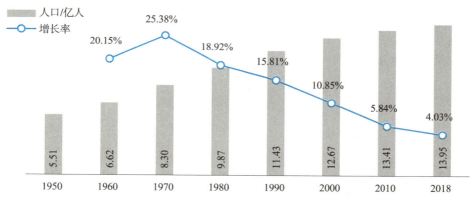

图38　1950~2018年我国人口总数变化情况

从1999~2018年的人口出生率看，该数据由期初的14.46‰快速下滑，2001年首次跌破14.00‰，次年又跌破13.00‰，并于2010年跌至11.90‰的阶段性低点；2014年的"单独二孩政策"和2016年的"全面二孩政策"所带来的补偿性生育使当年人口出生率显著回升，2016年更创下2002年以来的新高。然而，政策红利未能持续，"全面二孩"施行次年，人口出生率即出现显著下滑，2018年更骤降至中华人民共和国成立以来的最低点（见图39）。

除人口出生率外，直接体现生育水平的总和生育率（指平均每位女性在育龄期生育的婴儿数）也在快速下滑。世界银行数据显示，1960年我国总和生育率达5.75，而2017年已降至1.63，不仅远低于2.43的全球平均水平，甚至不及1.67的发达国家平均水平。一般认为，即使在发达国家，总和生育率要达到2.10（世代更替水平）才能保证下一代人口与上一代相当。

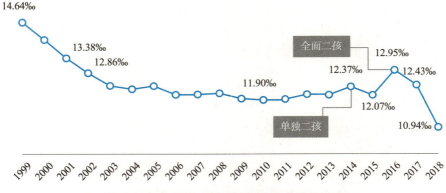

图39　1999~2018年我国人口出生率变化情况

从分年龄层人口数的发展趋势可直接观察未来各类教育总体规模的变化情况。根据联合国人口司的最新预测，未来我国学历教育的主体人群（30岁以下人群）各年龄段人口数均呈现下降趋势且将长期持续（见图40）。

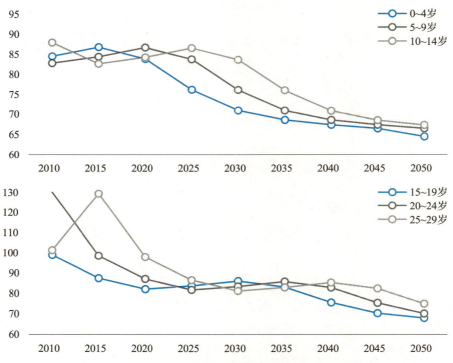

图40　2010~2050年我国分年龄层人口变化及中位变差预测值（单位：百万人）

以2015年人口数为基准，到2025年，我国30岁以下人群中仅10~14岁人口有小幅增长（4.79%），其他年龄层均有下降，其中25~29岁人口降幅最大（-33.12%），20~24岁和0~4岁人口降幅较大（分别为-17.01%和-12.19%）；而到2050年，相关年龄层人口较2015年将有18.57%（10~14岁）至42.03%（25~29岁）的降幅（见表10）。以此数据观察，2015~2025年我国30岁以下人口的年复合增长率为-1.32%，2015~2050年的数值为-0.88%，下降速度较快。

表10　2025年、2050年我国相关年龄层人口较2015年变化情况（中位变差预测值）

年龄层	2015年人口测算数/万人	较2015年增幅	
		2025年	2050年
0~4岁	8693.83	-12.19%	-25.68%
5~9岁	8441.34	-0.78%	-21.24%
10~14岁	8263.83	4.79%	-18.57%
15~19岁	8767.55	-4.23%	-22.15%
20~24岁	9859.44	-17.01%	-28.78%
25~29岁	12945.49	-33.12%	-42.03%
0~29岁	56971.48	-12.40%	-27.70%

综合以上分析，我国人口总量增速将持续放缓并逐渐进入难以逆转的下降通道；学历教育的主体人群已经开始减少并将长期维持下行，预计到2025年我国30岁以下人口将较2015年减少12.40%，到2050年减少27.70%。长期来看，我国教育总体规模将随着人口规模和人口年龄结构的变化而不断缩减。

短期来看，据我国学者测算，2019~2025年，我国学前教育、义务教育、高中阶段教育学龄人口总数将保持相对稳定（2025年较2019年减少2.31%）：义务教育学龄人口将持续下降，到2025年降幅达到7.54%；受开放"二孩"政策影响，学前教育学龄人口将在短期内快速上升，2021年达到峰值后逐步下降，2025年将较2019年下降1.97%；高中阶段学龄人口将呈增长态势，预计2024年达到阶段性峰值，2025年将较2019年增长7.54%（见图41）。

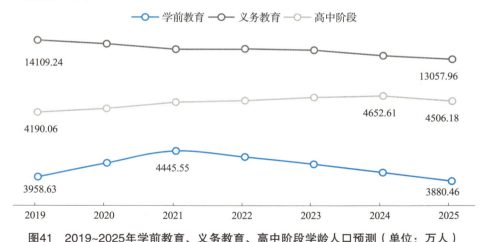

图41　2019~2025年学前教育、义务教育、高中阶段学龄人口预测（单位：万人）

（2）对行业发展的影响

对教育装备行业而言，教育总体规模的见顶和长期下行势必对行业发展产生较大影响。教育和教育装备管理工作将面对学龄人口波动下行所带来的挑战，相关主体需要改变长期以来形成的以规模增长为驱动的思维方式，逐步建立起以内涵品质提升为主线的发展模式。可以预见，在此前景下，大规模新建校舍的节奏将显著放缓，教育基建的相关投入将更多地精准聚焦于教育均衡化的有效提升（如偏远薄弱地区建设和老旧校舍翻新改造）。传统教育装备市场的总体增量将相对受限，新的增长点将出现在由有效创新带来的品质或功能性升级需求。另外，随着劳动人口下滑和老龄化加剧，人工智能、自动化技术、医疗和养老服务等行业将成为未来国家和资本市场的投入重点，为以上领域提供人才支撑的相关专业教育及配套解决方案亦将成为教育领域的热点，应给予充分关注。

（二）城、镇、乡普通中小学办学条件均衡化

普通中小学（小学、初中、普通高中）教育是我国学历教育的核心组成部分。2018年，相关学校在校生1.73亿人，占全国各级各类学历教育在校生总数的63%；相关学校22.75万所，占全国各级各类学校总数的44%。普通中小学广泛分布于全国各地城、镇、乡，办学条件因地方经济条件不同而存在巨大差异。缩小城、镇、乡三级学校差距，促进教育均衡化发展，是我国基础教育领域的一项长期重点工作。

对小学和初中教育而言，2018年是教育部、国家发展改革委、财政部《关于全面改善贫困地区义务教育薄弱学校基本办学条件的意见》所部署工作的收尾之年。2013年底印发的该意见提出，在3~5年实现贫困地区农村义务教育学校基础教学设施满足基本教学需要、生活设施满足基本生活需要、留守儿童学习和寄宿需要得到基本满足、村小学和教学点能够正常运转等目标。

对普通高中教育而言，2018年是《高中阶段教育普及攻坚计划（2017—2020年）》实施的第二年。在普通高中基础办学条件建设方面，国家扩大实施教育基础薄弱县普通高中建设项目，支持改扩建一批普通高中教学和学生生活类校舍；继续实施普通高中改造计划，支持中西部省份贫困地区教学生活设施不能满足基本需求、尚未达到国家基本办学条件标准的普通高中学校改扩建校舍、配置图书和教学仪器设备，以及体育运动场等附属设施建设。

（1）基础办学条件改善速度

基础办学条件改善速度的差异可以直观体现以上工作的力度和重心。我们选取能够反映普通中小学基础办学条件的4大类（校舍空间、学科教育装备达标率、信息化装备、装备相关固定资产值）13项代表性指标，分城、镇、乡三级，对2015~2018年的年复合增长率差异进行考察（见表11）。可以发现：

● 小学阶段，各项指标增速均呈现乡村最高、镇区次之、城区最低的特点。乡村所有指标增速的平均值约为城区的4.8倍，镇区约为城区的2.7倍。

● 初中阶段，除"每50名学生拥有教室数"外，其他指标的增速均呈现乡村最

表11　2015~2018年城、镇、乡普通中小学基础办学条件相关指标年复合增长率及对比

指标		小学年复合增长率				初中年复合增长率				普通高中年复合增长率			
		城区	镇区	乡村	对比	城区	镇区	乡村	对比	城区	镇区	乡村	对比
校舍空间	生均教学及辅助用房面积	1.43%	2.97%	3.98%		2.24%	2.28%	2.37%		2.88%	2.52%	3.83%	
	每50名学生拥有教室数	1.57%	2.68%	3.27%		3.48%	3.86%	3.27%		5.68%	5.72%	7.32%	
	体育运动场（馆）面积达标率	2.75%	8.69%	14.42%		1.88%	5.51%	8.44%		1.15%	2.39%	2.13%	
学科装备	体育器械配备达标率	2.55%	7.86%	14.71%		1.56%	4.62%	7.19%		1.17%	2.54%	2.29%	
	音乐器材配备达标率	2.60%	8.15%	15.35%		1.81%	4.95%	7.64%		1.27%	2.61%	2.45%	
	美术器材配备达标率	2.64%	8.21%	15.40%		1.83%	4.99%	7.69%		1.32%	2.65%	2.03%	
	自然（理科）实验仪器达标率	2.60%	7.55%	14.35%		1.40%	3.41%	5.68%		0.92%	1.99%	1.15%	
信息化装备	接入互联网学校占比	0.51%	2.07%	6.57%		0.18%	0.48%	0.95%		0.08%	0.09%	0.19%	
	建立校园网学校占比	2.67%	8.49%	20.17%		1.08%	2.82%	5.79%		0.12%	0.18%	0.30%	
	每100名学生拥有教学用计算机数	3.76%	14.93%	25.05%		5.05%	6.88%	7.88%		6.08%	6.60%	4.55%	
	每100名学生拥有教学用平板电脑数	36.27%	29.48%	22.89%		37.77%	26.73%	16.66%		30.98%	20.40%	18.97%	
	每50名学生拥有网络多媒体教室数	5.26%	13.06%	28.51%		6.66%	10.26%	14.35%		7.79%	10.27%	11.09%	
资产	生均教学仪器设备资产值	8.14%	15.43%	21.36%		9.50%	12.99%	14.67%		10.16%	11.72%	11.36%	
	生均实验设备资产值	4.61%	9.25%	14.25%		5.98%	8.09%	9.10%		7.09%	7.41%	11.05%	
	年复合增长率平均值	3.16%	8.41%	15.18%		3.28%	5.47%	7.31%		3.52%	4.36%	4.59%	

高、镇区次之、城区最低的特点。乡村所有指标增速的平均值约为城区的2.2倍，镇区约为城区的1.7倍。

● 高中阶段，城区各项指标增速最低，但落后不多；乡村和镇区分别在不同指标上领先，但乡村平均增速稍高于镇区。乡村所有指标增速的平均值约为城区的1.3倍，镇区约为城区的1.2倍。

综合来看，小学、初中、普通高中基础办学条件的改善速度均呈现乡村大于镇区、镇区大于城区的特点。小学阶段三级增速差异最大，初中次之，高中相对平衡。基础办学条件的改善速度排名由高到低依次为：乡村小学、镇区小学、乡村初中、镇区初中、乡村普通高中、镇区普通高中、城区普通高中、城区初中、城区小学。

（2）基础办学条件改善效果

普通中小学基础办学条件的实际改善效果直接体现在城区、镇区、乡村相关指标的统计值上。选取前面分析中使用的13项代表性指标，以2018年城区相应指标统计值为基数，计算各类学校乡村与城区、镇区与城区之间的统计值差异比例（见图42）。可以观察到：

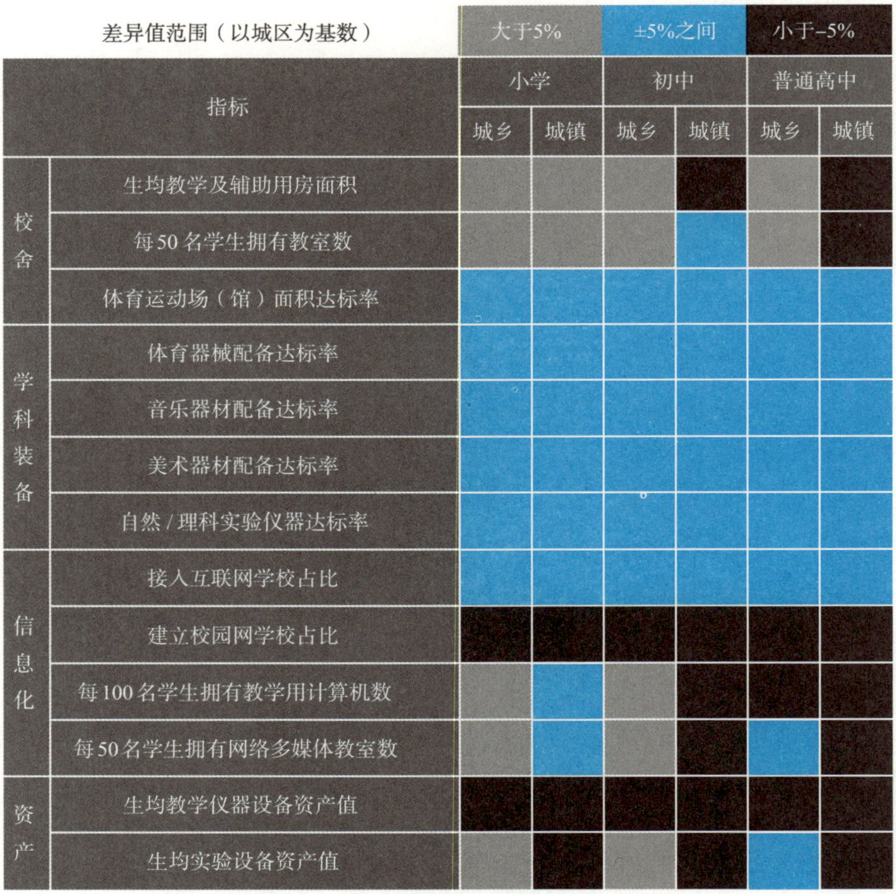

差异值范围（以城区为基数）	大于5%		±5%之间		小于-5%	
指标	小学		初中		普通高中	
	城乡	城镇	城乡	城镇	城乡	城镇
校舍 生均教学及辅助用房面积						
校舍 每50名学生拥有教室数						
校舍 体育运动场（馆）面积达标率						
学科装备 体育器械配备达标率						
学科装备 音乐器材配备达标率						
学科装备 美术器材配备达标率						
学科装备 自然/理科实验仪器达标率						
信息化 接入互联网学校占比						
信息化 建立校园网学校占比						
信息化 每100名学生拥有教学用计算机数						
信息化 每50名学生拥有网络多媒体教室数						
资产 生均教学仪器设备资产值						
资产 生均实验设备资产值						

图42　2018年城、镇、乡普通中小学基础办学条件相关指标差异情况

● 校舍空间方面，除镇区初中、普通高中的"生均教学及辅助用房面积"及镇区普通高中的"每50名学生拥有教室数"与城区仍有5%以上差距外，乡村和镇区相关学校的整体生均校舍空间已同城区相当，甚至显著优于城区。

● 学科教育装备方面，从普通中小学体育、音乐、美术、自然/理科相关器械、器材、实验仪器的达标率来看，城区、镇区、乡村间的差距已基本消除。

● 信息化装备方面，城区、镇区、乡村互联网接入率差异已基本消除，但乡村和镇区的校园网建网率尚与城区差距较大。乡村小学、镇区小学、乡村初中的生均教学用计算机数与城区相应学校的差距已基本消除；镇区初中、乡村普通高中、镇区普通高中尚与城区存在较大差距。乡村小学、镇区小学、乡村初中、乡村普通高中每50名学生拥有网络多媒体教室数与城区相应学校的差距已基本消除；镇区初中、镇区普通高中尚与城区存在较大差距。

● 资产值方面，乡村、镇区学校与城区相比仍落后较多，仅乡村小学、初中、普通高中的生均实验设备资产值与城区的差距基本消除。

（3）城、镇、乡均衡化展望

由上述分析可知，近年来，通过义务教育"全面改薄"和普通高中"普及攻坚计划"的开展，我国城区、镇区、乡村普通中小学均衡发展水平提升显著。乡村、镇区学校基础办学条件改善速度高于城区（义务教育阶段学校尤为明显）；乡村学校生均校舍空间普遍优于城区；乡村、镇区、城区学科教育装备达标率差距已基本消除；乡村义务教育学校信息化设施生均数量已接近或大幅优于城区。

以上成绩的取得，与国家和地方政府的大力投入，以及各级教育管理部门、教育装备行业、一线教育工作者的努力密不可分。据统计，仅2016~2018年，中央财政对"全面改薄"项目的专项资金投入即达1059亿元，带动地方投入2000多亿元；2017年、2018年，中央又就教育现代化推进工程下达义务教育学校建设投资149.6亿元，主要面向农村，推动未达标学校标准化建设。截至目前，全国已有2717个县实现义务教育基本均衡发展，占全国总县数的92.7%；中西部地区实现义务教育基本均衡发展的县数占比达到90.5%；有16个省（区、市）整体通过评估认定。

然而，我们也应看到，在已有成绩的基础上，城区、镇区、乡村普通中小学基础办学条件均衡化工作的开展仍有较大空间。

1）关注人口流动对均衡化工作的影响

结合2015~2018年城区、镇区、乡村普通中小学在校生数变化情况（见图43）分析可知，除相关投入的落实和工作的开展外，学校基础办学条件生均值和达标率的提升速度同时受到在校生数量变化的影响。

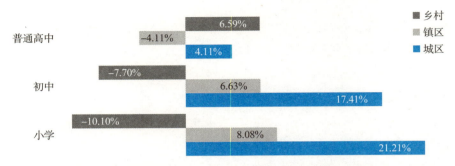

图43　2015~2018年城、镇、乡普通中小学在校生数增幅

可以预见，随着我国城镇化的加速发展和人口流动性的日益增强，城区和镇区学校将承担更多的压力。未来，在继续开展深度、边远贫困地区学校"改薄"及乡村小规模学校和乡镇寄宿制学校建设的同时，还应对城镇化所导致的"乡村空""城镇挤"问题予以高度关注。由前文分析可知，目前镇区普通中小学发展已相对滞后，基础办学条件中的多项生均指标增速和指标值均落后于乡村地区。如何通过资源配置、政策扶持和制度建设促进城、镇、乡教育融合发展，实现三级学校基础办学条件的动态均衡将成为宏观教育治理的一项长期课题。

2）乡、镇学校基础办学条件提质升级

我国义务教育正由基本均衡走向优质均衡，当前的主要矛盾已由"有学上"转向"上好学"。作为学校教学活动开展所必备的基础设施，教育装备提质升级是实现"上好学"的必要条件。

乡村、镇区、城区学校在基础办学条件方面的现存差距即是上述矛盾的表现。前文指出，乡村、镇区普通中小学在校舍空间和学科教育装备达标率方面已达到较高水平，基本教学的开展已经得到保障（"有学上"）。然而，乡村、镇区学校的生均教学仪器设备资产值仍大幅低于城区学校（乡村和镇区的小学、初中、普通高中平均落后城区相应学校22.90%、18.81%、30.38%），说明乡村和镇区学校的教育装备附加值相对较低，品质尚有提升空间，距离"上好学"的配置水平仍有一定距离。可以预见，乡村、镇区普通中小学基础办学条件的提质升级将成为未来教育均衡化工作中的一项重点。

（三）体育与健康相关教育装备迎发展契机

促进儿童、青少年体质发展和健康成长是教育事业的一项重要任务，但在很长一段时期内，由于对智育水平的片面关注和教育资源的紧张，我国学校体育与健康工作始终未能真正得到重视。

近年来，体育健康教育的边缘化状况正逐渐发生改观。从2009年校园足球工作的启动，到2018年儿童青少年近视防控工作的开展，体育与健康工作在学校教育中的地位不断提升。习近平总书记更是在2018年全国教育大会上提出了"健康第一"的教育理念，将保证学生体质健康放在了教育工作大局中的关键位置。前文提到，2018年国家发布的涉及教育装备事务的各类文件中，以体育和健康为议题的文件数量在各类议题中排名前三；另外，在关于中小学生减负的系列文件中也多次提及体育锻炼问题。这充分体现了国家对学生体育与健康工作的高度重视。

（1）学校运动场（馆）建设

运动场（馆）是学校开展体育课程教学和学生参与课外体育运动的主要空间，是保障校内体育工作的首要基础设施。2018年我国小学、初中、普通高中体育运动场（馆）面积达标学校占比均已接近或超过90%，生均运动场地面积分别为7.25m²、10.14m²、10.65m²，高于《中小学校设计规范》（GB 50099—2011）中规定的生均2.88m²（小学）、3.88m²（中学）的国家标准。

值得关注的是，城镇义务教育学校的生均运动场地面积远低于乡村学校（城区学校甚至显著低于全国平均水平）。导致此现象的主要原因是城镇地区学校在校生人数的快速增长：2015~2018年城镇义务教育学校运动场地的生均面积增速远低于总面积增速（见表12），说明城镇学校运动场地的建设速度滞后于学生数量的增速。还应指出的是，前述国家标准中规定的小学2.88m²、中学3.88m²的生均面积所对应的运动项目为全校学生集体参与的广播体操。从实际情况看，即使在场地面积符合此标准的学校中，学生在参与其他体育运动时仍会普遍面临人多场地少的问题。

表12　2018年小学、初中运动场地面积及2015~2018年年复合增长率

地区	小学			初中		
	生均面积/m²	年复合增长率		生均面积/m²	年复合增长率	
		生均面积	总面积		生均面积	总面积
全国	7.25	0.78%	2.98%	10.14	1.23%	3.83%
城区	4.65	0.65%	7.31%	8.17	2.10%	7.72%
镇区	6.40	2.83%	5.53%	10.32	1.87%	4.07%
乡村	12.12	2.82%	−0.77%	14.65	1.21%	−1.46%

另外，室内体育场馆的短缺也值得关注。虽然近年来建设力度远大于其他运动场地，但由于基础薄弱，我国各类学校体育馆的生均面积仍然明显不足（见"行业相关数据解读"部分数据），校内体育活动受天气条件限制较大，制约了体育课程的足量开展，影响了学生在校运动锻炼的时长。

综上，目前我国中小学体育运动场（馆）面积达标率已达较高水平，但生均运动场地面积仍相对紧张。这一问题在城镇义务教育学校尤为突出，应成为下一步的重点建设方向。另外，室内体育场馆建设还需继续加强，以保障学校体育活动的全天候开展。在学校运动场（馆）的建设和使用过程中，应关注国家最新相关标准（如《中小

学合成材料面层运动场地》（GB 36246—2018）等）的执行及设施的制度化管理与维护，避免因场馆设施隐患而造成健康损伤或运动伤害。

（2）校园体育项目特色学校建设

以校园足球特色学校为代表的校园体育项目特色学校建设已成为学校体育与健康工作的有效抓手。学生体质健康系统数据显示，2016年以来，校园足球特色学校的学生体质健康状况显著优于非校园体育项目特色学校。2016~2018年学生体质健康综合评定结果显示：校园足球特色学校学生的优良率在三年里持续升高，且增幅明显高于非校园体育项目特色学校；校园足球学校学生体质健康的三年优良率和达标率均高于非校园体育项目特色学校学生。

目前，国家正将校园足球工作的改革模式和体制机制推广到校园篮球、校园网球、冰雪运动等项目中。在发展较为成熟的校园足球方面，国家层面目前已遴选足球特色学校24000多所，仅2015~2018年全国教育系统即新建、改扩建校园足球场地32432块，到2020年还将再新建、改扩建28545块。校园篮球、校园网球、冰雪运动进校园等工作尚处在开展初期，教育部2017年、2018年分别认定1976所、1942所青少年校园篮球特色学校，2018认定285所青少年校园网球特色学校；在《北京2022年冬奥会和冬残奥会中小学生奥林匹克教育计划》中提出，到2020年、2025年开设2000所、5000所冰雪运动特色学校，分批次建设700所冬奥教育示范校的任务。除国家层面外，各地也在培育和发展"一校一品""一校多品"的学校体育特色，除足球、网球、篮球外，不同省（市、区）还遴选有排球、田径、武术等十多种校园体育项目特色学校。

各级各类校园体育项目特色学校的建设和教育装备工作密切相关。教育装备行业应做好国家和地方相关政策及落实方案的研究，积极跟进各类运动场（馆）的新建和改扩建，做好各类运动器械配备和内容资源保障工作，助力校园体育项目特色学校建设；教育装备管理部门还应同时开展各类场馆、器械使用与维护层面的制度建设，确保学校体育设施设备的高效、安全、合理利用。

（3）视觉健康相关装备

近年来，我国各学段学生近视率持续上升，视力不良低龄化现象明显。最近一次全国学生体质与健康调研结果显示，截至2014年，我国小学（7~12岁）、初中（13~15岁）、高中（16~18岁）学生视力不良率分别为45.71%、74.36%、83.28%。2018年6月，国家卫生健康委通报，我国儿童青少年近视率已上升至全球第一。

面对这一严峻形势，2018年出台的《综合防控儿童青少年近视实施方案》提出了一揽子应对措施。其中，针对学校工作提出的实现教室照明卫生标准达标率100%，每学期对学生课桌椅高度进行个性化调整，纠正学生不良读写姿势，按需合理使用电子产品等，均与教育装备密切相关，对教育装备工作提出了新的课题，也开辟了新的发展空间。

视觉环境改善方面：教育装备管理部门应联合行业组织和专业机构，开展教育照明环境的研究与培训，厘清不同光环境因子对学生视觉健康的影响，推进相关标准的实施和知识的普及，选用合理、优质的解决方案改善学校照明环境，做好相关装备使用过程中的管理与维护。教育照明装备企业应严格执行各项国家标准，应用最新科研成果，结合实际之需，为学校视觉环境升级提供品质过硬的健康照明设备和服务。

课桌椅高度调整与读写姿势纠正方面：教育装备管理部门应继续推进固定高度课桌椅的更替升级工作，实现可调节课桌椅的全面普及；对于已配置可调节课桌椅的学校，应研究形成有效的后勤管理机制，为课桌椅高度的"按时""因人"调节做好保障。为纠正读写姿势而选用的坐姿矫正器应严格符合国家相关标准，同时应注意装备使用的科学性和合理性。

电子产品按需使用方面：智能手机、平板电脑等各类电子产品的过度使用易造成视疲劳，从而导致近视的发生，但是此类电子产品却是教育信息化不可或缺的终端设备。学校和教育装备管理部门应探索合理的应用机制，在防控学生近视和推进教育信息化之间取得兼顾。教育信息化终端厂商和教育信息化内容提供商应从产品和服务的研发层面入手，通过硬件和软件创新，减缓视疲劳形成，预防电子产品过度使用现象的发生。

（四）行业创新水平与创新趋势

由前文对教育统计数据的解析可以发现，经过长期持续投入和建设，我国教育装备市场的基础性需求已得到较好满足，渠道空间日渐饱和：截至2018年，占教育装备市场份额最大的基础教育（普通中小学）学校体育运动场（馆）面积、体育器械、音乐美术器材、自然实验仪器、理科实验仪器达标率均已接近或超过九成；教育信息化方面，接入互联网学校占比超过95%，每50名学生拥有网络多媒体普通教室数大于1间，信息化基础设施建设已然成形。在此大背景下，结合学龄人口见顶并将波动下行的不可逆趋势可以判断，传统教育装备行业将全面进入白热化竞争的红海阶段。

在分析人口变化对教育装备行业的影响时我们提出，由有效创新所带来的品质或功能性升级需求将成为行业的新增长极。具体而言，教育装备可分为硬件和软件（包括教育内容资源）两大类别，涉及技术和内容两方面创新。在这二者或二者的深度融合方面取得原创性突破，将成为行业企业在未来市场竞争中摆脱同质化、开拓增量市场的关键动力。

从中国教育装备展示会参展产品的科技水平方面已经可以看到行业对技术赋能的关注和借助技术加成实现转型升级的意愿。据统计，2018年举行的第74、75届中国教育装备展示会科技含量创历年新高，大量国家级高新技术企业和双软认证企业参展，部分高新技术企业的产品为全球领先甚至唯一。第74届展会涉及智慧教室、智慧校园、教育云计算、人工智能、可穿戴设备、物联网、虚拟现实、增强现实、混合现实等的企业占参展商总数的43%；第75届展会教育信息化装备企业数量更超过传统的实验室装备企业、后勤装备企业，排名第一。

（1）从知识产权数据看行业创新水平

知识产权数据是反映当代企业技术与内容创新水平的关键指标。借助中国教育装备行业协会教育装备研究院开展的一项以3603家企业为样本的知识产权发展状况研究，我们可以一窥我国教育装备行业的总体创新水平，了解行业在以创新为驱动的转型升级过程中所处的阶段。

专利数量是反映企业技术创新能力的核心指标。样本企业中，拥有专利的企业仅占四成，说明过半数企业对核心技术研发没有依赖（如软件开发商、教育内容提供商、依靠专利授权的硬件制造商、系统集成商等）。在至少拥有1件专利的企业中，专利拥有量排名前5%的头部企业拥有的专利数占专利总数的近八成，其中有半数企业的专利拥有量不足10件（见图44）。

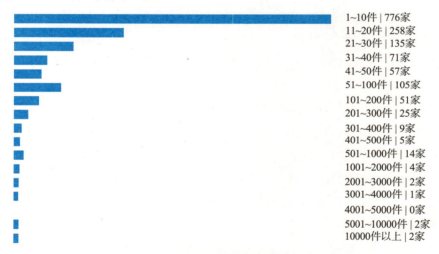

图44　拥有不同数量专利的企业数

著作权是反映企业创新能力的另一关键指标，可分为软件著作权和非软件著作权。对教育装备行业而言，前者主要反映企业的教育信息化软件研发能力，后者主要体现企业的教育内容资源原创能力。样本企业中，登记有软件著作权的企业不足四成；登记有非软件著作权的企业仅一成，且几乎所有的非软件著作权登记都来自极少数头部企业。另外，在登记有软件著作权的企业中，登记数量分布也呈现一定的头部效应（比专利数量的分布均衡性略好）。虽然我国对著作权实行"自动保护"（即无须登记，故实际拥有著作权的企业数大于有登记记录的企业数），但是对企业而言，著作权登记在权利锁定和侵权举证方面具有重要价值，较低的企业著作权（尤其是非软件著作权）登记比例可从侧面反映当前行业对相关创新的依赖度整体偏低。

综上所述，虽然技术和内容创新意识不断提升，但从知识产权数据观察，我国教育装备行业的创新依赖度和创新能力仍处于较低水平。可以预见，在未来的行业竞争中，由单纯的技术授权和渠道优势所带来的边际效益将显著递减，因原研能力不足而导致的技术"护城河"缺失及原创内容匮乏，将更加明显地掣肘企业市场增量空间的开拓。相关企业需进一步加强研发实力，以在未来更加激烈的市场竞争中确立比较优势。

（2）"软硬协同"：行业创新趋势展望

在教育装备市场上，硬件类教育装备长期占据主导地位，"软件"（注：此处和后文所称的"软件"是指与硬件相对的广泛意义上的软件，包括教育内容资源、信息化软件及与之配套的服务等）则多处于"打包配套"甚至"附赠"的从属地位。这一"重硬轻软"的状况，与我国学校基础硬件装备的底子较薄和近年来国家对教育信息化基础设施的投入偏重有关。

然而，随着学校基础硬件配备的逐步完善，未来的硬件类教育装备需求增速或将显著放缓。此外，从国家的政策导向来看，教育装备工作的重心也正由推进装备的基础配备转向促进装备的有效运用与管理。2018年国家下达的与教育装备行业相关的109份文件中，有29份涉及教育内容资源的建设与应用，占比超四分之一；《教育信息化2.0行动计划》更将下一步教育信息化的建设重点指向信息技术与内容在教育场景中的深度融合和创新应用。可以预见，未来的国家教育投入势必逐渐向软件层面倾斜，教育装备行业的发展将呈现"软硬协同"的趋势。

应当指出，这里所说的"软硬协同"，不是指作为独立品类的"软件"的市场地位和份额与硬件旗鼓相当，而是指通过软件与各类硬件装备的相互"渗透"和融合创新而形成的"1+1＞2"的行业发展新图景。

软件对硬件类教育装备的渗透在教育机器人、3D打印机、虚拟现实等新品类硬件的市场实践中已有所体现。在这些领域，与硬件配套的课程、与课程配套的人机交互软件及相应的教学培训服务（或赛事）所共同构建的完整解决方案作为企业参与市场竞争的基本单位渐成常态，而且在很多情况下，配套课程、软件及服务的创新性与品质已成为决定企业市场竞争力的关键因素。对于传统品类的教育硬件而言，软件的渗透及其对硬件产品市场价值的提升效果也已初现。以照明装备为例，新一代的教室照明系统已不再是简单的电气设备，而是以LED和物联网为硬件依托、内置人机交互控制软件的综合系统。利用这一系统，用户可根据不同的教育场景（如正常教学或幻灯片放映等），通过人机交互软件选择基于视光学研究成果的最优照明方案，实现对教室光环境的个性化管控，有效减缓学生视疲劳的形成；系统本身也可通过内置传感器感知环境光条件，对照明方案进行自动化微调。

除作为打破硬件产品同质化困境的突破口，教育装备行业"软硬协同"的创新模式还将随着人工智能等新兴技术的发展而加速和强化（见图45）。众所周知，作为底层技术的人工智能需要算力、算法、数据"三驾马车"并驾驱动，其本身就是"软硬协同"的代表。算力是人工智能的硬件层，属于跨行业通用型硬件，其研发和产品化的门槛极高。对于教育装备行业而言，企业难以凭借算力硬件的创新取得竞争优势，而5G时代云计算的全面普及更将逐渐抑制学校对本地算力的部署需求，限制相关市场规模的进一步增长。与算力硬件不同，构成人工智能软件层的算法和数据与具体的行业应用场景紧密相关，其研发和产品化过程需要对行业的深度理解和知识积累，因此有望成为教育装备企业在人工智能时代取得发展的重要支点；另外，鉴于内容和教师在教育过程中的关键作用，掌握满足人工智能需要的教育内容资源、提供有针对性的优质教师培训服务等，也将成为未来行业企业"软实力"的组成部分。

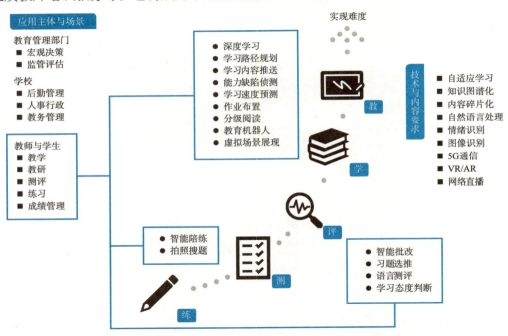

图45　人工智能技术在教育领域的应用（以教与学过程为例）

"软硬协同"的融合创新模式对教育装备行业的未来发展既是机遇，也是挑战。行业企业在教育内容构建、信息化软件研发及配套服务提供方面的"软实力"将与硬件创新一起，并肩占据行业舞台的中心位置。传统的教育装备硬件企业应转变单纯依靠硬件或"重硬轻软"的发展路线，将"软硬协同"的指导思想融入产品的整个生命周期，以自主或合作的形式，构建由教育技术专家、技术工程师及内容编写人员共同参与并深度协作的研发团队和工作机制，借助软件将硬件产品与教育应用场景紧密绑定，最终形成完整的闭环解决方案，拥抱教育装备市场的新机遇。

参考文献

[1]安信证券.A股教育板块2018年年报总结及月观点05期[R/OL].(2019-05-06)[2019-08-03].http://pg.jrj.com.cn/acc/Res/CN_RES/INDUS/2019/5/6/43ce9d71-485a-4564-b759-c86ea52399ab.pdf.

[2]陈宝生.国务院关于推动城乡义务教育一体化发展 提高农村义务教育水平工作情况的报告：2018年8月28日在第十三届全国人民代表大会常务委员会第五次会议上[EB/OL].(2018-08-28)[2019-07-10]. http://www.npc.gov.cn/npc/c30834/201808/1e6fea56a7ae4f17aec36e09a0649c35.shtml.

[3]德勤中国. 教育新时代：中国教育发展报告2018[R/OL].(2018-08)[2019-01-09]. https://www2.deloitte.com/content/dam/Deloitte/cn/Documents/technology-media-telecommunications/deloitte-cn-tmt-china-education-development-report-2018.pdf.

[4]国家统计局. 年度数据[DB/OL].[2019-06-15]. http://data.stats.gov.cn/easyquery.htm?cn=C01.

[5]国家卫生计生委办公厅, 教育部办公厅. 关于开展2016年全国"爱眼日"活动的通知(国卫办医函〔2016〕487号)[EB/OL].(2016-05-09)[2019-08-13]. http://www.moe.gov.cn/s78/A17/A17_gggs/A17_sjhj/201605/t20160516_244058.html.

[6]教育部. 2018年全国教育经费统计快报[EB/OL].(2019-04-30)[2019-07-30]. http://www.moe.gov.cn/jyb_xwfb/gzdt_gzdt/s5987/201904/t20190430_380155.html.

[7]教育部. 教育统计数据[DB/OL].[2018-08-08]. http://www.moe.gov.cn/s78/A03/moe_560/jytjsj_2018.

[8]教育部科学技术司. 中国教育信息化发展报告(2018)(精简版)[R]. 北京: 教育部, 2019.

[9]鲸媒体. 2018—2019教育行业投融资报告: 历史转折中的教育行业[R]. 北京: 鲸媒体, 2019.

[10]全国青少年校园足球工作领导小组办公室.全国青少年校园足球工作报告(2015—2019)[R/OL].(2019-07-23)[2019-07-31].http://www.moe.gov.cn/fbh/live/2019/50939/sfcl/201907/t20190723_391829.html.

[11]新华社. 教育部: 全国92.7%的县实现义务教育基本均衡发展[EB/OL].(2019-03-26)[2019-08-10]. http://www.xinhuanet.com/2019-03-26/c_1124285229.htm.

[12]赵佳音. "全面二孩政策"背景下全国及各省市学龄人口预测: 2016至2025年学前到高中阶段[J]. 教育与经济, 2016(4): 64-66.

[13]中国人民银行. 中国金融市场发展报告2018[R]. 上海: 中国人民银行, 2019.

[14]住房和城乡建设部. GB 50099—2011中小学校设计规范 [S].北京: 中国建筑工业出版社, 2010.

[15]METAARI ADVANCED LEARNING TECHNOLOGY RESEARCH. AI-based Learning Going Mainstream[EB/OL].[2019-08-04].https://2elearning.com/news/top-stories/item/57133-ai-based-learning-going-mainstream.

[16]QS QUACQUARELLI SYMONDS LIMITED. QS Higher Education System Strength Rankings[EB/OL].[2019-06-30]. https://www.topuniversities.com/system-strength-rankings/2018.

[17]QS QUACQUARELLI SYMONDS LIMITED. QS World University Rankings[EB/OL].[2019-06-30]. https://www.topuniversities.com/qs-world-university-rankings.

[18]UNITED NATIONS EDUCATIONAL, SCIENTIFIC AND CULTURAL ORGANIZATION. Global Education Monitoring Report Summary 2017/8:Accountability in education: Meeting our commitments[R]. Paris: UNESCO, 2017.

[19]UNITED NATIONS, DEPARTMENT OF ECONOMIC AND SOCIAL AFFAIRS, POPULATION DIVISION. Quinquennial Population by Five-Year Age Groups - Both Sexes[DS/OL].(2019-06-04)[2019-07-23]. https://population.un.org/wpp/Download/Files/1_Indicators%20(Standard)/EXCEL_FILES/1_Population/WPP2019_POP_F07_1_POPULATION_BY_AGE_BOTH_SEXES.xlsx.

幼儿教育装备2018年度发展报告

李晓静

2018年是我国幼儿教育及幼儿教育装备发展过程中具有特殊意义的一年。

2010年7月，国务院颁布《国家中长期教育改革和发展规划纲要（2010—2020年）》，提出大力发展学前教育：到2020年普及学前一年教育，基本普及学前两年教育，有条件的地区普及学前三年教育。该纲要颁布8年来，在规划目标指引下，各地学前教育事业蓬勃发展，"入园难"问题得到有效缓解。然而，在教育规模逐步扩大的同时，我国学前教育仍面临教育资源（尤其是普惠性资源）不足、政策保障体系不完善、教师队伍建设滞后、监管体制机制不健全、保教质量有待提高、存在"小学化"倾向、部分民办园过度逐利、幼儿安全问题时有发生等问题。

在此大背景下，中共中央、国务院于2018年11月出台了《关于学前教育深化改革规范发展的若干意见》，提出包括优化布局与办园结构、拓宽途径扩大资源供给、健全经费投入长效机制、大力加强幼儿园教师队伍建设、完善监管体系、规范发展民办园、提高幼儿园保教质量、加强组织领导等方面在内的35条重大政策措施。这是中华人民共和国成立以来首次以中共中央、国务院名义专门印发关于学前教育工作的意见，是以习近平同志为核心的党中央对学前教育事业做出的重大战略决策部署，是新时代学前教育深化改革规范发展的行动指南，对切实办好新时代学前教育、更好地实现"幼有所育"发挥重要的推动作用。

幼儿教育装备是开展学前教育活动的物质基础，这一重磅文件的出台也为幼儿教育装备的发展指明了方向。在我国学前教育由量变走向质变的过程中，幼儿园等学前教育机构的软硬件条件势必需要得到改善与提升，为幼儿创设安全、健康、富有教育意义的生活、游戏和学习环境，配备种类多样、数量充足、安全可靠的玩教具和内容资源势在必行。

一、相关统计数据解读

（一）学前教育规模持续扩大，经费投入稳步增长

教育部发展规划司公布数据显示，2018年我国学前教育规模持续扩大：全国有

各类型幼儿园26.67万所，比上年增长4.6%。入园人数18639134人，比上年下降3.82%；在园46564204人，比上年增长1.22%。学前教育阶段的幼儿园数量、在园人数均创新高，毛入园率达81.7%，比上年提高2.1个百分点（见图1）。

图1　我国学前教育在园幼儿和毛入园率统计

经费投入方面，教育部《2018年全国教育经费统计快报》显示，2018年全国教育经费总投入为46135亿元，比上年增长8.39%。其中，国家财政性教育经费为36990亿元，比上年增长8.13%。教育经费总投入在学前教育、义务教育、高中阶段教育、高等教育和其他教育间的分配占比分别为7.96%、45.21%、15.57%、26.04%、5.22%。根据统计快报，2018年全国幼儿园、小学、初中、普通高中、中等职业学校、普通高等学校生均教育经费总支出均比上年有所增长，增幅分别为8.93%、4.56%、5.32%、10.04%、7.45%、8.42%（见图2）。从生均教育经费总支出增幅来看，学前教育阶段生均经费支出的增幅排名第二，且高于全国教育经费总投入增幅。教育政策和政府扶持力度对学前教育事业的重视与倾斜，释放了学前教育前景利好的信号，将进一步刺激幼教装备市场的发展壮大。

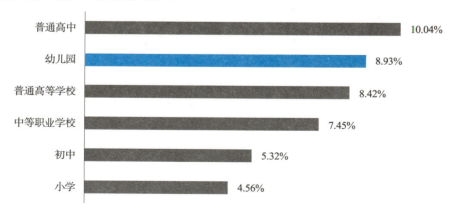

图2　2018年各类教育生均教育经费总支出较2017年增长情况

（二）普惠性幼儿园快速增长，民办园数量稳中有进

教育部公布数据显示，2018年全国共有普惠性幼儿园18.29万所，比上年增长11.14%，普惠性幼儿园占全国幼儿园的比重为68.57%。普惠性幼儿园在园幼儿3402.23万人，比上年增长4.72%，占全国在园幼儿的比重为73.07%。

长期以来，民办教育一直是我国学前教育的重要组成部分。2018年全国民办幼儿园16.58万所，比上年增加5407所，占全国幼儿园数的62.16%；在园幼儿2639.78万人，比上年增长2.62%，占全国在园幼儿数的56.69%。

（三）学前教育教师队伍继续壮大

教育部公布数据显示，2018年全国幼儿园教职工数4531454人，其中，园长292146人、专任教师2581363人、保健医112984、保育员910332人、其他人员634629人。另外还有代课教师157980人、兼任教师46833人。幼儿园专任教师比上年增长6.14%，专任教师中接受过学前教育专业教育的比例为70.94%。幼儿园园长和专任教师中，按学历划分：研究生毕业7852人、本科毕业686328人、专科毕业1658526人、高中阶段毕业476148人、高中阶段以下毕业44655人；按专业技术职务划分：中学高级27954人、小学高级200858人、小学一级302657、小学二级167897人、小学三级30549人、未定级2143594人。

随着学前教育的大发展，幼儿教师的需求缺口仍然较大。据教育部估计，到2020年幼儿教师和保育员的缺口将达190万人。基于此，教育部出台《幼儿园教职工配备标准》和《关于加强幼儿园教师队伍建设的意见》，各地根据要求，结合本地实际，采取多种方式补充教职工。截至2017年，已有15个省（区、市）制定了幼儿园教师编制标准，为幼儿园核定教师缺口、建立相应补充机制提供了重要依据。另外，为提高既有幼儿教师质量，2011年教育部开始将幼师培训纳入"国培计划"并向中西部农村幼儿园骨干教师倾斜。据统计，幼师"国培计划"实施以来，中央财政已投入29亿元，累计培训中西部地区农村幼儿园骨干教师100多万人次。

（四）基础办学条件稳步提升

教育部公布数据显示，2018年全国幼儿园总占地面积623452804.34m²（含运动场地面积209158924.88m²），校舍建筑面积353827560.97m²。城区幼儿园占地面积215298932.32m²（含城乡结合区占地40542094.6m²），镇区幼儿园占地面积227774793.59m²（含镇乡结合区62925898.77m²），乡村幼儿园占地面积180379078.43m²。以校舍用房种类划分：教学及辅助用房占地246276136.12m²，其中，活动室占地144442926.72m²、洗手间占地23987576.33m²、睡眠室占地60856390m²、保健室占地面积7001970.81m²、图书室占地面积9987272.26m²；行政办公用房占地面积23896994.52m²，其中，教师办公室占地面积13607806.55m²；生活用房占地面积36262674.7m²，其中，厨房占地面积17474285.71m²；其他用房占地面积47391755.63m²。在图书配备方面，2018年全国幼儿园共配备图书393513020册。

从2018年在园幼儿人均数据观察，较之2017年人均校舍建筑面积增长9.07%，人均运动场地面积增长7.49%，人均图书册数增长8.33%。通过这三项与幼儿教育装备直接相关的数据的三年变化情况（见图3）可知，学前教育基础办学条件一直在稳步提升，且2018年增速均高于之前两年。这一变化趋势与国家在学前教育领域的投入增速相符。结合《关于学前教育深化改革规范发展的若干意见》的出台，幼儿教育装备行业将迎来更为广阔的发展空间。

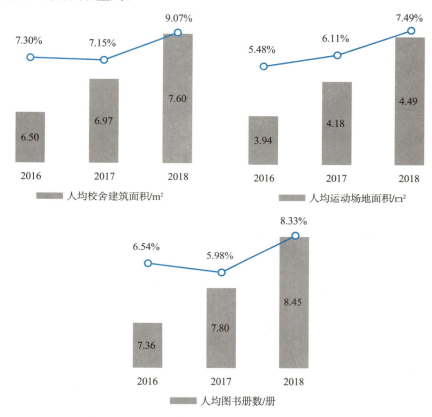

图3　2016~2018年全国在园幼儿人均资源占有情况及增长率

（五）人口趋势与幼教装备市场

2015年，我国决定实施"全面二孩"的政策。受该政策影响，我国2016年全年出生人口1786万人，人口出生率为12.95‰，同比增长了7.9%，创下2011年以来的新高。然而，2017年起政策效应减弱，人口出生率不及预期，全年出生人口1723万人，人口出生率为12.43‰，2018年更降至10.94‰，为中华人民共和国成立后的最低值。国家统计局数据显示：2018年末我国总人口139538万人，比2017年末净增530万人；全年出生人口1523万人，比2017年减少200万人；死亡人口993万人，比2017年微增7万人。人口自然增长率为3.81‰，较2017年下降1.51个千分点。

新生人口数量的下降势必在一定时间范围内对幼教装备市场产生一定的影响。但从我国人口基数，当前育龄妇女数量、结构和生育水平测算，今后一段时期我国人口总量仍会处于相对平稳的增长期。从国家对待人口问题的政策和战略来看，党中央、国务院高度重视新时期人口问题，深刻把握人口发展变化规律，科学制定应对措施，实施人口均衡发展，不断促进人口和社会经济持续协调健康发展。同时，由于城镇化率提高和教育消费水平升级，幼儿教育装备市场仍具备较好的发展潜力。

二、幼儿教育装备年度要事纪略

（一）学前教育列入"政府工作报告"，获"两会"热点关注

2018年"两会"期间，教育话题热点不断，其中最热的主题词之一当属学前教育。学前教育是新时期中国教育发展最快的一部分，也是当前中国教育最大的短板之一。3月5日，国务院总理李克强代表国务院向十三届全国人大一次会议作政府工作报告时强调："要多渠道增加学前教育资源供给，运用互联网等信息化手段，加强对儿童托育全过程监管，一定要让家长放心安心。"3月16日教育部部长陈宝生在十三届全国人大一次会议新闻中心举行的记者会上表示，目前发展学前教育"既要继续解决有没有的问题，更要下大力气解决好不好的问题"，提出了包括加强幼儿园监管、强化幼儿园安全管理、综合治理小学化倾向、加强师资队伍建设、加快学前教育立法等在内的七方面措施。

（二）探索互联网等新技术在幼儿园的应用

3月12日，教育部教育装备研究与发展中心印发2018年工作要点，在"深化科研支撑育人"这一部分中提到：加强幼儿园教育装备评价研究，探索互联网等新技术在幼儿园中的应用，开展幼儿园教育装备安全规范化建设研究；落实国家有关促进幼儿园教师专业发展工作的要求，开展全国幼儿园优秀自制玩教具展评活动，加强幼儿园教师游戏玩具创新设计及教学应用，促进幼儿园教师教学能力提升。

（三）学前教育宣传月正式启动

5月19日，以"我是幼儿园老师"为主题的第七个全国学前教育宣传月活动在上海启动。教育部党组成员、副部长朱之文在启动仪式上指出：我国学前教育正加快向更加普惠、更高水平迈进，当前和今后一个时期，要坚持把幼儿教师作为办好学前教育的第一资源，把加快建设一支师德高尚、热爱儿童、业务精良、数量充足、结构合理、充满活力的幼儿教师队伍作为核心任务；要依法保障幼儿教师地位和待遇，切实把好各类幼儿园园长、教师入口关，强化师德师风建设，提高幼儿教师的职业素养，扩大幼儿教师培养规模。朱之文强调，要抓住契机，持续不断地把宣传月活动抓实抓好。

（四）教育部幼儿园教师队伍建设工作研讨会召开

10月25~26日，教育部办公厅"幼儿园教师队伍建设工作研讨会"在浙江省杭州市召开。会议指出，党的十八大以来，我国学前教育发展驶入快车道，幼儿园教师队伍

建设工作坚持以问题为导向，不断深化改革创新，取得了明显成效；但面对新形势、新任务、新要求，幼儿园教师队伍建设与党中央的要求还有很大差距，还不能很好满足人民群众对优质学前教育的需求，还是当前教育领域民生工作的一个短板。会议强调，当前和今后一个时期，教师工作战线要进一步强化责任担当，锐意开拓进取，着力解决好幼儿园教师队伍建设的难点、痛点、堵点问题。要加强师德师风建设，铺好幼儿园教师队伍底色；要强化资格准入制度，把好幼儿园教师队伍入口；要创新补充配备方式，扩大幼儿园教师队伍规模；要落实待遇保障水平，增强幼儿园教师职业吸引力；要健全培养培训体系，提高幼儿园教师队伍质量；要宣传先进典型经验，营造尊师重教的良好氛围，为学前教育的改革发展提供强有力的人才支撑和保证。

（五）2018第六届西部幼教论坛召开

2018年11月2~4日，以"'一带一路'多元文化视域下的学前教育融合与发展"为主题的第六届西部幼教论坛暨西部幼教产业博览会在成都举行。大会设主论坛和11个平行分论坛，包括"多元文化视角下幼儿园发展与课程建设""区域学前教育发展与文化传承""传统文化与幼儿游戏""聚焦质量的儿童发展与评价""学前教育的国际化视野""家庭与社区融合的幼儿教育""教育变革中的幼师专业发展""新形势下园长职业化成长之路""民办幼儿园成长与发展之路""幼儿园顶层规划与未来创新发展""幼教技术服务创新与儿童发展"等主题。来自世界多个国家和地区的80位专家出席论坛并发表主题演讲，全国5000多位幼儿园园长、教师及100余家幼教机构代表参会。论坛同期举办的第六届中国西部国际幼教产业博览会展厅面积12000m²，共有100余学前教育优质展商参展。

（六）学前教育深化改革与规范发展文件印发

11月7日，中共中央、国务院印发了《关于学前教育深化改革规范发展的若干意见》。以中共中央、国务院名义专门印发关于学前教育工作的意见，这是中华人民共和国成立以来的第一次，充分体现了以习近平同志为核心的党中央对学前教育工作的高度重视、对办好学前教育的坚定意志、对广大学龄前儿童的亲切关怀。该意见提出了对新时代学前教育改革发展的顶层设计和重大部署，是贯彻落实党的十九大"办好学前教育"、实现"幼有所育"的实际行动，进一步确立了学前教育公益普惠的基本方向和发展目标，进一步完善了学前教育政策保障体系（包括资源供给、经费投入、教师队伍建设等政策保障），进一步强化了完善监管体系、规范办园行为、提高办园质量等方面的规定要求。该意见进一步明确了学前教育改革发展的前进方向，将成为未来一段时间内广大学前教育从业者和幼儿教育装备工作者的行动指南。

（七）行业组织要事

（1）行业组织推进幼教装备行业标准研发

幼儿园装备标准既是幼儿园重要的办园标准，也是评价幼儿园教育环境质量的重要指标，对于推进幼儿园装备建设的标准化和科学化，提高幼儿园保育和教育的质量具有重要意义。2018年7月28日，中国教育装备行业协会幼儿教育装备分会"幼儿园装备标准研制研讨会"在北京召开，与会专家分享了标准研制工作的阶段性进展。北京师范大学教授刘焱从幼儿教育专业角度和目前中国幼儿园的现状出发，梳理了技术标准和配备标准之间的关系，确定了标准的撰写体例，明晰了研制工作的思路，明确了工作方向。

（2）以行业课题研究促进学前教育教学模式转变

中国教育装备行业协会教育装备研究院立项课题"以研究玩具和童书为切入点，推动幼儿园教学模式的转变"于2018年通过专家评审，顺利结项。此项研究工作理论与实践结合，推进了学前教育的实证研究、行动研究。行业协会在研究过程中充分发挥专业组织作用，联合各地教科研单位、幼儿园、高校学前教育专业与媒体等多方力量与资源，争取政府认可与支持，凝聚了一批渴望学习、渴望提升的园所与教师。课题研究过程中，借助行业协会、互联网平台、论坛会议等，构建了多层次的学习共同体，创新了教师培训模式，实现了幼儿教师在虚拟结合的社会网络中的广泛互动和移动学习，形成了全国研究性教科研协作体，促进了幼儿教师理念的转变，推动了幼儿园教学模式的转变。

（3）"两寻找三研究"活动持续助力我国学前教育质量提升

为贯彻落实《3~6岁儿童学习与发展指南》、推进教育部2018年学前教育重点工作，推动学前教育优质健康发展，在首届活动取得圆满成功的基础上，中国教育装备行业协会幼教分会继续开展第二届全国"两寻找三研究"活动。活动以"寻找身边好玩具、寻找身边好童书，研究玩具和童书、研究儿童、研究教学策略"为主题，以发现好玩具和好童书为起点，推动幼儿教师研究玩具和童书，开启教师发现儿童、研究儿童、研究教学策略之旅。活动旨在提高幼儿教师专业化水平、推动幼儿园游戏开展、提高学前教育质量和内涵，在加强学前教育师资力量的同时，为幼儿园玩教具和图书配备、为家庭选择玩具和童书提供指导和参考，引导玩具和童书行业品质发展。2018年，组织方开展了包括"种子教师研修班"及大型公益巡讲等在内的多项活动，得到了全国1000多家园所和近3000名园长、教师的积极响应，切实增进了活动的普惠性。

三、国家政策导向及重点工作

《关于学前教育深化改革规范发展的若干意见》（本篇以下简称《意见》）在学前教育领域乃至全社会引发了热烈讨论。《意见》强化国家提供和举办学前教育的主导主体责任，积极引导市场，支持社会参与办学，推动学前教育发展，顺应了当前学前教育发展的国际趋势，响应了国内广大民众对解决"入园难、入园贵"问题的热切期盼，抓住了我国学前教育发展的痛点和难点，提出了全面系统、明确有力的治理措施，对学前教育的制度保障、经费投入、结构调整、资源扩展、队伍建设、组织管理等进行了全方位的考虑和安排，旨在确保学前教育改革发展"有钱、有物、有人"。《意见》将成为未来若干年学前教育发展的基础性指导文件，也将成为我国幼儿教育装备行业发展的指南。下文将对《意见》内容予以归纳梳理并从七方面进行解读，以厘清国家政策导向及重点建设方向，提出教育装备行业可能面对的变化和相应的行动方针。

（一）优化布局与办园结构

优化布局方面，《意见》主要强调要把普惠性幼儿园建设纳入城乡公共管理和公共服务设施统一规划，同时结合乡村振兴战略，大力发展农村学前教育，完善县、乡、村三级学前教育公共服务网络。办园结构调整方面，构建以普惠性资源为主体的办园体系，大力发展公办园，逐步提高公办园在园幼儿占比，到2020年全国原则上达到50%；同时，积极扶持民办园提供普惠性服务，规范营利性民办园发展，使办园结构和资源供给既满足人民群众对普惠性学前教育的强烈愿望，又满足一些家长多样化的选择性需求。

综合考虑以上措施，幼教装备行业应从市场区位和客户类型变化方面入手，在渠道和服务网络层面有重点地提前进行布局，同时为公办普惠园的比例提升做好相应的机制性准备。

（二）拓宽途径扩大资源供给，健全经费投入长效机制

在拓宽途径扩大资源供给方面，《意见》主要强调四方面的措施。一是国家继续实施学前教育行动计划，重点支持农村地区、脱贫攻坚地区、新增人口集中地区新建改扩建一批普惠性幼儿园。二是积极挖潜扩大增量，充分利用乡村公共服务设施、农村中小学闲置校舍等资源举办公办园，鼓励支持街道、村集体和有实力的国有企事业单位举办公办园。三是规范小区配套幼儿园建设使用并开展专项治理，将小区配套园建成公办园或委托办成普惠性民办园。四是鼓励社会力量办园，加大力度积极扶持普惠性民办园，要求各省（区、市）进一步完善普惠性民办园认定标准、补助标准及扶持政策。在健全经费投入长效机制方面，主要有三项举措。一是优化财政投入结构，逐步提高学前教育财政投入和支持水平。中央财政继续安排支持学前教育发展专项资金，重点向中西部农村地区和贫困地区倾斜。二是完善成本分担机制，到2020年各省（区、市）出台并落实公办园生均拨款标准或生均公用经费标准，制定企事业单位、部队、街道、村集体办园和普惠性民办园财政补助政策。根据办园成本、经济发展水平和群众承受能力等因素，合理确定公办园收费标准并建立定期调整机制。民办园收费项目和标准根据办园成本、市场需求等因素合理确定，向社会公示，并接受有关主管部门的监督，坚决抑制过高收费。三是完善学前教育资助制度，确保接受普惠性学前教育的家庭经济困难幼儿、孤儿和残疾儿童获得资助。

资源供给规模的扩大和资金配套保障机制的完善，将为幼儿教育装备的发展提供更加充分的增长空间和驱动力。

（三）加强幼儿园教师队伍建设

在加强幼儿园教师队伍建设方面，《意见》主要提出三方面的举措。一是严格依标配备教职工。要求及时补充公办园教职工，严禁"有编不补"。民办园按照配备标准配足配齐教职工。二是健全待遇保障机制。认真解决公办园非在编教师待遇问题，明确提出统筹公办园教师工资收入政策、经费支出渠道，确保公办园所聘用教师的工资及时足额发放、同工同酬。将公办园中保育员、安保、厨师等服务纳入政府购买服务范围，纳入地方财政预算。有条件的地方可试点实施乡村公办园教师生活补助政策。民办园要参照当地公办园教师工资收入水平，合理确定相应教师的工资收入。各类幼儿园依法依规足额足项为教职工缴纳社会保险和住房公积金。三是提高教师素质。严把幼儿园教师准入关，全面落实持证上岗制度。健全幼儿园教师培养体系，办好幼儿师范院校，扩大有质量教师供给。制订幼儿园教师培训课程指导标准，实行幼儿园园长、教师定期培训和全员轮训制度，进一步提高教师科学保教素质和能力。学前教育教师的教育工作是2018年的一项重点工作，教育部同年发布的《教师教育振兴行动计划（2018—2022年）》《关于实施卓越教师培养计划2.0的意见》《新时代幼儿园教师职业行为十项准则》和《幼儿园教师违反职业道德行为处理办法》等多份文件均有涉及。

幼儿园教师队伍建设的加强，意味着更多的幼儿园园长和教师有机会接触到与时俱进的教学理念和教学手段，玩教具、读物等幼儿教育装备的需求和应用水平将得到相应提升；另外，根据《意见》中关于各地可将公办园中保育员、安保、厨师等服务纳入政府购买服务范围的办法，幼教后勤装备及其相关服务解决方案也将迎来更大的市场空间。同时，社会行业组织应更加积极地发挥能动性，更多地开展行业主导的教师培训项目，助力学前教育教师队伍建设。

（四）完善监管体系

完善监管体系层面，《意见》主要包括五项措施。一是完善教育部门主管、各有关部门分工负责的监管机制。充实教育部门学前教育管理机构和管理人员。二是加强源头监管，严格幼儿园准入管理，严格执行"先证后照"制度。三是完善过程监管，强化对幼儿园教职工资质和配备、收费行为、安全防护、卫生保健、保教质量等方面的动态监管。四是强化安全监管，健全幼儿园安全防护体系，提升人防、物防、技防能力。五是严格依法监管。实行幼儿园责任督学挂牌督导制度。对存在伤害儿童、违规收费等行为的，依法依规严肃处理。

政府对学前教育的监管范围和力度不断提升，对幼儿教育装备企业在经营过程及产品和服务的合规性、安全性方面都提出了更高的要求；而《意见》中提到的"建设全国学前教育管理信息系统，提高学前教育信息化管理水平"的要求，则将扩增学前教育管理信息化市场的需求。

（五）规范发展民办幼儿园

此次《意见》的出台对民办幼儿园发展影响巨大。《意见》强调在坚持鼓励支持社会力量办园的同时，强化规范发展，提出了三方面的举措。一是稳妥实施分类管理，明确分类管理政策，确保分类登记平稳实施、有序进行。二是针对部分民办园的过度逐利行为，明确提出了"社会资本不得通过兼并收购、受托经营、加盟连锁、利用可变利益实体、协议控制等方式控制国有资产或集体资产举办的幼儿园、非营利性幼儿园"，以及"民办园一律不准单独或作为一部分资产打包上市，上市公司不得通过股票市场融资投资营利性幼儿园，不得通过发行股份或支付现金等方式购买营利性幼儿园资产"等规定，填补制度空白，堵住监管漏洞，促进学前教育回归教育本位。三是将无证园全部纳入监管范围，稳妥做好排查、分类、扶持和治理工作，计划于2020年底前完成无证园治理工作。

随着上述政策的逐步落地，与民办幼儿园相关的市场需求将发生变化。幼儿教育装备企业应根据政策导向，在产品定位、目标市场等方面及时做出调整，规避因客户结构变化而产生的风险，迎接学前教育回归教育本质的新常态。

（六）提高幼儿园保教质量

《意见》对于提高幼儿园保教质量的各项要求与幼儿教育装备行业紧密相关，主要有以下四方面内容。一是全面改善办园条件，引导幼儿园为幼儿提供有利于激发学习探索、安全、丰富、适宜的玩教具和图书，改善办园条件。二是坚持保教结合，寓教于乐，遵循幼儿身心发展规律，坚持以游戏为基本活动，防止和纠正幼儿园"小学化"倾向。三是完善学前教育教研体系，加强园本教研、区域教研。四是健全质量评估监测体系，将各类幼儿园全部纳入质量评估范畴，定期向社会公布评估结果。

幼儿教育装备企业应以国家及各省（区、市）的装备配备指南及评估标准等规范性文件为准绳，合理规划产品体系和研发方向，为幼儿教育机构提供符合质量安全标准及幼儿身心发展规律的装备与服务。教育装备行业组织应积极参与到相关规范的制定中来，在规范性文件落地过程中发挥引领作用，在提高幼儿园保教质量方面，搭建好政府、幼儿园、企业间的桥梁。

（七）强化组织领导

在强化组织领导方面，《意见》重点强调了加强党对学前教育事业的领导、落实学前教育管理体制、完善部门协调工作机制、制定《学前教育法》、建立督导问责机制等举措。

随着顶层责任机制的落实、法律空缺的填补和法制化监管的深入，我国学前教育将步入有章可循、有法可依的规范性发展新阶段，幼儿教育装备行业及市场竞争也将日趋规范有序。行业企业和社会组织应深入研究相关法规制度，做好合规工作。

四、幼儿教育装备发展建言

《意见》的发布标志着我国学前教育发展即将翻开新的篇章。深入理解《意见》要从深化改革和规范发展这两条主线入手。《意见》有两个鲜明的主题：一是以政府为主导和责任主体，进一步推进和完善处于起步阶段的我国普惠性学前教育公共服务体系；二是建章立制，确保我国学前教育健康发展。其中，突出的一点是为我国普惠性学前教育公共服务建立非营利的供给制度，遏制资本在学前教育领域的过度逐利行为。

《意见》强调，办好新时代学前教育必须要坚持以习近平新时代中国特色社会主义思想为指导，认真落实立德树人根本任务，牢牢把握公益普惠基本方向，切实落实各级政府在学前教育规划、投入、教师队伍建设、监管等方面的责任，坚持公办民办并举，着力扩大普惠性学前教育资源，完善学前教育体制机制和政策保障体系，推进学前教育普及、普惠、安全、优质发展。《意见》明确了2020年的发展目标和2035年中长期目标。提出到2020年，学前三年毛入园率达到85%、普惠性幼儿园覆盖率达到80%，基本建成广覆盖、保基本、有质量的学前教育公共服务体系，有效解决"入园难、入园贵"问题；到2035年全面普及学前三年教育，建成覆盖城乡、布局合理的学前教育公共服务体系，为幼儿提供更加充裕、更加普惠、更加优质的学前教育。

为紧跟行业新动向，在更好地服务我国学前教育事业的同时取得自身发展，幼儿教育装备行业相关主体应深入研究《意见》，切实把握好宏观精神和政策导向。在实践层面，行业主体应密切关注和参与《意见》落实过程中国家和地方出台的相关法律、细则、标准、规范、指南等文件，同时将正确、合规的理念带入企业经营和产品研发中去。以信息技术在幼教装备中的应用为例：科学技术的快速发展使我国教育装备产品结构不断优化，品种不断丰富，大量新技术、新产品也开始进入学前教育领域，为学前教育的发展提供了新动能。但我们也应看到，教育装备的背后是教育理念的支撑。幼儿教育装备的发展要坚持以幼儿发展为本的教育理念，符合幼儿的学习方式和认知规律，充分保障儿童主动探索、自主构建的主体地位。因此，在相关行业标准规范的制定过程中，在相关产品与服务的设计、推广、选用过程中，有关责任主体应结合《意见》精神，充分考量幼儿身心发展规律及地方发展特点，让学前教育机构的装备切实满足保教工作需要，克服装备配备中存在的小学化、成人化倾向，避免对信息技术元素的不合理利用。另外，在运用互联网等信息化手段探索对儿童托育全过程监管的过程中，有关责任主体也应做好功能机制设计和应用管理工作，在保障儿童隐私的前提下开展监管，助力和谐、互信、合作的家园关系形成。

　　《意见》的出台，使2018年成为我国幼儿教育事业发展过程中具有里程碑意义的一年。相信随着《意见》的落地实施，我国学前教育领域将发生质的改变，幼儿教育装备行业也将迎来相应的结构性调整和转型升级。我们期待，幼儿教育装备行业的从业者能够把握学前教育深化改革、规范发展的时机，寻求幼儿教育装备新发展，为我国幼儿教育事业发展做出贡献。

（作者单位：中国教育装备行业协会幼儿教育装备分会）

基础教育装备2018年度发展报告

乔凤天

教育装备是学校教书育人的物质基础和必要条件，是实现教育现代化的关键标志和重要支撑，更是全面实施素质教育，着力培养学生创新精神、实践能力和促进学生全面发展的重要载体。《国家中长期教育改革和发展规划纲要（2010—2020年）》提出，要均衡配置教师、设备、图书、校舍等资源，切实缩小区域、城乡、校际之间差距，到2020年全面提高普及水平，全面提高教育质量，基本实现区域内均衡发展。2018年是我国城乡义务教育一体化建设的关键之年，也是"全面改薄"项目实施和收尾的关键期。同年，国家启动了"教育信息化2.0行动计划"，加快了发展基于互联网的教育服务模式，开展了教育大资源共享计划、网络扶智工程，推进了教材建设、教育装备标准制定等工作，向基本实现教育现代化的目标奋进。

一、相关统计数据解读

据统计，2018年我国有161811所小学，比上年减少5198所；51982所初中（其中，初级中学35275所、九年一贯制学校16996所、职业初中11所），比上年增加88所；13737所普通高中校（其中，完全中学5412所、高级中学6898所、十二年一贯制学校1427所），比上年增加182所。小学、初中、普通高中在校生分别为10339.3万人、4652.6万人、2375.4万人。以下从在校生规模、生均校舍面积、教学仪器设备配置、信息化条件、实验教学条件五方面，对我国基础教育装备的变化发展趋势予以分析。

（一）小学、初中、普通高中在校生规模呈增长趋势

2018年普通高中在校生2375.3万人，比2017年增加0.8万人，增幅为0.03%；2017年较2016年增加7.9万人，增幅为0.33%；2016年较2015年减少7.8万人，降幅为0.33%。2018年初中在校生4652.6万人，比2017年增加210.5万人，增幅为4.74%；2017年较2016年增加112.7万人，增幅为2.60%；2016年较2015年增加17.4万人，增幅为0.40%。2018年小学在校生10339.3万人，比2017年增加245.6万人，增幅为2.43%；2017年较2016年增加180.7万人，增幅为1.82%；2016年较2015年增加220.8万人，降幅为2.28%（见图1）。

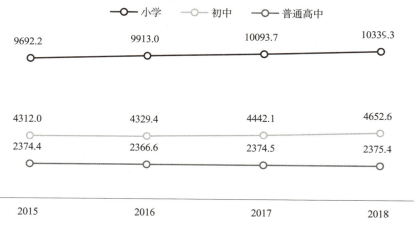

图1　2015~2018年全国小学、初中、普通高中在校生规模（单位：万人）

（二）生均校舍面积呈逐年增加趋势

从图2可以看出，生均校舍面积呈现逐年增加的趋势。2017~2018年，小学、初中、高中生均校舍面积均呈现增长趋势，高中2018年比2017年增长了1.13m²，初中和小学提高幅度较少，初中增长了0.1m²，小学增长了0.16m²。2016~2017年，小学、初中、高中生均校舍面积均呈现增长趋势，高中2017年比2016年增长了0.93m²，初中和小学提高幅度较少，初中增长了0.37m²，小学增长了0.28m²。2015~2016年小学、初中、高中生均校舍面积呈现增加趋势，小学2016年比2015年增长了0.21m²，初中增长了0.59m²，高中增长了0.91m²。总的来说，生均校舍面积小学最低，初中次之，普通高中最高，2018年小学生均校舍面积为7.60m²，初中生均校舍面积为13.83m²，普通高中生均校舍面积为22.82m²。

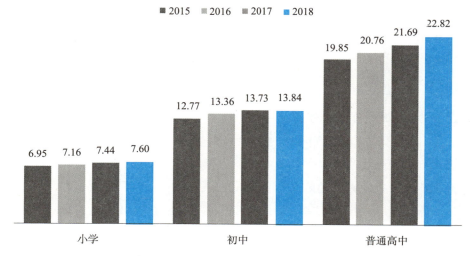

图2　2015~2018年全国小学、初中、普通高中生均校舍面积（单位：m²）

（三）教学仪器设备配置水平继续提升

据统计，全国小学、初中、普通高中教学仪器配置水平继续提升。从表1可看出，2018年全国小学、初中和高中配置教学仪器资产总值3731.10亿元，比上年增加422亿元，增长12.8%。其中，小学仪器设备资产总值1610.30亿元，比上年增加192.6亿元，增长13.6%；初中仪器设备资产总值1141.10亿元，比上年增长135.1亿元，增长13.4%；普通高中仪器设备资产总值979.7亿元，比上年增长94.3亿元，增长10.6%。从表2可以看出，2018年全国小学、初中和高中配置教学仪器设备生均资产值总值8134.4元，比上年增加736.0元，增长9.9%。其中小学仪器设备生均资产值1557.5元，比上年增加152.9元，增长10.9%；初中仪器设备生均资产值2452.6元，比上年增长187.9元，增长8.3%；普通高中仪器设备生均资产值4124.4元，比上年增长395.2元，增长10.6%。

表1　全国小学、初中、普通高中教学仪器设备资产总值

教育阶段	教学仪器设备资产值			
	2018/亿元	2017/亿元	比上年增加/亿元	比上年增长/亿元
合计	3731.1	3309.1	422.0	12.8%
小学	1610.3	1417.7	192.6	13.6%
初中	1141.1	1006.0	135.1	13.4%
普通高中	979.7	885.5	94.2	10.6%

表2　全国小学、初中、普通高中生均教学仪器设备资产值

教育阶段	生均教学仪器设备生均资产值			
	2018/元	2017/元	比上年增加/元	比上年增长/元
合计	8134.4	7398.4	736.0	9.9%
小学	1557.5	1404.5	152.9	10.9%
初中	2452.6	2264.7	187.9	8.3%
普通高中	4124.4	3729.2	395.2	10.6%

（四）学校信息化条件基本情况

2018年，教育部发布《教育信息化2.0行动计划》，积极推进"互联网+教育"，坚持信息技术与教育教学深度融合的核心理念，推动我国教育信息化整体水平走在世界前列，真正走出一条中国特色的教育信息化发展道路。近年来，我国教育信息化条件得到明显改善，全国小学、初中、普通高中每百名学生拥有计算机台数逐年增加；生均微机室面积呈现逐年增加趋势，义务教育学校生均微机室面积城乡差距消除，普通高中生均微机室面积城乡差距虽相对较大，但呈现逐年缩小的趋势；建网学校比例逐年增加。

（1）每百名学生拥有计算机台数逐年增加，城乡差距普通高中有所扩大，小学、初中基本消除

2015~2018年全国小学、初中、普通高中每百名学生拥有计算机台数均呈现逐年增加趋势（见图3）：小学2018年较2017年增长了0.71台，普通高中、初中分别增长了1.34台和0.49台。小学2017年比2016年增加了0.60台，高中和初中分别增长了1.24台和1.10台。2018年小学每百名学生拥有计算机台数为13.12台，初中每百名学生拥有计算机台数为18.22台，普通高中每百名学生拥有计算机台数为23.15台。每百名学生拥有计算机台数普通高中最高，初中次之，小学最低。

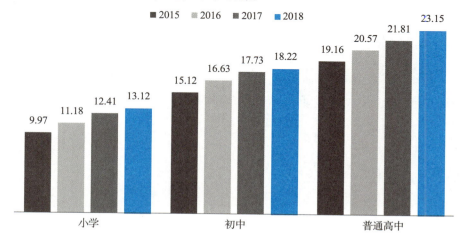

图3　2015~2018年全国小学、初中、普通高中每百名学生拥有计算机数量（单位：台）

从城乡差异视角观察，2015~2018年全国城区、镇区、乡村三级小学、初中、普通高中每百名学生拥有计算机台数均逐年递增（见图4）。其中，2018年城区小学每百名学生拥有计算机13.25台，较2015年增加1.38台，增幅11.57%；镇区小学11.44台，较2015年增加2.61台，增幅29.34%；乡村小学15.41台，较2015年增加6.02台，增幅64.09%。2018年城区初中每百名学生拥有计算机19.48台，较2015年增加2.57台，增幅15.19%；镇区初中16.47台，较2015年增加3.02台，增幅22.40%；乡村初中21.19台，较2015年增加4.61台，增幅27.78%。2018年城区普通高中每百名学生拥有计算机28.38台，较2015年增加4.56台，增幅19.11%；镇区普通高中17.87台，较2015年增加3.09台，增幅20.96%；乡村普通高中24.16台，较2015年增加3.43台，增幅16.56%。

（2）生均微机室面积呈现逐年增加趋势，义务教育学校生均微机室面积城区、镇区、乡村差距消除，乡村生均微机室面积已经普遍高于城区和镇区

从图5可看出，2015~2018年全国小学、初中、普通高中生均微机室面积呈现增长趋势。普通高中增幅最大，2018年比2015年增长0.0432m²，初中增长了0.0183m²，小学

增长了0.0419m²。2018年普通高中生均微机室面积最大，为0.3460m²；初中生均微机室面积次之，为0.2512m²；小学生均微机室面积最小，为0.1759m²。

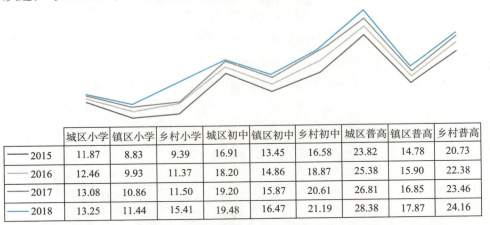

	城区小学	镇区小学	乡村小学	城区初中	镇区初中	乡村初中	城区普高	镇区普高	乡村普高
2015	11.87	8.83	9.39	16.91	13.45	16.58	23.82	14.78	20.73
2016	12.46	9.93	11.37	18.20	14.86	18.87	25.38	15.90	22.38
2017	13.08	10.86	11.50	19.20	15.87	20.61	26.81	16.85	23.46
2018	13.25	11.44	15.41	19.48	16.47	21.19	28.38	17.87	24.16

图4　2015~2018年全国城、镇、乡各类学校每百名学生拥有计算机数量（单位：台）

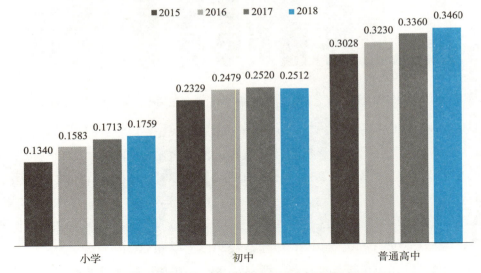

图5　2015~2018全国小学、初中、普通高中生均微机室面积（单位：m²）

从图6可看出，2015~2018年全国城区和镇区小学、初中生均微机室面积低于乡村，义务教育学校生均微机室面积城乡差距消除，乡村学校生均微机室面积反超城镇学校。普通高中生均微机室面积城乡差距逐年缩小，乡村学校已反超城区，镇区学校落后于城区和乡村。这是各级各类教育部门积极推动教育信息化建设、贯彻落实《国家中长期教育改革和发展规划纲要（2010—2020年）》精神，实施"全面薄改""教学点数字教育资源全覆盖"所取得的成果。

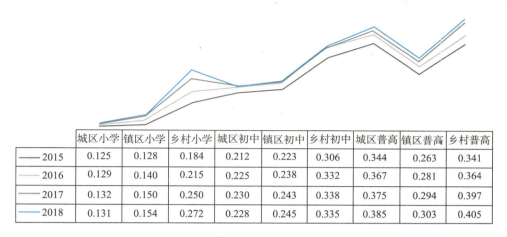

	城区小学	镇区小学	乡村小学	城区初中	镇区初中	乡村初中	城区普高	镇区普高	乡村普高
2015	0.125	0.128	0.184	0.212	0.223	0.306	0.344	0.263	0.341
2016	0.129	0.140	0.215	0.225	0.238	0.332	0.367	0.281	0.364
2017	0.132	0.150	0.250	0.230	0.243	0.338	0.375	0.294	0.397
2018	0.131	0.154	0.272	0.228	0.245	0.335	0.385	0.303	0.405

图6　2015~2018年全国城、镇、乡各类学校生均微机室面积（单位：m²）

（3）建立校园网学校比例逐年增加

从图7的数据显示，2018年小学建立校园网学校比例比2015年提高了21.72个百分点，初中建立校园网学校比例2018年比2015年提高了7.47个百分点，普通高中建立校园网学校比例2018年比2015年提高了0.57个百分点。由上述数据分析可知，2015~2018年全国小学、初中、普通高中建立校园网学校比例均呈增长趋势，校内网络教学环境不断改善。

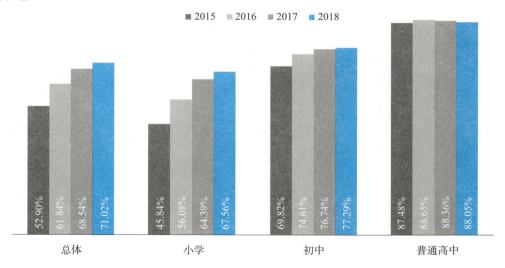

图7　2015~2018年全国小学、初中、普通高中建立校园网学校比例

（五）学校实验教学条件基本情况

（1）生均实验室面积逐年增加，小学生均实验室面积城乡差距已消除，初中、普通高中生均实验室面积城乡差距均呈现逐年缩小趋势

从图8可以看出，2015~2018年全国小学、初中、普通高中生均实验室面积呈逐

年增加趋势，2018年全国小学生均实验室面积为0.262m²，初中生均实验室面积为0.882m²，普通高中生均实验室面积为1.442m²。

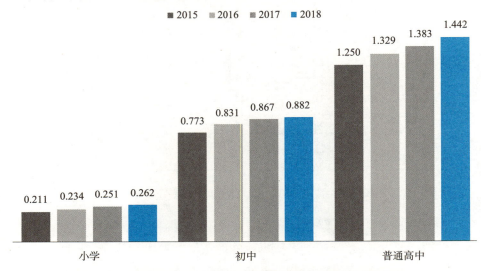

图8　2015~2018年全国小学、初中、普通高中生均实验室面积（单位：m²）

从图9可看出，全国城区、镇区、乡村小学、初中、普通高中生均实验室面积差距已基本消除。2015年、2016年、2017年、2018年乡村小学生均实验室面积反超城区小学0.104m²、0.135m²、0.163m²、0.181m²，乡村初中反超城区初中0.152m²、0.403m²、0.276m²、0.270m²。2015年、2016年、2017年、2018年全国城区普通高中生均实验室面积超出乡村普通高中0.097m²、0.076m²、0.013m²、0.003m²。由上述数据可以看出，小学和初中生均实验室面积的城乡差距已经消除，高中生均实验室面积的城乡差距逐年缩小。

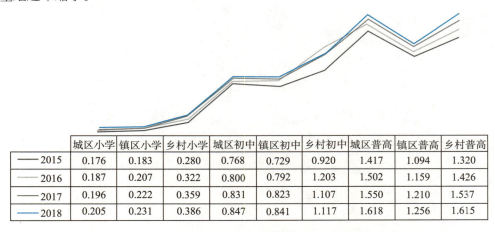

	城区小学	镇区小学	乡村小学	城区初中	镇区初中	乡村初中	城区普高	镇区普高	乡村普高
2015	0.176	0.183	0.280	0.768	0.729	0.920	1.417	1.094	1.320
2016	0.187	0.207	0.322	0.800	0.792	1.203	1.502	1.159	1.426
2017	0.196	0.222	0.359	0.831	0.823	1.107	1.550	1.210	1.537
2018	0.205	0.231	0.386	0.847	0.841	1.117	1.618	1.256	1.615

图9　2015~2018年全国城、镇、乡各类学校生均实验室面积（单位：m²）

（2）生均实验设备资产值普通高中最高、初中次之、小学最低，城乡差距逐年缩减

从图10可看出，普通高中生均实验设备资产值明显高于初中，初中明显高于小学。2018年，小学生均实验设备资产值为296.57元，初中生均实验设备资产值为691.37元，普通高中生均实验设备资产值为1265.21元。较之2015年，2018年小学生均实验设备资产值增加了67.23元、初中生均实验设备资产值增加了132.64元，普通高中生均实验设备资产值增加了251.14元。

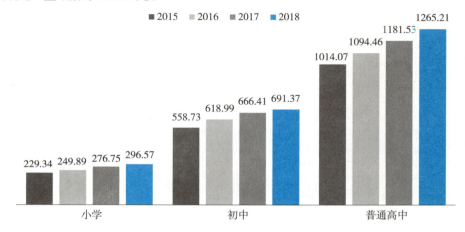

图10 2015~2018年全国小学、初中、普通高中生均实验设备资产值（单位：元）

由图11可知，2015~2018年，全国乡村小学、初中的生均实验设备资产值均高于城区和镇区，且差距逐年增大。2015~2017年乡村普通高中生均实验设备值低于城区，但差距逐渐缩小，到2018年时反超城区，镇区落后城区、乡村较多。2018年，乡村小学生均实验设备值为367.39元，比城区小学高出86.90元，比镇区小学高出103.47元；乡村初中生均实验设备值为874.12元，比城区初中高出188.12元，比镇区初中高出230.06元；乡村高中生均实验设备值为1542.96元，比城区高中高出52.84元，比镇区高中高出521.81元。从增量来看，乡村小学、初中、高中生均实验设备值年增长量明显高于城区。

（3）自然/理科实验仪器达标学校数总体增加，小学、初中、高中学校达标率均超九成

从表3可看出，2015~2018年全国小学、初中、普通高中自然/理科实验仪器达标校数不断增长。小学自然实验仪器达标校由2015年的131515所，增至2018年的151654所，2018年较2015年增加20139所；初中理科实验仪器达标校由2015年的45003所，增至2018年的49713所，2018年较2015年增加4710所；普通高中理科实验仪器达标校由2015年的11889所，增至2018年的12872所，2018年较2015年增加983所。

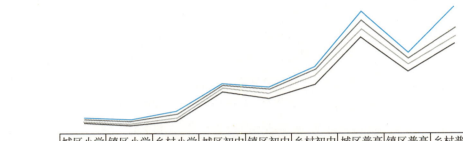

	城区小学	镇区小学	乡村小学	城区初中	镇区初中	乡村初中	城区普高	镇区普高	乡村普高
2015	245.00	202.41	246.33	576.25	510.02	673.14	1213.48	824.03	1126.72
2016	255.77	220.76	281.05	629.78	566.14	767.09	1300.85	892.11	1211.06
2017	271.30	245.49	326.99	668.55	613.48	844.78	1399.94	961.27	1303.71
2018	280.49	263.92	367.39	686.00	644.06	874.12	1490.51	1021.15	1542.93

图11　2015~2018年全国城、镇、乡各类学校生均实验设备资产值（单位：元）

表3　2018年全国自然/理科实验仪器达标学校数　　　　　　　　　单位：所

年份	小学	初中	普通高中
2015	131515	45003	11889
2016	141823	47227	12248
2017	149592	48840	12626
2018	151654	49713	12872

　　从图12可以看出，2015~2018年全国小学、初中、普通高中自然/理科实验仪器达标率均呈现逐年增长趋势。小学、初中增幅较大，普通高中增幅较小。自然/理科实验仪器达标比例小学最低，但2018年也首次超过90%；初中和普通高中达标比例相对较高。

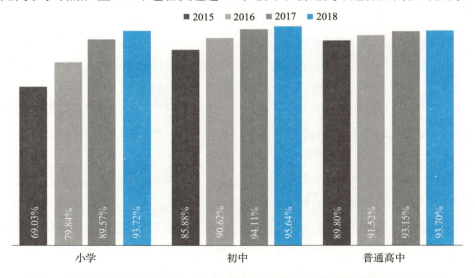

图12　2015~2018年全国小学、初中、普通高中自然/理科实验仪器达标学校占比

二、基础教育装备年度要事纪略

（一）团体标准建设工作不断推进

2018年3月26日，中国教育装备行业协会发布公告，发布《小学学具基本要求》（T/JYBZ 003—2018）、《中小学教室照明技术规范》（T/JYBZ 005—2018）、《中小学学生作业本基本要求》（T/JYBZ 006—2018）等团体标准。这是首批正式发布的中国教育装备行业团体标准，是我国基础教育装备标准的重要补充和完善。

2018年2月6日，中国教育装备行业协会《关于开展第二批教育装备行业团体标准立项申报工作的通知》发布后，各省级教育装备管理部门（协会）、专业分会、行业企业等相关单位积极申报，共收到51份团体标准的立项申报材料。中国教育装备行业团体标准委员会组织专家委员对上述申报项目进行了评审，决定批准"中小学创新创造实验室建设规范"等7个团体标准立项。

（二）义务教育学校国家基本装备标准编制

2018年4月2日，教育部教育装备研究与发展中心在北京召开义务教育学校国家基本装备标准编制研讨会。会议对教育装备战线书写"奋进之笔"的重点工作进行了部署，对标准编制工作的基本原则、工作方案、工作计划、时间表与路线图进行了详细解读。

2018年4月23~27日，教育部教育装备研究与发展中心调研组就落实《关于深化教育体制机制改革的意见》做好义务教育学校国家基本装备标准的研制工作，赴福建省开展中小学教育装备专题调研，为切实推动义务教育学校国家基本装备标准的研制工作积累了重要的一手资料。

（三）2018年全国教育信息化工作会议举行

2018年4月24~25日，全国教育信息化工作会议在重庆璧山召开。时任教育部副部长杜占元出席会议并讲话。会议就加快推进教育信息化融合创新发展进行了交流研讨，重庆、上海、江苏、贵州、宁夏等省（区、市）在会上做典型发言，教育部科技司、基教司、职成司、高教司、教师司负责人对年度重点工作进行了部署。会议传达了加快融合创新发展，让教育信息化2.0变为现实的精神。

（四）全面加强乡村小规模学校和乡镇寄宿制学校建设

2018年5月2日，国务院办公厅发布《关于全面加强乡村小规模学校和乡镇寄宿制学校建设的指导意见》，提出：①重点保障，兜住底线。坚持优先发展农村义务教育，公共资源配置对两类学校重点保障。加强分类指导，精准施策，立足省情、县情、校情，从最迫切的需求入手，推进学校基础设施建设和教学装备配备，补齐两类学校办学条件短板。加强经费投入使用管理，切实保障两类学校正常运行。

②完善办学标准。各省（区、市）要认真落实国家普通中小学校建设标准、装备配备标准和全面改善贫困地区义务教育薄弱学校基本办学条件有关要求，按照"实用、够用、安全、节俭"的原则，结合本地实际，针对两类学校特点，合理确定两类学校校舍建设、装备配备、信息化、安全防范等基本办学标准。对于小规模学校，要保障信息化、音体美设施设备和教学仪器、图书配备，设置必要的功能教室，改善生活卫生条件。

（五）教育厅局长教育信息化专题系列培训举办

2018年5月10日，教育部办公厅发布《关于举办2018年教育厅局长教育信息化专题培训班的通知》，培训班共设9期，于2018年5~11月在多地举办，省级教育行政部门教育信息化分管负责人、职能处室负责人，部分市县教育局局长参加。培训班以党的十九大精神和习近平新时代中国特色社会主义思想为指引，深入学习中央关于信息化工作的战略部署，贯彻落实教育规划纲要、教育信息化十年发展规划、教育信息化"十三五"规划和"教育信息化2.0行动计划"，宣传教育信息化政策方针，推广信息技术与教育教学深度融合的典型模式，交流学习教育信息化应用驱动和机制创新的先进经验，提升推进教育信息化工作的能力。

（六）"一师一优课、一课一名师"活动深化开展

2014年以来，教育部组织实施了"一师一优课、一课一名师"活动，对汇聚共享优质教育资源、引导广大中小学教师应用信息技术开展教育教学发挥了重要作用。《教育信息化"十三五"规划》提出，"十三五"期间将继续开展"一师一优课、一课一名师"等信息化教学推广活动，激发广大教师的教育智慧，不断生成和共享优质资源。此项活动面向全国所有具备网络和多媒体教学条件的中小学校，各年级各学科教师均可参加。根据总体安排，2018年期间，通过充分调动广大中小学教师应用信息技术的积极性、主动性和创造性，组织引导教师在国家教育资源公共服务平台晒课100万堂以上，从中遴选1万堂优课（其中包含少数民族语言教材优课200堂、特殊教育优课100堂），纳入国家平台优质教育资源库，供广大教师学习借鉴。

（七）第六届全国中小学实验教学说课活动举办

2018年11月17日，在第75届中国教育装备展示会举办期间，由教育部基础教育司主办，教育部教育装备研究与发展中心、中国教育装备行业协会承办的第六届全国中小学实验教学说课活动现场展示环节在南昌绿地国际博览中心举行。"全国中小学实验教学说课活动"已累计吸引了全国各地2万多名中小学教师参与。活动的开展调动了广大教师开展实验教学探究的积极性，推动了教师对实验方法和实验仪器的改进创新，有力地促进了中小学实验教学水平的提升，增强了实验教学的育人效果，取得了良好的社会效益，获得了广泛的关注和好评，现已发展成为全国中小学实验教学领域的品牌活动。

（八）首届中小学教育装备应用创新校长论坛暨优秀案例颁奖活动举办

2018年11月17日，由中国教育装备行业协会主办，中国教育装备行业协会城市教育装备工作委员会、南昌市现代教育技术中心承办的首届中小学教育装备应用创新校长论坛暨优秀案例颁奖活动在第75届中国教育装备展示会期间举办。

三、国家政策导向及重点工作

（一）推进义务教育均衡发展

（1）强化教育督导

启动对省级人民政府履行教育职责评价。实施中西部教育发展工作督导评估监测。提升中小学校责任督学挂牌督导工作水平，做好第三批全国中小学校责任督学挂牌督导创新县（市、区）认定工作。继续开展义务教育发展基本均衡县（市、区）督导评估认定，启动全国义务教育发展优质均衡县（市、区）督导评估认定。全面改善贫困地区义务教育薄弱学校基本办学条件，确保2018年底校舍建设和设备采购任务"过九成"。

（2）建立健全立德树人系统化落实机制

深化基础教育课程改革，切实发挥育人作用。落实《中小学德育工作指南》。建设中小学德育综合示范区，统筹中小学综合实践活动、劳动教育、心理健康教育、家庭教育、影视教育及研学旅行等。继续实施中央专项彩票公益金支持校外教育事业发展项目，推进研学实践教育营地和基地建设。

（二）深化基础教育装备改革

（1）组织实施"全国中小学教学装备质量提升计划"

做好顶层设计，优化管理体系和机制，统筹推进基础教育装备标准化工作。研制《基础教育装备标准化三年发展规划》，切实加大关键领域重点产品标准研制、修订力度，加快提高教育装备质量标准覆盖率。推动中小学校教育装备质量评价、监测和保障体系建设。

（2）加强基础教育装备工作

适应中小学课程改革，提高质量要求，组织研制装备标准建设规划，健全中小学装备配备标准和质量标准体系。强化装备应用工作，继续开展实验教学说课活动。

（3）提升基础教育质量

组织开展基础教育教学改革成果奖评选，建立国家义务教育教学专家指导委员会。推动全面实施《义务教育学校管理标准》，实现一校一案、对标研判、依标整改。健全中小学教育装备配备标准和质量标准体系。开展生态文明教育，推进绿色校园建设。

（4）深入实施教育装备创新产业城项目

组建跨部门、跨行业、跨组织的协同创新体，探索打造教育装备领域创新载体和试验田，将指导服务延伸至教育装备全产业链，助力教育装备供给侧结构性改革，引导教育装备行业企业走上注重创新、提高质量、形成品牌和优化服务的轨道上来，为教育现代化服务。

（三）全面推进教育信息化工作

（1）研制义务教育阶段学校信息化设备配备标准

开展教育装备应用试点建设，推荐一批与新标准相适应的活动课程和装备解决方案，发挥实验区的辐射、示范和引领作用。

（2）推进教育装备方案及综合教学环境建设

深入研究信息化时代背景下，以跨学科整合为特点的中小学实验室、功能教室、创客空间等课程化的教育装备配备方案及综合教学环境建设。紧跟人工智能等新技术发展前沿，推进未来学校教育装备科研和实践探索，探索运用大数据科学指导教育装备工作，有效服务教育教学。

（3）启动"教育信息化2.0行动计划"

实施宽带卫星联校试点行动、教育大资源共享计划、百区千校万课信息化示范工程、网络扶智工程，推进智慧教育创新示范，普及推广网络学习空间应用。实施农村中小学数字教育资源全覆盖项目，倡导网络校际协作，启动探索基于信息技术的新型教学模式试点。

（4）深化"一师一优课、一课一名师"活动

推动优秀成果知识点系统化、全覆盖；遴选推广基础教育信息化典型区域、学校案例和优秀课例。启动"基于信息技术的新型教学模式"试点工作。建设义务教育学生学籍系统二期，提升学籍数据质量，强化数据应用，发挥学籍系统在招生入学、控辍保学、消除大班额、特殊教育学生管理等工作中的作用。

（5）实施智慧教育创新引领行动

遴选设立5个以上"智慧教育示范区"。认定第一批教育信息化优秀区域、优秀学校和优秀课堂教学案例。组建若干区域、校际教育信息化创新实践共同体，出版教育信息化优秀案例集。

（6）推进数字教育资源公共服务体系建设与应用

深入落实教育部《关于数字教育资源公共服务体系建设与应用的指导意见》，完善国家教育资源公共服务平台，共建共治体系枢纽环境，组建国家数字教育资源公共服务体系联盟，推动各省完成省级体系规划并逐步形成省级体系，实现10个以上省级体系与国家体系枢纽环境的连通。启动实施数字教育资源共享行动，促进教育专用资源向教育大资源的开发应用转变。

（7）启动"人工智能+"教师队伍建设行动计划

实施名师名校长领航工程，启动教师教育在线开放课程建设计划。启动新周期中小学教师信息技术应用能力提升工程和平台建设。国培计划向集中连片特困地区、"三区三州"倾斜。

（8）加强教育信息化统筹部署与指导

做好教育部网络安全和信息化领导小组办公室工作。推动"网络学习空间人人通"普及应用，全面开展网络学习空间普及行动。开展"网络学习空间人人通"应用优秀区域、优秀学校的评选和展示推广，推进网络学习空间在网络教学、资源共享、教育管理、综合评价等方面的应用。

四、基础教育装备发展建言

党的十九大报告明确提出：建设教育强国是中华民族伟大复兴的基础工程，必须把教育事业放在优先位置，加快教育现代化。教育装备战线要以习近平新时代中国特色社会主义思想为总指针，深化对教育装备工作的认识；以稳中求进为总基调，深入推进教育装备标准化建设步伐。对于教育装备工作，建配是基础，管理是手段，使用是目的，研培是动力。先进的教育装备促进先进的教育理念和教学方式，推动教育创新。行业应以"奋进之笔"为抓手，积极推进教育装备常态化应用能力建设。

目前，教育装备事业发展仍存在教育装备标准化运行机制、装备标准体系不健全，区域、城乡、校际之间发展不平衡，重建设配备、轻管理应用，不适应教育教学需要，适用性评价体系不健全等问题，制约了装备与教育教学的深度融合。

（一）加强基础教育阶段教育装备投入均衡性

我国教育事业正从"基本均衡"走向"优质均衡"，这不仅是义务教育发展的目标和方向，也是整个基础教育发展的指导思想与实践路径。在教育均衡发展的评价指标体系中，教育装备是一项重要内容。教育部《关于新形势下进一步做好普通中小学装备工作的意见》提出，加强装备工作是推进义务教育均衡发展、促进教育公平的必然要求，是实施素质教育、促进学生全面发展的重要基础，是提高教育质量、加快推进教育现代化的重要举措。该意见要求在教育部统一部署下，各地因地制宜确定装备发展路径，欠发达地区重在均衡提高配备和管理水平并向农村、边远、贫困、民族地区倾斜。

针对"十三五"期间全国义务教育学校教育装备配备均衡性城乡差异问题，从区域角度看，应适当加大中部省市教育装备均衡性发展的调整力度；从学段角度看，应适当加大初中学校教育装备均衡性的调整力度。对于西部地区，在科技创新教育装备和数字校园建设方面，应按县域进行统筹规划与设计，通过购买服务或租用模式实现装备均衡，从而推进区域教育装备的跨越发展，为教育均衡发展和跨越发展提供支撑。相关投入不应完全依靠财政，在财政正常投入的前提下，需转变思维和工作策略，积极改革创新。

（二）构建新时期教育装备质量体系

近年来，教育装备质量问题屡见报端，以技术标准不规范、性能达不到教学要求、原材料不达标、随机文件不齐全、包装不规范、做工粗糙等较为常见。毒文具、毒跑道等质量安全问题更成为全国性事件。导致教育装备质量问题频出的原因主要包括：①质量意识淡薄。应试教育下，学校对教育装备往往只关心有没有或者有多少，对其质量关注甚少，进而导致企业对产品质量的要求降低。②装备标准缺位。教育装备标准的制订和完善显著滞后于教育"大装备"的发展需要。③采购模式不科学。价格在教育装备采购中成为关键甚至决定性因素，不求质量但求低价的现象仍较普遍，导致了恶性竞争。④监管不到位。教育装备准入、验收、跟踪、管理等环节存在真空地带，存在一线教师、教研员和教育技术专业人员参与程度不高，专家不专或责任心不强等问题。

新时期的教育装备发展过程中，构建教育装备质量体系十分关键，行业相关主体可从以下方面开展工作。一是牢固树立质量意识，在教育装备发展的方向目标、任务重点、政策举措方面确立质量路线和质量方针，树立"质量第一"的强烈意识。把质量导向落实在教育装备的设计、生产、采购、管理、使用全过程，运用质量指挥棒，制定质量发展规划，建立质量考评指标体系，真正推动质量发展入轨、上路、定型。二是提高统筹规划水平。高水平的统筹规划是教育装备科学发展的基础。要紧紧围绕教育教学改革和发展大局，紧贴课程改革实际，制定切实可行的教育装备规划，明确装备发展目标，加强装备工作的统筹性。制订教育装备标准，从"大装备"的范畴收集整理相关的国家、行业、地方标准文件，建立、完善地方教育装备标准，尤其应重视技术复杂、价值高、产量大的产品，以及处于配备高峰或将要处于配备高峰的产品的标准制定、修订工作。在标准制定过程中，要兼顾基础标准、通用技术标准及环保、卫生、健康等强制性标准。在制定教育装备标准之前，还要首先研究和制定教育装备元标准，即装备产品的教育教学适用性标准。三是加强教育装备质量管理，进一步理顺教育装备管理体制。建立覆盖省、市、县、校的四级教育装备质量监测网络，与质量监督、工商管理等部门进行密切合作，探索建立教育装备质量抽查机制。完善相关制度建设，建立劣质产品公布制度、企业"黑名单"制度、教育装备企业资质审查制度、投标样品封存制度，使不合格产品无藏身之地。建立装备新技术、新产品进入学校的实验论证机制，对进入校园的装备产品进行质量抽查，确保只有经过危害性测试和教学适应性评价的产品方可进入学校。组织编写教育装备政府采购目录。建立常态化监督检查机制，将教育装备质量检查纳入重点常规考核之中。

（三）建立健全学校教育装备管理体系和管理制度

随着教育改革的深入，各地政府的教育投入不断增加，促进了学校教育装备的更新与改造。然而，在学校教育装备管理方面，目前仍存在不少问题。一是忽视教育装备管理，管理思路陈旧，管理方式缺乏创新，部分装备长期搁置，效用无法发挥。二是管理人员专业性不强，难以正确判断教育装备故障，只能聘请专业人士上门维修，影响教学使用。三是教师缺乏熟练操作能力，可能因操作失误导致装备故障。

教育装备管理部门和学校应对上述问题给予足够重视，使教育装备在教学中发挥应有的作用。要强化装备绩效化管理与效益意识，建立健全教育装备管理制度，重视教育装备在使用前、使用时与使用后的监督工作。要通过多种方式对教育装备的使用和管理人员进行培训，增强其责任心和专业技能。通过科学管理和应用，在提升教育装备利用率的同时延长教育装备的使用寿命，使教育装备的效用发挥到最大。

（作者单位：首都师范大学教育学院）

参考文献

[1]艾伦,刘强. 我国义务教育装备投入均衡性分析：基于对全国六省市的调查数据[J].教育科学研究, 2018(8):30-37.

[2]教育部. 教育统计数据[DB/OL]. http://www.moe.gov.cn/s78/A03/moe_560/jytjsj_2018/.

[3]李丰, 崔文静. 试论学校教育装备管理的若干问题[J]. 中国教育技术装备, 2018(7): 10-11.

[4]彭干瑜, 蒋志平. 新时期教育装备质量体系构建[J]. 中国现代教育装备, 2018(12): 6-8.

[5]闫明圣.坚持"五总"思维,努力提升教育装备现代化水平[J].教育与装备研究 2018,34(12): 20-22.

[6]张晓. 新形势下实现教育装备跨越发展的思考[J]. 教育与装备研究, 2018, 34(9): 3-6.

职业教育装备2018年度发展报告

李 瀛

2018年，职业教育战线深入贯彻习近平新时代中国特色社会主义思想和党的十九大精神，围绕统筹推进"五位一体"总体布局和协调推进"四个全面"战略布局，全面贯彻党的教育方针，学习落实全国教育大会精神，按照高质量发展的要求，坚持改革、开放、协同，完善职业教育和培训体系，深化产教融合、校企合作，书写新时代职业教育的"奋进之笔"。职业教育装备的发展也一改过去五年增长相对缓慢的状况，进入了加速发展时期。

一、职业教育与职业教育装备年度要事纪略

（一）教育部部署职业教育重点工作

2018年2月26日，教育部《职业教育与继续教育2018年工作要点》印发，教育部在职业教育领域的重点工作主要包括以下四个方面。

（1）围绕中央决策部署开展职教工作

深入学习贯彻党的十九大精神，全面准确理解、阐释、宣传习近平总书记关于职业教育的重要指示精神实质和丰富内涵，贯彻落实全国教育大会精神，面向中国教育现代化2035，细化落实职业教育提质升级攻坚战和"争先计划"的具体工作措施，部署职业教育在基本实现现代化冲刺阶段的重点措施，努力实现完善职业教育和培训体系开好局。

做强做实职教战线党建工作。高职院校全面贯彻《普通高等学校学生党建工作标准》《关于加强新形势下高校教师党支部建设的意见》等文件精神；加强、改进中职德育工作，指导中职学校全面贯彻《关于加强中小学党的建设工作的意见》。

（2）完善职业教育和培训体系

1）办好中等职业教育

坚持职普招生比例大体相当，优化布局改善条件，巩固提高中职发展水平，使

绝大多数城乡新增劳动力接受高中阶段教育；落实《职业教育东西协作行动计划》及实施方案，国家示范职业院校率先做好东西职业院校协作全覆盖行动、东西协作中职招生兜底行动、职业院校参与东西劳务协作；完善中等职业教育年度质量报告制度，实现中职学校全覆盖；继续加大对民族地区职业教育支持力度，推进"一州一校"建设，继续办好内地中职班，推进内地职业学校对口帮扶南疆职业学校。

2）推进高等职业教育高质量发展

继续做好高等职业教育质量年度报告工作；督促各地落实高等职业教育创新发展行动计划；启动中国特色高水平高职学校和专业建设计划，坚持扶优扶强与提升整体保障水平相结合，建设一批当地离不开、业内都认同、国际可交流的高职学校；完善高职分类招生考试制度改革的意见，适度提高专科高等职业院校招收中等职业学校毕业生的比例、本科高等学校招收职业院校毕业生的比例。

（3）打好职业教育提质升级攻坚战

1）完善德技并修、工学结合的育人机制

坚持立德树人，加强德育课程教学工作，落实十九大"五进"工作。深入开展劳模、大国工匠进职校活动，培育工匠精神；落实好《制造业人才发展规划指南》；继续完善和实施职业教育制度标准，印发《关于职业院校专业人才培养方案制订工作的指导意见》和新修订的《中等职业学校专业目录》，颁布一批高职专业教学标准和实训教学条件建设标准，修订中职数学、英语等课程标准；围绕服务国家战略和区域经济社会发展需求，做好人才需求预测和专业设置管理工作，加强课程和教材建设；加强中华优秀传统文化教育，通过第十四届中等职业学校学生文明风采竞赛等活动推动活动育人。

2）深化产教融合、校企合作的办学模式

落实《国务院办公厅关于深化产教融合的若干意见》，印发《职业学校校企合作促进办法》，形成政策组合拳；研究制定《推动行业企业举办职业教育的意见》，扩大职业教育优质资源供给；开展大样本试点试验，推出一批职业教育集团优秀案例，重点支持建设一批行业指导的跨区域大型职业教育集团；继续推进现代学徒制试点，总结宣传典型案例；加强行指委建设，深入开展产教对话活动，指导建设一批校企深度合作项目；启动职业教育新一轮试点工作，开展产教融合建设试点。

3）完善质量保障机制

持续推进职业院校教学工作诊断与改进制度建设；研究制定中等职业学校管理标准，推进职业学校管理水平提升行动计划；落实《关于进一步推进职业教育信息化发展的指导意见》，推动数字校园建设实验校试点工作，推进职业教育专业教学资源库建设和应用，办好全国职业院校技能大赛信息化教学比赛，推进现有职业教育业务管理信息系统整合，增强网络与信息安全管控能力，建设中职学校信息系统，以信息化助推职业教育现代化。

（4）夯实职业教育发展基础

1）加大投入保障力度

继续实施现代职业教育质量提升计划和产教融合工程；巩固完善职业教育生均拨款制度，加强学生资助管理工作；落实支持和规范民办职业教育发展的政策，鼓励有条件的地方和学校探索股份制、混合所有制等。

2）提升对外开放水平

坚持"走出去"与"请进来"相结合，服务"一带一路"国际合作；积极参与2018年中德政府磋商职业教育分论坛等，借鉴德国"双元制"等模式，推动职业院校服务企业转型升级；联合商务部等开展职业教育"走出去"专题调研，打造以"鲁班工坊"等为代表的品牌项目，共同支持建设一批新的试点，服务好我国在国际产业体系分工中有竞争力的重点产业和企业。

3）着力营造良好社会氛围

继续办好职业教育活动周、全国职业院校技能大赛，弘扬劳模精神和工匠精神，营造劳动光荣的社会风尚和精益求精的敬业风气；发挥职教所、职教学会、成教协会、有关院校和智库专家的作用，加强科研教研工作，为职业教育改革发展的重大问题提供智力支撑。

（二）职业教育赛事

（1）2018年全国职业院校技能大赛

2018年全国职业院校技能大赛于5月6日至6月30日在天津主赛区和北京、山西、内蒙古、辽宁、吉林、江苏、浙江、安徽、福建、山东、河南、湖北、湖南、广东、重庆、四川、云南、陕西、甘肃、宁夏、青岛、宁波22个分赛区举行。共有来自全国37个地区的15640名选手参加了中、高职组74个常规赛项和8个行业特色赛项的比赛。大赛同期举办了中华优秀传统文化艺术表演赛、全国职业院校技能大赛博物馆展示交流、全国大赛获奖选手就业洽谈会等重要活动。教育部要求各地结合实际，加大对大赛获奖选手的宣传表彰力度，充分利用比赛资源，发挥大赛对职业教育专业教学改革与建设的引领作用，促进人才培养与产业发展紧密结合，营造"崇尚一技之长，不唯学历凭能力"的良好氛围，推动职业教育事业不断取得新的发展。

（2）全国职业院校技能大赛职业院校教学能力比赛

全国职业院校信息化教学大赛已连续举办8年，在推动信息技术与教育教学深度融合方面发挥了积极作用。为贯彻落实《中共中央 国务院关于全面深化新时代教师队伍建设改革的意见》和《国务院关于加快发展现代职业教育的决定》，实施好《教育信息化2.0行动计划》，推动信息化教学应用的常态化，提高职业院校教师教学能力和信息素养，促进教师综合素质、专业化水平和创新能力全面提升，教育部从2018年起将原全国职业院校信息化教学大赛调整为职业院校教学能力比赛，纳入全国职业院校技能大赛赛事体系。

2018年11月24~26日，2018年全国职业院校技能大赛职业院校教学能力比赛在山东济南举办。比赛分为中等职业教育组、高等职业教育组和军事职业组，每组均设立教学设计赛项、课堂教学赛项、实训教学赛项。2018年的现场决赛共收到来自地方36个参赛队和军事职业组的1305件参赛作品。经教育部有关司局和中央军委训练管理部院校局组织的网络评审和现场决赛，中职组、高职组共产生一等奖122名、二等奖240名、三等奖346名，军事职业组共产生一等奖7名、二等奖22名、三等奖31名。教育部要求各地教育行政部门进一步巩固教学能力比赛成果，加大宣传力度，充分发挥比赛引领作用，促进教师综合素质、专业化水平和创新能力全面提升，进一步推动信息技术与教育教学深度融合，不断提高技术技能人才培养质量。

（3）第45届世界技能大赛全国选拔赛

2018年6月13日，第45届世界技能大赛全国选拔赛（上海赛区）在上海国家会展中心全面展开。此项赛事活动由人力资源和社会保障部主办，上海市人力资源和社会保障局承办，是上海成功申办2021年第46届世界技能大赛后第一次举办的综合性职业技能赛事，也是筹办世界技能大赛的一次重要演练。此次全国选拔赛是我国备战第45届世界技能大赛的重要赛事，全国选拔赛选拔出的优秀选手进入国家集训队，为最终代表国家参加第45届世界技能大赛奠定基础。此次全国选拔赛共设52个项目，覆盖世界技能大赛全部项目，分上海和广东两个赛区进行比赛。

（三）《2019中国高等职业教育质量年度报告》发布

2019年6月20日，《2019中国高等职业教育质量年度报告》发布会在北京召开。2019版报告有如下特点：进一步完善学生成长成才、学校办学实力、发展环境、国际影响力和服务贡献力构成的"五维质量观"；首次发布高等职业院校育人成效50强榜单；增加学生反馈表，重视学生在校期间的获得感；引导高职院校注重全面落实立德树人的根本任务；优化教学资源50强指标，体现职业教育类型特征，从硬件资源、教师资源、课程资源、校企合作资源4大维度、11个指标项目对院校的办学资源进行评价；首次发布各地区政策落实评价结果；随着2018年高职院校质量年报制度全面落实，报告汇集了全国32个省（区、市）的省级年报和1344所高职院校发布的院校质量年报，实现高职院校的全覆盖。

报告指出，2018年国家对高职教育地位提升的认识前所未有，对高职教育取得成效的认可前所未有，对高职教育服务贡献的期盼前所未有；各地公办高职院校生均公共财政预算教育经费支出均已超过12000元，生均财政经费保障达到政策目标。

从新一年的报告中可以发现：①高职院校专业建设对接高端产业和新兴产业构建专业群，服务产业转型升级，助力职业教育高质量发展；②校企合作的办学力度明显增大，参与现代学徒制试点的学校达到644所；③信息技术应用水平进一步提升；④抓好骨干专业（群）建设，对接产业链，成为高职服务的亮点，也是"双高计划"建设的重要基础；⑤112个国家级专业教学资源库发挥着示范辐射作用；⑥据不完全统计，30余所高职院校在境外建立了33个海外分校，"鲁班工坊"成为中国职业教育国际交流合作的新名片，还有595个专业教学标准落地国（境）外；⑦150余所高职院校横向技术服务到款额超过500万元。

报告同时指出了我国高职教育发展面临的三大挑战：①高质量的大规模发展面临挑战，面对大扩招迎来高职教育发展利好的同时，必将带来高职院校教学资源的进一步"摊薄"和不同生源分类培养的挑战；②"类型教育"配套政策面临挑战，政策能否落地有待关注；③院校技术服务能力面临挑战，高职院校技术服务能力总体欠缺的现实成为高职教育与产业发展有机衔接、深度整合的最大短板，迫切要求各级政府对高职院校提高服务贡献能力给予更多支持。

（四）第十六届全国职业教育现代技术装备及教材展览会

自2000年以来，每年的"职教装备展"已成为我国职业教育装备新技术、新产品、新方案集中展示的窗口，是我国职业教育装备发展水平的集中体现，也是职教装备发展趋势的风向标。2018年12月8~10日，由中国职业技术教育学会主办的"第十六届全国职业教育现代技术装备及教材展览会"在福州海峡国际会展中心举行。本届展会共有166家企业和出版社参展，分智能制造、交通行业、信息化、护理、校企合作共五大展区，展出面积25000m²。

（1）展览会的突出特点

在我国产业转型升级和职业教育改革创新大背景下，我国职业院校实训教学装备也随之改进和创新。本届展览会有两大特点：一是人工智能、大数据、云计算、物联网等相关技术在职业教育中的应用和智慧教学方案的展示，二是虚拟仿真技术在不同专业中的应用。在交通展区，有高铁、城市轨道交通、传统和新能源汽车、物流等专业装备展示。在信息化展区，与往年以展示硬件、软件系统为主的状况不同，参展企业更加注重软件平台和教学资源建设，将诊改融入智慧校园解决方案中，出现了一批将教务、教学、教学资源、实训、校园后勤管理等功能相结合，运用物联网、云计算、大数据技术提供一体化解决方案的企业。在智能制造展区，智能制造设备、各种材质的3D打印设备、工业机器人、智能机器人、无人机等占据了展品的主流。在校企合作展区，参展企业展示了与学校深度产教融合的各种模式。伴随产业升级的加快、新技术的融合，职教实训装备正在向虚拟仿真与真实装备相结合的方向发展，由重资产向智能化、轻型化发展。专业实训教学设备与专业建设、教材、课程融为一体，形成了完整的专业实训教学解决方案。

（2）展览会呈现新亮点

VR、AR技术更广泛地应用于职教实训的各个领域，充分展示了全景教学及元素变化给设计、技术、应用带来的变化，生动形象，增加了趣味性，在便于学生理解的同时减轻了学校在硬件和耗材方面的成本负担。此次展会上运用了VR、AR技术的专业领域有智慧物流、智能家居、轨道交通供电、铁路信号、电梯维修、汽车维修、新能源汽车维修、港口建设、康复护理、智能控制技术等12个类别。

产品设计以教学条件建设标准为依据，实训教学条件建设标准逐步发挥引领作用。随着教育部对职业教育国家教学标准体系建设的完善，职业学校和企业对相关标准的重视程度不断提升。标准对学校实训室建设的规范化、合理化发挥了重要作用。企业根据实训教学条件建设标准研发更加符合专业实训教学要求的设备，使设备的功能更加符合学校教学的需要。

企业走向院校、贴近产业发展和人才需求，更多企业关注职业教育。这些企业通过自身行业地位优势，结合产业现状及人才培养需要，研制出更适合于职业教育的实训教学设备，使学生在校实训与到企业生产一线工作实现无缝衔接。

实训设备与教材、课程有机结合，企业在开发实训设备的同时，多个专业都与职业院校共同开发有针对性的配套教材和新专业课程等系列教学资源。

（五）贯彻落实职业院校专业实训教学条件建设标准工作会议举行

2018年12月9日，贯彻落实职业院校专业实训教学条件建设标准工作会议在福州举行，400多名院校领导、教师、企业人员出席了会议。会议期间，教育部职成司负责同志介绍了教学标准体系建设的情况，强调要深刻认识职业学校教学标准体系建设的重要意义，职业学校教学标准体系是学校办学、政府投入的依据，标准工作是教学质量的尺标，是我国走向世界舞台的载体，是衡量职业教育现代化水平的重要标志，也是办好人民满意的教育的重要举措。目前已颁布的《专业实训教学条件建设标准》有20项，征求意见中的有21项，正在制定中的有10项，计划启动的英文版标准有16项。2019年计划完成第四批标准制订工作，并启动下一批15~20个专业标准的制定工作。下一步要将实训条件建设标准与教学标准贯彻工作相结合，以实训标准为依托，遴选优秀实训教学整体解决方案，以网络平台推荐、征集案例等方式推广，按专业分组开展标准贯彻工作。

（六）2018年高职虚拟仿真实训中心应用案例征集与汇展活动

为促进虚拟仿真与实训教学的有机结合、丰富教学资源库内容，由全国高职高专校长联席会议主办，中国职业技术教育学会职业教育装备专业委员会与高等教育出版社共同承办的"2018年高等职业教育虚拟仿真实训中心应用案例征集与汇展活动"在经过公众投票、专家网上评分后，现场答辩及专家评审于2018年12月7日在福建船政交通职业学院完成。

此次活动共征集来自院校和企业的60个解决方案及应用案例。公众投票于11月28日至12月6日通过全国高职高专会议网上会议平台开展，共收到229941张有效投票。现场经过19位专家的评审，结合投票、网评、现场评审得分，最终评出20个优秀案例。评审专家从行业必要性、职业性定位、教学设计目标、教学目的、参与互动感、寓教于乐、场景逼真、沉浸性、实践操作、应用效果、与高职教学结合、带动教学和提升教学效果、对学生的实操能力有促进作用等角度对院校和企业方案做出客观评价并提出改进意见。

二、相关统计数据解读

2017年，全国职业学校仪器设备总值为1697.4亿元，比上年增加210.6亿元，增长率为14.2%。其中高职院校为899.5亿元，比上年增加139.3亿元，增长率为18.3%；中职学校为798.0亿元，比上年增加100.8亿元，增长率为14.5%。全国高职院校生均教学实训仪器设备值为9535元，比上年增长965元，增长率为16%。全国中职院校生均教学实训仪器设备值为6362元，比上年增加667元，增长率为11.7%。当年新增803.8元，实际增幅为14.1%（见表1）。[①]

表1　2017年相关学校教学、科研仪器设备值

学校	总值			生均		
	2017/亿元	同比增长/亿元	增长率	2017/元	同比增长/元	增长率
普通本专科	5083.8	611.0	13.7%	18462	2281	14.1%
高职学校	899.5	139.3	18.3%	9535	965	11.3%
中职学校	798.0	100.8	14.5%	6362	667	11.7%

需要说明的是，职业学校仪器设备"总值"中含非产权独立使用部分，指学校租借一年以上的教学科研仪器设备值，不含学校与其他单位共享的教学、实训和科研仪器设备值。由于近年来越来越多的职业院校深入开展校企合作和工学结合，学校与企业共享的实训设备也越来越多，这些设备在学校实际使用的设备中所占的比例也逐年增加。因此，每年实际在职业院校教学、实训和科研中实际使用的仪器设备总值均高于本文的统计数据。

①　由于存在资产减值等因素，生均仪器设备总值净增长的比率小于当年新增比率。

（一）高等职业院校教学实训仪器设备值

2017年，高等职业院校仪器设备总值为899.5亿元，比上年增加139.3亿元，增长率为18.3%，是近六年的最高值，一改过去六年增长率明显低于全国平均增长率的低迷状况。高职院校生均仪器设备值达到9535元，比上年增加965元，净增长率为11.3%，也是近六年的最高值。这得益于政府和全社会对职业教育重视程度的不断提升，特别是各地方按照《财政部 教育部关于建立完善以改革和绩效为导向的生均拨款制度加快发展现代高等职业教育的意见》中有关"2017年各地高职院校年生均财政拨款水平应当不低于12000元"的要求努力落实取得了成效。尽管加大了投入保障力度，高职院校生均仪器设备值也只达到普通本科高校生均值的51.7%，比2016年的53%下降了1.3%，比2015年的55.3%下降了3.6%，高职院校与普通本科的差距继续拉大。

分区域看（见表2），2017年西部高职院校生均仪器设备值增加最多，达到1460元，比上年增长18.6%；中部地区比上年增加1302元，增长率达到14.7%；东部地区增加最少，为454元，只有全国平均值的56%。这是近年来第一次出现区域差距缩小的情况。

表2   2017年分区域高职生均仪器设备值情况　　　　　　　　　　　单位：元

	全国平均	东部地区	中部地区	西部地区
生均仪器设备值	9535	10680	8347	9325
比2016年增加	803.8	454.0	1302	1460
增幅	11.3%	4.4%	14.7%	18.6%

分行政区域看（见图1），高职院校生均仪器设备值超过15000元的有北京、青海、宁夏、上海，超过10000元的有10个省（区、市），低于7000元的有西藏、山西、安徽。

2017年，教育部启动职业教育东西协作行动计划滇西实施方案，统筹东部4个省市和10个职教集团对口帮扶滇西10个州。同年，安徽、福建、甘肃、广东、贵州、河北、河南、黑龙江、湖南、江苏、江西、辽宁、山东、陕西、四川、云南、浙江、重庆、内蒙古、山西、湖北、广西、吉林、天津26个省（区、市）启动了优质高职院校建设并给予重点支持。浙江省对5所重点建设院校每年投入专项资金2.5亿元，长沙市政府投入2.4亿元支持长沙旅游商贸职业技术学院建设省卓越校。

图1 2017年高职院校生均仪器设备值分行政区域统计（单位：元）

虽然2017年高职院校生均仪器设备值出现了大幅增长的可喜局面，但在高职院校（尤其是仪器设备）投入方面仍然存在投入不足、欠账过多、与普通本科差距不断拉大等主要问题。对照财政部、教育部关于各地公办高职院校"年生均财政拨款水平应当不低于12000元"的要求，仍有部分省（区、市）的平均水平未达标。除此之外，院校之间仍然存在明显的不平衡状况，地市属公办高职院校生均财政拨款水平未达标比例达38%，行业（企业）所属公办高职院校生均财政拨款水平未达标比例高达67%，还有78所公办高职院校生均财政拨款水平低于3000元。

（二）中等职业学校仪器设备值

随着国家对职业教育重视程度的不断提高，中央和地方政府出台了一系列政策，对职业教育的投入明显增加。2017年，中职学校办学条件得到大幅改善，生均仪器设备配置水平提高幅度达到14.1%，是近年来少有的。每百名学生拥有教学用计算机台数增加，但区域间、省际间差距仍较大。

（1）生均仪器设备值

2017年，全国中等职业学校生均仪器设备值为6362元，当年新增803.8元，实际增幅为14.1%。分区域看，2017年东部地区平均为8744元，当年新增1068元，实际增长13.8%；中部地区为4591元，当年新增573.2元，实际增长13.6%；西部地区为5242元，当年新增669.4元，实际增长14.4%（见表3）。比较来看，中部地区落后最多，仅为东部地区的52.5%；西部地区情况略好，相当于东部地区的60%。从当年新增生均仪器设备值来看，东部地区最多，为1068元；中部地区增长相对较慢，为573.2元，相当于东部地区的53.7%；西部地区为669.4元，相当于东部地区的62.6%。地区差距仍然呈现扩大趋势。

表3　2017年分区域中等职业学校生均仪器设备值　　　　　　　　　　单位：元

	全国	东部地区	中部地区	西部地区
生均仪器设备值	6362	8744	4591	5242
当年新增仪器设备值	803.8	1068	573.2	669.4
增幅	14.1%	13.8%	13.6%	14.4%

分行政区域看（见图2），2017年北京、上海、西藏、天津的中等职业学校生均仪器设备值超过1万元，天津第一次跻身万元行列。8个省（区、市）低于5000元，比2016年减少了一个；19个省（区、市）在5000~10000元。

2017年，全国各省、自治区、直辖市中职学校生均仪器设备值均有显著增长（见图3）。增长最多的是上海，净增6873元，增幅达到22.8%；第二位是北京，净增3700元，增幅为11.1%。吉林、海南、内蒙古、青海、西藏增加值也超过1000元；河南、甘肃、安徽增加值低于500元。

图2　2017年中等职业学校生均仪器设备值分行政区域统计（单位：元）

图3　2017年分行政区域中等职业学校生均仪器设备值当年增加值（单位：元）

（2）每百名学生拥有教学用计算机台数

2017年，全国中职学校每百名学生拥有教学用计算机21.8台。分区域看，东部地区28.41台，中部地区18.52台，西部地区为17.32台，区域差距缩小。2017年，该指标行政区域间呈现较大差距：北京、上海超过60台，江苏、浙江、天津超过30台，海南等11个省（区、市）则不足20台（见图4）。

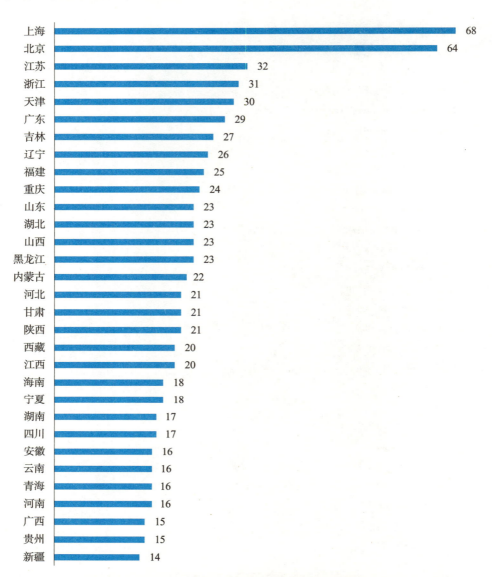

图4　2017年中等职业学校每百名学生拥有教学用计算机数量分行政区域统计（单位：台）

三、国家和地方重点建设项目

（一）《高等职业教育创新发展行动计划（2015—2018年）》收官

2019年3月18日，教育部公布"关于《高等职业教育创新发展行动计划（2015—2018年）》执行情况及2018年有关工作完成情况的通报"。至此，历时三年的高等职业教育创新发展行动计划宣布正式收官。

三年来，该行动计划布局实施了65项任务和22个项目，效果主要体现在五方面。一是重点项目有引领。以高职学校骨干专业等重点项目为引领，推进任务项目整体落实，全国共启动建设优质学校456所、骨干专业3815个、校企共建生产性实习基地1933个、省级协同创新中心727个，一批优质教育资源集中呈现，职业教育大规模培养技术技能人才的能力不断增强。二是主要任务有亮点。合力打造"双师"团队，校企合作共建"双师型"教师培养培训基地660个，促进了高职教师和企业的双向交流和合作；探索与我国企业和产品"走出去"相配套的职业教育发展模式，与"一带一路"沿线国家开展了351项国际合作项目。三是类型特色有彰显。深化产教融合、校企合作，初步形成了与经济社会发展同频共振的发展格局，制造业十大重点产业相关的专业新增1253个专业点，为服务重点产业领域提供人才支撑。年度招生43万人，全国建设职教集团1400多个，有将近3万家企业参与，分批布局了558个现代学徒制试点，覆盖了1480多个专业点，9万多名学生直接受益。另外，充分发挥行业的指导作用，56个行指委发布了60个行业人才需求预测与职业院校专业设置指导报告。四是短板环节有补齐。高职生均拨款制度进一步落实，全国平均生均拨款标准12000元基本实现。职业教育国家标准体系进一步完善，专业目录、专业教学标准等国家职业教育教学标准相继发布，为依法治教、规范办学提供了依据。教学诊断与改进制度进一步健全，职业院校常态化自主保障人才培养质量机制正在形成。五是改革成果制度化，探索符合职业教育培养规律和特点的人才评价选拔模式，定期发布国家、省、校三级质量年度报告，接受社会监督已经成为高职战线的自觉行动。

该行动计划在引导地方加大对高职发展的投入、推进高职综合改革和创新发展等方面发挥着积极作用，经过三年实施，建设成效明显（见表4）。有些地方抓住发展机遇，加大经费投入，任务建设项目的整体绩效较好。例如，浙江、江苏、河北等省份实际投入经费执行率超过200%。其中，浙江承接的项目（任务）建设启动率和完成率均达到100%，省级财政三年累计投入建设经费22.3亿元，经费执行率达到276.7%，位居各省前列。江苏为8所卓越高职院校建设单位每校年投入2000万元。新疆投入专项资金2.13亿元，支持17所高职院校改善办学条件，加强实训基地建设。经过三年实施，各地共启动任务1310项，启动率99%；启动项目397个，启动率96%；启动项目实际布点22806个，布点率184%。

表4　各地落实政策情况综合评价

评价	省、自治区、直辖市
A	浙江、江苏、广东、湖南、天津、山东、河北
B	北京、上海、新疆、河南、陕西、甘肃、湖北、山西
C	安徽、江西、四川、重庆、福建、广西、吉林、贵州、云南、内蒙古、宁夏
D	黑龙江、海南、辽宁、青海、西藏

行指委共启动任务286项，启动率86%；启动项目277个，启动率91%；启动项目实际布点1553个，布点率86%。包装、广播影视、美发美容、食品工业、卫生5个行指委任务启动率未达到100%；包装、船舶工业、纺织服装、航空工业、外经贸5个行指委项目启动率未达到100%。

（二）"国家中等职业教育改革发展示范学校建设计划"第三批项目学校验收

在学校总结自查、省级验收检查的基础上，教育部、人力资源和社会保障部、财政部组织专家对第三批立项（含补充立项）的353所项目学校及第一批、第二批验收结论为"暂缓通过"和申请延期验收的45所项目学校进行了综合评议和全面复核。在综合考虑省级验收情况和部委专家组复核意见的基础上，387所项目学校通过验收，正式确定为"国家中等职业教育改革发展示范学校"，11所项目学校未通过验收。

教育部要求各地教育、人力资源和社会保障、财政部门要做好"国家中等职业教育改革发展示范学校建设计划"项目建设经验总结，凝练特色，转化成果。各示范校要提炼和拓展建设成果，深入挖掘项目建设中形成的成果和经验，持续推动学校各专业、各环节办学水平的提升，着力打造职业教育品牌，扩大职业教育社会影响力。教育部还提出，各地要加强政策引导和机制创新，继续加大投入力度，用好现代职业教育质量提升计划专项资金等，推动示范校率先实现职业教育现代化目标；要指导和支持示范校加强"后示范"建设，为建设教育强国打好基础。各示范校要继续深化改革，加强非示范专业建设，努力在促进学生就业创业、做好中高职衔接、吸引行业企业参与、深化教育教学改革、建设"双师型"教师队伍、扩大职业培训、完善内部治理结构等方面取得新的进展。教育部要求各示范校加大对区域薄弱学校和对口帮扶学校的帮扶，通过集团化办学等方式，扩大优质资源共享，带动相关学校在专业、课程和教材建设，教学模式和教学方法改革创新，教师与管理队伍建设等方面取得进展，推动中等职业教育水平整体提升。

（三）产教融合和校企深度合作

2018年，产教融合和校企合作呈现向深度和广度快速发展的可喜局面。4816家企业参与现代学徒制省级以上试点专业人才培养。参与现代学徒制教育部试点单位558个，覆盖1000多个专业点，合作企业2200多家。参与现代学徒制省级以上试点院校644所，试点专业2130个。校企联合开发现代学徒制人才培养方案2251个，受益学生达到13.7万人。

为贯彻全国教育大会精神，落实《国务院办公厅关于深化产教融合的若干意见》和教育部等六部门联合制定的《职业学校校企合作促进办法》，深化产教融合、校企合作，进一步转变政府职能，建立健全"行政搭建平台，校企自愿合作，行业指导监督"的校企合作项目建设机制，培育产教融合型企业，提高人才培养质量，更好地服务国家战略和区域经济社会发展，支撑企业提质增效，教育部决定开展职业教育校企深度合作项目建设工作。

这一项目建设的目的是顺应新一轮科技革命和产业变革，重点围绕现代农业、先进制造业、现代服务业和战略性新兴产业等，推动一批行业龙头企业、高成长性企业设立校企深度合作项目，与一大批优质职业院校强强联手、互利共赢，在人才培养方案制订、实训基地建设、教学模式改革、职业培训等方面实现"深度合作"，推动职业院校进一步面向市场办学，促进新技术、新标准、新规范及时融入教学，提升专业内涵；提升企业美誉度、解决企业自身及业务相关企业用人需求，推广先进企业标准和企业文化，为产业升级储备人才；发挥龙头企业的引领示范作用，带动更多企业借鉴合作模式、深化校企合作。

教育部对合作企业及项目设置了基本条件：①行业龙头企业、高成长性企业（性质不限），具有行业内领先的产品、服务、技术技能、研发及应用体系，能够提供第三方权威机构关于企业竞争力、先进性等方面的证明材料。②有志于支持和参与职业教育改革发展，有长期参与校企合作的规划，设有人才发展相关机构并有专人负责合作项目。③参与有关国家标准、行业标准、团体标准等制订的企业及具有先进企业标准的企业优先，与职业院校开展集团化办学或有一定合作基础的企业优先。④运营状况与发展前景良好，具有强烈的社会责任感、良好的社会美誉度、完善的劳动保障条件和优秀的企业文化。⑤项目设置应围绕行业先进技术技能，具有前瞻性，立足行业紧缺人才需求。

合作项目的内容要求主要有：①协同制订专业人才培养方案，引入行业企业成熟的新技术、新工艺、新规范，优化课程体系，合作开发教学资源。②合作开展订单培养、现代学徒制培养等。③共建共享实习实训基地，将企业真实生产项目或典型生产案例引入校园，创设真实职业环境等。④企业技术人员到学校兼职任教或提供技术指导服务，学校教师到企业实践，企业为学生实习实训及就业提供岗位或就业指导服务。⑤合作开发技术技能标准及岗位规范，共建技术工艺和产品研发中心等产学研一体化机构，开展技术和产品研发、成果转移转化、技术服务等。⑥依托职业院校建设职工继续教育基地，实施员工培训。⑦协同开展职业素养教育，引入先进产业文化、企业文化。⑧服务"一带一路"建设和国际产能合作，协同中国企业和中国产品"走出去"。

教育部鼓励地方教育行政部门参照有关做法，结合区域实际，推动区域内有关校企深度合作项目，为学校搭建合作平台，鼓励职业院校与其他企业多种形式的自主对接与合作，并对项目实施成效显著的职业院校给予激励。教育部提出对校企深度合作项目实施成效好的企业，在认定产教融合型企业中优先考虑，并将积极推动有关行业部门（行业组织）对行为规范、合作深入、示范效应好的校企合作项目企业以多种形式给予激励、宣传。

（四）职业教育装备的国际交流与合作

2018年，由于各级政府和职业院校越来越重视国际交流与合作，职业教育和职业教育装备的国际交流与合作加速向深度和广度发展。职业教育装备的"走出去"在以一般贸易方式出口到国（境）外的同时，职业教育装备也随着境外合作办学"走出去"。

（1）职教装备随海外合作办学"走出去"

截至2018年，已经有30所职业院校在境外建立了33所海外分校。这些海外分校多数是由职业院校和职教装备企业合作建设的，如烟台职业技术学院与景格科技公司合作在尼泊尔首都加德满都建立汽车人才培训中心，温州职业技术学院与亚龙公司合作在柬埔寨国家技术培训学院建立柬埔寨亚龙丝路学院。为助推中国先进技术"走出去"，职业院校与职业教育装备企业瞄准外向型行业企业，在高铁、道路桥梁、现代农业、信息通信等行业合作开展技术和培训服务，同时也把我国的职教装备带出国门。例如，中航国际成套设备有限公司与南京铁道职业技术学院等多所院校合作，在肯尼亚等十多个国家建立了职业教育培训中心。

（2）服务"一带一路"倡议

随着"一带一路"沿线国家间合作交往的进一步深入，各领域国际化人才培养需求持续增加，为新形势下校企合作带来新的机遇。在30所职业院校在境外建立的33所海外分校中，有72.7%分布于"一带一路"沿线国家，例如，黄河水利职业技术学院与中水十一局共建赞比亚大禹学院，面向赞比亚，辐射南部非洲，培养焊接、机械维修、工程测量等专业人才。

（3）来华留学生大幅增长

2018年，高职院校全日制来华留学生规模达到1.7万人，比2017年增长近50%，是2016年的2.4倍。与2016年相比，来华留学生超过500人的省份从5个增加到9个，招生数量不足百人的省份从21个减少到12个；50余所高职院校留学生数量过百人，26所高职院校留学生超过200人。我国职业院校成熟的职业技能培训体系和完善、先进的实训教学装备已成为吸引留学生来华的重要因素。

四、职业教育装备发展建言

随着国家一系列支持高等职业教育发展的政策的实施，高职迎来了前所未有的发展机遇，同时也面临着新的挑战：高职扩招100万人是促进稳定、扩大就业，实现高等职业教育高质量规模发展的重要举措，高职院校在迎来发展利好的同时也面临资源"摊薄"的挑战。建议各级政府采取有力配套措施，保障高职发展质量，特别要重视实训基地建设的规模和质量，避免资源被"摊薄"的现象发生。

职业教育装备建设水平与职业教育质量密切相关。实习实训场所和设备数量是保证教育质量的重要因素。调查表明：57%的高职毕业生认为需要改进实习和实践环节，其中有60%的商科专业大类学生认为"实习和实践环节不够"，55%的工科专业大类学生认为"实习和实践环节不够"。因此，进一步加强实训基地建设，改变"实习和实践环节不够"的状况刻不容缓。

"双高计划"是提高职业教育质量的重要举措，打造职业教育的"清华""北大"对提高职业教育质量具有重要意义。与此同时，我们应注意到，我国职业教育发展水平不均衡的状况仍然普遍存在，在职业教育大发展的同时，资源配置不平衡的现象越来越突出。各级政府在资源投入向"双高"学校倾斜的同时，更应注意职业教育的均衡发展。2018年仍有283所独立设置的公办高职院校生均财政拨款不足12000元；个别省（区、市）尽管生均财政拨款水平达到政策要求，但是与上一年度相比出现了下降（内蒙古下跌0.5%，宁夏下跌2.86%，浙江下跌8.35%，新疆下跌14.38%）。在实现国家政策目标及高职教育大发展的前提下，继续做好经费保障工作仍需在力度不减和执行到位等方面下功夫。

（作者单位：中国教育装备行业协会高教装备分会）

参考文献

[1]教育部.教育统计数据[DB/OL].[2018-08-08].http://www.moe.gov.cn/s78/A03/moe_560/jytjsj_2018/.
[2]上海市教育科学研究院, 麦可思研究院. 2019中国高等职业教育质量年度报告[M]. 北京: 高等教育出版社, 2019.
[3]上海市教育科学研究院, 麦可思研究院. 2018中国高等职业教育质量年度报告[M]. 北京: 高等教育出版社, 2018.
[4]中国教育科学研究院高等教育研究所,全国高职高专校长联席会议.校联会高职满意度调查报告(2018): 基于校联会会员单位样本的分析[J]. 大学(研究版), 2018(12): 35−52.

高等教育装备2018年度发展报告

樊本富　卢彩晨

2018年，全国各类高等教育在学总规模达到3833万人，高等教育毛入学率达到48.1%。全国共有普通高等学校2663所（含独立学院265所），比上年增加32所，增长1.22%。其中，本科院校1245所，比上年增加2所；高职（专科）院校1418所，比上年增加30所。全国共有成人高等学校277所，比上年减少5所；研究生培养机构815个，其中，普通高校580个，科研机构235个。普通高等学校校均规模10605人，其中，本科院校14896人，高职（专科）院校6837人。我国已经建成了世界上规模最大的高等教育体系，即将由高等教育大众化阶段进入普及化阶段。

一、相关统计数据解读

（一）图书音像资料

2018年普通高校（不包含成人高校及民办的其他高等教育机构，下同）共有图书音像资料268273.71万册（包含学校产权和非学校产权中独立使用的，下同），其中当年新增11788.8万册，比2017年净增8487.7万册。2015~2018年，我国高校图书存量、新增量均呈稳步增长态势（见图1）。在生均可使用图书方面，2018年生均拥有图书86.4册，相比2017年增加0.3册，2017年、2016年、2015年生均图书分别为86.1册、87.2册、85.7册。生均图书可使用量基本保持不变，说明图书总量增长与学生数量增幅基本一致。

（二）计算机数量

2018年普通高校共有计算机12805950台，其中，教学用计算机9485579台（含平板电脑132875台），占计算机总数的74.1%。2015~2018年普通高校计算机数量平稳增长（见表1），其中教学用平板电脑增长率明显高于计算机总数及教学用计算机增长率（见图2），平板电脑占教学用计算机的比例由2015年的3.06%增加到2018年的4.00%。

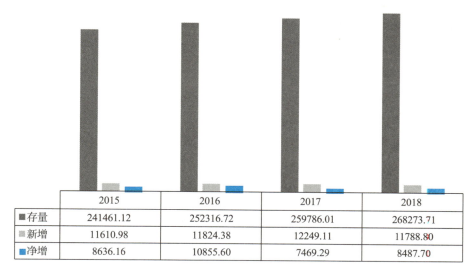

	2015	2016	2017	2018
■存量	241461.12	252316.72	259786.01	268273.71
■新增	11610.98	11824.38	12249.11	11788.80
■净增	8636.16	10855.60	7469.29	8487.70

图1　2015~2018年普通高校图书存量及增量（单位：万册）

表1　2015~2018年普通高校计算机保有量　　　　　　单位：台

年度	计算机数量		
	总数	教学用计算机	
		小计	其中：平板电脑
2018	12805950	9485579	132875
2017	12211056	9139481	111448
2016	11614966	8793655	94957
2015	10912351	8257942	81118

图2　2015~2018年普通高校计算机增长率

人均计算机保有量方面也有所增长，普通高校每100名学生拥有教学用计算机数量由2015年的29.32台增加到2018年的30.56台，每100名学生拥有平板电脑数量由0.29台增加到0.43台。

（三）教室数量

2018年普通高校教室数量791210间，比2017年增长56104间；其中网络多媒体教室434027间，比2017年增长32834间。2015~2018年网络多媒体教室与非网络多媒体教室数量逐年增长（见图3）。在年增长率方面，网络多媒体教室的增长率略高于教室增长率（见图4），从这一数据的对比可看出普通高校对信息化基础设施建设工作的重视。

图3　2015~2018年普通高校教室数（单位：间）

图4　2015~2018年普通高校教室数量增长率

由于全国普通高校学生人数每年均在增加，人均教室数量及网络多媒体教室数量的增长幅度不及教室数量的增长幅度，但总体看也在增长。每百名学生拥有的教室数量由2015年的2.32间增长到2018年的2.55间，其中人均网络多媒体教室数量的增长率略高于教室的增长率（见图5、图6）。

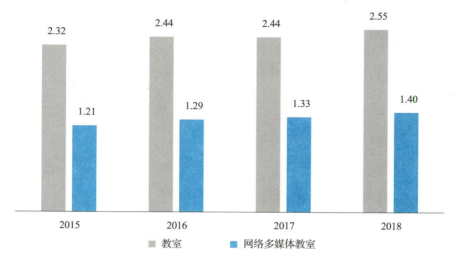

图5 2015~2018年普通高校每百名学生拥有教室数量（单位：间）

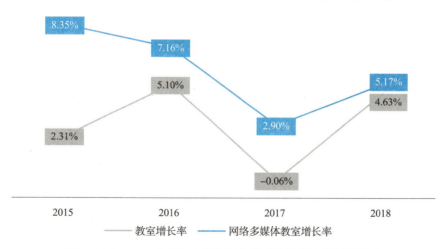

图6 2015~2018年普通高校每百名学生拥有教室数量增长率

（四）固定资产及教学、科研仪器设备值

2018年普通高校固定资产总值243953466.69万元，相比2017年增长20929067.42万元。其中教学、科研仪器设备资产值为55330569.60万元，当年新增6833613.70万元。教学、科研仪器设备资产值占固定资产总值的比例由2015年的21.78%上升到2018年的22.68%，且每年均有所增长，说明我国普通高校在这段时间内对教学、科研仪器设备的投资有所重视（见图7），这一点在固定资产值增长率与教学、科研仪器设备资产值增长率的对比中也可得到印证（见图8）。

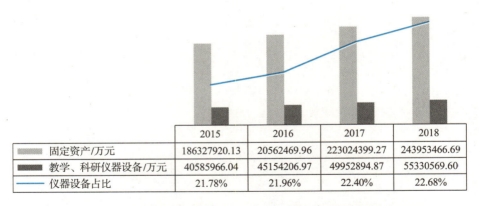

	2015	2016	2017	2018
固定资产/万元	186327920.13	20562469.96	223024399.27	243953466.69
教学、科研仪器设备/万元	40585966.04	45154206.97	49952894.87	55330569.60
仪器设备占比	21.78%	21.96%	22.40%	22.68%

图7 2015~2018年普通高校固定资产值及教学、科研仪器设备资产值

图8 2015~2018年普通高校固定资产值及教学、科研仪器设备资产值增长率

2015~2018年生均固定资产值及生均教学、科研仪器设备资产值也呈增长趋势。生均固定资产值由2015年的6.62万元增长到2018年的7.86万元，生均教学、科研仪器设备资产值也由2015年的1.44万元增长到2018年的1.78万元（见图9）。增长率方面，生均教学、科研仪器设备资产值增长率也高于生均固定资产值增长率（见图10），可以再次证明我国普通高校对于教学、科研仪器设备投资的重视程度较高这一结论。

图9 2015~2018年普通高校生均固定资产值及教学、科研仪器设备资产值（单位：万元）

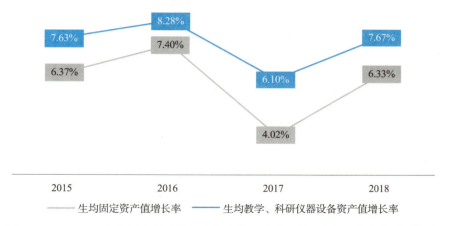

2015   2016   2017   2018

——— 生均固定资产值增长率   ——— 生均教学、科研仪器设备资产值增长率

图10　2015~2018年普通高校生均固定资产值及教学、科研仪器设备资产值增长率

（五）信息化设备资产值

2018年全国普通高校信息化设备资产总值为15619570.37万元，比2017年增长1595143.50万元，占本年度全国高校固定资产总值的6.40%，相比2017年度的6.29%占比有所增加。其中软件资产值为3344800.02万元，占信息化设备资产值的21.41%。从2015~2018年此项数据的变化可以看出（见图11、图12），软件资产在信息化资产中的占比迅速提高，软件资产值的年增长率约为信息化设备资产值增长率的2倍，可见近年来全国普通高校"重硬轻软"的现象有所缓解。

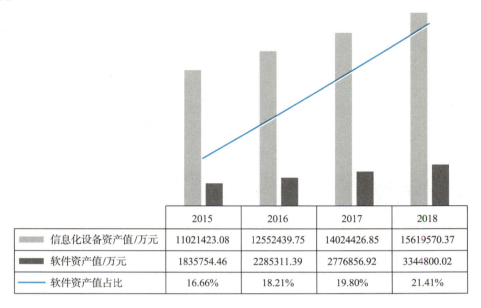

	2015	2016	2017	2018
信息化设备资产值/万元	11021423.08	12552439.75	14024426.85	15619570.37
软件资产值/万元	1835754.46	2285311.39	2776856.92	3344800.02
软件资产值占比	16.66%	18.21%	19.80%	21.41%

图11　2015~2018年普通高校信息化设备资产值及软件资产值

图12　2015~2018年普通高校信息化设备资产值及软件资产值增长率

　　2015~2018年普通高校生均信息化设备资产值及生均软件资产值也呈增长趋势（见图13、图14）。生均信息化设备资产值由2015年的0.39万元增长到2018年的0.50万元；生均软件资产值也由2015年的0.07万元增长到2018年的0.11万元，年均增长率均远高于固定值产总值的增长率。

图13　2015~2018年普通高校生均信息化设备资产值及生均软件资产值（单位：万元）

图14　2015~2018年普通高校生均信息化设备资产值及生均软件资产值增长率

（六）占地面积、绿化面积、运动场馆面积

2015~2018年全国普通高校总占地面积呈缓慢增长态势（见图15、图16）。2018年全国普通高校总占地面积2065478117.57m²，比2017年增加61991386.40m²，增长了3.09%；其中绿化面积共计640667396.31m²，占总占地面积的7.16%，比2017年增长了1.32%；运动场馆面积共计147900581.88m²，比2017年增长2.45%。

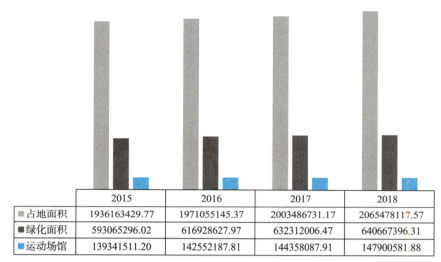

	2015	2016	2017	2018
占地面积	1936163429.77	1971055145.37	2003486731.17	2065478117.57
绿化面积	593065296.02	616928627.97	632312006.47	640667396.31
运动场馆	139341511.20	142552187.81	144358087.91	147900581.88

图15　2015~2018年普通高校占地面积、绿化面积、运动场馆面积（单位：m²）

图16　2015~2018年普通高校占地面积、绿化面积、运动场馆面积增长率

由于2015~2018年在校学生增长幅度高于占地面积增长幅度，所以4年间生均占地面积总体有所下降，由2015年的68.75m²，下降到2018年的66.54m²，4年间仅有2018年的生均增长率为正值；其中生均绿化面积由2015年的21.06m²下降到2018年的20.64m²，4年间有两年的生均增长率为正值；生均运动场馆面积情况不佳，由2015年的4.95m²下降到2018年的4.76m²，4年间每年生均增长率均为负值（见图17、图18）。

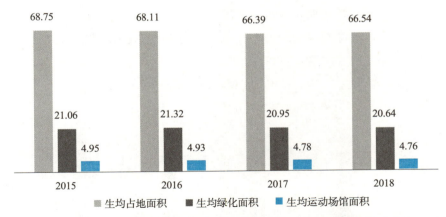

图17　2015~2018年普通高校生均占地面积、绿化面积、运动场馆面积（单位：m²）

图18　2015~2018年普通高校生均占地面积、绿化面积、运动场馆面积增长率

二、2018年高等教育装备要事纪略

（一）中国高等教育博览会召开

2018年1月，经教育部批复同意，创立于1992年的全国高教仪器设备展示会正式升级为中国高等教育博览会。展会更名后，以展览展示、会议论坛、竞赛活动等多种形式并存，展示中国高等教育成果，服务建设高等教育强国，打造高等教育国家名片。2018年春季和秋季的中国高等教育博览会分别于4月、10月在武汉、成都举办。

春季博览会参展、参会规模创历史新高。博览会及同期举办的21个高端论坛吸引了来自全国高等学校的教学管理人员、实验实训管理人员及一线教师近2万余人参加。博览会设"人才培养专区""科学研究专区""社会服务专区""文化传承创新专区"

和"展览展示专区"五大专区和2200余个展位，共有700余家国内外知名企业参展，展览面积5万余平方米。秋季博览会展览面积6万平方米，设展位2400个，共有近1000家企业参展，近2万名专业观众前往观展。博览会同期举办了高等工程教育峰会、智能制造产教融合人才培养论坛、高校教师教学创新大赛、华灿奖5周年作品成果展、"万人计划"教学名师教书育人先进事迹展等活动。

（二）《普通高等学校建筑面积指标》发布

由教育部组织编制的《普通高等学校建筑面积指标》经住房和城乡建设部、国家发展改革委批准发布，自2018年9月1日起施行。《普通高等学校建筑规划面积指标》同时废止。各省级教育行政部门、部属各高等学校要在普通高等学校基本建设工作中认真执行。各省级教育行政部门要认真组织做好标准宣传贯彻工作，要结合当地实际，切实加强指导，提高普通高等学校基本建设管理的科学化、规范化水平。

（三）进一步做好实验室废弃物等其他垃圾处理工作

2018年1月16日，为落实《国务院办公厅关于转发国家发展改革委、住房和城乡建设部生活垃圾分类制度实施方案的通知》的要求，教育部办公厅等六部门发布《关于在学校推进生活垃圾分类管理工作的通知》，除要求各级各类学校实施生活垃圾分类管理外，特别要求进一步做好实验室废弃物等其他垃圾的处理工作。对有毒有害的垃圾，尤其是实验室危险废物，要坚守安全红线、专人管理、重点监控、定时巡查，建立实验室危险废物管理计划。该通知要求做好实验室危险废物的源头分类，设立临时贮存场所，规范实验室废物分类收集、运送、贮存、交接及处置的相关要求。严格规范实验室危险废物贮存场所（设施）管理，并在醒目位置设立危险废物标识，不得露天堆放，防止二次污染。

该通知还要求高等学校要充分发挥在科学研究和社会服务方面的传统优势，大力开展垃圾减量化、资源化、无害化研究，推动厨余垃圾处理等技术创新，促进科研成果转化，提高生活垃圾分类处理能力和生活垃圾资源化率，力争为社会提供可借鉴、可推广的生活垃圾分类处置实用技术。

（四）国家虚拟仿真实验教学项目建设工作继续开展

2018年，教育部在《关于2017—2020年开展示范性虚拟仿真实验教学项目建设的通知》的基础上，继续开展国家虚拟仿真实验教学项目建设工作。国家虚拟仿真实验教学项目是示范性虚拟仿真实验教学项目建设工作的深化和拓展。项目坚持立德树人，强化以能力为先的人才培养理念，坚持"学生中心、产出导向、持续改进"的原则，突出应用驱动、资源共享，将实验教学信息化作为高等教育系统性变革的内生变量，以高质量实验教学助推高等教育教学质量变轨超车，助力高等教育强国建设。国家虚拟仿真实验教学项目是推进现代信息技术融入实验教学项目、拓展实验教学内容广度和深度、延伸实验教学时间和空间、提升实验教学质量和水平的重要举措。要突出以学生为中心的实验教学理念、准确适宜的实验教学内容、创新多样的教学方式方法、先进可靠的实验研发技术、稳定安全的开放运行模式、敬业专业的实验教学队伍、持续改进的实验评价体系和显著示范的实验教学效果。教育部将按照先建设应用、后评价认定、持续监测评估的方式，按建设规划分年度认定国家虚拟仿真实验教学项目。

（五）新时代全国高等学校本科教育工作会议召开

6月21日，教育部召开新时代全国高等学校本科教育工作会议。会议强调，要深入学习贯彻习近平新时代中国特色社会主义思想和党的十九大精神，全面贯彻落实习近平总书记5月2日在北京大学师生座谈会上的重要讲话精神，坚持"以本为本"，推进"四个回归"，加快建设高水平本科教育，全面提高人才培养能力，造就堪当民族复兴大任的时代新人。会后，教育部出台《关于狠抓新时代全国高等学校本科教育工作会议精神落实的通知》，要求各地教育行政部门、各高校组织开展教育思想大讨论，切实增强振兴本科的思想自觉和行动自觉；抓紧制订专项行动计划，系统规划振兴本科的建设路径和关键举措；全面整顿教育教学秩序，严格本科教育教学过程管理；紧紧抓住核心环节，加快构建振兴本科的长效机制和制度保障；大力推广典型经验，努力形成振兴本科的良好氛围和全局效应。该通知要求各地各高校在2018年底前将学习贯彻工作方案和落实情况上报，教育部将对贯彻落实情况适时开展督导检查。

（六）大力发展新工科、新医科、新农科、新文科

2月26日，教育部召开2018年全国教育事业发展基本情况年度发布会，提出通过大力发展新工科、新医科、新农科、新文科，优化学科专业结构，推动形成覆盖全部学科门类的中国特色、世界水平的一流本科专业集群。具体举措方面：首批认定612个新工科研究与实践项目，增设大数据、人工智能、机器人、物联网等新兴领域急需专业点近400个；成立了新工科教育国际联盟，"一带一路"工程教育国际联盟，启动实施了新工科建设的"十百万"计划；批准74家高校附属医院为首批国家临床教学培训示范中心；围绕乡村振兴战略和生态文明建设，推进课程体系、实践教学、协同育人等方面的改革，布局新型涉农专业；增设外语非通用语种等紧缺专业，基本实现"一带一路"沿线国家语种全覆盖；推进哲学社会科学与新一轮科技革命和产业变革交叉融合，形成有中国特色的哲学社会科学学派。

（七）《普通高等学校本科专业类教学质量国家标准》发布

1月30日，按照"兜住底线，留足空间"的原则，教育部发布《普通高等学校本科专业类教学质量国家标准》，涵盖了普通高校本科专业目录中全部92个本科专业类，587个专业的标准，涉及全国高校56000多个专业点，为高校开展专业设置、专业建设和专业认证提供了依据。标准特别对各专业类师资队伍数量和结构、教师学科专业背景和水平、教师教学发展条件等提出定性和定量相结合的要求，同时明确了各专

业类的基本办学条件、基本信息资源、教学经费投入等要求。这是我国发布的第一个高等教育教学质量国家标准。《普通高等学校本科专业类教学质量国家标准》还列出了各专业类知识体系和核心课程体系建议。

《普通高等学校本科专业类教学质量国家标准》紧紧把握世界高等教育发展的先进理念，遵循三大基本原则：一是突出学生中心。注重激发学生的学习兴趣和潜能，创新形式、改革教法、强化实践，推动本科教学从"教得好"向"学得好"转变。二是突出产出导向。主动对接经济社会发展需求，科学合理设定人才培养目标，完善人才培养方案，优化课程设置，更新教学内容，切实提高人才培养的目标达成度、社会适应度、条件保障度、质保有效度和结果满意度。三是突出持续改进。强调教学工作要建立学校质量保障体系，要把常态监测与定期评估有机结合起来，及时评价、及时反馈、持续改进，推动人才培养质量不断提升。

（八）推进信息技术与教育教学深度融合

2018年，教育部以在线开放课程"建、用、学、管、共享"为抓手，深入推进信息技术与教育教学深度融合的课程内容、教学模式与教学方法改革，实现我国高等教育教学质量的"变轨超车"。具体做法包括：①大力推进慕课和虚拟仿真实验建设。制定慕课标准体系，规范慕课建设管理，规划建设一批高质量慕课，推出3000门国家精品在线开放课程，示范带动课程建设水平的整体提升。建设1000项左右国家虚拟仿真实验教学项目，提高实验教学质量和水平。②共享优质教育资源。大力加强慕课在中西部高校的推广使用，加快提升中西部高校教学水平。建立慕课学分认定制度。以1万门国家级和1万门省级一流线上线下精品课程建设为牵引，推动优质课程资源开放共享，促进慕课等优质资源平台发展，鼓励教师多模式应用，鼓励学生多形式学习，提升公共服务水平，推动形成支持学习者人人皆学、处处能学、时时可学的泛在化学习新环境。

2017年、2018年分两批认定了1291门"国家精品在线开放课程"，超过4300万人次获得慕课学分。慕课上线数量快速增长至8100门，学习人数超过1.4亿人。认定首批105项国家虚拟仿真实验教学项目，发布全球首个虚拟仿真实验教学项目集中展示平台，实现"网上做实验、虚拟做真实验"。

（九）高校智慧教育创新与应用示范研讨会召开

6月22日，由中国电子学会现代教育技术分会主办的"2018年高校智慧教育创新应用研讨会"召开。本次大会旨在贯彻和落实《教育信息化2.0行动计划》目标任务，坚持信息技术与教育教学深度融合的核心理念，努力构建"互联网+"条件下的人才培养新模式。

来自全国高校的信息化专家围绕包括智慧教室、智慧校园、大数据、桌面云、移动应用等专题进行了学术交流，实地考察了研讨型智慧教室和校园信息化建设成果。

（十）高等教育国家级教学成果奖公布

经专家评审、高等教育国家级教学成果奖评审工作委员会审议，2018年高等教育国家级教学成果奖出炉，共有452个项目获奖，其中特等奖2项，一等奖50项，二等奖400项。452个获奖项目的第一完成单位来自全国220所高校和1家教育部直属单位。其中，四川大学谢和平院士等10人完成的"以课堂教学改革为突破口的一流本科教育川大实践"和华中师范大学杨宗凯教授等9人完成的"深度融合信息技术的高校人才培养体系重构与探索实践"荣获特等奖。

从评选结果来看，获奖成果一方面反映了最近几年中国高等教育的发展内容和主要成绩，另一方面也显示出高校之间、各省份之间和不同层次的高等教育形式之间，以及不同学科门类的发展差距。作为教育部推进教学改革的一项重大举措，国家级教学成果奖的评选结果与近些年来有关高等教育的政策取向的契合度、奖项本身和奖项覆盖面所反映出的一些特点值得关注和思考。以获得特等奖的"深度融合信息技术的高校人才培养体系重构与探索实践"为例，华中师范大学将"教育信息化"列为学校发展战略，依托教育部首批全国教育信息化试点高校示范项目，全面推动信息技术与教育教学深度融合，开展了持续5年的探索实践，从智慧教室的"建、用、研"着手，从营造教学环境、变革教学理念、创新评价方式等维度重构以学生为中心的新型人才培养体系，通过实施小班化互动式教学、开设"教学节"、设立"教学创新奖"等手段，推进教育内容、教学手段和方法现代化，开启了一场本科教育的变革。设立国家级教学成果奖，是国家实施科教兴国战略的重要举措，体现了国家对高等学校教学工作的高度重视。这些成果充分展现了重视教学建设、重视教学改革、重视人才培养工作所取得的成绩，代表了目前我国教育教学工作的最高水平。

（十一）新一届高等学校教学指导委员会成立

11月1日，2018~2022年教育部高等学校教学指导委员会成立会议在北京召开。经严格审查，新一届高等学校教学指导委员会成立了覆盖92个专业类及课程建设的151个教指委，最终遴选委员5550人（包括主任委员111人、副主任委员710人）。委员中有3611人是新任委员，占委员总数的2/3。

2018~2022年教育部高等学校教学指导委员会将为推动高等教育改革发展、全面提高人才培养质量发挥参谋咨询、指导引领、凝聚队伍、监督推动的重要作用。教指委将抓好全国教育大会精神的学习贯彻落实，指导高校抓好教学秩序大整顿，抓好本科专业类教学质量国家标准落地生根，指导高校抓好专业内涵建设，抓好建设"金课"、淘汰"水课"，抓好教材编写和使用，抓好教师教书育人，抓好学生刻苦学习。

（十二）第四届中国"互联网+"大学生创新创业大赛举办

第四届中国"互联网+"大学生创新创业大赛于2018年3~10月举办。本次大赛由教育部等14个国家部委与福建省人民政府共同主办。大赛举办"1+5"活动，即1项主体赛事加5项同期活动——"青年红色筑梦之旅"活动、"21世纪海上丝绸之路"系列活动、"大学生创客秀"活动（大学生创新创业成果展）、改革开放40年优秀企业家对话大学生创业者活动（"互联网+"产学合作协同育人报告会）、大赛优秀项目对接巡展活动等。大赛采用校级初赛、省级复赛、全国总决赛三级赛制，全国2278所高校的265万名大学生踊跃参赛，实现了地域、学校、学生类型全覆盖；来自50个国家和地区的700余支团队同台竞技，推动高校创新创业教育改革向更大范围、更高层次、更深程度推进。

（十三）"新时代高教40条"印发

10月18日，教育部印发《关于加快建设高水平本科教育　全面提高人才培养能力的意见》（以下简称"新时代高教40条"），要求思想政治教育贯穿高水平本科教育全过程；加强学习过程管理，严格过程考核，改革考试形式；健全师德考核制度，完善教授给本科生上课制度；实施一流专业建设"双万计划"；深化协同育人机制等。"新时代高教40条"针对高水平本科教育建设的重点难点问题，以实施"六卓越一拔尖"计划2.0为牵引，提出了一系列改革创新举措。"新时代高教40条"同时提出了建设高水平本科教育的总体目标：经过5年努力，初步形成高水平的人才培养体系，建成一批立德树人标杆学校，建设一批一流本科专业点。到2035年，形成中国特色、世界一流的高水平本科教育，为建设高等教育强国、加快实现教育现代化提供有力支撑。

（十四）地方应用型本科高校发展工作座谈会召开

11月23日，2018年全国新建本科院校联席会议暨第十八次工作研讨会在西安召开，来自全国146所新建本科院校的350余名代表参加会议。会议强调，新建本科院校要瞄准县域、市域、省域、区域等服务域，提供一流的政策、组织、机制、服务、项目等全方位支持，实现教育部和各省份教育部门同频共振、上下联动，东部与中、西部区域共舞、协同并进，建好建强地方应用型大学。会议旨在引导新建本科院校坚持走地方应用型大学的发展之路，瞄准服务域，围绕应用型人才培养的中心，突出合作办学、合作育人、合作就业、合作发展的核心，走从"新建"到"新型"的建设发展之路，建设神形兼备的一流地方应用型大学。

（十五）中国高校计算机教育MOOC联盟峰会举办

11月17~18日，2018年中国高校计算机教育MOOC联盟峰会在北京召开。本届峰会以"站在'新时代'瞭望'新征程'"为主题，吸引了全国各地高校领导、高校计算机相关专业院系领导、MOOC名师、课程负责人、一线教师，以及MOOC平台、行业企业的负责人等500余名嘉宾和代表出席。峰会设置"建课论坛——在线开放课程建设案例分享与研讨""用课论坛——混合式教学改革与试点学院经验交流""产学合作协同育人与新工科论坛——人才培养模式革新经验交流"三个论坛。

三、高等教育装备发展建言

（一）推动新技术与高等教育教学实践深度融合

推进人工智能与高等教育教学深度融合创新，以信息化引领教育理念和教育模式创新，充分发挥教育信息化在教育改革和发展中的支撑与引领作用，是我国高等教育信息化的关键问题。

"互联网+"特别是云计算、大数据、人工智能，以及AR、VR、MR技术的有效运用，在理念、途径和方式上为高等教育信息化发展提供了广阔的发展空间，并赋予其新的发展内涵。以基于信息技术的混合式学习模式创新为抓手，大力推动在线教学与学习，引入"翻转课堂"等新思路新方式，运用研究性、探究式等教学方式，推动教学工作从以"教师"和"讲授"为主体向以"学生"和"学习"为主体转变，提高高等教育教学质量；建立科学合理的学生综合性评价体系，建设学生学习过程数据库，支持以学生学习和发展成效为核心的教育质量评价，激发学生的学习积极性、主动性、创造性。加快形成多元协同、内容丰富、应用广泛、服务及时的高等教育云服务体系，打造适应学生自主学习、自主管理、自主服务需求的智慧课堂、智慧实验室、智慧校园。大力推动互联网、大数据、人工智能、虚拟现实等现代技术在教学和管理中的应用，探索实施网络化、数字化、智能化、个性化的教育，推动形成"互联网+高等教育"新形态，以现代信息技术推动高等教育质量提升的"变轨超车"，共同打造一个开放的高等教育生态智能平台，真正推动社会范围内的高等教育智能化升级。

（二）推动本科教学改革，全面提高教学质量

深入贯彻落实新时代全国高等学校本科教育工作会议精神，坚持"以本为本"、推进"四个回归"，强化育人导向，优化专业结构，深化教育教学改革，提升本科生培养质量，着力打造一流本科教育。现代信息技术的广泛运用正在深刻改变高等学校的教学方式、学习方式、思维方式和交流方式。我们要充分运用现代信息技术，优化课程设置、更新教学内容，研究吸纳线上优质课程资源，优化本校课程设置，以提升学生综合素质和基本能力为重点，重塑课程体系、更新教学内容、改革教学模式；加快建设国家公益性云教学平台，汇聚全国优质课程资源，扩大优质课程共享面；及时将国际前沿学术发展和最新研究成果、产业技术进步和实践经验融入相关课程。探索建设基于现代信息技术的多种介质综合运用的新形态教材，为学生提供更加丰富多样的自主学习资源。现代信息技术与高校教学深度融合，必将有力推动教学改革，实现优质教学资源共享，促进教学质量持续提升。

（三）以校企合作为重点，推动高等教育质量发展

高等院校的长期稳定发展离不开企业力量的支持和参与。未来发展过程中，校企合

作势必得到更大范围的实施。因此，高校、企业、政府都应正确看待校企合作过程中可能出现的问题并及时找到解决措施。校企合作工作中，可以探索以校企协作为重点，通过网络学习空间提供校企共享信息服务，创新仿真实训资源应用模式，支持高校开展企业引入、设备共享、技术推广、岗位承包、校企共训、顶岗实习、培训移植等活动，推动相关专业教学紧贴生产实际，支撑企业能工巧匠、业务骨干到高校兼职，深入推进校企协同育人，创新校企合作人才培养模式，提高校企合作成效。

（作者单位：樊本富，北京教育考试院；卢彩晨，中国教育科学研究院）

专题报告

2018年学校体育装备发展分析

李小伟

近年来，在党中央的高度重视下，每年国家都会出台多项政策加大对体育工作的扶持力度，在这一背景下，我国学校体育工作也得到了发展。

2018年3月5日发布的"政府工作报告"从四方面提及体育产业发展：一是深入推进体育改革，充分释放社会领域巨大发展潜力；二是支持社会力量增加体育服务供给；三是确立发展智能体育产业这一战略方向，做大做强新兴产业集群；四是全民健身与竞技体育协调发展，做好北京冬奥会、冬残奥会筹办工作，多渠道增加全民健身场所和设施。这既是对体育工作的明确要求，也是对体育改革的呼唤。

学校体育方面，校园足球工作已成为学校体育教育事业发展和中国足球腾飞的一个重要抓手。习近平总书记高度重视足球事业和校园足球工作，提出要"下决心把我国足球事业搞上去"。他的系列重要指示、批示，为做好校园足球工作提供了重要指针和根本遵循。2018年9月，全国教育大会的召开，更为校园足球工作提了气、鼓了劲、指了路、加了压。

2018年，关于中小学运动场地建设管理、校园足球发展、大型体育场馆运营管理改革及青少年体育活动的文件陆续出台，把学校体育发展提升到了一个新的战略高度，既为学校体育发展指明了道路，又为之立下了规矩、画定了红线。相信在相关政策的引领和护航下，中国特色学校体育事业定会提质增效发展。

一、多部门出台政策助力学校体育装备工作

2018年1月，国家体育总局、教育部、中央文明办、发展改革委、民政部、财政部、共青团中央7部门联合印发《青少年体育活动促进计划》。该计划提出6个发展目标、7项主要任务，以吸引更广泛的青少年参与体育活动，促进青少年身心健康、体魄强健。按照该计划设定的目标，到2020年，广大青少年体育参与意识普遍增强，体育锻炼习惯基本养成。在体育场地设施改善方面，各市（地）建立一个以上的青少年校

外体育活动中心和青少年户外体育活动营地，各县（区）普遍设置专门的青少年校外体育场地设施，公共体育设施和有条件的学校体育设施向青少年开放。

2018年2月，教育部、国家体育总局与北京冬奥组委共同制定的《北京2022年冬奥会和冬残奥会中小学生奥林匹克教育计划》发布。该计划明确指出全国中小学要将奥林匹克教育纳入学校教育教学内容，通过综合实践活动课程、体育课程、德育活动等方式，开展奥林匹克主题教育。积极鼓励支持学校与滑雪场、滑冰馆、冰雪运动俱乐部、冰雪培训机构及其他相关社会机构合作开设冬季运动技能课程，有条件的地区应结合本地实际，量力而行，在现有经费渠道内解决冰雪运动课程相关费用。鼓励有条件的学校建立常态化校园冬季运动竞赛机制，举办冬季运动会或冬季运动节。

2018年9月10日，教育部发布《关于公布2018年全国青少年校园足球特色学校、试点县（区）和"满天星"训练营遴选结果名单的通知》（教体艺函〔2018〕11号），提出要完善政策措施，在校园足球教学、训练、竞赛、招生、经费和条件保障等方面加大支持力度；在积极探索的基础上，进一步完善特色学校、试点县（区）和"满天星"训练营的示范带动机制。

2019年2月，由全国青少年校园足球工作领导小组办公室组织编写的《全国青少年校园足球发展报告（2018）》由北京体育大学出版社出版发行。该报告是全国青少年校园足球工作领导小组办公室继2018年6月组织编写《全国青少年校园足球发展报告（2015—2017）》之后的又一重要成果，是落实全国青少年校园足球工作改革发展年度报告制度的系列行动之一。报告全面系统地回顾了2018年全国青少年校园足球工作领导小组和教育部推进全国青少年校园足球工作的主要工作进展情况和突出成效，全景式呈现了2018年全国各地推进青少年校园足球的主要工作和相关媒体宣传报道情况，是2018年全国青少年校园足球工作发展成果的重要记录，也是全国青少年校园足球工作者推动校园足球工作的重要参考文献资料。

二、学校体育装备发展情况

（一）发展现状

《2018年全国教育事业发展统计公报》显示，依据《教育部 卫生部 财政部关于印发国家学校体育卫生条件试行基本标准的通知》（教体艺〔2008〕5号）中规定的相关标准，我国普通小学（含教学点）设施设备配备达标情况分别为：体育运动场（馆）面积达标学校比例为88.47%，体育器械配备达标学校比例为94.23%；初中阶段设施设备配备达标情况分别为：体育运动场（馆）面积达标学校比例为92.58%，体育器械配备达标学校比例为95.91%；普通高中设施设备配备达标情况分别为：体育运动场（馆）面积达标学校比例为91.77%，体育器械配备达标学校比例为93.84%（见表1）。

表1　2015~2018年我国各级中小学学校体育设施达标情况

层次	项目	2015	2016	2017	2018
小学	体育运动场（馆）面积达标学校占比	64.51%	75.00%	84.77%	88.47%
	其中：城区达标学校占比	79.68%	82.86%	86.03%	86.44%
	其中：镇区达标学校占比	70.01%	78.80%	86.54%	89.90%
	其中：乡村达标学校占比	59.02%	71.44%	83.61%	88.41%
	体育器械配备达标学校占比	68.90%	80.18%	89.99%	94.23%
	其中：城区达标学校占比	88.11%	91.67%	94.17%	95.02%
	其中：镇区达标学校占比	76.15%	85.17%	92.31%	95.56%
	其中：乡村达标学校占比	61.84%	75.21%	87.75%	93.36%
初中	体育运动场（馆）面积达标学校占比	78.71%	85.36%	90.35%	92.58%
	其中：城区达标学校占比	84.74%	87.40%	89.33%	89.62%
	其中：镇区达标学校占比	80.08%	86.51%	91.56%	94.04%
	其中：乡村达标学校占比	72.71%	82.16%	89.25%	92.73%
	体育器械配备达标学校占比	83.55%	89.60%	93.97%	95.91%
	其中：城区达标学校占比	90.17%	92.37%	94.04%	94.47%
	其中：镇区达标学校占比	84.63%	90.47%	94.91%	96.92%
	其中：乡村达标学校占比	77.55%	86.27%	92.42%	95.50%
普通高中	体育运动场（馆）面积达标学校占比	87.06%	89.28%	91.14%	91.77%
	其中：城区达标学校占比	88.62%	90.24%	91.48%	91.73%
	其中：镇区达标学校占比	85.54%	88.24%	90.81%	91.82%
	其中：乡村达标学校占比	86.08%	89.26%	90.67%	91.69%
	体育器械配备达标学校占比	88.79%	91.17%	92.97%	93.84%
	其中：城区达标学校占比	91.39%	93.06%	94.02%	94.63%
	其中：镇区达标学校占比	86.38%	89.27%	92.03%	93.15%
	其中：乡村达标学校占比	85.93%	89.72%	90.81%	91.97%

　　由表1的数据可知，经过持续的投入建设，我国中小学校体育设施配备情况已经有了较大改善，体育运动场（馆）面积达标学校和体育器械配备达标学校的比例逐年上升。值得注意的是，乡村体育运动场（馆）面积达标学校和乡村体育器械配备达标学校占比的增长速度，远高于城区体育运动场（馆）面积达标学校和城区体育器械配备达标学校。这些数据说明了国家对中小学校体育场地设施建设的重视，反映了"全面改薄"工程在学校体育装备建设方面取得的突破性进展。

　　2018年6月26日，在围绕"全国青少年校园足球最新进展和全国学校体育教学改革整体思路"召开的新闻发布会上，教育部介绍了全国青少年校园足球最新进展情况及全国学校体育教学改革的整体思路。过去三年，校园足球保障条件有了非常大的改善，全国新增足球场地5万块。校园足球的组织架构、管理体系逐渐完善，7部门共同推进，部门之间相互支撑和配合。在一个学校体育的单项上，这3年来的投入创造了纪录，在世界范围内也很少见到。

（二）与发达国家之间的差距

从上述资料可以看出，目前我国的学校体育场地设施建设已经取得了很大的进展，但与发达国家相比仍存在一些问题。比如，不同地区学校体育场地设施发展呈现不均衡局面，经济比较发达的东部地区的学校体育场地数量（特别是在场地建设投入和体育器材配备上）高于中西部地区。此外，我国学校体育场地设施建设存在不环保、不规范现象。有些学校的场地建设存在严重质量问题，一些学校由于低价竞标导致施工方为了节约成本不惜牺牲工程质量，使得场地设施使用寿命缩短，且容易导致学生意外伤害事故发生。据统计，大约30%的学校体育场地、器材存在安全隐患，城市学校体育场地器材安全系数优于农村学校。

在体育设施建设方面，部分较发达国家主要有以下特点：一是在体育领域建立了专门的行政管理机构，保障体育设施相关政策的执行；二是制定了体育设施发展的长期规划，保障了体育设施建设的长期性、持续性和实效性；三是制定了相关的税收优惠政策、财政政策和土地政策，确保了体育设施建设资金来源的多元化；四是采用了俱乐部管理模式，引入志愿者参与体育设施的管理，大大减低了成本，提高了场馆效益；五是制定了体育设施建设、管理、运营和养护等方面的相关细则或法案，确保了政策执行的刚性和不可抗性。

（三）体育装备交流活动

（1）2018北京国际学校体育用品装备展览会

2018年5月17~20日，科技部、中国国际贸易促进委员会、国家知识产权局和北京市人民政府联合主办了"2018北京国际学校体育用品装备展览会"。参展产品涉及以下品类。

体育场地器材与设施类：天然草坪、人造草坪、塑胶跑道、木质地板、地声光电设备、专项设施（篮球、网球、排球、乒乓球、羽毛球、体操、武术、跆拳道、散打等）及健身器材等；体育实验室仪器、大型精密仪器类：体成份分析仪、心率遥测仪、医用按摩床、远红外治疗仪、视野计、电子反应时测试仪、闪光融合计等；体质测试仪器类：健康体适能产品、功能性健康产品、教学科研产品、系统平台软件等；学校体育用品类：球类器材及配件、特许经营产品、奖品、场地营造用品、体育运动服饰等；学校户外运动用品类：徒步、漂流、攀岩、搜救、野营及登山出行装备、雪上运动装备、户外运动器材、极限运动器材、水上运动用品、户外电子产品、户外运动保健品、户外运动出版物、户外运动景区、景点及户外运动俱乐部展示、野外用车等；数字健身器材等新型体育设施设备，幼儿园体育器材及游乐设施等。

（2）2018中国绿色校园体育装备建设与发展论坛

2018年5月12日，由中国教育装备行业协会学校体育装备分会举办的"2018中国绿色校园体育装备建设与发展论坛"在成都举办。本次论坛以"品质、责任、创新、引领"为主题，主要从绿色校园体系建设，体育装备的规划设计，新材料、新产品、新技术在绿色校园体育中的应用与发展，体育绿色施工及质量监督，学校体育场地现状与标准适用性等方面进行探讨与交流，旨在推动绿色校园建设，提高绿色校园体育装备的规划和建设质量，提升学校体育装备的设计、建造、管理和使用的全领域、全过程绿色化水平，促进学校体育装备绿色、智慧、可持续发展。为响应中国教育装备行业协会扶贫攻坚号召，中国教育装备行业协会学校体育装备分会组织12家会员单位捐赠150.42万元用于四川凉山州学校体育器材设施及场地建设。

（3）2018中国体育场馆设施发展论坛

2018年5月，"2018中国体育场馆设施论坛"在上海举办，论坛坚持聚焦体育材料设施领域的定位，围绕笼式足球产业、体育场馆3.0时代、人造草行业、数字经济下的体育产业链等主题展开讨论。该论坛为推动我国体育场馆设施行业的投资、规划、建设、运营、创新发挥了重要作用。

（4）第四届全国学校体育与卫生器材装备展示会暨第三届全国中小学创新体育器材现场教学观摩研讨会

2018年10月22~26日，第四届全国学校体育独生器材装备展示会暨第三届全国中小学创新体育器材现场教学观摩研讨会在天津举行。此次活动以学校体育器材装备展示为主体，同期举行主论坛、中小学创新体育器材现场教学观摩展示、中小学体育特色学校建设研讨会、学校体育器材设施建设与管理论坛、第三届京津冀中小学体育教学改革高峰论坛、青少年学生体质提升与健康教育论坛。本次活动有22家企业进行展示，共有89个展位。展会现场除传统的校用体育器材、卫生保健器材和场地营造器材外，还有结合了大数据、云技术、人工智能等新科技的智能监测装备、评估系统、运动健身平台和全面、创新的一站式服务方案。

（四）冰雪运动开展情况

北京携手张家口申办2022年冬奥会时，我国政府曾向国际奥委会作出了"三亿人上冰雪"的庄严承诺，为实现这一目标，国家自上而下出台了一系列政策鼓励冰雪产业的发展。

2018年9月，国家体育总局发布两个纲要和三个计划，其中，《"带动三亿人参与冰雪运动"实施纲要（2018—2022年）》强调，青少年是"带动三亿人参与冰雪运动"的重点人群。该纲要的总体目标是：到2022年，群众性冰雪运动广泛开展，群众性冰雪赛事活动丰富多彩，群众性冰雪运动服务标准完善，群众性冰雪运动场地设施基本满足人民群众多样化多层次需求。人民群众对冰雪运动发展成果的获得感进一步增强，对冰雪运动的关注度、喜爱度、支持度、参与度达到更高水平，实现"带动三亿人参与冰雪运动"。

2018年，多地在冰雪运动进校园方面开展了积极的实践：

上海冰雪运动进校园项目于2018年12月正式启动。单板滑雪世界冠军、平昌冬奥会银牌得主刘佳宇担任上海市校园冰雪运动形象大使。伴随上海市冰雪运动进校园项目的启动，上海市教委将继续强化冰雪运动教育教学，逐步构建完善的冰雪运动赛事活动体系，开展专门的冰雪教练员的培训、培养，鼓励组织学生观摩高水平冰雪赛事活动，加强与国内外冰雪运动优势地区的交流合作，引导广大青少年学生关注奥运、喜爱奥运，促进形成共迎奥运的良好氛围。上海市教委历来重视校园冰雪运动的推广，先后组织了上海市中小学生冰上运动会、上海市大学生春季冰壶联赛等多个市级单项比赛，吸引了广大中小学生和大学生参与。

黑龙江省发布《关于进一步加强学校冰雪教育工作的通知》，大力发展中小学冰雪体育教育。2020年底前，全省建成500所冰雪特色学校；已经批准的200所冰雪特色学校和有冰雪项目的体育基点校，应组建学生冰雪项目运动队、俱乐部和兴趣小组等，开展冰雪项目课余训练，提高冰雪运动水平。该通知提出，要将学校冰雪体育开展情况纳入中小学综合素质评价内容，争取2020年前全省各地都将冰雪项目纳入中考体育考试内容并逐步提高分值。鼓励学校利用好江、河、湖等自然冰场，自编上冰活动内容，自制简易器材；没有浇冰场条件的学校要合理安排与其他学校共用冰场开课，力争"校校有基地，人人会滑冰"。各学校要按大纲要求开齐体育课程，冬季以滑冰、冰球、滑雪等冰雪项目教学为主，寒假作业要有冰雪活动内容。

吉林市在2017年全市浇筑56块校园冰场的基础上，要求各城区增设1所铺冰学校，各县（市）增设2所铺冰学校，市教育局直属学校增设2所铺冰学校，各县（市）区要保证铺设冰场的经费投入。继续实施"冰雪进课堂"工程，各中小学校要充分利用《吉林市中小学生"逐雪嬉冰"冰雪运动系列指导纲要》教材，保证每学期开设不少于10课时的冰雪运动课程教学，冰雪运动特色校开设不少于18课时的冰雪运动课程教学，夏季要开展冰雪运动陆地辅助教学与训练。吉林市各雪场运营后，市教育局将与各雪场联合建立吉林市青少年冰雪培训基地。各级教育行政部门和各级各类学校可将冰雪体育课与"研学"活动相结合，确保全市小学五、六年级，初中一、二年级，高中一、二年级，职业学校学生能到就近的冰雪培训基地上滑雪课。

（五）校园网球和校园高尔夫

2018年10月26日，全国体育运动学校联合会青少年网球专项委员会正式成立。青少年网球专项委员会的成立，旨在进一步丰富青少年体育活动内容，促进网球运动的普及与发展，提升青少年网球运动水平，增强广大青少年身体素质，为体育强国建设提供更加坚实的人才保证和智力支持。在专委会成立发布会上，有关负责人重点介绍了网球专项委员会的整体规划：要落实国家体育总局青少司有关《全国各级各类体校教练员人才教育培训规划（2018—2022）》实施方案，发挥专项委员会的资源优势，着眼提高广大青少年健康素质和体育技能，遵循人才培养规律，做好现状调研，梳理和制定好各级各类青少年网球技能标准，引导我国青少年网球培训健康、安全、有序、规范发展，营造良好的青少年体育服务氛围，让更多的青少年参与体育运动并享受良好的服务，为实现"体育强国""健康中国"做出贡献。

2018年10月11日，中国高尔夫球协会"校园高尔夫发展计划"新闻发布会暨红英小学高尔夫课程启动仪式在北京市举行。中国高尔夫球协会推出"校园高尔夫发展计划"，着眼于普及传播高尔夫球文化，从高尔夫球体育课、课后课/兴趣班、校园俱乐部和校队着手，帮助学校培养高尔夫球运动技能教师，提供高尔夫球教材、教辅用书和视频，建立高尔夫球体育课程教学和考核标准，提供教学、比赛/活动器材并建立相应标准，建立校园高尔夫球俱乐部、校队、校园/校际联赛。该计划的目标是到2022年将开设高尔夫球体育课的学校扩大到2500所，中小学生参与高尔夫运动的人数达到100万人。北京市海淀区红英小学作为"校园高尔夫发展计划"首个试点学校，将高尔夫球体育课纳入四、五年级体育必修课，并建立高尔夫校园俱乐部，同时将承担"校园高尔夫发展计划"的标准化课程研发和教学实践任务。

三、2018年度学校体育装备重点工作述评

（一）校园足球装备发展情况与存在问题

习近平总书记在2018年9月10~11日召开的全国教育大会上指出，要树立健康第一的教育理念，开齐开足体育课，帮助学生在体育锻炼中享受乐趣、增强体质、健全人格、锤炼意志。这不仅体现了习总书记对体育事业发展和学生健康的高度重视，也对学校体育工作提出了更高的标准和要求。实际上，从2007年开始，我国就不断出台方针政策加强青少年体育工作，但在很多地方，学校体育仍存在诸多短板，体育场地不够、师资匮乏等因素仍严重制约着体育工作的发展。

校园足球是学校体育改革的探路工程。近几年，教育部把校园足球工作作为推动整个学校体育事业发展的切入口，加大力度推进。教育部从2014年底正式牵头负责推进全国青少年校园足球工作，经过多年努力已取得了长足进展，师资、场地、经费等保障条件不断提高。

（1）发展情况

教育部党组书记、部长陈宝生在《全国青少年校园足球发展报告（2018）》代序中明确提出，要坚持"基础工程"夯基础，让"基础"成为"基石"。要让物质基础更加坚实，不断改善师资、场地、经费等保障条件。中央财政累计投入8.98亿元校园

足球扶持基金，带动各地投入校园足球各类资金累计超过270亿元。设立校园足球教练员培训基地，超过30万人次接受培训。全国校园足球场地超过5.1万块，2020年将达到8.37万块。推进校园足球工作已经有了一定的物质基础。

2018年各省（区、市）在中央财政校园足球专项扶持资金带动和辐射下，加大了省级校园足球专项资金投入力度，按照因地制宜、逐步改善的原则，积极落实《全国足球场地设施建设规划（2016—2020年）》，加强了校园足球活动场地设施建设，满足了校园足球活动需求。

北京市联合发改委和体育部门制定《北京市足球场地设施建设规划（2016—2020年）》，提出到2020年改造和新建校园足球场地不少于960块，其中维修改造不少于853块，新建不少于107块。2018年，北京市研制《北京市校园足球人造草坪场地建设与养护指南（试行）》，投入1.7亿元，高标准改造78块中小学校园足球场。此外，北京还积极调动社会力量，支持校园足球发展的积极性，与北京中赫国安足球俱乐部签订了校园足球发展合作备忘录，积极与北京市足协、北京电视台、北京广播电台和国奥集团、耐克、李宁等企业及社会人士开展合作，共同为北京市校园足球发展献计献策，出钱出力，形成了全社会共同关心支持校园足球发展的良好局面。

上海市探索建立多元投入机制，加强校园体育场地开发和综合利用，试点建设"笼式足球场""全天候智能操场"等，探索学校与社会公共足球场地共享机制。每区至少建立1个青少年课外体育活动中心，推进笼式足球场建设。建立公共足球设施与学校共享机制，公共体育场地设施和高校体育场地设施向青少年公益开放，为学生参加足球活动提供更多的便利条件。力争使校园足球专用场地数量达到800块。

天津市财政每年投入校园足球专项资金2300余万元，每所校园足球特色学校每年支持10万元，每个试点区每年支持30万元。通过新建场地、改建现有场地、租用社会场地、共用社区场地等多种方式，统筹解决校园足球场地设施不足等问题。全市现有5人制足球场地460余块、7人制足球场地500余块、11人制足球场地200余块，并将继续按照因地制宜、逐步改善的原则，加强校园足球活动场地设施建设，满足校园足球活动需求。

河南省制定足球场地设施建设规划，修缮改造校园足球场地。根据国家发展改革委提出的足球场地的建设目标要求，到2020年全国足球场地数量要超过7万块，平均每万人拥有场地达到0.5块以上，有条件的地区达到0.7块以上。据统计，2015年末河南省总人口10722万人。结合河南省发展改革委、河南省教育厅、河南省体育局制定的《河南省足球场地设施建设规划（2016—2020年）》（豫发改社会〔2016〕1378号），按照每万人拥有足球场0.5块以上的总体要求，河南省应拥有足球场地数约5500块。根据国家建设任务要求，全国建设足球场地约6万块，修缮改造校园足球场地4万块，即修缮改造校园足球场地数量占总足球场地数量的2/3。按此比例，河南省应修缮改造校园足球场地为

3600块左右，按5人制、7人制和标准11人制足球场地各占1/3计算，场地总面积1271.1万平方米。

海南省、市、县政府将中小学校园足球专项经费列入本级财政教育经费预算资金项目，2018年共投入校园足球资金约1.8亿元；将中小学体育场地设施建设纳入省学校全面改薄和农村初中改造等省政府重点工程，全省新增足球场地约1000亩。海南省积极推动实施校园足球场地规划建设，计划到2020年，全省每所学校至少有1块足球场地，90%的大中专学校至少有1块标准足球场地，每个市县至少有1块公共标准足球场地。截至2018年底，海南省只有部分学校有草坪足球场地，相当多的学校没有足球场；正规场地更为缺乏，能达到国内大型足球赛事举办的场地几乎没有。学校场地设施不足，减弱了学生参与足球运动的积极性，也减少了家长及社会的关注和投入，极大地影响了海南省校园足球的发展和提高。

重庆市按照"政府主导、分级承担、多方参与"和"区县为主、市级奖补"的经费投入机制，加大了对校园足球的经费投入。2015年下拨了5600万元的启动资金，此后，每年从教育经费中挤出830余万元用于组织开展市级校园足球联赛和校园足球交流活动，开发校园足球教学与训练指南，引进校园足球优秀智力资源等。同时，重庆市还坚持把校园足球场地设施建设纳入义务教育均衡发展建设、学校标准化建设、教育现代化建设统筹规划，同步推进。三年来，重庆市新建校园足球场60块（其中11人制18块、7人制20块、5人制22块），改扩建校园足球场40块，维护修缮校园足球场50块，基本满足了全市50余万名爱好足球运动的学生有场地踢球。

浙江省为解决场地短缺问题制定了《浙江省足球场地设施建设规划（2016—2020年）》，2017年已投入7867万元，在157所中小学新建了笼式足球场，实现了全省各市、县全覆盖；2018年计划为120所中小学建设笼式足球场，实现笼式足球场遍地开花。

2016~2018年，新疆生产建设兵团利用国家薄弱学校改造、义务教育学校建设、初中工程、改善普通高中办学条件、校舍保障长效机制等项目工程资金及兵团各级自筹资金，新建运动场39个。截至2018年，兵团208所中小学校拥有塑胶足球场，占兵团中小学总数的71%。

西藏自治区将校园足球活动场地建设纳入城镇化建设和全民健身场地建设总体规划，加强了中小学足球场地设施建设。2018年共投入资金4110余万元，用于34所中小学校园足球场地新建和改造。

宁夏回族自治区加强场地保障，专门新建运动场40余个、足球灯光球场10余个，争取自治区专项经费2600余万元，实现492所学校584块体育场地设施向周边学生免费开放，为满足校园足球运动需求提供了场地保障。

截至2018年底，陕西全省共有中小学校8348所，有足球场地6238块，其中，5人制足球场3810块，7人制足球场1680块，11人制足球场748块。

四川省大力支持青少年校园足球工作，2018年安排专项扶持资金5000万元，累计投入已达1.26亿元，撬动各级财政和学校总投入超过20亿元。

福建省把"青少年校园足球场地新建改扩建工程"列入2018年福建省委省政府为民办实事项目，省级投入达1.56亿元，计划新建改扩建青少年校园足球场地219块。

广东省积极改善硬件条件，把场地建设纳入教育现代化验收指标，2016~2018年省财政每年安排1.5亿元用于校园足球。

江西省2018年投入1.2亿元用以全面改善贫困地区义务教育薄弱学校基本办学条件，建设60多万平方米室外运动场。

从2016年开始，湖南省发改委每年投入3000万元对部分校园足球特色学校足球场地进行提质改造，三年来全省新建和修缮校园足球场地900余块，各级资金投入达3亿元。

甘肃省教育厅指导各市（州）教育局开展以校园足球特色学校为主体的"校园足球传统学校"创建活动暨"星级"锦标赛活动，给予每所星级学校2.5万元的奖补经费。

（2）存在问题

1）校园足球基础性条件保障有所改善，但依然相对薄弱

发展青少年校园足球面临的最大问题是足球场地、体育教师、足球教练员和经费等基础条件保障困难。虽然通过近年来的大力投入，相关情况已有所改观，但从全国来看，依然存在普遍不足的情况。有些基层学校校园面积小，没有标准足球场地，而仅有的非标准足球场地质量还低于国家标准。在这些地区和学校，各种体育项目场地冲突现象严重，难以满足学校足球教学、课间足球锻炼、校内足球训练与竞赛的需要。

随着足球运动的快速普及，学校对场地的需求越来越大，但体育系统、教育系统能够提供的场地数量十分有限，导致足球场地供给严重不足，制约校园足球发展。足球场地设施是发展足球运动的物质基础和必要条件，缺乏完善的场地设施，校园足球发展便失去根基。

2）专业技术力量支持青少年校园足球发展的机制不畅通

自2014年底以来，教育部和地方教育行政部门利用教育系统所拥有的师资、场地、教材等条件推进青少年校园足球工作，取得了长足进步。但由于历史原因，教育系统所拥有的足球场地、教练和专业技术力量非常薄弱。体育系统则由于长期从事体育普及和竞技提高工作，具有较好的足球场地资源和专业技术力量。然而，由于管理体制问题，体育系统推动所属足球场地资源向学校体育和学生体育锻炼免费或低价开放的力度亟待加强，专业技术力量支持青少年校园足球发展的机制仍不畅通。

为此，须打破部门分割，切实整合资源，着眼提高中国足球普及程度和竞技水

平，加大体育系统足球资源支持青少年校园足球发展工作的力度。同时，各地体育部门与地方足球协会自行组织的校园足球竞赛活动干扰了校园足球的整体推进，望此类竞赛活动全部由全国青少年校园足球工作领导小组办公室统筹。

3）校园足球专项经费去向不明，监管力度亟待加强

为推进校园足球工作，中央财政在教育部设立了"青少年校园足球扶持专项资金"。中央财政主要支持校园足球跨省的比赛、教师培训、聘请国际师资，以及制订教学指南、运动技能等级标准等。各级财政也积极安排预算配合校园足球发展，省市的比赛由相应的财政经费支持。

《全国青少年校园足球工作发展报告（2015—2017）》显示，2015~2017年中央财政累计投入6.48亿元校园足球扶持资金，各省（区、市）投入校园足球的财政、体彩和社会资金等累计超196亿元。3年总额超202亿元，看起来是一个庞大的天文数字，但到达基层学校的数字并不十分可观。每年几十亿元的资金，大部分都用于全国性和地方性赛事组织，剩下的小部分才会交给学校，用来翻新场地、购买器械、参加赛事等。领到专项资金的足球特色学校大多能够按规定用途使用。按照政策，各省、市、自治区财政设立专项资金用于校园足球相关工作，专款专用。以上海市为例，相关指导意见规定，教练等人员费用不超过50%，另外的50%用于后勤保障、场地建设和比赛交通、伙食、装备，以及购买意外伤害保险等。尽管如此，每年有限的专项经费，还是让很多足球特色学校感到捉襟见肘。另外，在校园足球开展过程中，经费被主管部门、学校用作他处的现象时有发生，这在经济不发达地区尤为严重。在偏远地区，很多学校甚至"从来没拿到过"校园足球专项拨款。

（二）塑胶跑道新国标发布

2015~2016年，"问题跑道"事件在全国大范围爆发。据不完全统计，2015年"问题跑道"至少涉及江苏、广东、上海、浙江、江西、河南、四川、北京、辽宁等省市，具体城市高达25个。

为减少"问题跑道"的出现，进一步规范塑胶跑道市场，提升我国体育地材行业产品质量，为全国中小学生的健康运动保驾护航，2018年5月《中小学合成材料面层运动场地》国家标准发布，于2018年11月1日起实施。新国标以学生健康为目标，解决了操场建设中存在的安全、环保、运动防护等突出问题，综合考虑操场全生命周期中各个环节的主要风险点，提出了符合绿色发展、技术进步、行业规范及学生健康防护要求的各项技术指标，为中小学校合成材料面层运动场地的设计、施工、验收提供指导和依据。本标准代替了《中小学体育器材和场地 第11部分：合成材料面层运动场地》（GB/T 19851.11—2005）。

需要特别注意的是，与旧国标的推荐性标准不同，新国标为强制性国家标准，具有强制执行的法律属性。并且，新国标还加大了对从原料到铺装各个环节的把控力

度。新国标要求原料、铺装等各个环节都需要出具型式检验报告，拿到体育场地设施资质后才能进入市场。

2005年出台的旧国标主要是从学校使用的角度，对跑道使用功能中的抗滑性、耐冲击等物理性能方面进行规范，而对其化学性能规定模糊，只是强调原则上符合国家现行标准。而此次标准修订，把跑道的化学性能也纳入标准之中，并从原料开始就对有害物质提出完善的限制和检测要求，实现从设计施工到最后验收所有环节都有相应规范。此外，校园人工草坪也首次纳入国标强制检测范围之内。

在有害物质限量方面：旧国标共对7项有害物质（其中4项为重金属）做了限量规定；新国标中这一数字为18项，并将之细分为有害物质含量、有害物质释放量、气味三大类。新国标按照家装标准对建成后的跑道挥发性有机物限量做出了限定，如跑道产生的总挥发性有机化合物不得高于$5mg/m^3$，甲醛不得高于$0.4mg/m^3$，二硫化碳不得高于$7mg/m^3$。新国标还增加了气味等级指标要求，确保人工合成面层在实际使用中接近于无气味状态。另外，新国标还对中小学校园塑胶跑道的取样要求、检验规则、判定规则等问题进行了详细规定。

相信，这份堪称"史上最严"的新国标，不仅会为广大中小学师生的健康运动保驾护航，也会使塑胶跑道市场更加规范化。新国标出台前，由于行业标准不严、标准不统一、缺乏监管，塑胶跑道行业企业鱼龙混杂，破坏了整个行业的口碑。据全国体育标准化技术委员会设施设备分技术委员会方面统计，2014~2015年，全国范围内新增了近3000家无资质的塑胶跑道原料"小作坊"，它们的产品占据了全国市场销量的半壁江山。随着新国标的出台，很多小作坊势必会因无法达到新国标的规定被市场淘汰，有实力的大企业也可能会调整项目。新国标的出台短时间内虽然会让一些企业产生波动，但新国标让社会对行业的监督有了透明、统一、可量化的标准，将在客观上促进企业注重品质提升、技术升级和产品创新。

此外，新标准的出台可能会使体育地材行业迎来反弹，进入快速增长期。以聚氨酯为例，新国标对TDI、MDI、HDI、MOCA等原料的物质限量要求，势必对聚氨酯市场带来一定的影响。近年来，在国家及各地环保和安全的考虑下，TDI塑胶跑道的市场份额迅速下滑。新国标会进一步削弱TDI在相关方向的用途，而MDI-50作为TDI的替代原料，将得到更加广泛的应用。

新国标出台不久，教育部办公厅于2018年10月发布了《关于加强中小学合成材料面层运动场地建设管理的通知》，提出要进一步加强中小学合成材料面层运动场地建设管理，确保中小学校广大师生的健康安全。该通知对中小学校园运动场地建设提出了四项明确具体的要求。①切实提高政治站位。各省级教育行政部门要深入学习贯彻全国教育大会精神，树立健康第一的教育理念，要充分认识新国标对于提高中小学合成材料面层运动场地的质量、保障学生健康安全、提升学校体育办学条件的重要意义，高度重视中小学合成材料面层运动场地的建设、使用与管理工作。②加强宣传贯彻力度。各省级教育行政部门要充分利用各种媒体，认真学习宣传贯彻新国标，采取切实可行措施，推动新国标有效实施。2018年11月1日以后交付使用的中小学合成材料面层运动场地必须执行新国标。③健全长效监管机制。各省级教育行政部门要专题研究，细化方案，明确责任，务求实效。要在招标采购、安装施工、质量检查、监理验收等过程中加强监管，健全长效监管机制，落实政府有关部门、学校作为采购者、监督者、使用者的主体责任。要着重遏制层层转包和低价中标行为，各地在招标采购中应直接面向施工企业，避免过多中间商的介入。④注重加强督导检查。各省级教育行政部门要定期会同有关部门开展督导检查和专项整治，坚决防止工作中的庸政、懒政、怠政现象，对因徇私舞弊、玩忽职守、吃拿卡要、索贿受贿等造成场地设施不符合质量标准而危害师生身体健康的，要依规依纪予以问责和严肃查处。

除了国家标准外，很多地方政府也已经制定了相应的地方标准：

《合成材料运动场地面层质量控制标准》出台后，深圳市教育局与市住房和建设局联合发布《深圳市中小学校合成材料运动场地面层建设管理规定》。这是全国首个学校跑道建设的地方法规。该规定从源头上严把质量关，对深圳市各级各类中小学校合成材料（塑胶）运动场地建设的质量标准、承建资格、采购管理、建设监管等多个方面提出要求，进一步加强深圳学校塑胶运动场地的建设管理。该规定增加了TVOC、多环芳烃、MOCA、短链氯化石蜡、邻苯二甲酸酯类增塑剂等面层有害物的检测参数，同时增加了面层现场气味评定检测方法，对材料生产商提出了更高的要求。

北京市教委印发《中小学合成材料面层运动场地建设管理意见》，要求各区教委按照"市级统筹、区级主责，先行试点、有序可控"的原则，研究制定本又3~5年学校操场建设规划，建立项目库分年度组织实施。北京市本次出台的管理意见，主要包括建立健全工作机制，严格过程管理、依法依规建设、落实质量责任，做好宣传引导和信息公开，确保信息畅通，提高应急处置能力等6部分共16条内容，对一些需加强的具体管理环节进行了明确，如：要求合成材料面层产品检测应当由建设单位委托有资质的检测单位，并组织有关责任人参与，按照相关程序进行；学校要将操场建设工作纳入学校整体工作，发挥家长委员会作用，做好与学生及家长的沟通和相关信息公开，建立家校互信共治的工作格局等。

江苏省在国标基础上增加了环保检测指标及限量标准；塑胶跑道成品、面层和底层弹性颗粒的环保指标，增加了挥发性有机化合物质量浓度、短链氯化石蜡、邻苯二甲酸酯类化合物、多环芳烃有机挥发物等物质的限量标准。

湖北省对校园跑道建设中可能产生的20多种有害物质的限量做出了规定；按照家装标准对建成后的跑道挥发性有机物限量做出了限定，跑道产生的总挥发性有机物不得高于$3.5mg/m^3$。

山东省明确了塑胶跑道生产过程中允许使用的原材料及助剂的"正面清单"；列出了原材料的有害物质及限量，包括挥发性有机物、苯、多环芳烃等；在全国首次提出了"无溶剂施工"。

四、学校体育装备发展建言

（一）加大校园足球运动场地建设力度，创新方式弥补学校足球场地不足

各级政府应重视青少年足球运动，将校园足球活动场地建设纳入本地区足球场地建设规划，纳入城镇和新农村建设总体规划，创造条件满足校园足球活动。充分利用拆违腾空土地和存量建设用地，优先规划足球场地；充分利用各级政府体育彩票公益金，改善学校足球场地、设施条件。相关部门也可以联合制定相关政策，在不影响城市绿地基本面积的前提下，利用校园周边绿地、公园、郊野公园等建设足球场地。

没有标准足球场地的基层学校可以暂时因地制宜，对现有操场进行升级改造，开展"笼式足球"类小型足球项目，在空间不大的环境里进行足球教学、课间足球锻炼、课余训练和比赛。

（二）探索学校与当地社会公共体育场所共享机制，依托社会资源开展课外体育活动

不少发达国家在学校体育场地设施供给方面，特别重视学校体育与社区、家庭的联动，致力于构建校内外一体化的学校体育推进机制。学校场地设施对社区开放，社区场地设施同时亦向青少年开放。校外的体育俱乐部是多数发达国家学生参与课外体育锻炼和训练的重要载体之一，部分国家政府还从学校体育发展的战略层面推动学校与体育俱乐部的合作，如英国的学校体育—体育俱乐部链计划、德国政府推动的学校与俱乐部合作的项目等。

为有效解决学校体育场地设施供给不足的问题，同时为学生创造校内、校外参与体育活动的立体场地网络，我国也可以依托社区资源，提升家庭参与体育的积极性，积极构建学校、社区、家庭一体化的学校体育发展网络。有条件的社区可以建立学校和社区的场地设施共享机制；加大青少年校外体育活动中心建设力度；将农民体育健身工程和农村学校体育场地设施建设结合起来，统筹规划。采取政府购买服务的方式，发挥学校周边社会体育场馆作用，优先保障学生体育锻炼的需要，在固定时段免费向学校开放和在校外时段对学生优惠开放。同时，鼓励社会资本投资建设和运营校园足球场地设施，提供专业化服务。

（三）加强校园足球专项经费监管力度，规范经费使用方式

在教育部督查行动中，2017、2018年分别有8所和30所校园足球特色学校被摘牌。大多数情况下，地方都是等到上级要求复核的通知下达，才开始对校园足球开展情况

进行摸底调查。因此，地方政府应提高对校园足球建设工作的重视，加大对校园足球工作的考核力度，制定详实的督查制度，定期开展摸底调查，确保校园足球专项经费落到实处，规避经费被挪用、去向不明的问题。

中央财政投入可以改变大水漫灌、全国铺开的方式，在局部位置、局部区域、局部学校集中发力，将资金注入过去已经有足球传统的学校，打造出一批硬件设施先进、软件配置雄厚的足球精英学校。同时，各级财政注重在局部领域上集中发力，重视校园足球的硬件建设，划拨专项资金用于建设足球场地设施。

（四）加强对跑道建设项目的监管力度，确保新国标落地落实

新国标《中小学合成材料面层运动场地》是作为强制执行标准予以施行，但如何对新国标施行前的项目加以检测和监督，新国标施行后又该如何加强监管，确保标准得到更好地执行，仍有许多问题值得探讨。

对于新国标出台之前已建成的校园跑道，相关部门应加大检测力度，明确建设的各个环节是否符合规章制度，不合格则需要责令整改。对于新国标颁布后开工建设的项目，监管部门应严格按照规定执行监管职责，严选塑胶跑道的生产商和建设方，加强施工建设过程的质量监控，实行严格的全过程管理制度，结合新国标的相关要求，对材料管理、施工控制、验收管理等环节实行严格管控，确保跑道建设的各个环节都合乎标准，保证跑道的质量过硬。

在采购管理环节上，相关部门应完善招投标制度，不应以"最低价法"定标，避免出现低价竞标，不注重质量的情况。此外，各级教育行政主管部门应当做好场地面层工程的管理协调工作，各学校应当做好运动场地面层的建设组织及使用管理工作，学校也可以推选家长代表全程参与跑道施工监测。

（五）体育装备行业应对准新标找差距，营造绿色行业生态

新国标《中小学合成材料面层运动场地》的发布对学校体育装备行业的健康发展提出了新的标准和更高的要求，象征着行业质量发展元年的开启。新国标对于体育装备行业来说既是挑战也是机遇，它有力地规范了行业的市场秩序，促进行业提档发展；它提高了行业质量门槛，引领产品质量升级，性能高、质量好的产品将获得更高的市场关注度，社会对行业的信任也会重塑。

当前，我国各个生产领域都处在新旧动能转换的关键时期，面对运动场地新国标带来的浪潮，学校体育装备企业应把握行业发展动向，做到提前升级、提前布局，从而占得先机，唯有坚持流程管控和高质量发展并对结果负责，才能经受住市场的考验，化挑战为机遇。此外，企业还应牢固树立创新发展理念，加快研发创新的步伐，只有第一时间研制、生产出适合市场需求的高品质产品，才能在未来更加激烈的市场竞争中赢得一席之地。

（作者单位：中国教育报刊社）

2018年学校图书装备发展分析

曹　青　庞振华　王海明

2018年是学校图书装备工作取得重要成绩的一年，大事多，亮点多。国家层面对学校图书馆工作的指导和重视成效显著，教育部新修订的《中小学图书馆（室）规程》发布并贯彻执行，中小学图书馆的行业研究内容首次收入国家图书馆组织编撰的《中国图书馆事业发展报告："十二五"时期图书馆事业发展卷》并正式出版；多角度校园阅读建设受到社会关注，首届全国中小学教师读写比赛公益活动的颁奖典礼举行，中国图书馆学会举行全国少儿阅读年系列活动、阅读指导课优秀课件评比活动；学校图书馆信息化建设水平进一步提升，数字阅读、云图书馆、智能机器人、朗读亭、自助书房等信息化理念和产品在一些学校图书馆得到了较好的应用和推广；标准、规范的研制有序进行，国家标准、行业标准、团体标准均有涉及学校图书装备领域的立项或在研标准；优秀少儿读物的创作和出版继续受到作家和新闻出版部门的关注；学校图书馆员队伍建设稳步推进。统计数据显示，2018年大部分省（区、市）的中小学图书馆馆舍面积等条件设施水平均有不同程度的提高。中小学图书馆（室）馆藏总量方面，广西、新疆、云南、西藏等边疆省区增幅较大；全国乡村中学图书馆的总藏书量2012~2017年呈逐年减少趋势，直至2018年出现增长，说明学校图书馆（室）的均衡发展水平取得了成效。

一、学校图书装备要事纪略

（一）国家标准《中小学图书馆评估指标》立项编制

2018年1月17日，国家标准《中小学图书馆评估指标》项目启动会在北京举行。国家标准《中小学图书馆评估指标》于2016年由中国教育装备行业协会提交立项申请，2017年10月项目获得立项批准。截至目前，标准草案已经完成，由全国图书馆标准化专业委员会发函向社会广泛征求编制意见；同时，试评估工作也于2018年9~11月在上海、北京、四川成都、江西南昌、山西大同及内蒙古乌海的中小学图书馆相继开展。

（二）第十三届文津图书奖发布

2018年4月23日，第十三届文津图书奖在国家图书馆学津堂正式发布。此届文津图书奖共评选出获奖图书9种，推荐图书51种。9种获奖图书包括社科类4种（《中华传统文化百部经典（1~10种）》《哲学起步》《良训传家：中国文化的根基与传承》《学以为己：传统中国的教育》）、科普类3种（《中国三十大发明》《我们人类的基因：全人类的历史与未来》《地球之美：一部看得见的地球简史》）、少儿类2种（《太空日记：景海鹏、陈冬太空全纪实》《给孩子讲量子力学》）。

（三）中国图书馆学会开展"2018全国少年儿童阅读年"系列活动

为贯彻党的十九大报告提出的"坚定文化自信，推动社会主义文化繁荣兴盛"的战略部署，充分发挥全国各级各类图书馆的重要作用，共同推动少年儿童阅读事业的发展，中国图书馆学会未成年人图书馆分会于2018年4~10月在全国范围内面向广大少年儿童开展了以"新时代，新作为——共创儿童阅读新气象"为主题的2018全国少年儿童阅读年系列活动。参与此次活动的全国各级少年儿童图书馆、公共图书馆、中小学图书馆等各类型图书馆充分利用服务平台，发挥服务优势，通过绘本、征文、表演、数字阅读等多种形式和载体，涵养少年儿童品性，传承中华优秀传统文化，共同推动少年儿童阅读事业再上新台阶。

（四）"2018中小学图书馆榜样人物"和"2018最美校园书屋"评选

2018年5月，中国图书馆学会中小学图书馆分会根据《关于商请推荐"2018中小学图书馆榜样人物"和"2018最美校园书屋"候选对象的函》的精神，组织专家对28个省（区、市）报送的候选对象材料进行了审查，最终评出天津市南开大学附属中学徐超等16位图书馆管理人员为"2018中小学图书馆榜样人物"，北京市第一零一中学、山东省济南市市中区育秀小学等53所学校图书馆为"2018最美校园书屋"。

（五）教育部修订《中小学图书馆（室）规程》并下发通知贯彻执行

为贯彻落实《国务院关于基础教育改革与发展的决定》，全面推进素质教育，教育部组织有关专家修订了原国家教委发布的《中小学图书馆（室）规程》并于2018年5月28日下发《关于印发〈中小学图书馆（室）规程〉的通知》，要求各有关单位结合实际认真贯彻执行。

（六）2018年中小学阅读指导课优秀课件评比活动

2018年6月，中国图书馆学会中小学图书馆分会根据《关于举办2018年中小学阅读指导课优秀课评比活动的函》的精神，组织专家对150余单位报送的321节"中小学阅读指导课"课件进行评选，最终评选出河北省石家庄市北苑小学的《读书那些事儿——读书有方》等32节课件为一等奖；上海市新农学校的《知识卡片我会分》等50节课件为二等奖；新疆生产建设兵团第十师北屯中学的《西游记阅读指导课》等67节为三等奖。天津市教育委员会教育技术装备中心等21家单位荣获"2018年中小学阅读指导课优秀课件评比活动优秀组织奖"。

（七）中小学图书装备形势研讨及项目发布会举行

2018年8月20日，由人民出版社、中国教育装备行业协会学校图书装备分会主办，中国教育装备行业协会和中国出版协会指导的中小学图书装备形势研讨及项目发布会在北京举行。来自全国教育行政单位、行业协会、出版机构、发行机构和中小学校等有关方面的200多位代表出席了会议。这次会议以"融合大发展，好书进校园"为主题，旨在共同探讨全国中小学图书馆装备工作的成绩与问题，为做好新时期中小学图书装备工作明确方向、任务和办法。会议宣布了人民时代教育科技有限公司正式成立，同时发布了"人民时代"全国中小学图书装备服务平台。

（八）首届全国中小学教师读写比赛颁奖典礼举行

2018年8月24日，"首届全国中小学教师读写比赛公益活动颁奖典礼"和以"阅读教育名著，提升专业素养"为主题的第二届活动启动仪式在浙江省金华市举行。民进中央副主席、全民阅读形象代言人朱永新，中国教师发展基金会秘书长陈希原，中国教育发展战略学会执行会长孙霄兵，中国教育装备行业协会常务副会长李兴植等领导出席，来自全国16个省（区、市）的近300名教育教研部门和教师代表参加了本次活动。

（九）图书馆智能机器人受关注

2018年9月26~28日，"2018中国国际教育装备（上海）博览会"在上海世博展览馆举行。多种将人工智能、大数据、无线射频识别技术应用于图书、文化和教育领域的高科技产品参展，其中图书盘点机器人、图书分拣机器人、馆员工作站、大数据综合发布平台、自助借还书机、自助查询办证导览发布机等智能图书装备一经亮相便得到极大关注。

（十）2018年全国中小学云图书馆助推OTO阅读高峰论坛召开

2018年11月23日，由中国图书馆学会中小学图书馆分会主办、中小学云图书馆建设与发展专业委员会等五家单位承办的"2018年全国中小学云图书馆助推OTO阅读高峰论坛"在浙江省温岭市举行。

（十一）地方工作开展情况

（1）各地陆续印发中小学幼儿园图书馆（室）推荐书目

为加强中小学图书馆（室）建设，提高馆（室）藏图书配备质量，切实为中小学校和幼儿园提供适合教师、学生、幼儿阅读的优秀图书，根据教育部《中小学图书馆（室）规程》，经专家严格遴选和公示等程序，各地陆续出台2018~2019年中小学幼儿园图书馆（室）推荐书目并下发执行，其中：2018年6月，上海市教育委员会印发《2018年中小学、幼儿园图书馆（室）配置推荐目录》、贵州省教育厅印发《贵州省中小学图书馆（室）图书配备推荐目录（2018年）》；2018年7月，广东省教育厅印发《2018—2019年中小学幼儿园图书馆（室）推荐书目》；2018年8月，河南省教育厅印发

《河南省中小学图书馆（室）推荐书目（2018版）》；2019年2月，广西壮族自治区教育技术装备中心印发《2018年广西中小学图书馆（室）推荐书目》等。

（2）各地开展中小学图书馆员培训

为深入贯彻落实教育部《关于印发〈中小学图书馆（室）规程〉的通知》精神，提升中小学图书馆建设与管理水平，促进图书馆工作发展，各地积极开展不同层次的馆员培训班，其中：2018年7月，南京市中小学图书馆2018级基础培训班举办；2018年9月，2018年安徽省中小学图书馆管理人员培训会、2018年石家庄市中小学图书馆管理人员培训班举办；2018年10月，2018年上海市中小学图书馆新任馆员培训班、2018年内蒙古自治区中小学图书馆（室）工作骨干人员培训班、铜陵市2018中小学图书馆管理员培训交流会举办；2018年11月，2018年北京市中小学图书馆员培训举办；2018年12月，2018年淮北市中小学图书馆（室）管理工作培训会、芜湖市中小学图书管理员和化学实验员骨干培训班举办。

（3）各地开展"中小学图书馆（室）馆配图书适宜性"评价工作

2018年11月，根据教育部教育装备研究与发展中心《关于开展中小学图书馆（室）馆配图书适宜性评价工作的函》，各地教育装备部门纷纷按照工作安排下发文件，指导各中小学图书馆（室）开展了中小学图书馆（室）馆配图书适宜性评价工作。该项工作的开展对提升馆藏质量，使图书馆更好地为教育教学服务起到了良好的促进作用。

（4）2018上海中小学暑假读书活动

2018年6月20日至8月31日，以"阅读让精神世界更美好"为主题的上海市中小学生暑期读书活动举办。此项活动已连续开展20多年，旨在聚焦学生阅读习惯和关键能力培养。2018年活动同期还举办了在线学习党的十九大精神、中小学生读书征文、读书与荐书、阅读与创作实践、阅读交流会、亲子阅读、诗词诵读、校园诵读等多项市级和区级活动，可谓丰富多彩。

（5）乌鲁木齐市4所中小学科普共享图书馆开馆

2018年10月23日，乌鲁木齐市4所学校新建的中小学科普共享图书馆正式开馆。3000册各类科普读物、1名科普辅导员、10名科普小志愿者及1套电子借阅设备成为每个科普共享图书馆的标准配置。科普共享图书馆的建成，有助于培养学生爱科学、学科学、用科学的兴趣和热情。为给中小学生开展更丰富的科普讲座活动，中国关心下一代工作委员会还特邀中国古动物馆、中国科学院国家天文台、中国科普作家协会等协会机构的200多名专家学者，成立了科普联盟专家团队，定期给设立科普共享图书馆的学校举行科普讲座活动。

（6）北京市中小学教育文献信息研究会换届选举

北京市教育学会中小学教育文献信息研究会是研究中小学教育文献信息理论与

实践的学术性群众性团体。该学会坚持"教育面向现代化、面向世界、面向未来"的根本宗旨，认真执行中小学图书馆深入改革、全心全意为基础教育教学服务的指导思想，团结全市中小学图书馆工作者，开展图书馆建设和教育文献信息的学术研究活动。2018年，该学会召开年会，进行了换届选举，确认了新一届领导、常务理事、理事人选。

（7）2018~2019学年上海市中小学部分区、校图书馆工作

上海市普陀区中小学图书馆的工作开展主要围绕以下十点。①学习贯彻文件精神，深入开展区域学校图书馆达标活动。②充分发挥图书育人功能，鼓励学生多读书、读好书。③积极推进图书馆信息素养课程的建设。④加强教师（馆员）培训，提升业务水平。⑤抓好队伍建设，提高馆长素质。⑥推进研究，提高图书馆的教育科研水平。⑦继续加强调研，了解学校图书馆工作实际。⑧充分发挥现代信息技术作用，做好图书宣传、交流工作。⑨开展各类评选工作，表彰先进。⑩做好常规工作，完成相关任务。浦东新区中小学图书馆的主要工作围绕以下四方面开展：①中小学图书馆智能化改造与大数据应用分析研究。②城乡义务教育一体化中小学图书馆智能化改造。③中小学图书馆教研。④中小学生读书活动组织。上海市浦东中学图书馆的工作要点包括：①图书管理员加强图书管理专业学习，努力提升图书管理员专业素养。②积极推进图书馆旧房改造工程的实施，努力推进学校图书馆现代化进程，进一步加快图书馆现代化设施完善，创建好学校数字图书馆，提升办馆条件和服务标准。③根据学校每年的图书资源引荐储备计划，引导优秀读者积极推荐优质阅读书目和经典传统国学资源。④"校友图书资源"和浦东地域文化资源的展示和开发利用。⑤暑期参与课题研究和阅读活动总结。⑥注意读书宣传多元性、灵活性，加强读书宣传阵地建设，努力提升读书宣传指导的时效性、针对性、有效性。⑦规范借阅服务，提高服务质量，尝试建立卓有成效的阅读诚信体系。⑧重视馆员的业务培训工作。

（8）北京中小学图书馆课程试点

2018年12月，北京教育学院附属丰台实验学校和北京教育学院附属海淀实验小学试点开设了图书馆课程。参与学生完成了"图书馆微讲座""参观图书馆""图书检索与图书卡制作的实操""快乐的阅读时光"四部分课程。实践证明，这些课程能够启蒙中小学生认识图书馆功能，增强其使用图书馆的实际技能，为其开展研究性学习提供帮助。

二、基本数据统计

（一）全国中小学校及学生情况

2018年全国共有小学16.18万所，比2017年减少0.52万所，比2016年减少1.58万

所；2018年在校小学生10339.25万人，比2017年增加245.55万人，比2016年增加426.24万人。2016~2018年，全国小学学校数逐年下降，但在校学生数量却逐年增长。

2018年全国共有中学（初中和普通高中）6.57万所，比2017年增加约240所，比2016年增加219所，增幅逐年加大。2018年在校中学生数7027.96万人，比2017年增加207.41万人，比2016年增加327.54万人。2016~2018年，全国中学数、在校生数均呈逐年增长趋势。

（二）全国中小学图书馆馆舍面积情况

（1）小学图书馆馆舍面积

2018年全国小学图书馆馆舍总面积2312.79万平方米，校均142.94m²，比2017年增加11.48m²。其中城区小学馆舍面积636.95万平方米，镇区小学馆舍面积741.44万平方米，乡村小学馆舍面积934.40万平方米（见表1）。

表1　2018年小学图书馆馆舍情况

区域	馆舍面积/万平方米
城区	636.95
其中：城乡结合区	126.40
镇区	741.44
其中：镇乡结合区	246.13
乡村	934.40
合计	2312.79

与2017年相比，2018年小学图书馆馆舍面积增加了117.34万平方米，增幅5.07%，其中增幅最大的是城区馆舍面积，增长了55.67万平方米，增幅为8.74%；另外，2018年镇区和乡村馆舍面积增幅分别为6.02%和1.82%。2016~2018年小学图书馆馆舍面积变化情况见图1。

图1　2016~2018年全国小学图书馆馆舍面积（单位：百万平方米）

（2）中学图书馆馆舍面积

2018年全国中学（初中和普通高中）图书馆馆舍总面积3428.08万平方米，校均521.78m²，比2017年增加29.25m²。其中城区中学馆舍面积1617.19万平方米，镇区中学馆舍面积1476.28万平方米，乡村中学馆舍面积334.60万平方米（见表2）。

表2　2018年中学图书馆馆舍情况

区域	馆舍面积/万平方米
城区	1617.19
其中：城乡结合区	277.97
镇区	1476.28
其中：镇乡结合区	384.45
乡村	334.60
合计	3428.08

与2017年、2016年相比，2018年中学图书馆馆舍面积分别增加了187.25万平方米和373.07万平方米，增幅分别为5.46%和10.88%。其中与2017年比较，城区馆舍增加了111.36万平方米，镇区馆舍增加了62.49万平方米，乡村馆舍增加了13.39万平方米，增幅分别为3.25%、1.82%、0.39%。由此可知，2018年较2017年，城区、镇区和乡村图书馆馆舍面积均有所增长，但增长最多、增幅最大的还是城区图书馆馆舍面积。2016~2018年中学图书馆馆舍面积变化情况见图2。

图2　2016~2018年中学图书馆馆舍面积情况（单位：百万平方米）

（3）2016~2018年各省（区、市）中小学图书馆馆舍面积

全国31个省、自治区、直辖市2016~2018年小学图书馆馆舍面积情况见表3，中学图书馆馆舍面积情况见表4。

表3　2016~2018年各省（区、市）小学图书馆馆舍面积统计　　　　单位：m²

地区	2018	2017	2016
北京	187010.04	181499.62	173298.92
天津	126732.52	122534.15	118649.71
河北	1519925.78	1449891.51	1292302.98
山西	523374.00	512711.67	491573.37
内蒙古	306149.29	306793.58	311958.59
辽宁	358068.27	351878.40	344389.85
吉林	327667.74	341767.78	358769.41
黑龙江	189978.96	206286.80	216356.32
上海	235105.61	203307.05	192260.33
江苏	1525586.70	1411144.47	1344505.06
浙江	941408.64	870394.49	773434.24
安徽	1169896.83	1108247.36	1050926.58
福建	745882.79	698585.54	680235.16
江西	877573.37	826142.79	695896.69
山东	1825822.00	1710474.56	1549050.42
河南	2055343.73	1917230.96	1716175.98
湖北	815759.40	808987.45	782972.69
湖南	1008745.91	979425.28	954152.35
广东	1895004.43	1852201.80	1793324.67
广西	1065490.56	990368.36	787270.93
海南	162218.77	149494.74	119449.85
重庆	402999.97	383251.69	363768.15
四川	1022986.24	966504.62	879703.92
贵州	704234.25	682401.84	601966.27
云南	1055704.46	958919.53	727846.57
西藏	66495.93	70929.37	56006.36
陕西	693748.24	662402.04	614128.65
甘肃	519350.82	497742.06	404512.82
青海	129296.64	137227.54	102086.18
宁夏	149273.99	138812.87	133357.09
新疆	521067.44	457034.70	425320.38

表4 2016~2018年各省（区、市）中学图书馆馆舍面积统计   单位：m²

地区	2018	2017	2016
北京	407784.66	385915.81	375944.30
天津	256132.74	248650.22	241419.46
河北	1706999.92	1622183.90	1507499.70
山西	976989.79	966013.24	970030.64
内蒙古	593076.46	581710.16	559008.76
辽宁	754923.23	739032.83	701965.19
吉林	405556.46	408595.84	392251.82
黑龙江	456741.75	439175.95	440118.77
上海	592339.84	547485.03	511095.57
江苏	3165091.57	2990967.65	2875726.13
浙江	2045399.47	1898059.72	1811993.86
安徽	1619859.88	1475561.96	1432931.68
福建	1351403.69	1293561.65	1259251.98
江西	1245624.35	1145457.91	1021226.54
山东	2719848.27	2567941.59	2234019.91
河南	1927340.50	1795461.71	1671872.09
湖北	1050173.41	1010397.59	980892.38
湖南	1692006.90	1589059.02	1601841.22
广东	2962877.94	2839255.19	2736223.27
广西	1099821.33	972251.53	847893.89
海南	272317.71	259422.36	246296.21
重庆	601305.97	562701.04	531106.99
四川	1659350.22	1567091.66	1454391.84
贵州	988661.18	951100.52	871864.16
云南	1093798.25	1036400.06	907678.40
西藏	90503.80	65637.64	72644.81
陕西	830438.50	811511.85	790353.52
甘肃	615199.00	578531.69	503877.63
青海	192286.71	180233.99	149991.31
宁夏	195191.10	191476.48	182473.61
新疆	711742.31	687440.13	666192.89

从各省（区、市）中小学图书馆馆舍面积统计数据来看，2018年小学馆舍面积排名前五位的分别为河南、广东、山东、河北、江苏，除内蒙古、吉林、黑龙江、西藏和青海外，各地均较2017年有所增长，增长量排名前五的分别为云南、广西、河南、山东、河北；与2016年相比，小学馆舍面积增长幅度列前五位的省（区、市）分别为青海（25.61%）、云南（24.10%）、西藏（21.04%）、广西（20.51%）、海南（20.10%）。

2018年中学馆舍面积排名前五位的省（区、市）分别为江苏、广东、山东、浙江、河南；与2017年相比，中学馆舍面积增长幅度列前五位的分别为西藏（37.88%）、广西（13.12%）、安徽（9.78%）、江西（8.74%）、上海（8.19%）。与2017年相比，2018年吉林的中学馆舍面积有所减少，减幅为0.74%。

（三）中小学图书馆馆藏图书情况

（1）小学图书馆图书藏书数量

2018年，全国小学图书馆馆藏图书（含期刊）总量240294.10万册，其中城区小学馆藏总量83965.24万册（含城乡结合区小学馆藏14652.17万册），镇区小学馆藏总量87145.43万册（含镇乡结合区小学馆藏25549.10万册），乡村小学馆藏总量69183.43万册（见表5）。

表5　2018年小学图书馆馆藏书总量统计

区域*	馆藏图书/万册
城区	83965.24
其中：城乡结合区	14652.17
镇区	87145.43
其中：镇乡结合区	25549.10
乡村	69183.43
合计	240294.10

2016~2018年，各年小学图书馆馆藏图书情况见表6。与2017年相比，2018年小学图书馆总藏书量增长了11439.08万册，增长4.76%，增幅下降2.47个百分点。其中城区小学图书馆总藏书量增幅7.19%，镇区小学图书馆总藏书量增幅5.07%，乡村小学图书馆总藏书量增幅1.42%，增长速度均比2017年有所放缓。

表6　2016~2018年小学图书馆馆藏图书总量统计　　　　　　　　单位：万册

年份	城区	镇区	乡村	合计
2018	83965.24	87145.43	69183.43	240294.10
2017	77927.41	82728.80	68198.80	228855.02
2016	71731.69	75900.80	65796.18	213428.67

（2）中学图书馆图书藏书数量

2018年，全国中学图书馆馆藏图书（含期刊）总量263017.67万册，其中城区中学馆藏总量109523.57万册（含城乡结合区中学馆藏19109.55万册），镇区中学馆藏总量122028.43万册（含镇乡结合区中学馆藏30500.88万册），乡村中学馆藏总量31465.68万册（见表7）。

表7 2018年中学图书馆馆藏书情况统计

区域	馆藏图书/万册
城区	109523.57
其中：城乡结合区	19109.55
镇区	122028.43
其中：镇乡结合区	30500.88
乡村	31465.68
合计	263017.67

2016~2018年中学图书馆馆藏图书情况见表8。与2017年相比，2018年中学图书馆总藏书量增长了12429.31万册，增长4.73%，增幅下降1.15个百分点。其中城区中学图书馆总藏书量增加6881.98万册，增幅达到6.28%，镇区中学图书馆总藏书量增加4982.19万册，增幅达到4.08%，乡村中学图书馆总藏书量增长565.13万册，增幅为1.80%。需要指出的是，乡村中学图书馆的总藏书量2012~2017年呈逐年减少趋势，直至2018年又出现有所增长的状况。

表8 2016~2018年中学图书馆馆藏图书总量统计 单位：万册

年份	城区	镇区	乡村	合计
2018	109523.57	122028.43	31465.68	263017.67
2017	102641.59	117046.24	30900.55	250588.36
2016	95711.03	109959.02	31004.38	236674.43

（3）2016~2018年各省（区、市）中小学图书馆馆藏图书情况

根据教育部教育统计数据，全国31个省、自治区、直辖市2016~2018年小学图书馆馆藏图书总量情况见表9，2016~2018年中学图书馆馆藏图书总量情况见表10。

从统计数据来看，2018年小学图书馆馆藏图书总量超过亿册的依次为广东（2.11亿册）、山东（2.01亿册）、河南（1.97亿册）、河北（1.80亿册）、广西（1.44亿册）、江苏（1.41亿册）、浙江（1.13亿册）、湖南（1.10亿册）；不足3000万册的有9个，依次为北京、上海、内蒙古、黑龙江、天津、海南、宁夏、青海、西藏。与2017年比，小学馆藏图书总量增幅最大的依然是广西（10.88%），排在后四位的分别是新疆（9.83%）、安徽（7.88%）、西藏（7.19%）、江苏（6.38%）；2018年小学馆藏图书总量下降的省（区、市）仅有北京（-0.69%）、吉林（-2.46%）、黑龙江（-0.11%）。中

学图书馆馆藏图书总量超过亿册的依次为广东（2.57亿册）、山东（2.12亿册）、河南（1.70亿册）、河北（1.58亿册）、四川（1.49亿册）、江苏（1.49亿册）、浙江（1.26亿册）、湖南（1.17亿册）、广西（1.17亿册）、贵州（1.05亿册）；不足3000万册的有5个，依次为天津、海南、青海、宁夏、西藏。与2017年比，中学馆藏图书总量增幅最大的是广西（10.35%），排在后四位的分别是云南（9.14%）、湖南（8.62%）、河北（8.22%）、江西（8.11%）；2018年，中学图书馆藏图书总量无下降省（区、市）。

表9　2016~2018年各省（区、市）小学图书馆馆藏总量统计　　　　单位：万册

地区	2018	2017	2016
北京	2775.75	2794.99	2761.25
天津	2187.35	2081.01	1968.46
河北	18044.89	17074.58	15561.80
山西	4726.05	4655.78	4592.15
内蒙古	2695.51	2603.01	2544.39
辽宁	5791.97	5593.83	5413.27
吉林	3424.55	3508.89	3526.55
黑龙江	2294.77	2297.23	2234.04
上海	2665.74	2641.53	2586.90
江苏	14106.59	13206.31	12146.27
浙江	11257.65	10573.44	9885.52
安徽	8400.50	7738.47	7533.66
福建	8309.06	7824.99	7354.36
江西	7009.14	6707.23	6263.48
山东	20109.15	19637.90	18365.21
河南	19716.63	18586.90	16713.80
湖北	9599.97	9437.00	9176.54
湖南	10987.27	10483.59	9581.10
广东	21144.65	20400.90	19645.29
广西	14432.33	12862.29	9526.54
海南	1463.39	1396.78	1274.13
重庆	3379.03	3300.86	3176.50
四川	8794.87	8553.40	8564.62
贵州	8722.50	8327.50	7791.91
云南	9389.94	8839.63	8159.27
西藏	566.18	525.46	494.08
陕西	8465.88	7967.82	7553.96
甘肃	3881.85	3769.48	3665.96
青海	1180.68	1111.00	1070.25
宁夏	1293.32	1217.92	1176.41
新疆	3476.94	3135.30	3122.01

表10　2016~2018年各省（区、市）中学图书馆馆藏总量统计　　　　单位：万册

地区	2018	2017	2016
北京	3072.81	3008.08	2930.93
天津	2334.90	2236.35	2140.07
河北	15837.44	14535.82	13282.75
山西	5903.83	5796.51	5729.92
内蒙古	3553.05	3379.01	3230.03
辽宁	7047.16	6831.27	6583.71
吉林	3937.11	3845.35	3719.35
黑龙江	3935.63	3764.67	3480.80
上海	4132.61	4052.69	3974.05
江苏	14933.05	14200.69	13664.00
浙江	12626.99	11886.22	11211.60
安徽	9836.26	9353.81	8995.30
福建	8027.79	7671.48	7489.51
江西	9295.24	8541.56	7567.62
山东	21185.21	20357.91	19430.18
河南	16966.01	15909.19	14413.69
湖北	8565.51	8392.82	8203.81
湖南	11778.20	10762.79	9978.01
广东	25733.93	25225.60	24536.98
广西	11734.44	10520.17	8506.28
海南	1834.53	1753.31	1634.71
重庆	4120.26	3919.57	3822.24
四川	14867.94	14436.79	14007.56
贵州	10478.90	10329.00	9873.26
云南	9324.53	8472.18	7620.45
西藏	501.03	484.81	457.68
陕西	8680.33	8506.22	8171.46
甘肃	5008.40	4822.22	4676.11
青海	1602.89	1498.29	1424.91
宁夏	1489.43	1441.92	1395.32
新疆	4672.27	4652.07	4522.14

（四）馆藏图书生均册数情况

（1）小学图书馆馆藏图书生均册数及变化

2018年，全国小学图书馆生均册数为23.24册，2015~2018年生均册数情况见图3。2018年

生均册数较2017年略有增长，增幅为2.45%，超过《中小学图书馆（室）规程》所规定的人均藏书册数2类标准（生均15册）8.24册。

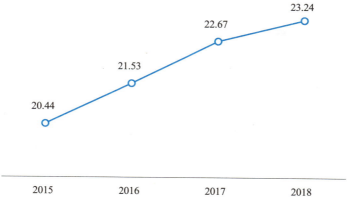

图3　2015~2018年小学图书馆生均册数变化（单位：册）

（2）中学图书馆馆藏图书生均册数及变化

2018年，全国中学图书馆生均册数为37.42册，2015~2018年生均册数情况见图4。2018年生均册数比2017年增长0.68册，增幅超过了1.81%，超过《中小学图书馆（室）规程》规定的人均藏书册数2类标准（生均30册）7.42册。

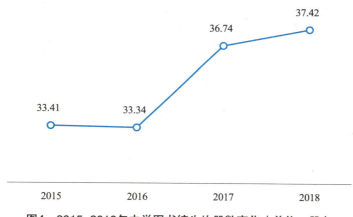

图4　2015~2018年中学图书馆生均册数变化（单位：册）

（3）2016~2018年各省（区、市）小学图书馆馆藏图书生均册数统计

2016~2018年各省（区、市）小学图书馆馆藏图书生均册数统计情况见表11。由数据可知，2018年31个省（区、市）小学图书馆馆藏图书生均册数北京、吉林、上海、山东、湖北、广东较2017年有所下降，生均册数增长量最大的为广西（2.54册），其次为浙江（1.35册）、宁夏（1.29册）、云南（1.18册）。生均册数超过《中小学图书馆（室）规程》所规定的人均藏书册数1类标准（生均30册）的有北京、天津、上海、广西、陕西。

表11　2016~2018年各省（区、市）小学图书馆馆藏图书生均情况统计　　　单位：册

地区	2018年生均	2017年生均	2016年生均	2018年增减
北京	30.40	31.91	31.80	−1.52
天津	32.49	32.11	31.19	0.38
河北	27.39	26.80	25.08	0.59
山西	20.68	20.41	20.22	0.27
内蒙古	20.09	19.64	19.01	0.45
辽宁	29.63	28.75	27.22	0.88
吉林	28.49	28.57	27.90	−0.08
黑龙江	17.40	16.69	15.52	0.71
上海	33.31	33.65	32.76	−0.34
江苏	25.17	24.45	23.26	0.72
浙江	31.22	29.87	27.84	1.35
安徽	18.39	17.57	17.51	0.82
福建	25.85	25.48	24.62	0.37
江西	16.64	15.86	14.82	0.78
山东	27.70	27.72	26.57	−0.02
河南	19.82	18.93	17.31	0.90
湖北	26.19	26.62	26.51	−0.43
湖南	21.05	20.49	19.09	0.56
广东	21.39	21.66	21.70	−0.26
广西	30.27	27.74	21.11	2.54
海南	17.59	17.26	16.06	0.34
重庆	16.13	15.72	15.14	0.40
四川	15.83	15.50	15.59	0.33
贵州	23.46	23.00	22.05	0.47
云南	24.74	23.56	21.66	1.18
西藏	17.35	16.67	16.31	0.67
陕西	31.87	31.58	31.24	0.29
甘肃	20.47	20.31	20.12	0.16
青海	24.29	23.89	23.37	0.40
宁夏	22.24	20.95	20.18	1.29
新疆	14.33	13.71	14.46	0.62

（4）2016~2018年各省（区、市）中学图书馆馆藏图书生均册数统计

2016~2018年各省（区、市）中学图书馆馆藏图书生均册数统计情况见表12。由数据可知，吉林、上海、江苏、湖北、新疆，2017年中学图书馆馆藏图书生均册数比2017年有所减少，下降最大的为新疆（−14.59册）；在增长的省（区、市）中，增幅较大的是云南、广西、湖南、内蒙古等，广东增长最少（仅增加了0.01册）。

表12　2016~2018年各省（区、市）中学图书馆馆藏总量统计　　　　单位：册

地区	2018生均	2017生均	2016生均	2018增减
北京	70.73	69.89	67.94	0.84
天津	53.05	52.52	50.91	0.54
河北	38.01	37.35	36.40	0.66
山西	32.49	32.17	31.03	0.33
内蒙古	33.58	32.04	30.43	1.54
辽宁	44.21	42.88	41.06	1.33
吉林	36.83	37.24	36.88	−0.42
黑龙江	26.57	25.78	23.94	0.79
上海	69.96	71.02	69.59	−1.06
江苏	46.11	46.86	47.10	−0.75
浙江	52.97	50.97	49.42	1.99
安徽	31.06	30.11	29.50	0.95
福建	41.79	41.40	41.85	0.38
江西	30.20	29.69	27.56	0.51
山东	41.55	41.14	40.28	0.41
河南	25.63	25.07	23.42	0.56
湖北	35.52	36.39	36.30	−0.86
湖南	32.90	31.26	29.70	1.64
广东	46.27	46.25	45.00	0.01
广西	37.11	34.96	29.27	2.15
海南	35.09	34.76	33.12	0.33
重庆	24.92	24.62	24.30	0.30
四川	37.10	36.98	35.96	0.12
贵州	37.21	36.36	34.22	0.85
云南	34.20	31.30	28.45	2.90
西藏	26.22	26.44	25.83	−0.23
陕西	48.01	47.09	44.55	0.92
甘肃	35.29	33.64	31.60	1.65
青海	45.86	45.45	43.41	0.41
宁夏	34.00	33.69	32.70	0.31
新疆	31.69	46.28	31.57	−14.59

三、行业观察与未来展望

（一）《中小学图书馆（室）规程》尚待深入落实

2018年，新版《中小学图书馆（室）规程》的颁布实施是我国中小学图书馆领域的一件大事。这是继1991、2003年版《中小学图书馆（室）规程》后的第三版修订，体现了国家对中小学图书馆（室）建设工作的重视。

2018年版规程包括总则、体制与机构、图书配备与馆藏文献信息建设、图书馆与文献信息管理、应用与服务、条件与保障、附则共七部分及附表（中小学图书馆（室）藏书量表、中小学图书馆（室）藏书分类比例表），共计39条规定，比2003年版增加了"图书配备与馆藏文献信息建设"和"应用与服务"两章全新内容。

第一章"总则"中，第一条表述了制定本规程的目的。2018年版修订"为加强中小学图书馆（室）（以下简称图书馆）规范化、科学化、现代化建设，落实立德树人根本任务，提升服务教育教学能力，制定本规程"。修订体现了贯彻新时期党的教育方针和教育工作的根本任务，以及教育行政部门对图书馆资源和服务能力的关注和要求。

图书馆发展定位精细化、精准化。中小学图书馆的性质定位为教学、科研服务性机构。这是教育行政部门首次把中小学图书馆地位提升到整个基础教育层面的高度，将其纳入了社会主义公共文化服务体系。2018年版规程提出中小学图书馆"是中小学校的文献信息中心，是学校教育教学和教育科学研究的重要场所，是学校文化建设和课程资源建设的重要载体，是促进学生全面发展和推动教师专业成长的重要平台。"

图书馆的任务更加符合时代要求和基础教育改革的现实需要。第一章第四条图书馆的主要任务是"贯彻党的教育方针，培育社会主义核心价值观，弘扬中华优秀传统文化，促进学生德智体美全面发展；建立健全学校文献信息和服务体系，协助教师开展教学教研活动，指导学生掌握检索与利用文献信息的知识与技能；组织学生阅读活动，培养学生的阅读兴趣和阅读习惯。"

图书馆管理体制机制更为明确。第二章第六条"图书馆实行校长领导下的馆长负责制，由一名校级领导分管图书馆工作。有关图书馆工作的重大事项应当听取图书馆馆长意见，最终由校长办公会决定。"这一条的修改保证了图书馆的决策趋于科学化、专业化、民主化。

文献信息建设和管理更加丰富和完善。第三章"图书配备与馆藏文献信息建设"在馆藏建设总体方针上明确要求，"根据发展目标，以师生需求为导向，统筹纸质资源、数字资源和其他载体资源，制定图书配备与其他馆藏文献信息建设发展规划"。

在藏书结构方面，强调民族地区中小学图书馆应有相应语种的文献资源，有残疾学生的学校应配备盲文图书、有声读物等专门资源。这体现出教育行政部门对特殊群体的政策倾斜，赋予其平等发展的机会。规定了每年新增纸质图书生均至少1册，建立完善的馆藏资源采购办法，定期公告资源更新目录，建立师生意见反馈机制，另外定期清理审查盗版等非法或不适宜的出版物。

进一步完善中小学图书馆管理制度的现代性和科学性。第四章"图书馆与文献信息管理"规定所有文献类型均按《中国图书馆分类法》分类，并且明确要求所有中小学图书馆都"应当有明确的馆藏图书排架体系……应当对采集的文献信息进行科学分类编目，建立完善的书目检索系统，实现书名、著者、分类等多种途径的检索"。提出以全开架借阅为主，充分利用走廊、教室等空间，创新书刊借阅方式，优化借阅管理，创建泛在阅读环境。增加了"图书馆服从学校信息化建设整体规划和管理，图书馆应建设文献信息服务系统和数据长期保存机制，确保信息安全""应妥善保存档案资料""应建立完善的资产账目及其管理制度以及做好统计数据的分析和保存"等内容。这些管理条款除了加强图书馆自身管理外，还对为读者创造更便捷的借阅环境提出了可操作性较强的要求。

独立设置第五章"应用与服务"体现了应用与服务的重要性。规定图书馆在教学期间开放时间原则上不少于40小时，鼓励课余时间及节假日（含寒暑假）对师生进行有效开放。规定图书馆开展各种服务（包括图书阅览、外借、宣传推荐服务），开展新生入馆教育、文献信息检索与阅读指导课等并纳入教学计划；为教育教学和科研提供服务；积极融入创建书香校园，开展阅读推广工作；开展图书借阅数据分析服务，有针对性地改进学生阅读。规定图书馆应加强馆际交流，推动校际交流和资源合作共享；图书馆应当积极与其他类型图书馆（特别是少年儿童图书馆、高等学校图书馆）开展馆际合作，实现资源共享；探索图书馆向家长、社区有序开放；鼓励图书馆开展纸质资源和数字资源的一体化编目和服务。

提出更强有力的条件设施运维保障。提出应当重视馆内环境的绿化、美化，有残疾学生的学校图书馆应设置无障碍设施与相关标识；提出设备设施的种类，其各类设备设施应符合学生年龄特点需要。在经费预算方面，新版规程特别指出各级教育行政部门在经费预算和资金保障上应向农村和薄弱学校倾斜，提出经费保障责任。新增工作督导与评估体系建设两项内容，指出了各级地方教育行政部门应建立健全出版物采购廉政风险防控机制，定期组织开展中小学图书馆藏书质量和管理服务的督导评估，推动提高馆藏文献信息质量和服务效能。图书馆建设与管理工作纳入学校和校长考核体系。在工作人员方面，提出图书馆专业人员实行专业技术职务聘任制。图书馆管理人员专业技术职务聘任参照国家有关规定执行，有条件的地区和学校可设立中小学图书馆图书资料系列专业技术岗位。图书馆管理人员在调资晋级或评奖时，与学科教师同等对待，并按国家相关规定享受相应的福利待遇。图书馆管理人员应当定期参加教育行政部门或专业学术团体组织的专业培训，并纳入继续教育学分管理。支持图书馆管理人员参加专业学术团体。

在"中小学图书馆（室）藏书量表""中小学图书馆（室）藏书分类比例表"中，按学校类型统一规定最低的生均藏书量，较明显地提高了藏书量总体要求，不再区分几类学校，这在一定程度上确保了教育和文化公平的实现。

（二）小学图书馆（室）的建设与应用应该受到更多关注

随着国家"全面二胎"政策的实施，学龄前儿童和小学生的数量将相继增加。与之配套的教育设施（包括图书装备）应受到更多的关注，以满足需要。据统计资料分析，2016~2018年全国小学学校数量逐年下降，但在校学生人数却逐年增长，2018年31个省（区、市）小学图书馆馆藏图书生均册数北京、吉林、上海、山东、湖北、广东较2017年有所下降。另外，小学图书馆（室）工作人员的兼职情况依然比较普遍。因此，小学图书馆（室）的建设、生均阅读资源和阅读设施的配备、图书馆员的培养培训（包括小幼衔接的贯通式少年儿童阅读素养培养）等工作，应当引起足够的重视，向小学阶段倾斜。

（三）学校图书馆、学校图书装备领域理论研究亟待跟进

随着社会各界对学校图书馆、学校图书装备领域的日益关注，开展相关理论研究的必要性日趋显著。技术与产品标准、规范体系的逐步完善，学术研究队伍的稳定和传承，高水平、深层次研究课题与项目的实施，面向学校图书馆领域的职前专业人才培养等问题都需要跟进。问题和经验的积累只有凝练并上升为理论，达到实践与理论相结合，才能推动整个领域向更广、更深层次发展。

（作者单位：曹青，北京教育学院；庞振华，北京市第四中学；王海明，中国教育装备行业协会）

参考文献

[1]编制工作组.国家标准《中小学图书馆评估指标(征求意见稿修改稿)》编制说明(内部资料)[Z].

[2]教育部. 2018年全国教育事业发展统计公报[EB/OL].(2019-07-24). http://www.moe.gov.cn/jyb_sjzl/sjzl_fztjgb/201907/t20190724_392041.html.

[3]教育部. 教育统计数据[DB/OL]. http://www.moe.gov.cn/s78/A03/moe_560/jytjsj_2018/.

[4]教育部.教育部关于印发《中小学图书馆(室)规程》的通知[EB/OL]http://www.moe.gov.cn/srcsite/A06/jcys_jyzb/201806/t20180607_338712.html.

[5]王华瑁.《中小学图书馆(室)规程》评介及其影响[J].中国现代教育装备, 2018(11): 29-31.

[6]张文彦.2003与2018年版《中小学图书馆(室)规程》比较研究[J].国家图书馆学刊, 2019(1): 37-45.

2018年学校后勤装备与后勤管理发展分析

彭志新

后勤工作是学校工作的重要组成部分，既关系到学生生活需求的提供、学习条件的改善、成长环境的优化，又关系到学生身心健康成长、良好行为习惯养成和优秀思想品质培养，是维持学校正常运作的基础保障，是保证学校安全稳定的重要环节，是构建和谐校园的重要途径。学校后勤工作发挥着管理育人、环境育人、服务育人等重要功能。

本报告立足我国基础教育改革和发展，以2018年度我国学校后勤装备和后勤管理为两条主线，解读中央及各地政府在学校后勤装备及后勤管理等方面的政策文件及会议精神，收集与学校后勤装备相关的各层面具体工作实践和典型案例，进而对我国学校后勤装备事业的发展趋势进行研判分析，为构建具有中国特色的学校后勤装备管理工作献计献策。

一、2018年学校后勤管理工作综述

2018年4月25日，国务院办公厅印发《关于全面加强乡村小规模学校和乡镇寄宿制学校建设的指导意见》（国办发〔2018〕27号）。该意见指出，农村学校布局既要有利于为学生提供公平、有质量的教育，又要尊重未成年人身心发展规律、方便学生就近入学；既要防止过急过快撤并学校导致学生过于集中，又要避免出现新的"空心校"。原则上小学1～3年级学生不寄宿，就近走读上学，路途时间一般不超过半小时；4～6年级学生以走读为主，在住宿、生活、交通、安全等有保障的前提下可适当寄宿，具体由县级人民政府根据当地实际确定。撤并后的闲置校舍应主要用于发展乡村学前教育、校外教育、留守儿童关爱保护等。对于小规模学校，要保障信息化、音体美设施设备和教学仪器、图书配备，设置必要的功能教室，改善生活卫生条件。对于寄宿制学校，要在保障基本教育教学条件基础上，进一步明确床铺、食堂、饮用水、厕所、浴室等基本生活条件标准和开展共青团、少先队活动及文体活动所必需的场地

与设施条件。此意见为各级教育主管部门做好农村中小学校后勤装备管理工作指明了方向，明确了具体工作目标和任务。

2018年，教育部等国家相关部门出台了一系列与教育后勤相关的文件，在勤工俭学、校园安全、校园经济、校园垃圾处理、课后服务、综合实践基地、校园新风系统建设等方面提出了具体要求和工作措施。

1月16日，教育部办公厅等六部门印发《关于在学校推进生活垃圾分类管理工作的通知》。该通知要求，各地教育部门和学校要通过多种形式全面开展生活垃圾分类知识教育工作，规范生活垃圾分类投放收集贮存工作，探索建立生活垃圾分类宣传教育工作长效机制和校内生活垃圾分类投放收集贮存的管理体系。到2020年底，各学校生活垃圾分类知识普及率要达到100%。

6月28日，全国农村义务教育学生营养改善计划现场推进会在贵州召开。会议强调，要以习近平新时代中国特色社会主义思想为指导，认真贯彻落实党中央、国务院关于农村义务教育学生营养改善计划的决策部署，切实改善贫困地区学生营养健康状况和身体素质，推动教育扶贫攻坚和乡村战略的实施。教育部党组成员、副部长朱之文在会议讲话中充分肯定了营养改善计划实施以来所取得的成效，要求下一步要结合实际，突出问题导向，在精细化管理上下功夫，不断提高供餐水平，切实把营养改善计划做好做实。在接下来的工作中：一是要落实主体责任，加强政府统筹，压实校长责任；二是要完善政策措施，研究规划国家试点地区县城义务教育学校是否纳入、如何纳入营养改善计划实施范围，扩大地方试点范围，建立膳食补助标准动态调整机制；三是要提高食堂供餐比例，各地要进一步加大食堂改造和建设的力度，建立健全义务教育学校食堂运行经费分担机制，为做好食堂供餐提供保障；四是要加强督导检查，定期开展专项督导，把专项督导结果作为评价政府教育工作成效的重要内容；五是要加强健康教育，加强营养膳食指导，积极开展"食育"教育，科学做好学生营养状况监测评估；六是要做好宣传引导，大力宣传营养改善计划的进展成效和典型经验，努力营造良好氛围。农村义务教育学生营养改善计划于2011年开始实施，截至2018年6月底，全国已经有29个省（区、市）的1631个县、3700万名学生从中受益。

8月20日，教育部、财政部印发《高等学校勤工助学管理办法（2018年修订）》（教财〔2018〕12号），进一步规范管理高等学校学生勤工助学工作，促进勤工助学活动健康、有序开展，保障学生合法权益，帮助学生顺利完成学业，发挥勤工助学育人功能，培养学生自立自强、创新创业精神，增强学生社会实践能力。此文件对中小学勤工俭学工作具有一定的指导作用。

8月30日，教育部、国家卫生健康委员会、国家体育总局、财政部、人力资源和社会保障部、国家市场监督管理总局、国家新闻出版署、国家广播电视总局八部门联合印发《综合防控儿童青少年近视实施方案》。到2030年，实现儿童青少年新发近视率明显下降、视力健康整体水平显著提升，6岁儿童近视率控制在3%左右，小学生近视率下降到38%以下，初中生近视率下降到60%以下，高中阶段学生近视率下降到70%以下。该方案强调，各省级人民政府主要负责人要亲自抓近视防控工作。建立全国儿童青少年近视防控工作评议考核制度，核实各地2018年儿童青少年近视率，2019年起对各省级人民政府进行评议考核，结果向社会公布。

9月6日，国务院教育督导委员会办公室印发《关于加强学生营养改善计划食品安全工作的紧急通知》。该通知指出，正值中小学校秋季开学之际，江西万安、河南洛阳、西藏双湖等多地发生学校食品安全事故，导致学生群体性食物中毒，危及学生身体健康。该通知要求，各地要严格执行食品安全有关法律法规，不断完善学校食品安全管理制度和食堂就餐环境，健全食品安全应急预案；要严格落实岗位人员持证上岗制度，重点加强汤桶、餐盘等容器的消毒工作；要严格落实校长、教师陪餐制度；要针对学校水源水质保障，以及食堂食品采购、运输、储存、加工等重点环节，建立完善食品安全自查和定期检查制度，做到层层把关、责任到人，坚决防止食物中毒事件的发生，确保师生健康安全。

9月21日，国务院教育督导委员会办公室印发《关于开展中小学新建校舍室内空气质量（甲醛）排查、检测工作的通知》（国教督办函〔2018〕72号），通报了西安、衡阳、深圳、德州等地陆续曝出中小学新建校舍室内甲醛超标，学生出现头晕、流鼻血等情况，要求各地组织力量、抓紧时间，对2018年新竣工交付使用的校舍、新采购的设施设备进行全面排查，发现影响校舍室内空气质量的隐患。

10月11日，教育部办公厅发布《关于严禁商业广告、商业活动进入中小学校和幼儿园的紧急通知》（教基厅函〔2018〕77号），要求各地教育行政部门建立各类"进校园"活动备案审核制度，对活动内容、具体方案、举办单位和参加人员等进行严格把关。对于各类进入校园或组织中小学生、在园幼儿参加的活动，由县级及以上教育行政部门进行审批，实行备案管理；凡未经批准的活动，一律禁止进入校园或组织中小学生、在园幼儿参加。各地教育行政部门要会同相关部门，严格按照《广告法》等相关法律规定，杜绝企业以任何形式发布不利于中小学生和幼儿身心健康的商业广告，对违规在校园进行商业宣传活动，给学校、教师、学生摊派任何购买、销售任务，给学校、教师、学生分发带有商业广告的物品等行为进行严肃查处，确保学校一方净土。

10月31日，教育部办公厅印发《关于公布2018年全国中小学生研学实践教育基地、营地名单的通知》（教基厅函〔2018〕84号），命名了中国人民解放军海军南海舰队军史馆等377个单位为"全国中小学生研学实践教育基地"，北京市自动化工程学校等26个单位为"全国中小学生研学实践教育营地"。

11月13日，全国校外教育工作暨示范性综合实践基地建设推进会在山东省临沂市召开。会议指出，党中央、国务院高度重视校外教育事业，2001年教育部联合中央其他29个部门，成立了"全国青少年校外教育工作联席会议"，宏观指导全国校外教育工作。近年来，中央财政利用专项彩票公益金支持校外活动场所建设、公益性活动补助、师资培训等项目，形成了国家、省、市、区县、乡镇街道五级校外活动场所网络，缩小了区域、城乡之间校外教育发展差距。会议强调，校外教育的相关主体要牢固树立并切实贯彻创新、协调、绿色、开放、共享的发展理念，遵循教育规律和人才成长规律，为青少年全面、健康成长创造条件，要在建好管好校外场所、全力统筹社会资源、积极开展研学旅行、更加重视劳动教育、有效推动家庭教育等方面综合施策。

12月23日，教育部教育装备研究与发展中心在山西省太原市示范性综合实践基地召开全国中小学生综合实践基地2018年年会暨综合实践活动装备配置研讨会。教育部教育装备研究与发展中心、山西省教育厅相关领导和山西省教育技术装备中心、太原市教育局以及太原市示范性综合实践基地的相关负责人出席开幕式，来自全国各省（市、区）教育装备中心、全国中小学生综合实践基地、青少年活动中心、研学实践营地等校外教育机构近600人参加了此次会议。

12月28日，教育部等九部门联合下发《关于印发中小学生减负措施的通知》（教基〔2018〕26号），要求建立弹性离校制度，提供丰富多彩的课后服务内容，合理确定学生离校时间；安排学生参与各种兴趣小组或音体美劳活动；对学有困难的学生加强帮扶，对学有余力的学生给予指导；严禁将课后服务变为集体教学或集体补课；加强劳动生活技能教育，指导学生参与社会实践，开展科学探索、志愿公益服务。

2018年，河南省、湖南省、北京市、江西省、四川省、湖北省、广东省等省（区、市）教育厅（教委）相继召开学校后勤和勤工俭学工作会议，总结2017年学校后勤工作，交流学校后勤工作典型经验，部署2018年学校后勤工作，开展学校后勤工作和勤工俭学工作研讨。其中，北京市以"强勤固本、不辱使命，推动全市教育后勤工作优质高效发展"为主题总结并部署重点工作，向在"2017年度北京市中小学校服研发成果展示活动"中做出贡献和在"2017年度北京市中小学绿色生态校园建设与节能减排教育活动"中获得优秀组织奖的区教育行政部门进行表彰颁奖。校园食品安全工作成为多地后勤工作会议关注重点：江西省在工作会同期举行校园食品安全"护校行动"动员大会，省教育厅、省食品药品监督管理局分管领导出席会议并讲话；四川省举行中小学食品安全暨后勤保障工作现场会，省委教育工委副书记、教育厅分管领导参加会议，强调学校后勤保障工作廉政风险高，各地、各校要筑牢拒腐防变思想堤坝，加强制度建设，制定防控措施，营造风清气正的良好学校后勤工作氛围；湖北省学校后勤工作推进会，省教育厅分管副厅长到会并讲话，与会代表观摩了荆门市屈家岭管理区学校后勤工作现场，进行了经验交流发言，省食品药品监督管理局、省学校后勤办相关负责人分别就学校食品安全和学校后勤管理工作提出了具体工作要求。

二、学校后勤管理具体工作开展情况

通过对全国各地各级教育行政主管部门工作动态的跟踪分析，2018年我国学校后勤装备管理的具体工作主要集中在校服、节能减排、校园安全风险防范、作业本、饮食和营养餐、寄宿制和物业、校车、生态校园、智慧后勤、综合实践活动基地等方面。

（一）学生校服管理

校服质量监督工作方面：2018年初，北京市质监局对该市生产的夏装、秋装和冬装等校服产品进行质量监督抽查，累计抽取样品99批次，合格91批次，合格率92%，发现8批次产品的纤维成分含量、pH及标志项目不符合标准要求；浙江省教育厅办公室印发了《关于我省个别地区发生学生校服抽检不合格的通报》，浙江省质监局联合省教育厅向社会公开发布首次学生服免费检测召集令活动，召集学生服使用单位开展学生服（校服）质量安全免费检测活动，强化学生服（校服）经营者的社会责任和诚信意识；辽宁省质量技术监督局6月发布该省学生校服产品质量监督抽查结果，经检验，在抽查的45家学生校服产品生产企业的45批次产品中，2家企业生产的2批次产品不合格；广东省质监局、广东省教育厅联合于6～8月开展全省中小学生校服产品质量"双随机"专项监督抽查，抽查供应广东省内中小学校使用的94家企业生产的300批次中小学生校服产品，发现10家企业生产的19批次产品不合格，不合格产品发现率为6.3%，不合格项目主要涉及纤维含量、pH、耐光色牢度、起球、水洗尺寸变化率5个项目。

其他校服管理工作方面：7月1～2日，河南省中小学校服工作座谈会在郑州举行，省教育厅分管领导出席会议并讲话，省教育装备创新中心介绍了中小学校服新理念、新技术、新材料、新产品和新成果；7月13日，河南省教育厅下发《关于加强和改进中小学校服管理工作的通知》，鼓励并提倡中小学生穿校服，明确由各省辖市、省直管县（市）自主确定校服采购办法，并就采购模式、质量监管、款式研发等方面给出了具体指导意见；8月2日，江西省学生统一着装管理委员会办公室印发《关于加强全省校服管理工作的通知》，指出江西省属校服代收费定向采购地区，各设区市、县（市、区）教育部门要作为属地中小学生校服采购项目的招标人，委托招标代理机构以公开招标方式确定校服生产供应企业，按照实力强、信誉好、经验足、服务优、讲规矩的要求，严格执行选用标准和招标程序，从有一定生产规模和生产能力、日常服务和售后服务到位的企业中择优选择校服生产供应企业；8月16日，天津市中小学后勤管理服务中心印发《关于进一步加强2018年秋季中小学校服相关工作的通知》；8月22日，天津市红桥区教育局后勤管理中心召开红桥区教育系统校服工作会议，会议下发了由该中心选编的《红桥区中小学校校服工作指导手册》，手册包括政策法规、工作职责、工作流程和参考资料，方便各学校在校服发行工作中的实际操作；广东省教育厅举办2018年中小学特色校服大赛，40个中小学校分运动装小学组、制式装小学组、运动装中学组、制式装中学组四组参加角逐，展示新时代中小学生的青春气息、文化自信。

（二）节能减排管理

2017～2018年，济南市教育局、市财政局累计下达市级冬季清洁取暖专项资金5000万元，用于引导、鼓励中小学、幼儿园，特别支持经济薄弱区县实施取暖锅炉改造，配置空气源热泵、地源热泵、电蓄热锅炉、燃气锅炉等电代煤、气代煤清洁能源设施，累计改造项目300余个；2018年该市教育局、市财政局又下达2000万元市级专项资金用于进一步支持薄弱地区农村中小学、幼儿园开展清洁取暖升级改造，实现该市中小学、幼儿园冬季清洁取暖全覆盖。四川省教育厅于6月11～17日举办全省教育系统节能宣传周和低碳日及系列活动，通过多种形式、多种途径宣传生态文明、绿色发展、节能环保知识和理念，推广节能制造新技术、新工艺、新产品，传递绿色消费理念和低碳生活方式。11月7～8日，北京市教育委员会举办了"2018年中小学节能减排工作培训会"，会议旨在扎实推进学校节能减排工作，有效提升学校能源管理工作水平，确保完成教育系统节能目标，推动教育系统节能减排工作转型升级。

（三）教育风险管理

2018年，学校相关安全风险防控工作依然是各地的工作重点。

2018年春季学期伊始，北京市学校后勤处和学校后勤中心按照市教委《关于春季开学暨学校安全风险防控专项督导检查市级抽查工作的通知》要求，深入一线，全面开展春季开学暨学校安全风险防控工作检查。9月6日，北京市教育委员会印发《关于做好2018～2019学年度校方责任保险及附加无过失责任保险工作的通知》。

6月6日，河南省教育厅印发《关于对2017～2018学年度校方责任保险承保机构服务质量评价的通知》，并从2018年下学期开始，在全省范围内普及校方责任险，每人每年投保5元，最高可获赔30万元。8月23日，洛阳市教育局根据《关于做好公开竞选校方责任险等承保公司的通知》精神，成功组织开展了2018年公开竞选市直学校校方责任险承保公司的活动，六家保险公司针对中小学校校方责任险、中小学校校方无过失责任保险、教职工校方责任险、中职学校实习生责任险、学校食品安全责任险、学生幼儿意外伤害保险等险种进行竞选演讲，市直学校及县区评委投票，市纪委派驻洛阳市教育局纪检组抽调8名纪检专员组成工作组，对竞选活动进行了全程监督。

8月21日，青海省教育厅召开2018年度校（园）方责任保险工作培训会议，组织进行省级工作人员校园安全与风险管理培训。2018年初，该省各级各类学校和幼儿园参加校（园）方责任保险的学生（幼儿）占全省应参保学生（幼儿）总数的89.21%，参加校（园）方责任保险的教职工占全省应参保教职工总数的90.67%；2018年1～6月共结案赔付属于校方责任保险赔偿范围案件482起，赔款总金额为379.94万元。校方责任保险及附加无过失险工作在青海省的规范运作，较好地转移和化解了各级各类学校、幼儿园因发生校园意外伤害事故所带来的经济赔偿责任，妥善处理了学校与受伤害师生家庭的矛盾，保障了学校和广大师生的权益。

海南省为真正实现校方责任保险全面覆盖各级各类学校，省教育厅、财政厅下发文件，从2018年秋季学期起，进一步调整完善校方责任保险制度，增加"附加校方无过失责任保险"险种，增强学生的意外保障。投保后，每生每年人身伤害赔偿限额12万元，每所学校每次事故赔偿限额150万元，每所学校每年累计赔偿限额300万元。在保险期间内，学生因溺水或交通事故遭受意外而致身故的，保险公司按照保险合同约定给付学生保险金3万元。

天津市进一步完善校方责任保险服务，积极服务民生。一是降低保费水平，将每名中小学生年度保费由6元下降至4元；二是增加保障范围，将牙科诊疗部分纳入保险保障，并将社保目录范围以外一定比例的医疗费和药费列入赔偿范围；三是提高理赔效率，对于符合条件、索赔金额在3000元（含）以下的案件，简化理赔程序，两个工作日内赔付。2017～2018学年度，天津1500余所学校参保校方责任保险，参保学生超过179万人，保险理赔700余件，赔款金额500余万元。

山东省在教育厅统一部署下，全省中小学、幼儿园、中专、职业学校、技工学校、工读学校、特殊学校和高等院校实行校方责任保险全省统一承保。投保校方责任保险所需费用本着谁办学谁支付的原则承担，不向学生收取。其中，九年义务教育阶段学校投保，所需费用允许列支学校公用费用；其他学校参保，原则上在学校学费收入中列支，鼓励有条件的地方财政给予补助。2018年，该省1万多所学校的校方责任保险基本实现全覆盖，1100多万名在校学生由此获得了能够有效防止和妥善化解各类安全事故风险的组合式保险保障。

其他省市方面：8月8日，广东省佛山市教育局就2018～2019学年校方责任险及附加无过失责任险进行了公开招标，预算费用1100万元；8月21日，福建省教育厅印发《关于2018～2019学年校方责任保险及附加校方无过失责任保险和职业院校学生实习责任保险衔接有关工作的通知》；8月31日，上海市教育委员会就中小学校方责任险保险服务（包括中小学校方责任保险、中等职业学校学生实习责任保险等）招标采购项目开标；11月20日，山西省教育厅印发《关于加强全省学校电梯等特种设备安全管理工作的通知》；12月4日，四川省教育行业风险管理领导小组办公室印发《关于统计核报2018～2019学年度校方责任保险投保情况的通知》。

（四）学生作业本管理

2018年5月13日，江西省召开中小学生作业本管理工作会议，各设区市勤工俭学办公室负责人及省内中小学生作业本生产企业的厂长（经理）参加了会议。会议分析了目前中小学生作业本管理工作的新形势，对中小学生作业本规范管理、改革创新、破解难题、提升服务水平提出了新的要求。会议指出，中小学生作业本规范管理必须遵循"一个标准"（即江西省地方标准《中小学生作业本》），遵循"服务教育、规范管理、市场运作、方便师生、质优价廉"原则，遵循"市场经济"规律，提高产品质量，破解发展难题，增强发展动力，为教育教学改革的发展服务，不断推进勤工俭学事业的发展。

11月12日，重庆市教育委员会、重庆市市场监督管理局印发《关于进一步加强中小学生作业本管理工作的通知》。通知要求，作业本应执行《学生用品的安全通用要求》（GB 21027—2007）并可采用《课业簿册》（QB/T 1437—2014）、《中小学生作业本印制质量标准和检验方法》（DB 50/T203—2009）、《中小学学生作业本基本要求》（T/JYBZ 006—2018）等标准。

（五）学生饮食管理

2018年1月13日，天津市教委印发《关于对学生食堂用面粉等产品进行集中定点采购的通知》；1月26日，天津市中小学后勤管理服务中心召开基础教育区级食品安全工作交流会议；6月28日，天津市教委印发《关于落实天津市2018年食品安全监管计划的实施意见》，8月17日印发《关于切实做好2018年秋季开学中小幼学校食品及饮用水安全工作的通知》；8月20日，天津市教委、市卫生计生委印发《天津市中小学学生餐营养指南（2018年版）》。12月14日，天津市中小学后勤管理服务中心组织召开供餐营养业务培训会，各区教育局和市教委各直属学校负责学生供餐管理工作的相关人员近百人参会，市疾控中心的营养专家针对6～17岁儿童青少年的课业活动和运动量的需求，结合本地区特点给出了专业的营养建议，中心相关负责人对做好2019年中小学校供餐营养工作进行了要求和部署。

为全面准确了解北京市各区中小学生在校就餐基本情况，研究北京市中小学生在校就餐管理工作，北京市教委于2018年9～12月开展了全市中小学生在校就餐情况评估监测调研统计工作。

2018年4月，辽宁省沈阳市人民政府专门组织召开"营养餐进校园"供餐模式现场推进工作会议，在中小学推行中心厨房统一配餐。除了直接配餐，更多的学校是由配餐公司提供半成品、在学校食堂明厨亮灶环境里加工。2018年下半年，该市共有26.4万中小学生受惠于统一配餐，占比达36%。

5月25日，湖北省学校后勤办在武汉召开校园食品店食品安全工作座谈会。会议传达学习了《湖北省人民政府办公厅关于印发湖北省健康校园专项行动方案的通知》文件精神；相关市、州、县（市）学校后勤办、部分学校及校园食品店服务企业负责人就校园食品店食品安全工作存在的问题进行了交流。该省食品药品监督管理局相关处室负责人就校园食品店食品安全工作提出了明确要求，省教育厅体卫艺处、财务处、学校后勤办负责人分别就校园食品店食品卫生安全、财务规范和学校后勤管理工作提出了相关要求。

（六）学生寄宿和物业管理

2018年2月9日，新疆维吾尔自治区喀什市人民政府印发《关于进一步做好困境学生寄宿制教育管理工作的通知》。6月26日湖南省长沙市教育局印发《长沙市教育局直属学校物业服务管理办法（试行）》的通知。7月11日，广东省清远市人民政府办公室发布《关于推进农村义务教育寄宿制学校建设和管理的实施意见》。2018年秋季，湖南省长沙县教育局下发了《关于下达2018年秋季寄宿生管理服务费的通知》。11月14日，安徽省合肥市教育局印发了《合肥市市属寄宿制学校晚自习管理办法》。

（七）校车安全管理

8月23日，天津市教委、市公安局印发《关于进一步做好新学年校车和接送学生车辆安全工作的通知》。天津市常抓校车管理不放松，市教委和市公安局2018年先后两次下发专门文件督促管理。9月20日，云南省人民政府办公厅下发《关于印发云南省校车安全管理办法的通知》。9月底，海南省教育厅领导及教育厅相关处室负责人到东方市调研校车运营管理工作。10月8日，湖南省教育厅印发了《关于进一步加强中小学幼儿园校车（船）安全管理工作的紧急通知》。11月9日，山东省校车安全管理联席会议办公室下发了《关于印发山东省校车服务方案的通知》。

11月23日，辽宁省教育厅召开全省中小学校幼儿园安全工作紧急会议，传达省委重要指示精神，听取各市教育局关于校园及周边安全工作情况的汇报，研究分析校园及周边安全存在的突出问题和薄弱环节，对加强学校安全防范工作、确保校园及师生安全作进一步的部署安排。

12月7日，广东省广州市召开2018年校车安全管理工作会，深入解读校车安全管理最新政策要求，演示介绍即将投入使用的"广州市校车动态监管平台"功能，交管部门从行业管理的角度对校车安全管理进行业务指导，与会代表共同研究探讨破解校车安全管理中存在的突出难点问题。

河南省教育厅、省公安厅、省交通运输厅、省安全监管局联合发布通知，决定至12月20日在全省开展校车和接送学生车辆专项整治工作，切实保障校车通行的安全、畅通，确保不发生涉及学生的重大道路交通事故。

（八）生态校园建设

2018年4月25日，以"创建国际生态学校，践行生态文明教育"为主题的2018年上海市普陀区中小学环境教育协调委员会年会在晋元高级中学附属学校武威东路校区举行，活动由普陀区教育局、普陀区环境保护局主办。

8月15日，海南省教育厅印发《关于在全省中小学开展生态文明教育活动的通知》。

该通知要求，各中小学要开展"生态文明主题日"校园文化活动，通过开展生态文明宣传、生态文明专题知识讲座、环境知识竞赛、环境征文等活动，充分激发学生参与生态文明教育活动的积极性和主动性。要开展"生态文明研学旅行"，引导学生和家长亲近自然，增强生态文明教育的参与感和实践性。要推进开展"生态文明生活方式"养成教育，培养学生勤俭节约、反对浪费的行为习惯，营造绿色校园的良好氛围，形成绿色低碳的生活方式。

治山治水先"治人"。近年来，湖北省宜昌市着眼未来，坚持生态文明建设从娃娃抓起，让生态环保知识进课程、进校园、进家庭，通过丰富多彩的课堂教学和实践活动，全方位营造生态育人环境，把生态环保的种子种在孩子们心里。"生态小公民"已经成为绿色宜昌一道独特的风景。

绿树成林，花木葱茏，这是当地学生家长对安徽省芜湖市三山区农村中小学校打造绿色生态校园的誉美之词。走进全区农村中小学，每一所校园都绿意盎然，在成片的绿色中，点缀着精致的小景点。

北京市教委高度重视校园楼宇、教室、操场等学生活动空间的空气净化问题，根据学生、家长及学校的需求，调整优化《北京市教育委员会空气重污染应急预案》，采取"停课不停学"等弹性教学安排，积极采取应对性防护措施，分类推进防护工作，较大限度确保学生的健康与安全。同时，进一步加强学校对学生应对空气重污染天气条件下的自我防护教育。

2018年7月，陕西省西安市教育局联合市卫计委、市环保局、市质量技术监督局等部门，邀请陕西省暖通空调与制冷行业协会专家，采用实地查看、专家座谈、问卷调查方式，共同对西安市2017年校园新风系统试点工作进行调研，形成调研报告。

山东省济南市市中区推出民生礼包，在教育惠民工程中，提出所有区属中小学及幼儿园空气净化设备及新风系统100%全配备；槐荫区委书记提出，将在全区义务教育阶段学校教室安装空气净化设施。

（九）智慧后勤建设

2018年7月30日，教育部机关服务中心举行"智慧后勤"综合应用系统上线说明会，各司局及院内直属单位办公室主任参会。机关服务中心党委书记、主任葛振江出席会议并讲话，副主任李琴出席说明会。会议部署了"智慧后勤"综合应用系统在部机关上线的工作，通报了机关后勤服务保障相关工作情况。

12月24日，江西省南昌市教育局印发《关于正式启用"南昌市教育智慧后勤管理云平台"的通知》。该云平台的建设意义包括：通过建立进入各级各类学校、幼儿园的餐饮服务企业投保食品安全险保障机制、食品安全信息化检测及溯源机制，引入社会监督机制及经营商甄选机制，提供更优质、更实惠的食品与食材，保障学生食品安全。通过创建各级各类学校、幼儿园食品安全信息化监管平台，建立信息公开制度及后勤物资采购和财务管理透明机制，更加便捷有效地帮助教育主管部门及学校（幼儿园）规范后勤经营管理。通过做好学校（幼儿园）消费在线支付的服务支撑，完善其后勤管理和服务保障体系。积极推进"农校对接"，建设各级各类学校、幼儿园蔬菜和农副产品直供基地，减少农副产品采购和流通环节，降低原材料成本，降低学生口粮价格。

2018年，上海市杨浦区教育资产中心推出了"一站化"运维平台的建设，打造全新的智慧型后勤服务体系。提高学校设备使用效果，使各系统设备在有限的使用周期内发挥出最大效益。"一站式运维平台"颠覆了传统运维的粗放模式，打造强大的信息化后台支持服务平台，使学校运维工作从"被动服务"向"主动服务"转变，提高了服务响应速度和服务跟踪处理速度，规范服务流程，规范现场操作标准。

为进一步保障食品安全，天津市西青区教育局在中小学和国办幼儿园学校食堂实施了"明厨亮灶"工程。此工程共涉及21所学校、23个食堂，主要是将学校食堂库房、粗加工间、烹饪间、洗消间等关键区域的实时视频画面通过软件接到智能手机上，让学校师生、家长和监管部门实时查看学校食堂食品加工的情况。

（十）综合实践基地建设

2018年5月，教育部有关部门负责人就示范性综合实践基地项目建设工作约谈个别省市负责人，要求加快工作进度，在保证施工质量的基础上确保项目按期完工。"十二五"期间，教育部利用中央专项彩票公益金支持建设了149个示范性综合实践基地，开发了各类课程1000余项，内容涉及爱国教育、国防军事、科普创新、生命安全、素质拓展等多个门类，接待参加综合实践活动的中小学生百万余人次，为培养中小学生社会责任感、创新精神和实践能力发挥了重要作用。

3月19日，山西省运城市教育局深入市示范性综合实践基地项目施工现场进行专项调研，查看综合实践基地已建成的室内外活动场所，了解正在建设的地震、消防等安全教育场馆推进情况。5月9日，四川省广元市人民政府及相关部门负责人对该市示范性综合实践基地建设项目进行专题调研，对该项目发展情况和遇到的问题进行了研究并听取了下一步工作计划。8月9日，海南省教育厅调研组前往儋州市就示范性综合实践基地建设工作进行调研，要求加快项目建设进度，早日发挥基地效益。12月10日，贵州省遵义市人民政府深入青少年示范性综合实践基地调研，查看项目建设情况，实地指导解决基地建设推进中的相关问题，对项目建设提出指导意见。

9月4~8日，浙江省教育技术中心举办中小学综合实践基地教师基本素养与专业能力提升培训班第二次集中培训，培训内容主要包括营地项目开发与活动组织、地方特色课程建设、综合实践活动课程实施路径、信息时代的综合实践活动课程和体验教育的理论与实践开展等内容。培训通过理论学习与实践点考查相结合、集体研讨与个人自学相结合、专题讲座与线下任务相结合等多种方式，使参训学员进一步拓展了视野，更新了理念，深化了对综合实践活动的认识，更加准确地把握综合实践活动的特点，提升了开展综合实践活动主题教学的实施能力。

三、学校后勤装备行业发展情况

（一）中国教育装备展示会后勤企业参展情况

2018年，中国教育装备行业协会分别在成都和南昌举办了第74、75届中国教育装备展示会，后勤装备领域参展企业103家。表1对两届展示会上学校后勤装备领域的参展企业进行了梳理。

表1　第74、75届中国教育装备展示会后勤装备参展企业

企业类型	企业数量/家	主要参展企业简称或品牌名称
校服	15	福建新同兴、梧州百裕、江苏派逊、广州东教、广元新时代、四川鑫鹏飞、浙江苏顿、连云港红动、绍兴正沃、福建凯仕达、桐乡诗澜、福建校园达人、泉州宏益源、江西文钦、赣州文清
节能减排	20	广东愉升、浙江地球村、山东阿尔普尔、深圳爱派、湖南万家、牡丹江东启、顺德新泽泉、上海罕能、嘉兴远航、西安臻沃、苏州大乘、深圳爱派、长沙华润
照明	6	厦门立达信、成都新力、北京万尚、浙江凯耀、厦门朗星、内蒙古卓姿
作业本	2	山东维克多利、杭州华星
食堂设备	8	深圳国创名厨、南京小牛智能、四川长虹、广东裕豪、四川奥洁、杭州九阳、南昌华杰、江西金星
直饮水	8	芜湖美的、广东碧丽、北京碧水阳光、上海浩泽、A.O.史密斯、海南立昇、浙江沁园、深圳雅洁源
校具	40	河北三合众鑫、河北志达、河北万强、河北胜利、霸州名府、霸州诚鑫、霸州鼎冠、霸州东宁、霸州艾帛帝思、霸州彦涛、江西真诚、江西兴达、江西海龙、江西瑞发、江西世纪星、南城东方、南城祥山、南城中天、浙江新的、永康山风、永康天宇、东莞韵景、佛山祥聚、佛山虹顺、漳州建晟、鹤山森纳
新风系统	4	北京一米、深圳大然、苏州风享、上海士诺

（二）各级各类学校后勤协会工作开展情况

2018年2月27～28日，中国校园服饰产业基地（惠安）投资洽谈暨2018校服新品发布会在福建泉州惠安举行，泉州市领导出席，全国各地行业主管部门、生产企业、配套企业等共600多人参加活动。会上，中国教育装备行业协会领导向惠安县授予"中国校园服饰产业基地"，并举行中国校园服饰产业基地（惠安）项目投资意向签约仪式；同步发布《中国中小学校服工作指南》并启动校服工业设计大赛。会议期间，业界专家学者、行业主管部门、部分企业代表就"中国校园服饰产业基地建设"开展研

讨，从校服产业"一带一路"走出去、产业规划、人才聚合、文化艺术创新等方面进行深入交流，对如何规划好、建设好、发展好中国校园服饰产业基地提出许多真知灼见。会后，举行了中国校园服饰产业基地（惠安）项目开工仪式，全国学生装面料研发中心、东华大学·海丝新梦园时尚校服研发中心同时举行揭牌仪式。校服是惠安县传统支柱产业，近年来进入高速发展阶段，目前拥有生产企业500余家、销售队伍上万人，产销量占据全国半壁江山。

2月27日，中国教育装备行业协会学校后勤装备管理分会第二次会员代表大会暨2018年年度工作会议在福建泉州惠安召开。会议表彰了优秀会员单位，讨论修订《中国教育装备行业协会学校后勤装备管理分会管理办法》，选举产生中国教育装备行业协会学校后勤装备管理分会第二届理事。

5月10日，中国教育装备行业协会再次联合中华少年儿童慈善救助基金会在成都举办2018中国生态校园建设高峰论坛。会议由中国教育装备行业协会常务副会长李兴植主持。教育部关心下一代工作委员会常务副主任、中国教育装备行业协会会长王富，中华少年儿童慈善救助基金会理事长王林，北京市高教学会会长线联平，中国教育装备行业协会副会长兼秘书长夏国明，中国教育装备行业协会学校后勤装备管理分会副理事长刘子玉等领导和嘉宾出席会议。来自北京、天津等省（区、市）的教育装备部门领导、县市教育装备站主任、中小学校长、专家等150余人参加会议。

6月15日，由国家发展和改革委员会资源节约和环境保护司指导，国家节能中心支持，中国节能协会主办，中国节能协会校园节能专业委员会和北京二十一世纪国际学校共同承办的2018年全国节能宣传周进校园活动——"2018年（第二届）全国校园节能减排绘画书法作品征集大赛"正式启动。

8月6日，江西省校服专业委员会成立大会在南昌召开，来自全省学校后勤战线的工作者及各校服生产企业代表200余人参加了会议。

10月11~12日，中国教育学会教育管理分会学校后勤管理30年学术论坛在西安召开，本次会议主题为"新时代学校后勤管理改革传承与创新"。

10月27日，福建省教育装备行业协会校服分会（学生装联合会）成立大会在福州召开。

11月25日，由中小学生态校园行动工作委员会、中国教育装备行业协会学校后勤装备管理分会、中国教育装备行业协会教育装备产融结合分会联合主办的"京津冀推进中小学生态校园建设"研讨会召开。中国教育装备行业协会会长王富，北京高教学会会长线联平，中国教育装备行业协会常务副会长李兴植，中小学生态校园行动工作委员会常务主任、中国教育装备行业协会学校后勤装备管理分会副理事长刘子玉，以及北京市教育装备中心、河北省教育装备中心、天津市教育委员会教育技术装备中心、中国人民大学装备后勤处、北京电视台编辑部、廊坊市教育局教学仪器站、中国教育装备行业协会教育装备产融结合分会等单位负责人或代表出席研讨会。

依据《中国教育装备行业团体标准管理规定（V2.0）》的有关规定，中国教育装备行业协会批准了《中小学生冬季校服技术规范》和《中小学学生作业本基本要求》两项与中小学后勤装备管理相关的团体标准编制立项。学校后勤装备管理分会广泛听取了社会意见，充分发挥科研机构和相关学校后勤装备企业的积极性和技术支撑作用，较好地完成了团体标准的编制任务。

四、中小学后勤装备管理工作发展趋势

国家要富强，教育要先行；教育现代化，后勤要先行。近些年，随着我国社会经济的发展和改革开放的不断深入，学校后勤工作出现了新情况和新要求，为满足人民群众对学校后勤工作的新需求，各级教育主管部门和学校不断探索并勇于实践，学校后勤装备管理工作呈现出新的发展趋势。

（一）后勤装备管理研究不断深入

长期以来，由于学校后勤工作被弱化和边缘化，后勤队伍能力偏弱，少有后勤装备管理方面的论文和课题研究。后勤装备管理研究是学校教育教学研究的重要组成部分，各级各类教育科研课题研究应包含学校后勤装备管理方面的立项。近些年，学校后勤装备管理工作研究已有所加强，出现了一批较有价值的研究成果。

通过对"学校""后勤"的关键字检索，在"中国知网"可检索到101篇论文，在"百度文库"上可获得104万条记录，内容包含学校后勤工作总结、计划、规章制度、工作汇报、实施方案、经验介绍、讲话稿等内容，其中不乏很多高质量的研究型文章，对学校后勤管理工作有较好的借鉴和促进作用，如《创新中小学后勤管理模式的思路初探》《小学后勤管理的功能与改进措施》《农村中小学后勤管理之我见》《如何构建中小学后勤保障体系》《浅谈中小学后勤工作中蕴含的育人功能》《在后勤管理过程中如何对小学生开展德育》《浅谈后勤工作如何为教育教学工作服务》《论学校后勤保障的重要性》《当前我国中小学后勤管理的科学化探索》《互联网+助力学校后勤管理》《寄宿制中学后勤管理模式的创新与探讨》《中小学后勤社会化管理研究》《浅谈学校后勤工作的创新管理》《对当前学校后勤管理工作的思考》等。

通过百度搜索"学校""后勤""课题"关键字，可从侧面了解学校和教育后勤管理部门申报上级教育科研课题和行业协会课题的情况，系统研究学校后勤各方面的具体工作。较有代表性的课题包括：农村学校后勤工作精细化管理研究、学校的后勤管理机制优化研究、后勤保障理论与实践研究、学校后勤管理量化分级评价标准研究、后勤多元化管理实践研究、现代学校建设"智慧后勤"研究、学校后勤管理信息系统的设计与应用、中小学校标准化食堂建设与管理研究、生态校园教学环境建设理论与

实践、提升中小学学生作业本质量的对策研究等。

学校后勤管理相关专著出版方面：2018年5月，由中国教育装备行业协会学校后勤装备管理分会组织编写，吉林人民出版社出版的《中小学校服工作指南》正式出版发行。该书由中国教育装备行业协会会长王富担任编委会主任，全国部分省级学校后勤装备管理部门相关人员和部分较具影响力的校服企业负责人担任编委会成员，分会副理事长陈金才担任主编，分会副理事长彭志新担任执行主编并主笔。全书包含校服起源与发展、校服文化与教育、校服管理与实践、校服设计与生产、校服研究与探索5章，是目前国内第一本全面涉及校服文化、管理、生产制造等方面工作的指南性图书，对各级教育主管部门、中小学校和校服企业具有一定的指导和参考作用。

（二）后勤装备服务内涵不断丰富

俗话说："兵马未动，粮草先行"。一个学校的正常运转和教学质量的提高离不开后勤保障。随着社会经济的发展，党和国家对学校后勤工作提出了新的期望，人民群众对教育及学生在校的学习和生活提出了更高的要求，促使学校后勤装备管理服务项目不断增多，内涵不断深化。

2018年是我国学校新风系统发展过程中十分重要的一年，北京、山东等地政府和教育主管部门高度重视学校学习空气环境管理工作，拨付大量资金用于学校陆续安装新风系统。各级各类教育装备展示会上也有众多新风系统生产制造厂家参展，预示着教室新风系统将成为教育装备的热点领域。青少年新陈代谢旺盛，在空气不流通的环境里会出现氧气不足的情况。新风系统作为一整套机械人工系统，可以保证中小学生在教室内有足够的氧气量，降低二氧化碳量，提高室内空气品质，提高学生的学习质量。在遭遇严重雾霾天气时，可以通过新风系统去除颗粒物的功能提供清洁的空气。新风系统将室外空气过滤后进行升温或降温处理，然后引入室内，再把室内废气排出。相比于完全依靠开窗通风，新风系统的稳定性和效果更有保障，且避免了无组织通风。使用多层过滤的新风系统已是较为成熟的技术，已被应用在工业厂房之中或作为建筑中央空调系统的一部分。

近视预防是教育系统长期关注的议题。在观看不同距离、不同亮度的物体时，人眼有一定的自动调节能力，以使视网膜上的图像尽量清楚。青少年近视的本质是眼部肌肉的调节功能衰退，导致远处的光线经过屈光后，焦点落在视网膜前，不能在视网膜上形成清晰的像。要预防近视，就必须避免眼部肌肉过度紧张从而导致其调节功能衰退。教育部等八部门印发的《综合防控儿童青少年近视实施方案》要求各省级人民政府主要负责人亲自抓近视防控工作，2019年起对各省级人民政府进行评议考核。采取各种有效措施预防学生近视业已成为各级政府行为，将成为学校后勤工作的重要组成部分。防近视作业本、坐姿矫正设备、教室智能照明系统将逐步成为学校后勤装备的常态和必选，各类新型预防近视产品和系统也将会在各类教育装备展示会上推出。

（三）后勤管理文化功能持续显现

学校后勤的育人功能主要体现在三个方面：一是部分后勤装备设备设施可直接作为课程教学的资源；二是后勤管理服务工作过程可以帮助学生形成良好的道德品质、引导学生学会生存生活，起到潜移默化的教育作用；三是学校后勤工作塑造的优良环境可以调节学生学习的情绪，提高学生的学习效益。

近年来，中小学校的校舍建设和基础教育装备日趋完善，学校食堂、宿舍和校园环境已得到很大改观，各级教育主管部门和学校逐步认识到后勤育人的重要性，采取各种形式，充分发挥后勤装备和管理的资源作用，努力提高后勤育人工作的效益。2018年，四川等省的很多学校注重开展校园绿化、净化、优化等工作，为学生创设优良的校园学习环境。一些学校充分利用学校食堂、宿舍等资源，与综合实践活动课程教学紧密结合，完成"我和蔬菜交朋友""学做简单家常菜""探究营养与烹饪""生活自理我能行""家务劳动我能行"等国家课程指导纲要中所规定应开设的教学活动项目。辽宁省沈阳市河西区新华中学七年级综合实践课程组与食堂通力协作，共同研发"美食制作系列课程"并作为河西区教学观摩课进行展示。

（四）智慧后勤管理模式日渐得到认同

随着信息技术的发展，利用计算机、网络、传感器、数据库、显示技术打造学校智慧后勤已成为学校管理的发展趋势。新的后勤智慧化管理理念被越来越多的后勤人所理解，人工智能技术越来越广泛地应用于校园服务领域，移动互联网进一步呈现多入口和互联互通，校园后勤智慧化服务逐步由单项推进转向移动化、智能化的校园综合生态系统平台之中。

智慧后勤一般包含服务监督平台、网络报修平台、学生公寓管理平台、餐饮管理平台、校园环境管理平台、订餐系统、水电管理系统、资产管理系统、门禁管理系统、迎新离校系统、教室管理系统、会议室预定管理系统、场馆预定管理系统、移动后勤系统、在线调研系统等模块。智慧后勤系统平台既可独立建设，也可作为智慧校园、智慧教育的重要组成部分。

目前，服务于学校的智慧后勤整体解决方案尚处起步阶段，但类似的系统已广泛应用于其他领域。继宁波、杭州、青岛等地政府推进智慧后勤管理之后，苏州、南京、广州、深圳、佛山、长沙等市和上海杨浦区等地政府已正式启动智慧后勤管理。2018年，教育部机关服务中心的"智慧后勤"系统上线，对全国教育主管部门机关和大、中、小学的智慧后勤建设起到极大的促进作用。天津市东丽区为进一步加强校园食品安全管理，区教育局投入资金为全区79所中小学、幼儿园食堂操作间、库房、加工间、餐厅等食品安全关键控制点安装了电子摄像监控设备，建立完成了辖区学校食品安全远程监控系统。教育局后勤管理中心可同时显示不同学校食堂24个点位的现场情况，由专人远程监督各学校操作现场，及时发现问题并督促整改。这套智慧后勤系统变现场检查为实时监控，进一步增强了各学校食堂从业人员现场规范操作的意识，提高了效率，提升了全系统学校食品安全管理水平。

五、学校后勤装备管理服务工作建议

学校后勤工作是教育管理工作一个风向标。由于机制体制、管理标准等各方面的原因，学校后勤装备及管理工作尚有诸多需要改进和探索的问题。

（一）整合健全后勤装备管理体制机制

学校后勤工作复杂繁琐。该项工作虽已引起教育主管部门和学校校长的重视，但在全国层面尚未建立起办人民群众满意教育所需的后勤管理体制和运行机制，主要体现在以下三个方面。

一是学校后勤装备管理工作人员编制长期未得到落实。一所学校究竟应配备多少后勤工作人员，绝大部分政府人事管理部门和教育主管部门没有确定相应的编制，学校只能聘用临时工并挤占生均公用经费。在农村义务教育学生营养改善计划推进过程中，教育部相关文件虽然规定每百名学生应安排1名食堂工作人员，却没有确定人员编制的来源，学校只能聘请临时工，导致人员流动性大、专业性弱，工作效率低下。

二是学校后勤装备管理工作体制未能有效建立。虽然学校大都有分管后勤的校长和总务主任，但在地市和县区级教育主管部门却难以找到对应的分管局长和科室。学校后勤装备管理工作的领导层级不清，多头管理现象严重，致使学校后勤人常说找不到"娘家"。由于后勤保障工作没有归口到相应的管理部门，一些地区学校食品安全、食堂管理、节能降耗、校园绿化、校服管理等后勤保障工作归口在不同科室，存在信息沟通不顺畅、会议精神传达不及时、工作落实不到位等现象。

三是学校后勤装备管理工作运行经费严重不足。学校各项后勤装备管理都需要专门经费支撑，财政和教育部门应当建立学校后勤装备管理经费投入机制和保障措施。

（二）规划制定后勤装备管理服务标准

长期以来，我国各级各类学校通过建章立制，通过制定后勤工作岗位职责常规管理办法的方式加强学校后勤装备管理工作，以期提高后勤管理工作效率和后勤装备投入效率。按照现代学校管理理论，实施学校后勤装备管理标准化将是今后发展方向。早在2014年，山西省就推出了《中小学后勤装备基本标准》，有效促进了全省中小学后勤装备标准化。

虽然配套在学校的各类设备大都有产品标准，但因学校后勤设备设施大多系统集成于校园或场馆内，类似于《中小学理科实验室装备规范》，需要相应的整合性装备规范和管理标准。在全国部分地区和学校的调查表明，当前中小学校后勤急需的后勤装备规范和标准主要是：中小学食堂装备规范、中小学宿舍装备规范、中小学校园环境建设规范、中小学校园安全管理基本要求、中小学设施设备运营维护管理规范。

（三）逐步推进后勤装备管理服务改革

十多年来，我国高校后勤社会化改革取得了显著成就。改革转变了传统观念，创新了管理体制，引入了竞争机制，降低了办学成本，提高了服务质量，改善了校园环境，破除了制约高校发展的"瓶颈"障碍，市场机制的基础性作用初步得到发挥，为高等教育的跨越式发展做出了重要贡献，为中小学后勤改革提供了宝贵经验。

当前我国中小学后勤装备管理工作改革的焦点是能否"社会化"。国家15个部门印发的"农村义务教育学生营养改善计划"相关文件特别强调食堂运营应由学校主办。教育团餐企业对此反应强烈，普遍认为应在学校主办和企业运营两种模式广泛试点的基础上，形成政策决策，不能"一刀切"。目前，全国很多地区学校的保安、保洁、宿管、维修等后勤工作已市场化和社会化，可以不断总结经验向后勤工作的其他方面推广。

学校后勤装备管理社会化改革，必须坚持"建设标准化、服务规范化、育人常态化"等基本要求，以"平安后勤、质量后勤、绿色后勤、廉洁后勤、智慧后勤"为工作抓手，以办师生满意的后勤为奋斗目标，不断做好学校后勤装备服务管理的全方位工作。要按照有利于提高中小学校后勤服务质量和管理水平、有利于减轻中小学生及其家庭经济负担、有利于教育公平、有利于提高教育质量和办学效益为原则，加强对中小学后勤管理热点难点问题的研究，探索构建适应教育事业改革发展的学校后勤保障服务的市场化模式。

（四）加强后勤装备管理行业组织建设

2013年国务院办公厅颁发《关于政府向社会组织购买服务的指导意见》；2015年中共中央办公厅、国务院办公厅发布了《行业协会商会与行政机关脱钩总体方案》；2016年教育部公布《关于加强教育部业务主管社会组织行为规范的通知》，中共中央办公厅、国务院办公厅印发《关于改革社会组织管理制度促进社会组织健康有序发展的意见》，国家发展改革委、民政部会同有关部门出台了《行业协会商会综合监管办法》。据不完全统计，教育部主管的中小学后勤装备管理协会有4个，已正式成立的省级学校后勤装备管理行业协会不足10个，尚有较大的发展空间。

学校后勤装备和诸如团餐、绿化、保洁、保安、智慧校园等服务项目的年市场规模超过3000亿元。针对这一市场，应进一步加强学校后勤装备管理方面的行业组织建设，构建行业自律管理体系，建立健全行业自律约束机制和行业诚信制度。各地方教育行政主管部门应充分发挥行业组织在交流合作、协同创新、风险防范、履行社会责任等方面的桥梁纽带作用，鼓励并支持各类行业组织和中介机构开展学校后勤装备管理服务、后勤人员培训、业务研讨及第三方质量评鉴活动，推动和促进学校后勤装备管理服务企业和机构规范运营、健康发展。

（作者单位：中国教育装备行业协会学校后勤装备管理分会）

2018年STEM教育及相关装备发展分析

彭志新

今日世界，科学技术发展之迅速、科技人才竞争之激烈，已远远超出大众的想象。中国基础教育课程改革进入深水区时，美国教育界则正经历一场史无前例的教育革新，催生出一门新的教育课程形态——STEM教育。美国自20世纪70年代起倡导的STEM教育位居国家战略发展高度，承担打造其全球核心竞争力的重大任务，对其科技创新发展起到不可估量的作用，对世界各国K-20教育（幼儿园至博士阶段的教育）产生广泛而深远的影响。

STEM教育是一种教育理念和教育模式，具有跨学科、综合性、设计性、实证性、体验性、协作性、趣味性、情境性、艺术性、创新性等诸多特征，已成为课堂和课后、校内和校外、学校和社区、政府和民间、学习和工作、就业和创业之间都可以实施发力的教育和学习形态。借鉴世界各国成功经验，构建本土STEM教育生态，我国政府、教育部门和社会各界正在付诸行动，以应对工业4.0时代对每个人的能力和素养所提出的新要求。

本报告立足我国基础教育课程改革与发展，以STEM教育装备为主线，全景扫描世界各国STEM教育，尝试对2018年我国STEM教育装备企业和产品、政府教育引领和行业推动、学校课程设计和典型案例等信息进行有效归集，进而对我国STEM教育发展趋势进行研判分析，为构建具有中国特色的STEM教育献计献策。

一、2018年STEM教育全景扫描

2018年，世界各国对STEM教育的认识更加深入，国家意志更加突出，STEM教育规模不断扩大，内涵不断丰富，呈现出蓬勃发展之势。

（一）国外STEM教育发展情况

起源于美国的STEM教育充分反映出社会对教育的共同关注和发展趋势。美国从在高等教育阶段培养STEM人才延伸到中小学阶段开展STEM教育，体现出基础性、发展性和战略性。2018年6月，美国白宫科学与技术政策办公室推选并邀请各州STEM

教育杰出贡献者和引领者进行集中讨论，提出4个最新努力方向：STEM教育应在教育和工作之间建立更牢固的联系，更加专注于创新和创业，将计算机科学整合到STEM教育中，改善所有美国人的STEM计划。11月13日，美国国际教育协会发布了《2018美国门户开放报告》（*Open Doors Report*），该报告显示，STEM最受国际学生欢迎。12月3日，美国总统特朗普签发STEM教育五年计划——"北极星"计划，旨在构建STEM社区的集合点，为资助STEM教育的联邦机构提供指导，鼓励学习者参与到当地企业、实习计划、学徒项目、研究活动中，进行以工作为基础的学习体验；该计划将成为驱动美国科技创新进步和增强其全球竞争力的重要因素。美国"教学思想"（Teach Thought）组织是致力于K-20教育创新的研究机构，该组织发布了《2018年美国教育趋势》报告，揭示美国教育工作者最为关注的19个教育发展趋势，与STEM教育相关的成长性思维、创客学习、机器人、编程、项目化学习、团队学习、混合式学习等纷纷入围。

英国的STEM教育是英国政府为解决英国技能人才短缺、繁荣英国经济、提高国家竞争力而提出的国家战略性教育目标。英国STEM教育的投资主体是政府，主要用于国家项目和教师培训。国家科学学习网络是英国最大的专门开展STEM专业教师发展的网络。该网络遍布英国，目标是改善教师和学校开展STEM教育的能力，包括STEM的学科、教学法知识和STEM职业意识，开展STEM教育的信心、动力和能力，STEM领导力，提高教学质量的能力，在STEM领域中立足和进步的能力等。英国的STEM教育已经渗透在中小学阶段的公民、计算、艺术与设计、设计与技术、外语、地理、历史、音乐、体育课程之中。

德国的教育事务由各联邦州主管，学制设置和教学内容有所差异。德国小学大都是4年，主要课程有德语、数学、计算机、常识课等。其中常识课是由多门学科组成的综合课程。在不同时期和不同学校，常识课的内容不尽相同，比较普遍的是由社会和文化科学、空间科学、历史、自然科学、技术5方面内容组成，主要是让学生了解掌握最基本的社会生活、科学知识，对世界有一个整体的和最基本的了解，培养学生的兴趣爱好，了解基本的自然现象和科学原理。德国小学的常识课实质上是STEM+课程。

加拿大的STEM教育最为关注的是手工艺品和文化的实践，是多行业的融合，也是社区性的实践和活动。加拿大STEM教育的特点反映在创客教育中。加拿大没有全国统一的教育制度，各地区中小学都开设数学、科学等课程，学校的STEM教育并不是培养学生形成终身兴趣，而是将STEM融入日常生活之中，让学生在学习STEM技能的同时感受到乐趣，因此在实施过程中把多学科知识融入有趣、有挑战、与生活相关的问题中，解决现实世界的问题。

芬兰国家教育委员会决定在中小学全面推行新课程，与新课改相关的基础教育国家核心课程标准早在2015年2月已审查通过。芬兰基础教育课程改革的核心内容主要包括：培养学生在未来社会所需的核心素养与能力，进行依托学科融合式的"现象教学"，使信息科技技术与课程教学深度融合，发挥学生在课程设计与评价中的主体作用。所谓现象教学，即事先确定一些主题，然后围绕特定的主题，将相近的学科知识重新编排，形成学科融合式的课程模块，并以这样的课程模块为载体实现跨学科教学。这些主题来源于"欧盟""社区和环境变化""芬兰100年独立发展史"等领域。基于"欧盟"这一领域所编排的课程模块，同时涉及地理、历史、社会文化、语言、政治和经济制度等跨学科的知识。

在澳大利亚，STEM课程已经上升到国家教育战略发展高度，课程设置具有挑战性，各州教育部官方主页上几乎都能找到关于STEM教育的相关内容。比如目前不同程度的计算机编程课程，已经引进了澳大利亚小学的STEM课程学习中，而参观美国太空总署的任务中心及与太空人见面也成为一些学校新式课程的内容。另外，强调从理论到实际动手能力的STEM课程让更多学生能够亲手制作一些器械和仪器，而制作智能机器人成为很多学校的拓展性STEM课程。澳大利亚的STEM教学有两个目标：一是让所有学生走上工作岗位时都能具备基础的科学、技术、工程学和数学能力；二是让学生在中小学学习STEM课程，使他们对这些课程产生兴趣，从而在将来的高等教育学习上继续走下去。

以色列开展STEM教育的理念是让每个人都参与进来，给每个人展示的机会。其目前开展的计划主要有：①国家科学教师教育中心，旨在提升教师的专业性，促进和帮助教师专业发展。②虚拟高中，建有虚拟班级，学生坐在电脑前带上耳机就能够听课，课后教师带来虚拟辅导和高质量的实践与训练。③网络生物研究项目，如果学习生物的学生想做一些科研，可以选择一个研究题目，个人或与其他人合作开展研究；学生可以从教师处获得帮助，也可以与校外的企业工程师合作，这成为了以色列教育的特色。④网上高等数学课程，不管是几年级，学生想学习高等数学都可以上这些网站学习。⑤整合性的科学课程。大公司、企业、科学家、工程师都来课堂上帮助学生，如果学生有一些技术问题或者一些科学项目，可以一同研究。

日本倾向于传统教育的创新及国际合作。为达到设定的中小学阶段STEM教育目标，日本正在对传统教育进行改进：①通过修改课程大纲加强中小学阶段STEM学科的课时和内容，并鼓励旨在增强科学教育的项目，提高全国STEM基础教育质量，激励学生投身科学事业，进而为大范围发展日本的STEM教育打下社会基础。②设立STEM精英教育专项基金，识别具有STEM天赋的学生并给予特殊培养。③加快STEM教育教师队伍建设。④支持和鼓励女性投身STEM教育及STEM相关职业。日本小学阶段主要是增加学生对STEM学科的学习兴趣，在高中阶段实施STEM精英教育。日本政府至今未发布正式的STEM教育文件，而是以一种局部的、潜在的方式实施该教育。

韩国为增强国家科技竞争力引入了整合型人才教育的概念，从中小学时期就对学生进行STEAM素养的教育，培养中小学生的知识整合应用能力与科技创新能力，进而为提升国家竞争力奠定人才基础。2011年韩国教育部颁布《搞活整合型人才教育（STEAM）方案》，提出实施要以数学和科学为中心，实现与工程技术相结合的STEAM课程，培养适应社会的具有STEAM素养的综合型人才。方案归纳了4类STEAM课程实施方案，为各中小学实施STEAM课程提供指导。韩国政府指定和扶持整合型人才教育示范学校，也是推动开展整合型人才教育的重要手段。

（二）我国STEM教育政策环境与重要实践

我国STEM教育的政策环境不及美国等发达国家。2018年，教育部及相关智囊部门印发了大量与STEM教育相关的文件，组织了各类STEM教育培训和教科研活动，对地方政府和教育部门开展STEM教育起到了促进作用。

3月2日，中国教育科学研究院STEM教育研究中心印发《关于开展"中国STEM教育2029行动计划"相关工作的通知》，要求各STEM教育协同创新中心做好遴选领航学校和种子学校、推荐种子教师、开展课题研究等方面等工作。该通知附发了《中国STEM教育2029行动计划》。该计划指出，要通过课题的方式遴选、指导、培育1000所学校开展STEM教育实践探索，把研究力量组织起来，帮助各校培养一批骨干教师，建设一批特色项目和学校，构建不同区域推动发展模式。要在自然科学、综合实践、信息技术、通用技术等相关学科教师和教研员中选拔培育百名种子教师和万名综合性教师，引领各地实施各具特色的人才支持计划，构建富有中国特色的教育人才队伍体系。计划强调参与机构的普及性，呼吁吸纳更多的社会力量协同开展STEM教育创新；提倡STEM教育惠及全体学生，尤其是特殊群体学生；希望能够培养创新思维和科学探究能力，通过注重学习过程的测量，改变评价方式和创新培养模式。该计划将为中国培养一批面向未来的创新型人才，提高学生的科学探究、创新意识和解决复杂问题的能力。5月15日，"中国STEM教育2029行动计划"启动仪式在北京举行。

4月16日，教育部发布《中小学数字校园建设规范（试行）》，提出了创新创造空间的基本建设要求，为中小学开展STEM教育提供了有力的条件保障。

4月24日，中央电化教育馆在浙江温州举办了创客教育专题培训班。

5月8日，中国教育科学研究院STEM教育研究中心正式发布《STEM教师能力等级标准（试行）》，对STEM教师需掌握的专业知识和专业技能，以及实践操作等方面提出了指导意见。

5月19~26日，由全国科技活动周组委会办公室、中国教育科学研究院和中国科学技术交流中心联合主办，全国青少年未来工程师博览与竞赛组委会承办，以"科技创新，强国富民"为主题的2018年全国科技活动周暨第十三届全国青少年未来工程师博览与竞赛总决赛在北京举行。本届总决赛设置有爱创造智能作品、创意乐队、创意微拍、未来创客、无人机、过山车、木梁承重、投石车、物联网、千机变共十大专题比赛项目，具有竞争激烈、科技含量较高、观赏性强的特色。

5月24～25日，教育部教育管理信息中心在西安举办第二届中国创客教育暨STEAM教育应用提升论坛。论坛邀请国内专家解读新时代中国特色创客教育、STEAM教育的课程框架、内容体系、实施策略、评价工具，聚焦各省教育行政部门制定创客教育、STEAM教育体系发展的政策、实践问题，研讨新课标背景下创客教育与综合实践活动如何结合，分享典型区域和特色中小学校创客教育、STEAM教育实践案例，探究农村地区创客教育等教育教学新模式，讨论出版行业如何促进创客和STEAM教育发展。

6月30日至7月1日，第二届中国STEM教育发展大会在深圳举办。大会由中国教育科学研究院、广东省教育研究院与深圳市福田区教育局联合主办。此次大会既有来自世界多国的专家分享STEM教育的最新理念与经验，又有来自我国不同地区的教育行政界人士介绍与研判STEM教育政策，有学界关于STEM教育的前沿探讨，更有来自一线中小学校生动活泼的实践展示，是一场STEM教育的先进理念与生动实践交织、顶层设计与社会互动的大型活动。

7月16～21日，第19届全国中小学电脑制作活动夏令营在无锡举行。比项活动由教育部直接指导，中央电化教育馆和中国移动通信集团公司联合主办，具有普及性和权威性，吸引了来自全国31个省、自治区、直辖市及新疆生产建设兵团的中小学、中职师生代表和各级教育部门活动组织者1600余人参与。活动共收到参赛作品2万多件，设有数字创作评比、机器人竞赛、创客竞赛等项目。

8月14～20日，由中国科协、教育部、科技部、生态环境部、国家体育总局、国家知识产权局、自然科学基金会、共青团中央、全国妇联和重庆市人民政府共同主办，重庆市科协、中国科协青少年科技中心、中国青少年科技辅导员协会承办的第33届全国青少年科技创新大赛在重庆举行。来自全国31个省、自治区、直辖市及新疆生产建设兵团和香港特别行政区、澳门特别行政区、台湾地区的35支代表队470名青少年和201名科技辅导员参赛，此外还有来自58个国家和地区的350多名国际代表参加竞赛、展示和交流活动。

8月17日，"一带一路"青少年科技夏令营STEAM课程体验活动在重庆开展，来自澳大利亚、阿塞拜疆、印度、印度尼西亚、伊朗、马来西亚、缅甸、巴基斯坦、菲律宾、中国等18个国家的80名青少年参加了此次活动。在STEAM课程体验活动中，借助重庆市第八中学的科教资源，以丝绸之路历史文化为背景，与机械工程、材料力学等知识相结合，学生体验STEAM课程并设计制作出富有科学性、创新性和实用性的作品。此次"一带一路"青少年科技夏令营由中国科学技术协会国际部、科技部国际合作司、中国科协青少年科技中心、中国青少年科技辅导员协会和重庆市科学技术协会共同主办。

11月1日，由中国科协、中国科学院、中国工程院、国家自然科学基金委和周凯旋基金会共同主办的第18届"明天小小科学家"奖励活动终评在北京航空航天大学开幕。中国工程院院士金涌、王浚和中国科学院院士汪景琇受邀参加开幕式暨院士讲坛，与来自全国各地的优秀青少年科技爱好者分享交流。"明天小小科学家"奖励活动作为一项国内青少年科技创新后备人才选拔和培养活动，经过近20年的发展，在各主办单位共同努力和社会各界的大力支持下，组织程序日益完善，社会影响力不断提升，已成为我国青少年科技教育领域的重要品牌活动。此次活动共有2472人注册申报，创历届新高。经资格审查和专家初评，共有来自全国20个省（区、市）及香港、澳门特别行政区的130名高中学生入围终评。

第六届全国青年科普创新实验暨作品大赛于2018年底正式启动，大赛经教育部正式批准认可，由中国科学技术协会主办，中国科协科普部、共青团中央青年发展部承办指导，中国科学技术馆和中国科协青少年中心承办。15个分赛区由中国科技馆、山西省科技馆、黑龙江省科技馆等15家单位承办。第六届大赛重点围绕"智能、环保、教育"三大主题，延续往届"创意作品"及"科普实验"两个单元的划分，重点关注前沿科学技术及科学教育理念的应用与普及，考查青少年发现问题、解决问题及动手实践能力。其中"创意作品"设"智能控制"和"未来教育"两个命题，分别着眼于智能硬件、STEM教育的应用；"科普实验"设"生物环境"和"风能利用"两个命题，突出任务驱动型活动，将竞赛与科技馆教育活动紧密结合。大赛进程分为初赛、复赛、决赛三个环节，全国决赛于2019年5月在北京举办。

我国香港特别行政区高度重视STEM教育。从20世纪90年代开始，香港各大学普遍围绕STEM主题开展设计教学活动；2015年，特区政府宣布推动STEM教育，促进发展21世纪所需的创新思维、开拓与创新精神，以增强地区竞争力；2018年10月，香港特区行政长官在施政报告中提出循八大方向推动香港创科发展，注重对学生的动手操作能力的培养，为中小学校提供更全面的STEM教育支援服务。

二、STEM教育装备企业与产品

STEM教育装备按技术可分为通用技术和信息技术两种类型。通用技术包含了农耕文明和第一、二次科技工业革命相关的教育内涵，诸如手工、金工、木工、电子电工等；信息技术包含了第三、四次科技工业革命的教育内涵，诸如编程、机器人、物联网、人工智能等。

通常情况下，成熟企业的STEM教育装备产品一般都会体现在与教育相关的装备展示会上。采集各类教育装备展示会参展企业的产品信息，对分析和研判STEM教育装备的现状和发展趋势具有重要的参考作用。

（一）国内展会STEM教育企业与产品

中国教育装备展示会由中国教育装备行业协会主办，是目前国内办会历史最悠久、内涵最丰富、会期最稳定、服务最齐全的教育全线产品展示会。展示会每年举办两届，2018年的两届展示会（第74、75届）分别在成都和南昌举办。这两次展会全面反映了我国教育装备行业的发展情况，是了解国内STEM教育企业和产品的重要窗口。笔者基于现场考察，对上述展会中与STEM教育相关的企业情况进行了梳理，如表1所示。

表1 第74、75届中国教育装备展示会STEM教育参展企业情况

STEM 装备类型	2018年主要参展企业简称或品牌名称	参展企业数量/家	
		2018	2017
科学探究活动（单元、主题、科普）	有志360、北京中庆、上海东方、青华科教、宁波华茂、绍兴小玩童、山东建荣、山东学献、宁波东枭、山东明华、北京世纪好未来、有友科技、南京康轩司、火星人视野、北京作业盒子、小象实验室、北京阳光创想、上海中科、小探索者、江苏斯立特、浙江新之江、智搭、深圳未来立体、王老师玩具、乐高玩具、瑞安博业、浙江星博士、浙江童园、苏州爱牛、亚龙智能	30	11
劳动技术（手工坊、木工坊、金工、研学）	云和淘智、宁波优优象、森林奇遇、堤旁树木、山东普进、温州云谷、浙江天煌、湖南开元、安徽宣毫、百艺工坊、景德百陶会、浙江金马、河北大宾、哈尔滨智趣、江苏奇乐娃、扬州奇乐、福建纸匠、枣庄百草园、浙江大风车、南宁千年工艺、成都墨之坊、南京派逊	22	6
劳动技术（3D设计打印、激光切雕刻、创客空间）	深圳创想三维、深圳极光、北京太尔时代、深圳普立得、浙江闪铸三维、上海聪巢、康智达（北京）、磐纹科技、无锡爱睿芯、广州文博智能、北京寓乐世界、深圳维示泰克、嘉兴南湖摄影、上海聪巢、北京中教启星、北京中科大洋、八爪鱼、微软、广州中望龙腾、江西新媒体协同创新、童星制物、汇宝创科、浙江格创、浙江波菲、深圳市玩艺创客、普颂德科（上海）、麦积创客、上海骧远、江苏六鑫、宁波华茂、深圳华科、深圳果力、北京友高、深圳盛思、深圳柴火创客、创客非凡（北京）、深圳创客工场	37	34
信息技术（编程、机器人、创意电子）	宁波编程马、编程猫、魔法编程实验室、桔苹儿童编程、猿创力编程、乐聚（深圳）、北京博康嘉德、哈尔滨奥松、西安非凡士、深圳乐智、北京康力优蓝、格物斯坦（上海）、上海智位、上海歌尔泰克、上海北侠、上海能力风暴机、上海鲸鱼、上海歌尔泰克、苏州乐派特、深圳优艾智合、乐高玩具、东莞博思电子、河南三欣、深圳萝卜立方、广州中鸣数码、博乐、北京爱其、韩端科技（深圳）、裤兜、广东笃行、深圳市优必选、广州智伴、深圳优艾智合、上海鲸鱼、广州迪宝乐、深圳童乐慧、深圳盛思	37	29
信息技术（物联网）	无锡爱睿芯、厦门信昇达、成都迈德、深圳爱派、中消云物联网、北京来为、江苏普罗弥生	7	4
航模（无人机）	南昌启扬	1	
人工智能（VR、AR、AI）	安徽科大讯飞、海星谷（大连）、矩道科技、迪乐姆、百度、北京中庆、创维光电（深圳）、醒摩豆（成都）、深圳创凯智能、北京康乐园、中央电教馆、广州英途、苏州梦想人、北京智教未来、深圳博浦、福州裕兴网络、戴尔、北京寓乐世界、幻景（北京）、北京微视酷、深圳未来立体、广州大演、上海岬航、山西云视窗	24	7
配套设施	辽宁文彬、北京格润大树、浙江零点科教	3	1

2018年部分省级教育厅、教育装备管理部门和省级教育装备行业协会还分别举办了区域性教育装备展示会。随着STEM教育的深入发展，各地教育装备展示会也逐渐吸引了编程、机器人、3D设计和打印、激光切割和雕刻、物联网、无人机、创意电子设计和科学探究活动、综合实践活动等方面的课程与产品企业参展。

（二）国外教育装备展会基本情况

国外著名的教育装备展示会，除德国、法国、英国等国家以外，其余大多由世界教具联合会牵头主办。通过检索各展示会举办方网站，参展的产品类型中虽未出现STEM或STEAM、STEM+等名称，但绝大部分展示会都包含有创客、编程、机器人教育和创意电子制作、工艺坊、仿真实验、虚拟现实、人工智能、科学探究活动等与STEM教育相关的课程和配套设备、工具和器材。

美国和欧洲国家展示会上安排有很多与STEM教育相关的研讨会和互动演示活动。例如，2018年6月24~27日在芝加哥举办的美国国际教育用品展览会（ISTE）上，举办方共统筹策划了500多场互动讲座活动，收集展示了近1000幅（篇）海报、展板和论文，与STEM教育相关的活动就有破解密码、虚拟现实的探索与创造、动态学习工作坊、超越编码、创建自己的STEM空间、把学习扩展到教室的四面墙之外、通过视频和摄影以及音乐和绘画释放学生的表达、回收和重建一个机器人、给你的教室加点STEM、产品智能在你指尖、3D打印提高数学与理科课程的教学效果等近百场。

（三）教育装备企业STEM产品分析

2017年，教育部颁发《义务教育科学课程标准》，增加了技术与工程学习领域，要求小学科学教师在教学中尝试采用STEM教育方式。同年，教育部还颁发了《中小学综合实践活动课程指导纲要》，将编程、机器人、虚拟实验、物联网、多媒体设计制作等归为信息技术，将3D设计和打印、激光切割和雕刻、电子作品设计制作、创客空间等归位到劳动技术教育内容。按上述课程标准所界定的分类项目遴选较具影响力的企业产品简介如下。

（1）科学探究活动器材

国内目前经营科学探究活动器材的企业较多，产品水平差异较大，按类别可主要细分为以下类型。

主题实验箱：此类产品按照科学主题设计制作，可帮助学生完成一些课程教学中基本和典型的实验，或是企业自行设计的实验。这类实验箱除需要学校和学生准备少量耗材（如再生纸实验箱所需要的废纸等）外，箱中的仪器基本上都是可重复使用的教学仪器和外购的用品。一些适合小学和初中的产品可用于课堂教学补充和课外科技活动。还有一些企业直接将实验室内教学仪器组合成主题实验箱，可帮助学生在家庭重复进行学校里所开展的实验探究活动，或是在实验考查前在家庭进行实验训练。

单元实验器材包：这类产品根据不同出版社出版的小学科学各学期教科书中的教

学单元内容，按学校每年级每班级学生数和分组数配套课堂教学所需要的器材和教学仪器配备标准中未提供的仪器、工具，以帮助教师完成相应的课堂演示实验和学生分组实验。

科学探究活动课程和器材：按照教育部颁发的《关于做好中小学生课后服务工作的指导意见》的要求，小学和初中学生下午三点半后应留守在学校开展各类课外活动。如果小学生每年每周在学校开展1节课的科学探究活动，1～6年级全年需要开展200节以上的科学探究活动，一般学校难以设计和开发出如此多的活动项目。目前已有企业研发了适合幼儿园至初中共10个年级的系列科学探究活动课程。这类课程的每个活动包含规范教案、主体活动和拓展活动指导视频素材及主体活动配套器材，供学校各科教师遴选相关活动项目，能形成"人人能教"的学科整合式教学局面。另外，由于活动内容与课程标准和教材同构，项目新颖有趣，富含大量的拓展活动，学生乐学并可复制传播；活动项目在设计时要求学生选用原始材料、使用传统工具和采用通用技术进行先期设计并加工制作，真正体现出STEM教育理念和对学生科技创新精神、实践能力的培养。

（2）编程和开源机器人

在教育部颁发《中小学综合实践活动课程指导纲要》之前，全国小学信息技术教材中的编程一般选用LOGO语言，初中一般选用Visual Basic语言；机器人在各出版社的教科书中选型也不尽相同。随着近些年开源机器人和图形化编程语言的推行，各出版社早期教材中的编程和机器人等教学内容将随着课程指导纲要的实施而逐年更新推出，编程软件和机器人也将成为义务教育和高中学校的标配。国内企业的相关产品一般都根据学生年龄不同而采用Python、Scratch、Codecademy等软件。

教育机器人主要是通过设计、组装、编程而运行机器人，融合了机械原理、电子传感器、计算机软硬件及人工智能等众多先进技术。机器人受竞赛主办方竞赛项目、规则等影响较大，难以成为学校的标配，只是一些学校开展兴趣小组和社团活动时按需配备。

（3）激光雕切割、3D设计打印、创客空间

激光雕刻、切割和3D设计、打印是近些年涌向中小学的热门装备项目。早期因国内生产厂家较少，结合软件、课程、耗材，附加值高，吸引了众多企业研发生产和代理销售。随着产品价格的降低和学校用户的辨识力提高，市场逐步趋向理性。

按照《中小学综合实践活动课程指导纲要》中有关劳动技术方面的设计制作活动要求，学校购买激光雕切割机、3D设计打印机、常用工具、现代金工和木工设备，即可组配成创客教室，用于开展不同材料、不同工具设备、不同加工制作方式的STEM教育活动。从2018年中国教育装备展示会参展企业来看，此类企业主要有两种类型，一类是生产制造和代理国外激光雕切割机和3D设计打印机的企业，另一类主要提供创客空间设计方案并可提供配套工具、设备和课程。

三、政府引领与行业推动

全世界教育管理和工作者意识到，教育的趋势之一是将过度的分学科教育整合到一种更加一体化和跨学科的学习和技能发展之中，而STEM教育即是当前实现这种教育发展模式的最有效的途径之一。中国式STEM教育发轫于创客教育企业和社会培训机构，近些年之所以能够迅猛发展，主要受益于地方政府和教育主管部门的引领，高校和科研院所的不断探索，企业和相关行业协会的大力推动。

（一）政府部门引领STEM教育情况

以下是通过各省级教育主管部门的门户网站和网络搜索引擎收集的相关信息，从中可检视各地方政府教育主管部门和其他相关部门对STEM教育发展的引领情况。

（1）华北地区

5月5～6日，北京市青少年未来工程师博览与竞赛举行。来自全市14个区近250所中小学的1400余名师生参与了此次市级现场活动。5月30日，由北京市教委和北京市科协主办的2018北京国际科普方法研讨会暨北京市学生金鹏科技团教师培训活动举行。活动以"共建交流平台，共育科学素养"为主题，分为科学思想的创新性培养、STEM教育创新发展、校内外科技教育的深度融合三大部分，共有来自美国、澳大利亚、南非、泰国、意大利、捷克等国家及国内的科普专家与各区教委、北京市学生金鹏科技团承办单位管理者和一线教师350余人参加。11月24日，北京市中小学生特色科技活动展示暨第36届北京学生科技节闭幕。此次活动以"体验、智造、共享"为主题，突出多元展示、互动体验、快乐参与的表现形式，来自全市的78家金鹏科技团带来逾300个科技互动体验和STEM活动项目，为广大北京市中小学生搭建了学习、体验、感受科学的舞台。

由天津机电职业技术学院承建的葡萄牙"鲁班工坊"于12月6日在塞图巴尔理工学院揭牌成立，成为继英国之后天津市在欧洲建设的第二个鲁班工坊。天津市长张国清、葡萄牙教育部国务秘书、塞图巴尔市长、天津市政府秘书长出席揭牌仪式。这是我国目前首次由省级政府输出的与STEM教育相关的项目。12月7日，第一届天津机器人大会在天津大学召开，天津市机器人学会同时正式成立，为该市机器人技术领域的"产学研用"深度融合搭建了一个智力平台。天津市机器人学会密切结合机器人技术的发展趋势及该市机器人产业的发展需求，在学术交流、人才培养、政府咨询、企业服务、信息化建设、中小学机器人教育等方面积极开展有特色、有创意、有典型示范带动作用的活动。

河北省第四届中小学教育机器人暨创客竞赛于5月6日在沧州市拉开序幕，为培养学生的实践能力、合作意识与创新精神，在学生"做中学、学中做"实践中搭建实践创新的展示平台。3月17日，河北省教育技术装备中心在南湖国际会展中心举办第二届中小学创客设计大赛。

为积极推进创客教育、STEAM教育和机器人教育，开展创新教育模式实验研究，提高未成年人的创新意识和实践能力，山西省教育厅关心下一代工作委员会2018年在全省小学校（幼儿园）举办了山西省少儿机器人创客活动。

为在新课标、新课改条件下推动内蒙古自治区中小学教育装备创新建设与中小学生创新精神、实践能力教育融合发展，由内蒙古自治区教育学会和中国教育装备行业协会创造教育分会指导的"2018科技创新与创造教育论坛"于10月13~14日在呼和浩特市举行。区教育学会、装备中心负责人和清华大学专家分别进行了包括STEM教育在内的专题演讲。

（2）东北地区

6月13~15日，辽宁省中小学人工智能STEAM实践教育培训在丹东东港举办。来自全省各地的信息技术学科教研员、骨干教师300多人参加了此次培训。培训班由省基教中心主办，丹东市教师进修学院和东港市教师进修学校承办。

为推动系统、科学、高效的STEM教育发展，进一步丰富和完善STEM教育理论体系，指导和推动STEM教育改革实践，7月10日，由吉林省教育科学院和长春师范大学主办的第一届吉林省STEM教育学校联盟观摩研讨会在长春召开。9月15日，由中国电子学会现代教育技术分会、吉林省电化教育馆、长春市教育局主办的第六届全国中小学STEAM教育大会在长春举行，教育部装备中心、中国电子学会现代教育技术分会、吉林省电化教育馆、长春市教育局相关专家和领导出席开幕式，来自全国21个省（区、市）中小学STEAM教育工作者、知名教育创客和创新教育"达人"及相关教育研究机构代表合共600多人参会。10月26日，吉林市召开中小学STEM项目推进会。此次会议是该市举办的首个探讨STEM教育发展的大会。

黑龙江省齐齐哈尔市教育局于2018年3月印发了《小学科学STEAM教育课程教学改革试点学校建设实施方案及考核标准》。在第二届中国STEM教育发展大会上，哈尔滨工业大学校长周玉出席并以"勇担新时代历史使命，培养一流拔尖创新人才：哈尔滨工业大学的思考与实践"为题作主旨发言。由黑龙江省教育学院主办的黑龙江省朝鲜族小学数学与科学学科教学研讨会暨STEM教学现场会于10月25~26日举行，来自全省各地市县教师进修学校民教部主任、相关学科专兼职教研员、各地市县朝鲜族小学的校长、教导主任、相关学科教师共计80余人参加了会议。

（3）华东地区

上海市未成年人科学素质发展研讨会暨全国骨干科技辅导员STEM课程培训班开班仪式于9月14日在华东师范大学举行，全国近250名科技教育工作者参会。由上海市科学技术协会、上海市教育委员会、中国青少年科技辅导员协会主办的2018全国骨干科技辅导员STEM课程培训班在华东师范大学举办并于9月16日结束。2018年上海科普教育创新奖颁奖典礼于12月15日举行，共颁发2018年上海科普教育创新奖（含提名奖）116个奖项，表彰为上海市科普事业做出突出贡献的个人和组织。该奖项是全国首个由社会力量出资的综合性科普奖项，也是上海成立最早、影响最大的市级科普奖项之一。

7月11日，苏州市教育局和苏州市科学技术协会联合印发《苏州市STEM教育项目工作指导意见（试行）》。为加强苏州教育教学改革力度和创客教育特色，加快苏州中小学创客实践室建设，全面提升中小学生科技素养和创新精神，苏州在全市中小学推进创客实践室实验学校工作。创客实践室是以学生为中心，以工具、材料和技术为基础，融合科学、技术、工程、艺术、数学等多学科知识的新型学习环境。学生利用实践室中的工具或其他资源相互协同，发现问题、分析问题、寻找解决方案、分享创作成果，培养自己的批判性思维、创新思维与问题解决能力。该市教育局对首批通过评审的创客实践室实验学校进行命名，同时在创客实践室的活动资源、课程等方面给予支持，促进创客实践室发展，为实践室辅导教师提供外出学习交流机会。9月26~27日，江苏省第二届STEM教育大会在无锡召开，江苏省269所STEM项目学校代表、国内外教育专家600余人参会。大会围绕学生的创新精神和核心素养培养共商STEM教育大计，现场发布了《江苏省基础教育STEM课程指导纲要（试行）》，这在全国还是首次。该纲要倡导以项目化学习为主的课程实施方式，强调以表现性评价为主的多样化评价方式，创设灵活且包容的STEM学习环境。据介绍，今后3~5年内江苏省中小学、幼儿园将普遍开展STEM教育实践。11月28日，由江苏省中小学教学研究室主办的江苏省STEM教育实验区实施方案论证研讨活动召开。2018年江苏省STEM教育高级研修班于12月26~28日在南京举办。

1月15~16日，由浙江省小学科学教学分会、北京师范大学教育技术学院主办的"新时代　新课标　新实践——小学STEM课堂教学观摩研讨会"在嘉兴举行，来自全国20多个省市的近600位专家和教师参会。活动通过4节展示课和10多个专家报告、论坛共同探讨STEM教育的新理念和新发展。4月9日，浙江省教育厅办公室印发《关于做好2018年中小学教师海外培训项目学员选派工作的通知》，计划组织中小学STEM教育教师赴国外培训，培训内容包括德国STEM教育课程案例与实践范式、STEM教师培养的途径与策略、STEM教育资源建设的机制与手段、STEM教育评价的技术与方法等，为推进中小学STEM教育提供可借鉴的经验。10月29日上午，浙江和美国印第安纳州STEM教学研究基地揭牌仪式在杭州大关实验中学举行。此前，浙江省教育厅就已专门制定了与美国印第安纳州的STEM合作计划并在全省范围内遴选出15所STEM种子学校、15所STEM培育学校，重点支持指导这些学校开展STEM教育探索与实践。该项目每年暑期邀请30名左右印第安纳州教师、专家，为该省相关项目学校学生进行为期2周的STEM课程教学，同时依托该项目对全省STEM教师进行教学培训，先后培训教师近1500人。

1月12日，合肥市STEAM教育实验学校启动暨培训工作会议召开。本次会议由合肥市教育科学研究院主办，合肥市教育局、瑶海区教育局分管领导出席会议，各县（市）区分管领导、项目负责人，各STEAM实验学校负责人、项目负责人共160多人参加了会议。培训会上，中国教育科学研究院罗夫运作了题为《STEM理解和实践路径》的专题报告，省教育厅彭志新汇报了多年来致力于中小学科学探究活动的研究情况，现场展示了离心吸水器、变色风轮、风帆竹筏等STEM活动作品，直观展示了STEAM教育的趣味性和创新性，为一线教师更好地开展STEAM教育提供可供参考的案例。7月26日，2018年合肥市STEAM教育实践与开展专题师资培训班在常熟理工学院开班。8月26～31日，马鞍山市中小学创新创客指导教师研修班在浙江杭州"奇异思维"创客空间举办，来自全市各县区教育局相关工作负责人、创新创客实验室指导教师共40人参训学习。本次研修班旨在通过借鉴先进地区创新创客教育实践经验，学习创新教育新理念、树立新思维、掌握新方法，进而提升该市创新创客指导教师专业能力。12月20日下午，合肥市瑶海区2018年STEM创客教育主题活动现场会在合肥市郎溪路小学报告厅举行。

为了让全省中小学教师初步了解创客文化，学习和掌握创客工具，推动创客教育在教学中的普及，在教学中更好地运用创客教育资源，体验全新的授课方式，为新学期的创客课堂打好基础，8月21～23日，由江西省电教馆组织的全省中小学综合实践课程师生培训展示活动暨创客教育培训班在井冈山实验学校举办。全省各地近400名教研、电教部门及中小学校长、骨干教师参加了培训。

山东省教育厅2月6日印发《关于举办2018年全省中小学生创客大赛的通知》。11月20日，山东省东营市STEM教育和创客教育培训活动暨基于小学科学核心素养的讨论会举办。市县区小学科学教研员及市兼职教研员、"青少年科技创客教育内容构建与实施路径研究"子课题研究的负责人、小学科学第四批重点培养对象、部分学校骨干教师140余人参会。11月20～21日，山东省首届STEM教育高峰论坛暨"岛城教育家成长"论坛在青岛举行。中国教育科学院STEM教育研究中心主任王素作主旨报告，北京市、陕西省、山东省教科院STEM协同中心代表围绕"教师能力等级与教师培训""特色STEM教育生态系统的构建框架"等主题进行分享。论坛围绕"区域推进STEM教育的路径""STEM课程建设和校内外合作育人模式""STEM教与学方式创新与新高考""特色学校建设与教师队伍培养"等主题，深入探讨交流了区域推进STEM教育发展路径、STEM教育课程建设、校内外融合培养复合型创新人才、教育教学方式、教师队伍建设等议题。

（4）中南地区

河南省教育厅发文，在启动"河南省中小学创客教育百所示范校"创建工作的基础上，经各省辖市、直管县（市）教育局遴选、评估、验收、推荐，省教育厅审核，于7月授予郑州二中等80所学校为首批"河南省中小学创客教育示范校"称号并予以资金奖励。第33届河南省青少年科技创新大赛暨骨干科技辅导员STEM课程培训班于10月15～17日在郑州成功举办，来自18个省辖市和53个河南省扶贫开发工作重点县的200余名青少年科技教育组织工作者和科技辅导员参加培训活动。

湖北省武汉市中小学STEM教育学习分享会于4月28日举行，来自全市各区相关学科的教师齐聚一堂，学习、探讨如何更有效地针对中小学生开展STEM教育。6月12日，湖北省首届中小学STEM教育理论与实践研讨会暨"长江大保护STEM系列"课题发布会举行。会议由湖北省教育学会指导，湖北中小学素质教育研究中心、湖北长江报刊传媒集团联合主办。研讨会上发布了"长江大保护STEM科学探索"系列课题招募计划。该计划聚焦长江流域的历史人文、自然地理、生态环境与保护、传统工农业以及科技发展等领域，倡导用STEM的理念和方法从科学教育与综合实践活动角度开发标准化课程。

湖南省科技厅于2018年5月公布了湖南科普基地的认定名单。湖南省政协李红委员提出在湖南省设立一个大学领导下的中小学STEAM推广中心的建议。

广州市中小学、中等职业学校STEM试点学校调研会于2018年11月举行，26所学校领导、教师共同参与，部分领先学校介绍了建设STEM试点学校的工作经验和实施情况。由广东省教育厅主办的2018年广东省中小学生创客大赛于12月14～16日在佛山举行，全省中小学生及指导教师共1400多人参加，广东省教育厅领导出席颁奖仪式并讲话。该创客大赛至今已连续举办3届，旨在培养中小学生创新精神和实践能力，推动基础教育课程改革，促进素质教育的全面实施。大赛参赛作品要求突出创新创意，具有科技含量，体现工匠水平和艺术素养。经过校、县（区）、市级层层选拔，共有487件作品脱颖而出参加省级评审。12月19～21日，广东省STEM教育协同创新中心启动仪式暨广东省首届中小学STEM教育交流研讨会在深圳市举办，400名省市领导及专家汇聚一堂，共同探讨STEM教育未来之路。同月，广东省教育研究院举办新时代广东省中小学幼儿园科创和STEM教育优秀成果展示交流活动，300余人共同展示STEM教育成果。东莞市科学技术协会举办2018年东莞市青少年STEM创意活动，以"美丽湾区　创意无限"为主题，开展STEM教育特色成果展、港珠澳大桥搭建和演讲等项目。深圳市不断探索普遍开设STEM课程的机制，将在中小学校培育机器人、航空航天、数学技术、海洋生物等30个以上的特色STEM项目，定期举办学生创客节，计划2020年全市70%以上社区建有完善的科普设施。

广西壮族自治区电化教育馆于10月25～26日在钦州举办2018年中小学校长STEM教

育培训班。柳州市教育局积极创新实验室建设，努力构建STEM和创客教育新格局。

（5）西南地区

12月9日，重庆市青少年STEAM科创大赛决赛在渝北中学举行。大赛由重庆市科协主办，旨在为广大青少年和一线科技教师提供一个互相交流、展示、学习、分享的平台。重庆市北碚区举办了中小学创客教育培训暨成果展示活动，区内各中小学近50余个科技社团及100余名科技教师参加了本次活动。

四川省教育厅10月8日印发《关于进一步推进四川省中小学创客教育发展的通知》，要求中小学创客教育课程研发应以培养学生创新精神和实践能力为目的，全面提升学生核心素养，以"项目式学习、探究性学习"为主要学习方式，融合STEAM教育理念，注重与各学科深度融合的创新、实践和研究。11月2日，由四川省教育科学研究院主办的STEM教育发展研究共同体启动仪式暨STEM+创新思维教育研讨会召开。来自全省各地的240余名学校代表参加会议，北京、辽宁、江苏、四川等地的10多位专家到会研讨指导。

第三届中国STEM+创新教育学术交流研讨会于8月12日在昆明顺利召开。其间，来自云南师范大学的多位专家以《中国科学教育发展的问题和对策》《STEM教育中的问题解决能力测评》《基于项目教学的幼儿STEM教学实践》《让孩子们像工程师一样学习》《基于云南地方文化的STEAM活动设计》《混合式理念下的项目式学习》为题作了主题报告。同时，"论文专场""案例专场""课程专场"三大分会场的一线代表教师与专家就STEM+教育与数学、物理、语文等基础学科融合进行面对面的交流，打开了各地区参会教师在STEM+教育与基础学科双向融合的思维。

（6）西北地区

为积极推进陕西省STEM课程理念的实施落地，进一步更新教师教育理念，由陕西省教育科学研究院STEM教育协同创新中心主办的陕西省STEM学科第二期种子教师培训活动于9月27～29日举行。5月8日，由西安市教育局、全国创新型教育研修机构发展联盟主办的新时代大西安教育质量评价创新论坛暨第二届全国创新型教育研修机构发展联盟年会"课程改革STEM教育"论坛在西安举行。3月28日，陕西省吴积军名师工作室在西安小学举办了STEAM课程学科整合暨综合实践研究活动。吴积军名师工作室在学科整合、综合实践研究活动中引入了STEAM课程的教育理念，将各个领域的知识通过综合实践的形式结合起来，加强学科之间的配合，通过让学生在复杂环境中学习、锻炼，提高学生的综合素质，同时也为素质教育的开展开辟一条新的途径。

甘肃省STEM教育协同创新推进研讨会于7月27日在兰州大学网络中心召开。会上，甘肃省教科院、兰州大学信息科学与工程学院、西北师范大学物理与电子工程学院、兰州大学高等教育研究院等致力于STEM教育的省内专家及众多校长、一线教师就"为什么开展甘肃STEM教育""如何在实践层面推进"等问题展开了充分的研讨交流，并就甘肃STEM教育的实践路径与策略达成共识。9月5日，甘肃省"创客教育"试点工作在兰州启动。3月9日，永昌县举办中小学教师创客教育培训班，培训项目主要有Scratch少儿编程、开源硬件、3D打印、机器人竞赛和无人机等。

（二）社会团体STEM教育推动情况

我国近年推进STEM教育的过程中，与教育和科技相关的行业协会及相关企业都表现出极大的热情，或举办展会和论坛，或举办培训和评比，是推动我国STEM教育发展不可忽视的力量。

2018春·中美STEM理念与幼儿教育专题研讨会于3月24日在杭州召开，会期3天。

2018年度未来之城中国区夏季联赛于6月16～19日在杭州举办。本次比赛由未来之城中国组委会、中国教育国际交流研修学院青少年国际竞赛与交流中心主办，由杭州市萧山区青少年宫等承办。

7月19日，黑龙江出版集团、黑龙江教育出版社和黑龙江博艺森教育科技有限公司在深圳第28届全国图书交易博览会黑龙江展厅举行合作出版全国首套《STEAM教育3D打印创客通用教材》签约仪式。

8月，由中国友好和平发展基金会、深圳市关爱行动组委会办公室等共同发起的STEM世博会深圳市益田村孵化器项目在益田村四点半学校落地。通过STEM云教室等线上体验式教学，社区儿童青少年获得了优质免费的STEM教育资源。除STEM云教室以外，女英才俱乐部、深圳STEM家庭训练营和STEM教育联盟深圳工作站等也首次在深圳社区推出。

8月15～17日，由中国服务贸易协会教育服务委员会、中国STEM教育协作联盟主办的2018第二届中旭科创教育节在杭州举办，来自全国的58所中小学和教育机构加入联盟并举行授牌仪式。

11月3日，香港STEM教育联盟暨第一届STEM教育论坛在香港中文大学举办，我国生物电子学专家、中国工程院院士韦钰受邀出席此次论坛。论坛以"香港STEM教育发展和人才培养"为主旨，强调普及科学科技应用对人类生活的重要性，强调科学素养对年轻人的重要意义。

11月30日，天津STEM世博会拉开帷幕。STEM世博会围绕"教育进步，未来职业，多元包容，可持续发展"的主题，开展了公益年展、主旨论坛、讲座与拓课、津浙"百万立方"大学生极客挑战赛、成立教育联盟圈等丰富多彩的活动。专家就国际及中国STEM教育新趋势，结合青少年科创教育的新思路和新机遇进行了分享和交流。STEM教育展区以可视化和体验式的方式，让更多青少年和家长了解STEM教育的意义、形式和成果。青少年可以参与STEM综合素养测评、各类STEM工作坊，开展头脑风暴，培养创造性思维与团队合作精神。活动同时推出了包括科学与艺术、人工智能、生命科学、天文与空间科学四个主题的STEM特色展区。该活动由中国人民对外友好协会指导，由中国友好和平发展基金会携手联合技术公司、天津市人民对外友好协会、天津市科学技术协会、共青团天津市委员会、天津市妇女联合会联合主办。

2018上海国际STEM科教产品博览会于12月7～9日在上海举办。此次博览会旨在通过连接政府、学校、商业机构推动STEM教育上下游资源流动和整合，实现STEM教育产业链在中国的发展。该展会由上海市教育学会指导，上海市科学技术普及志愿者协会主办，上海科普教育促进中心、上海科普教育展教中心协办，上海科技发展基金会支持。

第四届中国创客领袖大会于12月12日在河南郑州拉开序幕，大会主题是"新时代中国创客和中国未来"。

中国陶行知研究会创客教育研究分会、高中数理化杂志社、北京数字创客教育科技研究院联合公益举办第二届冰雪（STEM）创客中国作品征集展示活动。活动于2018年启动。

四、STEM课程设计和典型案例

STEM课程是通过技术和工程的设计过程，整合科学和数学的知识内容，为学生创设真实的问题情景，学生自行设计、探索解决问题的方案。2018年，各级各类学校涌现出一批优秀的STEM教学设计和典型案例。

（一）基于课程标准的活动项目设计

不同学段的学生开展STEM学习，必须具备相应的科学、数学和其他学科知识基础。STEM课程不能替代学科教育，需要整合各学科教学，必须以各科学课程标准为基础。2018年国内开展的部分相关实践包括：

南京一中AP班学生建群讨论桥梁设计、画草稿图、搭建桥梁模型。从桥梁的设计、计算到拼装，整个过程都要由学生自己完成。一旦计算错误，设计的桥就达不到任务要求（无法承受2kg的重量或使用冰棒棍数超过100根），需要学生在过程中不断调整，提高综合解决问题的能力。

第一届吉林省STEM教育学校联盟观摩研讨会上，长春吉大附中力旺实验中学的教师开设了一节以分析眼睛的生理结构为主要内容的观摩课，指导学生进行视网膜成像实验，进而引导学生运用眼睛生理结构探寻实验现象所蕴藏的物理原理。通过小组合作和学生自主讲解，实现生物和物理教学的跨学科融合，培养学生的合作能力、科学思维和探究精神。力旺实验小学的教师还开设了"保卫企鹅"主题的观摩课，为学生创设帮助企鹅解决问题的情境，以解决问题为导向鼓励学生联系生活，动手实践，合作探究，有效培养学生的探究精神。

4月14～15日，第五届北京市中小学生纸飞机比赛在第十九中学举行，来自全市16

个区180所中小学共1182名中小学生参加了纸折飞机直线距离、留空计时、悬浮和风火轮接力、五环靶标、纸飞机投掷弹射器设计制作5个项目的角逐。

6月5日，哈尔滨122中学"万箭齐发"水火箭大赛举行，本次活动是黑龙江省力学学会科普委员会科普进校园活动的揭幕仪式，也是该中学STEM课程成果的初步展示。

7月12日，北京、香港两地的350余名中学生参加了首届京港中学生地铁列车模型创意科技大赛决赛，用自己的科学创想描绘城市与轨道交通的美好未来。

陕西省汉阴县月河中学STEAM教研组开展了密码学初探、植物标本制作、水火箭、无土栽培、意面搭建、黑火药制造、纸电路、认识美丽校园等活动课程。

上海光启小学设计的自制电动机系列活动，包含有悬挂磁铁马达、螺旋线圈马达、方形线圈马达、电磁秋千等适合小学生开展的各种演示电动机原理的小制作活动。

天津市河西区恩德里小学的学生分成几个小组，分别用牙签、橡皮泥、胡萝卜、面条、棉花糖，搭建更高更稳的"摩天大楼"。不用教师教，学生自己尝试，从失败中学知识，同时也锻炼了团队合作能力。

北京市中关村第三小学的滑翔机制作项目中，让滑翔机飞起来之前学生已经作了7节课的准备。前5节课中学生制作思维导图，了解滑翔机的力学原理、制作方法；第6和第7节课调试滑翔机。每个小组学生有1张表格，用来记录数据，发现飞行问题，寻找原因，调试解决。

（二）基于校本特色的活动项目设计

STEM教育的重点是解决现实生活中的真实问题。由于每所学校的学生学习环境、办学条件和学校所在区域的社会经济发展状况各不相同，STEM教育在活动项目设计上具有区域性和校本性。2018年国内一些有代表性的项目包括：

广州市天河区泰安小学充分利用南方水果品种较多的优势，设计了"探究水果电池"活动项目。项目需要准备苹果、柠檬、西红柿、土豆等新鲜多汁的水果以及可乐、食盐水、1.5V碱性干电池、1.5V螺口小电珠、大头针、铜片、锌片、导线、水杯、鳄鱼夹线、发光二极管、数字时钟等器材，让学生自行设计实验方案、自行选择材料进行实验，用不同的水果和不同的用电器进行对比实验，具有开放性和综合性。

安徽合肥行知学校地处大市场附近，该校设计的"自制风帆木筏"活动项目中，学生可自购不同的木筏材料（一次性竹筷、一次性木筷、吸管、各种连接材料、各种固定桅杆材料、风帆限位材料）。教师将全班学生分成几组，每组学生制作的风帆木筏的材料选择、结构设计各有不同，可在户外水面上进行漂浮和运动竞赛，通过竞赛评价作品的成败和优劣并让学生加以改进。

山东水发学校是山东省水务集团公司直属学校，该校设计的"自制水泵"跨学段STEM系列活动项目可在1~8年级开展，包括瓶口压水、吸管吸水、吸管吹水和自制离心水泵、塑料瓶水泵、瓶盖水泵、牙膏皮水泵、虹吸抽水机、电动潜水泵、风力水车、水力水车、传统压水机、龙骨水车等项目。

四川省都江堰市青城小学的五年级学生在STEM世博会上展示了自己设计的用当地各种植物作为棋子和彩笔画的棋盘。制作棋盘的过程可以帮助学生认识米和厘米的概念，把测量、计算和棋盘的制作融合在一起。

广州市元岗小学地处华南植物园，该校聘请植物园的专家为学校专门设计了植物画STEM教育活动课程，包含粘贴画、绘画、刻画、干花标本、植物染料蜡染等活动项目。

（三）国际视野下的STEM教育

国外STEM教育发展迅速，具有相对成熟的课程体系和活动项目设计方案，出现了一批相关教育成果：非洲肯尼亚内罗毕国家公园附近的一位12岁非洲男孩Richard Turere，运用STEM知识，利用摩托车的转向灯和手电筒做出"赶狮灯"，保护了自己部落的牲畜，也阻止了人类对野生狮子的杀戮，最终走上了TED讲台；荷兰少年发明家Boyan Slat运用STEM知识，设计利用浮栅和处理平台收集海洋塑料垃圾，保护了海洋环境，获得了联合国环境署颁发的地球卫士奖。

基础教育阶段，中国学生的平均数理水平高于世界同龄学生。但是如何提高STEM教学效率，是中国STEM教育目前面临的困境；如何激发培养学生的创造力和创新能力，是中国STEM教育一直不断探索和改进的方向。在这些方面，国外STEM教育的经验对我国STEM教育具有参考作用。江苏常州一所国际双语学校借鉴国外的STEAM活动项目，用生活中常用的筷子、冰棒棍、牙签、水杯、各色毛线，设计与数学、机械、动物、植物、人体器官、月相等相关的STEAM教育活动项目，取材简单，易于复制和推广，对小学生深入学习科学知识、提高动手和思维能力有极大的帮助。相信随着国际教育交流的开展，STEM教育在中国将取得更快的发展，中国青少年将有越来越多的科创成果向世界展现。

五、STEM教育装备发展趋势

学校开展STEM教育的难点和痛点主要是课程、师资和装备。这三者相辅相成，必须同步协调发展。较之2017年及以前，2018年STEM教育和相关装备呈现出以下发展趋势。

（一）课程设计贴近学校实际

STEM教育打破了"坐着不动的课堂"，鼓励学生做中学、玩中学，形成以主动、探索、体验、创作为特征的新型学习方式。但是，很多学校在开展STEM教育时过于重视外在的活动形式，刻意追求活跃的课堂气氛，忽视了探究活动的科学性和严谨性，导致学习活动华而不实、流于形式。美国教育心理学家布鲁纳指出："孩子在教室里的所为和科学家在实验室里的所为只有程度不同，没有本质区别"。所以，STEM教育不能追求花哨的学习形式，要把重点放在引导学生在实践探索中掌握科学知识和科学方法，形成科学精神。

与早些年起步开展创客教育有所不同，STEM教育试点学校除购买必要的设备和引进社会课程资源以外，目前已更加注重区域间优秀活动项目的平移及自行开发适合学校自身条件的特色课程。各级教育主管部门在经过多年实践后，也逐步意识到通过集聚学校和教师的力量建立协同创新机制的重要性，尤其是在自主开发STEM教育活动项目和装备方面。

正如中国教育科学研究院国际比较教育研究中心主任王素所说，STEM课程的关键不是高端的器材，而是课程研发、实施的思维和方式，理念正确，用基础器材也能做好教学。因此STEM课程并不一定是高成本的，经济欠发达地区也能开展。STEM课程应与学生知识水平相匹配，要让学生能够驾驭。

（二）教育装备投入逐年增加

每一次工业革命都与科技革命和教育改革相伴随。教育教学和教育改革为科技革命和工业革命奠定基础，科技和工业革命也要求对教育目标、教育模式、教育内容、教育方法、教育条件等教育要素进行同步改革。与人文教育不尽相同的是，科技和工业革命同期，基础教育、职业教育、高等教育等教学条件和装备必须适合新的教学内容和教学方法的需要。没有计算机和网络，难以培养信息技术时代的科技创新人才；没有人工智能的学习内容和教学条件，也难以培养出工业4.0时代的合格劳动者和尖端人才。因此，教育装备是支撑教育和实现科技、工业革命的重要条件。

从中国政府采购网站、各省级政府采购网站及中国教育装备网站发布的招标公告、中标公示检索得出，各地在STEM教育装备方面的投入逐年增大。表2是2018年具有代表性的STEM教室招标采购单位和项目名称，从中可窥见中小学STEM教育装备的区域分布和内涵组成。

表2　2018年国内部分STEM教室招标采购项目情况

地区	招标单位	项目名称
天津市	天津市河西区教育中心	STEM教室建设
陕西省	西北工业大学附属小学	STEM智能教室建设
广东省	广州中学	STEM课程及外聘教师服务
河北省	三河市教育局教育	信息化三期创客教室
河南省	淮滨县	"互联网+创客教育实验室"设备采购
江苏省	扬中市联合中学	STEM教室建设
安徽省	阜阳市红旗中学	STEM教育中心采购
陕西省	西安高新第一中学初中校区	STEM教室装修改造

地区	招标单位	项目名称
四川省	成都市双流区教育技术装备管理中心	STEM教室设备采购
江西省	南昌市东湖区教育科技体育局	四所学校STEM项目
安徽省	合肥经开区	2018年创客教室设备采购安装
四川省	成都市中和中学	STEM课程比选
广东省	广州市第二中学	STEM教育发展中心、教育实践基地购置
广东省	佛山市高明实验中学	STEM+物联网创客空间实验室建设
河北省	德州运河经济开发区中小学	STEM创新教育设备
江苏省	扬州市新华中学课程基地	STEM实验室设备实施
浙江省	桐乡市	铃铛课堂区域STEM云中心建设
浙江省	台州市天台县始丰中学	木工STEM课程实验室设备
江苏省	南京市第二十九中学	STEM教室及相关服务项目

在STEM教育装备中，有一些属于改造项目。北京市中关村第三小学在学校空间设计上进行了调整。校内的4栋教学楼每栋都是一个"校中校"，作为独立管理单位。作为一种新型生态系统，设计的目的在于让教师和学生共同生活，打破传统的分科或全科模式，不同学科教师集体备课，既保持了分科教学的深度和系统性，又促使教师之间协同工作，设计跨学科的活动开展STEM教育。学校里面处处是博物馆、图书馆，新型组织生态为师生的教和学带来更多的变化。

（三）校外STEM培训日趋规范

2018年，教育部面向学校和学生的竞赛监管史无前例，先后发布多份文件，从竞赛的主办方、收费、竞赛结果等方面提出详细要求。经批准组织实施的活动，不得以任何理由和条件强行要求学校或学生参加，不得收取活动费、报名费和其他各种名目的费用，不得组织培训，不得推销或变相推销相关资料、书籍或商品。

为加强对校外培训机构的管理，8月6日国务院印发了《关于规范培训机构发展的意见》，对校外培训机构的设置标准、审批登记、培训行为、日常监管等作出具体规定。截至12月30日，全国共摸排校外培训机构40.1万所，存在问题机构27.3万所，已完成整改27.0万所，整改完成率98.93%。随着整治工作基本完成，课外培训领域将步入常态化监管阶段。STEM校外教育行业经过专项整治，已初步迈入办学规范化、监管常态化新周期，大洗牌后行业集中度将持续提升，龙头企业将更加受益。

六、STEM教育与相关装备管理建议

相比美国等开展STEM教育时间较长的国家，我国的STEM教育仍处在起步阶段，还有很长的发展道路要走。纵观2018年我国STEM教育全景，我们认为未来可在以下方面加强工作。

（一）政府应进一步重视STEM教育

2018年9月10日，习近平总书记在全国教育大会上强调，教育是民族振兴、社会进步的重要基石，是功在当代、利在千秋的德政工程，对提高人民综合素质、促进人的全面发展、增强中华民族创新创造活力、实现中华民族伟大复兴具有决定性意义。教育是国之大计、党之大计。

第一次工业革命，以纺织技术的改进为始发，以蒸汽动力技术为标志，形成了以机器技术为主导的工业体系，煤矿、纺织、交通等产业迅猛发展，使人类从传统农业向近代工业社会跃进。第二次工业革命，以电气化技术为主导，推动了工业的电气化进程，电工、电子、通信等产业迅猛发展，社会生产力有了又一次飞跃。第三次工业革命，以电子计算机、网络等信息技术为标志，通过原子能和空间技术的应用使人类处于同一地球村，并深入微观世界和外太空，带来了"二战"后人类历史上罕见的生产大发展时期。

现今世界正处在第四次工业革命时期，5G、数字化、机器人、人工智能、生物医药、先进制造业、量子信息科学等已经或将成为先进技术的代表。STEM教育的跨学段和跨学科性质，可有效整合和利用历次科技与工业革命的先进成果，可帮助学生驾驭未来先进科技并进行科技创新。正因为如此，承前启后的STEM教育已上升为欧美国家的发展战略。

我国STEM教育目前还未上升到国家课程和国家发展战略层面，除国务院和教育部相关文件涉及STEM、STEAM和创客教育等名词，义务教育小学科学课程标准有所体现以外，教育部相关行政管理司局尚未出台具体的STEM教育实施办法和保障措施。各级教育主管部门推动STEM教育发展的大都是教育科学研究院、电化教育馆、教育装备中心等业务部门。由于社会联动机制不够健全，各部门之间相对割裂，未能形成贯通式的整体框架设计。

虽然STEM教育已是百花齐放，但也是鱼龙混杂。课程与产品缺少标准和认证，学校不知道该如何选择，在标准和评估机制方面还需要进一步完善。师资队伍方面，目前并没有作好足够准备，很多学校和教师都还处在迷茫状态，不知道该如何实施，急需国家示范项目的引领。

表3是在各省级教育门户网站检索系统中输入"STEM""STEAM""创客"等关键词后，通过内容甄别得出的STEM教育信息条目数，从侧面反映出STEM教育还没有上升到教育主管部门的工作层面。

表3　2018年省级教育门户网站STEM教育相关信息检索情况

省（区、市）	信息条数	省（区、市）	信息条数	省（区、市）	信息条数
北京	4	江苏	3	河南	6
天津	2	浙江	7	湖南	2
河北	1	江西	2	陕西	5
内蒙古	1	安徽	6	甘肃	4
山西	2	福建	5	重庆	4
黑龙江	2	山东	1	四川	2
吉林	2	广东	2	其他	0
上海	2	广西	2		

（二）企业应提高STEM产品普惠性

与前些年的数字化探究实验室和创客教育类同，国内众多企业普遍采用"高价设备+低水平课程"的营销模式。随着STEM教育的"走红"，国内又有不少企业和机构将原有的产品再次包装切入STEM教育市场。由于国家没有统一的STEM教育标准，大多数企业和机构没有教研体系，课程设计简单粗糙（甚至存在大量科学错误或违背教育教学规律的问题），产品同质化严重，行业准入门槛低，产品线不完整，更新服务较慢。

机器人是中小学综合实践活动重要的教学内容，应当由相关企业将不同的工业机器人和服务机器人等工业品转换为供教学演示和实训的机器人，以帮助学校和学生真正体验机器人的工作原理和应用。但当前企业所供应的机器人大都属于竞赛型和娱乐型。这类教育机器人成为竞赛主办方和产品生产方的营利工具，并不具备很好的辅助教育教学的功能。

编程也是中小学综合实践活动信息技术分支课程的重要内容，国内各大教育出版社出版的小学和中学信息技术教材中都包含了相应的编程语言和教学内容，已能满足中小学生学习的需要。在中小学课程教学中编排编程教学内容，我国比美国等国家起步更早。目前国内校外培训市场上存在的不少天价编程课，与校内编程教学相互冲突。

当下，我国中小学最缺乏的是基于课程标准、适用学校办学条件和师资水平的STEM教育课程和配套器材。需要教育装备企业或培训机构进行需求分析，研发出能面对所有学校和全体学生的普惠性产品，真正体现出STEM教育的价值。

（三）学校应注重STEM教育课程性

STEM教育注重学生的直接经验，鼓励学生在真实情境中开展科学探究，采用实验设计、创意发明、手工制作等方式进行学习。不能把STEM教育等同于技能教育，普通中小学开展STEM教育的目的不是培养能工巧匠，而是培养"全面发展的人"。不管是搭建桥梁模型，还是组装智能机器人，都有知识原理的渗透，不能停留在技能操作方面，否则会导致学生在系统知识方面的弱化。

　　无论如何解读STEM教育，其基础在于科学。在国家和地方没有出台STEM教育课程标准之前，学校在选用和自主研发STEM教育课程和活动项目时应注重与现有的科学（物理、化学、生物、地理）、数学、综合实践活动（信息技术、劳动技术）课程标准（指导纲要）的要求一致，要充分挖掘教科书的内容体系，确保STEM教育的课程性。要在课程标准和教材体系下，充分发挥各校教师在STEM教育课程设计中的主观能动性、聪明才智和工作积极性，结合"一师一优课"评选推荐活动，加强活动课程平移，建立STEM课程资源库，实现共建、共管、共享。

（作者单位：安徽省教育项目管理中心）

2018年教育信息化发展分析

王淑勤　亓　慧　王廷刚　付秦华　龚德安　刘　畅

自进入信息时代以来，在全球化与信息化的共同作用下，人们的工作、生活、学习方式不断得以重塑和再造。教育领域也在信息技术的推动下，面临前所未有的机遇和挑战。在经历了以信息技术优化教育教学模式的教育信息化1.0阶段后，2018年我国开始迈进教育信息化2.0阶段，从重点关注量变向关注质变转变，从强调应用驱动、融合发展，向注重创新引领、生态变革转变。在崭新的发展阶段，教育界将充分利用人工智能、大数据、物联网等技术，支持、带动、引领变革，促进教育教学创新，勾勒出教育领域崭新的发展蓝图。下面我们将从教育信息化年度重点工作进展、年度教育信息化发展热点综述、教育信息化发展存在问题及解决思路分析、教育信息化发展趋势探讨等方面，对2018年度教育信息化发展进行整体评述，为我国教育信息化发展思路提供借鉴。

一、2018年教育信息化重点工作推进情况

（一）三通两平台建设

截至2018年，全国中小学互联网接入率达到96.7%，配备多媒体教学设备普通教室333万间，92.3%的学校已拥有多媒体教室，其中71.2%的学校实现多媒体教学设备全覆盖；学校统一配备的教师终端、学生终端数量分别为946万台和1372万台；开通网络学习空间的学生、教师分别占全体学生和教师数量的47.7%、63.7%。

（二）优质教育资源共建共享

（1）2018年"一师一优课、一课一名师"活动

1月10日，教育部办公厅印发《关于开展2018年"一师一优课、一课一名师"活动的通知》，充分调动广大中小学教师应用信息技术的积极性、主动性和创造性，组织引导教师在国家教育资源公共服务平台晒课。截至9月底，参与教师达370万名，晒课400万堂。本次活动，各省推荐省级优课2.2万堂，共评选出10070堂（含特殊教育77堂）部级优课。

（2）国家精品在线开放课程

1月15日，教育部举行新闻发布会，首次正式推出了490门"国家精品在线开放课程"。这490门课程中的344门课程由北京大学、清华大学、武汉大学、哈尔滨工业大学等一流大学建设，占比70.2%。首批入选课程以本科教育和高等职业教育公共课、专业基础课、专业核心课为重点，其中有中华优秀传统文化课、创新创业课及思想政治课程，入选课程质量高、共享范围广、应用效果好、示范性强，从整体上代表了当前中国在线开放课程的最高水平。

7月20日，教育部办公厅印发《关于开展2018年国家精品在线开放课程认定工作的通知》，旨在进一步推动我国在线开放课程建设与应用共享，促进信息技术与教育教学深度融合，推动高等学校教育教学改革，提高高等教育教学质量，服务学习型社会建设。经省级教育行政部门、有关部门（单位）教育司（局）、部属高等学校申报推荐，并经专家评议，认定北京大学"慕课问道"等801门课程为2018年国家精品在线开放课程。这801门精品课程的来源地区覆盖了26个省（区、市），海南、山西、新疆等地更实现了零的突破。江苏共有189门课程入选，位列第一；北京共有118门课程入选，位列第二；湖北共有56门课程入选，位列第三。共有251所高校的课程入围，其中，清华大学共有40门课程入选，位列第一；北京大学共有30门课程入选，位列第二；大连理工大学共有19门课程入选，位列第三。

（3）爱课程网

2018年"爱课程"网新增注册用户共计104.4万人、新增客户端用户14.6万人次。"爱课程"网中国大学MOOC移动终端累计下载安装1795万人次，平台在授课程6369门次，新增素材41.2万条、新增报名3676万人次。

（4）教育信息化发展规划

1月11日广西壮族自治区人民政府发布《广西教育提升三年行动计划（2018—2020年）》，将教育信息化作为重要目标，预算投入25.5亿元专项资金，实施教育信息化推进工程，加快推进教育信息化基础能力建设，推动构建教育资源服务体系，推进信息技术与教育教学融合创新。

（三）网络学习空间应用普及

（1）中小学校长"网络学习空间人人通"专项培训

9~11月，中央电化教育馆在山东青岛、福建福州、浙江宁波、宁夏银川、辽宁大连、河北石家庄等地举办10期中小学校长"网络学习空间人人通"专项培训班，通过专家引领、实地观摩、典型示范相结合的方式，共培训约2000人。

（2）中小学骨干教师"网络学习空间人人通"专项培训

9~11月，中央电化教育馆在辽宁沈阳、山西太原、吉林长春、广西柳州等地举办25期中小学骨干教师"网络学习空间人人通"专项培训班，围绕教师应用网络学习空间实现备课授课、家校互动、网络研修、学习指导等活动，对全国5000余名骨干教师进行了培训。

（3）职业院校校长和骨干教师"网络学习空间人人通"专项培训

7~11月，中央电化教育馆在北京、海南海口、广东东莞、湖南醴陵、河北石家庄、重庆等地举办13期职业院校校长和骨干教师"网络学习空间人人通"专项培训班，共培训近3000人。

（4）2018年度网络学习空间应用普及活动

10月15日，教育部办公厅印发了《关于开展2018年度网络学习空间应用普及活动的通知》，计划依托国家数字教育资源公共服务体系新增师生网络学习空间1000万个，促进网络学习空间与物理学习空间的融合互动和创新发展，推荐遴选网络学习空间应用优秀区域和优秀学校。在自主申报、地方审核推荐的基础上，教育部组织专家对各地推荐的区域和学校进行了材料评审和视频答辩，最终评选出北京市朝阳区，天津市南开区、和平区，山东省济南市、淄博市和潍坊市等40个优秀区域，以及北京市第十八中学等200所优秀学校。

（四）教育资源公共服务体系

截至2018年，国家教育资源公共服务平台已开通教师空间1252万个、学生空间605万个、家长空间556万个、学校空间40万个。73个区域平台已接入国家数字教育资源公共服务体系，其中省级平台19个、市级平台28个、区县级平台26个。汇聚优质数字教育资源应用94个。

（五）教育信息化培训

（1）教育厅局长教育信息化专题培训

5~11月，教育部科技司在浙江大学、武汉大学、中国电信培训基地（合肥）等地举办9期教育厅局长教育信息化专题培训班。通过专家报告、现场观摩、交流研讨、汇报展示等方式，对教育信息化2.0行动计划、数字教育资源公共服务体系建设与应用、中小学数字校园建设、网络学习空间建设与应用等进行了政策解读和系统培训。培训对象包括省级教育行政部门教育信息化分管负责人、职能处室负责人，部分市县教育局局长，累计参与人员近800人。

（2）在线开放课程建设与应用研修

6月1~2日，由教育部高等教育司主办、华东理工大学承办的在线开放课程建设与应用研修班（第5期）在上海国家会计学院举行，近180人参加培训。

（3）职业岗位核心能力线上精品课建设项目培训

6月26日，中央电化教育馆在北京举办了职业岗位核心能力线上精品课建设项目培训班，70所职业院校近130人参加培训。

（4）"人工智能+教育"专题培训

7月17~21日，中央电化教育馆在山东烟台举办了第一期"人工智能+教育"专题培训班，来自全国23个省（市、区）的867人参与了培训。

（5）教育行政部门教育信息化工作（业务）管理信息系统应用培训

10月9~17日，教育部科技司组织各省级、地市级教育行政部门教育信息化工作（业务）管理信息系统审核员和管理员开展系统应用培训，共培训486人。

（六）**教育信息化试点示范**

（1）"互联网+教育"示范区

7月，教育部批复宁夏建设全国"互联网+教育"示范区。在国家的支持下，宁夏将打造"互联网+"教育资源共享、创新素养教育、教师队伍建设、学校党建思政和现代教育治理五大示范区。同年11月，宁夏先后发布《宁夏回族自治区"互联网+教育"示范区建设规划（2018年—2022年）》和《宁夏回族自治区"互联网+教育"示范区建设实施方案》，为宁夏"互联网+教育"示范区建设提供政策指导和方向指引。

（2）2018年度基础教育信息化应用典型案例

12月13~14日，2018年度基础教育信息化应用典型案例遴选工作会议在北京召开，共有30个区域、60所学校入围2018年度应用典型名单。

（3）教育信息化区域综合试点

12月14~27日，教育部相关单位完成了对湖北、安徽、山东临沭"两省一县"的教育信息化区域综合试点现场验收工作。

（4）高等学校人工智能创新行动计划

4月2日，教育部印发《高等学校人工智能创新行动计划》，将"推进智能教育发展"列为重点任务，提出"推动智能教育应用示范"，加快推进人工智能与教育的深度融合和创新发展，研究智能教育的发展策略、标准规范，探索人工智能技术与教育环境、教学模式、教学内容、教学方法、教育管理、教育评价、教育科研等的融合路径和方法，发展智能化教育云平台，鼓励人工智能支撑下的教育新业态，全面推动教育现代化。

（5）教育信息化教学应用实践共同体

9月30日，教育部印发了《关于做好2018年度教育信息化教学应用实践共同体项目推荐遴选工作的通知》，计划从同步/专递课堂、名校网络课堂、翻转课堂三类教育信息化教学应用模式中遴选出15个不同应用方向的实践共同体，组织开展协同研究，举办交流研讨活动，推动政策、理论、制度和实践创新，形成一批可复制、可推广的研究成果和案例典型。

（七）**重点会议活动**

（1）第三届中美智慧教育大会

3月18~20日，由北京师范大学、美国北德克萨斯大学、互联网教育智能技术及应用国家工程实验室联合主办的第三届中美智慧教育大会在北京举办，中美两国800余名教育科技界的专家学者围绕人工智能2.0和教育信息化2.0等前沿话题展开了深入探讨，发布了《2018中国职业教育技术展望：地平线项目报告》。

（2）2018年全国教育信息化工作会议

4月24~25日，2018年全国教育信息化工作会议在重庆召开。会议全面总结了党的十八大以来教育信息化和网络安全工作取得的成就，对教育信息化2.0行动计划进行了全面部署，要求贯彻全国网络安全和信息化工作会议精神，健全领导体制、加强统筹规划、抓好重点工作、鼓励多方参与、注重培训宣传、落实安全责任，全力写好教育信息化"奋进之笔"。会议就加快推进教育信息化融合创新发展进行了交流研讨，重庆、上海、江苏、贵州、宁夏做了典型发言。

（3）第三届全国基础教育信息化应用展示交流活动

5月5~7日，第三届全国基础教育信息化应用展示交流活动在北京举办。活动以"信息技术推动基础教育教与学模式的变革与创新"为主题，总结交流各地近年来推进基础教育信息化深度融合应用的经验，展示新成果、新技术、新模式，提高利用信息技术服务教育教学的能力。基础教育信息化应用典型示范案例交流会同期举行，为首批典型示范案例区域和学校颁发证书。

（4）中国教育装备行业协会教育信息化装备分会成立大会

5月11日，中国教育装备行业协会教育信息化装备分会成立大会在成都召开。重点省市电化教育及教育装备管理部门负责人、国内外教育信息化领军企业、互联网创新型企业代表约120人参加会议。分会将通过构建良好的行业生态和有效的行业合作，推动实现教育与技术的深度融合。

（5）2018年新媒体新技术教学应用研讨会

5月28~31日，2018年新媒体新技术教学应用研讨会暨第十一届全国中小学创新课堂教学实践观摩活动现场会在广州举办。活动采取了专题报告、主题论坛、交流沙龙等形式，从全国各地报送的1.7万节课例中精选了近300节参与现场展示，部分上课和说课还进行了网络实况转播，共有3000多人参加，近70万人在线观看活动实况。

（6）亚太地区高等教育慕课研讨会

6月11~12日，由联合国教科文组织亚太地区办事处、中国联合国教科文组织全国委员会和南方科技大学共同主办的2018年亚太地区高等教育慕课研讨会在深圳举行。会议以"抓住数字机遇，实现可持续发展目标"为主题，从政策制定、平台建设、机构作用、青年发展、国际合作等多个层面就本地区高等教育慕课发展的现状、机遇与挑战，以及如何通过发展慕课促进2030年教育议程实施进行了研讨，来自亚太地区27个国家的教育部门官员、专家学者、企业和非政府组织代表等近百人参会。

（7）第十九届全国中小学电脑制作活动夏令营

7月16~21日，第十九届全国中小学电脑制作活动夏令营在无锡举办，全国1600多名中小学生参加了数字创作评比作品面试、机器人竞赛、创客竞赛等活动。活动为广大中小学生搭建了学习交流和展示才华的舞台，集中反映了我国中小学信息技术教育取得的显著成绩和教育信息化融合创新取得的可喜成果，为提升基础教育信息化水平和中小学生信息素养发挥了积极推动作用。

（8）全国教育大会

9月10~11日，全国教育大会在北京召开，习近平总书记发表重要讲话，对教育信息化发展成效给予充分肯定；李克强总理在讲话中强调要注重运用信息化手段使乡村获得更多优质教育资源，在提速降费、网络建设方面给予特别照顾，鼓励各级各类学校与时俱进创新教育理念和人才培养模式，发展"互联网+教育"；孙春兰副总理在总结讲话时也强调要抓好"互联网+教育"。国家领导人的相关讲话充分体现了党中央对教育信息化工作的高度重视，为教育信息化工作指明了发展方向。

（9）中国教育和科研计算机网CERNET第二十五届学术年会

10月22~25日，中国教育和科研计算机网CERNET第二十五届学术年会暨会员代表大会在西宁召开。会议以"IPv6下一代互联网支持新时代教育科研大发展"为主题，来自全国高校、各级政府教育主管部门的领导、专家，CERNET高校会员单位代表、厂商代表1200余人出席，共同探讨我国下一代互联网与教育信息化的发展。

（10）第十七届中国国际远程教育大会

11月1日，第十七届中国国际远程教育大会在北京举办。本届大会以"教育现代化：历史使命与现实挑战"为主题，同期举办了高校远程与继续教育发展高峰论坛、广播电视大学转型与开放大学建设高峰论坛、科技与未来学习高峰论坛、互联网教育产业发展高峰论坛、信息技术重塑高校教育生态圆桌论坛，以及高校非学历继续教育转型发展工作坊、教学设计工作坊、学术论文撰写工作坊等活动。

（11）第三届全国翻转课堂学术研讨暨成果展示交流活动

11月24~25日，中央电化教育馆在山东举办了第三届全国翻转课堂学术研讨暨成果展示交流活动，对翻转课堂和微课教学理念进行了解读，25所学校校长分享了学校在翻转课堂本土化实践中探索的路径和经验，53所学校213位教师展示了精品翻转课堂，全国600余位专家和一线教师参加了活动。

（12）全国教育教学信息化交流展示活动

11月25~28日，中央电化教育馆在青岛举办了2018年度全国教育教学信息化交流展示活动现场交流，550多名一线教师参加了活动。本届活动共收到作品6082件，经过技术测试、专家评审和现场交流，产生个人荣誉奖和集体荣誉奖。

（13）中国智能教育推进路径研究

12月14日，教育部科技司组织召开中国智能教育推进路径项目研讨会，围绕深入落实全国教育大会精神和习近平总书记在中央政治局第九次集体学习时关于推动我国新一代人工智能健康发展的指示精神，就做好中国智能教育推进路径研究项目相关工作进行了深入研讨。12月28日，推进智能教育发展座谈会在北京师范大学召开，高校和相关企业共40余位专家和代表参加。

二、2018年教育信息化发展热点综述

（一）教育信息化2.0

2018年4月教育部发布《教育信息化2.0行动计划》，提出"三全两高一大"的发展目标，部署实施数字资源服务普及行动、网络学习空间覆盖行动、网络扶智工程攻坚行动、教育治理能力优化行动、百区千校万课引领行动、数字校园规范建设行动、智慧教育创新发展行动、信息素养全面提升行动八大行动。

这份行动计划具有里程碑意义，标志着我国教育信息化开始从1.0向2.0时代迈进。"将教育信息化作为教育系统性变革的内生变量，支撑引领教育现代化发展"，这是自《国家中长期教育发展规划纲要（2010—2020年）》中提出"信息技术对教育发展具有革命性影响"之后，对教育信息化地位和作用的又一个全新定位。

教育信息化2.0是面对新时代教育发展的新要求，是在发展理念、建设方式上的一次跃升；教育信息化从1.0向2.0时代转变，即从重点关注量变向重点关注质变转变，从强调应用驱动、融合发展，向注重创新引领、生态变革转变。

（二）教育网络安全

2018年4月20~21日，全国网络安全和信息化工作会议在北京召开。习近平总书记出席会议并发表重要讲话，强调"没有网络安全就没有国家安全"，对树立正确的网络安全观、增强网络安全防护技能等做出了指示和要求。在教育领域，随着教育信息化向纵深发展，教育网络安全问题日益突出。2018年教育部发布的《2018年教育信息化和网络安全工作要点》中，首次把网络安全工作与教育信息化并列提出，要求进一步提升网络安全人才培养能力和防护水平。

（三）教育人工智能

2017年人工智能首次被写入政府工作报告，发展人工智能上升到国家战略层面，2018年人工智能的热度依旧高涨。

2018年教育部大力推进人工智能在教育中的应用，发布《高等学校人工智能创新行动计划》，着眼人工智能人才缺口现实，以高校为重要阵地，完善人工智能学科体系和人才培养体系，提升人工智能领域科技创新和服务国家需求的能力；发布《关于

开展人工智能助推教师队伍建设行动试点工作的通知》，着眼教师的人工智能素养，探索人工智能助推教育教学改革创新、助推教师管理优化等创新应用。虽然人工智能对教育的深刻变革还远未显现，但其在教育领域的前景和潜力被广泛看好。

（四）互联网+教育

自2015年"互联网+"行动计划被写入政府工作报告，"互联网+"已经连续四年出现在政府工作报告中。在教育领域，"互联网+教育"始终是一个热门话题，是教育教学改革发展的重要力量。尤其是近几年，以互联网技术为依托，教育公平问题取得了明显改善。

2018年6月，李克强总理在考察银川"互联网+教育"时指出，"互联网+教育"让偏远地区的孩子也能"走进"名校名师课堂，大大拓宽了他们的视野。他强调"互联网+教育"是促进起点公平的有效手段。当前，面对优质教育资源不均衡不充分的严峻形势，以互联网为核心的信息技术可以突破物理空间和时间的限制，高效率、低成本地实现优质教育资源共享，为实现教育公平开辟新路径，让贫困地区的学生受益。

（五）创客教育和STEM教育

在中小学教育改革创新进程中，创客教育和STEM教育已成为当下最流行的一股潮流。创客教育与STEM教育一脉相承，核心是跨学科的学习方式，注重培养学生综合实践能力和创新力。对于中小学教育而言，分科课程体系带来的知识"割裂化"愈加明显，实现不同学科间的有机融合，培养学生综合思维和实践能力，跨学科教与学成为不二之选。实施跨学科教学需要整体规划项目式学习任务，以学生为中心设计课程，具备跨学科知识储备的师资等。其中，跨学科师资不足成为跨学科教学的一大瓶颈，通过发挥信息技术优势，开展线上双师课程，线上线下协同开设跨学科课程是一条不错的实施路径。

（六）教育大数据

随着在线教育的发展，海量教育数据不断增长和积累，教育大数据在驱动精准教学、支撑科学的教学评价体系、助力教育精准扶贫等方面具有很大潜力。

教育大数据发挥潜力的前提和关键是对在线教与学行为数据的全面采集与分析。据2018年发布的《中国基础教育大数据发展蓝皮书（2016—2017）》介绍，目前数据挖掘和学习分析两项技术不断取得新进展，为教育大数据提供了强有力的技术支撑。然而，教育大数据应用仍面临很大的挑战，比如教师数据素养不足，数据处理能力不足；线下学习过程性数据采集难度大，影响学习诊断的准确性和科学性；数据"孤岛"现象严重，影响教育数据的融通共享及数据价值的发挥。大数据技术与教育教学融合发展依然任重道远。

三、教育信息化观察与思考

教育信息化的发展、信息化教育技术的进步、数字化教学资源的激增、以指数级增长的信息和知识，不断更新人们对知识传递的教育教学观的理解。信息技术作为生产力必将影响和再造教育生产关系，而教育中生产关系的构成，主要体现在教师与学生、学生与学生、人与知识的关系构造中。如何利用教育信息化发展成果推动教育生产关系变革，促进优质教育资源的有效配置和整合，满足个性化学习要求，为学习评价提供新视角，从而促进教育目的和功能的实现，已成为信息化条件下教育工作的重要思路和方向。此外，现阶段数字教育资源已成为信息化教育教学工作的重要内容，数字教育资源的供给水平已成为决定信息化教学应用发展水平的重要因素。在这一前提下，如何实现数字教育资源的有效供给，建设高效运转的数字教育资源供给模式和供给体系，转变数字教育资源建设理念，是事关我国教育信息化发展全局的重要环节。基于上述思考，下文将围绕信息化教育资源供给、智慧教育生态构建及学生个性化学习三方面展开探讨，为教育信息化工作的深化提供思路和参考。

（一）教育信息化资源供给

随着教育信息化2.0的启动及"互联网+教育"的迅速发展，教师的信息化教学意识和能力不断提高，参与实践的教师数量也越来越多。在国家教育信息化相关政策推动下，数字教育资源的建设与应用水平日益提高，但相较于国家教育改革发展对信息化的要求还存在很大差距。数字教育资源的发展面临很多现实问题，如区域间、学校间缺乏优质教育资源共享机制；城乡数字教育资源鸿沟进一步扩大；资源提供商无法获得合理的投资回报，缺乏持续投入资金更新资源的积极性；教育事业单位开发数字教育资源的动力不足；资源提供者和用户之间缺乏有效的沟通途径，等等。在我国教育信息化发展的新阶段，研究数字教育资源的供给模式和供给体系，转变数字教育资源建设理念，从"需求侧拉动"转变为"供给侧推动"，科学引导供给主体的资源建设方向，激发市场活力，将有利于促进教育信息化的良性发展。

因此，通过构建优质资源共建共享机制，加快构建"基础性资源靠政策、个性化资源靠市场"的资源建设机制和"企业竞争提供、政府评估准入、学校自主选择"的资源供给机制，在国家推进供给侧结构性改革的宏观背景下，准确把握我国数字教育资源供求与应用现状，对资源供给进一步做出结构上的划分与考查，探索有效的供给模式与供给机制，实现数字教育资源服务水平与能力的大幅提升，形成基于互联网的新型供给方式与服务创新的生态体系，具有非常重要的现实意义。

（1）数字教育资源供给模式分析

结合我国数字教育资源发展现状与实际供求关系，我国的数字教育资源的供给模式可分为政府供给、市场供给、公益供给、自我供给四种。政府供给模式指由政府部门主导并推动建设，向学校师生提供数字教育资源的供给形式。政府供给的数字教育资源是最基础、最核心的部分，其根本目的是保障学校的基本数字教育资源需求，保障课堂教学质量。截至目前，已建成的国家级资源平台主要有面向基础教育的国家教育资源公共服务平台和面向开放教育、职业教育、继续教育等的国家数字化学习资源中心。为真正发挥政府的保障性作用，扩大资源的受益面，政府应积极建设大多数教师最需要的、紧缺的数字教育资源及具有特殊意义的保障性资源。市场供给模式指通过市场机制推动并依靠企业等多方力量建设，向大众提供数字教育资源的供给形式。随着数字教育资源的供给范围和供给数量逐渐扩大，在数字教育资源供给中逐步引入市场机制，能够提高资源的配置质量和效益。国家应在政策上鼓励企业积极提供云端支持的、动态更新的、适应混合式学习和泛在学习等学习方式的新型数字教育资源及服务，积极探索和建立市场作用和政府作用有机统一、相互补充、相互协调、相互促进的教育信息化工作新局面。在资源供给过程中，企业应更加注重个性化服务的提供，以获得较好的用户效益和投资回报。公益供给模式指由非营利组织或个人开发，免费向公众提供资源的供给形式。公益供给的资源旨在扩大优质资源受益面，有效推动终身教育理念的普及。我国高等教育的开放性资源建设呈现出从"国家精品课程"建设到"国家精品资源共享课程"建设，再到"在线开放课程"建设的发展脉络，开放性逐渐增强，体系不断完善。自我供给模式指学校自主开发或改造现有资源，面向师生提供更加适合自身需要的校本化资源的供给方式。学校自我供给的资源既包括学校自主开发的具有地方或学校特色的资源，也包括学校基于自身特色对原有课程资源进行再组织的资源。资源形式包括校本化教学应用的资源及校本课程配套资源。

综上，政府供给的基础性教育资源是基础的、核心的数字教育资源，市场化资源、开放性资源、校本化资源是对基础性资源的有益补充。校本化资源是学校对基础性资源、市场化资源和开放性资源的再组织，旨在满足学校的个性化教学需求。政府在各类资源的建设与市场准入中扮演着不可或缺的角色，政府应对在资源平台上线的数字教育资源进行监测评估，包括对资源提供者资质、资源内容、资源质量等的评估。基础性资源评估的重点在于对资源提供者资质的审查和组织专家对资源质量进行评审；市场化资源评估的重点在于对资源提供者资质审查、资源内容审查与用户评价；开放性资源评估的重点在于资源内容的审查。通过政府的监测评估，能够保障优质数字教育资源的准入质量，形成良性的可持续发展的资源建设生态。

（2）完善国家数字教育资源公共服务体系，提升体系内资源服务能力

国家数字教育资源公共服务体系是政府提供数字教育资源基本公共服务的载体，是国家教育资源公共服务平台和各省级数字教育资源公共服务体系经国家体系枢纽环境连接而成的逻辑统一的整体。当前已完成国家数字教育资源云服务体系建设，并逐步实现国家教育资源公共服务平台与省、市、县级平台互联互通，不断扩大企业平台

的资源和应用接入。为进一步实现资源服务体系的规模化效应，提高资源应用的质量和效率，当前的工作重心应从资源平台和数据中心的建设运维转向资源服务，即组织好数字教育资源应用、网络空间应用和技术支持服务，增强数字教育资源公共服务体系的资源服务能力，实现大规模优质教育资源共享基础上的个性化服务，重点发展以校本资源应用为核心的个性化服务。

在体制机制方面，应创新国家平台与省级体系的新型伙伴关系，探索公共服务平台和公共管理服务平台的互通、衔接与开放，发挥协同服务作用，实现资源"一点接入、全网共享"的模式，最终实现"资源体系通"。不断探索完善用户自主选择、使用后付费的交易机制，增强学校对数字教育资源的选择权。各级平台应主要采取学校、师生根据需求自主选用的服务方式，避免一刀切式的资源推送。充分发挥网络学习空间的核心支撑作用，不断探索基于网络学习空间的新型教育教学模式。同时，大力推广"优质学校带薄弱学校、优秀教师带普通教师"模式，将优质数字教育资源输送到教育薄弱地区，助力推进教育公平。

（3）创新企业资源供给机制

数字教育资源供给是一个复杂的系统，涉及资源的准入与过滤、淘汰与再生、受益范围界定及用户意愿表达等问题。多中心供给指各参与主体互相独立、地位平等地参与一系列同时发生的博弈，以满足用户对数字教育资源供给复杂性的要求。根据当前的数字教育资源供给情况，应着重发展以政府和市场两大供给主体为中心的供给模式。管理部门应创造宽松的市场环境，为企业经营、创业活动"松绑""减负"，调动个人和企业的积极性以增加供给。另外，当前以数字教育资源建设为主的企业数量较少，除大型教育出版企业外多属小微型企业。这些企业创新投入不足，普遍以资源销售为主，数字教育资源供给能力无法满足市场需求，市场尚未形成"完全竞争"状态。因此，数字教育资源供给政策应注重还原资源配置中"非完全竞争"的真实场景，强调市场、政府各有所为，考虑第三方部门的多主体与两者的良性互动，并特别强调对制度供给的认识与重视，将各种要素的供给问题纳入紧密相连于制度供给问题的分析体系。

数字教育资源供给要在致力于促进优质教育资源均衡发展的前提下，明确政府和市场的资源建设定位，鼓励电教机构重"优质"、企业和出版单位重"个性化"建设数字教育资源，采取有效策略，遵循资源建设基本规范，形成体系完整、分工明确、组织有序的数字教育资源建设新局面。

（4）打造资源建设规范，建设体系化教学资源

中国是人口众多的多民族国家，每个地区都有不同的文化特色和地方学情，需要地方教研部门根据本地区实际情况，制定针对本地特色资源建设的顶层设计方案。应制定优质资源的标准、模块、框架，将优质教育资源的制作过程进行分解，组织一线

教师在业余时间利用其特长参与组稿、审稿、讲解工作，由专业视频制作团队从技术层面优化融合，制作成优质课程后交由一线教师在实验校使用、调研、反馈、修改，形成高效、专业、完整的运转机制，探索出在保证"品质"的前提下加大资源制作"数量"的可行性方案集，解决网络教育资源品质与数量难以两全的问题。

（5）通过常态化教研工作形成并汇聚信息化教育资源

自上而下构建以市、区教研员、学校备课组长、教师为主体的四级教研常态化管理体系。以教研体系为主导，以学校管理为抓手，以教学任务为驱动，通过地市、区县、学校、教师四级联动，促进信息化教学常态化使用；通过网络教研活动、线上集体备课、网上观课评课等手段，由优秀教师带动一线教师建设沉淀优质教学资源，将国家课程优化整合，实现地方化、校本化、个性化，创造符合教育规律和地方学情的教育资源。

（6）建立名师、名校引领辐射带动机制，促进资源共建共享

围绕名师、教研员研训工作，提供教师培训，在整体提高教师教学水平的同时共同建设、汇聚精品教学资源。组织名校成立学科基地校，每所学校以特色学科打造以国家标准课程、区域特色课程、校本课程为核心的优质课程资源。通过在线课程的统一标准规范，组织名师进行课程内容制作，形成系统化、标准化的课程资源。

通过与拥有优质教学资源的学科基地校结对帮扶，实现薄弱学科的教育教学水平提升，提供教师在线学习、辅导，达到教育资源均衡发展。通过扩展更多的资源建设联盟校，建设适合各地学情的课程资源。通过启动名师名校资源建设机制，利用有吸引力的利益分享机制使更多的名师、名校参与资源建设，实现资源良性有序增长。对于相关工作的开展，各地教育部门应积极发挥监督、指导、引导作用，积极探索促进资源共建共享的新模式。

（二）智慧教育生态构建

随着信息技术的不断发展创新，以人工智能、物联网、云计算、大数据为支撑的信息技术与教育的融合度将不断加深。以智能化技术支持、促进教育教学模式改革和创新为特征的智慧教育将日渐普及。智慧教育的落实在智慧校园，智慧校园的核心和突破口在智慧课堂。因此，智慧课堂是教育信息化的重中之重。以课堂改革为突破口，实现信息技术与教育教学深度融合，必须完成三点转变：从以教为中心向以学为中心转变，从以知识传授为主向以能力培养为主转变，从课堂学习为主向多种学习方式转变。

随着5G时代的来临，数据传输不再成为障碍，学校的功能和结构将会在虚拟环境中实现重构，以资源共建共享实现教育公平的时代将会来临。以信息技术与课程深度融合的智慧课堂将最终完成教学流程重组和结构再造。可以预判的是，借助智慧课堂实现教学方式和学习方式转变后的课堂，将完成以知识点为核心向以能力素养培养为

核心的转变，进而带动学校教学时间安排的重新调整，并逐渐完成从单一学科向跨学科知识整合的方向过渡，全新的项目制、社团制、课程群制的跨学科、跨年级、跨学校的全新教育生态将会出现。

从国家角度来看，为推动未来的教育信息化和智慧教育发展，应主要从以下几个方面提供支持保障。一是实现政策从宏观引导到具体建设与应用指南的转变，以便基层学校有据可依、有理可循。二是从机制上建立起"政、产、学、研"四位一体的良性生态环境，切实为智慧教育的发展提供生存土壤。三是建立完善信息化经费筹措机制，采取政府、学校、社会三方协同投入的方式，协同推动教育信息化在教学中的应用。四是建立资源评价与审核机制，确保不同层次学校、不同类型学校所使用的资源的针对性、价值性、安全性。五是建立容错纠错机制，教育信息化的未来发展需要各级各类政府部门、学校管理者、教师、学生、家长、研究者等群体的全方位参与。因此，允许操作性失误的出现有助于保护教育信息化事业的创新及实践者的积极性，有助于促进教育信息化引领推动教育现代化的发展和变革。

推动教育信息化事业的发展一直是教育信息化企业和行业的追求与使命，企业自身也需完成一系列转变。一是从技术产品逻辑向教育产品逻辑转变，致力于以技术解决学校教育教学中的痛点问题。二是从营销思维向服务思维转变，致力于从产品推广向提供"平台+内容+服务"的全方位支持服务转变。三是从技术引进向自主研发转变，致力于提升自身团队研发实力以更好地满足用户需求。四是从单打独斗向合作共赢转变，致力于整合相关企业已有产品，联合推动教育信息化事业的发展。五是从智慧课堂向智慧教育转变，致力于从课堂到学校再到教育生态的变革目标的实现。

（三）诊断性评价与个性化学习

随着大数据、人工智能等技术的应用和测评理论的不断进步，借助计算机开展学生个性化学习评价、指导学生进行个性化学习已成为可能。目前，为个性化学习提供支持的诊断性评价技术正日渐广泛地应用于各种互联网教育测评产品中，值得教育信息化工作者关注。

诊断性测评通常在学习前和学习后开展，用来评估学生能力及学生在目标领域中的学习状态。诊断性测评支持下的教学和学习针对性更强，可以帮助教师或学生快速有效地发现教学或学习过程中存在的问题，从而对教学或学习行为及时反思并做出相应调整，以达到最佳的教学或学习效果。诊断性测评下的学习能充分调动学生的积极性。通过匹配难度合理的挑战性题目，充分调动学生思维，促进学生积极主动地进行学习，在培养能力的同时培养学习习惯。教师则可以通过学生的诊断性测评数据档案，跟踪了解学生的学习状况，甚至还能借助数据模型，在一定程度上对学生的学业表现进行预测。另外，诊断性测评还可以通过整体性的诊断反馈数据，为教学研究和教育管理提供参考和决策依据。

探索基于诊断性评价技术的个性化学习在教学场景中的应用，减少传统大班教学中由于无法兼顾学生个体学习情况而导致的班级成绩差异问题，将成为未来教育信息化应用的重要方向之一。通过对学生学习诊断测评数据的记录、挖掘和分析，帮助教师根据不同学生的学习情况"量身定制"学习方案，提升课堂效率，引导学生进行知识管理、减负增效，提升学习效果。通过积累学生的日常学习行为、诊断测评数据，利用大数据分析、知识图谱、人工智能等技术，为每位学生生成个性化练习，使学生在巩固和强化知识的同时得以跳出题海。通过与学生能力水平相近的练习，有针对性地查缺补漏，使学生获得明显进步并认可这种学习方式，帮助学生养成自我总结、自我分析的学习习惯，从根源上提升学习能力。

应当明确的是，开展诊断性评价与个性化学习离不开教育内容资源的支撑。优质的题库、高水平的课程内容是提升学生学习效果的基础性资源。当前可供使用的优质数字教育资源仍相对有限，已有内容也需不断更新迭代。同时，测评、诊断理论及模型和知识图谱体系也仍有继续深耕的空间。总之，在诊断性评价和个性化学习的探索过程中，仍有许多课题等待教育工作者和相关单位去攻克；不断挖掘教育与科技间的结合方式，使技术创新能够切实有效地改变传统教学的各个层面依然任重道远。

（作者单位：王淑勤，山东省电化教育馆；亓慧，北京一展兴会展有限公司；王廷刚，山东省商河县第二中学；付秦华，武汉天喻教育科技有限公司；龚德安，宁波睿易教育科技股份有限公司；刘畅，一起教育科技）

2018年教育装备行业投融资发展分析

彭锦环　　王乐京　　甄栩栩

教育装备是实施和保障教育活动的所有硬件、软件的统称，是学校建设的物质基础，是实施教学活动的基本手段，教育装备的水平已成为衡量学校现代化水平的重要标志。随着科技的快速发展，教育信息化已成为我国教育事业的一项重点工作，而教育装备信息化则是教育信息化的前提。近年来，由于教育信息化相关政策频繁出台，相关财政经费投入持续加大，教育装备信息化始终是教育装备行业的热点领域，得到了资本市场的认知和关注。

在一级市场中，教育信息化行业持续看好，项目逐渐向中后期集中，教育产业头部企业与投资公司纷纷布局。二级市场中，跨界进入教育产业的上市公司开始去传统主业，加大教育行业投入；传统教育装备公司则持续深化教育信息化领域布局。投融收并购方面开始走向理性，回归技术底层与创新硬件方向。在"硬件+软件+系统+内容"的整合趋势下，教育信息化的应用场景将进一步完善，通过与人工智能（AI）技术深度结合，学生个性化教育将更加智能并向自适应方向发展，教育装备行业将迎来又一波发展浪潮。

一、教育装备投融资环境

（一）宏观环境

2018年，我国教育产业迎来史上最严监管年。《民办教育促进法实施条例（修订草案）（征求意见稿）》对非营利性民办学校的资本化路径、收购兼并进行了规定；校外培训机构专项整治及国务院办公厅《关于规范校外培训机构发展的意见》，对K-12课外培训行业开展史上最严监管，直接引起一、二级市场动荡，上市企业（尤其线下培训业务为主的企业）市值出现不同程度下跌；中共中央、国务院《关于学前教育深化改革规范发展的若干意见》，将幼儿园这一细分领域的证券化道路基本关闭。2018年我国教育领域出台的规范及监管性文件情况见表1。

表1　2018年教育领域出台的规范及监管性文件

出台时间	印发部门	文件名称	规范与监管范围
2018.02	教育部等四部门联合	《关于切实减轻中小学生课外负担开展校外培训机构专项治理行动的通知》	规范整顿培训机构 ①严格规范民办培训机构的证照、师资、学科类培训内容、进度、难度以及竞赛活动 ②严禁"超纲教学""提前教学""强化应试"，严禁培训成果与中小学招生入学挂钩，严禁教师课上不讲、课后到校外培训机构教授等行为。
2018.04	教育部	《中华人民共和国民办教育促进法实施条例（修订草案）（征求意见稿）》	教育培训机构将被纳入教育行政部门许可证范围；在线教育培训需要向所在地省级教育行政部门申请办学许可证
2018.08	国务院办公厅	《关于规范校外培训机构发展的意见》	对校外培训机构的设置标准、审批登记、培训行为、日常监管等做出具体规定。规范收费管理、落实年检年报、规范师范条件等方面
2018.08	教育部、国家卫生健康委、财政部、人社部、国家新闻出版署等八部门联合	《综合防控儿童青少年近视实施方案》	对学校提出系列要求 ①严格把控作业、考试，减轻学生学业负担，避免用眼过度 ②控制义务教育阶段校内统一考试次数，严禁公布学生考试成绩和排名 ③严禁以各类竞赛获奖证书、学科竞赛成绩或考级证明等作为招生条件
2018.09	教育部	《关于切实做好校外培训机构专项治理整改工作的通知》	针对学科类培训，没有取得相应教师资格的学科类教师需参加教师资格考试，不通过者培训机构不得继续聘用其从事学科培训类工作
2018.10	教育部	《关于严禁商业广告、商业活动进入中小学校和幼儿园的紧急通知》	全面排查，严禁在校园开展商业广告活动，或利用中小学生和幼儿的教材、教辅资料、练习册、文具、教具、校服、校车等发布或者变相发布广告等行为
2018.11	国务院	《关于学前教育深化改革规范发展的若干意见》	①上市公司/社会资本不能通过任何方式控制非营利性幼儿园，包括首次提到VIE ②营利性幼儿园可以设立，但参与到并购、加盟、连锁经营中均需经过审核认证。上市公司不得通过融资、发股并购、现金并购营利性幼儿园 ③所有民办园均不可独立或作为一部分资产打包上市，包括IPO

　　在严格监管、促进规范发展的大环境下，2018年教育经费投入依然保持了较高水平。教育部发布的《2018年全国教育经费统计快报》显示，2018年全国教育经费总投入为46135亿元，比2017年增长8.39%。其中，国家财政性教育经费36990亿元，比上年增长8.13%。财政性教育经费占GDP比例为4.11%，连续第7年超过4%。近年我国教育经费总投入情况见表2。

表2　2015~2018年全国教育经费投入情况

年度	全国教育经费		国家财政性教育经费		国家财政性教育经费占GDP比例
	总投入/亿元	同比增长	投入/亿元	同比增长	
2015	36129.19	10.13%	29221.45	10.06%	4.26%
2016	38888.39	7.64%	31396.25	7.44%	4.22%
2017	42557	9.43%	34204	8.94%	4.13%
2018	46135	8.39%	36990	8.13%	4.11%

2018年教育经费总投入中，学前教育、义务教育、高中阶段教育、高等教育和其他教育的占比分别为7.96%、45.21%、15.57%、26.04%、5.22%。全国幼儿园、普通小学、普通初中、普通高中、中等职业学校、普通高等学校生均教育经费总支出均比上年有所增长，增幅分别为8.93%、4.56%、5.32%、10.04%、7.45%、8.42%。

（二）教育领域面临的矛盾

（1）信息化教育与防控儿童青少年近视

教育部2014年组织开展全国学生体质健康状况调研，数据显示我国青少年近视率持续攀升且呈现低龄化趋势。目前全国近视的中小学生已经超过了1亿人，近视患病率排在东亚国家前列，近视总体人群数居全球之首。其中，小学生、初中生、高中生、大学生近视率分别为45.70%、74.40%、83.30%、86.40%。

2018年8月，习近平主席作出重要指示，强调全社会都要行动起来，共同呵护好孩子的眼睛，让他们拥有一个光明的未来。教育部、国家卫生健康委、财政部、人社部、国家新闻出版署等八部门联合印发《综合防控儿童青少年近视实施方案》，明确提出减轻学生学业负担、改善视觉环境、合理使用电子产品、禁止幼儿园"小学化"等系列要求，并明确规定：中小学教学不依赖电子产品，学生禁止带电子产品进入教室，学校使用电子产品的教学时长原则上不超过教学总时长的30%等。

与此同时，教育信息化是一个不可逆的前进方向。教育信息化有六大板块："教""学""练""测""评""管"，其中教学过程覆盖的"学""练""测"这三个板块的相关场景要做到AI识别、大数据管理分析、形成知识图谱，均离不开全教学过程的数据化，"写""练""测"等学生端数据产生及师生互动环节的实现，也离不开学生终端硬件的支撑。对此，浙江省率先于2018年12月发布《浙江省教育信息化三年行动计划（2018—2020年）》，明确提出教育信息化中教育装备的需求：人人拥有至少一种便捷可用的移动终端。

由于信息化教育与防控儿童青少年近视的现实矛盾和教育主管部门的出手管控，现有用作学生终端的手机与平板电脑等液晶屏产品大规模进入智慧课堂使用的前景不明，企业需要从硬件本身进行创新，来研发、生产真正护眼的学生终端。

（2）校内减负与校外补习

《综合防控儿童青少年近视实施方案》除了对保护学生视力作出了具体要求外，对学校和家庭方面还提出了家长减轻课外学习负担、学校减轻学生学业负担、加强考试管理、禁止幼儿园"小学化"等措施方案。

在现存的高考人才筛选模式下，中小学纷纷减少作业量、缩短课外作业时间、降低知识点考核难度的"减压减负"举措，变相将知识点强化巩固、难度进阶练习等掌握知识点的必要练习任务转移到学生与家长身上，促使家长从子女幼教阶段就开始主动寻求各级各类校外机构和途径来保障和提升其竞争力。

（3）科技助力赢在起跑线与近视及不良内容影响

新浪网在一项针对全国学生家长的5万余份有效样本的调查中，针对电子设备类产品在各学龄段学生中的使用情况进行了统计分析，如表3所示。

表3　各学龄段学生电子设备使用情况

学龄段	早教机	平板电脑	智能手表	手机	点读机	电子词典	电脑	其他
学龄前儿童	21%	19%	17%	15%	13%	8%	8%	/
K-12阶段	7%	20%	10%	22%	2%	5%	16%	1%
大学生	/	16%	5%	35%	/	8%	30%	/

与此同时，网络游戏和一些违背教育教学规律的应用程序直接影响了学生的正常学习，甚至对学生的身心健康带来一定的影响。如何在教育与技术融合的过程中拦截不良内容，成为家长及社会各界的一大关注点。

（三）教育信息化装备领域

（1）教育信息化

教育信息化要求在学校教育全过程中较全面地运用以计算机、多媒体、大数据、人工智能和网络通信为基础的现代信息技术，促进教育改革，从而适应正在到来的信息化社会提出的新要求，对深化教育改革、实施素质教育具有重大意义。

2018年在国家对教育产业监管收紧的同时，《教育信息化2.0行动计划》的出台宣告教育信息化工作进入新的阶段。当前，宽带网络"校校通"、优质资源"班班通"、网络学习空间"人人通"已基本全面覆盖，"教育信息化2.0行动"将以建设"教育云平台+智慧课堂+智慧校园"为新的重点工作（见表4）。

教育信息化2.0时代以"三全两高一大"为目标，构建智慧教育生态，提高师生信息技术素养。在教育信息化2.0时代，技术与教育的融合创新全面提速，技术深度融入各主要学科教学内容、教学方法，贯穿教学活动全过程，基于AI识别、大数据的精确诊断和智能推动将快速全面普及。

表4 教育信息化发展规划

	教育信息化1.0	教育信息化2.0
时间阶段	2011~2018	2018~2022
发展目标	三通两平台	三全两高一大
具体工作	● 宽带网络"校校通"、优质资源"班班通"、网络学习空间"人人通" ● 建设教育资源公共服务平台 ● 建设教育管理公共服务平台	● 教学应用覆盖全体教师 ● 学习应用覆盖全体适龄学生 ● 数字校园建设覆盖全体学校 ● 信息化应用水平和师生信息素养普遍提高，建成"互联网+教育"大平台
建设重点	基础硬件环境+教育云平台	教育云平台+智慧课堂+智慧校园

（2）教育信息化全产业链

教育信息化产业链包含网络服务提供商、产品供应商、系统集成商（渠道商）、政府、使用者（学校、家长、学生等）五个部分（见表5）。

表5 教育信息化产业链梳理

网络服务提供商	产品供应商	系统集成商	政府	使用者
网络基础设施建设；互联网覆盖、宽带接入	配套终端硬件提供；配套软件产品提供；内容服务提供	软硬件产品的整合；区域集成化系统销售	教育局等采购决策的制定	学校、教师、学生、家长

（3）教育信息化装备

1）常见教育装备终端

现有的常见智慧课堂解决方案中，设备终端包括交互智能平板、电子书包、电子班牌等硬件设备。

①交互智能平板：中小学教育的大型多媒体教学终端设备，内置授课客户端程序，教师可一键登录，使用云平台上的海量教育资源和教学应用，实现"班班通"功能；

②电子书包：学生使用的移动终端产品，内置客户端应用，可单独使用或在智慧课堂中与交互智能平板实现数据传输，与授课过程互动，实现"人人通"功能；

③电子班牌：针对新高考走班排课的需求而设置，悬挂在班级门口，学生可通过在感应区刷卡，了解自己的课表和课程教室，实现"班班通"功能。

2）主要产品与市场现状

教育装备的使用贯穿早幼教与K-12、高等教育、职业教育等层次阶段。该领域传统研发生产商有视源股份（旗下教育科技品牌希沃）、鸿合科技、四川长虹、方圆、松下、日立、摩图、斯马特等企业。

①交互智能平板。根据各家公司披露数据及其他公开数据显示，视源股份、鸿合科技、四川长虹3家企业的交互智能平板出货量占国内总量约70%。

a.视源股份（002841）。2017年，希沃交互智能平板以35.3%、35.5%的市占比夺得年度销量、销额双桂冠，连续6年蝉联交互智能平板行业市占率第一，在全国覆盖超过80万间教室，有超过153万名活跃用户。截至2018年底，希沃教育交互平板累积出货量约130万台，希沃产品已覆盖全国各省份130万间教室。

渠道方式：通过"区域子公司+地方经销商"模式布局全国教育信息化市场，联合联想子公司"阳光雨露"提供深度的售后服务体系。

b.鸿合科技（002955）。2017年，鸿合科技的智能交互平板市占率达22.2%；平板产品为主营产品之一，是公司营业收入重要来源，销售收入占总营收的53.18%；电子交互白板+智能交互平板的销量在全球市场中所占份额为23%。

渠道方式：子公司/办事处+区域渠道商+电商渠道。

c.四川长虹（600839）。2017年，四川长虹的智能交互平板市占率达8%。

渠道方式：通过招投标形式，进入重庆、四川、山东、陕西、云南等省市教育单位；在山东东营、河南南阳、四川广元、陕西彬县等多个县市的学校已全面落地使用；2018年与孔子学院总部签署合作备忘录，开启智慧教室国际交流之旅。

②教育平板。智研咨询研究显示，2017年我国教育平板行业需求量为1752万台（见图1）；同年，我国幼儿园到高中阶段在读学生人数超过2.31亿人，教育平板覆盖率不足10%。

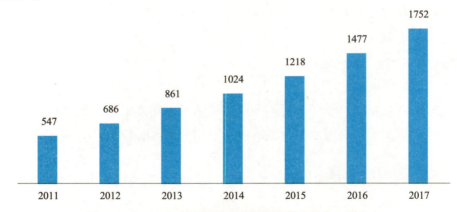

图1 2011~2017年我国教育平板需求量（单位：万台）

数据来源：智研咨询。

③早幼教年龄段产品。早幼教年龄段的智能硬件普及程度较低。早幼教年龄段常见的点读机、故事机、陪伴机器人等，受使用场景有限、体验效果欠佳、对儿童视觉健康存在潜在危害、单品终端市场价格等因素影响，现有产品普及率、复购率较低，纯粹的硬件研发生产不足以构成护城河，与软件、内容的结合是该细分领域新的发展机遇。嘉达早教（430518）、亿童文教（430223）是该细分领域的代表企业，为幼儿园、早教机构提供学习材料和辅助设备、书籍、题库、硬件等教育内容。

（4）教育信息化装备终端普及力度加大

《教育信息化十年发展规划（2011—2020年）》中规定，教育信息化经费要达到教育投入经费的8%。在我国教育政策和政府财政支持下，各相关底层技术、硬件、交互系统研发公司纷纷跨界进入教育信息化领域这个估值千亿元的市场。

二、2018年教育产业一级市场投融资表现

（一）一级市场整体情况

（1）细分领域划分进一步明晰

我国教育产业在政策引领与财政支持下，在科技与新材料的驱动下，逐渐形成八大领域，在一级市场中除K-12、早幼教、教育信息化（教育信息化产品与服务，包括智能交互教育设备研发生产、AI解决方案服务商、教学/管理系统、智慧校园服务、家园共育管理平台、音视频技术服务等）等备受资本关注的细分领域外，同时形成语培留学、素质教育（包括编程教育与玩教具服务、游学、音乐美术教育等）、职业教育、泛教育（包括行业渠道服务商、民办教育、教育综合体等）等细分领域。

其中，作为教育产业的物质基础、实施教学活动的必要设备，国家在教育装备方面的投入逐年加大，近年来各种信息化、数字化教育装备的涌现加速了中国现代化教育发展，部分有实力的底层技术研发服务商、硬件开发集成商纷纷跨界开拓教育装备板块业务，自行探索、完善其系统化、集成化、智能化的教学方案与教育装备的有机结合。

（2）2018年投融资创历年新高

自2014年起各体量投资公司纷纷入局，2014年度教育产业投融资事件数与融资总额激增，一级市场投融资事件从2013年的98起，快速攀升至2014、2015年的265起、488起。时至2018年，教育产业一级市场整体火热依旧，全年一级市场发生579起投融资事件，同比增长超过40%；融资总金额高达523.95亿元人民币，同比增长超过85%。涌现出一批估值达10亿美元以上的教育独角兽公司（大部分来自专注早幼教及K-12年龄阶段的相关细分领域）。

2018全年度各细分领域中，素质教育板块异军突起，科创教育火热。其中素质教育板块2017、2018年融资数量增长迅速，2018年共计151起（占比28%）。职业教育、教育信息化及K-12领域热度依旧，这些成熟领域逐步向中后期项目集中，如高顿网校（职业教育）、作业盒子（K-12）、一起科技（K-12）及作业帮（K-12）等C轮以上项目。教育产业一级市场年度融资统计数据见图2。

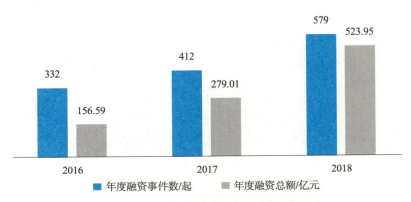

图2　2016~2018年教育产业一级市场融资额度

（3）上下半年热度差异显著

2018年，国内教育产业投融资事件多集中于上半年完成，上半年投融资总额占全年的近65%。教育产业是一个备受资本关注、巨头企业跨界进入、行业头部公司加速扩张的领域。2018年上半年大额融资频发，细分领域的独角兽企业率先获得资本加码，其中人工智能和服务机器人高科技企业优必选，以C轮8.2亿美金的融资额位列年度融资额第一，旗下产品包括便携式智能机器人悟空、编程教育机器人Jimu Robot、智能商用服务机器人Cruzr、智能巡检机器人Atris、大型仿人服务机器人Walker等。2018年度教育产业融资额前十名的项目情况见表6。

表6　2018年教育产业融资额前十项目

排位	获投项目	轮次	融资额	投资方	公司业务	领域
1	优必选	C轮	8.2亿美元	腾讯、工商银行、海尔、民生证券、澳洲电信、居然之家、正大集团、民生银行、宜信集团、中广核、铁投集团、松禾资本、鼎晖资本	人工智能和服务机器人研发	其他
2	美杰姆	收购	33亿元人民币	三垒股份	早幼教	早幼教
3	VIPKID	D+轮	5亿美元	Coatue、腾讯、红杉中国、云锋资金	在线少儿英语平台	语培留学
4	作业帮	D轮	3.5亿美元	Coatue、高盛、春华资本、红杉中国、纪源资本、襄禾资本、天图投资、NEA、泰合资本等	K-12在线教育平台	K-12
5	华尔街英语	并购	3亿美元	霸菱亚洲、中信资本	英语培训机构	语培留学
6	猿辅导	F轮	3亿美元	腾讯、华平投资、经纬中国、IDG原股东	K-12在线教育平台	K-12
7	知乎	E轮	2.7亿美元	尚城资本、今日资本、阳光保险、高盛中国、腾讯、光源资本	网络社区	泛教育类
8	一起教育科技	E轮	2.5亿美元	淡马锡、中信产业资金、顺为资本	K-12师生家长在线互动作业平台	K-12

排位	获投项目	轮次	融资额	投资方	公司业务	领域
9	VIP陪练	C轮	1.5亿美元	老虎环球资金、腾讯、兰馨亚洲、金沙江创投、蓝驰资本、长石资本、北京华联长山兴等	在线音乐教育平台	素质教育
10	河南成功文化产业集团有限公司	收购	8.8亿元人民币	文化长城	驾校	职业教育

2018年下半年经济出现下行，加之二级市场教育概念股短期受挫，2018年下半年的资本寒冬也影响到教育产业一级市场的投融资发展，下半年融资额占全年度的35%。

（4）教育信息化一级市场投融资情况

我国教育产业最大的消费群体主要是K-12在读学生，学生停留时间最长的就是在学校园区内，处于教育场景中。随着教育信息化步伐不断加快，百度、阿里巴巴、腾讯等互联网巨头，以及传统大型教育培训机构、新兴教育科技公司、传统教育装备供货商和一些大型出版传媒集团，纷纷入局共同推动整个细分领域快速发展。教育信息化细分市场2018年投融资情况见表7。

表7　2018年教育信息化项目投融资情况

排位	获投项目	轮次	交易金额	投资方	公司业务
1	掌通家园	D轮	1亿美元	大钲资本	幼教家园共育管理平台
2	声网agora	C轮	7000万美元	Coatue Management、SIG海纳亚洲创投基金、晨兴资本、顺为资本	高清语音和视频通信服务
3	数智源	收购	3.9亿元人民币	会畅通讯	视频监控产品体系、智慧教育产品体系
4	掌通家园	C2轮	数亿元人民币	至合资本、羽信资本、信中利资本、新东方	幼教家园共育管理平台
5	凯华教育	收购	2.3亿元人民币	天润数娱	电子设备及装修装饰材料的销售，教育服务、招生培训咨询及学校设施运营业务
6	微吼	D轮	2.3亿元人民币	深创投	企业级视频直播平台服务商
7	环宇万维	战略投资	2.22亿元人民币	和晶科技	幼儿园家园互动工具平台
8	七天教育	B轮	2亿元人民币	高思教育、贝琛创业	云智能阅卷平台
9	欧美思	B轮	1.5亿人民币	达晨创投、元禾控股、昆仲资本、微光创投	教育培训机构整体解决方案供应商
10	校宝在线	C2轮	1亿元人民币	蚂蚁金服、万融资本、歌斐资产	信息化整体解决方案SaaS服务提供商

（二）活跃投资机构

根据鲸媒体统计，2018年教育产业投融资活跃度前十的投资机构分别是：好未来、新东方、涌铧投资、腾讯、创新工场、金沙江创投、IDG、经纬中国、红杉中国、真格资金。行业头部机构好未来、新东方延续2017年积极布局、扩张业务范围的方式，为公司的整体解决方案和智慧教育系统增添更丰富的内容与功能。

（1）好未来

好未来2017年投资14起，2018年新投资或持续跟投项目共有22个，持续跟投项目有哒哒英语、KaDa故事、海风教育、画啦啦、知识分子、作业盒子等项目。从其投资项目所属的细分领域看，好未来在2018年延续2017年的布局战略，在素质教育和教育信息化等细分领域进一步加大投入，同时向更早年龄段的早幼教细分领域进行投资布局（见表8）。

表8 好未来2018年投资布局

序号	投资项目	轮次	公司业务	细分领域
1	哒哒英语	C、D	在线少儿英语教育平台	语培留学
2	先声教育	B	AI教育服务商	教育信息化
3	CodeMonkey（海外）	并购	儿童编程教育平台	素质教育
4	亲宝宝	C	孕期及0~6岁家庭育儿服务平台	早幼教
5	七月在线	Pre-A	AI教育服务商	素质教育
6	熊猫博士	并购	儿童教育游戏开发商	早幼教
7	KaDa故事	A+	儿童有声绘本阅读应用	早幼教
8	极课大数据	C	K-12大数据精准教学解决方案提供商	教育信息化
9	傲梦青少儿编程	B	青少儿STEAM思维教育平台	素质教育
10	元高分网络	Pre-A	教育信息化服务商	教育信息化
11	海风教育	C+	中小学在线学习平台	K-12
12	画啦啦	A+	在线少儿美术教育平台	素质教育
13	计蒜客	A	IT人才培训服务提供商	素质教育
14	知识圈	Pre-A	互联网学习目标管理平台	K-12
15	知识分子	C	科学传播及教育新媒体平台	泛教育
16	作业盒子	C	K-12在线作业服务提供商	K-12
17	母婴多	天使轮	母婴行业数据库及商业信息服务提供商	早幼教
18	Microduino	A	DIY硬件电子积木开发商	其他
20	趣读文化	A	儿童在线图书点读服务提供商	早幼教
21	启明合心	A	智能阅卷系统研发商	教育信息化
22	德拉学院	A	少儿创客教育品牌	素质教育

（2）新东方

新东方2017年投资7起，2018年共投资项目11起，持续跟投项目有职优你和掌通家园。从所投资项目的细分领域及内容看，新东方较为专注增强其在留学服务、职业教育服务的纵向发展布局（见表9）。

表9　新东方2018年投资布局

序号	投资项目	投资轮次	公司业务	细分领域
1	集思学院	A	在线背景提升教育品牌	语培留学
2	来offer	A	IT职业培训服务提供商	职业教育
3	顶思	A	K-12国际教育资源聚合平台	语培留学
4	报哪好	B	外辅导报班服务提供商	泛教育
5	掌通家园	天使轮	航天知识STEAM教育服务提供商	素质教育
6	航天创客	并购	儿童教育游戏开发商	早幼教
7	盒子鱼英语	C	在线英语教学平台	语培留学
8	多乐小熊	战略投资	婴幼儿社区连锁加盟日托早教品牌	早幼教
9	希子教育	天使轮	适应性教学与智能知识管理在线平台	教育信息化
10	职优你	C	职场在线教育科技平台	职业教育
11	极客晨星	A	儿童编程教育机构	素质教育

（3）强势项目开始通过金融操作进行资源整合

资本汹涌而至，每一个融资强势项目都在谋求横向或纵向延伸发展。资本运作能力强的项目，如精锐、VIPKID、一起作业等，不仅融资能力强，并且已经开始通过对外投资、并购来补充自身不具备的能力、增强主打业务的实力。

三、2018年教育产业二级市场投融资表现

（一）A股上市公司业务动态

（1）主营业务向教育转化

较之2014~2016年的并购潮，2017~2018年A股教育板块并购逐步回落。A股纯正的教育标的数量较少，更多的是通过跨界并购或借壳方式实现上市。目前众多跨界进入教育领域的上市公司开始剥离原有的主营业务，向纯正的教育标的转变。幼教（威创股份、秀强股份，三垒股份收购早教龙头美吉姆）、K-12教培（科斯伍德并购龙门教育，立思辰收购中文未来的K-12语文）及职业教育公司（亚夏汽车和中公教育重组）均有重大收并购举动（见表10）。

表10　上市公司剥离主业情况

上市公司	时间	剥离传统业务	教育标的	发展业务
凯文教育	2017.11	剥离钢结构业务	文凯兴、文化学信、凯文智信等	K-12、学历教育
立思辰	2018.10	股东大会通过《关于分析安全业务相关资产暨关联交易的议案》	中文未来（语文培训）、敏特昭阳、百年英才、三陆零教育等	K-12培训
开元股份	2018.11	签署《关于剥离制造业相关资产的框架协议》	恒企教育、中大英才、天琥教育	职业教育

教育板块内，2018年度增速最大的细分领域有：职教（37.58%）、教育信息化（31.13%）、早幼教（24.06%）、K-12（12.81%）、高等教育（11.58%）。

（2）成立教育基金巩固拓展业务范围

为巩固主营业务或将业务范围拓展至教育全领域，2018年A股上市公司中部分主营业务属于"教育+传统主营"的上市公司开始认购或参与设立教育产业基金，投资方向涉及教育培训、教育科技、大语文等方向（见表11）。

表11　A股上市公司设立教育产业基金列表

序号	上市公司	主营业务	基金名称	基金规模	投资方向
1	威创股份	数字拼接墙系统；幼儿园运营管理服务	威创天睿教育产业系列基金	5亿元人民币	儿童教育
2	科斯伍德	印刷胶印油墨的研发、生产与销售	中迪龙门（西安）股权投资合伙企业	1亿元人民币	陕西省教育产业项目
3	立思辰	信息安全科技与教育	立思辰华海教育产业投资基金	5.025亿元人民币	教育培训在线教育
			立思辰英才教育产业投资基金	9900万元人民币	大语文产业线下培训
4	新南洋	教育业务	鲲翎新南洋教育产业投资基金（有限公司）	5亿元人民币	教育培训幼儿园国际学校其他相关方向
			上海金洋教育产业投资中心（有限合伙）	5亿元人民币	教育培训教育科技
			嘉兴竑洋文化教育产业投资基金	1亿元人民币	教育培训教育科技
5	中教控股	教育业务	中国教育基金	50亿元人民币	民办高等及职业教育
6	中文传媒	传媒出版	嘉兴竑洋文化教育产业投资基金	1亿元人民币	教育培训教育科技
7	新东方	教育业务	新东方教育产业基金	15亿元人民币	教育产业与泛教育文化产业融合

（3）深度布局教育信息化领域

1）视源股份（002841）

背景：2010年建立希沃公司，在教育信息化细分领域中率先推出"交互智能平板"，希沃的主打产品为65寸以上交互智能平板。

项目业务发展：交互智能平板产品扩建项目、信息化系统建设项目。

教育领域产品业绩：2018年希沃交互智能平板产品实现营业收入567590.71万元，同比增长36.02%，占公司营业收入33.42%。希沃交互智能平板销量在2018年中国交互智能平板销量排行中居首，销售额市占率为36.50%。

投融并购事件：2018年2月收购上海仙视电子科技有限公司。上海仙视持有欣威视通51%的股份，从而间接收购新三板挂牌公司欣威视通（833050）。上海仙视是数字标牌供应商龙头企业，以数字标牌产品研发、销售为主营业务，分众传媒是其主要客户；欣威视通是数字标牌细分领域的系统解决方案开发商，为整机设备制造企业和运营用户提供整体解决方案和核心软硬件产品。2018年，上海仙视实现营业收入129286.17万元，同比增长334.14%；实现归属于母公司（上海仙视）的净利润8692.56万元，同比增长98.66%。

2）三盛教育（300282）

背景：原名"汇冠股份"，2018年6月正式更名为"三盛教育"，公司教育信息化板块以恒峰信息为主体。

项目业务发展：筹备智慧教育云计算数据中心建设与运营项目。

教育领域产品业绩：2018年Q4，恒峰信息实现收入5309.71万元，比上年同期增长4.94%；实现净利润1111.44万元，与上年同期基本持平。

3）文化长城（300089）

背景：拟并购翡翠教育100%股份。翡翠教育是IT培训优质企业，主营业务是IT培训和教育信息化业务。

教育领域产品业绩：翡翠教育2016年收入2.91亿元，归属母公司净利润5716万元。翡翠教育承诺2017、2018、2019年实现的净利润分别不低于人民币9000万元、1.17亿元、1.52亿元。

投融并购事件：发行股份购买翡翠教育100%股权。

（4）教育硬件类装备上市公司表现

教育信息化产业链中，涉及教育装备硬件研发、生产和集成方案的参与方有产品供应商和系统集成商（渠道）两端，其2018年12月28日公司市值如表12所示。

表12　教育硬件类装备上市公司市值（2018年12月28日）

公司名称	业务类型	所属市场	市值/亿元
视源股份	终端硬件产品提供	A股	369.65
中教股份	终端硬件产品提供	新三板	7194.98
华发教育	终端硬件产品提供	新三板	131.32
全通教育	终端硬件产品提供	A股	37.03
朗朗教育	终端硬件产品提供	新三板	3.76
拓维信息	软硬件产品整合	A股	46.46
天喻信息	软硬件产品整合	A股	35
三盛教育	软硬件产品整合	A股	30
立思辰	软硬件产品整合	A股	63.02
颂大教育	软硬件产品整合	新三板	6.98

（二）上下半年股价波动

2018年全年度，A股上市的教育相关企业已超80家，以教育信息化和留学机构为主；美股上市的中概股教育企业有10余家，K-12课外培训头部机构扎堆；港股上市的中概股教育企业有10余家，已经形成民办学校上市群。

一级市场资本退出周期与二级市场整体遇冷的叠加效应，加之国家对校外培训机构监管收紧，致使好未来、新东方等公司股价下挫明显；《民办教育促进法实施条例（修订草案）（征求意见稿）》第十二条对集团化民办学校的兼并收购的限制，导致港股上市的民办教育企业的股价应声下跌。A股门槛高、送审严，在资本市场资金收缩的大背景下，大批教育机构转战港股、美股市场。截至2018年12月31日收盘，教育产业上市公司港股平均涨跌幅-23.86%，美股平均涨跌幅-35.90%。教育概念股股价短期受挫，同时影响一级市场，高估值项目首当其冲，早期项目融资亦受到影响。

报告期间，新三板教育板块估值整体下降至16倍，创历年来新低；A股估值30倍。两大市场估值差逐步扩大，整体而言，A股教育市场估值约为新三板市场估值的2倍。

2018全年度收并购同期受影响发生波动，上半年收购A股发生28起、港股17起、美股2起，收并购金额达到304.05亿元；下半年则跌至A股13起、港股10起、美股9起，收并购金额下降至46.86亿元。

（三）港股成为IPO首选

2017年共有8家教育公司登陆海外市场，2018年则涌现集中上市热潮，共有13家公司实现IPO。港股成为大部分公司IPO首选。

2018年成功上市的13家企业中，以民办高等教育、民办K-12学校、学前教育、K-12课外辅导等业务企业为主。至此，国内教育产业港股、美股上市公司数量均达到历年高峰，相关公司名单见表13。

表13　2018年港股、美股拟上市及已上市教育公司

市场	拟上市	已上市
港股	益达教育 华图教育 科培教育 银杏教育 沪江 新东方在线 尚德启智 辰林教育 见知教育 嘉宏教育 中国东方教育	中国新华教育 21世纪教育 天立教育 博骏教育 希望教育 中国春来 宝宝树 卓越教育
美股	华富教育	尚德机构 流利说 朴新教育 精锐教育 安博教育

四、教育装备行业发展与投融资趋势

（一）快速成长的刚需市场

（1）政府财政支持，持续加大投入

国家财政性教育经费占GDP比重已从2005年的2.82%提升至2018年的4.11%，且规定教育信息化的经费投入占比不得低于8%。预计2020年B端财政预算投入约3900亿元，K-12、幼教、高校教育信息化经费投入占比分别约76%、18%、6%。

C端市场受益于B端市场发展，根据《国家中长期教育改革和发展规划纲要（2010—2020年）》的目标和规划，2020年我国幼儿园、中小学、高等教育的在校生预测分别为4000万人、2.12亿人、3300万人，券商公司按照未来每位在校生在体制内的年均内容、服务、终端的支出资金50元、1000元、100元的保守数字来预估，2020年教育信息化C端市场规模有望达到2200亿元。

（2）潜力巨大的蓝海市场

政策红利加大、科技快速进步、制度不断完善，催生出潜力巨大的教育信息化市场。教育信息化行业从业企业众多，2014~2018年教育信息化收入规模呈持续上升趋势，年均复合增长率超过70%。随着教育信息化进入生态构建时代，企业全面布局硬件、软件和解决方案。目前国内教育信息化从业企业收入前5名分别关视源股份、网龙、科大讯飞、立思辰、全通教育。在政策、科技、制度三重利好下，2020年整体市场规模有望超过6000亿元。

（二）投融资市场渐趋理性

（1）偏向底层技术开发与硬件创新

底层技术与硬件的创新、迭代，为系统、平台、APP应用项目带来丰富的功能与更多的发展可能性和更高的客户粘度，辅助打造差异化竞争、提高竞争门槛、增加变现方式。我国投融资行业已从对"商业模式创新"项目的长期偏好，逐步转向技术底层开发及拥有底层技术加持的项目，教育装备行业项目开始为教育产业投资者所关注。

传统的底层技术研发生产商、硬件研发生产商、方案集成商经过长时间的试验，纷纷跨界进入教育装备行业，崭露头角，如联想、华为、视源、长虹等企业，以成立新事业部、子品牌公司的形式发展教育行业，打造配套教研方案和管理方案，为学校提供智慧教育全套解决方案。

针对教育装备行业特性，我们预测拥有硬件与底层技术研发生产能力的成熟企业将更可能采取教育板块独立上市的形式进行融资；纯方案服务商将强化其平台提供的内容、完善应用场景，收并购其他平台作为销售转化渠道。预计2019年教育产业上市选择将基本延续2018年的情况，以港股、美股为主，希望凭借着海外资本市场认可将

产品推向世界。

（2）教育信息化中K-12阶段是最重要的细分领域

目前我国教育产业中教育信息化产品包括软件、系统、硬件、内容，均已覆盖早幼教、K-12、高教全年龄段。其中，幼教信息化针对的应用场景相对简单，目前多集中于课堂互动展示、家园互动，行业从业企业根据园所、机构的需求提供解决方案即可，可靠、易集成的产品是该年龄段市场的主要竞争优势；K-12阶段的教育信息化产品则以提升教学效果为主要目标，关注应试场景；高教信息化重在高等学校教学、管理，以及信息系统建设和资源共享平台建设。

由于K-12教育信息化市场份额占据教育信息化市场超过70%，是教育信息化行业的最重要细分市场，行业渠道依赖性强，是典型的强资源型行业，渠道网络布局能力成为业界企业最为关注的核心重点。

（3）通过金融操作获取所需能力

纵观2018年一、二级市场的投融收并购情况，我们总结出以下趋势：

1）依托于原有业务积淀布局教育信息化市场，如主板市场中的科大讯飞、视源股份、凤凰传媒、中南传媒、皖新传媒等公司；

2）通过产业并购布局教育信息化行业，如主板市场中的全通教育、立思辰、拓维信息等上市公司；

3）通过自身业务发展和外延并购拓展教育信息化版图，如港股市场的网龙；

4）新道科技、金宝威、金智教育、清睿教育等数十家优质的教育信息化公司挂牌新三板。

预计2019年将会有更多的教育信息化公司挂牌新三板或成为主板上市公司的并购对象。集硬件、软件、解决方案于一体，实现产品线的延伸，是目前教育信息化公司业务拓展的总体趋势。

（三）教育产业热点趋势

（1）学前教育领域崛起

"全面两孩"政策开放后，我国早幼教市场将率先迎来发展机遇。中产焦虑持续正向影响家庭对孩子的教育投入，早幼教需求爆发，线下早幼教、线上课程、启智玩具、儿童电子产品市场需求快速增长，素质教育市场也将同步发展。

（2）K-12年龄段相关细分领域蓬勃发展

国家推动教育信息化快速发展，底层技术研发公司、智能交互硬件研发生产商、互动通信服务商等相关软件、硬件、系统支持公司，纷纷跨界进入信息化产业领域；凤凰传媒等传媒出版商也应大潮流发展衍生出电子教辅教材行业，为教育信息化产业提供内容支持。未来，K-12相关的教育装备、信息化产品、教学内容项目将持续受到资本关注与增持。

（3）科技赋能未来发展

AI、大数据等底层应用与技术支持促进教育信息化发展，教学智能化、内容在线化、课堂可视化、学习个性化、评测数据化、管理系统化，科技与教育的结合持续加深，重构了教育模式和学习体验。在互联网+教育的基础上，AI+教育、大数据+教育、AR/VR+教育及综合上述技术的整体解决方案，将成为教育装备行业中长期发展的热点，也将成为资本市场的重点关注领域。

（作者单位：彭锦环，深圳市教育装备行业协会；王乐京、甄栩栩，深圳市前海前沿科技产业管理有限公司）

参考文献

[1]教育部.中华人民共和国民办教育促进法实施条例(修订草案)(征求意见稿)[EB/OL].[2018-04-20]. http://www.moe.gov.cn/jyb_xwfb/s248/201804/t20180420_333812.html.

[2]中华人民共和国教育部.教育信息化2.0行动计划[EB/OL].[2018-04-25].http://www.moe.gov.cn/srcsite/A16/s3342/201804/t20180425_334188.html.

[3]新华网.中共中央　国务院关于学前教育深化改革规范发展的若干意见[EB/OL].[2018-11-15]. http://www.xinhuanet.com/politics/2018-11/15/c_1123720031.htm.

[4]中华人民共和国教育部. 2017年全国教育经费统计快报[EB/OL]. [2018-05-08]. http://www.moe.gov.cn/jyb_xwfb/gzdt_gzdt/s5987/201805/t20180508_335293.html.

[5]中国教育信息化网.浙江省教育厅关于印发浙江省教育信息化三年行动计划的通知[EB/OL].[2018-12-19]. http://laws.ict.edu.cn/laws/difang/n20181219_54673.shtml.

[6]芥末堆. 2018年教育行业蓝皮书[R].[2018-10-17]. https://www.jiemodui.com/N/101254.html.

[7]鲸媒体. 2018—2019教育行业投融资报告：历史转折中的教育行业[R/OL].[2019-01-08]. http://www.jingmeiti.com/archives/33994.

[8]中信证券.教育行业2018年投资策略: 回归确定性, 把握真成长[R/OL]. https://max.book118.com/html/2017/1126/141572830.shtm.

[9]光大证券. 教育行业跨市场研究报告之五: 教育信息化, 国家意志, 智慧生态[R/OL].[2018-06-13]. http://www.microbell.com/docdetail_2372516.html.

[10]新浪教育. 图解教育: 2017中国家庭教育消费白皮书[EB/OL].[2017-12-20]. http://edu.sina.com.cn/tujie/2017-12-20/doc-ifypvuqe2438219.shtml.

[11]中国教育装备采购网.2017年中国教育用平板行业市场需求分析[EB/OL].[2018-07-09].https://www.caigou.com.cn/news/2018070975.shtml.

[12]艾瑞网.2016年中国家庭教育消费者图谱[EB/OL].[2016-03-09].http://report.iresearch.cn/report_pdf.aspx?id=2544.

2018年教育装备行业招标采购信息数据分析

方建伟　董晓娟

2018年9月，全国教育大会在北京召开，这是在中国特色社会主义进入新时代、全面建成小康社会进入决胜阶段的大背景下，党中央召开的第一次全国教育大会，意义重大、影响深远，标志着我国教育进入了现代化建设的新阶段，开启了加快教育现代化的新征程。

习近平总书记关于教育的重要论述，系统构建了新时代中国特色社会主义教育理论体系，为推进新时代教育改革发展提供了强大的思想武器和行动指南。他指出，党的十九大从新时代坚持和发展中国特色社会主义的战略高度，作出了优先发展教育事业、加快教育现代化、建设教育强国的重大部署。教育是国之大计、党之大计。教育是民族振兴、社会进步的重要基石，是功在当代、利在千秋的德政工程，对提高人民综合素质、促进人的全面发展、增强中华民族创新创造活力、实现中华民族伟大复兴具有决定性意义。

为了深入贯彻落实党的十九大精神，加快教育现代化和教育强国建设，推进新时代教育信息化发展，培育创新驱动发展新引擎，2018年4月，教育部制定发布了《教育信息化2.0行动计划》，提出到2022年，我国要基本实现"三全两高一大"的发展目标，即教学应用覆盖全体教师、学习应用覆盖全体适龄学生、数字校园建设覆盖全体学校，信息化应用水平和师生信息素养普遍提高，建成"互联网+教育"大平台，探索信息时代教育治理新模式。

为了不断推进政府采购工作高质量发展，2018年"放管服"改革进一步深化。《深化政府采购制度改革方案》获中央全面深化改革委员会第五次会议的通过，国家发展改革委印发了《必须招标的工程项目规定》，明确了全国执行统一的规模标准，缩小了必须招标项目的范围，将施工的招标限额提高到400万元，重要设备、材料等货物采购的招标限额提高到200万元，勘察、设计、监理等服务采购的招标限额提高到100万元。

此外，国务院也印发《关于优化科研管理提升科研绩效若干措施的通知》。其中明确，高校和科研院所要简化科研仪器设备采购流程，对科研急需的设备和耗材，采用特事特办、随到随办的采购机制，可不进行招投标程序，缩短采购周期；对于独家代理或生产的仪器设备，按程序确定采取单一来源采购等方式增强采购灵活性和便利性。

作为信息化的重要支撑，教育装备的作用与日俱增。教育装备行业更是随着国家对于信息化发展的部署得到了广泛关注，进入全新的发展阶段。教育装备与学校、教师、学生息息相关，坚持以学生健康成长为前提，以方便教学为基础，以推动信息化发展、加快教育现代化和教育强国建设为己任，教育装备市场才能欣欣向荣。

根据中国教育装备网2017、2018年度统计数据，本文将对2018年度全国教育装备行业招标采购信息进行系统地汇总、整理和分析，同时对比分析2017年1～7月统计数据〔因教育装备领域涵盖范围广泛，为进一步做好相应的数据分析，中国教育装备网从2018年8月起对全国教育装备行业招标信息分类进行了调整，由原先的五大类调整为七大类，分别为：信息化设备（含智能平板、录播系统、智慧黑板等）、后勤设备（含校园基建、安防设备、食堂设备、课桌椅等）、实验仪器设备（含仪器仪表、实验室平台等）、实训设备（含实训系统、实训设施等）、图书馆设备（含借还系统、微型图书馆等）、音体美设备（含乐器、体育设施、美术用品等）、其他专用设备（含心理健康、特教设备等）〕，总结我国教育装备行业招标采购的现状及一般规律，助力教育装备市场快速健康发展。

本文将从两个方面进行具体阐述：①从我国教育装备的基本类型来分析，揭示各类别教育装备年度所占比例情况、不同月份的招标采购信息总量变化情况以及同2017年1～7月招标采购信息量对比变化情况。②从2018年度各地区所占的比重情况、我国各地区招标采购信息总量对比情况以及同2017年1～7月各地区招标采购信息量对比变化情况来阐述，揭示不同地区的差异性及其变化趋势。

一、教育装备类型在全年的变化及占比情况

2018年1～7月各类教育装备招标采购信息总量为13561条（本文分析数据不含香港特别行政区、澳门特别行政区、台湾地区）。根据2018年1～7月全国教育装备招标采购信息量分类统计图（见图1）和占比图（见图2）可以看出：教学设备及软件信息量为4545条，占全部信息量的34%；后勤设备信息量为3962条，占全部信息量的29%；信息化设备信息量为3282条，占全部信息量的24%；实验室设备信息量为1622条，占全部信息量的12%；办公设备信息量为150条，占全部信息量的1%。占比最高的是教学设备及软件，其次是后勤设备和信息化设备，办公设备占比最低。

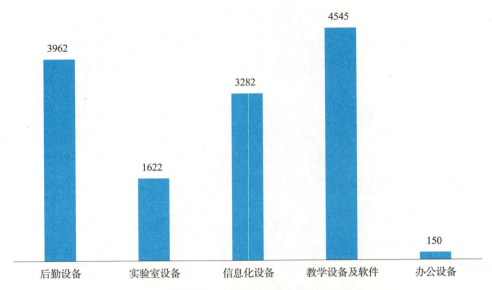

图1　2018年1～7月全国教育装备招标采购信息量分类统计（单位：条）

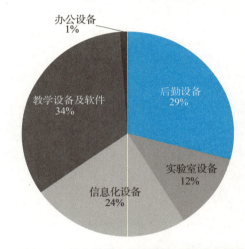

图2　2018年1～7月全国教育装备招标采购信息量分类占比

　　2018年8～12月各类教育装备招标采购信息总量为16484条。根据2018年8～12月全国教育装备招标采购信息量分类统计图（见图3）与占比图（见图4）可以看出：后勤设备信息量为8291条，占全部信息量的50%；信息化设备信息量为3007条，占全部信息量的18%；实验仪器设备信息量为1255条，占全部信息量的8%；实训设备信息量为908条，占全部信息量的5%；图书馆设备信息量为494条，占全部信息量的3%；音体美设备信息量为298条，占全部信息量的2%；其他专用设备信息量为2231条，占全部信息量的14%。后勤设备占比最高，其次是信息化设备，其他专用设备位列第三，音体美设备占比最低。

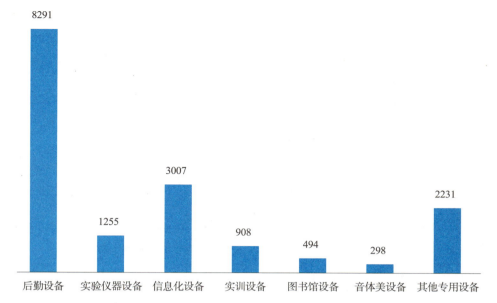

图3　2018年8～12月全国教育装备招标采购信息量分类统计（单位：条）

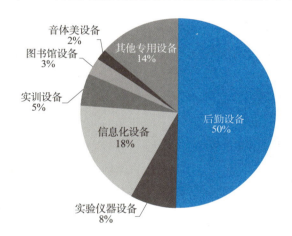

图4　2018年8～12月全国教育装备招标采购信息量分类占比

2018年8月起，我们在原先分类的基础上进一步调整类别，例如，将办公设备、校园基建、食堂设备、学校生活设施、课桌椅等纳入后勤设备范围内，将心理健康设备、特教设备、3D打印等设备纳入其他专用设备内，将仪器仪表、实验室平台等设备纳入实验仪器设备范围，新增实训、图书馆和音体美设备。调整后，后勤设备以涵盖范围广、采购数量多占据第一位置。

从2017、2018年1～7月全国教育装备招标采购信息量分类分析图（见图5）中可以看出：实验室设备同比增长34.27%；信息化设备同比增长26.72%；后勤设备同比增长8.94%；教学设备及软件同比增长1.56%；办公设备同比下降1.32%。

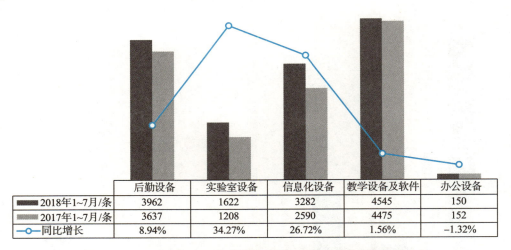

	后勤设备	实验室设备	信息化设备	教学设备及软件	办公设备
2018年1~7月/条	3962	1622	3282	4545	150
2017年1~7月/条	3637	1208	2590	4475	152
同比增长	8.94%	34.27%	26.72%	1.56%	−1.32%

图5　2017、2018年1～7月全国教育装备招标采购信息量分类分析

同比来看，除了办公设备略有下降外，后勤设备、实验室设备、信息化设备以及教学设备及软件都呈增长趋势，其中，实验室、信息化以及后勤设备的增幅较明显。

首先，实验室设备方面。2018年4月，教育部发布《高等学校人工智能创新行动计划》，提出加快建设人工智能科技创新基地，围绕人工智能领域基础理论、核心关键共性技术和公共支撑平台等方面需求，加快建设教育部前沿科学中心、教育部重点实验室、教育部工程研究中心等创新基地；加快国家实验室、国家重点实验室、国家技术创新中心、国家工程研究中心、国家重大科技基础设施等各类国家级创新基地培育；鼓励高校建设新型科研组织机构，开展跨学科研究。2018年9月，教育部发布《关于加快建设高水平本科教育全面提高人才培养能力的意见》，提出推进现代信息技术与教育教学深度融合，大力推进慕课和虚拟仿真实验建设，建设1000项左右国家虚拟仿真实验教学项目，提高实验教学质量和水平。上述两个文件的发布，加快了实验室建设的步伐，进一步推进了实验室设备需求的增加。

其次，信息化设备方面。2018年4月13日，教育部发布《教育信息化2.0行动计划》，要求积极推进"互联网+教育"发展，促进信息技术和智能技术深度融入教育全过程，推动改进教学管理。4月16日，教育部同时发布《中小学数字校园建设规范（试行）》和《网络学习空间建设与应用指南》两个文件。《中小学数字校园建设规范（试行）》要求实现信息系统互联互通，建设网络应用环境，实现校园宽带网络全接入、全覆盖；促进优质数字教育资源的建设、应用和共享，让每个班级都享受到优质数字教育资源；打造网络学习空间，促进师师、师生、生生、家校之间的互动。《网络学习空间建设与应用指南》要求积极推进"互联网+"行动，更加规范有序地推动"网络学习空间人人通"发展，切实加快教育信息化进程，以教育信息化支撑和引领教育现代化，服务教育强国建设。三个文件的密集发布和政策的贯彻实施，加大了各级各类学校对于信息化设备的采购需求，信息化设备的招标采购信息量也因此有了较为显著的提高。

再次，后勤设备方面。近年来，国家先后实施了贫困地区义务教育工程、农村中小学危房改造工程、西部地区农村寄宿制学校建设工程、农村义务教育薄弱学校改造计划等一系列重大工程，其中400多亿元主要用于农村寄宿制学校建设。2018年国务院办公厅印发《关于全面加强乡村小规模学校和乡镇寄宿制学校建设的指导意见》，指出要全面贯彻党的十九大精神，坚持以习近平新时代中国特色社会主义思想为指导，高度重视乡村义务教育，全面加强乡村小规模学校和乡镇寄宿制学校建设和管理，到2020年，基本补齐两类学校短板，进一步振兴乡村教育，基本实现县域内城乡义务教育一体化发展，为乡村学生提供公平而有质量的教育。资金加政策的影响推进了后勤设备需求的增加。根据教育部发布的《2018年全国教育事业发展基本情况》，截至2018年底，中央财政共投入专项补助资金1699亿元，带动地方投入3727亿元，合计投入5426亿元，比规划多投入200亿元。校舍建设竣工面积占规划建设总面积的比例达98.3%，设施设备采购完成比例达99.7%，分别比规划确定的2018年底"双过九成"的目标高出8.34和9.7个百分点，提前一年基本实现五年规划目标。贫困地区农村学校办学条件显著改善，农村寄宿学校学生"睡通铺、站着吃饭、洗不上澡"现象基本消除。

从2018年度全国教育装备招标采购信息量月度变化图（见图6）能够看出，8月的招标信息量最高，3、4、5、6月波动平缓，9、11、12月招标信息量整体持平，1、2月招标信息量整体最低。

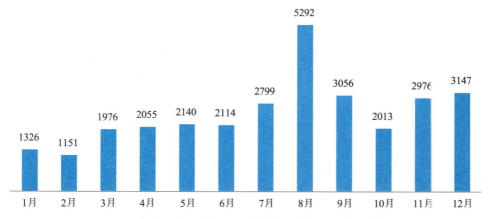

图6　2018年度全国教育装备招标采购信息量月度变化（单位：条）

8月起，中国教育装备网在对全国教育装备行业招标信息分类进行调整后，分类由五大类变成七大类。类别的增加以及相关具体品类的增加，导致调整后的招标采购信息量整体都大于调整前。从上半年的招标采购信息量来看，1、2月招标采购信息量较少，可以看出春节对教育装备市场有一定的影响，7、8、9月招标采购信息量较大，可以看出暑假同样会对教育装备市场带来影响。在下半年的数据中，10月的招标采购信息量较少，由此可以看出10月国庆、中秋假期对于教育装备招标采购量会产生影响。

从2017、2018年1~7月全国教育装备招标采购信息量月度分析图（见图7）中可以看出：1月招标采购信息总量为1326条，同比增长1.22%；2月招标采购信息总量为1151条，同比增长6.28%；3月招标采购信息总量为1976条，同比增长12.79%；4月招标采购信息总量为2055条，同比增长16.17%；5月招标采购信息总量为2140条，同比增长4.80%；6月招标采购信息总量为2114条，同比增长2.87%；7月招标采购信息总量为2799条，同比增长36.47%。2018年1~7月招标采购信息量同比呈现增长趋势，其中7月增长幅度较高。1、2、5、6月增长幅度较低。

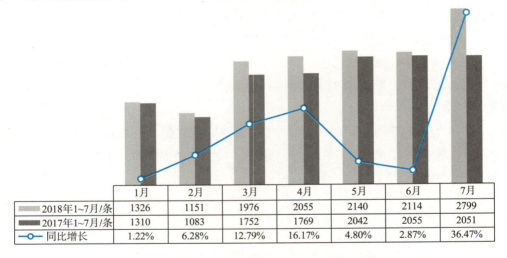

	1月	2月	3月	4月	5月	6月	7月
2018年1~7月/条	1326	1151	1976	2055	2140	2114	2799
2017年1~7月/条	1310	1083	1752	1769	2042	2055	2051
同比增长	1.22%	6.28%	12.79%	16.17%	4.80%	2.87%	36.47%

图7 2017、2018年1~7月全国教育装备招标采购信息量月度分析

二、各区域招标采购信息量占比及招标采购信息总量对比

从全国教育装备招标采购信息量的地区分布来看，占据最大份额的是华东地区，其招标采购信息量10015条，占全部信息量的34%；华北地区招标采购信息量5247条，占全部信息量的18%，位列第二；华南地区招标采购信息量4222条，占全部信息量的14%，位列第三；华中地区招标采购信息量3439条，占全部信息量的11%，位列第四；

西北地区招标采购信息量2821条，占全部信息量的9%，位列第五；西南地区招标采购信息量2275条，占全部信息量的8%，位列第六；东北地区招标采购信息量1786条，占全部信息量的6%，排在末位（见图8、图9）。

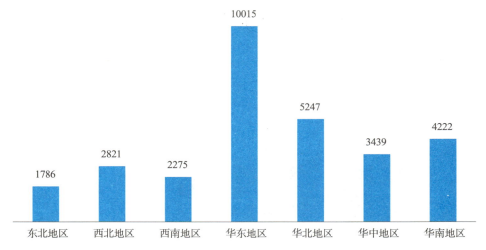

图8　2018年全国教育装备招标采购信息量地区统计（单位：条）

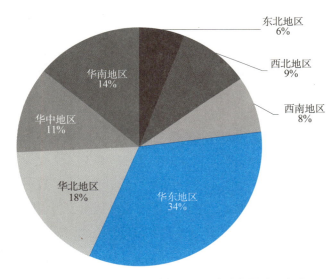

图9　2018年全国教育装备招标采购信息量地区占比

另外，从2017、2018年1~7月全国教育装备招标采购信息量地区统计分析图（见图10）上可以看出：东北地区招标采购信息量为794条，同比增长13.75%；西北地区招标采购信息量为1063条，同比增长28.07%；西南地区招标采购信息量为1029条，同比增长30.92%；华东地区招标采购信息量为5106条，同比增长3.30%；华北地区招标采购信息量为1969条，同比增长15.76%；华中地区招标采购信息量为1563条，同比增长10.93%；华南地区招标采购信息量为2036条，同比增长19.98%。同比来看，各地区招标采购信息量都呈现增长趋势，增长幅度较大的是西南、西北地区；增长幅度较小的则是华东地区。

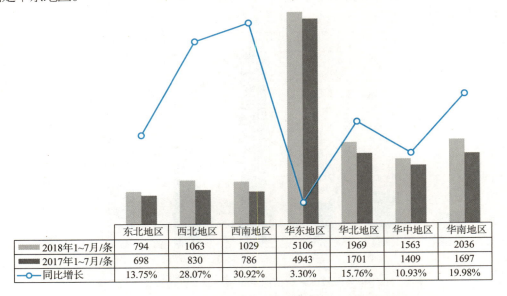

	东北地区	西北地区	西南地区	华东地区	华北地区	华中地区	华南地区
2018年1~7月/条	794	1063	1029	5106	1969	1563	2036
2017年1~7月/条	698	830	786	4943	1701	1409	1697
同比增长	13.75%	28.07%	30.92%	3.30%	15.76%	10.93%	19.98%

图10　2017、2018年1～7月全国教育装备招标采购信息量地区统计分析

各地区招标采购信息量的不同，说明教育装备发展存在地区差异性。地区差异性的形成主要受到各地区经济发展、教育投入等因素的影响。华东地区在各地区中占比最高，主要因其拥有7大省份，涵盖范围广，不仅有江苏、山东等教育大省，而且整体经济发展水平较高。西南、西北地区招标采购信息的大幅增长，离不开国家对于西部地区教育的大力投入。2018年，李克强总理主持召开国务院常务会议，指出按照党中央、国务院部署，继续加大对困难地区、薄弱环节的教育投入和政策倾斜，促进教育公平和基本公共服务均等化。会议确定了2018～2020年中央财政新增安排70亿元，重点支持"三区三州"教育脱贫攻坚。中央预算内投资加大支持贫困县、民族自治县等改善教育设施；2018年中央财政新增130亿元，通过转移支付重点用于中西部、贫困地区和农村义务教育、职业教育等。

三、结语

教育关乎国家发展，关乎民族未来，而教育装备则关乎教育的发展，关乎教育现代化的实现。从上述分析可以看出，教育装备招标采购的数据受到分类、地区、月份等因素的影响。国家相关政策的出台，对于教育装备行业的发展有着密切的联系，直接或间接影响着教育装备行业整体发展速度。2018年，在国家教育、招标采购等政策的影响下，教育装备行业取得了快速的发展。

　　随着新政策的出台及相关政策的进一步深入实施，预计教育装备整体需求量将进一步提高，各类别的教育装备招标采购信息量都将有不同程度的增长，教育装备行业将保持持续稳步增长。

（作者单位：中国教育装备网）

2018年地方教育装备工作汇编

中国教育装备行业协会教育装备研究院

2018年，是贯彻党的十九大精神的开局之年，也是改革开放40周年。各省、自治区、直辖市教育装备主管部门以立德树人为根本，以优质均衡发展为主题，坚持强化管理、保障安全、深化应用、融合创新等工作主线，以教育信息化推动教育现代化，全面推进教育装备与教育教学深度融合，全力推进教育装备事业发展，努力推动实现城乡教育一体化及教育现代化。

一、健全标准体系，引领现代教育装备发展

代表地区：北京、天津、内蒙古、上海、福建、甘肃。

为加强和促进各地中小学教育技术装备规范化管理，提高教育装备生产企业的产品质量，做到依法依规严格管理，2018年各地积极组织开展团体标准建设工作和地方装备配备标准建设工作。

（一）北京：收录建立标准库，参与国家标准建设

北京市教育技术设备中心多年来持续加强教育装备标准化建设，已收录的标准有通用标准65个、安全标准31个、教育装备产品标准（GB、JY、WW、JJG、GA、QB）618个，共计714个。2018年，北京市教育技术设备中心参与了国家标准《中小学图书馆评估指标》的起草和试评估工作。《中小学图书馆评估指标》由全国图书馆标准化专业技术委员会接受中国教育装备行业协会申报，国家标准化委员会批准立项。北京市教育技术设备中心作为项目主要起草单位参与了框架研讨、指标论证、指标撰稿等系列编制工作。

（二）天津：印发宣贯行业团体标准，研究制定地方图书标准

天津市普通教育技术装备管理中心积极组织开展团体标准建设工作，向该市中小学印发并宣贯多项团体标准，推进教育装备行业标准化建设，并参与全国教学仪器标准化技术委员会对《教学用远红外线加热》等6项标准的制定及函审工作。

为推进中小学图书馆工作科学化、规范化、系统化发展，充分发挥中小学图书馆（室）育人功能，天津市普通教育技术装备管理中心组织专家研究制定了《天津市中小学图书遴选标准（试行）》，以进一步提高中小学图书馆馆藏质量，把好采购质量关。

（三）内蒙古：**编制印发多学科地方装备标准，促进义务教育均衡发展**

2018年内蒙古自治区基础教育学校标准化建设取得多项实质性突破。在广泛调研、充分研讨的基础上，内蒙古自治区教育装备技术中心共完成《中小学理科实验室装备规范》（DB15/T 1247—2017）、《初中理科教学仪器配备标准》（DB15/T 1246—2017）两项地方标准；完成《内蒙古自治区中学地理专用教室配置规范（讨论稿）》《自治区教学点数学、音乐、美术、体育教学仪器设备器材配备指导目录》《心理辅导室装备配置规范（草稿）》等的编制工作；向内蒙古自治区质量技术监督局上报内蒙古自治区初中音乐、初中美术、初中体育、小学音乐、小学美术、小学体育6个学科教学仪器器材设施配备标准项目建议书并通过审批，6项地方标准的编制工作已全面铺开。多学科地方标准的制定与完善有利于指导相关科目教育装备的配备工作，促进义务教育均衡发展。

（四）上海：**标准建设满足个性化发展需求，提升考场配置规范性**

为适应普通高中发展和高考改革需要，上海市教育委员会教育技术装备中心研究编制了《上海市普通中小学校教育装备配备指南（高中分册）》，规范和引领上海市高中学校教育装备配备工作，促进高中学校特色化、多样化发展，满足学生个性化发展需求。同时，根据中考改革和教育信息化2.0要求，上海市开展了理化实验考场标准建设研究并研究编制了《体育中考分项目场地器材配置标准》，推进考试场地器材的科学性、安全性、统一性与标准化。

（五）福建：**编制论证多学段地方装备标准，提供全面规范保障**

为了适应新时期基础教育内涵建设与质量提升的新要求，福建省教育装备管理办公室聚焦基础教育装备发展不平衡不充分问题，组织相关人员赴上海市、浙江省等地学习教育装备工作先进经验，选择泉州市和宁德市经济发展水平有差异的部分学校开展调研，在多轮征求意见与论证之后，形成了《福建省幼儿园保教设备配置标准（试行）》《福建省完全小学教育装备标准（修订）》《福建省普通初中教育装备标准（修订）》《福建省普通高中教育装备标准（修订）》4份教育装备标准报批稿。多学段地方装备标准为基础教育提供更加全面规范的保障。

（六）甘肃：**多头并进，扎实推进教育装备国家与地方标准建设**

按照教育部基础教育司、教育装备研究与发展中心的要求，甘肃省教育装备办公室牵头研制完成《甘肃省小学教育技术装备配备指南（试行）》《甘肃省初级中学教育技术装备配备指南（试行）》和《甘肃省高级中学教育技术装备配备指南（试行）》，涉及装备配备品目逾1.2万类。承担《中国音乐器材质量等级划分与判断》团体标准研制工作，参与教育部、中国教育装备行业义务教育学校国家基本装备标准和高中音乐、体育、美术教学仪器设备配备和小篮球、小足球、小排球场地建设与器材配备6项行业推荐标准研制工作。配合甘肃省教育厅发展规划处修改完善《甘肃省义务教育学校办学基本标准（试行）（征求意见稿）》《甘肃省乡村教育振兴实施方案》和《加强全省乡村小规模学校和乡镇寄宿制学校建设的实施方案》，为乡村小规模学校和寄宿制学校教育配备提供依据。

除上述省（区、市）之外，湖南省还举办了首届基础教育装备标准化建设与应用论坛，邀请国内教育装备有关专家宣讲、研讨，全省各市州、县（区）近400名教育装备管理人员及教师代表参加。湖北省召开了强制性国家标准《中小学合成材料面层运动场地》宣贯会，完成了教育部装备研究与发展中心22个行业标准、小学科学及初中理科教学仪器设备配备标准、小学篮足排球场地建设与器材配备及高中音体美仪器设备配备与使用等征求意见稿的意见征集工作和中国教育装备行业协会3个团体标准的意见征集工作。河北省、广西壮族自治区、四川省等多地均出台了多学科地方标准，助力基础教育教学质量的提升。

二、搭建完善平台，以信息化推动教育现代化

代表地区：北京、内蒙古、吉林、浙江、江西、河南等。

为适应新时代对教育装备的要求，各地装备部门全面迅速地完善装备平台的搭建管理与精准数据收集工作，不仅为科学决策提供大数据支持，还能共享海量优质教学资源，扩展多种服务功能，让网络学校、远程学习、师生个性化学习等命题焕发勃勃生机。

（一）北京、内蒙古等多地：完善平台运维，进行数据分析

2018年北京市教育技术设备中心继续实施北京市中小学校办学条件管理系统运行维护项目，确保北京市中小学校办学条件管理系统平稳正常运行，为市、区、学校相关人员提供服务。充分利用北京市中小学校办学条件管理系统开展数据分析，编制《2017年度北京市中小学校办学条件数据统计资料》和《2016—2017年北京市中小学校办学条件数据对比》。

内蒙古自治区教育装备技术中心进一步完善内蒙古教育装备网的改版工作，扩展网络信息化服务功能，逐步形成共建共享机制。为准确掌握自治区普通中小学校教育装备发展现状，完成《内蒙古自治区普通中小学教育装备事业发展报告（2017）》编制工作，为自治区教育装备达标、效益评估、标准化建设提供数据支持，为自治区教育装备管理提供科学依据。

吉林省教育装备信息管理系统经过五年试点实践，日臻成熟，已成为统计分析年度装备数据的有力帮手。在此基础上，又组织开发了吉林省中小学教学仪器产品信息查询系统且已完成基础构建的搭建工作，进入征求意见阶段。

江西省教育装备管理信息平台于2018年建成并启用，分两期对全省100个县（市、区）、22个经济技术开发区共计270余名平台管理人员和中小学校技术骨干进行了平台应用培训，自2019年起将分步骤推进各中小学校数据采集录入。

河南省建设了两大平台：一是教育装备管理平台，用信息技术手段提升装备管理效率和科学水平；二是学校安全管理平台，用于全省校园安全风险防控，打造平安校园。

广西壮族自治区装备部门搭建并充分发挥中小学教育技术装备管理、中小学图书馆信息化管理、中小学实验教学及管理网络培训三大平台的作用，提升教育技术装备工作效益。一是发挥中小学教育装备管理系统作用，编制《广西2017年中小学校教育技术装备情况分析报告》，为摸清家底、分析数据、加强配备、科学决策提供依据。二是推进中小学图书信息化管理系统的试点建设，分别在靖西市、合浦县设置试点，实现了县级装备管理部门对学校图书馆数据的远程管理，为全区推进信息化管理提供参考。三是创建全区实验教学及管理网络培训系统，完善网络平台和初中化学及生物102个实验视频的拍摄工作。

湖北省于2018年完成了湖北省中小学教育技术装备统计网的整体上线、数据植入工作，实现了全省1000余所学校教育装备统计上报、汇总及分析网络化管理。完成了湖北省中小学教育技术装备管理信息系统建设方案制定和平台设计工作，如期启动招标采购。

（二）浙江、四川等地：地域优质教育大资源共建共享

在教育部科技司发布的《中国教育信息化发展报告（2018）》显示，2018年浙江省基础教育信息化发展综合指数名列全国榜首，其中"管理信息化"维度位居全国第一。这是自教育部科技司发布该发展报告以来，浙江省基础教育信息化发展综合指数连续三年位居全国第一。

为顺应"互联网+"发展趋势和创新型人才培养需求，浙江省教育厅提出把"以教育信息化引领教育现代化"作为新时代浙江教育的发展路径，调整组建了浙江省教育网络安全和信息化工作领导小组，编制发布了《浙江省教育信息化三年行动计划（2018—2020年）》，提出教育治理数字化转型行动、基础教育精准教学行动、教育大资源共享行动等六大行动。浙江省教育技术中心建成之江汇教育广场互联网学校、教师发展网络学校和家长网络学校；汇聚共享500万余条优质资源、1436门普通高中选修课网络课程、4.2万余个微课资源，为师生提供多样化个性化选择。

浙江省教育技术中心还开通了"浙江家长学校"全媒体平台，上线586个省级家

庭教育资源，建成4个家庭教育名师空间、10个"数字家校"空间，家长注册数达118万人。家长学校入选教育部教育政务新媒体年度案例、全国基础教育改革创新工作案例。之江汇教育广场被列为浙江省政府首批数字化转型重大项目，《构建数字资源体系支撑个性化教育的实践》获基础教育国家级教学成果奖二等奖。

四川省对标《教育信息化2.0行动计划》，加快信息化基础环境建设，共建共享网络教育资源。一是开展"校校通"区域整体推进工作，45个深度贫困地区中小学（不含教学点）互联网平均接入率达82.4%。二是深入推进四川省中小学数字校园云平台建设，其中图书管理系统实现178个县（区）系统覆盖，建库学校6707所，系统入库册数达1.21亿余册。三是启动常态录播教室建设，与企业合作建成"智慧教室、录播教室、高中课改教室装备配备研究实验室"，在普通高中学校试点推行常态化直播教学、互动课堂、远程教研工作试点，促进省域优质教育资源共建共享。

重庆市近年来不断改善信息化支撑环境。一是重庆市教育数据中心和大学城信息中心建设与运维工作保障有力，组织完成了存储扩容、CA支撑设备招标采购、市教委相关业务信息系统部署、三级等保测评整改、国家和市级系统操作系统清查整改等工作。二是重庆教育宽带网、区县教育城域网和宽带网络校校通建设进展顺利，全市中小学宽带网络校校通建设完成率达98.2%，较上年提升2个百分点。

2018年，重庆市教育服务门户及综合业务支撑云平台一期建设如期完成，12个应用系统实现集成，覆盖各类用户达23万人，汇聚中小学数字图书馆、高校在线开放课程平台等优质数字资源。重庆市基础教育资源公共服务平台项目建设进展加快，中小学教育装备管理平台建设有序推进。重庆高校在线开放课程平台已发展成为全国性服务平台，注册师生用户突破100万人，累计访问突破1亿人次。重庆高校数字图书馆平台建设有新进展，资源总量已达60TB，全年总访问量达470万余次，参与平台资源共建共享高校增至45所。

（三）宁波：信息化平台全面助力智慧教育

作为计划单列市，宁波市近年来以智慧教育为抓手，着力深化应用，努力以教育信息化推动教育现代化，持续深化智慧教育，为打造更加优质、均衡的宁波教育助力。

其一，在宁波智慧教育门户网站、学习平台、云平台已经开通并运行良好的基础上，宁波智慧教育公共服务与管理平台顺利建成并于2018年2月正式上线。平台包括教育地理信息、教育质量监测、学生体质健康管理、社会评教、教育投资项目监管等功能系统，还设有学区查询、学校（区域）办学质量评估、学区合理性评估等一系列便民服务及辅助决策功能。

其二，"甬上云淘"实现良性运营。教育资源网络商城"甬上云淘"已有100多家企业、单位入驻，通过线上线下联动模式推出"浙江新高考智能辅助查询系统""速算盒子""英语口语模考练习"等5000多种应用商品,点击量近1000万次,成交量突破1.5万笔。

其三,"宁波智慧教育"APP顺利推行。"宁波智慧教育"APP是提供包括家校沟通、缴费服务、报名入学、成绩管理等功能的家校服务平台,通过试点区域推广、会议动员部署等方式,已在全市范围内推广使用。截至2018年12月1日,按师生人数占比统计,"宁波智慧教育"APP安装下载及激活量达90%以上,在全市40%的学校投入日常使用。

其四,教育信息系统逐步整合。以建立"覆盖全市、统一标准、上下联动、资源共享"的教育信息资源大数据为目标,打破数据壁垒,实现一数一源和伴随式数据采集,推进教育信息系统的数据整合,逐步消除信息孤岛现象,现已与阿里云计算有限公司合作,通过部分学校率先试点的方式,逐步积累和扩展,力争形成统一的模型和标准,覆盖更多的学校和管理部门。

其五,教育信息化相关课题研究走向深化。结合智慧教育建设已经取得的成就,以课题为引领,开展"以智慧教育建设打造教育新生态的探索与实践"课题研究,探索以打造区域教育新生态的方式推进智慧教育的深入和可持续发展。该课题已被列为全国教育科学"十三五"规划2017年度单位资助教育部规划课题。

其六,优质教育资源逐步积累。持续开设名师直播课,一年来推出100余节课程,超过80万人次收看。完成"甬城教育名家中考系列讲座""宁波教育大讲堂"等近20个项目的拍摄工作,寒假版、暑假版和"甬上云校"一师一优课专栏共推出近千节新课程。同时结合"一师一优课、一课一名师"、全省微课程开发等活动累积资源,2018年宁波市共获"部级优课"51节、"省级优课"114节;获得校园专题类、微电影、影视教学等各类奖项18个。

三、深化装备研究,探究教育装备科学发展规律

代表地区:北京、上海、江西、山东、河南、湖北等。

理论是实践的先导,思想是行动的指南。2018年,多地装备部门结合本地特色,积极开展装备课题的研究与组织工作。

(一)北京、上海等地:积极开展、组织各级课题研究工作

2018年,北京市教育技术设备中心完成了北京市教委"义务教育阶段办学条件标准细则研究"项目结题工作,完成教育部"十三五"规划课题"基于现代教育装备的教育教学协同创新应用研究"的开题征集工作及北京课题组开题会组织工作。

上海市教育委员会教育技术装备中心近年来一直致力于教育装备工作与教育教学的深度融合,经多年研究和实践,"引领学习环境重构的中小学创新实验室行动研究"

荣获2018年基础教育国家级教学成果奖一等奖。同时积极搭建教育装备工作科研平台，编辑出版内部资料《上海教育技术装备》。

江西省教育技术装备站组织申报全国教育科学"十三五"规划课题"益智课程与思考力培养的实践研究"子课题的194所中小学校开展研究活动，开展中期省级调研，配合中国教科院深入南昌市、九江市部分子课题学校实地调研，帮助课题学校解决课题研究实际困难。组织中小学校和装备企业积极申报全国教育科学"十三五"规划课题"基于现代教育装备的教育教学协同创新应用研究"并参与制定子课题研究计划，了解子课题研究方向及应用案例。

山东省教育技术装备服务中心申报全国教育科学"十三五"规划课题"基于现代教育装备的教育教学协同创新应用研究"课题，并面向全省进行子课题学校征集，经过学校申报、评审，最终有25所学校立项。

河南省教育技术装备管理中心举行了河南省教育科学"十三五"规划2018年度教育装备和实践教育专项课题立项评审工作。共有61项课题获准立项，其中重大课题8项、重点课题53项。立项课题科学性强，研究价值高，将推动河南省教育装备和实践教育又快又好发展。

湖北省教育技术装备处分别完成了"湖北省学前教育玩教具、幼儿读物装备与应用研究"和"湖北省学前教育玩教具、幼儿读物装备与应用研究"两项湖北省教育科学研究院立项课题的启动工作，编辑出版了6期《中小学实验与装备》杂志。

广西壮族自治区教育技术装备中心开展自治区教育厅"广西中小学校服规范化管理研究"和"广西基础教育创新、特色实验室建设与发展研究"两项课题研究工作，形成了一批调研报告、研究报告，对校服工作、特色实验室建设工作提出了具有鲜明少数民族特色的新设想。

（二）江西、湖北等地：通过培训研讨、论文征集等活动提升科研能力

江西省教育技术装备站通过建立培训工作机制加大科研激励引导力度，每年吸引数千名教育装备管理人员和教师参与实验教学理论和实践等方面的研究。2018年4月，华东地区教育装备研讨会在井冈山召开，中国教育装备行业协会会长王富、副会长兼秘书长夏国明应邀出席并指导，部分省（区、市）教育装备部门负责人应邀参加会议。会议分享了工作经验，对新形势下教育装备创新发展的路径、方法等进行了交流和研讨。

湖北省教育技术装备处举办第十七届中小学实验教学和装备管理征文活动，产生一等奖22篇、二等奖37篇、三等奖88篇。

湖南省教育生产装备处联合《实验教学与仪器》杂志社共同举办了第二届湖南省中小学实验教学创新优秀论文评选活动，得到全省广大教师的积极响应，共收到论文1860篇。经专家评审，共评出一等奖138篇、二等奖202篇、三等奖539篇。

四、举办装备展示会，积极搭建交流互动平台

代表地区：北京、河北、上海、山东、河南、广东。

2018年，北京、河北、上海等地举办了各具特色的地方教育装备展示会。展示会增进了教育装备企业同各级教育装备管理部门、学校以及一线教师之间的联系。企业通过与一线教师交流了解实际教学需求，教师通过参观和亲身体验了解企业的新设备、新技术、新理念，展示会为推进教育装备与课程建设和教学实践相融合，全面实施素质教育，提供了良好的技术支撑和服务。

（一）北京：第二十九届（2018年）北京教育装备展示会成功举办

2018年3月，由北京市教育装备行业协会、北京市高等教育学会技术物资研究分会主办，《中国现代教育装备》杂志社承办的第二十九届（2018年）北京教育装备展示会暨北京教育装备论坛在北京展览馆开幕。展会于3月11~13日举办，展区面积近2万平方米，展位数达800余个。设置有教育信息化设备，实验室、专用教室、实训平台装备，学前教育装备及玩教具，校园节能与环保设备创新，体育等其他类教育装备共五大展区。展会紧跟教育发展潮流，关注教育热点话题，汇聚多方力量，为教育教学改革与发展构建装备、技术的交流、互动平台。

（二）河北：2018年河北省教育装备展示会成功举办

2018年3月，由河北省教育装备行业协会主办，河北省教育技术装备管理中心、唐山市教育局承办的2018年河北省教育装备展示会在唐山南湖国际会展中心举行。展会共有124家教育装备生产企业参展，参观人数达12000人次。展示会期间还举办了河北省第二届中小学教育创客设计大赛暨STEAM教育展示活动、新产品新技术发布会等丰富多彩的活动。

（三）上海：2018中国国际教育装备（上海）博览会成功举办

由上海市教育委员会支持，上海市教育学会、上海市教育委员会教育技术装备中心、上海市教育装备行业协会承办的2018中国国际教育装备（上海）博览会于2018年9月26~28日在上海世博展览馆举行。博览会同期还举办"迈向智能时代　关注未来教育"国际教育装备论坛，共有近300家企业参展，来自美国、英国等多个国家和全国27个地区的教育学者、行政管理者、科研人员、一线教师、商会代表等专业观众29000人次前来参会和观展。博览会借助上海"卓越的全球城市"的建设契机，立足上海、辐射全国、面向全球，紧扣国家"一带一路"倡议，深化国际交流合作，提升我国教育装备企业国际市场竞争力与影响力。

（四）山东：2018山东省教育装备博览会暨第四届校服设计大赛成功举办

由山东省教育厅和临沂市人民政府主办，山东省教育技术装备服务中心和临沂市

教育局承办的2018山东省教育装备博览会暨第四届校服设计大赛于2018年9月28~30日在临沂成功举办。博览会参展企业370余家，展位达到1400余个，其中特展展位达90%以上。此次活动既是教育技术、装备的集中展示，也是山东省教育技术装备应用成果的一次大检阅，共有约6万名教育装备和学校后勤管理人员及一线教师观摩。

（五）广东：第十七届广东教育装备展览会成功举办

"传承教育文化　创新装备未来"，由广东省教育装备中心指导、广东省教育装备行业协会主办、广州市教育基建和装备中心协办的第十七届广东教育装备展览会于2018年9月20~22日在广州国际采购中心成功举办。展会展馆面积为1.2万平方米，汇聚了100多家优秀教育装备企业，共500多个展位，全面展示各级各类学校所需的教育装备。展会同期举办了广东省教育装备行业协会会长、副会长工作座谈会、2018年广东省中小学实验教学说课活动、2018年广东省中小学图书馆（室）发展论坛等系列活动。共吸引了约1万名观众参观交流。

（六）河南：2018中国（郑州）国际教育装备博览会成功举办

2018年4月26~28日，由中国教育装备行业协会、河南省教育厅指导，河南省教育技术装备管理中心支持，河南省教育装备行业协会主办的"2018中国（郑州）国际教育装备博览会"在郑州国际会展中心成功举办。博览会展馆面积近2万平方米，汇聚了大批教育装备新产品和科技新成果，共接待专业观众4万人次。博览会现场活动内容丰富，同期举办了6场论坛及5场大型活动，行业内知名企业联想集团、华为公司等纷纷亮相，河南卫视等多家主流媒体全方位报道博览会盛况。博览会的成功举办推动了河南省教育装备发展、交流与合作，提升了河南省经济社会效益，树立了教育厅服务经济发展大局的好形象。

五、提升实验教学，促进教学与核心素养养成

代表地区：北京、天津、河北、湖北、湖南、广西等。

《国家中长期教育改革和发展规划纲要（2010—2020年）》提出："着力提高学生的学习能力、实践能力、创新能力，教育学生学会知识技能，学会动手动脑""开发实践课程和活动课程，增强学生科学实验、生产实习和技能实训的成效"。《国家教育事业发展"十三五"规划》提出："强化学生实践动手能力""推进优质教育资源共建共享"。《教育部关于全面深化课程改革　落实立德树人根本任务的意见》要求："强化教学的实践育人功能""整合和利用优质教育教学资源"。随着近年来各类相关文件的出台，各地装备部门对通过实验教学促进学科教学、促进学生核心素养养成有了新的认识。在全国性文件和各类活动的带动下，各地提升实验教学的经验正快速累积。

（一）河南、湖北等31个省、自治区、直辖市及新疆生产建设兵团：以赛促教，举办地方实验教学说课活动

为进一步提高中小学实验教学水平，提升实验教学育人效果，教育部基础教育司2018年3月下发了《关于举办第六届全国中小学实验教学说课活动的通知》（教基司函〔2018〕14号），中国教育装备行业协会受教育部基础教育司委托组织和实施了第六届全国中小学实验教学说课活动相关工作。

第六届全国实验教学说课活动历时8个月，包括平台申报、各地遴选推荐、专家委员会评审、现场说课展示4个环节。据统计，全国31个省、自治区、直辖市及新疆生产建设兵团发文组织参与第六届全国实验教学说课活动，省级遴选绝大多数都开展了评优评奖，使该活动真正落地生根，促进了实验教学的发展。截至2018年11月底，全国中小学实验在线平台注册人数已达24万人，已积累实验教学课程视频资源3154节，课程点击总量已达140万次。经过六届的积累与沉淀，实验说课活动日趋成熟。参与教师数量、地区覆盖率、现场观摩人数与年俱增，教学资源转化使用率高，活动内涵丰富，带动教师的创新积极性，得到各方的关注与认可。

河南省于2018年6月举办了实验教学优质课和实践教育优质课评选活动，该活动被河南省人力资源和社会保障厅列入中小学职称评定业绩条件，是实验教学方面的重要评审项目。共有400余名教师参加了实验教学优质课现场授课评选，评出一等奖85节、二等奖155节、三等奖199节，其中有15节上报教育部，最终10节课获得第六届中小学实验教学说课活动现场展示资格；有200多名教师参加实践教育优质课现场授课评选，评出一等奖32节、二等奖61节、三等奖84节。这两项评选活动方向正确，理念引领，突出创新，评审权威，产生了积极的社会影响。

2018年4月，湖北省教育厅办公室下发《关于举办第六届湖北省中小学实验教学说课活动的通知》。经过层层遴选推荐、专家网络评审、现场展评和网络公示，活动共产生一等案例36个、二等案例76个、三等案例268个，并确定推荐15个优秀案例参加第六届全国中小学实验教学说课活动。同年，湖北省启动并实施了首届"实验教学送教下乡活动"，组织教研专家及省级优秀说课案例教师赴黄冈、咸宁、孝感三市开展"送教下乡"活动，为700余名基层教师进行现场演示、点评。

值得一提的是，与往年相比，2018年西部地区（新疆、西藏、贵州、陕西等）的说课活动成果也有了大幅提升。在全国现场展示中，部分西部教师的说课表现出众，令专家和观众耳目一新、啧啧称赞，这种新的变化直接验证了持续举办说课活动对提高实验教学水平的显著作用。

（二）北京：全面开展中小学实验教学探究工作

至2018年底，北京市教育技术设备中心已初步完成初中理化生三个学科全部基础实验部分的操作与探究工作。了解学校实验开展及仪器使用情况，对于效果不佳的实

验做出改善及创新，提高办学条件标准细则中仪器设备与课标、教材的配套性和适应性。修改完善《北京市中小学实验室管理办法》。

（三）天津、广西等地：展示交流，举办创新实验室优秀案例评选等活动

天津市开展中小学创新实验室优秀案例评选活动。组织专家研究制定创新实验室优秀案例评选标准，从各区上报的116个优秀案例中筛选出16所学校进行实地考察。最终评选出14个创新实验室优秀案例汇编成册并下发全市中小学校，在全市范围内开展交流展示活动，引领天津市创新实验室良性发展。此外，天津市还开展了面向义务教育学校征集创新实验室教学与科学实践教育的活动。面向天津市义务教育学校征集并评选出157件优秀创新实验室教学与科学实践教育活动案例，为做好义务教育学校国家基本装备标准的研制工作打下基础。

为推动创新特色实验室建设，广西壮族自治区举办了广西中小学创新、特色实验室优秀案例展示活动，全区14个设区市选送优秀案例进行集中展示。参展案例地域民族文化特征和科技创新元素，得到了高度评价。

（四）京津冀三地：地域交流，整体提升京津冀教育一体化进程

2018年3月，由京津冀三地教育装备部门联合主办的京津冀中小学实验教学说课交流活动在唐山举行。这是三地贯彻京津冀协同发展战略，加强交流与协作，推广全国中小学实验教学说课成果的具体举措。京津冀三地全国实验教学说课活动获奖代表、河北教师代表等800多人参加了此次活动。

（五）湖南：问题导向，启动实验教学质量抽查工作

湖南省以省级实验教学质量抽查工作作为全年工作抓手。抽查工作得到了湖南省教育厅的高度肯定，在基层引起了强烈反响，明确了全省实验教学以狠抓教学质量为主题的工作导向，达到了预期的工作效果。

（六）四川：评估调研，一手报告促进中小学实验教学

四川省教育厅技术物资装备管理指导中心组织专家深入36个县、66所中小学，从组织管理、实验教学、条件保障等方面进行评估调研，编制并发布《2018年四川省中小学实验教学评估调研报告》，为全省开展实验教学工作提供决策依据。

（七）陕西：举办首届陕西省基础教育实验教学成果展示会

由陕西省教育厅主办，陕西省教育厅教育技术装备管理中心、榆林市教育局承办，榆林市电教馆、榆阳区教育局、榆林高新区教育局协办的首届陕西省基础教育实验教学成果展示会于2018年4月27~28日在陕西省榆林市举行。此次活动全程线上直播，旨在把最新的教育实验教学成果跟广大师生及教育人员分享。此次展示会搭建了一个了解实验教学教育装备行业发展走向、感受实验教学领域创新脉动、分享教学成果的高端平台，取得良好的社会效果。

六、深入督导调研，服务基础教育综合改革

代表地区：北京、广西、四川、甘肃。

教育装备的"建、配、管、用"只有做到步步落实，装备优势才能转换成教育质量优势，真正起到促进教育教学的作用。2018年，多地装备部门重视督查指导，大兴调研之风，及时发现问题、解决问题，改薄改弱，为义务教育的均衡发展提供精准支撑。

（一）北京：全面督查，提升质量

2018年7月，北京市教育技术设备中心召开督查会，统一思想，讲解内容，听取汇报，掌握一手资料，以提升督查质量。2018年，203名督查员共完成督查2623次，提交13份督查报告。对已发布项目做到了督查全覆盖，对资源单位从场地、人员、课程质量进行全方位监督和管理。对问题严重的资源单位通过暂停服务、通报批评、当面约谈、电话约谈等多种方式进行处罚并及时复督。

（二）广西：关注应用，专项督查

广西壮族自治区教育技术装备中心深入各地开展"改薄项目"进度、产品质量、中小学图书馆图书适应性和信息化程度、学生装（校服）管理等专项调研和检查工作；参与广西县域内义务教育均衡发展督导评估工作，共参加浦北县等11个县（市、区）的自治区评估验收，南丹县等3个县（市、区）的国家督导评估认定工作；配合教育部教育装备研究与发展中心有关课题组开展广西学校教室照明环境调研活动，并于11月29日在南宁市召开"广西改善校园视觉环境专题研讨会"，研讨校园健康照明环境建设。

（三）四川：改薄改弱，蹲点指导

一是督导薄弱学校装备达标。指导"全面改薄"项目市、县两级教育装备部门编制2017年度项目执行计划和2018年度项目实施工作，敦促加快项目实施进度，执行"全面改薄"定期检查制度和双月报制度。累计完成教学仪器设备采购53.84亿元，采购完成率121.79%；新装备标准化学校1000余所，全省中小学校装备达标率达90%。二是参与省级义务教育均衡发展督导评估。四川省教育厅技术物资装备处牵头实施了对雷波、昭觉两县义务教育均衡发展过程督导，参加了对普格等7个县的省级督导评估，侧重督导学校办学条件特别是装备达标情况，督促地方政府和教育部门加大投入、精细管理。三是蹲点指导凉山州教育局核查锁定了教育基础数据。针对凉山州义务教育阶段学生人数、校舍面积底数不清、预测不准等突出问题，组织专家进驻凉山州，通过自下而上再核查、再统计、再分析，测算出了凉山州到2020年义务教育阶段学生人数、校舍面积及资金缺口，为凉山州消除大班额，推动义务教育均衡发展、高质量发展提供了精准数据支持。

（四）甘肃：城乡一体，谋划对策

在大量调研的基础上，甘肃省教育装备办公室以《装备研究与决策》专题报告形式，分析当前中小学教育装备区域、城乡、学段发展不平衡不充分的主要问题，为全面实施素质教育，统筹推进城乡义务教育一体化改革发展，高中多样化有特色发展，促进学生全面而有个性的发展，为每个学生提供公平而有质量的教育提供决策参考，共编印《教育装备应用（实验室）现状调查及对策建议》《中小学教室装备的现状调查及对策建议》等5期《装备研究与决策》。

七、狠抓安全质量，"严""准"发力凸显成效

代表地区：北京、河南、安徽、江西、四川、西藏。

2018年是举国上下贯彻落实党的十九大精神的开局之年，是实施"十三五"规划承上启下的关键一年，也是中国经济由高速增长转向高质量发展的一年。各地教育装备部门不断提高服务大局意识，落实立德树人意识，追求内涵发展，注重质量提升，严格招投标程序，定期调研督查，排除安全隐患，全力保障教育教学朝着优质化发展方向。

（一）北京：提升安全与质量管理水平，让装备安全与质量工作落地见效

北京市教育技术设备中心进一步贯彻落实北京市教委《关于加强基础教育装备安全与质量管理工作的意见》，不断提高控制教育装备风险点和危险源的管理效能。

①开展放射源及X射线装置专项清查与处置工作。根据北京市生态环境局《关于进一步对北京市中等学校等教育机构含放射源教学仪器进行清查的函》（京环函〔2018〕35号）有关要求，按照全员覆盖的原则，经过初期摸底、实地调研、中期培训、后期复核、送贮、环保手续办理六个阶段，切实落实本部门和本区域内的清查处置工作。②开展教育装备安全与质量调研工作。全年深入开展以实验室和普通教室采光和照明环境为主要内容的调研与测试。③开展教育装备适用性评估工作。为确保中小学生的身心健康和安全，开展了新型材料桌椅适用性评估，重点针对安全性能进行研究，已初步形成高分子材料研究评估报告。

（二）安徽、西藏：全面监管实验仪器与药品，开展突发事件应对演练和培训

安徽省开展中小学实验室危险化学品突发事件应对演练和中小学实验室危险品管理培训，各市、县（区）共开展危险化学品突发事件应对演练约160场次、中小学实验室危险品管理培训约90场次；印制、下发中小学实验室危险品应知应会手册。

西藏自治区制定了《西藏自治区教育厅关于加强和改进中小学实验教学的工作意见》《关于强化"五个100%"主体责任　做好全区中小学校实验药品采购及废液回收工作的紧急通知》《关于做好全区中小学实验药品采购及废液回收的通知》等多份文件，

从采购、保存、管理、使用、回收、处理、监督等各个方面，对实验仪器药品等进行全方位监管。

（三）江西：连续三年组织开展全省教育装备安全大排查

2018年9月，江西省教育技术装备站印发《关于继续开展全省中小学教育装备安全大排查的通知》，要求各地各校切实抓好教育装备安全管理工作，做到安全管理规范化，排除隐患常态化。全省共收集设区市教育装备安全自查总结表11张、安全自查总结汇报5篇，县（市、区）级教育装备安全自查报告102篇，学校装备安全隐患重点排查点自查表8745张。全省共排查安全隐患2171处，其中已整改到位的2111处，尚未整改到位的60处被列入整改报告，督促相关学校及教育装备部门建立问题台账，尽快整改到位。

（四）河南、四川：完善质量检测体系，从源头杜绝不合格产品

河南省充分发挥省教学仪器产品质量监督检验中心的职能作用，进一步拓展检测广度，力争做到地域、学校、学科、品种全覆盖，制定《开展第三方质量验收工作办法》和《特殊问题处理办法（试行）》，举办9期全省教育装备质量管控培训班。近两年共完成2200多批次教育装备产品第三方质量验收，合同金额约22.92亿元，成功阻止了近3亿元的不合格产品进入学校。

四川省教学仪器设备质量监督检验站是西南地区唯一有相关资质的教学仪器设备专业检测站。四川省充分发挥该检验站的作用，印发了《四川省中小学校（幼儿园）教育技术装备产品质量监督检验工作规范》等32项操作规程文件，从管理机制上保证教育装备产品质量体系运行的有效性和可靠性。

八、做优专业培训，打造高素质管理队伍

代表地区：北京、天津、山西、上海、江苏、安徽等。

为进一步提升教育装备服务、保障、促进教学的作用，各地装备主管部门开展各类主题的专业培训，打造一支高效、与时俱进的高素质管理队伍。

（一）北京：举办北京市中小学实验室废弃物处置对策研究培训

北京市教育技术设备中心全年共举办8场中小学实验室废弃物处置对策研究培训，涉及538所学校的1000余名行政后勤领导、学科教师、实验员，培训满意度90.86%。

（二）天津：开展业务、实验、图书等培训活动

天津市教育委员会教育技术装备中心在部分区开展"新形势下教育装备工作的定位与策略""优化资源配置专项评估标准解读""中小学实验技术人员专业化培训"等培训工作，解读新形势下教育装备工作的重要意义，剖析实验及图书工作在装备管理工

作中的重要性，提升实验员专业技术能力。在南开大学附属中学组织开展"天津市中小学图书馆管理人员专业知识培训"，来自全市各区的1100余名图书馆管理人员、主任及装备站人员参加了此次培训。

（三）山西：**组织心理健康教育、图书、音乐、学前教育等培训**

2018年山西省组织了6期心理健康教育培训，共培训520人次；3期图书培训，共培训461人次；两期音乐培训，共194人次。在山西省内8个地级市举行了学前教育培训，参加培训的幼儿园共计564所，参加培训的园长及教师共计1034人次。上述培训工作取得圆满成功，获得了与会教师的高度评价。

（四）上海：**做优实验教学与图书馆业务培训**

为加强和改进实验教学工作，上海市开展教师实验能力专项培训，开发7门培训课程，完成413名市级骨干教师和实验员培训，指导各区全员培训，组织开展上海市中小学理科实验教学说课活动和教师实验能力大赛（中学化学），整体提升学科实验教学水平。继续加强图书馆管理员队伍建设，对160位中小学图书馆新任馆员进行培训。继续开展区域专职干部常态化培训，进一步提高教育装备管理人员的理论水平和实践能力。

（五）江苏：**举办教育装备干部业务能力培训**

2018年10月，江苏省在扬州举办培训主题为"加强教育装备　助推课程改革"的第四期全省市、县（市、区）教育装备管理部门主要负责人培训班，来自全省各市、县（市、区）教育装备管理部门主要负责人共计180余人参加培训。培训班邀请有关专家就STEM课程如何落地、教育装备项目质量管理及机制建设、新时代新课标背景下的创客教育思考做了专题报告。

（六）安徽：**举办全省教育装备管理信息系统培训班等活动**

安徽省举办全省教育装备管理信息系统培训班，各市、县（区）开展教育装备管理信息系统二次培训约160场次，1300多人参训。举办了2018年全省装备管理人员及中小学校信息化设备管理员培训班，各市、县（区）教育装备部门负责人和信息化设备管理员骨干教师近280人参加了培训。开展全省中小学图书管理人员培训活动，对教育部2018年5月印发的《中小学图书馆（室）规程》进行了宣贯，各市、县（区）教育装备部门相关人员和中小学图书馆工作人员近230人参加了培训。2018年，全省各市、县（区）开展中小学图书管理人员培训活动65场次，6183人参训。

（七）山东：**积极组织开展教育装备应用培训及装备统计研讨活动**

2018年，山东省举办了教师现代教育技术装备应用能力和实验室管理人员业务专项培训、案例展示活动；成功举办了"山东省幼儿园装备应用培训活动"，全省400余名幼儿园园长和装备从业人员参加了此次活动；举办了基础教育装备配备标准及教育装备统计工作研讨会，全省各市教育装备管理部门、各市中小学校校长100余人参会。

（八）云南：举办云南省中小学音乐器材使用培训班

2018年12月11~13日，云南省中小学音乐器材使用培训班在云南师范大学商学院举办，来自16个州市的188名学员参加培训。培训内容受到广大参训学员的好评。

九、创新制度管理，推动常规工作高效进行

代表地区：天津、上海、江西、湖北、广西、陕西。

（一）天津、广西：建立教育技术装备专家库及管理制度

天津市建立了较完善的教育技术装备专家库及管理制度，承担当地教育技术装备标准、实验教学、图书管理等相关活动的评审及指导工作，提高教育技术装备工作决策的科学性，提升当地教育技术装备管理工作专业化水平。

广西壮族自治区遴选组建了由116名骨干教师组成的广西教育技术装备专家库，服务中小学实验教学。

（二）上海：完善教育装备工作规范管理制度

为促进上海市教育装备工作规范管理，上海市教育委员会教育技术装备中心研究编制了《中小学教育装备配置管理工作规范》，探索建立教育装备全生命周期的管理机制；研究编制《区域基础教育装备工作评价指标》和《上海市中小学图书馆建设与运行评价指标》，进一步提高区域教育装备及专项工作的建设、管理和服务水平。

（三）江西：召开全省教育装备暨信息化应用推进会议

2018年11月8日，由江西省教育厅基础教育处牵头，省装备站、省电教馆联合在吉安市召开了全省教育装备暨信息化应用推进会议，会议通过专家授课、现场观摩、典型示范，为各地各校管好用好装备和信息化资源、提高使用效益提供工作借鉴。

（四）湖北：修订中小学实验装备与管理系列制度

修订和完善了《湖北省中小学实验管理人员岗位职责》《湖北省中小学实验室管理制度》《湖北省中小学实验仪器设备器材药品管理制度》《湖北省中小学实验室危险化学品管理制度》和《中小学实验教学工作评价细则》。

（五）陕西：制定《陕西省教育厅关于加强中小学教育技术装备工作的意见》

陕西省教育厅教育技术装备管理中心参照国家相关文件，结合陕西省实际，经过大量调研、论证及反复征求意见，形成了《陕西省教育厅关于加强中小学教育技术装备工作的意见（修订稿）》（已于2019年1月2日第一次厅务会讨论通过）。该意见的出台将极大地推动陕西省教育装备标准化建设和现代化建设，有效破解装备工作发展的难题。

十、把握发展大局，业务工作亮点纷呈

代表地区：北京、内蒙古、上海、浙江、江苏、安徽等。

2018年，各地教育装备主管部门纷纷酝酿出台新举措，稳中求进，开拓创新。

（一）北京：**建立李小燕工作室，促进图书工作与教育教学的深度融合**

李小燕工作室成立以来，通过专家引领，图书工作广度与深度增加了，初步凝聚了一批中小学图书馆馆长，形成了一批骨干团队。工作室以基地校为阵地，建设工作室课程资源中心，通过开展图书馆理论研究、专业培训和实践活动，促进图书工作与教育教学、教师成长及学校发展的深度融合。此外，2018年还组织了10期图书馆沙龙活动，赴上海、宁波参观学习，赴大学图书馆、国家图书馆和企业参观培训。

（二）内蒙古：**成立创造教育专业委员会，举办相关论坛**

为落实国家创新发展战略，积极开展全区创新实践教育的协作、研究、交流和推广活动，内蒙古自治区教育学会成立创造教育专业委员会，举办创造教育主题论坛、K-12科技创新与创造教育论坛、首届内蒙古自治区中小学生人工智能和创客教育装备技术应用创新实践活动，筹建中小学校园创客教育研究中心。

（三）上海：**整合职业教育资源，做精中小学生职业体验活动**

为服务学生发展需求，上海市教育委员会教育技术装备中心不断整合中等职业学校、企业和医院等各类社会资源，逐步形成了培养职业素养的学生职业体验活动、激发学生创造能力的科创夏令营，以及呵护生命安全的医学科普体验营3项特色体验活动，助力学生关键能力的培养。中小学生职业体验活动已连续举办7年，上海市学生职业体验中心顶层设计及布点规划已完成。上海市还开发了一批育人效果突出的体验课程，编制了工作案例集，2018年共有近6万人次的中小学生通过职业体验周、教博会、暑期小达人平台参与体验，社会效应显著。

（四）浙江：**打造教育装备博物馆，展示教育技术的内涵与发展**

浙江省教育技术中心组建浙江省教育技术博物馆。浙江省教育技术博物馆围绕教育技术事业发展历史、教育技术装备及技术发展历史、教育技术服务教育发展历史三条主线，以实物、文字、图片、视频的形式系统展现了教育技术的内涵与发展。创建浙江省教育技术博物馆是浙江省教育技术工作者对教育技术内涵与发展的一次认真梳理和思考，其馆藏价值及历史意义重大而深远。

此外，浙江省独具特色的学科教室、创新实验室、之江汇大数据平台都体现了教育装备作为工具支撑起教育教学创新的理念。

（五）江苏：**紧跟科技发展脉搏，开展新技术新产品试点应用**

2018年，江苏省继续开展全省教育装备新技术新产品试点应用工作，共有19家企

业的26个产品入选2018~2019年教育装备新技术新产品试点应用项目；由各市推荐，确定南京市月苑第一小学等92所学校为2018~2019年省教育装备新技术新产品试点应用推广项目学校。2018年10月30日，江苏省教育装备新技术新产品试点应用项目成果交流活动在扬州举办。

（六）安徽：建设创新实验室，扶持装备特色化建设

安徽省教育装备主管部门以智慧学校建设为契机，推动现代教育装备发展；着力扶持各地装备特色化建设，2018年安徽省共新建731个学科教室和184个创新实验室；积极推进创新实验室建设，鼓励有条件的地区探索建立创客空间、AR、VR教室等。

（七）山东：细化后勤管理工作，充分发挥学校后勤育人功能

山东省教育装备主管部门以"规范化、制度化建设"为引领，全面提升学校后勤工作管理、服务水平。

一是全面开展业务培训活动。借力学校后勤协会，积极组织开展了以学校食堂、公寓、绿化、商贸、校服、饮用水等为主题的8场次培训班，全面提升了学校后勤人员的业务能力，促进了学校后勤工作规范化、科学化发展。

二是组织开展系列活动，充分发挥学校后勤育人功能。2018年，开展了《我是大师傅》《校园即景》《公寓里的故事》等多项活动，引导校园公寓文化建设，通过学生的视角，观察身边的人和事，弘扬正能量，丰富学生校园文化生活。

三是平稳推进学校集约型供餐体系建设。按照《山东省人民政府关于餐饮质量安全提升工程的实施意见》精神，加强了对学校集约型供餐试点单位的指导，总结推广了试点经验。

四是认真贯彻《山东省中小学校服管理工作指导意见》，建立健全中小学校服管理体系，成功举办了山东省第四届校服设计大赛。

五是成立了山东省中小学后勤专家委员会。组建了一支有思想、懂业务、会管理、有影响、愿奉献的专家队伍，发挥了智库作用，为山东省学校后勤工作创新发展贡献了力量。

（八）湖南：搭建新平台，支持创办智慧教育装备展示体验中心

湖南省教育生产装备处支持创办湖南省智慧教育装备展示体验中心，以该中心为宣传窗口为教育装备产品提供集中展示平台，为教育主管部门和学校提供参观体验和学习培训的场所。自2018年6月正式挂牌成立以来，该中心接待省内外教育部门管理人员、教师及企业人士累计超过200人次，起到了较好的教育培训、交流展示效果。

（九）贵州：打造创客特色，举办全省创客教育系列活动

在调研的基础上，贵州省教育装备管理中心收集整理并组织专家论证《贵州省

中小学创客空间建设指导意见（试行）（征求意见稿）》；组织中小学创客教育专家到省内15个贫困县开展中小学创客教育免费授课培训活动，培训了贫困县（市）基层学校1700名中小学创客教育教师；2018年8月17~18日在贵阳举办2018年贵州省中小学创客教育教师培训活动，各市（州）教育部门共派遣了390名教师参加创客教育培训活动；12月21~23日在贵阳举办贵州省2018~2019年度中小学创客项目评选活动，各市（州）教育部门选送近340名中小学生参加评选活动。

（十）重庆：多头并举，扎实开展中小学科技与社会实践教育

一是大力推进基地建设。不断完善万州、铜梁等五个国家级示范基地建设；组织开展第四批中小学社会实践教育基地申报评审活动；加强区县基地建设的指导力度，采取多种形式加强基地辅导教师培训工作；开展中小学科技教育先进集体和先进个人评选活动。

二是组织开展科技与社会实践教育活动。组织举办第七届科技节活动；举办第二届中小学生智力运动会暨实践创新征文大赛；组织1000名学生参与中央专项彩票公益金支持校外活动保障和能力提升项目"传承中华美德 寻访红色足迹"公益活动；配合市科协组织开展第三十三届青少年科技创新大赛活动和第三届青少年科学素养大赛、第二十九届青少年科技模型大赛。

三是加强中小学科技与社会实践教育研究。完成重庆市教委教育改革试点重点项目"中小学科技创新改革试点"项目并结项验收；组织召开中小学社会实践基地建设研讨会；开展中小学社会实践基地调研活动。

（十一）青海：组织中小学生机器人竞赛暨创新设计大赛

2018年4月21日，第八届青海省中小学生机器人竞赛暨创新设计大赛在西宁成功举办，152支机器人学生代表队、20支教师代表队和12支创新设计代表队参加了FIRST工程挑战赛、FIRST科技挑战赛、太空挑战赛、创意赛、教师个人技能赛及创新设计赛等6项赛事。6月1~3日，青海省组队参加了在苏州举办的2018年全国FIRST机器人大赛，取得了3个二等奖、3个三等奖；8月14~16日，组队参加了2018WRO机器人高手大会北区联盟赛，青海省派出的4支队伍在411支参赛队中脱颖而出，取得了2个冠军、1个一等奖、1个二等奖的好成绩。

十一、结语：装备服务教育，各地齐心共筑长城

纵观2018年各地装备部门的工作，各地教育装备人上研政策领会精神，下赴基层调研解决问题，服务学校、服务师生、服务教育教学，努力发挥教育装备的服务保障作用；拓展业务职能，注重均衡发展，深化教育装备改革，加强装备指导工作，注重装备队伍建设，将先进的教育思想、办学理念、科学技术融入装备和教育教学工作，

共筑装备战线的长城，加快形成新的教育发展驱动力，推动基础教育变革与创新，为全面实现教育现代化、全面建成小康社会提供有效支撑。

（本文汇编自27个省、自治区、直辖市、计划单列市教育装备主管部门提交的2018年度教育装备工作总结及网络新闻报道）

第74、75届中国教育装备展示会全景分析

中国教育装备行业协会会展部

中国教育装备展示会是由中国教育装备行业协会主办，举办地教育厅（委）和人民政府承办，各省、自治区、直辖市、计划单列市教育装备行业协会协办的全国性展会。展会自1980年起截至2018年底已成功举办75届。

中国教育装备展示会以其带动效应和鲜明的专业特色，被誉为教育装备市场的风向标，是我国教育领域具有广泛影响的专业展会、品牌展会和行业盛会。凭借其在展会行业中取得的突出业绩，中国教育装备展示会已5次荣膺"中国行业品牌展会金手指奖"，被列入商务部重点引导支持展会；在商务部发布的《中国展览业发展统计分析报告（2017）》中，2017年举办的第73届、第72届展示会分列2017年教育类展会规模排行第一名、第二名。

2018年，第74、75届中国教育装备展示会分别在成都、南昌举办。本文将通过两届展示会的全景记录与数据分析，一览2018年中国教育装备行业的热点领域，观察行业未来发展趋势。

一、第74、75届中国教育装备展示会概况

（一）第74届中国教育装备展示会概况

（1）基本情况

2018年5月11～13日，由中国教育装备行业协会主办、四川省教育厅和成都市人民政府承办的第74届中国教育装备展示会在成都中国西部国际博览城成功举办。

此届展示会展示面积20万平方米，全国各省、自治区、直辖市、计划单列市、新疆生产建设兵团教育厅（局、教委）领导，各省、市、县、区教育行政部门、教育装备部门、电化教育部门、后勤装备部门、政府采购部门负责人，各级各类院校校长、教师、实验技术人员，教育装备生产企业、经销商、国际贸易采购商负责人、专业技术人员等近18万人次前往观摩学习。

在观展体验方面，此届展示会首次搭建了"永不落幕"的线上3D全景展示会，不仅能为现场观众提供路径导航，方便记录商家产品信息，还能让到不了现场的观众及时掌握展商的最新资讯。

此外，在展示会进行的同时，中国教育装备行业协会还发起并组织部分会员企业向凉山州中小学校、幼儿园捐赠价值618万元的教育装备产品（包括昭觉县悬崖村小学网络教室项目、凉山州教育装备捐赠项目等五大项目的捐赠），开展公益行动，促进教育技术装备的协调发展。

（2）参展企业统计

第74届中国教育装备展示会由四川长虹教育科技有限公司独家冠名，来自我国及美国、日本、韩国、英国、德国、丹麦、瑞士、比利时、伊朗等国家的1485家企业参展，其中有松下、索尼、佳能、爱普生等13家世界500强企业，以及百度、海尔、长虹等11家中国500强企业参展。

此届展示会科技含量为历届最高，共计168家国家级高新技术企业和26家双软认证企业参展，其中部分高新技术企业的产品为全球领先甚至全球唯一。阿里巴巴和百度等互联网企业也参加了展会，开始布局教育装备行业。涉及智慧教室、智慧校园、教育云产品、人工智能、穿戴设备、物联网、VR、AR等的企业有633家，占参展商总数的42.7%。

此届展示会上，北京、上海、江苏、浙江、广东、深圳、四川等各省、自治区、直辖市、计划单列市组团参展，其中浙江、江苏、广东等组团单位参展企业均超过百家；江苏团参展企业最多，共有128家。

（3）参展产品统计

展示会展示产品基本涵盖整个教育装备领域，其中以智慧教室、智慧校园为概念的产品266件，教育云产品56件，创客和STEAM产品105件，人工智能、穿戴设备、物联网、VR、AR、生物识别、3D打印、3D扫描、无人机等创新产品296件。

第74届中国教育装备展示会参展产品目录数据显示，展示会共有21311件参展产品。按照教育部《教学仪器设备产品（物资）分类与代码》分类，参展产品包括：B类产品（教学用标本、显微标本）963个，占4.52%；C类产品（实习实验用材料）301个，占1.41%；D类产品（电教仪器设备及器材）733个，占3.44%；E类产品（儿童游艺器材）132个，占0.62%；F类产品（通用（泛用）仪器设备及器材）104个，占0.49%；G类产品（教学用挂图、活动挂图）262个，占1.23%；H类产品（化学药品、试剂）102个，占0.49%；J类产品（教学专用仪器设备）9259个，占43.45%；K类产品（科普用具）35个，占0.16%；L类产品（玻璃仪器）503个，占2.36%；M类产品（教学用模型）1427个，占6.70%；R类产品（教学用软件）423个，占1.98%；S类产品（计算机及其示教仪器设备）256个，占1.20%；T类产品（体育器材及用品、体能检测器械）1492个，占7.00%；U类产品（音乐舞蹈用乐器及设备）617个，占2.90%；W类产品（文教美术用品、黑板、测绘仪器）598个，占2.81%；Y类产品（一般工具、用具）56个，占0.26%；Z类产品（电教仪器设备及器材）1058个，占4.97%；无代码产品2990个，占14.03%。

（4）展会活动

此届展示会内容丰富，期间举行了世界创造力大会，第五届全国名师名校长峰会，中国生态校园建设高峰论坛，中国教育装备展示会金奖产品评选活动，第74届中国教育装备展示会新产品、新技术、新成果发布会，中国教育装备行业协会教育信息化装备分会成立大会，中国教育装备行业协会城市教育装备工作委员会成立大会，中国教育装备行业协会教育装备产融结合分会成立大会等活动。

世界创造力大会是由中国教育装备行业协会主办，四川省教育厅、成都市人民政府支持，中国教育装备行业协会创造教育分会承办的会议。来自美国、英国、俄罗斯、澳大利亚、芬兰、比利时等20多个国家的行业内专家、学者与大会代表共同分享专题报告和科研成果，不仅让观摩人员领略到了更多跨国企业教育装备产品的飞速发展，更是一场智慧与科技成果激发碰撞的头脑风暴。该次会议贯彻落实了国务院《全民科学素质行动计划纲要实施方案（2016—2020年）》和《"十三五"国家科技创新规划》，是促进国际交流、推进青少年创新人才培养的又一个里程碑。

第五届全国名师名校长峰会的举办，旨在贯彻落实《教育部关于新形势下进一步做好普通中小学装备工作的意见》《新一代人工智能发展规划》《教育信息化"十三五"规划》等有关文件精神，阐述当前教育装备行业热点难点问题，深层次探索教育装备如何更好地服务教育教学，及其在未来学校变革和发展中起到的作用，助力各级教育管理者、中小学校长、教研人员进一步更新教育理念，汲取教育智慧，促进学校内涵式、可持续性发展。

中国生态校园建设高峰论坛由中国教育装备行业协会联合中华少年儿童慈善救助基金会举办，旨在推动中小学生态校园建设深入开展。

中国教育装备展示会新产品、新技术、新成果发布会是每届展示会的品牌活动，新产品、新技术、新成果发布会的举办，旨在推进技术进步、服务教育现代化，成为引领行业发展的风向标。发布会上所带来的最新成果、最新技术和最新理念，不断推动着教育行业的供需双方进行全面的交流、合作、创新与发展。

中国教育装备行业协会教育信息化装备分会成立大会于5月11日举行。教育信息化装备分会是中国教育装备行业协会的分支机构，旨在服务行业发展和会员成长，服务教育创新与发展，服务政府决策和规划，在教育主管部门与会员单位之间发挥桥梁作用，在行业管理上发挥指导作用，在维护会员单位的合法权益及公共事业上发挥服务作用，促进我国教育信息化事业的发展。

中国教育装备行业协会城市教育装备工作委员会成立大会于5月12日举行。城市教育装备工作委员会是由全国各级城市教育技术装备管理部门、中国教育装备行业协会会员单位、各级各类学校和专业人员自愿组成的学术性、专业性的社会团体，其宗旨是以服务城市教育装备改革创新工作为目的，以"创新、协调、绿色、开放、共享"为发展目标，打造成教育装备管理人员专业化发展、教育技术装备创新发展、教育装备工作成果集中展示的交流平台，在中国教育装备行业协会的领导下，围绕贯彻落实党的教育方针和深入实施国家教育发展规划纲要、文件政策等精神，促进城市间教育装备工作的均衡发展。

中国教育装备行业协会教育装备产融结合分会成立大会于5月12日举行。教育装备产融结合分会是中国教育装备行业协会的分支机构，旨在服务行业发展和会员成长，在教育装备企业与金融企业之间搭建桥梁，在维护会员单位的合法权益及公共事业上发挥服务作用，共同维护行业公平竞争环境，加强行业自律；打造产品流，形成资金流，汇聚意识流，整合信息流，规划思想流。

（5）行业影响

此届展示会除中国教育装备协会官方网络平台（中国教育装备网）全程报道外，还得到了近50家媒体的关注和支持，相关媒体包括：中央电视台、中国教育电视台、四川电视台、四川教育电视台、人民日报、中国教育报、四川日报、成都日报、成都商报、天府早报、成都晚报、华西都市报、人民网、中新网、新华网、中国教育新闻网、四川新闻网、中国网、新浪网、搜狐网、网易新闻、腾讯网、爱奇艺、凤凰网、千龙网、今日头条、中国经济网、中青在线、慧聪网、投影时代、中国教育装备采购网、中国数字视听网、东方头条、中关村在线、IT168、数字标牌网、宽窄网、中华网经济频道、环球贸易网等。

（二）第75届中国教育装备展示会概况

（1）基本情况

2018年11月17~19日，由中国教育装备行业协会主办、江西省教育厅和南昌市人民政府共同承办的第75届中国教育装备展示会在江西南昌绿地国际博览中心成功举办。

此届展示会展出面积达15万平方米，展位数量7000余个，其中特装展位6100多个，占比超过87%；全国各省、自治区、直辖市、计划单列市、新疆生产建设兵团教育厅（局、教委）领导，各省、市、县、区教育行政部门、教育装备部门、电化教育部门、后勤装备部门、政府采购部门负责人，各级各类院校校长、教师、实验技术人员，教育装备生产企业、经销商、国际贸易采购商负责人、专业技术人员等近16万人次前往观摩学习。

此届展示会上发布了《中国教育装备行业蓝皮书（2018版）》《第五届全国中小学实验教学说课活动优秀作品集》，全面总结了2017年我国教育装备行业发展历程和成果，汇集和展示了2017年全国中小学实验教学说课优秀案例。

展示会同期，中国教育装备行业协会还发起并组织部分会员企业向赣南苏区国家级贫困县捐赠价值近900万元的教育装备（包含录播教室、国学教室、地理教室、历史教室的设施设备，音体美设备，幼儿图书及期刊，校园安全风险防控体系等），开展社会力量主导的教育领域公益行动，促进教育技术装备的协调发展。

（2）参展企业统计

此届展示会吸引了我国及美国、日本、德国、瑞士等国家的1170家企业参展，其中外资企业12家，上市企业31家，世界500强企业9家（松下、索尼、爱普生、微软、戴尔、日本电气、中国电信、美的、华为），中国500强企业12家（中国电信、中兴通讯、华为、百度、腾讯、京东、海尔、长虹、TCL、海信、创维、美的）。

随着教育装备行业的快速发展，越来越多的高科技企业进入这一领域。此届展示会的参展商中有150家国家级高新技术企业和4家"独角兽"公司（腾讯云、深圳柔宇、深圳优必选、北京旷视）。4家"独角兽"公司来自人工智能、智能硬件和云服务领域，估值总额超过150亿美元。教育信息化装备企业已经占到参展商总数的30%，参展数量超过传统的实验室装备企业、后勤装备企业，位居第一位，保持了持续增长的态势。

（3）参展产品统计

此届参展产品科技含量高，智能化水平不断提升。随着人工智能技术的进步，"AI+教育"成为发展趋势。此届展示会中的众多录播教室、智慧教室类参展产品，纷纷引入人工智能、语音识别、人脸识别技术，为众多教育用户提供新的解决方案，用大数据实现教育个性化，用人工智能赋能教育，在成倍放大教育产能的同时，优质教学资源也能得到充分利用，让因材施教成为可能。

近年来，VR、AR技术快速发展，MR（混合现实）技术正在兴起。此届展示会中，共有27家参展商推出了68件相关产品，涵盖学前教育、基础教育、职业教育、高等教育等领域。一些参展商也推出了基于MR技术的教育产品。相比传统的VR头显式体验形式，MR能催生更为逼真的感官体验，并且克服了VR可能导致的眩晕感及VR设备携带不便的弱点。

第75届中国教育装备展示会参展产品目录数据显示，此届展示会共有17354件参展产品。按照教育部《教学仪器设备产品（物资）分类与代码》分类，参展产品包括：B类产品（教学用标本、显微标本）876个，占5.05%；C类产品（实习实验用材料）226个，占1.30%；D类产品（电教仪器设备及器材）502个，占2.89%；E类产品（儿童游艺器材）142个，占0.82%；F类产品［通用（泛用）仪器设备及器材］86个，占0.50%；G类产品（教学用挂图、活动挂图）256个，占1.48%；H类产品（化学药品、试剂）166个，占0.96%；J类产品（教学专用仪器设备）7920个，占45.64%；K类产品（科普用具）40个，占0.23%；L类产品（玻璃仪器）410个，占2.36%；M类产品（教学用模型）1046个，占6.03%；R类产品（教学用软件）317个，占1.83%；S类产品（计算机及其示教仪器设备）223个，占1.29%；T类产品（体育器材及用品、体能检测器械）1151个，占6.63%；U类产品（音乐舞蹈用乐器及设备）597个，占3.44%；W类产品（文教美术用品、黑板、测绘仪器）505个，占2.91%；Y类产品（一般工具、用具）20个，占0.12%；Z类产品（电教仪器设备及器材）681个，占3.92%；无代码产品2190个，占12.62%。

（4）展会活动

此届展示会的同期会议、论坛共计20多场，包括第六届全国中小学实验教学说课活动，第六届全国名师名校长峰会，信息化2.0时代智慧校园建设与应用研讨会，首届中小学教育装备应用创新校长论坛暨优秀案例颁奖活动，常态化智慧课堂创新应用案例分享论坛，新产品、新技术、新成果发布会，"关心下一代明亮'视'界"专项培训等活动。其中"关心下一代明亮'视'界"专项培训旨在探索预防青少年近视的有效举措，解读和指导落实《综合防控儿童青少年近视实施方案》，共同呵护好孩子的眼睛。

教育部关心下一代工作委员会主任、教育部原副部长李卫红，第十届全国人大常委会委员、原国家教委副主任柳斌，中国关心下一代工作委员会副主任、教育部纪检组原组长田淑兰，教育部关心下一代工作委员会常务副主任、中国教育装备行业协会会长王富，教育部关心下一代工作委员会常务副主任、教育部体卫艺司原司长杨贵仁，教育部基础教育司装备与信息化处处长张权等有关领导，各省教育厅分管教育装备的负责人，多家全国性协会商会领导，以及来自北京同仁医院、清华大学等专业机构和高校的学者专家的出席，使展会期间各类活动的内容精彩而充实。

（5）行业影响

此届展示会邀请了近90家媒体前往，进行全方位、多角度报道。部分媒体还对参展规模、影响力较大的参展企业进行了专题报道。同时，为放大中国教育装备展示会的带动效应，中国教育装备行业协会继续打造了基于线上线下两大平台的一站式交易服务平台。此外，通过扫描"全国中小学实验在线平台"或展会微信小程序，还可在线观看展会同期举办的全国中小学实验教学说课活动现场展示，对说课活动进行投票点赞，选出观众心目中的说课好声音；往届说课活动筛选出的优质数字实验教学案例也可一并查看。

二、第74、75届中国教育装备展示会观众分析

展示会利用登录系统实时了解观众信息。通过观众数据采集，经专业软件统计后，得出两届展示会观众信息分析如下。

（一）观众整体情况分析

展示会观众信息登记卡数据采集共有两种渠道：一为展会前观众在网上进行的预登录，二为观众现场微信登录。展示会期间，所有出入展馆的人员均需佩戴证件，通过手持式PDA扫描进出展馆人员证件，由此进行相关统计。

第74、75届展示会期间，每日观众参观情况如表1所示。第74届展示会期间到场参观人数近8万人，到场参观次数近18万人次；第75届展示会到场参观人数7万余人，到场参观次数逾15万人次。

表1　第74、75届展示会期间每日观众参观情况

项目	第74届		第75届	
	到场人数	到场人次	到场人数	到场人次
第一日	41296	95082	41569	98638
第二日	29652	70581	22681	41896
第三日	6855	14012	7066	15125
总计	77803	179675	71316	155659

基于预登录观众（预登录观众包括微信预登录和网上预登录观众）数据，我们分析了第74、75届展示会期间，预登录和实际到场观众的情况，如表2所示。

表2　第74、75届展示会期间预登录和实际到场观众情况

项目	第74届		第75届	
	数量/人	比例	数量/人	比例
预登录观众总数	53195	100%	55995	100%
到场预登录观众人数	50561	95.05%	42297	75.54%

（二）到场观众地区来源分析

根据到场观众所登记的相关信息，对观众类别和国内观众区域进行统计，得到第74、75届展示会观众来源地区情况（见表3）、观众来源省份分布情况（见表4）。分析可知，国内观众中来自举办地及周边省份的参观人数相对较多，北京、广东、江苏、浙江等地的参观人员相对较多且趋于稳定。

表3 第74、75届展示会观众来源地区情况

观众来源地区	第74届		第75届	
	数量/人	比例	数量/人	比例
我国内地（不包括展示会本地）	27033	51.40%	35314	82.14%
展示会本地	25540	48.56%	7607	17.69%
小计	52573	99.96%	42921	99.83%
我国港澳台地区	22	0.04%	74	0.17%
总计	52595	100.00%	42995	100.00%

表4 第74、75届展示会观众来源地分布

省份	第74届		第75届	
	数量/人	比例	数量/人	比例
江西	526	0.99%	7607	17.72%
广东	3106	5.82%	5377	12.53%
江苏	2032	3.81%	3150	7.34%
四川	22262	41.74%	2894	6.74%
浙江	1966	3.69%	2730	6.36%
北京	1945	3.65%	2686	6.26%
安徽	1520	2.85%	2199	5.12%
山东	2056	3.85%	1877	4.37%
湖北	891	1.67%	1694	3.95%
湖南	1074	2.01%	1590	3.70%
福建	736	1.38%	1520	3.54%
河南	1387	2.60%	1374	3.20%
上海	903	1.69%	1312	3.06%
陕西	2477	4.64%	949	2.21%
河北	1113	2.09%	918	2.14%
山西	746	1.40%	691	1.61%
贵州	1341	2.51%	485	1.13%
重庆	2578	4.83%	466	1.09%
云南	803	1.51%	434	1.01%
广西	670	1.26%	427	0.99%
辽宁	475	0.89%	411	0.96%
海南	294	0.55%	378	0.88%
内蒙古	383	0.72%	330	0.77%
甘肃	548	1.03%	309	0.72%

续表

省份	第74届		第75届	
	数量/人	比例	数量/人	比例
吉林	397	0.74%	273	0.64%
黑龙江	382	0.72%	262	0.61%
宁夏	192	0.36%	161	0.38%
新疆	221	0.41%	156	0.36%
天津	200	0.37%	128	0.30%
西藏	53	0.10%	75	0.17%
青海	62	0.12%	46	0.11%
未知	0	0	12	0.03%
总计	53339	100.00%	42921	100.00%

注：不含港澳台地区观众统计数据。

（三）观众登记表调查问题分析

（1）展会观众的职业类别

从第74、75届展示会观众填写的从事职业情况分析可知，观众中从事市场/销售的人数占比最高，其次是管理、采购及研发/生产的人员（见表5）。

表5 第74、75届展示会观众职业类别统计分析

职业类别	第74届		第75届	
	数量/人	比例	数量/人	比例
市场/销售	16612	33.47%	14623	34.57%
管理	12837	25.86%	9638	22.79%
采购	5827	11.74%	6066	14.34%
研发/生产	6486	13.07%	4627	10.94%
使用	4750	9.57%	4190	9.91%
其他	2102	4.23%	1338	3.16%
（未回答）	70	0.14%	1097	2.59%
广告/媒体	929	1.87%	716	1.69%
教师	26	0.05%	2	0.00%
总计	49639	100%	42297	100.00%

（2）展会观众的参观目的

从关于观众参观目的的调查（见表6、表7）可知，观众参观的目的主要是参观学

习，其次是寻找合作伙伴。第74届展示会参观学习的观众中，以管理部门最多，其次是行业协会和学校，以寻找合作伙伴为目的的多为行业协会和设备制造商，第三位是管理部门；第75届展示会参观学习的观众中，以学校最多，其次是经销商/代理商和设备制造商，以寻找合作伙伴为目的的多为经销商/代理商和设备制造商，第三位是学校。

表6 第74届展示会观众参观目的情况

目的（可多选）	学校		经销商/代理商		管理部门		设备制造商		行业协会	
	数量/人	比例	数量/人	比例	数量/人	比例	数量/人	比例	数量/人	比例
参观学习	3039	6.12%	854	1.72%	11310	22.78%	3422	6.89%	7381	14.87%
寻找合作伙伴	1224	2.47%	548	1.10%	1763	3.55%	2794	5.63%	7273	14.65%
联系固有伙伴	598	1.20%	644	1.30%	629	1.27%	1384	2.79%	3151	6.35%
了解行业信息	1520	3.06%	469	0.94%	4307	8.68%	2149	4.33%	5192	10.46%
现场订货	1515	3.05%	230	0.46%	1162	2.34%	552	1.11%	1429	2.88%
搜集技术及行业信息	791	1.59%	200	0.40%	2087	4.20%	1095	2.21%	3293	6.63%
参加行业论坛	541	1.09%	210	0.42%	1068	2.15%	813	1.64%	1618	3.26%
其他	9	0.02%	5	0.01%	58	0.12%	16	0.03%	16	0.03%
总计	9237	18.60%	3160	6.35%	22384	45.09%	12225	24.63%	29353	59.13%

目的（可多选）	服务咨询		科研培训		其他		广告媒体		进出口企业	
	数量/人	比例	数量/人	比例	数量/人	比例	数量/人	比例	数量/人	比例
参观学习	1564	3.51%	427	0.86%	1177	2.37%	159	0.32%	520	1.05%
寻找合作伙伴	831	1.67%	286	0.58%	719	1.45%	143	0.29%	283	0.57%
联系固有伙伴	408	0.82%	93	0.19%	266	0.54%	65	0.13%	92	0.19%
了解行业信息	923	1.86%	285	0.57%	776	1.56%	106	0.21%	366	0.74%
现场订货	163	0.33%	77	0.16%	165	0.33%	64	0.13%	16	0.03%
搜集技术及行业信息	448	0.90%	140	0.28%	415	0.84%	99	0.20%	200	0.40%
参加行业论坛	271	0.55%	145	0.29%	285	0.57%	61	0.12%	68	0.14%
其他	7	0.01%	7	0.01%	6	0.01%	5	0.01%	39	0.08%
总计	4615	9.65%	1460	2.94%	3809	7.67%	702	1.41%	1584	3.20%

表7　第75届展示会观众参观目的情况

目的（可多选）	学校		经销商/代理商		管理部门		设备制造商		行业协会	
	数量/人	比例	数量/人	比例	数量/人	比例	数量/人	比例	数量/人	比例
参观学习	7974	18.85%	6306	14.91%	2970	7.02%	3160	7.47%	766	1.81%
寻找合作伙伴	1576	3.73%	6633	15.68%	1287	3.04%	2864	6.77%	565	1.34%
联系固有伙伴	529	1.25%	2871	6.79%	587	1.39%	1412	3.34%	711	1.68%
了解行业信息	3132	7.40%	4431	10.48%	1500	3.55%	1963	4.64%	414	0.98%
现场订货	1077	2.55%	1475	3.49%	1809	4.28%	544	1.29%	239	0.57%
搜集技术及行业信息	1541	3.64%	2807	6.64%	715	1.69%	956	2.26%	158	0.37%
参加行业论坛	905	2.14%	1544	3.65%	552	1.31%	773	1.83%	184	0.44%
其他	50	0.12%	15	0.04%	12	0.03%	10	0.02%	3	0.01%
总计	16784	39.68%	26082	61.68%	9432	22.31%	11682	27.62%	3040	7.20%

目的（可多选）	服务咨询		科研培训		其他		广告媒体		进出口企业	
	数量/人	比例	数量/人	比例	数量/人	比例	数量/人	比例	数量/人	比例
参观学习	1242	2.94%	994	2.35%	404	0.96%	313	0.74%	178	0.42%
寻找合作伙伴	695	1.64%	657	1.55%	219	0.52%	258	0.61%	179	0.42%
联系固有伙伴	322	0.76%	253	0.60%	80	0.19%	77	0.18%	75	0.18%
了解行业信息	709	1.68%	662	1.57%	280	0.66%	221	0.52%	116	0.27%
现场订货	153	0.36%	175	0.41%	27	0.06%	86	0.20%	58	0.14%
搜集技术及行业信息	341	0.81%	323	0.76%	140	0.33%	134	0.32%	115	0.27%
参加行业论坛	233	0.55%	222	0.52%	69	0.16%	111	0.26%	67	0.16%
其他	4	0.01%	4	0.01%	36	0.09%	6	0.01%	4	0.01%
总计	3699	8.75%	3290	7.77%	1255	2.97%	1206	2.84%	792	1.87%

第六届全国中小学实验教学说课活动案例分析

中国教育装备行业协会教育装备研究院

为发挥实验教学的育人功能，提高教师实验教学水平，推动中小学实验教学广泛开展，2013年教育部组织发起了全国中小学实验教学说课活动，截至2018年底已举办六届。第六届全国中小学实验教学说课活动于2018年11月17~18日在江西南昌举行，来自全国31个省、直辖市、自治区（不含香港、澳门、台湾）及新疆生产建设兵团的170名教师分综合、小学科学、物理、化学、生物五个组别进行了现场展示。在现场展示的170节实验课中，共有综合作品15件、小学科学作品28件、物理作品43件（初中21件、高中22件）、化学作品46件（初中23件、高中23件）、生物作品38件（初中17件、高中21件）。全国中小学实验教学说课活动的现场展示课均由各地推选产生，具有较强的代表性。本文旨在通过对第六届活动全部现场展示作品的分析，侧面了解我国中小学实验教学的基本现状。

一、优点及特色

总体说来，170节现场展示课都经过精心设计，值得全国广大相关学科教师学习和借鉴，总结起来主要有以下几个方面的优点及特色。

（一）关注学科素养，体现实验教学的育人价值

大多数教师能够从培养学生核心素养的角度来设计和实施实验课，通过实验教学指导学生掌握基本的实验方法和实验技能，培养学生发现和解决问题的能力，培养学生的社会责任感、创新精神、实践能力，通过基于核心素养的教学，帮助学生形成必备品格和关键能力，实现学科课程目标。

多数教师能够将先进的教育理念融入实验教学中，以提升学生素养。例如，五个组别中均有教师基于STEM或STEAM理念设计的实验课程，以工程设计为主导，让学生在真实的问题中学习。多数教师在实验设计中充分体现了绿色环保的理念。除此之外，也有少数教师尝试以学习进阶等理念来设计实验教学活动。

（二）将教育技术与实验教学深度融合

技术可以延伸人的感官、肢体与思想，使人超越生物极限，增强人类认识、解

释、改造世界的能力。在实验教学中恰当地使用先进技术装备，可以有效激发学生学习兴趣、降低认知负荷，将更多精力投入更有价值的教与学活动中去。

我们欣喜地看到，本次活动中多数教师能够熟练合理地运用技术，将技术与实验教学进行深度融合。远程网络、3D打印技术、数字同屏实验数据等教育技术手段的引入，较好地辅助了实验教学，让课堂实验活动的进行更加高效。教学中引入了先进技术装备，使实验现象更加明显，提高了教学效率，为学生提供了多彩的实践、体验和探究性学习环境。传感器和DIS软件在实验中的使用更加普遍，部分教师还能够在现有传感器设备的基础上对仪器和实验进行改进，使实验结果显示更加直观、数据采集更加高效。备授课系统等教学产品也普遍应用于实验教学课堂中，此类软件能够将学生分组实验的数据同步显示出来，便于教师分析对比，提高了课堂效率。在需要课堂展示和实验数据交换时，部分教师灵活使用QQ、微信、飞鸽传书等通用软件，替代了部分备授课系统的功能，使得课堂组织更加灵活。

（三）关注学生自主探究过程中形成的问题

在实验教学过程中，教师普遍能够重视学生自主探究过程中自然生成的问题，这类问题能够激发学生学习的兴趣，有助于学生养成科学思维，落实学科核心素养。部分教师还能够在实验设计中主动创设情境，引导学生主动提出问题。例如，高中生物学科在进行"光合作用"实验时，学生观察发现同一株植物顶层叶片颜色和底层叶片颜色有差异，教师根据教材中介绍的知识内容，引导学生联想到不同部位叶片的叶绿素组成存在差异，在此基础上继续引导学生设计实验，通过"定量"的方法比较同一植物不同部位叶片叶绿素a和叶绿素b的含量；高中化学学科在进行浓硫酸与铜反应实验时，学生观察到铜片表面变黑的现象，教师引导学生提出猜想并制定实验方案验证猜想，深入探究，确定黑色物质的化学成分。

（四）实验创新水平较高

实验的创新主要有以下几个方面：

一是实验内容的创新。内容基于教材又不拘泥于教材，根据不同学科的特点进行创新。例如，物理学科突出从物理走向生活的实际应用，突出物理在通信技术、航空航天等方面的重要作用，突出物理对生活、社会发展和科技进步的重要作用；小学科学学科表现了对科学探究、思维训练、工程技术思想、信息技术应用的探索；音乐学科表现了现代数码技术对艺术表达和创新上的意义；体育学科深挖技能训练与器材创新之间的联系等。还有教师根据地域特色编制了校本课程进行实验教学。例如，有教师根据本地区古建筑较多的特点，编制了探究建筑原理和特色的校本STEAM课程。

二是实验方法和设备的创新。通过实验创新化繁为简，帮助学生观察和理解掌握科学原理。根据教师个人能力和学生特点，用生活中的物品制作仪器进行实验，增强实验趣味性和实验效果，增强可操作性，使实验更加生动、易于观察。例如，有物理学科教师自制激光发射和接收装置，实现用激光传递声音、文字等信息的通信；有化学学科教师用宣纸吸收溶液，再在宣纸上做铁与硫酸铜溶液、硝酸银溶液的置换反应实验，形成"铜树""银树"等美观奇特的图案；有生物学科教师引导学生参与自制气孔模型、运动系统模型、眼球模型、呼吸运动模型进行教学。

三是绿色环保方面的创新。这类创新不但能有效降低有毒有害物质的排放量，还能提高学生的环保意识。例如，在对有毒气体的性质进行探究时，将仪器设备改进为全封闭式；在粉尘爆炸试验中，改进点火方案以降低粉尘遗撒；利用废旧塑料瓶制作各学科演示仪器等。

此外，有些教师还能从学生的认知规律出发，打通学科的横向联系、对实验进行整合、创新。例如，在进行化学学科空气中氧气含量的测定实验时，利用学生学过的物理学科中关于大气压强的"瓶吞鸡蛋"实验引入，提升学习兴趣和效果。

（五）地区实验教学水平更加均衡

优秀的教学设计不再集中于传统意义上经济和教育发达的地区，新疆、西藏等地的教师说课作品有耳目一新的感觉。例如，一个西藏的初中物理实验课作品，打破西藏农牧区物理教学中教师讲实验学生观看多媒体、教师演示学生模仿的传统观念，不仅利用音叉、闹钟等现有仪器设备，还利用生活中的锣、乒乓球、面粉、吉他、口哨等物品，完成了"探究声音的产生与传播"的实验课。

二、问题及思考

通过实验课作品分析，我们也发现了一些值得商榷的共性问题，并对这些问题进行了思考。

（一）要根据教学内容具体地制定教学目标

教师在制定教学目标时，要杜绝教学目标与实际教学内容不符的"两张皮"现象。

有些教师在制定教学目标内容时过于宽泛，教学目标的内容几乎在所有课中都可以使用，如"渗透爱国主义情怀""培养严谨的科学态度""体验逻辑思维之美"等；还有些教学目标内容过于牵强，如"通过探究光的偏振现象"与"使学生懂得科学探究需要实事求是的科学态度"，实验活动和目标之间的距离就比较大。

无论是基于三维目标制定的教学目标，还是基于学科核心素养制定的教学目标，都应言之有物，应该是能够在本节课上达成的，尤其应避免标签式的罗列目标。一节课的容量是有限的，不应将一节课的教学目标与一阶段或整个学段的目标混淆，每节课应有每节课的侧重。

（二）要依据学生认知水平设计实验内容

教师在设计实验内容时，要注意根据学生的年龄特点和认知水平设计实验内容。

在各学科的课程标准中，均有符合各学段、各认知水平的具体要求，应将其作为基本依据，对小学、初中、高中在知识概念、方法技能、设计操作上分别作不同层次的要求。

在小学科学学科的实验课作品中，很多教师使用了传感器等能够获取精准数据的仪器设备，这样的设计确实提供了一般用具无法获得的信息，但小学阶段学生的数理逻辑和分析能力不强，高精度的数据作用有限，不宜将学生运用感觉器官直接感受力、声、光的变化，改由传感器代劳。在实验设计中，教师应根据教学目标细化实验方法和手段。在小学低年龄段中，学生直接观察获取的信息已可以用于初步的判断和分析，而学生从中也能够直接感受被观察事物、现象的外在表现，此时通过比较即可完成教学任务；而在小学中、高年龄段需要深入探究其规律或者展开数理分析的时候，测量这种方法才进入视野。初中、高中的实验中会有更多的对测量的要求，对数据做出复杂分析的要求。小学阶段的数据和图表的泛化，值得教师考虑是否有其价值。

在中学物理、化学、生物学科的实验课设计中，要正确处理好定性与定量实验之间的关系。初中实验教学以定性实验为主，当需要定量测量得出规律时，要关注学生数学知识的基础，尤其是关注初中学生年龄段所能达到的理解水平和理解能力。例如，在进行观察大气压随高度变化的实验时，利用自制气压计进行定性观察已经能够达到教学要求，如果要求定量测量，显然超出了大多数初中学生的理解能力。高中教学可以设计半定量或定量测量的实验，设计时应注意定量测量的实验条件（或实验环境）的优化处理方式，做好对比实验，合理得出结论。

（三）要处理好教材提供的实验和改进实验的关系

教材是课堂上落实课程标准的载体，是一种课程资源。对于教学设计来说，有继承才会有发展。教师在改进仪器和实验时，不能止步于奇思妙想的创新，而应将创新落实在实验教学上来，通过改进和创新更好地发挥实验教学的育人功能。

（四）要让培养学生核心素养进一步落地生根

2017版高中物理、化学、生物等学科课程标准中均明确了各学科的核心素养。在设定实验教学目标时，不能简单地认为学科核心素养是三维课程目标的替代。在设计一节具体的实验教学课程时，可将重点放在如何将上述素养中的某一个或几个维度与某一教学片段中知识与技能的学习、思想观念的建构等方面进行紧密结合并更多体现、细化、落实。

三、结束语

纵观六届全国中小学实验教学说课活动，无论是活动的组织水平，还是活动作品的内容质量，都呈现出逐年上升的趋势。全国广大教师在参与活动时，可以充分借鉴和吸收之前实验说课作品的优点，给全国教师呈现出更好更优质的作品。

我国教育装备行业知识产权情况分析

中国教育装备行业协会教育装备研究院

【编者按】

在供给侧结构性改革和创新型国家建设的新常态下，知识产权已成为衡量企业竞争力和产业发展水平的重要指标。本文从专利、著作权、注册商标三个维度，对我国教育装备企业及各省、自治区、直辖市教育装备行业知识产权发展水平进行分析，由此描摹我国教育装备行业在创新、创意能力及品牌建设方面的"画像"，并针对相关数据所揭示的行业发展问题提出了建议。

当前，我国经济已由高速增长阶段转向高质量发展阶段，正处在转变发展方式、优化经济结构、转换增长动力的攻关期。[1] 在供给侧结构性改革不断深化、创新型国家建设不断加快的新常态下，知识产权在企业竞争、产业升级方面的支撑作用日益凸显，业已成为由"中国制造"向"中国智造"转变的重要抓手。

就教育装备行业而言，经过长时间的持续投入，我国教育基础设施设备建设已较成熟。以占教育装备市场份额最大的基础教育为例：全国小学、初中、高中学校体育运动场（馆）面积、体育器械配备、美术音乐器材配备、教学自然实验仪器、理科实验仪器达标率均已接近或超过九成；教育信息化方面，接入互联网学校占比超过95%[2]，信息基础设施建设已然成形。可以预见，在教育装备行业全面进入红海阶段后，技术创新与内容创意势必成为行业内企业摆脱同质化、开拓增量市场的主要动力，而反映企业创新、创意能力的知识产权数据，也将成为衡量教育装备企业竞争力和区域行业发展质量的重要维度。下文将对我国教育装备企业的知识产权相关数据进行分析，展示教育装备行业在创新、创意能力及品牌建设方面的情况。

一、样本与数据情况

本研究采取样本为中国教育装备行业协会（该协会是由生产、经营、管理、研究教育装备的企事业单位和有关人员自愿结成的行业性的全国性非营利性社会组织）

会员单位中有公开数据可查的企业类会员单位（不含社会团体、事业单位、民办非企业单位），总样本量3603个，覆盖全国31个省、自治区、直辖市（不含香港特别行政区、澳门特别行政区、台湾地区），具有广泛的地域和行业代表性。研究选取的指标维度为知识产权的三大核心元素：专利拥有量（包括发明专利、实用新型专利、外观设计专利）、已登记著作权数（包括软件著作权、非软件著作权）、持有注册商标数。研究数据收集整理自国家知识产权局（商标局）、国家版权局截至2019年5月的公开数据。

二、专利情况分析

专利是技术类企业的核心知识产权。国家知识产权局调查显示，近八成企业认为需要依靠专利取得或维持竞争优势[3]。本研究涉及的3603家企业共拥有专利116492件，平均每家企业拥有专利32.3件，有42.1%的企业至少拥有1件专利。

鉴于教育装备行业内企业类型众多，部分企业（如服务贸易类公司、教育内容提供商等）的业务开展对专利依赖度较低，我们在以下分析中对专利拥有量为0的企业予以排除。分析发现，企业的专利拥有数量存在分布不均现象，头部效应显著：排名前5%的企业拥有76.1%的专利；在至少拥有1件专利的1517家企业中，平均每家企业拥有76.8件专利，单一企业拥有专利的中位数为10件，远小于专利平均数（见图1）。

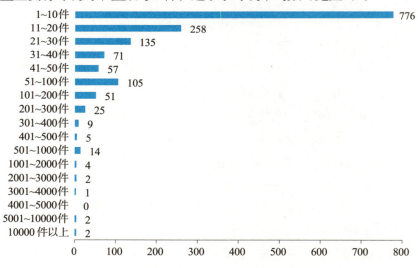

图1　拥有不同数量专利的企业数量分布（单位：家）

按行政区域来统计，从各地拥有专利总数来看，专利头部企业分布较多的广东省（34922件）、北京市（32840件）、山东省（9942件）、浙江省（8147件）、江苏省（7458件）分列全国第一至五位。从区位分布来看，拥有专利数大于1000件的地区中，仅四川、湖北两省位于内陆地区，其他9省（市）均位于东部沿海（广东、山东、浙江、江苏、上海、福建、天津）及其毗邻区域（北京、安徽），如表1所示。

表1　各省、自治区、直辖市教育装备企业拥有专利数量

地区	数量/件	地区	数量/件	地区	数量/件
广东	34922	河北	908	吉林	38
北京	32840	河南	853	新疆	24
山东	9942	江西	757	贵州	5
浙江	8147	重庆	480	甘肃	4
江苏	7458	湖南	368	西藏	1
上海	5710	广西	217	海南	0
福建	5546	山西	171	青海	0
安徽	3420	黑龙江	114	宁夏	0
湖北	1723	辽宁	107	内蒙古	0
天津	1446	云南	67		
四川	1180	陕西	44		

为综合评估各省、自治区、直辖市专利情况，客观呈现各地教育装备企业技术创新水平，我们选择"拥有专利企业占所在地区企业总数百分比"和"拥有专利企业专利中位数"两项指标进行分析。由于专利拥有量的头部效应显著，头部企业会拉高企业平均拥有专利数，难以准确反映地区企业平均发展水平，故在此对各地企业拥有专利平均数不作考察。另外，本研究在针对各省、自治区、直辖市的数据分析中，将对应指标企业样本数小于10的地区予以排除，以避免因样本量不足而导致的数据有效性问题。

拥有专利企业占所在地区企业总数的百分比可从一定程度上反映地区教育装备企业的技术创新依赖程度，这项数据高于全国平均值（42.1%）的地区依次为：广东（67.3%）、福建（56.8%）、上海（54.5%）、浙江（54.1%）、江西（52.9%）、江苏（45.5%）（见图2，海南、青海、新疆三地样本企业数量不足10家，在此项分析中不予体现）。

拥有专利企业的专利中位数可从一定程度上反映地区教育装备企业的技术创新及研发能力，此项数据高于全国中位数（10.0件）的地区依次为：四川（15.5件）、天津（15.0件）、上海（14.0件）、浙江（13.0件）、安徽（12.5件）、福建（12.0件）、江苏（12.0件）、湖北（11.0件）、北京（10.5件）（见图2，海南、青海、新疆、宁夏、内蒙古、西藏、甘肃、贵州、云南、山西、黑龙江、吉林、广西、陕西拥有专利企业数量不足10家，在此项分析中不予体现）。

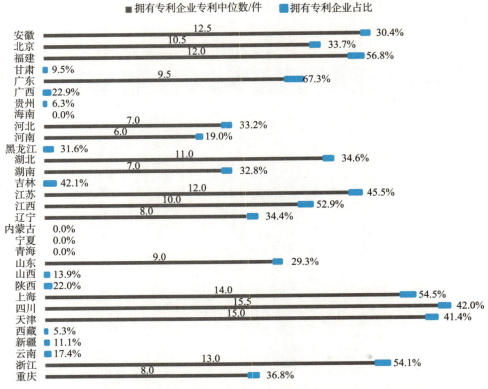

■ 拥有专利企业专利中位数/件　　■ 拥有专利企业占比

图2　拥有专利企业占所在地区企业百分比及拥有专利企业专利中位数

三、著作权情况分析

著作权是企业知识产权的另一重要组成部分。根据教育装备行业特点，在分析中将之按软件著作权和非软件著作权进行分类。需要指出的是，我国著作权与专利权的确认方式不同，专利权为申报审批制，而著作权则依据自动保护原则，即"中国公民、法人或者非法人单位的作品，不论是否发表，都享有著作权"（《中华人民共和国著作权法》第一章第二条），无须办理登记。因此，本研究中统计的已登记著作权数仅为实际著作权数量的一部分。

软件著作权登记方面：本研究涉及的3603家企业共登记软件著作权26342件，平均每家企业登记软件著作权7.3件，有36.8%的企业至少登记有1件软件著作权；在登记有软件著作权的1325家企业中，平均每家企业登记19.9件，软件著作权登记中位数为10件。

从各省、自治区、直辖市的数据看：登记有软件著作权的企业占所在地企业总数百分比高于全国平均值（36.8%）的地区依次为广东（66.8%）、吉林（57.9%）、上海（51.7%）、贵州（50.0%）、北京（48.1%）、安徽（42.4%）、福建（36.4%）（见图3，海南、青海、新疆三地样本企业数量不足10家，在此项分析中不予体现）；登记有软件著作权企业的软件著作权中位数高于全国中位数（10.0件）的地区依次为北京（13.0件）、湖北（13.0件）、河南（12.5件）、山东（11.5件）、广东（10.0件）、吉林（10.0件）、陕西（10.0件）（见图3，海南、青海、新疆、宁夏、内蒙古、西藏、云南、甘肃、广西、黑龙江、辽宁登记有软件著作权企业数量不足10家，在此项中位数分析中不予体现）。

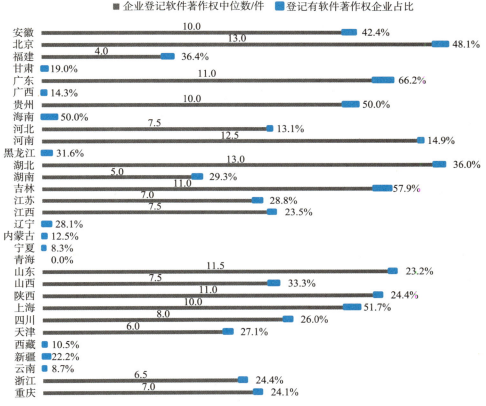

图3　登记软件著作权企业占所在地区企业百分比及企业登记软件著作权中位数

非软件著作权方面：3603家企业共登记非软件著作权366888件，平均每家企业登记101.8件。值得注意的是，至少登记1件非软件著作权的企业仅占企业总数的10.9%；在已登记的非软件著作权中，有86.2%来自同一家企业（北京百度网讯科技有限公司共登记非软件著作权316131件）；非软件著作权登记数排名前五的企业所登记的非软件著作权占比高达98.6%；在至少登记有1件非软件著作权的企业中，非软件著作权登记的中位数仅为2件。

四、注册商标分析

除专利权和著作权外，注册商标也是企业的一项重要知识产权资产。本研究涉及的3603家企业共持有注册商标45945件，平均每家企业持有12.8件，有69.7%的企业至少持有1件注册商标。注册商标数量分布呈现较为明显的头部效应，持有注册商标数量排名前5%的企业拥有57.9%的注册商标，单一企业持有注册商标中位数为2件。

按行政区域来统计，从注册商标总数来看，北京（10902件）、广东（10838件）、浙江（3628件）、江苏（3146件）、福建（2889件）分列全国第一至五位。从区位分布来看，拥有商标数大于1000件的地区中，仅四川、湖北两省位于内陆地区，其他8省（市）均位于东部沿海（广东、浙江、江苏、福建、上海、山东）及其毗邻区域（北京、安徽），如表2所示。

表2　各省、自治区、直辖市教育装备企业注册商标数量

地区	注册商标数量/件	地区	注册商标数量/件	地区	注册商标数量/件
北京	10902	河南	646	贵州	44
广东	10838	重庆	521	西藏	37
浙江	3628	湖南	505	吉林	36
江苏	3146	天津	487	甘肃	25
福建	2889	江西	274	内蒙古	19
上海	2839	广西	221	宁夏	18
山东	2624	云南	193	新疆	11
安徽	1947	山西	146	海南	3
湖北	1491	陕西	127	青海	1
四川	1102	辽宁	124		
河北	983	黑龙江	118		

从持有注册商标企业占所在地区企业总数百分比看，高于全国平均值（69.7%）的地区依次为四川（85.0%）、江西（80.9%）、福建（80.5%）、广东（80.2%）、湖南（79.3%）、浙江（78.5%）、上海（76.7%）、江苏（75.3%）、河北（74.3%）、云南（73.9%）、重庆（73.6%）、辽宁（71.9%），如图4所示。

从单一企业持有注册商标中位数看（与专利和著作权不同，注册商标对各类型企业均具有商业价值，故此项分析中不排除尚未取得注册商标的企业），等于或高于全国中位数（2件）的地区依次为福建（5件）、广东（4件）、上海（3件）、四川（2件）、浙江（2件）、江苏（2件）、云南（2件）、重庆（2件）、辽宁（2件）（见图4，海南、青海、新疆三地样本企业数量不足10家，在此项分析中不予体现）。

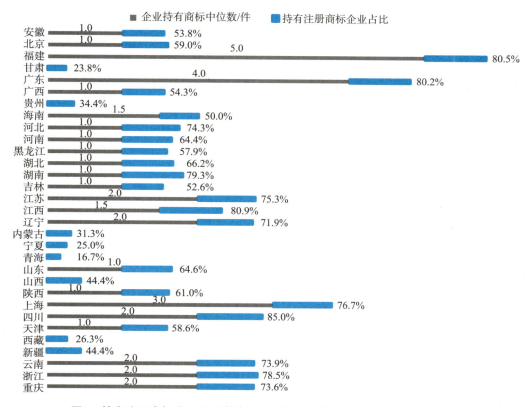

图4　持有注册商标企业占所在地区企业百分比及企业持有注册商标中位数

五、结论

（一）行业创新依赖度和创新能力尚有提升空间

专利是企业的核心竞争力，是企业研发和创新能力的标志（有近八成企业认为专利活动可以反映企业实际创新水平[3]）。本研究发现，教育装备行业中拥有专利的企业占全部企业的42.1%，说明行业内多数企业对技术研发和创新的依赖度较低。在具备专利依赖度的企业中，专利分布呈现明显的头部效应，专利拥有量前5%的头部企业拥有的专利数占专利总数近八成，有半数企业的专利拥有量不足10件。虽然由于专利在保护创新成果方面的局限性[3]，部分企业的创新成果可能尚未或未经专利形式体现，但通过以上分析我们仍能发现，在用户基础需求基本得到满足和渠道空间日渐饱和的大背景下，我国教育装备行业的整体创新依赖度和创新能力相对偏低，进一步加大研发投入，提升产品的技术独创性应是大势所趋。

（二）"软硬协同"思维及著作权保护意识尚需加强

对教育装备行业而言，企业拥有的著作权可分为软件著作权和非软件著作权。

前者主要包括各类教学应用软件、教育管理信息系统、底层技术软件等；后者主要包括音视频、图文形式的原创内容资源、相关美术设计及运营、宣传资料等。必须指出的是，当学校基础硬件建设配置进入相对完善的阶段后，教育装备行业的竞争势必更加多元，"软硬协同"趋势将更加明显，行业企业在数据应用和教育内容建构方面的"软实力"将发挥更大作用。长期看，优秀的软件和教育内容将与创新型硬件并肩占据行业舞台的中心地位，而反映企业"软实力"的著作权数量亦将成为重要的行业评估指标。

从本研究的相关数据可知，近四成教育装备企业登记有软件著作权。在登记有软件著作权的企业中，平均每家企业登记19.9件，中位数10件，登记数量排名前5%的企业占有已登记软件著作权的35.4%，也呈现一定的头部效应，但与专利情况相比分布相对均衡。非软件著作权登记数则显示出极大的差异性，仅有10.9%的企业登记有非软件著作权，且几乎所有的非软件著作权登记都来自极少数头部企业。

著作权的相关数据反映出：①我国教育装备行业的产品阵列仍以硬件为主导，尚处于向"软硬协同"转变的初始阶段，行业企业应进一步加强"软实力"方面的布局；②因我国对著作权采用自动保护原则，企业对著作权（尤其是非软件著作权）的登记率较低，然而从权利锁定和侵权举证的角度讲，著作权登记十分必要，企业应加强著作权保护意识。

（三）品牌意识较好，产品线多样性或品牌化率仍有提升空间

注册商标是企业品牌意识的反映，单一企业的注册商标数量可从一定程度上反映企业提供产品和服务的多样性。从本研究数据可知，有近七成企业拥有注册商标，虽然注册商标数量分布也呈现头部效应，但教育装备企业持有注册商标平均数（12.8件）高于全国全行业平均水平（每5.3个市场主体拥有1件有效商标）[4]。企业持有注册商标中位数（2件）相对较低，可从侧面说明企业产品和服务品类的丰富性或产品线的品牌化率还有提升空间。

（四）各地区教育装备行业知识产权发展水平比较

为比较各省、自治区、直辖市教育装备行业知识产权发展水平，我们从专利、软件著作权登记（根据前文所述，因非软件著作权登记率低且教育装备行业仍以软件著作权为主，故此处仅选取软件著作权进行分析）、注册商标这三大维度对各地区进行排名。

排名依据的评分体系如下：从专利（P）、软件著作权登记（C）、注册商标（T）这三大维度下各选取3个子项，即地区专利拥有数（P1）、拥有专利企业占所在地区企业总数百分比（P2）、拥有专利企业专利中位数（P3），地区登记软件著作权数（C1）、登记有软件著作权企业占所在地区企业总数百分比（C2）、登记有软件著作权企业软件著作权中位数（C3），地区持有注册商标数（T1）、持有注册商标企业占所在地区企业总数百分比（T2）、地区企业持有注册商标中位数（T3）（见图5）。

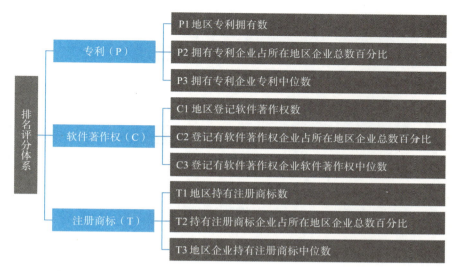

图5　地区专利、软件著作权、注册商标发展状况排名评分体系

评分时，按照以下规则对上述9个子项的数据分别进行赋值计算并求和：①对某一子项对应样本企业数量小于10家的地区予以排除（以消除样本数量过小造成的数据准确性问题），给被排除地区的对应子项赋0分；②对该子项数据进行降序排列；③按照排序给各地区赋分（赋分规则是：假设排除0分地区外，还剩n个地区，则排名第一的地区得n分，排名每下降1名减1分，排名并列地区得分相同）；④将每个地区同一维度下的3个子项得分相加，得到各地区在该维度下的总分（见图6，如任一子项得分为0，则该维度得分为0，表示该地区因可对比样本数据不足，不参与该维度横向排名）。

从评分结果可知，按得分由高到低排列：专利状况优于全国平均水平（48.9分）的地区依次是广东、浙江、上海、福建、江苏、四川、天津、北京、湖北；软件著作权状况优于全国平均水平（50.7分）的地区依次是广东、北京、上海、安徽、湖北、吉林、江苏、贵州、福建；注册商标状况优于全国平均水平（52.7分）的地区依次是广东、福建、浙江、四川、上海、江苏、江西、北京、湖南、河北、山东、湖北、重庆、云南、河南。

基于上述评分，我们进一步对专利、软件著作权、注册商标三大维度均有得分的16个地区进行综合赋值排名（规则如下：①排序：对各地区三大维度得分分别按降序排列；②赋分：各维度排名第一的地区得16分，排名每下降一位减1分，排名并列地区同分；③求和：将各地区三大维度得分相加，求得各地区最终得分），以了解其知识产权综合发展状况。这16个地区的知识产权综合排名按得分由高到低排列如下：广东、上海、福建、江苏、浙江、北京、四川、湖北、安徽、江西、山东、湖南、天津、重庆、河北、河南。

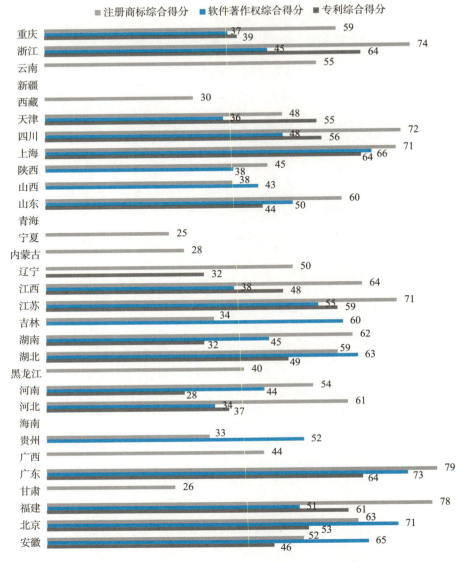

图6　各省、自治区、直辖市的专利、软件著作权、注册商标评分

　　综合专利、软件著作权、注册商标三大维度排名及知识产权发展情况综合排名，我们可以得出结论：我国各地教育装备行业知识产权发展状况与当地国民经济发展水平基本一致，知识产权发展水平较高的地区主要分布于东南沿海区域（广东、上海、福建、江苏、浙江五省市），此外，北京市的知识产权发展也处在较高水平，而四川、湖北两省则是我国内陆区域发展排名靠前的地区。

参考文献

[1]习近平. 决胜全面建成小康社会　夺取新时代中国特色社会主义伟大胜利: 在中国共产党第十九次全国代表大会上的报告[EB/OL].(2017-10-27)[2019-05-10].http://www.gov.cn/zhuanti/2017-10/27/content_5234876.htm.

[2]中华人民共和国教育部.2017年教育统计数据[Z/OL].(2018−08−06)[2019−05−10].http://www.moe.
edu.cn/s78/A03/moe_560/jytjsj_2017/.

[3]甘绍宁.2018年中国专利调查报告[R/OL].国家知识产权局战略规划司,2018:100,74,40.(2019−01−15)
[2019−05−20]. http://www.sipo.gov.cn/docs/20190115140228359508.pdf.

[4]国家知识产权局商标局.2019年第一季度商标工作情况分析[EB/OL].(2019−04−29)[2019−05−15].
http://sbj.saic.gov.cn/sbtj/201904/W020190429500537020879.pdf.

教育装备行业团体标准化工作的实践与探索

李守国　许永康　郑秋辉

随着近几年国家深化标准化工作改革的深入推进，团体标准得到了政府和社会各界的广泛重视，相关社会团体响应国家号召，积极开展团体标准化工作，取得了很大的进展。本文综述了我国推动团体标准发展的目的、意义及相关举措，结合教育装备行业团体标准的实践与探索，分析了团体标准化工作存在的主要问题，提出了规范和促进团体标准发展的具体建议。

一、国家推动团体标准发展的目的、意义及相关措施

标准是经济活动和社会发展的技术支撑，是国家治理体系和治理能力现代化的基础性制度，尤其是随着我国在国际贸易体系的地位日益提高，标准已经成为应对各种技术性贸易壁垒的重要手段，成为我国实现科技创新、产业升级和经济结构战略性调整的技术支撑。

我国原有的标准体系不够合理，政府与市场角色错位，原标准体系中国家标准、行业标准、地方标准均由政府主导制定，其中70%以上为一般性产品和服务标准，这些标准中许多都应由市场主体遵循市场规律制定。对团体、企业等市场主体自主制定标准限制过严，国际上通行的团体标准在我国没有法律地位，市场主体活力难以充分发挥，标准有效供给严重不足。原有标准体系范围过窄，标准缺失老化滞后。标准更新速度缓慢，我国国家标准制定周期平均为3年，远远落后于产业快速发展的需要。标准整体水平不高，难以支撑经济转型提质增效的需求，"中国标准"在国际上认可度不高，标准化工作改革势在必行。

2015年3月，国务院发布《深化标准化工作改革方案》（国发〔2015〕13号），提出通过改革建立政府主导制定的标准与市场自主制定的标准协同发展、协调配套的新型标准体系，健全统一协调、运行高效、政府与市场共治的标准化管理体制，形成政府引导、市场驱动、社会参与、协同推进的标准化工作格局。2017年11月第十二届全

国人大常委会第三十次会议表决通过了新修订的标准化法，习近平主席签署中华人民共和国主席令（第七十八号），发布新的《中华人民共和国标准化法》并于2018年1月1日开始施行。

新修订的《标准化法》首次确立了团体标准的法律地位，为开展团体标准工作提供了重要的法律保障。新《标准化法》鼓励具备相应能力的学会、协会、商会、联合会等社会组织和产业技术联盟协调相关市场主体共同制定满足市场和创新需要的标准，增加标准的有效供给，供本团体成员约定采用或者按照本团体的规定供社会自愿采用。团体标准的应用有利于加速向国际通行的由市场驱动、以自愿性标准为主的标准体系发展。在合法、公正、公开的前提下，鼓励团体标准按照市场机制公平竞争，通过市场竞争优胜劣汰，有利于激发社会团体内生动力，提高团体标准的质量水平，促进团体标准推广应用，促进创新技术产业化、市场化。

在国家深化标准化改革工作的总体部署下，2016年3月，原质检总局、国家标准委联合印发《关于培育和发展团体标准的指导意见》（国质检标联〔2016〕109号），明确了发展团体标准的基本原则、主要目标和管理方式等内容。2017年12月，原质检总局、国家标准委、民政部联合印发《团体标准管理规定（试行）》（国质检标联〔2017〕536号），对团体标准的制定、实施和监督等内容进行了具体规定。结合《团体标准管理规定（试行）》的实施情况，在总结团体标准试点经验、分析团体标准发展中存在的问题基础上，经过广泛调研，2019年1月，经国务院标准化协调推进部际联席会议第五次全体会议审定通过，国家标准委、民政部发布《团体标准管理规定》（国标委联〔2019〕1号），对进一步加强团体标准化工作的规范、引导和监督，促进团体标准化工作健康有序发展做出了更加明确的规定。

2015年6月和2018年3月，国家标准委先后发布两批共183家团体标准试点单位，希望各团体标准试点单位大胆创新、发挥优势、重视实效，总结提炼可复制、可推广的团体标准发展经验模式，进一步激发市场主体活力，完善标准供给结构。截至2019年3月31日，共计2200家社会团体在全国团体标准信息平台注册，发布团体标准7693项。

二、教育装备行业团体标准化工作的实践与探索

（一）整体情况

（1）夯实基础

中国教育装备行业协会积极参与标准化建设工作，历年来承担了10余项教育装备国家标准和行业标准的编制工作，积累了丰富的标准化工作经验。2015年国家深化标准化工作改革以来，协会高度重视并积极参与教育装备行业标准化改革。2015年12月至2016年5月，协会收集整理教育装备行业使用的国家标准和行业标准，编印了《教育

装备标准目录》。该目录共收集整理教育装备有关标准1932条，有效引导教育装备企业按标生产，协助教育装备管理部门、政府招标采购单位和学校按标采购管理，得到了教育装备行业的广泛好评。

2016年6月，协会审议通过《中国教育装备行业协会团体标准管理办法》和《团体标准委员会章程》，并向国家标准化管理委员会全国团体标准信息平台正式提交团体标准注册申请。2016年7月，全国团体标准信息平台审核通过协会注册申请。

2016年7月，协会网站专门建设"教育标准"栏目，开辟标准化专题服务，为开展团体标准工作奠定网络基础，全面支撑协会团体标准各项工作。

2016年9月，协会组织教育装备行业管理部门、生产销售企业、用户、研究单位、标准化、检验检测等领域的相关代表和专业人士在浙江宁波组织召开团体标准工作会议，成立中国教育装备行业团体标准委员会（简称"团标委"）。团标委负责制定团体标准总体发展规划和相关管理制度，并承担团体标准的立项审批、送审稿审定和自我监督等事宜。团标委下设秘书处，负责团体标准相关工作的日常联络、组织、协调、管理等事务，推动团体标准的制定、推广与实施，积极组织和参与国内外标准化活动，推进团体标准国际化。

协会积极参加各级各类标准化培训。2015~2018年，协会多次组织参加中国标准化研究院、中国标准出版社、中国质检出版社等标准化专业机构组织的标准编制培训班和各类团体标准研讨会，并积极参加全国教育装备标准化技术委员会组织的标准化工作培训，了解国家各类标准化法规文件，学习交流标准化工作形势、标准制修订程序、标准编写基础知识等，锻炼团体标准化工作队伍。

（2）规范编制

严格立项审批，宁缺毋滥。2016年10月底，协会启动首批团体标准立项申报，2017年1月公布第一批团体标准立项名单，申报32项，经团标委审核批准立项16项；2018年2月协会公布第二批团体标准立项名单，申报51项，经团标委审核批准立项7项；2019年4月协会公布第三批团体标准立项名单，申报31项，经团标委审核批准立项12项。协会积极鼓励与标准相关的各科研、生产、使用、管理单位或消费者共同加入团体标准的编制工作。

标准编制规范严谨。每次团体标准立项后，协会专门组织召开标准编制工作会议，对团体标准编制工作进行专项培训，介绍团体标准编制的基本原则和标准编制工作基本要求，并就各标准项目编制工作的组织情况进行经验交流。各标准编制工作组按照团体标准编制工作要求，遵循开放、透明、公平的原则，广泛吸纳生产者、经营者、使用者、消费者、教育科研机构、检测及认证机构、政府部门等相关方代表参与，充分反映各方的共同需求，在科学研究和实践经验总结的基础上深入调查分析，进行实验、论证，切实做到科学有效、技术指标先进、符合相关法律法规的要求。

标准审定严格认真。团体标准工作不以标准发布数量和编制时间为要求，对于不成熟的标准草案退回编制工作组继续修改完善，尽量确保编制发布的标准科学合理。2018年1月，协会召开首批教育装备行业团体标准审查会议，对《教育装备行业企业信用等级评价规范》等7项团体标准送审稿进行了审查，最终审查通过6项。2019年3月，协会组织召开第二批团体标准审查会议，审议通过了《中小学智慧书法教室装备规范》等6项团体标准。

（3）发布应用

教育装备行业团体标准发布渠道多样，应用便捷。2018年3月，协会发布标准公告，发布首批审查通过的标准，在团标平台、协会官网和教育装备网全文公布，同时在微信公众号和服务号发布并印制了标准单行本和合订本，方便查询使用。标准得到了全国各地的广泛关注，多渠道转发推广，多省市装备部门转发，甚至有省市将团体标准印制为本省技术资料，发送各区县装备管理部门。教育装备行业团体标准得到了多方的合力推广应用，多地将团体标准技术要求写入招标文件。

（二）团体标准试点

2017年9月，教育部基础教育司推荐协会参加国家标准委团体标准试点；国家标准委于2018年1月组织试点单位现场评审，并于3月正式批准协会参加团体标准试点工作；2018年5月，协会参加了国家标准委组织召开的第二批团体标准试点工作启动会暨团体标准相关政策宣贯会。协会坚持在国家标准委指导下严格规范开展团体标准试点工作，确保教育装备行业团体标准工作有序开展。

为全面了解教育装备行业标准化工作现状，协会与中国标准化协会联合开展了教育装备行业标准化工作调研，征询各相关单位对推进教育装备行业团体标准工作的意见建议，通过调研明晰教育装备行业团体标准未来发展方向。调研得到了各地方教育装备管理部门及行业企业的广泛支持，共收到18个省级装备管理部门、24个市级装备管理部门及近百家企业的反馈意见。

2018年12月，国家市场监管总局标准创新管理司在协会组织召开了教育装备行业团体标准调研工作会，国家市场监督管理总局标准创新管理司和教育部基础教育司团体标准相关工作负责人、中国标准化协会、部分省市地方教育装备管理部门、行业协会和部分团体标准编制单位参加了本次调研。会议一致认为，国家标准化改革相关法律法规和政策方针已经明确将团体标准纳入重点培育发展的方向，团体标准将在引领教育装备行业技术进步、规范教育装备行业发展方面发挥更加重要的作用。会议希望中国教育装备行业协会认真落实国家标准化改革相关法律法规和政策方针，进一步加强与国家市场监管总局和教育部标准化主管部门的沟通，充分利用协会的影响力，秉承依靠行业、服务行业的理念，整合行业内外优秀骨干力量，加强教育装备行业团体标准建设，填补国家标准、行业标准的不足或空白，重点针对处于行业配备发展期的创新型产品、行业急需产品和服务制定团体标准，切实推动教育装备行业团体标准发展，引领教育装备行业技术进步，科学引导教育装备市场有序发展。

（三）典型案例

（1）《教育装备行业企业信用等级评价规范（试行）》

2014年6月，国务院《社会信用体系建设规划纲要（2014—2020）》（国发〔2014〕21号）指出，加快社会信用体系建设是全面落实科学发展观、构建社会主义和谐社会的重要基础，是完善社会主义市场经济体制、加强和创新社会治理的重要手段，对增强社会成员诚信意识，营造优良信用环境，提升国家整体竞争力，促进社会发展与文明进步具有重要意义。

协会长期致力于推动行业信用建设工作。《社会信用体系建设规划纲要（2014—2020）》发布后，协会广泛深入地调研了其他行业协会开展信用建设工作情况。2015年2~5月，协会起草了教育装备行业信用评价指标体系，在向广东、福建、浙江、辽宁、四川等省行业协会及相关会员企业广泛征求意见并修改完善后，于2015年6月正式向商务部、国资委递交了开展行业信用评价工作的申请，并同时在协会网站专门设计建设了信用服务工作信息系统。2015年7月，商务部、国资委组织专家对协会进行答辩评审，8月正式下发《关于公布第十三批行业信用评价参与单位名单的通知》（商信用函〔2015〕1号），授予协会信用评价参与单位资质，开展行业信用评价工作。2015年10月，协会组织召开首次中国教育装备行业信用评价工作会议，成立了中国教育装备行业信用评价工作委员会，审议通过了《中国教育装备行业企业信用等级评价管理办法V1.0（试行）》和《中国教育装备行业企业信用等级评价标准V1.0（生产型企业试行版）》。2015年11月，协会启动首批教育装备行业信用等级评价试点工作，2016年3月协会组织召开信评工作研讨会对指标体系修订完善，形成《中国教育装备行业企业信用等级评价标准V2.0 贸易流通型企业版、生产型企业版》，并在此基础上对首批参评企业的信用等级进行了评价。2017年1月《教育装备行业企业信用等级评价规范》团体标准立项，协会组建了由各省级教育装备管理单位、第三方评估单位及教育装备行业企业在内的标准编制工作组。2017年6~7月，依据《中国教育装备行业企业信用等级评价标准V2.0 贸易流通型企业版、生产型企业版》，对参加第二批教育装备行业信用等级评价的69家企业及首批48家复评企业进行了信用等级评审，对现行教育装备行业信用评价标准进行了实践性检验，在此基础上组织完成该团体标准内部讨论稿的编写。2017年9月，结合国家发展改革委相关指导建议，对标准体系结构进一步优化，形成《教育装备行业信用等级评价规范（征求意见稿）》并公开征求意见。2018年1月，教育装备行业团体标准委员会审定通过《教育装备行业企业信用等级评价规范（试行）》团体标准，并于3月正式发布。2018年，协会依据《教育装备行业企业信用等级评价规范（试行）》团体标准对2018年信用等级参评企业进行了评审，对标准各相关指标在此进行了实践检验。《教育装备行业企业信用等级评价规范（试行）》得到了全行业广泛的认可与支持。

三年来，协会先后组织完成三批次教育装备行业企业信用等级评价，并通过举行信用等级参评企业授牌活动、向相关政府部门推荐信用等级企业、在行业通讯推介获得信用等级企业等多种形式宣传行业信用建设及信用评价结果，取得了良好的社会效益，对增强行业信用意识起到了极大的推动作用。教育装备行业信用建设工作得到了商务部和国家发展改革委的高度认可。2016年9月，协会受邀参加第五届"全国商务诚信建设大会"并介绍协会信用建设相关工作经验；协会还多次受邀参加国家发展改革委主持召开的部分全国性行业协会商会信用体系建设工作座谈会，被发展改革委列为行业信用建设典型示范单位。

（2）《中小学学生作业本　基本要求》

《中小学学生作业本　基本要求》团体标准的制定和实施严格遵循开放、透明、公平的原则，标准的编制经过了公开立项、公开征集参与企业、公开征求意见等诸多环节。2016年11月，中国教育装备行业协会学校后勤装备管理分会提出中小学学生作业本团体标准提案申请；2017年1月，协会团标委批准中小学学生作业本团体标准立项；2017年2月，中国教育装备行业协会学校后勤装备管理分会牵头组建了包括多家行业骨干企业在内的标准编制工作组；2017年3~5月，工作组参加协会团标委组织的标准编制工作培训，组织开展了标准调研、样品收集和试验验证，并在初步试验验证的基础上形成了标准讨论稿；2017年7月，工作组在对讨论稿进行进一步修改完善后，又组织召开了专家咨询会征求意见，并在会后修改完成标准草案稿报送协会；团标委秘书处进行形式审查后形成《中小学学生作业本　基本要求（征求意见稿）》，于2017年9月公开征求意见；2017年10月，工作组在山东高唐组织召开中小学学生作业本标准咨询论证会进一步征求意见，对标准进一步完善修改后，于11月提交团标委审查；2018年1月，协会团标委组织召开团体标准审查会议，审定通过该团体标准；2018年3月《中小学学生作业本　基本要求》团体标准正式发布。本团体标准在协会官网和全国团体标准信息平台全文公开，供社会自愿选用。协会欢迎和鼓励各作业本生产企业生产符合本团体标准要求的作业本产品，各地招标采购单位也可自愿选用本团体标准。

《中华人民共和国标准化法》第二十一条明确规定：国家鼓励社会团体、企业制定高于推荐性标准相关技术要求的团体标准、企业标准。《团体标准管理规定》第十三条明确规定：国家鼓励社会团体制定高于推荐性标准相关技术要求的团体标准，鼓励制定具有国际领先水平的团体标准。《中小学学生作业本　基本要求》编制起草过程中，先后在全国十多个省份进行调研，多次组织召开交流会和研讨会，发现学生作业本主要存在三个问题：一是纸张中劣质短纤维比例过大、易破损；二是纸张定量（即克数/重量）和幅面尺寸达不到标称值；三是过量使用回收处理的劣质纸浆，并大量添加荧光性物质达到增白效果。为了解决现行作业本存在的问题，本团体标准在封面/封底用纸技术指标要求中增加了"耐破度"指标，还规定了"荧光性物资"和有害物质限定要求，不仅符合我国国情，更有利于保障学生身体健康。本团体标准编制过程中，认真对比了《学生用品的安全通用要求》（GB 21027—2007）、《环境标志产品技术要求 文具》（HJ 572—2010）两者技术参数，在有害物质限定要求上最终选择采用《环境标志产品技术要求 文具》（HJ 572—2010）技术指标的原因是其相关要求比《学生用品的安全通用要求》（GB 21027—2007）更加严格，两标准可迁移元素最大限量值指标对比见表1。

表1 可迁移元素最大限量值对比 单位：mg/kg

可迁移元素	锑Sb	砷As	钡Ba	镉Cd	铬Cr	铅Pb	汞Hg	硒Se
GB 21027—2007限值	60	25	1000	75	60	90	60	500
HJ 572—2010限值	25	10	500	40	40	60	10	200

《中小学学生作业本 基本要求》团体标准技术指标完全符合《团体标准管理规定》的第十二条规定"团体标准的技术要求不得低于强制性标准的相关技术要求"，也更符合教育部等八部门印发的《综合防控儿童青少年近视实施方案》提出的"严格规范儿童青少年的教材、教辅、考试试卷、作业本、报刊及其他印刷品、出版物等的字体、纸张，以及学习用灯具等，使之有利于保护视力。切实保障学生用眼健康"。

《中小学学生作业本 基本要求》团体标准发布以来，得到了作业本产业链的积极响应。中国教育装备行业协会会员企业积极按照新标准设计、生产、供应学生作业本；广大造纸企业积极按照团体标准要求优化生产工艺，努力生产合格的纸张原料；多地政府在学生作业本采购招标中，积极选用团体标准。截至2019年3月底，符合本团体标准的作业本在北京、内蒙古、山东、浙江、重庆、四川、福建、安徽、广西、河南等地政府采购和市场销售货值2亿多元；中国新华书店协会、中国文体用品协会本册分会等社会组织积极与协会合作，开展团体标准学生作业本的全国市场推广。符合本团体标准的作业本以其质量优良、安全卫生、防控近视、价格合理的特点，深受教育主管部门、学校、教师、家长、学生的欢迎，光明网、经济参考报网等主流媒体予以报道或转发报道。2018年8月，中共中央总书记、国家主席、中央军委主席习近平对保护青少年视力健康作出重要指示，教育部等八部门印发《综合防控儿童青少年近视实施方案》的通知，要求2019年底前，会同有关部门出台相关强制性标准，严格规范儿童青少年的教材、教辅、考试试卷、作业本、报刊及其他印刷品、出版物等的字体、纸张，以及学习用灯具等，使之有利于保护视力。团体标准直面困难、先行先试的做法对科学防控儿童青少年近视、保护眼健康起到了重要推动作用。

三、存在问题

经过近三年的培育和发展，教育装备行业团体标准工作取得了一定的成效，但是也逐渐发现一些存在的问题。结合前期标准化工作的开展及标准化工作调研的反馈情况来看，目前教育装备行业团体标准化工作存在的问题主要有以下几个方面。

团体标准化工作宣传推广力度不足。在我国标准化工作领域，重标准制定、轻标准宣贯实施的现象一直普遍存在，甚至新的《标准化法》颁布实施一年多之久，很多地方政府部门对新《标准化法》的理解仍然不足，在自愿采用先进团体标准时仍心存疑虑。标准发布后，发布机构组织相关标准的宣贯培训工作不到位，社会各界对标准的了解严重不足。

标准化工作经费不足，标准化工作力量薄弱。各级教育管理部门中熟悉标准、掌握产品质量水平的人员不多，行业企业中具备标准化工作基本知识的专业人员也比较短缺，不少地方不重视也不愿投入力量开展标准化工作。

标准供给存在缺口，部分新兴重点领域标准缺失比较严重，导致实施过程中无据可依。现行标准的动态完善机制不健全，部分标准老化严重，标准质量有待提高。

此外，我国标准化工作还存在着诸如标准制定机制不完善，与标准配套的相关检验检测机构局限较大，标准的国际认可度不高等诸多问题。

四、发展建议

（一）切实加强新标准化法的宣贯落实

随着我国全面深化改革进入深水区和攻坚期，需要解决的问题十分繁重，碰到的全是"硬骨头"，面对的大多是触动既得利益、既有格局的深刻变革。标准化工作改革的目标是建立政府主导制定的标准与市场自主制定的标准协同发展、协调配套的新型标准体系，把现行主要由政府单一供给的标准体系，转变为由政府主导制定的标准和市场自主制定的标准共同构成的新型标准体系。团体标准是国家标准化改革的重要内容，是促进产业升级的战略举措。标准化工作改革真正的突破在于发展团体标准。新的《标准化法》尽管已经颁布实施，但是仍有一些地方对发展团体标准认识不足，改善这一现状需要国家标准委、各行业主管部门及社会团体共同努力推动新《标准化法》的宣贯落实。政府各相关部门应对团体标准的国家政策进行更加广泛的解读和普及，鼓励采信和应用团体标准；各社会团体也应结合自身行业优势积极组织开展团体标准化工作交流与研讨，扩大团体标准的社会影响力。

（二）规范合理地组织开展团体标准的编制工作

各社会团体应以《中华人民共和国标准化法》和《团体标准管理规定》为指导，

严格规范团体标准化工作。制定团体标准应当遵循开放、透明、公平的原则，吸纳生产者、经营者、使用者、消费者、教育科研机构、检测及认证机构、政府部门等相关方代表参与，充分反映各方的共同需求。团体标准应当符合相关法律法规的要求，不得与国家有关产业政策相抵触。各社会团体应充分利用团体的社会影响力，整合行业内外优秀骨干力量，严格规范标准编制程序，提升标准质量，为行业发展服务。在标准执行过程中，社会团体还应结合广大实际用户的反馈建议和标准的生命周期，适时进行标准修订，做到团体标准的与时俱进。

（三）加强宣传推广，促进团体标准实施

《2019年全国标准化工作要点》明确提出：要深化标准化工作改革，建设更加科学合理的标准体系。充分激发市场自主制定标准的活力，深入推进团体标准试点，加强对试点的指导和协调，加快形成可推广可复制的经验模式。团体标准要得到更大范围的市场认可，需要在国家标准委的指导下，在全社会各方面力量的共同努力下加强宣传推广，促进团体标准的宣贯落实，形成政府部门协同联动、行业内部自律、社会舆论监督的良性治理格局。对于已发布实施的团体标准，要在实际应用中为企业答疑解惑，帮助企业了解掌握相关标准，切实提升产品质量，要向各地行业主管部门积极宣贯，鼓励地方在实践工作中自主自愿选用团体标准。

五、结束语

2018年9月10日，中共中央总书记、国家主席、中央军委主席习近平在全国教育大会指出：教育是民族振兴、社会进步的重要基石，是功在当代、利在千秋的德政工程，对提高人民综合素质、促进人的全面发展、增强中华民族创新创造活力、实现中华民族伟大复兴具有决定性意义。教育装备是教书育人的必要条件，是实现教育现代化的重要支撑，是培养学生创新精神和实践能力、促进学生全面发展的重要载体。加强教育装备工作是推进义务教育均衡发展、促进教育公平的必然要求，是发展素质教育、促进学生全面发展的重要基础，是提高教育质量、加快推进教育现代化的重要举措。标准决定质量，质量塑造品牌，品牌提升信誉，信誉赢得市场。教育装备行业团体标准的发展必将为进一步提高教育装备产品质量、激发行业创新活力、推动创新驱动发展做出更大的贡献。

（作者单位：李守国、许永康，中国教育装备行业协会；郑秋辉，河北省教育装备行业协会）

教育信息化促进教育系统性变革路径研究

——基于教育部首批教育信息化优秀试点案例的分析

郭　炯　杨丽勤

【编者按】

　　"十二五"期间，我国首批教育信息化试点取得了显著成绩，各地坚持应用驱动、机制创新的基本方针，在规划、投入、环境、资源、应用、机制等方面都取得了与当地经济发展和教育改革相适应的工作成效。本文以161个优秀试点单位的案例文本为研究对象，基于文献研究法和内容分析法，从数字（智慧）校园建设、教育资源建设与应用、技术支持教育教学创新、教育管理信息化、教师专业发展、保障机制等六方面对案例文本进行了深入分析和经验总结，可为各地教育信息化工作的进一步开展提供借鉴和参考。

　　为全面贯彻落实《国家中长期教育改革和发展规划纲要（2010—2020年）》（以下简称《教育规划纲要》）提出的"加快教育信息化进程"要求，2012年1月，教育部启动了教育信息化试点工作，旨在探索教育信息化环境建设、优质教育资源共建共享与应用、教育管理信息化等方面的发展路径和方法，形成教育信息化支撑各级各类教育改革与发展，促进教育公平、提高教育质量的典型经验[1]。经过五年的发展，试点工作取得了显著的阶段性成绩，涌现出许多优秀案例，探索出了先进的经验和方法。为使先进经验能够由"点"到"面"，更大范围共享和推广，本文对优秀案例进行深入剖析，提炼新思路、新方法、新机制，以期为推进我国教育教育信息化发展提出合理性建议。

一、研究设计

　　笔者在梳理教育信息化相关研究文献的基础上，结合我国首批教育信息化试点的主要目标和内容，制定本研究的分析框架，并基于分析框架，认真研读案例文本，归纳总结先进发展经验。

（一）研究样本来源

本研究选择教育部科技司审核为"优秀"的161个试点案例作为样本总体，以每份案例文本为分析单位。样本案例的类型有专项试点、区域综合试点、中小学试点、职业院校试点、本科院校试点及国家教育资源公共服务平台的规模化应用试点。案例覆盖我国东部、西部、中部、东北等地区共32个省、直辖市、自治区，40个教育行政部门，121所学校（包括59所中小学、27所本科院校、35所职业院校），样本类型如表1所示。综合来看，样本代表了我国各地、各级、各类教育机构教育信息化发展的较高水平。

表1　样本类型分布

试点类型	试点数量/所
区域试点	22
中小学试点	59
职业院校试点	35
本科院校试点	27
专项试点	11
资源平台规模化应用专项试点	7
合计	161

（二）案例分析框架的制定

为保障分析的系统性和针对性，厘清分析思路，使分析结论能够反映当前教育信息化发展的实质关键性问题，在实施分析之前，结合国内外教育信息化相关政策文件、研究文献，以及教育信息化试点的主要目标和内容，制定了案例分析框架。

首先，研读《教育规划纲要》《教育信息化十年发展规划（2011—2020年）》等教育信息化相关政策文件，明确了"三通两平台"是我国"十二五"期间教育信息化发展的工作重点[2]，为本框架制定确定方向。阅读国际教育信息化发展报告，比较美国StaR、英国Srt、新加坡By(i)tes、韩国的教育信息化评估指标体系，发现"教育信息化基础设施""数字教育资源""信息技术教育应用""教师专业发展""领导力与规划""学生的学业成就"为各国的共同关注点[3]。我国教育信息化评估的相关文献也将"基础设施""教育资源""教与学应用""管理信息化""保障措施"作为主要评估指标[4]，从而判定"基础设施""教育资源""技术在教与学中的应用""教育管理信息化""教师专业发展"及"保障机制"为各国教育信息化的共同关注重点，拟作为本研究的主要分析维度。

其次，结合"数字（智慧）校园建设与应用""国家教育资源公共服务平台规模化应用""数字化教育资源共建共享""教与学模式创新""教育管理信息系统建设""区域教育均衡发展""促进城乡教师共同发展"等教育信息化试点的主要内容[5]，进一步将

"数字（智慧）校园建设与应用""教育资源建设与共享""创新教育教学模式""教育管理信息化""教师专业发展和保障机制"确定为分析框架的一级类目，再结合案例中的关键词，确定二级类目并最终形成本研究的分析框架，如表2所示。

表2　教育信息化试点案例分析框架

分析维度	一级类目	二级类目
数字（智慧）校园建设与应用	建设思路	顶层设计、统筹规划、分步实施
	建设模式	自主建设模式
		融入区域建设
		校企合作模式
	建设理念	需求导向、以人为本
		注重融合、集成化建设
教育资源建设与共享	资源建设方式	购买、引进、汇聚、自主建设、合作共建
	资源类型	校本资源、特色资源
	资源共享方式	资源共享平台、资源智能推送
	资源应用机制	促进常态化应用、创新应用
创新教育教学模式	教与学模式	协同教学
		混合式翻转课堂教学
		自主合作探究学习
		个性化精准教与学
教育管理信息化	创新管理模式优化服务流程	动态管理、智能干预
		数据贯通，系统集成、业务重组
	精准教育决策	基于大数据的精准教育决策
教师专业发展	针对性培训	网络培训、混合培训、个性化分层培训
	网络研修	网络研修组织形式和研修方式
	实践驱动	依托活动，竞赛驱动、课题引领
保障机制	组织保障	组织机构组成
		组织管理机制
	制度保障	发展规划
		管理制度
		激励制度
		沟通协调制度
	技术保障	由技术部门负责
		邀请专业技术机构
	经费保障	政府拨款
		自筹经费
		社会企业投资

二、教育信息化优秀试点案例分析

基于上述分析框架，重点围绕数字（智慧）校园建设、优质教育资源建设与共享、技术支持下的教育教学创新、教育管理信息化、技术促进教师专业发展、保障机制等进行经验梳理和总结。

（一）数字（智慧）校园基本建成，应用不断深入

数字（智慧）校园是一个学校办学水平和综合实力的主要体现，是推进信息技术与教育教学深度融合，促进教育理念、方法和手段全面创新的基本保障。36个试点单位的数字（智慧）校园建设虽各有差异，但都坚持"以人为本、应用驱动、深度融合"的建设理念，基于"顶层设计、统筹规划、分布实施"的建设思路，采取多方协同的建设模式，围绕区域、学校和师生教育教学需求，聚焦教育教学模式改革创新需要，构建数字（智慧）校园生态，共建共享各类优质教育资源，并通过建立保障机制、强化教师培训、扎实推进应用等策略，实现了有数字教育资源支撑的网络教研、在线课堂等功能，在促进优质资源常态化应用、提升人才培养质量、促进教育均衡发展等方面发挥了重要作用。

（1）坚持"顶层设计、统筹规划、分布实施"的建设思路

数字（智慧）校园建设是个复杂的系统工程，试点单位多围绕学校的办学理念，从学校整体长远发展的战略规划和教育教学实际需求出发，在信息化教育专家、学校管理者和相关部门的协同配合下，共同进行顶层设计和统筹规划，确保数字（智慧）校园数据标准、技术路线、基础架构和组织管理等的统一性，以消除资源、数据、应用等孤岛，将环境建设、资源建设与应用、应用系统互联互通、师生信息素养提升等统筹部署，构建一体化的数字（智慧）校园生态。

数字（智慧）校园建设涉及需求调研、规划设计、建设部署、人员培训、推广应用、运行反馈、修改完善等多个阶段，建设周期长，投资大。为保障建设进度和质量，降低失败风险，试点单位多采取分布实施、逐步推进的建设策略。一般而言，首先进行需求调研，设计方案，进行专家论证，确定数字（智慧）校园的建设方向；其次进行硬件基础设施和软件平台资源建设；再次加强人员队伍建设，培养和提升教育管理者、教师、技术等各级人员的信息素养，并创新应用。促进教育、教学、管理等模式的创新，前两阶段为基础，第三阶段的应用为核心。

（2）注重"政、企、校多方协同"的建设模式

多方协同推进教育信息化建设机制逐步形成。各地积极探索政府、企业、学校深度合作模式与机制，充分发挥市场在资源配置中的决定性作用，引导企业等按照教育信息化的总体布局和要求提供丰富的教育产品和服务，吸引社会各方广泛参与，形成了良好的教育信息化发展环境，不断解决教育信息化发展中的问题，以促进教育变革的实现。

案例分析发现，除了个别几所经费充裕、技术开发能力强的学校采取自主建设模式外，其余大部分试点单位采取政、企、校多方合作共建模式，表现为区域统筹和校企合作。区域统筹即将数字（智慧）校园建设纳入区域信息化的整体规划，由区域统一部署，统筹规划建设。例如，沈阳市将数字校园建设纳入政府工程，由区域整体规划，区校协同，联动共建，有效促进区域教育信息化整体推进，提升区域教育信息化整体水平[6]。校企合作模式有的由政府搭台实现，有的是学校主动寻求合作。泉州信息工程学院在政府引导下与企业合作，以购买服务方式实现网络设施平台建设，以一次投入分年付费的方式完成资源建设，破解数字化校园建设的资金、技术等多重难题[7]。多数学校主动寻求与企业合作。有的利用校内市场换取网络运营商的免费服务，有的通过为企业提供员工培训服务方式换取合作，还有一些试点单位以版权共享方式实现合作，名校则借助品牌效应实现合作[6]，多方协同的建设模式促进了数字（智慧）校园的建设，加快了教育信息化发展进程。

（3）注重"以人为本、应用驱动、深度融合"的建设理念

数字（智慧）校园以服务人才培养，促进教育、教学、管理与服务模式变革为核心目标。各试点单位坚持以人为本，从学校发展以及用户的实际需求出发，进行环境、平台、应用以及资源的设计与开发，并强调技术在教育、教学、管理、科研、社会服务中的深度应用。为促进技术与管理服务的深度融合，提升治理水平，多数试点单位基于平台化建设思路，利用云计算技术，建设统一身份认证、统一数据标准、统一信息门户等基础平台，对数据进行统一管理，建设"一站式服务中心"对业务进行再造优化，提供综合一体化服务。华南师范大学坚持"以人为本、深度融合"的智慧校园建设理念，将学校信息化与各项工作的机制与机构融合、信息化平台资源融合、信息化业务流程与消息数据融合、信息化校园活动与外部环境（如智慧城市）融合，实现了智慧校园对教育教学、管理服务以及社会服务等的有力支撑[6]。

（二）教育资源共建共享机制初步形成，应用水平不断提升

数字教育资源建设是教育信息化的基础工程和关键环节，涉及数字教育资源的试点单位共131个。综合分析发现，各类试点单位不断探索多方协同的资源共建机制，更加注重优质、特色、实用性资源的建设，不断创新资源共享与服务机制，提升资源应用水平。

（1）整合多方力量，创新资源协同共建机制

通过"政府主导，企业参与，多方合作"的方式实现资源众筹众创，推动生成性资源建设，提升优质教育资源服务能力。除购买、引进、汇聚、自主研发之外，各试点单位积极探索多方合作机制，如职业院校将自身教育优势和企业技术优势相结合，开发符合岗位需求的专业教学资源库，为实践性课程教学和技能型人才培养提供了资源支持。区域通过整合教研、电教、名校、名师等多方力量，促进区域资源共

建共享。江苏省徐州市云龙区由区域教研部门、电教部门、学校合作开展三级联动备课，实现了备课资源的合作建设与区域共享。教育行政部门创新机制，鼓励引导多方参与，如浙江省教育厅以企业先行建设，政府择优收购、后补助、奖励或推荐使用的方式调动企业的积极性，以积分奖励、征集、评比、表彰等方式激发一线教师的积极性，并组织高校及省名校名师参与，形成了企业、学校、社会组织优势互补的资源共建格局[6]。总体来看，多方协同资源共建机制已初步形成。

（2）注重实用、优质、特色资源建设，提高资源使用率

随着资源数量不断增多，形态日益丰富，资源的可用、易用、实用性成为关注重点。试点单位坚持"应用驱动、需求导向"原则，从教育教学实际出发，建设实用、优质、特色资源。有的建设地方、校本课程，完善课程体系，满足学生的个性化发展需求。有的通过积累教师备课、教学、教研等过程性资源，建设校本教学资源库。例如江苏省徐州市云龙区构建"一主多元"数字化资源体系，不仅立足教师教学，还关注学生、家长、社区等的需求，使各学校积极开展个性化、特色化学习资源的建设与应用[6]。资源建设是基础，资源质量是关键。分析发现，制定资源建设标准、成立资源审核队伍、完善资源准入制度，是把关资源质量的主要措施[6]。实用、优质、特色资源因更加符合教育教学实际，使师生应用积极性得以有效调动，提高了资源使用率，避免了建而不用的浪费现象。

（3）创新资源共享机制，扩大优质资源覆盖面

为进一步扩大优质资源覆盖面，试点单位不断完善资源共享环境、探索资源共享机制。区域通过搭建区域教育资源公共服务平台，实现"国家—省—市/区—校"各级平台的互联互通，完善资源公共服务体系，为区域师生免费共享优质资源提供服务。学校试点单位不断夯实软硬件基础，搭建资源共享平台，为实现资源校内共享提供环境支撑。各地还因地制宜，探索了有效的资源共享机制。区域和名校多通过组建教学或教研共同体，依托"名师课堂"，开展"同步课堂""专递课堂"等双师教学活动，组织"集体备课""交流研讨"等网络教研活动，实现智力资源共享，促进薄弱学校教师发展和教育质量提升。联盟共享也是共享资源的主要方式。重庆大学以"跨校互选课程""学分互认"方式在高校联盟内实现优质课程共享，促进联盟校优势互补，解决了学科课程资源的不均衡问题[6]。部分试点单位探索新技术支持下的资源智能推送。如广东省深圳市南山区通过智能感知技术感知学习情境，识别学习者特征，自适应为其推送学习资源，在因材施教、促进学生个性化发展方面又进一步[6]。

（4）促进资源常态化应用，提升资源应用水平

资源的价值在应用中才能体现，教师的应用积极性制约着资源作用的有效发挥。各地积极创新机制，激发教师应用动力，促进资源常态化、规模化应用，提升资源应用水平。所采取主要措施包括：①活动激励，如依托"一师一优课"活动，组织各级

各类信息化教育教学竞赛，激励教师使用资源的积极性。②考核督促，如将资源应用情况与教师评优、评先、评职等相挂钩，激发教师应用动力。③培训提升，通过组织教师培训，邀请专家引领、骨干教师带动等方式，提升教师资源应用水平。随着资源应用的常态化，应用水平也不断提升，有的还探索出有效的资源应用策略，例如，对资源进行合理的"增、删、停、补"校本化改造，使之更符合学校实际需求等[6]。

（三）信息化应用不断深化，创新模式竞相涌现

在提高教育质量、促进教育公平、实现教育改革的目标指引下，各试点单位坚持信息技术与教育教学深度融合的核心理念，形成了基于智力资源共享的协同教学模式，翻转课堂模式，基于数据分析的精准教学模式，利用物联网、VR/AR、智能机器人等新技术的探究式智慧课堂等。涉及此主题的试点单位共41个。"协同教学""混合式翻转课堂""个性化精准教学""探究式学习"等是关注重点。

（1）共享优质智力资源，开展协同教学

随着信息化应用不断深入，传统学校课堂边界被打破，优秀教师、社会优秀人才等智力资源能够为更大范围共享，跨区域、跨校际协同教学成为可能。一些区域及学校依托"名校网络课堂"构建教学共同体，以"一校带多校，一点带多点"的专递、同步课堂形式开展协同教学，降低区域外优质学校和区域内薄弱学校的教育质量"梯度"，有效解决了优质教育资源的"水土不服"问题。例如，四川省成都市七中育才学校通过"四个同时、四位一体、四个统一"开展远程同步教学，帮助了更多远端学生和教师的成长，促进更多学校、区域的教育质量提升[6]。职业院校与企业合作，产教融合，协同育人。天津交通职业学院由专任教师与企业教师共同组成"1+N"专兼结合的教师队伍，专任教师负责教学内容，企业兼职教师负责项目任务，共同开展协同教学，有效促进人才培养质量的提升[6]。高校则基于联盟开展协同教学，如重庆大学采用联盟化学科教学模式，各联盟校优势互补，弥补学科发展的不均衡问题[6]。

（2）贯通线上线下，开展混合式翻转课堂教学

课堂是教学改革的主阵地，课堂教学结构变革是信息技术与教育教学深度融合的核心。50%的试点单位利用网络教学平台和丰富的微课等学习资源，引导学生课下自主先学，课上集中讨论，将在线与面授有机结合，开展混合式翻转课堂教学，使教学流程再造，教学结构重组。江苏省泰州中学附属初级中学发挥微课在学生课前自主先学、课中重难点释疑、课后巩固强化中的作用，开展翻转课堂教学，发挥了学生主动性，提高了课堂教学质量[6]。内蒙古电子信息职业技术学院通过线上虚拟仿真实训、线下课堂面授和实物实验的混合式教学，使虚拟与现实、理论与实践有机融合，解决了职业院校实践机会少，实训成本高的难题，提升了实训类课程的教学质量[6]。总体而言，混合式翻转课堂教学将在线与面授，课上与课下有机结合，发挥了学生的学习主体性，"先学后教，以学定教"更能保证学习效果。

（3）基于大数据分析技术，开展个性化精准教与学

大数据等技术通过提供反馈、预测等，使教与学的方式更趋精准个性化[8]。部分试点单位探索人工智能、大数据等技术在学情分析、教学评价、个性化学习等方面的应用。例如，上海市普陀区利用教学平台收集学生学习过程及结果数据，利用数据分析功能对学生进行学情诊断，帮助教师调整教学策略，帮助学生推送适应性学习资源，使教与学更加精准、更具针对性[6]。浙江省教育厅借助资源平台的数据分析功能，为用户精细画像，优化学习路径，实现因材施教，促进学生全面而个性的发展[6]。

（4）围绕创新能力培养，开展探究性学习

创新能力是21世纪人才的关键能力之一，动手实践和自主探究是培养创新能力的主要途径[9]。试点单位通过搭建探究学习环境，提供探究学习资源，为探究学习提供支持；通过组织问题引导、项目驱动、实践体验，以及基于设计的探究活动，激发学生创新意识，提升创新能力。如广东省佛山市禅城区建设了全区中小学共享共用融合创新中心，配备AR/VR设备，开展机器人、3D建模、项目探究等不同形式的创新教育活动，培养学生的"工匠精神"与"创新、创造、创作"能力[6]。创客教育作为一种新兴的探究学习形式，广受关注，重庆二十九中通过构建"蚂蚁梦工厂"创客空间，开发创客课程，开展创客教育活动，激发学生的创新意识，创新思维，培养学生的创新实践能力[6]。

（四）信息化管理体系日益完善，服务水平逐渐提升

通过信息技术与管理的深度融合，创新教育管理模式，提升服务水平、促进管理决策科学化是教育管理信息化的重点。涉及教育管理信息化的案例共34个，主要通过数据整合，系统集成、业务重组等，不断完善信息化管理体系，促进教育管理模式创新和服务水平提升。

（1）注重数据整合，业务重组，提升管理效能和服务水平

信息管理系统实现了教育管理的自动化，但部门间业务流转尚不流畅，面向用户服务的机制尚未建立，管理效能未明显提升。其中，部门间数据分散、系统孤立是主要原因。因此，为促进协同管理，提升管理效能，需统一数据标准，贯通基础数据，集成管理系统，打破各自为阵的管理局面。多个试点单位通过统一数据标准，统一门户、统一身份认证，打破了各系统应用之间的壁垒，为协同管理奠定了基础。有的还建设"网上服务大厅"，按照用户办事流程进行业务重组、流程再造，构建集教育、管理、服务于一体的综合服务平台，为用户提供方便快捷的一体化服务，优化服务体验，提升服务水平。例如，复旦大学集中数据资源，贯通业务流程、将面向个人的服务进行梳理集中，通过标准化平台实现统一管理、内部协调、协作实施，变传统的体外循环为高效的体内协同。新的信息化服务模式精简了办事流程，提升了管理效能，优化了用户体验，提升了服务水平[6]。

（2）注重数据价值的深度挖掘，促进教育管理决策科学化

教育决策是教育管理的核心，在智能感知、数据分析等新技术支持下，教育管理与决策逐渐趋于科学精准。教育精细管理与科学决策的基础是数据采集，关键在数据挖掘，重点在提供决策。智能感知、物联网等动态数据采集技术获取的全过程多模态数据，能够为教育管理决策提供数据基础。大数据分析技术通过深度挖掘数据价值，能够为教育管理决策提供依据[10]。例如，广西理工职业技术学校通过大数据云平台对学生在不同校区以及实习单位等地的数据进行采集，跨时空的动态统一管理使管理更为精细[6]。西安欧亚学院基于智能感知技术、大数据分析技术，动态采集数据并分析，可视化呈现结果，为学校的招生、教学、财务、学生服务等提供决策支持[6]。教育行政部门可借助决策支持系统对各级各类教育数据进行深入分析，辅助教育改策。例如，四川省教育管理信息中心通过数据挖掘综合分析，对省内的大班额情况、留守儿童情况、贫困生情况、大中城市义务教育学生上学距离等情况进行统计分析，为教育经费、管理制度以及就学区域等方面的政策出台提供依据[11]。

（五）促进教师专业发展机制日益完善，教师信息化教学能力整体提升

高素质教师队伍是深化信息化教育应用、促进教育信息化可持续发展的关键。各地重视信息化教师队伍建设，161个案例中83%的试点单位提到此问题，主要通过培训、研修、比赛、课题研究等多种方式，促进教师信息化教学能力提升。

（1）适切培训，关注教师个性发展需求

培训是促进教师专业发展的主要方式，有外派学习、专家讲座、面授、网络培训等多种方式。传统自上而下、面向群体的培训往往形式单一，内容脱离教师实际。各单位本着"全面推进、分层对待"的原则，为教师定制个性化培训方案，开展差异化分层的适切性培训，以提高培训的实效性。有的按照年龄将教师分层，有的根据信息化水平高低将教师分层，各层级培训目标不同、方式各异。华中师范大学构建教师信息化教学能力发展体系，针对不同类型教师开展相应培训，对新入职教师采取集中培训，信息化能力较高的种子教师则派赴海外参加TPACK拓展训练等[6]。有的则将网络与面授相结合，从教师教学实际需求出发开展混合式培训，有针对性地促进教师发展。例如，安徽省芜湖市将集中培训与网络培训、校本培训相结合，将通识培训与专业培训相结合，打造专业化教师队伍[6]。

（2）网络研修，构建教师帮扶发展机制

网络研修是促进教师协同发展的主要途径。专家、名师发挥着重要的引领作用，区域多依托名师工作室、名校网络课堂等，整合专家、教研员、名师等智力资源，组建教师发展共同体，组织网络研修活动，促进教师成长。例如，山东省烟台市芝罘区构建由"互联网+高校+名校+名师"组成的网络教研体系，开展跨校际教研，形成"教研员组织，专家引领，名校帮扶，名师带动"的研修组织机制，并提出"备、

研、领、评、享、拓"六段式网络教研模式[6]。名校则积极发挥自身引领作用，带动薄弱校共发展。重庆二十九中依托"名师工作室"，创建"慧学工作坊"跨区域协同教研共同体，通过分享经验，集体备课、名师课堂观摩等方式，构建"伙伴协作"研修模式，带动了区域教师共发展[6]，"多方协同，结对帮扶"的网络研修促进教师发展机制逐渐形成。

（3）应用驱动，促进教师在实践中成长

教师信息化能力提升离不开教育教学实践，教师并不自然具备实践主动性，可通过示范引领、外部推动、内部驱动等方式激发其实践动力，其中内驱是关键，外部推动和示范引领有助于激发内驱力。试点单位多通过比赛驱动、考核激励等外推方式，观摩示范等引领方式，使教师在观摩实践中体验、感受，进而激发主动性。如多个单位依托"一师一优课"，举办各类教学竞赛，展播优秀课例，营造信息化教学的氛围，激发教师实践动力。还有一些单位通过考核，激励教师积极参与[6]。

（4）课题引领，鼓励教师在研究中提升

教学反思和研究能够深化教师对教育信息化的认识、提高理论水平，对教师发展至关重要。不少单位以课题引领方式鼓励开展教学研究。例如，山东理工大学鼓励教师开展行动研究，提高教师的理论水平和教学研究能力。重庆市大足区将"教、学、研、训、赛"一体化，通过课题研究、优质课大赛等活动激励教师信息化教学的主动性，激发教师自我发展内驱力，助推教师专业成长[6]。

（六）多方协同推进教育信息化保障机制逐步形成

教育信息化的顺利推进离不开组织、制度、经费、技术等的全方位支持。各试点单位不断创新机制，为教育信息化工作的稳定有序发展提供保障。

（1）建立一把手负责、多部门协同的组织机制，提供组织保障

健全的组织机构对教育信息化工作起着决定性作用。各地通过成立信息化领导小组、信息化办公室、信息化执行小组，不断完善组织架构。领导小组组长由一把手担任，成员由各部门负责人组成，协同解决信息化工作中的重难点问题。执行小组由职能、业务、技术多部门组成，负责信息化工作的具体实施。为促进业务与技术深度融合，北京师范大学第二附属中学采取基于项目的扁平化管理，淡化了行政色彩，激活教师工作的积极性[6]。

（2）健全信息化政策制度，加强制度保障

43%的试点单位制定了教育信息化相关政策制度。如制定教育信息化发展规划，将教育信息化工作提升到区域或学校发展的战略高度；制定考核激励制度，激发各级人员参与教育信息化工作的积极性，有的将其纳入督导考核范围，有的将其作为教师优先评聘的主要依据；完善沟通协调制度，如联席会议制度，信息员制度等，促进部门

间有效沟通。还有试点单位制定网络安全、经费预算等管理制度，为教育信息化工作提供全面的制度保障。

（3）创新多元经费筹措机制，解决经费难题

资金是教育信息化正常运作的基石，也是制约发展的瓶颈。教育信息化经费主要来自上级财政拨款、企业捐助、自筹经费等。政府通过设立教育信息化专项经费、纳入年度常规预算、制定政策等方式提供支持。例如，辽宁省沈阳市将教育信息化经费纳入年度常规预算[6]，安徽省芜湖市要求学校保证足额信息化经费预算[6]，江西省教育厅鼓励学校使用生均公用经费[12]。各试点单位还积极探索多渠道经费投入机制，如浙江省东阳市政府以融资租赁方式[6]，四川省成都市青白江区政府在财政拨款的基础上以分期购买服务方式，撬动社会资金参与信息化建设[13]。政府财政投入为主，社会企业参与为辅的经费投入机制逐渐形成。

（4）创新技术保障机制，提升技术支持力

教育信息化工作需要技术支持。案例中技术支持多采取自主和外包两种方式。自主方式由技术部门负责，如区域由电教部门负责、学校由信息技术中心负责。部分试点单位创新用人机制，组建学生技术支持队伍，给学生提供锻炼机会，也解决了技术支持问题[6]。外包多以购买服务方式，获取专业机构的技术服务，如福州大学选择时效性要求强、重复性高、复杂度低的业务进行外包，保证外包服务的专业和及时[14]。

三、结语

"十二五"以来我国教育信息化得到大力发展，通过构建数字化学习环境，完善教育资源公共服务体系，提高教师队伍素质，构建多方协同推进机制，使得教育信息化基础支撑能力和服务水平不断提升，教与学环境、教育服务供给机制得以重构，教学、管理和评价模式不断创新，在提高教育质量、促进教育精准扶贫、实现教育公平等国家重大战略中发挥了重要作用，为进一步优化结构、重构生态、形成"互联网+教育"供给新体系、促进教育的可持续发展奠定了基础。我国教育信息化发展将在此基础上，以适应人的全面发展和服务经济社会发展需要为主要导向，不断转变观念，深化应用，创新机制、促进信息技术与教育教学、管理的深度融合，进一步提高教育质量，实现教育公平。教育信息化促进教育系统性变革，正在支撑引领教育现代化发展，推动教育理念更新、模式变革、体系重构[15]。

[本文系2018年度国家社会科学基金重大项目"信息化促进新时代基础教育公平的研究"子课题"信息化促进贫困地区教师发展的技术路径与实践模式"（项目编号：18ZDA335）研究成果。作者单位：西北师范大学教育技术学院]

参考文献

[1]中华人民共和国教育部. 教育部关于开展教育信息化试点工作的通知[EB/OL]. http://old.moe.gov.cn//publicfiles/business/htmlfiles/moe/s3342/201202/xxgk_129910.html, 2012−02−03.

[2]中华人民共和国教育部. 把握机遇加快推进 开创教育信息化工作新局面[EB/OL]. http://www.moe.gov.cn/srcsite/A16/s3342/201211/t20121102_144240.html, 2018−09−12.

[3]赵建华, 吴磊等. 国际教育信息化发展报告(2014—2015)[M]. 北京: 北京师范大学出版社, 2016.

[4]吴砥, 余丽芹等. 教育信息化评估: 研究、实践与反思 [J]. 电化教育研究, 2018, 39(4):12−18.

[5]教基[2012]. 关于进一步充实教育信息化试点工作内容的意见(征求意见稿)[Z].

[6]教育部科学技术司. 教育信息化优秀案例集(2017)[M]. 武汉: 华中师范大学出版社, 2018.

[7]泉州信息工程学院: 数字化校园建设机制与应用模式探索[CP/DK].2017−07−01.

[8]丛亮. 大数据背景下高校信息化教学模式的构建研究 [J]. 中国电化教育, 2017,(12): 101−102.

[9]王永雄,丁德瑞等. 基于创新实践能力培养的精准分层教学 [J]. 中国电化教育, 2017,(12): 109−110.

[10]荣荣, 杨现民等. 教育管理信息化新发展: 走向智慧管理 [J]. 中国电化教育, 2014,(3): 32−33.

[11]四川省教育管理信息中心: 省级教育数据中心建设机制与管理信息系统应用模式探索专项信息化试点总结材料[CP/DK].2017−08−01.

[12]江西省教育厅: 省级统筹多方合力共建教育资源公共服务体系[CP/DK].2017−07−01.

[13]四川成都青白江区: 扎实推进规模化应用 提升教育均衡化程度青白江区国家教育云规模化应用试点项目总结[CP/DK].2017−07−01.

[14]福州大学: 数字化校园服务模式探索[CP/DK].2017−07−01.

[15]教育部. 教育部关于印发《教育信息化2.0行动计划》的通知[EB/OL]. http://www.moe.gov.cn/srcsite/A16/s3342/201804/t20180425_334188.html.

交互式多媒体教学环境下的 K-12教师信息化教学行为分析

希沃教育研究院

【编者按】

《教育信息化2.0行动计划》以坚持信息技术与教育教学深度融合为核心理念，提出了普遍提高信息化应用水平的基本目标，要求将信息技术深度融入教育全过程。作为教育内容与学生之间最直接、最重要的媒介，教师在信息技术与教育教学的深度融合过程中发挥着基础性作用，教师在教育过程中对信息技术应用的有效性直接决定着信息技术与教育教学深度融合的水平。

本文以大量的第一手数据为依托，全面分析了我国基础教育阶段不同地域、学段、学科教师利用交互式多媒体教学装备开展信息化备课、授课、教学管理和线上学习的总体水平和行为模式，为深入研究我国信息化教学的现状和规律提供了可贵的资料，为教师、学校、教育主管部门、教育信息化企业更好地推进信息技术与教育教学的深度融合提供了有益的参考。

教育部2019年3月《教育信息化和网络安全工作月报》显示：全国中小学校互联网接入率已达97.7%，配备多媒体教学设备普通教室345万间，93.4%的学校已拥有多媒体教室，其中73.3%的学校实现多媒体教学设备全覆盖。当下的多媒体教室环境也正经历着从使用投影仪播放演示文稿为代表的简易多媒体教学环境，到以交互智能平板电脑为代表的交互式多媒体教学环境，并随着技术的发展进一步向智慧教学环境变迁。以交互智能平板电脑为代表的交互式多媒体教学环境是当下主流的教学形态之一。以希沃交互智能平板电脑为例，该设备现已覆盖全国超过120万间教室，注册教师总量超过280万人（数据来源于希沃用户数据库，数据截至2019年4月）。

交互式多媒体教学环境下，K-12教师的信息化教学现状到底如何？有哪些典型现象或者行为特征？通过了解这些问题，教育主管部门、行业从业者及教师均可加深对当下信息化教学现状的理解和认知，以进行更富有成效的教育信息化实践。

相对传统教学而言，信息化教学泛指教师进行的各类以信息技术支持为显著特征的教学形态，本报告中特指希沃注册教师用户在基于希沃交互智能平板电脑的备课授课、教学管理、专业成长等实际教学场景中的典型教学行为。本报告以希沃注册教师用户为主要研究样本，在大量教师样本行为数据采集及统计分析的基础上，试图回答以下问题：①不同区域、城市类型、学科、学段的K-12教师在技术支持的备课授课、教学管理、在线学习方面有怎样的差异？②K-12教师在备课、查看班级表现、线上学习的主要行为上，在单日、单个教学周及单个学期上的时间分配规律是怎样的？

一、样本及数据说明

本报告研究样本主要来源于希沃教师用户数据库。具体而言，主要来源于希沃的3款主要软件或应用：教师的备课授课数据来源于"希沃白板5"（备授课一体的互动教学软件），教师的教学管理数据来源于"班级优化大师"（学生课堂行为管理软件），教师的线上学习数据来源于"希沃学院"（教师在线学习、交流、分享的研修平台）。

研究人员直接从这3款软件或应用的后台获取教师的行为数据，进行教师用户信息脱敏处理后用作数据分析的基础。如无特殊说明，所有教师行为数据的时间范围均为2018年3月1日至2019年3月1日，在此时间内有相应教学行为数据产生的教师用户均计入样本。需要说明的是，此时间范围正好跨越两个学期，为研究教师信息化教学行为随时间变化的规律提供了数据基础。

样本教师所在的区域、城市类型、学科、学段等情况如表1、表2、表3所示。

表1　样本教师的区域分布情况

区域	教师占比
东部	40%
西部	32%
中部	23%
东北	5%

表2　样本教师的城市类型分布情况

城市类型	教师数占比
一线	7%
新一线	16%
二线	18%
三线	23%
四线	20%
五线及其他	16%

表3　样本教师的学科学段分布情况

学段	学科	学科教师占比	学段教师占比
幼儿园	/	/	4%
其他	/	/	3%
小学	语文	42%	54%
	数学	34%	
	英语	11%	
	其他	13%	
初中	数学	23%	27%
	英语	17%	
	语文	17%	
	物理	9%	
	化学	5%	
	历史	5%	
	地理	5%	
	生物	4%	
	政治	3%	
	其他	11%	
高中	数学	19%	12%
	英语	14%	
	语文	13%	
	物理	10%	
	化学	9%	
	生物	7%	
	地理	6%	
	政治	5%	
	历史	4%	
	其他	13%	

本文内容主要围绕以下研究问题展开：不同区域、城市、学科、学段的K-12教师在技术支持的备课授课、教学管理、在线学习方面有怎样的行为差异？下面分技术支持的备课授课行为差异分析、技术支持的教学管理行为差异分析、技术支持的在线学习行为差异分析三部分进行阐述。

二、技术支持的备课授课行为差异分析

本文中技术支持的备课授课行为特指教师使用备授课一体的互动课件制作软件进行备课和授课的行为，主要考察备课状态下不同时段的备课活跃人数、单份课件累计

投入时长、课件互动性，以及授课状态下的课堂生成性4项指标，观察其在不同区域、城市类型、学段、学科上的差异。

（一）不同类型教师不同时段的备课活跃人数

如图1所示，从整体来看，教师备课活跃人数最多的高峰时段是9~10时、15时、20~21时。

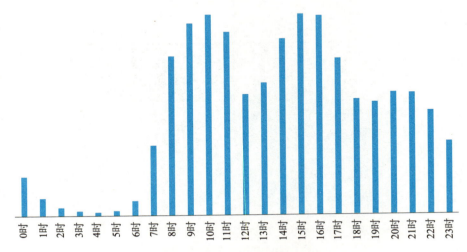

图1　教师不同时段备课活跃人数

（1）不同区域教师不同时段的备课活跃人数

如图2所示，对比同一时段，不同区域教师的备课活跃人数与总体趋势非常趋同，集中于9~10时、15时、20~21时三个高峰前后。整体来说，同一时段，东部地区与西部地区教师备课活跃人数最多，东北地区教师备课活跃人数最少。

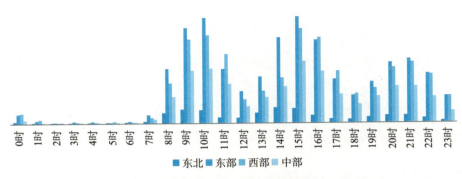

东北　东部　西部　中部

图2　不同区域教师不同时段备课活跃人数

（2）不同类型城市教师不同时段的备课活跃人数

如图3所示，不同类型城市教师不同时段备课活跃人数情况与整体趋势趋同，备课高峰集中在9~10时、15时、20~21时三个时段。其中，就同一时段备课的活跃人数来看，五线及其他城市的教师备课活跃人数远超其他城市类型。

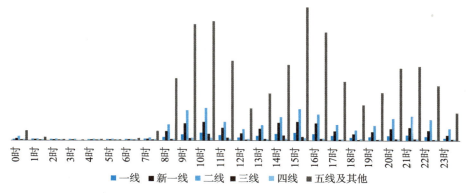

图3 不同类型城市教师不同时段备课活跃人数

（3）不同学段教师不同时段的备课活跃人数

如图4所示，不同学段的教师不同时段备课活跃人数情况与整体趋势趋同，都集中在10~11时、15时、20~21时三个时间段。

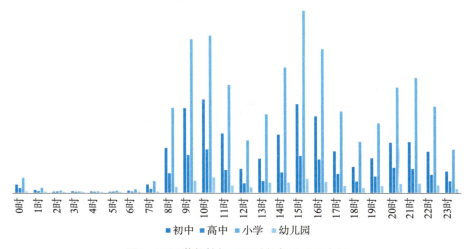

图4 不同学段教师不同时段备课活跃人数

1）小学不同学科教师不同时段的备课活跃人数

如图5所示，小学阶段的教师不同时段备课活跃人数情况与整体趋势趋同，不同的是，除了语文、数学两个学科的教师备课高峰出现在10时，其他学科的教师都集中出现在9时。这是由于小学阶段的教师中，由语文、数学教师担任班主任的情况较多，上午一般前两节都是语文或数学，所以这两个学科的教师备课时间要比其他学科略晚。

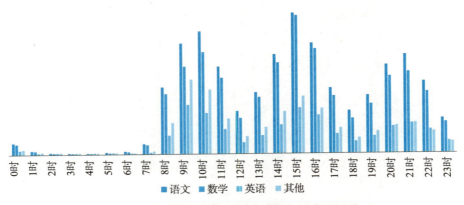

图5　小学不同学科教师不同时段备课活跃人数

2）初中不同学科教师不同时段的备课活跃人数

如图6所示，初中阶段的教师不同时段备课活跃人数情况与整体趋势趋同，备课时间段集中在9~10时、15时、20~21时。

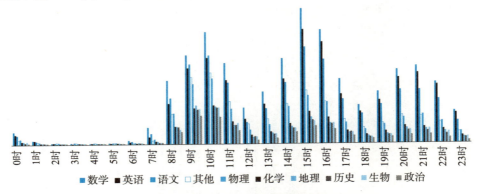

图6　初中不同学科教师不同时段备课活跃人数

3）高中不同学科教师不同时段的备课活跃人数

如图7所示，高中阶段的教师不同时段备课活跃人数情况与整体趋势趋同，备课时间段集中在9~10时、15~16时、20~21时。

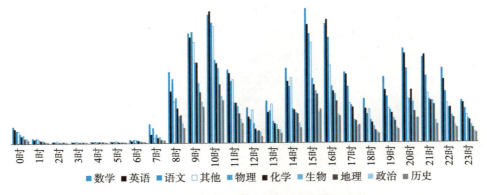

图7　高中不同学科教师不同时段备课活跃人数

综上，通过数据分析，我们发现教师不同时段的备课活跃人数呈现如下特点：

①整体来看，教师备课活跃人数最多的高峰时段是9~10时、15时、20~21时；

②同一时段，东部地区教师备课活跃人数最多，其次是西部地区；

③同一时段，五线及其他城市教师备课活跃人数远超其他类型的城市；

④同一时段，小学语文、数学教师上午备课高峰是10时，其他学科是9时。之所以比其他学科晚1小时，可能由于这两个学科教师担任班主任工作较多；

⑤初中及高中教师不同时段备课活跃人数情况与整体趋势基本保持一致。

（二）不同类型教师单份课件累计投入时长

（1）不同区域教师单份课件累计投入时长对比

如图8所示，在单份课件累计投入时长对比上，东部地区最长，西部地区最短。发达地区教师单份课件累计投入时长多于发展中地区。在本报告中，东部地区是相对发达地区，中部、西部、东北部是相对发展中地区。

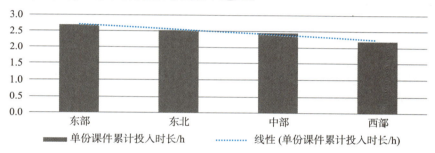

图8　不同区域教师单份课件系统投入时长对比

（2）不同类型城市教师单份课件累计投入时长对比

如图9所示，从不同类型城市教师来看，从一线城市，到新一线、二线、三线、四线、五线及其他城市，单份课件累计投入时长依次降低，再次映证发达地区教师单份课件累计投入时长多于发展中地区。在本报告中，一线、新一线、二线、三线城市是相对发达地区，四线、五线及其他城市是相对发展中地区。

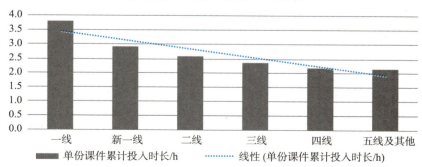

图9　不同类型城市教师单份课件累计投入时长对比

（3）不同学段教师单份课件累计投入时长对比

如图10所示，按照学段来看，所需时长从高到低排列为高中、初中、小学、幼儿园，单份课件累计投入时长基本上与知识难度成正比关系。

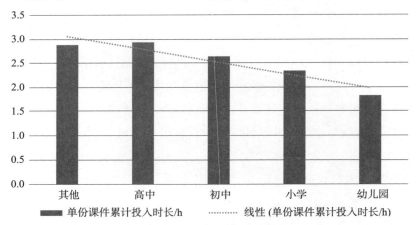

图10　不同学段教师单份课件累计投入时长

1）小学不同学科教师单份课件累计投入时长对比

如图11所示，通过小学学段不同学科教师单份课件累计投入时长对比发现，副科教师的投入时长多于主科教师。主科中英语教师单份课件累计投入时间最长。

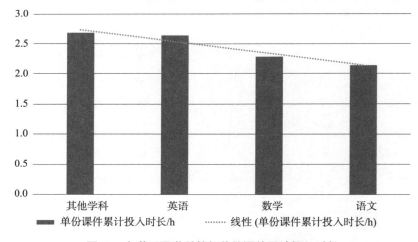

图11　小学不同学科教师单份课件累计投入时长

2）初中不同学科教师单份课件累计投入时长对比

如图12所示，初中阶段，文科教师比理科教师单份课件累计投入时间更长；副科教师比主科教师投入时间更长；主科中依然是英语教师单份课件累计投入时间最长。

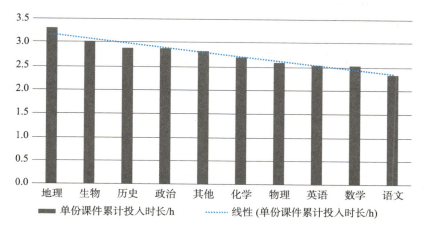

图12　初中不同学科教师单份课件累计投入时长

3）高中不同学科教师单份课件累计投入时长对比

如图13所示，高中阶段基本也存在和初中相同的规律：文科教师备课所花的时间要比理科教师单份课件累计投入时长更长；副科教师比主科教师单份课件累计投入时长更长；主科中依然是英语教师单份课件累计投入时长更长，而语文教师最少。

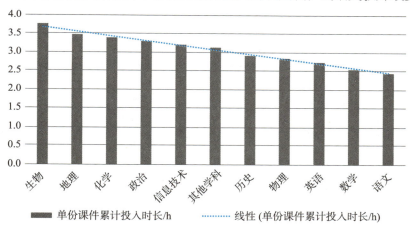

图13　高中不同学科教师单份课件累计投入时长

综上，通过分析数据，我们发现不同类型教师单份课件累计投入时长呈现如下特征：

①发达地区的教师单份课件累计投入时长高于发展中地区的教师；

②从学段来看，单份课件累计投入时长基本上与该学段的知识难度成正比，高中投入时间最长，幼儿园最短；

③各个学段不同学科间均存在副科教师单份课件投入时间大于主科教师、文科教师大于理科教师的现象。

④各个学段中，在语数英三门主科中，英语教师的单份课件累计投入时长最长，语文最短。

（三）不同类型教师课件互动性对比分析

课件互动性是指教师在利用备授课一体的互动课件制作软件进行备课时，因为采用不同的功能进行备课，最终由课件体现出的人机互动程度及人机互动间接导致的师生互动、生生互动程度。在备授课一体的互动课件软件中，不同的备课功能具有不同的互动性（见表4），单份课件互动性等于该课件所触发的各项互动备课功能的互动性赋分之和。

表4　希沃白板5备课功能互动性赋分

备课功能名称	类型	互动性赋分
文本	通用非互动	0
形状	通用非互动	0
图片	通用非互动	0
音频	通用非互动	0
视频	通用非互动	0
蒙层	通用互动	1
课堂活动	通用互动	2
思维导图	通用互动	1
汉字卡	语文互动	1
拼音卡	语文互动	1
古诗词	语文互动	1
圆柱	数学互动	1
平面几何元素	数学互动	1
圆锥	数学互动	1
立方体	数学互动	2
数学公式	数学非互动	0
函数	数学互动	1
统计图表	数学非互动	0
英汉词典	英语互动	1
四线三格	英语互动	0
化学方程式	化学非互动	0
星球	地理互动	2
题库	通用资源	1
数学画板	数学资源	1
数学小测	数学资源	1
仿真实验	物理资源	1

（1）全国教师互动性课件情况概览

全国互动性课件占总课件数的73.76%，说明大部分教师在做课件时会有意识使用互动性的备课功能。如图14所示，互动性课件数量占比较高的地区主要集中在东部地区，且显著高于其他地区；而互动性课件数量占比较低的地区，如西部和中部地区，显著低于其他地区。总体来说，经济较发达的地区，互动性课件数量上的占比要高于发展中地区。

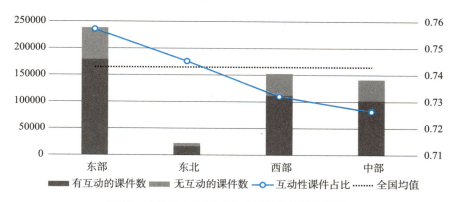

图14 全国教师有互动性的课件占比情况概览

（2）不同区域教师课件互动性对比

如图15所示，从课件平均互动性来看，东北地区教师课件互动性最强，且显著高于其他地区；其次是西部、中部，最后是东部地区。总体来说，发展中地区的教师在制作互动课件时，使用的互动性功能的频率和深度都高于发达地区。

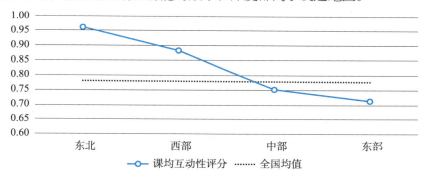

图15 不同区域教师课件互动性情况概览

（3）不同类型城市课件互动性对比

如图16所示，通过对比不同类型城市的教师课件互动性发现，四线城市的教师课件平均互动性高于其他类型的城市；而一线、新一线城市、三线、王线及其他城市的课件互动性平均分在全国平均线徘徊，二线城市的课件互动性平均分是最低的。

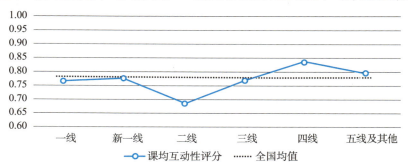

图16 不同类型城市教师的课件互动性对比

（4）不同学段教师课件互动性对比

如图17所示，分学段看，课件互动性从高到低依次是小学、幼儿园、初中、高中，且小学、幼儿园阶段教师的课件互动性远远好于初中及高中。这基本与不同学段的学生认知特点和规律相符，小学及幼儿园等低年龄段学生还处于形象思维阶段，注意力集中时间较短，需要更多的课堂互动手段来吸引他们的注意力，完成课堂教学目标。

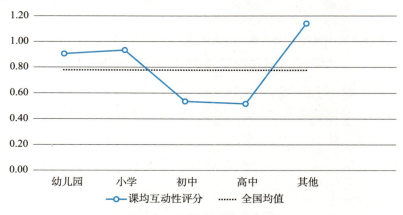

图17　不同学段教师课件互动性对比

1）小学学段不同学科教师课件互动性对比

如图18所示，小学学段的语文学科课件互动性最强，而英语学科的课件互动性总体偏低。

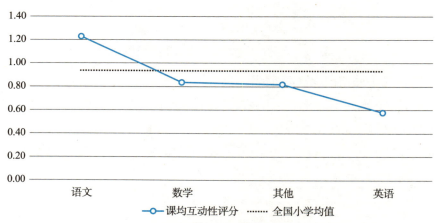

图18　小学学段不同学科教师课件互动性对比

2）初中学段不同学科教师课件互动性对比

如图19所示，初中学段各学科中，音体美等其他学科和地理学科的互动性最强，甚至超过主科。语数英的课件互动性也比较突出。

图19　初中学段不同学科教师课件互动性对比

3）高中学段不同学科教师课件互动性对比

如图20所示，高中学段学科课件的互动性与初中基本一致，音体美等其他学科及地理学科互动性突出。不同的地方在于，主科中高中数学的课件互动性最强。

图20　高中学段不同学科教师课件互动性对比

综上，通过分析数据，我们发现不同类型教师课件互动性呈现如下主要特征：

①全国互动性课件占总课件数的73.76%；

②发达地区互动性课件数量占比较高，但单份课件互动性较低；

③发展中地区互动性课件数量占比较低，但单份课件互动性较高；

④四线城市单个课件互动性最高，二线城市最低；

⑤单个课件互动性从高到低依次是小学、幼儿园、初中、高中；

⑥初中、高中地理教师的单个课件互动性比较突出，甚至超过主科教师。

（四）不同类型教师课堂生成性对比分析

教师课堂生成性是指教师在利用备授课一体的互动课件软件进行授课时，在授课状态下直接调取工具及资源进行现场教学并动态生成资源的程度。如表5所示，教师调取不同类型的功能及资源代表着不同的课堂生成性，总共可分为4个层次：

①生成性=0，授课时不调用任何工具和资源，仅翻页；

②0<生成性≤1，授课时调用笔与橡皮工具为主，应用了交互智能平板电脑的书写及擦除功能；

③1<生成性≤2，授课时在②层次基础上同时调用更多工具和资源，课堂生成性加强；

④2<生成性≤3，授课时在③层次基础上同时调用更多周边工具，课堂生成性更进一步。

表5　"希沃白板5"授课功能生成性赋分

评价类型	生成性赋分	工具类型	授课工具名称
类型①：上下翻页	0	通用	上下翻页键
类型②：笔与橡皮	1	通用	批注（切换到笔，使用笔书写）
		通用	橡皮擦
类型③：互动工具	2	通用	板中板
		通用	形状
		通用	放大镜
		通用	截图
		通用	计时
		通用	克隆
		通用	视频截图
		语文学科	汉字
		语文学科	拼音
		语文学科	古诗词
		数学学科	函数
		数学学科	几何
		数学学科	尺规
		英语学科	英汉字典
		美术学科	画板
		化学学科	化学方程
		地理学科	星球
		物理学科	线上资源-仿真实验
		通用	线上资源-课程视频
		数学学科	线上资源-数学画板
		通用	线上资源-题库
类型④：周边	3	通用	反馈器
		通用	视频展台
		通用	时间胶囊

（1）全国教师课堂生成性情况概览

按如上标准，全国教师课堂生成性均不容乐观，如图21所示，生成性为0的课堂占据48%，这个数据跟一线教师应用交互智能平板电脑的现状基本吻合，很多一线教师还只把交互智能平板电脑当作投影仪来用，上课的时候仅是作为课件播映设备，课堂授课时候互动生成性的操作较少，交互多媒体对课堂教学真正的益处并未真正发挥出来。

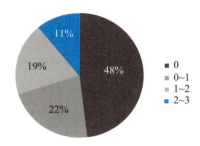

图21　全国教师课堂生成性得分情况概览

（2）不同区域教师课堂生成性情况对比

如图22所示，对比不同区域教师课堂生成性发现，中部地区教师课堂生成性最好，东北地区最弱。

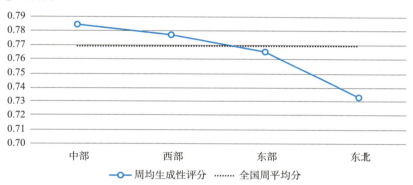

图22　不同区域教师课堂生成性对比

（3）不同类型城市教师课堂生成性对比

如图23所示，对比不同类型城市教师的课堂生成性发现，二线城市最强，新一线城市、五线及其他城市最弱。

（4）不同学段教师课堂生成性对比

如图24所示，就不同学段教师课堂生成性而言，最高的是小学，最弱的是幼儿园，且幼儿园教师课堂生成性显著低于其他学段。这说明小学教师更喜欢在课堂授课时调用工具资源进行授课，而幼儿园教师意愿较低。

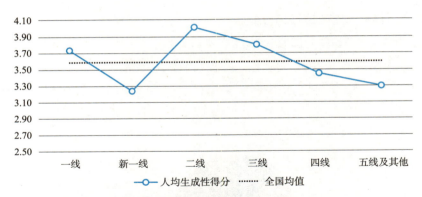

图23　不同类型城市教师课堂生成性对比

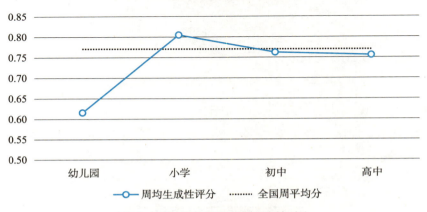

图24　不同学段教师课堂生成性对比

1）小学学段不同学科教师课堂生成性对比

如图25所示，小学学段，数学教师课堂生成性是最高的，主要原因可能是数学需要推演、计算等操作。

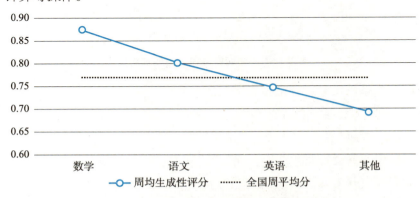

图25　小学学段不同学科教师课堂生成性对比

2）初中学段不同学科教师课堂生成性对比

如图26所示，初中学段各学科课堂生成性的明显特征是：理科（物理、数学、化学）的课堂生成性普遍高于文科（英语、语文、政治、历史），主要原因可能是理科多数需要推演过程，由学科特性导致的当堂调取工具和资源频率增高。另外，地理作为"文科中的理科"，课堂生成性也比较靠前；生物作为"理科中的文科"，课堂生成性比较靠后。

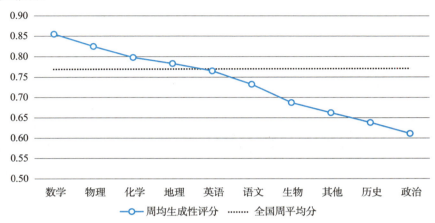

图26　初中学段不同学科教师课堂生成性对比

3）高中学段不同学科教师课堂生成性对比

如图27所示，高中学段不同学科教师的课堂生成性基本上与初中各学科保持一致，高中理科课堂生成性也普遍高于文科。

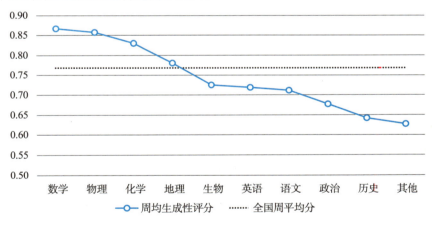

图27　高中学段不同学科教师课堂生成性对比

综上，通过数据分析，我们发现不同类型教师课堂生成性主要特征如下：

①48%的教师课堂授课时几乎不调用任何资源和工具，把互动授课软件当成纯演示软件来用；

②中西部地区教师的课堂生成性反而高于东部和东北部地区教师；

③二线城市教师课堂生成性最强，新一线城市、五线及其他城市教师课堂生成性较弱；

④小学学段教师课堂生成性最强；

⑤各个学段的数学教师课堂生成性都是最强的；

⑥各个学段的理科教师课堂生成性普遍高于文科教师。

（五）不同省（区、市）教师备授课情况对比

（1）全国不同省（区、市）教师课件互动性与课堂生成性一览

由于备授课一体的互动教学软件中备课状态和授课状态是相互独立但相互关联的，教师在利用备授课一体互动课件软件时，理论上存在四种比较典型的备授课风格（见表6）。

表6　四种典型的备授课风格对比

备授课风格	主要表现
预设性互动课堂	备课状态下预设的互动功能较多，授课状态下调用的互动功能较少
生成性互动课堂	备课状态下预设的互动功能较少，授课状态下调用的互动功能较多
传统讲授式课堂	备课状态下预设的互动功能较少，授课状态下调用的互动功能也较少
预设生成双高互动课堂	备课状态下预设的互动功能较多，授课状态下调用的互动功能也较多

研究者将不同省（区、市）的教师课件互动性平均分和课堂生成性平均分进行关联分析时发现，确实存在以上四种典型的备授课风格。如图28所示，总体上看大部分省（区、市）存在课件互动性和课堂生成性成反比的规律。理论上讲，教师在备课的时候预设了足够多的互动功能以后，上课时候调用互动功能的频率就小一些；相反，如果教师喜欢在课堂上直接调用互动功能，上课之前的备课可能预设较多互动功能的频率就小一些，但也不是所有省（区、市）都符合这个规律。

不同的备授课风格一定程度上说明当地教师应用备授课一体的互动课件软件的思路不同。通过图28可以发现以下典型省（区、市）：

● 广东、内蒙古、新疆、黑龙江、天津等地课堂生成性较低，课件互动性较高，是典型的"预设性互动课堂"；

● 浙江、甘肃、四川、湖北、福建等地课堂生成性较高，课件互动性最低，是典型的"生成性互动课堂"；

● 宁夏、江苏（尤其是宁夏）课堂生成性较低，课件互动性也较低，是一个典型的"传统讲授式课堂"；

● 相对而言，河南、贵州、云南课堂生成性、课件互动性都排名靠前，是典型的"预设生成双高课堂"。这些省份都是发展中省份，令人惊喜和意外。

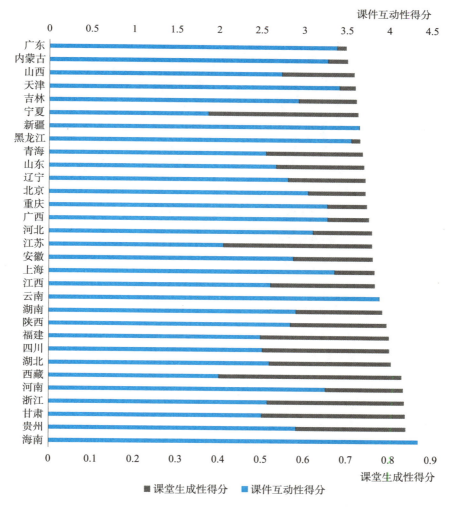

图28　全国各省（区、市）课件互动性与课堂生成性一览

（2）不同省（区、市）教师进行跨学科备课的对比情况

"希沃白板5"不因注册学科身份而限制其他学科使用，很多教师在备课的时候会出现跨学科行为，即某个学科的教师在备课时，调用除本学科及通用类型外的其他学科的功能。对比图29不同省（区、市）的教师进行跨学科备课的情况发现，跨学科备课行为教师占比较高的省（区、市），基本集中在边疆、内地、发展中省（区、市），主要原因可能是在这些地区，由于教师资源不足，很多地方"开不好课，开不齐课"，导致很多教师被动成为全科教师，所以虽然注册身份为单一学科教师，但实际上会备多个学科的课而使用多个学科的备课功能；而发达地区学科教师配置齐全，跨学科备课的行为较少，且多以主动探究跨学科教学为主，例如排名相对靠前的北京，可能主要与该区域正在推行的跨学科STEAM教学活动有关。

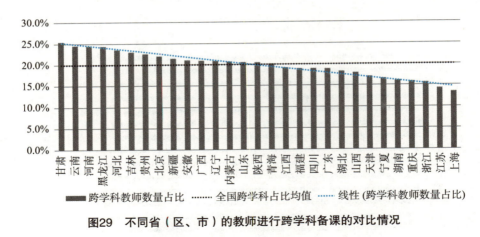

图29 不同省（区、市）的教师进行跨学科备课的对比情况

（3）不同省（区、市）教师进行跨学科课堂授课的对比情况

同样的道理，也有很多教师存在跨学科授课的现象，即某个学科的教师在课堂授课时，当堂调用了除本学科及通用类型外的其他学科的功能。对比图30不同省（区、市）教师进行跨学科课堂授课的情况发现，基本与不同省（区、市）的教师进行跨学科备课的情况保持一致。跨学科课堂授课基本集中在边疆、内地、发展中地区，这些地区的教师为解决当地"开不好课，开不齐课"的困难，被动成为全科教师。同样的情况，我们发现作为发达地区的北京在跨学科授课行为方面也比较明显，可能主要由于北京的教师在主动进行跨学科授课的探索，例如开展STEAM教学等。

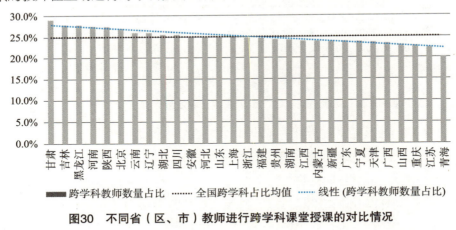

图30 不同省（区、市）教师进行跨学科课堂授课的对比情况

三、技术支持的教学管理行为差异分析

本报告中，技术支持的教学管理行为特指教师利用学生课堂行为管理软件进行课堂管理和教学评价的行为，主要考察小组教学组织情况、课堂点评频次、生均关注情况三个主要行为指标在区域、城市类型、学科、学段上的差异。

（一）不同类型教师组织小组教学的情况

小组教学作为一种进阶的教学组织形式，对教师课堂掌控能力要求较高，在报告中特指教师利用学生行为管理软件（班级优化大师）中的小组相关功能，进行如创建小组、点评小组等行为。

（1）不同区域教师小组教学的频率对比

如图31所示，对比不同区域教师小组教学组织情况发现，东部地区的教师组织小组教学频率最高，东北地区教师频率最低。

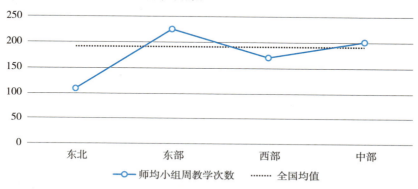

图31　不同区域教师小组教学频率对比

（2）不同城市类型教师小组教学的频率对比

如图32所示，对比不同类型城市教师组织小组教学的频率发现，一线城市教师组织小组教学频率最高，新一线、二线、三线、四线其次，五线及其他城市最低，且显著低于其他类型的城市。由于小组教学是一种需要更强课堂掌控力的教学组织形式，对教师教学水平和课堂组织能力的要求也更高，所以发达地区城市教师组织小组教学的频率高于发展中地区的教师。

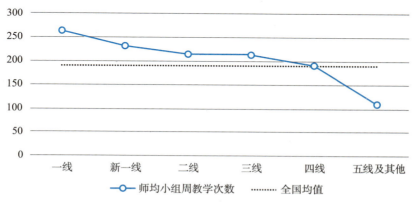

图32　不同城市类型教师小组教学频率对比

（3）不同学段教师组织小组教学情况的对比

如图33所示，对比不同学段教师组织小组教学的情况发现，小学教师组织小组教学的频率远高于其他学段，高中教师组织小组教学的频率最低。高中阶段课堂，教师更加强调课堂效率，对目前阶段的高中教学而言，小组教学并非最高效的教学组织形式。

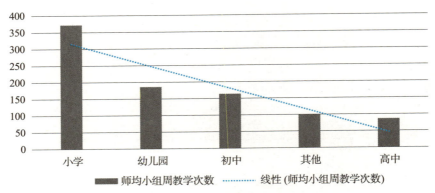

图33　不同学段教师组织小组教学情况

1）小学学段不同学科教师组织小组教学情况对比

如图34所示，对比小学学段不同学科教师组织小组教学情况发现，主科语数英教师组织小组教学普遍高于副科教师。主科中，小学语文教师组织小组教学最多，小学数学最少。

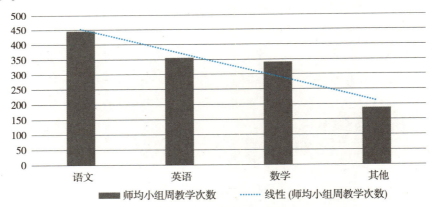

图34　小学学段不同学科教师组织小组教学情况

2）初中学段不同学科教师组织小组教学情况对比

如图35所示，对比初中学段不同学科教师组织小组教学情况发现，主科教师的小组教学组织频率普遍高于副科教师；主科中，语文教师组织最多，数学最少；副科中，文科（政治、历史、地理）组织小组教学频率高于理科（物理、化学）等，生物再次体现了"理科中的文科"的属性，教师组织小组教学的频次与文科较为一致。

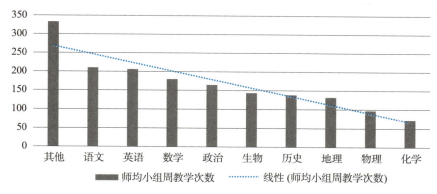

图35 初中学段不同学科教师组织小组教学情况

3）高中学段不同学科教师组织小组教学情况对比

如图36所示，对比高中学段不同学科教师组织小组教学情况发现，基本呈现文科（英语、语文、政治、历史）组织小组教学频率高于理科（数学、物理、化学）的规律，地理学科和生物学科分别再次体现了"文科中的理科"及"理科中的文科"的本色。与小学、初中学段均是语文教师组织小组教学频率最高的情况不同，高中学段排名第一的是英语学科教师。

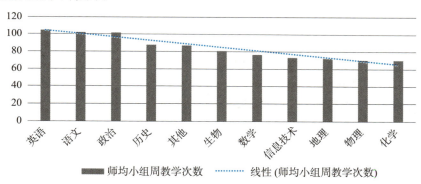

图36 高中学段不同学科教师组织小组教学情况

通过数据分析，我们发现不同类型教师组织小组教学的情况有以下典型特征：

①发达地区教师组织小组教学的频率要普遍高于发展中及内陆地区；

②低年级段的教师组织小组教学频率普遍高于高年级段的教师；

③文科教师组织小组教学的频率要普遍高于理科教师；

④小学及初中的语文教师组织小组教学频率高于其他学科教师；

⑤高中段，英语教师组织小学教学频率高于其他学科教师。

（二）不同类型教师课堂点评情况

本报告中，教师课堂点评次数特指在数据统计时间内，教师利用学生课堂行为管理软件给学生发送的点评总数。相同的时间内，教师点评次数越多，代表教师课堂上利用技术手段进行点评的行为越频繁。教师恰当精准的点评可以为课堂教学增添动力，也是影响学生学习表现的重要因素之一。

（1）不同区域教师课堂点评情况对比

如图37所示，对比不同区域教师的课堂点评频次时发现：东部地区教师课堂点评次数最多，西部地区教师课堂点评次数最少。相较而言，发达地区教师在课堂上可能更关注对学生的评价，教师课堂实时点评频次与区域经济发展水平正相关。

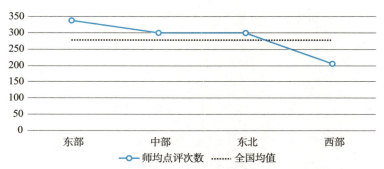

图37 不同区域教师课堂点评情况

（2）不同类型城市教师进行课堂点评情况对比

如图38所示，对比不同类型城市的教师课堂点评情况发现，一线城市教师人均课堂点评频次显著高于其他城市的教师，五线及其他城市教师课堂点评频率最低。总体来说，教师课堂点评频次与城市的经济发展水平呈正相关。

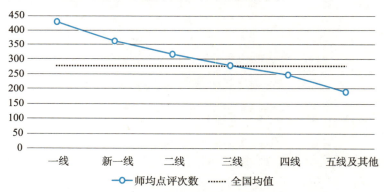

图38 不同类型城市教师课堂点评情况

（3）小学学段不同学科教师课堂点评情况对比

如图39所示，对比小学学段不同学科教师课堂点评情况发现，小学语文教师的课堂点评频率要高于其他学科，其他副科频率最低。

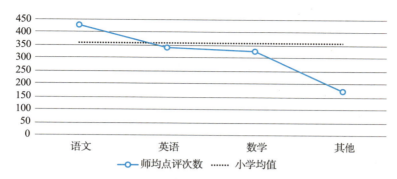

图39　小学学段不同学科教师课堂点评情况

（4）初中学段不同学科教师课堂点评情况对比

如图40所示，对比初中学段不同学科教师课堂点评情况发现，主科中语文教师课堂点评频率最高；副科中文科教师（政治、历史、地理）课堂点评频率普遍高于理科（物理、化学）教师。

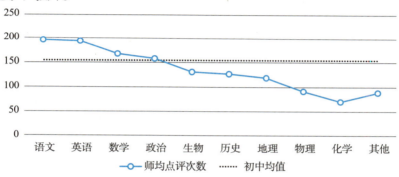

图40　初中学段不同学科教师课堂点评情况

（5）高中学段不同学科教师课堂点评情况对比

如图41所示，对比高中学段不同学科教师课堂点评情况发现，高中英语教师课堂点评更加频繁；总体来看，初中文科教师比理科教师进行课堂点评更多，政治、历史、生物教师课堂点评频率甚至超过作为主科的数学教师。

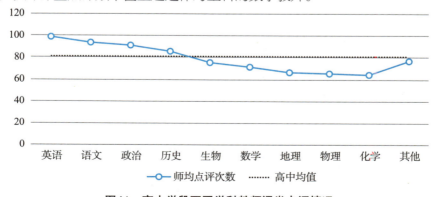

图41　高中学段不同学科教师课堂点评情况

通过数据分析发现，不同类型教师课堂点评频次有以下典型特征：

①发达地区教师课堂实时点评频率远高于发展中地区；

②小学阶段教师进行课堂点评的频率显著高于其他学段；

③文科教师课堂实时点评的频率普遍高于理科教师；

④小学及初中的语文教师课堂实时点评频率高于其他学科教师；

⑤高中学段，英语教师课堂实时点评频率高于其他学科教师。

（三）不同类型教师对学生的关注情况

教师分配到每个学生身上的注意力称为生均关注度，本报告中特指教师利用学生课堂行为管理软件在统计时间内平均给每个学生发送的点评次数。在我国一线教学班额普遍较大的情况下，教师的注意力就成为一种稀缺资源，教师对学生的关注对学生成长至关重要。

（1）不同区域教师生均关注度情况对比

如图42所示，对比不同区域教师生均关注度发现，东部地区教师生均关注最高；其次是东北地区、中部地区教师；西部地区教师生均关注度最低。教师对学生的生均关注度基本上与区域的经济发展水平呈正相关。

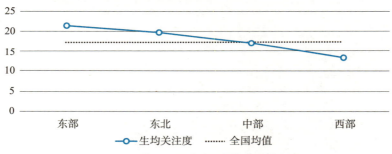

图42　不同区域教师生均关注度情况

（2）不同类型城市教师生均关注度情况对比

如图43所示，对比不同类型城市教师的生均关注度发现，总体来看，发达地区的教师生均关注度显著高于发展中地区。教师的生均关注度与区域的经济水平呈正相关。

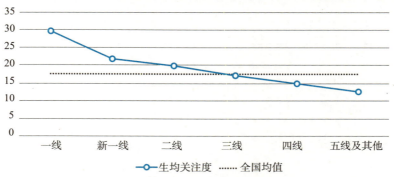

图43　不同类型城市教师生均关注度情况

（3）不同学段教师生均关注度情况对比

如图44所示，对比不同学段的教师生均关注度发现，小学学段教师的生均关注度最高，初中和高中学段显著低于平均值。这说明，年龄越小的学生，需要教师的关注度越多；也说明随着学生年龄的增长，自主学习能力增长，客观上对教师的关注依赖度在下降。

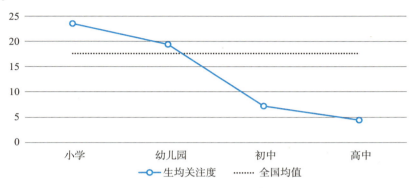

图44 不同学段教师生均关注度情况

1）小学学段不同学科教师生均关注度情况对比

如图45所示，对比小学学段不同学科教师的生均关注度发现，语文教师最高，数学教师次之，而副科教师的生均关注度普遍较低。究其原因，这跟语文、数学教师常担任班主任工作有关，而副科教师一般所带班级数较多，对学生的关注度自然也被分散了。

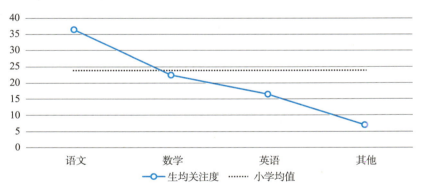

图45 小学学段不同学科教师生均关注度情况

2）初中学段不同学科教师生均关注度情况对比

如图46所示，对比初中学段不同学科教师的生均关注度可以发现，主科教师的生均关注度显著高于副科教师；主科中，初中语文教师生均关注度最高，其次是英语教师、数学教师。

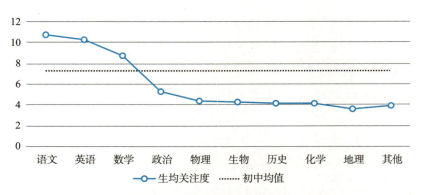

图46 初中学段不同学科教师生均关注度情况

3）高中学段不同学科教师生均关注度情况对比

如图47所示，对比高中学段不同学科教师的生均关注度可以发现，主科教师的生均关注度普遍高于副科的教师；主科中，高中语文教师生均关注度最高，其次是英语教师、数学教师。

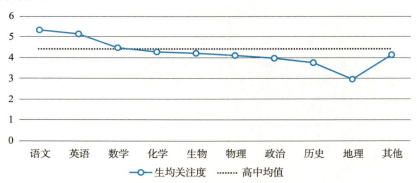

图47 高中学段不同学科教师生均关注度情况

通过数据分析，我们发现不同类型教师的生均关注度有以下典型特征：

①发达地区教师的生均关注度远高于发展中地区；

②小学及幼儿园阶段教师的生均关注度高于初中及高中阶段；

③各个学段主科教师的生均关注度普遍高于副科教师；

④各个学段语文教师的生均关注度普遍高于其他学科教师。

综上所述，不同类型的教师在组织小组教学、课堂实时点评、教师生均关注度方面具有高度一致性，均存在以下现象：发达地区教师在以上三方面的行为频率普遍高于发展中地区的教师；低年级段教师在以上三方面的行为频率普遍高于高年级段的教师；文科教师在以上三方面的行为频率普遍高于理科教师；总体来说，语文学科教师在以上三方面都比其他学科频率更高。简单来说，组织小组教学频率高的教师，课堂点评情况及生均关注度都相对较好。

四、技术支持的在线学习行为差异分析

本报告中，教师技术支持的在线学习行为特指教师在教师分享、交流、学习平台（希沃学院）上的学习行为。本部分主要考察不同区域、城市类型、学科、学段的教师线上学习投入时间的情况。

（1）不同区域教师线上学习投入时间对比

如图48所示，对比不同区域教师的线上人均学习时长发现，西部地区的教师人均学习时长显著高于其他地区教师，其次是中部地区、东北地区，线上学习人均时长最短的是东部地区。这说明越是不发达的地区，教师线上学习时间投入越多。

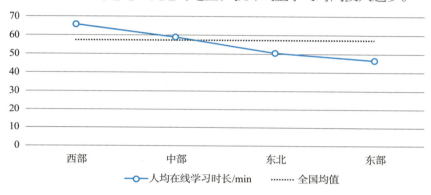

图48　不同区域教师线上学习投入时间

（2）不同类型城市教师线上学习投入时间对比

如图49所示，对比不同类型城市发现，四五线及其他城市的教师线上学习投入时长最长，一线教师线上学习投入时长最短。这与区域情况一致，可能与教师的信息获取渠道有关。发展中区域一般较为偏远，教师的学习资源和机会有限，线上学习是他们进行自我提升的一个有效而便捷的方法。

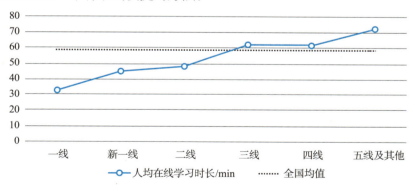

图49　不同类型城市教师线上学习投入时间

（3）不同学段教师线上学习投入时间对比

如图50所示，对比不同学段教师的线上学习投入时间发现，小学教师不管是线上学习的教师数量还是人均线上学习时长都显著高于其他学段教师，初中教师、高中教师其次，幼儿园教师最少。

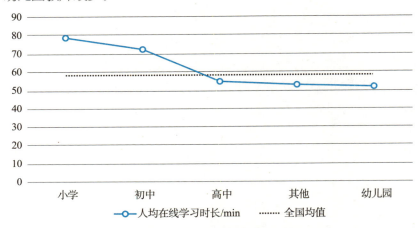

图50　不同学段教师线上学习投入时间

1）小学学段不同学科教师线上学习时长对比

如图51所示，对比小学学段不同学科教师的线上学习时长发现，虽然与语文教师的线上学习教师数量相差无几，小学数学教师人均线上学习时长却显著高于其他学科，这说明小学数学教师学习意愿较强，其次是英语教师、语文教师及副科教师。

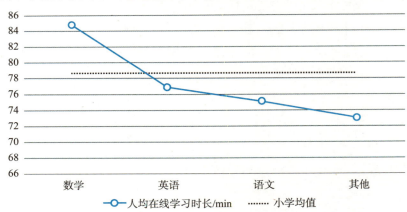

图51　小学学段不同学科教师线上学习投入时间

2）初中学段不同学科教师线上学习投入时间对比

如图52所示，对比初中学段不同学科教师线上学习时长发现，各学科教师线上学习人均时长相差不及小学阶段明显，但还是可以发现，数学教师依然是学习意愿最强的，不仅线上学习教师人数最多，人均学习时长也最长，通常都是信息化教学的先行者。

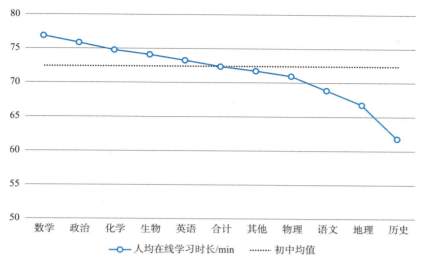

图52 初中学段不同学科教师线上学习投入时间

3）高中学段不同学科教师线上学习投入时间对比

如图53所示，对比高中学段不同学科教师的线上学习时长发现：各学科线上学习时间差异不大，但令人感到意外的是信息技术、地理教师人均学习时长分别位于第一、第二名；主科中语文教师人均时长最长，数学其次，英语最少；副科出现了较为明显的文理科差异，基本上文科教师的人均学习时长都要高于理科教师。高中主科教师教学任务繁重，很少有时间自我提升，年龄结构偏大，以线下学科专业研讨及自我进修为主，对信息技术支持的教学内容需求不大，另外，也有可能目前平台难以满足这部分教师的学习需求；音体美、信息技术、地理等副科教师相对而言教学压力较少，有时间线上学习。

图53 高中学段不同学科教师线上学习投入时间

通过数据分析，我们发现教师在线上学习投入时间呈以下主要特征：

①发展中地区教师的线上学习人均时长更长；

②发达地区教师的线上学习人均时长较短；

③小学阶段教师的线上学习的人均时长最长；

④小学及初中阶段，数学教师人均线上学习投入时长最长；

⑤高中阶段，文科教师的人均学习时长均高于理科教师，副科教师高于主科教师。

五、教师典型信息化教学行为时间规律分析

教师的教学活动跟课程大纲和学校校历紧密关联，有着较强的时间规律性。教师比较典型的信息化教学行为都有哪些时间规律呢？本研究报告选取的研究时段为2018年3月1日至2019年3月1日，大致横跨两个学期。根据对一些典型的教师行为（如备课、查看班级表现、线上学习的时间）进行统计分析，可以获知教师某个行为每天的时间变化规律、单个教学周的时间变化规律、单个学期的时间变化规律。

（一）备课行为的时间变化规律

本报告中所指的备课行为，特指教师利用备授课一体的互动教学软件（希沃白板5）进行备课的行为，主要探究教师每天喜欢在什么时间段备课？每周喜欢在哪些天备课？

（1）每天偏好哪些时段备课

本项分析截取2018年11月30日至2019年5月7日（不包括寒假时间）的时段作为样本。在这一教学周期中，观察一天中每个时段的备课教师人数可以看出，7~24时的不同时段都有很多教师在备课，以9~10时、15时、20~21时为备课高峰期。在12时及19时有两个备课低峰（教师的用餐时间）。

如图54所示，从不同时段的教师人均备课时长来看，教师比较能够集中精力进行备课的时间段主要集中在16~18时，高峰是在17时，恰好是学生放学后；其次是22~24时，夜深无人打扰时。上午的时间一般很难集中精力备课，主要是课间时间较短，处理教学事务较多。

（2）每周偏好哪些天备课

如图55所示，从周一到周日每天备课的教师数可以看出，偏好在周二到周六备课的教师比较多，偏好周一和周日备课的教师相对较少，偏好周三备课的教师数达到峰值，教师在周三能投入的备课时长也相对最多。

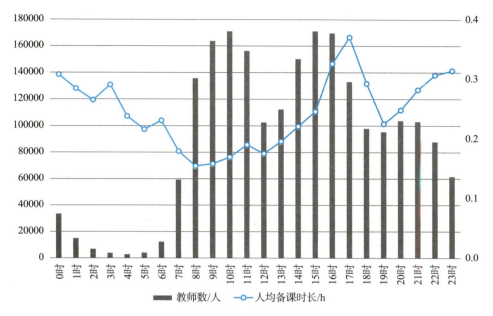

图54　教师每天偏好的备课时段

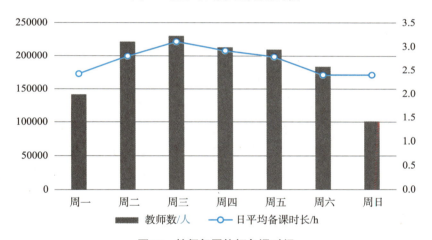

图55　教师每周偏好备课时间

通过数据分析，我们可以发现教师在备课行为上存在以下时间规律：

①教师备课的三个高峰段：9~10时、15时、20~21时；

②教师备课的低峰段：12时，19时；

③教师能集中精力备课的主要时间段：17时学生放学后，22~24时无人打扰时；

④教师备课的高峰日在周三，人数较多，人均投入的备课时间也较长。

（二）查看班级表现随时间变化规律

本报告中，教师查看班级表现的行为是指教师利用学生课堂行为管理软件（班级优化大师）进行学生点评后，不定时查看数据报表以掌握学生表现的行为。主要探究的问题：教师喜欢在每周的哪一天查看班级表现？喜欢在一个学期的哪个阶段查看班级表现？

（1）每周偏好哪些天查看班级表现

如图56所示，对比教师两个学期查看班级表现的数据发现，一周七天，教师比较偏爱在周二到周六查看班级表现，且周二和周六查看频率要高一些；周一和周日查看班级表现的次数显著下降。

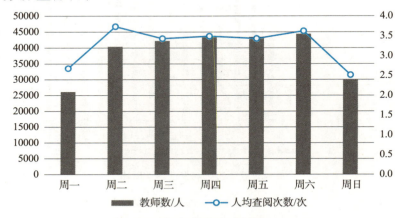

图56　教师每周偏好哪些天查看班级表现

（2）每个学年偏好哪些月份查看班级表现

如图57所示，对比一年内两个学期每个月份查看班级表现的教师数可以看出，教师在学期中查看班级表现的次数高于学期末，且在暑假及寒假时最低（图中所示秋季学期的数据表现好于春季学期，主要是由于产品推广造成的）。

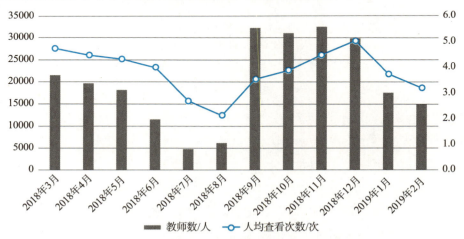

图57　教师每个学年偏好哪些月份查看班级表现

通过数据分析，我们发现教师在查看班级表现行为上有以下时间规律：

①教师偏爱在周二到周六查看班级表现，且周二及周六频率要高一些，周一及周日显著下降；

②教师在学期中查看班级表现的频率要高于学期末。

（三）线上学习行为随时间变化规律

本报告中，线上学习行为特指教师在教师线上学习平台（希沃学院）上的在线学习行为。主要探究的问题：教师每天喜欢在哪个时段上线学习？教师每周喜欢哪些天上线学习？教师每个学期喜欢哪些月份上线学习？

（1）每天偏好的线上学习时间

如图58所示，从每天各时段上线学习的教师数可以发现，教师线上学习的高峰分别出现在10时、15时、19时，且19~22时线上学习的人数显著高于其他时间段。从人均看课时长发现，教师在10时、21~23时两个时间段平均学习时长显著高于其他时间段，说明教师在这两个时间段能够比较集中精力学习。总体来说，教师在晚上学习的人数及平均时长都高于白天。

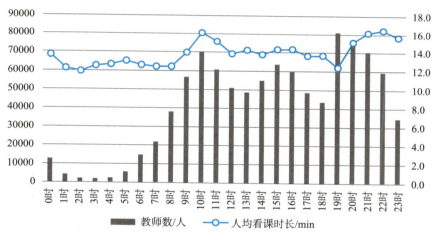

图58　教师每天偏好的线上学习时间

（2）每周偏好哪些天上线学习

如图59所示，从每周一到周日上线学习的教师数可以看出，教师在周三上线学习的人数是最多的，周一的人数是最少的。原因可能是大部分教师在周一开始本周工作的时候，主要精力在处理各类事务上，所以分配给学习的时间就少一些，随着本周工作的推进，逐渐进入学习状态，随着周末的到来，又呈下降趋势。从人均看课时长来看，周一线上学习人数虽然不是最多的，但是人均看课时长是最长的，说明周一坚持线上学习的教师的学习主动性和积极性高于其他教师。

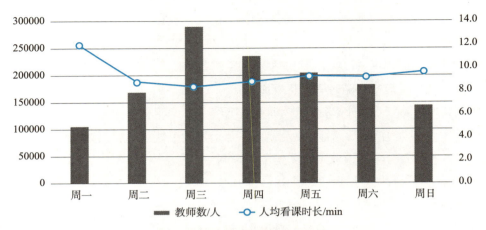

图59　教师每周偏好哪些天上线学习

（3）每个学年偏好哪些月份线上学习

如图60所示，从2018年3月至2019年3月近2个学期的每月线上学习教师数可以看出，教师在教学期间的线上学习人数显著高于假期（暑假7月、8月，寒假1月、2月），春季学期高峰在4月，秋季学期高峰在11月，覆盖的教师人数最广。但是从人均看课时长来看，假期教师看课的人均时长显著高于教学期间，以7月及1月最为突出。从学习深度来讲，寒暑假第1个月教师线上学习效果最好。

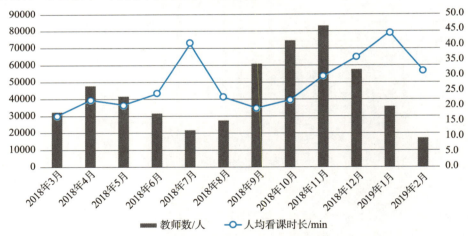

图60　教师每个学年偏好哪些月份线上学习

通过数据分析，我们发现教师在线上学习行为方面有如下时间规律：

①教师线上学习人数高峰时段：10时、15时、19时；

②教师线上学习比较能集中精力的时段：10时、21~23时；

③每周教师线上学习人数高峰日：周三；

④线上学习人数高峰月份：春季学期在4月，秋季学期高峰在11月；

⑤寒暑假第1个月（2018年7月和2019年1月）教师线上学习深度较好。

六、结论

总体来说，交互式教学环境下的K-12教师可以发挥交互智能平板电脑及交互式备授课软件的基础功能，但高层次的使用还需要引导。目前样本中互动性课件数量占比超过7成，仍有提升的空间；接近一半的教师在利用交互式教学软硬件上课时，缺乏随堂调用资源和工具进行生成性教学的意识和行为，在引导K-12教师充分发挥交互智能平板及交互式备授课软件的生成性方面，还有很多工作要做。

通过数据分析，我们发现不同类型的K-12教师在信息化教学行为上确实存在着较大的差异。

首先，由于经济水平不同，不同区域的教师能力素质不同，可获得的学习机会不同，呈现出较大的行为差异，例如，发展中地区教师对备授课一体的互动教学软件（希沃白板5）的接受广度和深度都比发达地区要好，五线及以下城市教师同一时段备课活跃远超其他类型城市，中部、西部地区教师的课件互动性与课堂生成性均好于东部地区；发展中地区教师对在线学习机会的渴求远大于发达地区教师，表现为西部、中部地区教师线上学习投入时间高于东部地区。以上两点说明相关软件和教师在线学习平台在助力发展中地区教师信息化教学方面起到一定作用。然而，在学生课堂行为管理软件（班级优化大师）的应用方面，发达地区教师的应用频率、水平均高于发展中地区教师，这是发展中地区教师需要学习和借鉴的。

其次，不同学段学科的教师在各项信息化教学行为上也有较大差异，例如，小学阶段教师的课件互动性与课堂生成性普遍高于其他学段；文科教师普遍备课时间更长、更喜欢课堂点评和组织小组教学等，而理科教师的课堂生成性普遍更强；还存在不同学科的教师明显更偏爱某类备授课功能的现象。同时，我们还发现了一些较为特殊的教育现象，如发展中地区教师的跨学科备授课行为显著多于发达地区等。

最后，K-12教师在一些典型信息化教学行为上存在较为明显的时间规律性，例如，教师的备课时间与线上学习时间规律比较接近，一天之中都比较喜欢在10时、15时备课与学习，一周之内周三备课与线上学习的教师人数都是最多的。另外，教师在17时、22时之后比较能集中精力备课，寒暑假的第一个月线上学习深度最好，每周二、周六查看班级表现最为频繁，等等。

深度学习的理论研究与实践框架

胡　航　李雅馨　赵秋华

【编者按】

近年来，深度学习（deeper learning）已成为教育学科研究与实践的新增长点。深度学习主张促进学习者在生理、心理、认知三方面协同发展，是集脑科学、心理学、教育学、信息技术等于一体的跨学科研究与应用领域。可以预见，随着研究者对深度学习机制认识的不断成熟，相关成果将全面走进学校课堂，基于深度学习原理研发的硬件、软件、教育内容及相关解决方案也势必成为教育装备行业的又一重要增量市场。

本文详细阐释了深度学习的核心概念（是什么、为什么、学什么、怎么学），描述了深度学习课堂的要素及其运行机制，介绍了深度学习课程重构与数字化资源开发的策略、深度学习活动的实施方式，分析了教育装备在深度学习过程中所发挥的技术效能，旨在为读者提供一份全面了解深度学习的权威资料，为教育技术理论与教育装备的融合发展提供新的视角与思路。

本文由西南大学胡航博士及其团队撰写。该团队于2012年开启了国内首个关于深度学习的实证研究，在该领域取得了丰富的研究成果，积累了大量的应用案例，在国内外学术界和教育一线产生了较大影响。

一、深度学习内涵解读

（一）深度学习的理论基础（为什么）

（1）建构主义理论

建构主义者认为学习应具备六个核心特征：积极性、建构性、累积性、目标指引性、诊断性和反思性。结合深度学习的特征和内涵可以看出，深度学习同样强调学习的积极主动性，强调学习是累积和逐步认知的过程，强调学习者认知结构的变化，强调通过反思的形式对学习过程与策略进行诊断与矫正，因此，深度学习具备建构主义的上述核心特征，而建构主义学习理论则在一定程度上解释了深度学习的内涵和特征，为深度学习提供了指导和理论基础。

（2）情境认知理论

情境认知理论在一定程度上揭示了人类学习和知识的本质，认为知识具有情境性、生成性、分布性及条件性等特征，学习者只有通过参与真实情境中的活动并用所获得的知识来解决实际问题，才能建构意义并达到真正的掌握，这一理论直指复杂学习与深度学习，因为其目标在于解决结构不良问题。而深度学习旨在解决复杂的、非良构的真实问题，培养高阶思维能力，而根据情境认知学习理论，基于情境的行动、合法的边缘性参与，以及从新手到专家及实践共同体建构等基本特征与深度学习的理念完全吻合。

（3）分布式认知理论

作为一种研究认知存在形态和认知活动方式的学习理论，分布式认知理论认为认知存在于人脑和社会环境之中，强调学习资源的去中心化，学习活动是个体间及个体和学习情境间的交互过程。同时，认知活动不仅依赖认知主体，还涉及其他认知个体、认知对象、认知工具及认知情境等。深度学习正是以这种理论为建设核心，学习者可以完全按照自己的方式、兴趣和各种定制服务创造自己的学习空间，通过共享彼此的观点、思想、资源来促进个体发展。分布式认知理论认为认知的本性是分布式的，认知现象不仅包括个人头脑中所发生的认知活动，还涉及人与人之间，以及人与技术工具之间通过交互可实现某活动的过程。因此，学习过程中的深度交互是提高学习效果、获得高级思维能力的重要途径。

（4）元认知理论

元认知理论认为学习者能有效控制自己的思维活动和学习过程，进而深化和拓展反思的内涵。与一些具体的学习策略相比，元认知能清晰地监控和调节自己的学习过程，从而有效达到既定学习目标；而深度学习过程的各个节点都需要通过元认知去检测、优化学习回路。深度学习是通过探究的学习共同体来促进条件化知识和元认知发展的学习，而学习科学已经反复证明了元认知在深度学习中的重要性，可以说深度学习和元认知之间存在着相互促进的关系。一方面，元认知能促进学习者的深度学习；另一方面，深度学习也能发展学习者的元认知能力。

（5）脑科学

人的大脑有将近870亿个的神经元，它们是人进行思维活动的基础。每个神经元约有1000个连接。每一秒钟，都有数十万个新连接的建立和旧连接的"修剪"。脑成像技术显示，大脑思维活动是神经元放电建立连接的过程。学习活动本质上是多组神经元连接的结果。任何知识的获取、技能的培养、习惯的养成、行为的变化、道德的形成，其背后都是对神经连接模式的塑造，都是神经元的复杂连接，都表现为神经元的生长变化。

无论建构主义、情境认知主义，还是元认知都是一定程度的"主观想象"，属于"意识"范畴，其真实性只能通过间接实验来验证，因此，其科学性仍是"浅层"的。而脑科学可通过脑成像技术直观地观察到大脑的变化，属于"物质"的范畴。因此，深度学习"深"的层次可归为微观的大脑物质变化，在这个意义上，只有通过真正的理解，将新知识融入自身认知结构，才能引起神经元的生长和脑区的连接增强，这才是真正的深度学习。

（二）深度学习的能力框架（具备什么能力）

美国研究院（AIR）在其实施的SDL（Study of Deeper Learning: Opportunities and Outcomes）项目中，对深度学习做了如下界定：深度学习是学生胜任21世纪工作和公民生活必须具备的能力，这些能力可以让学生灵活地掌握和理解学科知识以及应用这些知识去解决课堂和未来工作中的问题，主要包括掌握核心学科知识、批判性思维和复杂问题解决、团队协作、有效沟通、学会学习、学习毅力六个维度的基本能力。可以看出，该定义主要从学习结果的角度诠释了深度学习。

美国国家研究委员会（National Research Council, NRC）为了区别深度学习和21世纪能力框架中的能力体系，特将深度学习能力分成三个维度：认知领域、人际领域和个人领域。这三个领域正好可以完全包含AIR定义的深度学习的六个能力，为后面的理论研究和实践提供了一个整合的框架，如表1所示。

表1　深度学习能力框架与学习内容映射表

21世纪素养领域（NRC）	深度学习的素养维度（AIR）	深度学习"4S"学习内容	
认知领域	维度1 掌握核心学术内容	学科知识（SK）	认知结构（CS）
认知领域	维度2 批判性思维和问题解决	策略知识（KS）	认知结构（CS）
人际领域	维度3 有效沟通	社会技能（SS）	认知结构（CS）
人际领域	维度4 协同工作	社会技能（SS）	认知结构（CS）
自我领域	维度5 学会学习	KS+SS	认知结构（CS）
自我领域	维度6 学习心志	KS+SS	认知结构（CS）

（三）深度学习的学习内容（学什么）

胡航博士分析了实证研究中学习内容的要素和特征，构建了"4S"深度学习的内容框架（见表2），并与"21世纪素养"和"深度学习素养"的指标进行了映射（见表1）。

表2　深度学习学习内容要素解读

要素	释义	例举	教学策略
学科知识（SK）	指以学科知识点为单位的表征	乘法分配律 植树问题	讲授法
策略知识（KS）	指与学科知识对应的学习策略	特殊数字相乘策略，如$101×68=(100+1)×68$；道路两端植树的计算规律，(路程/长度)+1	讲授法 讨论法 图解法

续表

要素	释义	例举	教学策略
社会技能（SS）	指与他人交往的行为	与他人交往的行为，如接受权威、谈话技巧、合作行为；与自我有关的行为，如情感表达、道德行为、对自我的积极态度；与任务有关的行为，如参与行为、任务的完成、遵循指导等	抛锚式 讨论法 游戏法 情境表演 头脑风暴
认知结构（CS）	指学习者的知识结构，以及所表现出来的全部观念内容和组织	合并概念图式 图形概念图式	讨论法 图示法

四部分内容构成如下关系：一是学科知识是学习的核心和基本内容，主要包含陈述性知识和程序性知识，是深度学习中掌握核心学术内容的基本要求；二是策略知识是学科知识有效应用的方法和"添加剂"，能显著改善学习者的批判性思维和问题解决能力；三是良好的社会技能是保证上述学习活动开展的润滑剂，形成有效沟通、协同工作的局面；四是良性认知结构（复杂图形）的构建是学习者高阶思维形成的表征，是深度学习思维形成的体现。学习者一方面能举一反三，灵活迁移，实现真实情境问题的解决，另一方面综合上述内容逐渐生成优秀的元认知品质，学会学习，并能适时监督、调控、反思和提升自己的学习力。

（四）深度学习的认知过程（怎么学）

在对课堂深度学习技术进行研究的过程，我们解析了深度学习的认知过程，构建了S-ACIG深度学习过程模型（见图1），具体阐释如下。①深度学习认知过程是图式构建的全过程，包含觉知、调和、归纳和迁移四个阶段；②调和、归纳和迁移任意一个阶段可根据学习者个体情况向前返回并循环；③觉知阶段是学习的入口，即学习者通过"个性化-合作学习"（Personalized-Cooperative Learning，PCL）活动，参与、感知、体验和理解学习内容的过程。④调和阶段主要在内化的基础上进行，学习者在这一阶段会产生多种理解、疑惑甚至误解，需要对多种认知进行选择、重组和反思，进而开始构建自己的认知结构。⑤归纳阶段主要对调和阶段逐渐统一的认知进行反思和整理，这一阶段具有两项功能：一是形成合理的认知结构，二是在科学认知结构基础上融合和选择不同策略去解决同一问题，从而形成最优路径，为达到"自动化"做准备。⑥迁移阶段逐渐形成稳定的图式，并能迁移到不同的情境和问题解决中去，在这一过程中不断修正和改良已有图式。

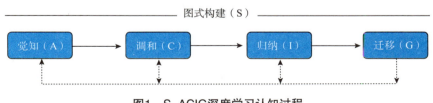

图1　S-ACIG深度学习认知过程

综上所述，学与教的数字化资源建设应该紧紧围绕学习的认知过程展开，学习者图式与认知结构的构建过程即是认知发展与学习活动发生与进阶的过程；认知负荷理论明确了通过图式表征而"组块化"的数字化资源设计要领；教育信息化资源观强调了数字化资源的特征；深度学习认知过程为数字化资源的动态设计与阶段性应用提供了具有指导性和操作性的核心线索。本文依据上述图式、认知与数字化资源观点进行深度学习资源的表征与开发。

（五）深度学习的内涵（是什么）

对于深度学习的定义，我们的理解是：①深度学习中的学习者具有主动性、积极性、批判性和建构性等特征；②深度学习关注情境迁移、问题解决和创新；③深度学习过程中学习者具有良好的情感体验；④深度学习是基于个性的社会化过程。

基于上述对深度学习的理解，深度学习的品质可从三个层面进行理解：一是从学习者个体来看，体现为学习者个体的学业成绩、认知结构和思维方法等；二是从学习者群体来看，体现为学习者群体的交互关系、活动方式和人际结构等；三是从深度学习系统来看，体现为学习活动、学习内容、学习系统的运行机制与运行方式，表现为个体在其所构成的群体中交互、冲突、适应并发展的状态流。综上所述，深度学习的品质不是对深度学习过程属性的客观描述，而是体现了一种动态的关系结构，具有自主性、实践性、生成性和创造性等特征。

二、深度学习课堂画像

如图2所示，我们可从学习者、教师、学习目标、学习内容、学习方式、学习过程、学习技术、学习文化八个角度来透视深度学习课堂。

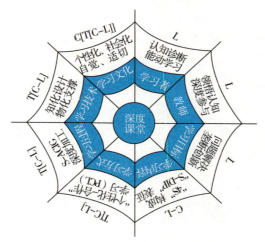

图2　深度学习课堂画像

（一）学习者

深度学习集中体现为"学习者为中心"。实践中需要对学习者认知偏差、学习风格等个体属性特征进行诊断，同时要培养学习者学习的能动性。

具体来讲，应从学习者当前知识水平、学习内容、学习活动和态度三方面对学习者进行精准的分析，以为个性化深度学习做好准备。当前知识水平方面，要对学习者认知偏差、学习风格等个体属性特征进行诊断，使学生"跳一跳，够得着"；学习内容方面，要结合学习者的认知起点，选取适切的表现形式，使学习者对学习内容进行有效的同化和顺应，不断形成新认知起点；学习活动方面，应基于学习者的经验和认知进行活动设计，并将个体活动与群体活动有效结合，实现学习者认知领域和人际领域的全面发展；态度方面，应通过创设环境，有效调动学习者的积极性，使学习活动在饱满能动的情绪中进行。

（二）教师

在深度学习中，教师应深入理解学习者认知过程，深度选择、重构与设计教学内容，深度参与学习活动，具体如下：

一是要深度理解学习者的认知过程，随时对学习者的个性化认知进行引导，对学习者的合作环境进行调整；二是要根据学习者的个性化学习状况进行"基于理解的教学设计"，科学设计4S学习内容，促使学习者主动深度理解学习内容，主动参与学习活动，提升学习迁移能力；三是以"指导、参与和监督"的方式深度介入学习组织结构，实现"师生和生生双向互动"，使学习者由"边缘参与"走向"中心主体"，同时也实现教师自身的专业成长。

（三）学习目标

根据深度学习的认知要求，要在提高学习者学业成绩的基础上，改善学习绩效，促进学习者深度理解、问题解决、批判创新等思维的发展。

此外，要将学生认知、人际、个人领域的深度学习能力发展，作为深度学习的教学目标。在认知领域，要将掌握核心学科知识的重要性及在教学中培养学生的高阶思维和批判性思维能力作为首要教学目标；在人际领域，将培养学生的有效沟通和团队合作能力作为重要的教学目标；在个人领域，将培养学生的学习毅力和学会学习作为重要目标，具体包括培养学生个人的自我效能感、适应能力、学习毅力、自主学习、自我管理、自我激励，逐渐培养学生的终身学习观。

（四）学习内容

学习者应学习教师重构后的"4S"学习内容，并用"S-DIP"[资源紧围绕图式（schematism）构建过程，对应着"4S"学习内容，并在不同认知过程处于不同的水平；选择状态中的核心词汇：呈现（demonstration）、交互（interaction）、问题（problem），将其命名为"S-DIP"深度学习资源表征态]方式进行数字化资源表征。

首先，教师应熟练把握学科知识和教材，依据21世纪素养领域和深度学习的素养维度准确设计教学单元的4S内容：基于学科内容（SK）、学习策略（KS）、社会技能（SS）和认知结构（CS）；其次，依据S-ACIG深度学习过程模型，对学习资源进行表征；最后，依据深度学习资源的开发原则，对学习资源进行开发。

（五）学习方式

"个性化-合作"式课堂深度学习，在真实课堂中融合了个性化、合作和竞争三类学习方式，是学习者个体自觉的、主动的且与多方协同的融合学习方式。它具有认知诊断、积极互赖、过程参与、多向会话、个性责任、社会技能六项基本要素。其小组合作结构有单中心型、无中心型、双中心型、金字塔型和平行型五种类型。需要注意的是，深度学习形式可能是直线的个性化学习，也可能是围绕个性化学习螺旋上升的合作学习，但只有在保持学习者核心要素的基础上，通过协作、会话，才能实现意义建构；只有教师、学伴、课程和资源深度契合上述统一体，"个性化-合作"式学习才能真正发生。

（六）学习过程

深度学习不是基于布鲁姆教育目标分类学中的浅层学习的高级阶段，而是基于马扎诺教育目标分类学的一个"从头至尾"的深度学习过程，体现为"S-ACIG"深度加工过程，如图3所示。

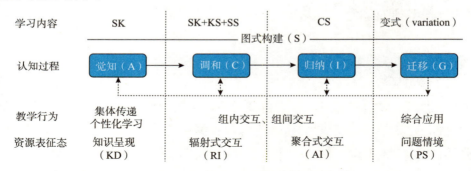

图3　深度学习的S-ACIG认知过程

S-ACIG认知过程可以从六个方面进行阐释。①认知过程即是图式构建的全过程，每个阶段指向不同的学习内容、学习方式和资源表征形式，具有不同的功能。②觉知阶段是学习的入口，即学习者通过PCL活动，参与、感知、体验和理解学习内容的过程。在这一阶段，主要学习"4S"内容中的"SK"内容，采用集体传递、个性化学习方式，应用知识呈现、课件演示、内容类比等形式的数字化学习资源，强调陈述性知识的记忆与理解。③调和阶段主要在内化的基础上进行，学习者在这一阶段会产生多种理解、疑惑甚至误解，需要对多种认知进行选择、重组和反思，进而开始构建自己的认知结构。在这一阶段中，为了选择、重组和反思等认知环节的有效性，采用组内外交互的学习方式；而为了保证这一方式的顺利进行，主要学习"SK""KS""SS"内容，其中以"SK"为载体，促进学习者协作、讨论、批判等深度学习品质的主动构建与发展；其中资源主要采用"辐射式交互"（radiation interaction）表征，促进学习者在抛锚式教学为中心的基础上，能有效进行讨论、头脑风暴、情境表演等活动的开展。④归纳阶段主要对调和阶段逐渐统一的认知进行反思和整理，这一阶段具有两项功能：一是形成合理的认知结构，二是在科学认知结构基础上融合和选择不同策略去解决同一问题，从而形成最优路径，为达到"自动化"做准备。因此，其学习内容主要是"CS"，帮助学习者开始有意识地构建认知结构，采用"聚合式交互"（aggregation interaction）资源。⑤迁移阶段逐渐形成稳定的图式，并能迁移到不同的情境和问题解决中去，同时也会不断修正和改良已有图式。这一阶段的资源主要是提供"问题情境"（problem situation），学习者通过综合应用的方式，进行变式（variation）训练，从而提高问题解决能力，进而培养设计和创造性思维。⑥认知的四个阶段在图3中实线的经典发展过程中，每一个阶段根据学习者个体学习诊断和反馈情况，可以根据虚线路径返回和循环。这也体现了"个性化-合作"式学习的优越性和可操作性。

（七）学习文化

上述多个要素构成共同体在学习过程中生成新的包含规范、模式化的信念、价值、符号、工具等内容，这就是学习文化。

学习文化的作用集中体现在课堂组织结构变革引发学习者中心学习系统萌芽。课堂情境中学习者中心设计的应用，引发课堂组织结构的变化，导致教师和学习者角色与行为的调整与转换、学习效益与品质的发展。如果每一个课堂都发生此变革，势必要求社会学习系统（学校）中的教材内容与结构（学习内容）、学校和教室布局以及网络学习格局（学习环境）、学习内容表征与组织（学习资源）、师生角色（教学行为）、考核机制（学习评价）等学与教的相关因素都随之革新。那么，在此变革过程中，必将要求管理者（各级各类行政领导及政策制定者）、研究者（理论研究与实践指导者）、服务者（教育公司、学校后勤等）、一线教师、家长和学习者等人群发生思维和行为的变化，也必将涉及上述人群的利益。因此，后续研究中将关注学习系统各相关利益的协调与变革策略，促进以"学习者中心设计"为特征的社会学习系统（学校）的生成，形成新的学习文化，进而进一步提升学习效益和品质，体现出学习系统的迭代式发展规律。

课堂文化在个性化学习中实现社会化依赖与交互；学习者具有高度自觉性，并与学习内容、学习方式等具有高度适切性。它以间接方式影响着学习者的认知过程，并影响着学习者个体的进一步发展。从这一点上说，深度课堂不是课堂难度而是课堂境界，是基于学习者认知起点的深度，即学习者个体与学习共同体的协调发展深度。

依据CTCL（Culture，Technology，Content，and Learning）研究范式，对深度学习课

堂可做以下理解和审视：一是学习者、教师和学习目标，充分体现了"L"属性，体现了教育研究对学习者的充分关注；二是学习内容与学习者合一，表现为"C-L"，体现了学习者对学习内容的深入理解与适切；三是学习方式、学习过程和学习技术中，表现为技术对学习者的干预，即"T[C-L]"，体现了"技术即学习者的生存方式"观点，善用技术促进学习者发展，推进学习的深度；四是学习文化，即"C[T[C-L]]"，最终在学习过程中形成新的学习文化，进一步促进深度学习课堂的生成，促进学习者品质的发展。

三、深度学习课程重构策略

（一）深度学习内容的构成

（1）深度学习内容构成要素"4S"

深度学习内容由学科知识（Subject knowledge）、知识策略（Strategies to knowledge）、社会技能（Social skills）和认知结构（Cognitive structure）构成，统称为"4S"深度学习内容构成要素（见表2）。

四部分内容相互独立又相互契合成有机统一体，互为补充。经典教学中主要讲授正式课程中的"学科知识"，其他三部分有所涉及，但主要靠学习者自己总结和归纳，缺乏系统的材料开发和学习活动组织。四部分内容构成如下关系：一是学科知识是学习的核心和基本内容，主要包含陈述性知识和程序性知识，其是深度学习中掌握核心学术内容的基本要求（维度1）；二是策略知识是学科知识有效应用的方法和"添加剂"，能显著改善学习者的批判性思维和问题解决能力（维度2）；三是良好的社会技能是保证上述学习活动开展的润滑剂，形成有效沟通（维度3）、协同工作（维度4）的局面；四是良性认知结构（复杂图形）的构建是学习者高阶思维形成的表征，是深度学习思维形成的体现。学习者一方面能举一反三，灵活迁移，实现真实情境问题解决，另一方面综合上述内容逐渐生成优秀的元认知品质，学会学习（维度5），并能适时监督、调控、反思和提升自己的学习力（维度6）。

（2）深度学习内容要素结构图

如图4所示，图中显示要素结构呈现"蘑菇状"，阐释如下：①学科知识（SK）为"蘑菇茎"的内核层，成为学习内容的主体；②知识策略（KS）为"蘑菇茎"的外围层，与学科知识对应，与其在学习过程中融为一体，共同解决问题；③社会技能（SS）扮演着"肥料"角色，分布在"蘑菇茎"的内核层与外围层之间，通过有效沟通、讨论、参与，以及积极的情感互动等促进内核与外围的生长；④认知结构（CS）为"蘑菇头"，在前面三者的作用下生长，既是学习过程的对象，也是内化的学习结果，可视化后成为学习者思维的外在表征。

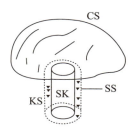

图4　"4S"要素结构图

（3）"4S"学习内容在实际课堂的操作范式——"生态流"模式

如图5所示，操作范式由两条"数据流"构成：一是"课程截面"流及其对应的学习内容要素；二是课程截面对应的"文本形态"流。文本形态是对应课程截面的文本表达方式，是教师与学生在课堂操作中的指南，诸如教案、学习手册、活动规则与过程视频等都属于此范畴。

图5　"生态流"课程操作范式

具体阐释如下：①理想课程的表征是理想文本，其由学术机构、课程专家等学术共同体发起；②在理想课程的指导下，由教育管理和出版部门构成教育管理共同体，编撰由学科知识（SK）构成的经典文本；③在学校情境中，教师与团队成员构成教师共同体，通过教师个人领悟和反思，以及团队头脑风暴和审议，形成领悟课程所对应的设计文本，该文本由学科知识（SK）、策略知识（KS）、社会技能（SS）和教师所归纳的认知结构（teacher-CS）；④教师和学生构成教学共同体，通过"个性化-合作"学习方式，实施运作课程，生成创造文本；⑤学生个体和共同体通过学习过程形成经验课程，产生认知文本，即学生认知结构（student-CS）。

（二）深度学习内容重构框架与策略

（1）重构框架——"悟-议-行"

如图6所示，由图可知：1）课程重构是一个循环结构。2）课程重构包含教师个体、教师共同体和教学共同体三个主体，分别对应"悟"（understand）-"议"（discuss）-"行"（action）三类行为。3）教师个体是结构的始端，包含学习、理解和实践三个环节，具体阐释如下：①学习即教师学习理想课程和正式课程，掌握学术核心内容；②理解是教师个体在学习基础上领会并补充课程内容；③实践是教师个体在理解基础上进行局部实践和反思，进而形成个体领悟课程。4）教师共同体是结构的中端，包含审议和开发两个环节，具体阐释如下：①审议借用了"实践与折中"课程开发模式的术语，由课程专家、教研员、骨干教师和教师个体等相关成员共同构成，通过教师个体的介绍与梳理，进行共同体的头脑风暴、讨论甚至辩论等形式，完善领悟课程；②开发由教师、资源开发人员根据领悟课程的设计文本，开发学习活动、学习指南及数字化学习资源等与领悟课程配套的学习材料。5）教学共同体是结构的终端，由运作、反思和修正三个环节组成，具体阐释如下：①运作即教师、学生在课堂教学过程中运作所设计和开发的领悟课程，进而生成创作课程；②反思即课堂教学后教师和学生从各自角度审视、总结创作课程的优点与问题；③修正即教师在师生共同反思的基础上，修正领悟课程，调适创作课程，然后再进入下一轮的循环重构。

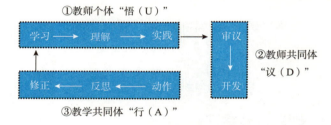

图6 UDA课程重构框架

（2）重构策略（见表3）

表3 "4S"学习内容重构策略

重构策略	释义	教师行为	学生行为
对话理解	指师生在与正式课程的平等对话中生成意义，意义存在于经典文本"视野"和师生个体"视野"的交叉融合中	联系知识系统化体系	融入生活情境
头脑风暴	指师生在各自的共同体中自由发表自己关于"对话理解"的观点，碰撞出新的理解	自由讨论	自由讨论
课程审议	指课程专家、教研员、骨干教师和教师个体共同审议"头脑风暴"中的多种"理解"，最后形成具有一套有意义的"领悟课程"	汇报、反思、修正	/
课堂运作	指教师在课堂中实施"领悟课程"，进而生成"创作课程"	教学实施	参与教学
自觉反思	指师生在"课堂运作"中和结束后有意识地根据学生反馈进行内容和活动的反思	接受反馈分析诊断批判改进	接受引导积极参与批判反馈
活动调适	指师生根据"自觉反思"情况，实时或下一轮不断调整自己的教学或学习行为	调整教学内容和活动	调整思考和参与方式
理论升华	指师生将上述过程进行理论总结	教学日志	学习日志

（三）重构后的学习内容所对应的数字化学习资源的动态表征方法

（1）深度学习资源的表征态

表征态是依据学习内容的"生态流操作范式"而映射的深度学习资源表征状态，是数字化资源在认知过程中某一时间内的相对稳定的表征水平与形态。这种表征形态处在连续不断的变动中。"态"就是相对稳定性，不是确定的"阶段"或"层次"，与学习内容和课程的生成过程对应。不同于"阶段"或"层次"。深度学习资源表征如图3所示，资源表征态随着认知过程而流动，具体含义如下：①资源紧围绕图式（S）构建过程，对应着"4S"学习内容，并在不同认知过程处于不同的水平。选择状态中的核心词汇：呈现、交互和问题，将其命名为"S-DIP"深度学习资源表正态。②觉知阶段主要聚焦"SK"内容，应用知识呈现、课件演示、内容类比等形式的数字化学习资源，强调陈述性知识的记忆与理解。③调和阶段为了选择、重组和反思等认知环节的有效性，采用"辐射式交互"表征，主要学习"SK""KS""SS"内容，其中以"SK"为载体，促进学习者协作、讨论、批判等深度学习品质的主动构建与发展，促进学习者在抛锚式教学为中心的基础上，能有效进行讨论、头脑风暴、情境表演等活动。④归纳阶段学习内容主要是"CS"，帮助学习者开始有意识地构建认知结构，采用"聚合式交互"资源。⑤迁移阶段提供"问题情境"，学习者通过综合应用的方式，进行变式训练，从而提高问题解决能力，进而培养设计和创造性思维。

（2）深度学习资源的表征方法

表4中根据资源表征态映射了课堂深度学习过程中采用的教学媒体及其配套资源形式，并阐释了其支持教学的方法与过程。由表4可知：①经典教学媒体与信息化设备相结合，如黑板板书与利用平板操作的在线平台交互；②静态与动态资源交替使用，如文本、动画、游戏等；③资源支持教学的过程中与学习内容、学习方式等相匹配，如通过头脑风暴、游戏、情境表演等合作方式融合学科内容、理解策略和社会技能；④教学媒体与对应资源按照资源表征态"流动"运行。

表4　资源表征态、教学媒体与资源形式映射表

资源表征态	教学媒体	资源形式	如何支持教学
知识呈现	黑板 演示屏幕	文本、板书、微视频 （呈现型资源）	通过集体授课、个性化学习等方式，以文字、板书、图片等形式系统化展现学习内容
辐射式交互	平板 在线平台	微视频、动画、游戏 （交互型资源）	通过讨论、头脑风暴、游戏、情境表演等合作方式融合学科内容、理解策略和社会技能
聚合式交互	平板 思维可视化PDA	思维导图 （引导型资源）	通过讨论、画图、诊断、修正等方式引导学习者归纳学科知识
问题情境	演示屏幕 在线平台	文本、情境问题、动画 （训练型资源）	通过情境问题、变式训练等迁移图式、解决问题、创新思维

表5依据教学媒体特性划分维度，分析了所应用的教学媒体及资源特性。由表5可知，不同的媒体及资源具有不同的特性，实际教学过程中要根据学习者情况、学习内容和学习环境进行实时调节和选择。

表5　教学媒体及资源特性表

特性		电脑	在线平台	文本	板书	微视频	动画	游戏	思维导图	情境问题
呈现力	空间特性					✓	✓			✓
	时间特性	✓	✓	✓	✓	✓	✓	✓		✓
	运动特性		✓			✓	✓	✓		✓
重现力	即时重现				✓					
	事后重现	✓	✓	✓		✓	✓		✓	✓
参与性	感情参与		✓				✓	✓		✓
	行为参与	✓						✓		✓
可控性	易控	✓		✓	✓	✓			✓	✓
	难控		✓					✓	✓	

表6展示的是数字化资源表征方法，并提供了对应的案例，供在实践中修正、检验和进一步推广。资源表征方法的具体形式阐释如下：

表6　深度学习资源表征方法表

学习内容	知识类别	具体形式	例举
SK	运算规则与四则运算 运算定律与简便方法 问题解决	概念图 图解法 等级目标分解	
KS	对应策略	冰山图	
SS	个体表达技能 成员沟通技能 团队协作技能	隐喻法 四格漫画 联觉法	
CS	图式表征	思维导图	
变式	情境问题	蒙太奇	

1）"SK"学习知识部分主要采取了概念图、图解法和等级目标分级三种表征形式。其中概念图主要是将四则混合运算规则、运算定律等零散的、孤立的事实性知识通过各种关系形成一个有意义的网络结构，最后形成"组块类"。图解法主要用直观的图形方式揭示简单问题解决中的相关要素及其关系，如"SK"例举中用三个图表明了A、B、C、D、E五位同学循环比赛的关系。等级目标分解是认知技能中问题解决的典型方法，每个操作阶段都有着明确的目标并指向最终的问题解决；小学数学中四则

混合运算和应用题都属于问题的解决，只是表现的方式有所区别。

2）"KS"是"SK"的对应策略，其中"SK"是显性的，"KS"是隐性的。为了促使学习者理解并深入挖掘显性和隐性之间的关系及其运用策略，研究主要采用了"冰山图"。冰山图实际是将一个事物的构成因素分成两个方面：可见的与不可见的。借用冰山模型来表征同一事物中各显性和隐性要素之间的关系及其转换特征。例举中列举了"提公因式策略"在四则混合运算中的典型运用。

3）"SS"社会技能部分主要提升学习者个体表达技能、协调团队成员之间沟通与合作的能力，主要采取了隐喻法、四格漫画和联觉法。其中隐喻法作为一种修辞手法，在类似物的暗示之下让学习者感知、想象并体验沟通、合作的心理过程，如游戏模拟中的活动。四格漫画是一种古老的"用图说事"表征形式，用开端、发展、高潮和结局四个画面给出意想不到的结果。学习者在趣味和出奇制胜中体会人际技巧，例举中用"熊猫眼"展示了学习态度。联觉法是指各种感觉之间产生相互作用的心理现象，即对一种感觉的刺激触发另一种感觉的现象，如情境模拟通过视觉隐喻、烘托等触发学习者的多种器官，从而激发其情感共鸣。

4）"CS"认知结构主要用思维导图可视化学习者大脑中的图式，例举中展示了"整数运算"性质，包含概念、关系和应用题目等，从而形成立体的系统化图式结构。

5）变式训练中主要提供不同的情境问题，以促进学习者迁移。研究采取了"蒙太奇"手法，原因是一系列画面的不同"组装"会产生不同的效果，借此提供给学习者不同的情境问题。例举中主要展示了"植树问题"的不同应用领域。

四、深度学习课堂学习方式——"个性化-合作"学习

"个性化-合作"学习是根据认知与脑科学、学科学习心理、建构主义等理论设计的一种新的教学策略，即依据对学习者的认知起点进行诊断后，形成典型的学习者分类群簇（生物学术语，指具有同一性特征并集中在某一个环境中的生物，本文指具有相同或近似认知诊断结果属性的学习者）；根据群簇的不同结构提供针对性的学习内容和学习资源；在学习过程中，根据实际情况进行同质或异质分组。从学习者整体来看，每个学习者都能根据自己实际情况获得个性化的学习内容和学习资源；同时，在学习过程中，学习者之间又能协作、会话和经验分享，最后促进学习者的意义建构。

下面分别从构成要素、课堂结构、内涵与设计模型等方面进行介绍。

（一）"个性化-合作"学习的要素与结构

（1）"个性化-合作"学习的要素

研究在文献探讨的基础上，依据实证研究中的教学内容和教学行为，归纳出个性化-合作学习的基本要素，如表7所示。

表7 PCL教学行为与基本要素映射

教学行为		基本要素	释义	功能
认知起点诊断	→	认知诊断	了解学习者个体与群簇的认知结构	起点探测
分组引导与指导	"行为–理论"转换	积极互赖	小组成员之间形成唇齿关系，分别扮演不同角色，既保持个性，又共享资源	结构耦合
教师指导并参与小组活动		过程参与	教师在小组运行过程中作为指导者或参与者进入学习共同体中	教学相长
组内与组间交流		多向会话	通过自述、讨论、复核、竞争等策略促进学习者个体与学习共同体的意义建构	意义建构
元认知策略培养	→	个体责任	发展学习者的监控、反馈、调节、反思等能力	激活共生
社会技能培养		社会技能	发展学习者之间相处的技能	系统润滑

由表7可知，实证研究中共有六类教学行为，通过"行为"向"理论"的转换，对应六项基本要素，具体如下：

1）认知诊断：CTCL研究范式强调探求学习者的认知偏差，以便了解学习者个体或群簇的认知结构，从而为个性化学习提供适宜的学习内容和资源，为合作学习分组提供依据，以作为学习的起点。实证研究中学习者的认知偏差分为五种基本类型。

2）积极互赖：依据认知诊断的结果，教师将对分组进行引导和指导，以便形成耦合结构良好的小组，促使成员利用自己所拥有的不同资源（不同的认知结构），分别承担相应的角色和责任，既能发挥个体优势、促进个性化发展，又能促进共同体生长，最后各自从"边缘"走向"中心"，迭代循环，形成新的学习共同体。实证研究探讨中详细阐释了形成积极互赖的分组策略，在效果反馈中80%的学习者表示了对这一结构关系的满意，其中具体的认知结构下一部分详细讨论。

3）过程参与：学习过程是在一段时间里可以辨认的事件序列，而不是传统小组学习中，只看见了合作学习这只"黑匣子"。教师要作为指导者或参与者进入到小组的学习过程中；在知识引导的同时，观察学习者对所强调或指定的合作技能的运用情况，并通过直接或间接的方式反馈给学生，最后实现教学相长。实证研究中74%的学习者希望教师走下讲台，深度参与到PCL的学习过程中去。这一点是对教师角色与功能的转换，既是对现在教师的要求，也是对未来教师培养方向的引导。

4）多向会话：实证研究中学习过程与学习评价均包含组内与组间交流，让学习者通过自述、讨论、复述、竞争等方式促进个体与群体的意义建构。实证研究中绝大多数学习者从不同维度表达了对上述多向交互的期待。

5）个体责任：研究通过元认知策略的培养，发展学习者的监控、反馈、调节和反思等能力。个体责任能激活学习者个体的内在学习动机，进而激活学习共同体的活力，最后实现个体与小组的共生与发展。

6）社会技能：其是学习系统能协调运行的润滑剂，使学习者之间彼此了解、信任，能正确清楚地与其他成员交流，能互相接受和支持，能建设性地解决冲突。实证研究中通过"T形图"策略，安排专门的教学时间促进学习者社会技能的发展。

综上所述，六个要素之间相互契合、相互促进，从不同角度体现了学与教的现代教学思想：①从教学设计流程来看，其包含了学习的起点、过程与结果三个经典环节。②从学习过程来看，其体现了学习者个体与共同体的结构关系、交互方式、意义构建等序列事件。③从学习结果来看，其强调了学业成绩、学习动机、社会责任、团队协作等能力。④从学习系统绩效来看，六要素合作体现了"滑轮效应"。教师若能以更精确的方式改善六要素中的一个或多个的运用，系统绩效将倍增提高。

（2）"个性化–合作"学习的结构

学习小组的良好耦合结构是PCL学习活动有效开展的保障，这一点是目前的个性化学习和合作学习最不关注或最难操作的一点。研究通过课堂观察、问卷与访谈总结了实证研究中存在的小组成员互赖关系及其结构特征，如表8所示。

表8　PCL小组结构

结构类型	结构示图	结构特征	外显行为
单中心型		小组结构以1个学习者为中心，其他学习者之间呈并列关系围绕其周围	中心者其履行"行事权"，分配成员角色，并与其他学习者交互，同时其他学习者之间存在交互，小组意见统一
无中心型		小组结构中无中心成员，所有学习者之间呈并列关系	"行事权"存在偶发流动现象，小组角色自觉形成，学习者之间相互随机交互，通过各种争论后最后达成一致
双中心型		小组结构以两个学习者为中心，其他学习者之间呈并列关系围绕其周围	两个中心者通过交互达成一致后共同履行"行事权"，分配成员角色，并与其他学习者交互，同时其他学习者之间存在交互，小组意见统一
金字塔型		小组呈现层次结构，从第2层开始分支，然后各自并行发展	第1层只有1个"领导者"，其"高高在上"，履行"最高行事权"，只与第2层交互，第2层履行"次级行事权"，与其下一层交互，分支结构之间的学习者无交互，小组意见在大框架下可能存在差异
平行型		小组呈现并行结构，在平行分支内部再表现出层次结构	小组自觉分成平行型发展，每一条分支结构上出现1个"领导者"，其各自履行分支结构内的"行事权"，分支结构内存在交互，小组可能存在多种意见

说明：实线表示存在实质性交互，虚线表示只存在形式化交互。

综合实证研究中的数据和表8的归纳总结，研究从以下四个方面进行阐释：①PCL学习过程中至少存在五种学习者关系结构。②五种结构均围绕"行事权"而展开，说明"行事权"是PCL学习小组中的核心要素，体现了社会关系中的组织结构特征。③实证研究中第一阶段基于社会关系的自组织结构与第二阶段基于认知结构的组织调整一致率达到78%，再次体现了"物以类聚，人以群分"的社会关系特征，说明学习者认知结构与社会关系之间存在相关性。④上述阐释中"行事权"的特征及其与其他学习者的关系、认知结构与社会关系的相关性及表1中各结构之间的效应量等还需要大规模的实证研究，通过大数据的分析才能得出结论，研究将在后续研究中进一步深入。

（二）"个性化–合作"学习的内涵与模型

（1）"个性化–合作"学习的设计原型

根据实证研究中的IRE和IARE两种互动结构理论，前者比较适合结构良好的基础知识点的教学，后者比较适合开放性应用知识点的教学。为两者能在课堂情境平衡、协调地应用，设计需要采用一种联系的、动态的、整体的连续统思维方法，以防出现两元对立、顾此失彼的现象。在课堂情境教学中，这两种互动结构是整个课堂活动系统中的连续统一体；学习内容的问题性质决定了选择哪一种互动结构。研究依据霍坎松和胡伯尔（Hokanson & Hooper）提供的以问题为中心的渐进教学方法分类框架，构成了一个问题化课程内容与学习活动设计的连续统。图7中沿用了实证研究中的符号表示相应的关系，其中"△"表示"教师"，"□"表示"学生"，"○"表示"由学生构成的学习小组"，"●"表示"正在主持组间交互的小组"，"◇"表示"问题"。"SK、KS、CS"的含义在探究性实验的研究术语表中已经做了详细阐释，此处不再赘述。

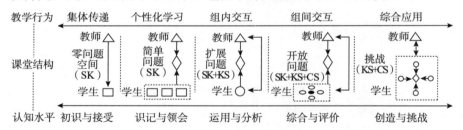

图7 PCL设计原型

这个框架以"问题"为线索，描述了教师、学习者和学习内容（问题）三者的交互关系及该交互关系所存在的"学习活动结构与方式"，构建了"教学行为""课堂结构"和"认知水平"三个连续统，具体阐释如下：①教学行为连续统描述了实证研究中的教学过程，主要包含集体传递、个性化学习、组内交互、组间交互和综合应用五个阶段；②课堂结构连续统以"问题"为线索，描述了教学行为所对应的学习活动结构与方式；③认知水平连续统描述了上述两个连续统各阶段学习者所对应的学习目的和认知发展水平，主要包含初识与接受、识记与领会、运用与分析、综合与评价、创造与挑战。实际课堂情境教学中不是每一堂课都要完成这五个层次，也不是每一个学习者都必须达到这五个层次，而是学习单元或主题教学的完整层次。教师可根据学习内容和学习者个体的特征，在两条双箭头轨道上滑动，调整学习层次，以适应学习内容和学习者的需要。

课堂结构连续统是本研究中的重点，以"问题"为线索，具体阐释如下：

1）零问题空间的接受教学。学习的初级阶段，学生没有要去解决的问题，教师向学习者单向传授基础知识SK。

2）简单问题解决的个性化教学。在认知诊断的阶段上，教师根据学习者根据各自的认知结构，提供简单的、与内容直接相关的问题。学习者通过模仿、重复等策略识记与领会在阶段1中未理解的SK知识，教师同时扮演单向指导角色。

3）扩展问题解决的组内交互。这一阶段主要鼓励学习者用习得的SK知识解决新的、与内容间接相关的、由多个简单问题构成的综合性问题。阶段2可以用SK知识直接回答，而在阶段3需要考虑SK知识的应用过程与策略。因此，这一阶段通过小组成员组内交互和教师参与小组指导，学习者开始接受、总结KS知识，并开始与SK知识融合应用。

4）开放问题解决的组间交互。这一阶段主要鼓励学习者融会贯通阶段3的KS与SK知识，能举一反三地解决复杂程度较高的具有一定应用性的问题，进而通过组合、反思、调整等策略形成学习者个体的CS结构。这一阶段，学习者在组内交互的基础上，与其他小组进行组间交互，而教师深度参与到这一过程中，师生之间的信息不再是单向传递，而是双向沟通，如学生的策略也能促进教师自身的思考、总结与专业化发展。

5）挑战性问题解决综合应用各类策略。这一阶段学习者已经充分掌握了SK知识，主要鼓励学习者重构KS知识和CS结构，解决劣构性问题。教师在问题解决前期基本不参与，由学习者通过个性化的思考，进行组间讨论，进而组间交流，形成问题解决的方案，然后教师再深度参与验证方案的科学性和可行性，深度推进师生、生生之间的交互与发展，最终形成良好的学习品质。

（2）"个性化-合作"学习模型

研究根据实证中的数据分析，结合文献探讨，总结出了"个性化-合作"学习的要素、结构、表征状态和设计原型。那么如何理解"个性化-合作"学习，其全貌如何？

研究在上述基础上归纳出"个性化-合作"学习的模型，如图8所示，以深度理解其内涵。由图8可知，PCL模型由四部分构成：一是笔直向上的个性化学习，表示依据学习者个体的兴趣、动机、需求、风格等特征开展学习是核心；二是围绕个性化学习螺旋上升的合作学习，表示学习的开展需要团队协作、多重交互；三是螺旋曲线上逐渐变大的小球，表示学习者逐渐发展的过程。上述三者并不是孤立的，而是相互契合的有机统一体，表明学习过程不是直线上升的，只有在保持学习者核心要素的基础上，通过协作、会话，最后才能实现意义建构；四是外围四要素，表示只有教师、学伴、课程和资源深度契合上述统一体，个性化-合作学习才能真正发生。

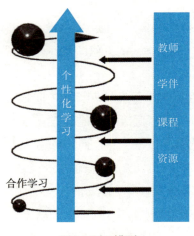

图8　PCL模型

综上所述，"个性化-合作"学习具有以下内涵：①其以个性化特征为核心，以合作交互为手段。②学伴之间积极互赖关系是其稳定结构。③教师深度指导与参与是其助推力。④课程内容与结构符合学习者认知结构是其对象。⑤资源表征符合认知规律并在数量上满足学习者的需要是其载体。

对"个性化-合作"学习的这一理解，是对"学习者中心设计"的"学习方式"的全面阐释，也是对学习方式与教师、学习者、学习内容和学习资源关系的解释。

五、教育装备与深度学习

教育装备是指在教育领域中，为实施和保障教育教学活动而配备的各种资源总和及对其进行相应配置、配备的行为与过程。该定义包含两部分的内涵：一是直接服务于教育教学活动的有形物质，如教学所需的教具、学具、器材、设施、场所等；二是对这些资源进行的配备行为。教育装备逐渐成为教学环节的重要部分。

下面从深度学习中的技术使能和教育装备如何支持深度学习两方面进行介绍。

（一）深度学习中的技术使能

深度学习中的学习技术是指在物化技术的支撑下，运用智化技术进行设计、组织与实施，即指"对技术使能（technology enablement）孕育于整个学习过程的模式（models）、方法（methods）与策略（strategies）的描述，包含学习者选取与重构学习内容，构建适宜的学习环境，按照科学的学习策略，执行学习活动而达到特定学习目标等学习行为；包含学习设计（learning design）、学习内容（learning contents）、学习策略（learning strategies）、学习活动（learning activities）等要素，其是物化技术（physical technology）与智化技术（intelligent technology）融合而成的智慧学习技术（smart learning technology）"。该定义在以下方面更加清晰：一是明确了技术的功能；二是明确了操作对象，包含学习内容、学习策略等；三是强调结构化的适切，明确了要素间的关系；四是明确为学习科学与技术的研究与实践提供了具有操作性的定义和理解，强化了CTCL的"学习技术"属性界定。

了解深度学习的技术使能（见表9）能进一步理解深度学习的机理。

表9　深度学习的技术使能映射表

深度学习实践路线	行为主体	学习内容	智化技术（设计）	物化技术（支撑）	技术使能
知识觉知	学习者	学科基础知识（SK）	讲授、感知	电子白板 智能终端 数字化资源	表征与感知
认知起点诊断	教师	认知起点 思维品质	二阶诊断 思维可视化	二阶诊断试题 思维可视化PDA 教育数据分析	精准诊断
课程选取与重构	教师（资源开发人员）	"4S"内容 "S-DIP"表征	UDA课程重构技术 CRF资源开发技术	内容选取与重构及数字化资源开发相关软件	内容—资源—学习者三者之间适切
激活先前知识	教师 学习者	先前关联知识	个性化—合作学习	区块链技术 AI、VR、AR、MR 教育数据分析	个性化 社会化 生态化 具身参与 分布式交互
获取新知识	学习者	"4S"内容 "S-DIP"表征	个性化—合作学习		
深度加工知识	学习者	"4S"内容 "S-DIP"表征	S-ACIG 深度加工		
学习评估	教师 学习者	学业成绩 思维品质	诊断试题 思维可视化	诊断试题 思维可视化PDA 教育数据分析	绩效监测

由表9可得出以下结论：

1）深度学习实践路线包含知识觉知等七个步骤，每个步骤对应着相应的行为主体、学习内容、智化技术和物化技术；

2）基于深度学习实践路线，技术使能主要体现在学习内容呈现与感知等五个方面；

3）智化技术主要是一种学习活动设计与组织策略，物化技术用以支持智化技术的实施；

4）知识觉知阶段，技术主要呈现学习内容并促进学习者感知；

5）认知起点诊断阶段，技术主要提高诊断的精准性与便捷性，为个性化学习提供依据；

6）课程选取与重构阶段主要是促进学习内容的构成及其数字化资源表征方法契合学习者个体或群簇的属性；

7）激活、获取和深度加工知识三个阶段可在区块链、混合现实等技术的支撑下，一方面保障学习者学习过程的个性化，让学习者具身参与到学习情境中，另一方面形成学习共同体，让学习者在具有生态特征的学习情境中进行分布式交互，实现学习的社会化；

8）学习评估阶段，技术主要体现为监测学习绩效，不断调整学习策略。总之，技术使能是物化技术与智化技术的共同作用，其具有阶段性、精准性、便捷性和效益性等特征。

（二）教育装备支持深度学习

深度学习路线中各个部分分别对应着相应的物化技术支持，各种各样的教育装备就是物化技术的实体形式。下面就教育装备在各个环节如何使用作出详细说明。

（1）教学准备：课程重构和数字资源开发

课程重构及资源开发软件层出不穷，且有各自的使用场景和特点，以下列举广泛使用的一些软硬件，如交互式电子白板、CourseMaker微课制作系统、Focusky动画演示大师等系列软件、Articulate Storyline交互式课件制作软件、Flash、Unity等应用。

深度学习内容重构框架与策略表示课程重构是教师将校本课程按照"以学习者为中心"、在深入理解学习者认知过程之后，科学设计"4S"学习内容，通过课程重构与资源开发设计多样性，能丰富地表征"4S"知识构成的复杂性，同时满足学习者多感官通道的需要。学习内容可以随着认知过程主线索的进阶而动态变化，有效支撑学习者认知过程的发展，促使学习者主动深度理解学习内容，主动参与学习活动，提升迁移能力。

学习资源的表现形式主要有教学视频、教学项目（或案例）、教材、学习指导资料和习题作业等。深度学习资源的设计会找到其内在逻辑关系，做"结构化"处理而形成组块化体系，从而降低认知负荷，促进新知识向"原有认知结构"实现同化和顺应，最终构建新的图式。同时，深度学习理念认为学习者只有通过参与真实情境中的活动并用所获得的知识来解决实际问题，才能建构意义并达到真正的掌握，而资源开发运用多种手法来引起学习者"情感-意境-行为"等多重感官通道的共鸣，促进学习过程知、情、意的协调发展。

（2）学习者分析：认知起点诊断

目前许多个性化学习研究中直接诊断学习者的认知起点或认知偏差，来为教学设计提供依据。目前较为方便开展的诊断方式是教师运用前测试题来分析学习者认知起点状况与发展规律，并结合技术来提高诊断的精准性与便捷性，为个性化学习提供依据，为后续深度加工知识提供依据的思路。

诊断试题是在学习理论指导下，在学科基础上为学习者提供的学习评价指标。如在诊断试题中，依据布鲁姆教育目标分类，设置记忆、理解、应用、分析、评价、创造六个层级的测试。学习者自身通过测试题，发现自己知识的薄弱点，查漏补缺；教师则可以通过测试题的完成情况判断学习者的认知水平，进而给出更具针对性的学习建议。

常用的诊断工具有问卷星、雨课堂、蓝墨云班课、学习通等移动教学助手。这些移动教学助手能够通过智能手机开展发送通知、分享资源、布置小组任务、批改作业、组织讨论、投票问卷、头脑风暴、讨论答疑、组织点评等活动，有效实现移动教学；其中，可通过追踪学生学习活动轨迹、问卷回答情况等了解学习者个体或群簇的认知结构，从而为个性化学习提供适宜的学习内容和资源，为合作学习分组提供依据，以作为学习的起点，也为开展教学行为分析和基于数据驱动的个性化、精准化的教学改革提供依据。之后，教师依据认知诊断的结果，可对学习者进行分组引导和指导，以便形成耦合结构良好的小组，促使成员利用自己所拥有的不同资源（不同的认知结构），分别承担相应的角色和责任，既能发挥个体优势，促进个性化发展，又能促进共同体生长，最后各自从"边缘"走向"中心"，迭代循环，形成新的学习共同体。同时，通过移动教学助手进行的线上小组交流使学习者之间彼此了解、信任，能正确清楚地与其他成员交流，能互相接受和支持，能建设性地解决冲突，有效发展人际领域的沟通、团队合作能力。

（3）学习过程：大数据支持下的深度学习

随着智能学习终端的发展及大数据和学习分析技术的兴起，研究者开始关注"个性化学习"，即依据学习者个体或群簇的认知起点、学习兴趣、学习风格等个体因素，创建智慧学习环境，设计学习活动。

教育数据分析建立在教育大数据平台的基础上。教育大数据平台的功能之一就是供各类学习者学习并记录数据。通过教育数据分析，老师可以了解学生学习的进展情况，发现学习兴趣点、学习难点。提供更加个性化的资源分享，知识点巩固。教育数据分析使教和学更加智慧、更加有效。可用来支持教育数据分析的工具如下。

1）智慧黑板

智慧黑板是将传统黑板与交互式一体机相结合的教学工具。内含智能化教学系统、多点触控、高清液晶屏演示，公放音响、高清录播、无线音视频采集等多项技术。通过五指息屏技术，教师可以轻易地在传统黑板与触控互动显示系统之间无缝切换，完成普通黑板书写、电子白板交互、数字资源调用、多媒体课件演示、音视频录制、远程交互及直播等操作，方便课堂教学。

智慧黑板能够做到灵活运用，能够将教学资源直接呈现在教师和学生面前，免去了等待和拖沓的时间。此外，教师在展示各小组成果、讲解试卷、习题的过程中可以在智慧黑板中直接讲解、评价并进行注释，保留在电脑中形成文件后可共享，资源共享提高了资源的利用率和教学有效性。学生也可根据自身需求和兴趣进行下载查阅，实现个性化学习。智慧黑板的高互动性使得学生更容易成为课堂的主体，教师也更容易在小组运作过程中作为指导者或参与者进入到学习共同体中。

同时，教师与学生更容易共同参与课堂中的形成性评价活动，学生能更直观地获得教师所讲授的知识，能够有较高的学习积极性，能够饱满能动地参加学习活动，提高学生的学习动机，刺激他们主动进行意义建构。

2）智能终端

通过平板电脑，学生可以根据其学习兴趣和需求，按照其学习进度和步调选择所需的学习资源和服务，通过各种工具和服务搜索、选择和整理信息，从而完成对信息的加工，实现知识的吸收和创新，进行个性化学习；也可以进行反复阅读和理解，在视听感觉的双重冲击下，加深对知识的印象与理解，从而更好地达到深度学习"觉知"这一阶段强调的陈述性知识的记忆与理解的目标。在课堂上，还可以通过平板与电子白板进行交互实现对画图、小组成果等的实时呈现。

3）思维可视化工具

思维可视化是指以图示或图示组合的方式把原本不可见的思维路径、结构、方法及策略呈现出来，使其清晰可见的过程。使学习者思维可视化的过程，也是培养学习者策略知识（KS）的过程。常见的思维可视化工具有概念图、思维导图、思维地图、鱼骨刺图等。

在传统教学中，教师通常利用多媒体技术将知识进行一定程度的可视化表征，这种方式主要突出了教学内容的可视化，但忽视了学生思维的发展。思维可视化工具支持下的可视化课堂，教师引导学生探索新知，学生将已有的线索对比分析，归纳概括，不断完善思维可视化图。思维可视化工具作为交互平台，支持师生协作交流，共同建构知识结构模型。在一堂课的最后，学生再次利用思维可视化工具将新学到的知识融入到先前的知识结构图中，这样学生能够通过前后的对比分析促进深度学习"调和"阶段的选择、重组和反思等认知环节的有效性。

4）区块链技术

区块链（blockchain）即由区块组成的链，区块是一个结构数据单元。区块链是数据库的一种，它包含的记录很多，这些记录不是存放在一页纸或一个表内，而是存储在区块内。在教育教学过程中，区块链可以承担教学与研究资源建设和共享的功能，实现学习者的"个性化-合作"学习。区块链建立学习者学习记录区块，教师查看学习者学习记录，判断学习者先前学科知识（SK），通过学习者学习时长、学习顺序推断学习者的认知结构（CS）。课堂教学过程中教师和学生共同讨论，生成知识，每个人参与教学资源的更新，让学生自己生成学习资源，将学习资源通过区块链存储，通过集体智慧与技术相结合使资源得到最大程度优化。

5）3D打印

3D打印是快速成型技术的一种，是一种以数字模型文件为基础，运用粉末状金属或塑料等可黏合材料，通过逐层打印的方式来构造物体的技术。通过计算机建模，3D打印机可以打印出各种形状的物体。未来我们也可以将3D打印技术应用到学科教学中。例如在数学课堂，将学生异质分组，组内交流讨论建立数学几何模型、打印几何图形。然后请学生观察讨论此种几何体的特征，组间交互分享，深化对知识的理解。小组讨论交流是知识的"调和"过程。

6）AI、VR、AR、MR

AI（Artificial Intelligence，人工智能）是研究、开发用于模拟、延伸和扩展人的智能的理论、方法、技术及应用系统的一门新的技术科学。在人工智能发展的过程中，发展出了计算机辅助教学系统，各类专家系统、虚拟教学（实验）系统、智能问答系统等。在学科教学过程中，专家系统可以在课堂中担任助教教师角色，利用系统内部存储的丰富的某一类别知识为学习者答疑，知识来源于课堂又超出课堂。学习者既可以从中获取新知识，也可以就感兴趣的知识深入学习。

VR（Virtual Reality，虚拟现实）通过穿戴式的技术设备使人体会不在眼前或难以接触的现象。因为这些现象不是我们直接所能经历的，而是通过计算机技术模拟出来的现实中的世界，故称为虚拟现实。学习者可以在虚拟现实世界体验到最真实的感受，其模拟环境难辨真假，让人有种身临其境的感觉；同时虚拟现实可以实现人类所拥有的感知功能，如视觉、听觉、触觉、嗅觉等；最后它具有超强的仿真系统，实现了人机交互，使人在操作过程中，可以随意操作并且得到环境最真实的反馈。例如在语文教学过程中可以进行情境创设，带领学生体会桂林山水，使抽象的知识学习生动化，学生难以接触的事物情境化，增加课堂教学效果。

AR（Augmented Reality，增强现实）、MR（Mix Reality，混合现实）是VR技术的发展，在虚拟与现实的结合上提供更加强大的功能。

（4）绩效检测：学习评估

学习评估指对学习效果的评估，主要指学业成绩和思维品质的可视化诊断，考察课堂深度学习的有效性与学习者发展水平。学习评估贯穿学习全过程，形式多样化，包含学习前的试题诊断、原因访谈，学习中的行为与表情观察、言语交流，学习后的学业成绩评测、思维品质可视化等，形式多样。前一个评估都是后一个教学行为的依据，每一个教学行为又都是促进学习者发展的关键结点。因此上述学习者分析和学习过程中通过教育数据平台所收集的数据都是学习评估的重要依据，也是下一阶段学习者起点分析的主要参考内容，从而深度理解学习者的认知过程，不断调整教学策略，对学习者的个性化认知进行引导，促进学习者深度学习。

六、深度学习课堂实践框架

研究依据实证研究的过程、数据分析和研究机理，归纳总结出深度学习的实验框架，如图9所示。实践框架（practice circle）指深度学习在课堂实践中的操作路线、内容、策略与行为主体。学校教育与一线教师可在该框架的指导下，依据课堂实际情况和学科属性进行适切性修改，并在课堂中进行进一步实践和推广。

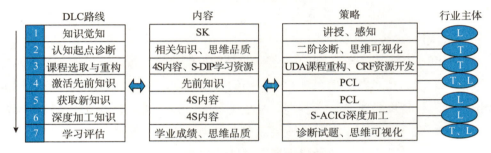

图9　深度学习课堂实践路线

该框架包含DLC路线及所对应的实施内容、操作策略和行为主体；其中"DLC"英文全称为"Deeper Learning Circle"，"Circle"一方面体现课堂深度学习的发展路线，另一方面表达学习者在深度学习中是螺旋上升的。

课堂深度学习实施路线，包含知识觉知、认知起点诊断、课程选取与重构、激活先前知识、获取新知识、深度加工知识和学习评估七个阶段。

知识觉知主要指让学习者接触、了解、感知新知识，"触摸"其轮廓，换句话说即教师指导下的有针对性的预习过程。知识觉知是深度学习的基础，或者说是导向深度学习的前奏，也是认知起点诊断的基础。

认知起点诊断主要是教师运用前测试题、融于知识觉知活动中的各项观察与访谈、思维可视化诊断工具等对学习者学习策略、认知结构和学科知识的评估，为课程选取与重构、个体学习资源提供和小组成员调整提供支撑。教师在此过程中成为行为主体，尽量准确判断出学习者的个性化差异。

课程选取与重构指教师根据学习者认知起点诊断情况，依据教材和其他资料，选取"4S"学习内容，按照UDA框架进行重构，并进行CRF数字化学习资源的开发。

激活先前知识指建立已有知识与新知识之间的联系，即建立已有图式和目标图式之间的桥梁，一方面为新知识的学习搭建脚手架，另一方面纠正学习者先前知识的偏差，进一步巩固以提升学习者的成就感。

　　获取新知识阶段只是对新知获取的强调，学习者在知识觉知和激活先前知识阶段已经对新知识有了一定的了解和理解。此阶段的重点是在认知起点诊断的基础上，为个体提供个性化资源，进行个性化学习，对基础知识中的偏差进行集中学习。

　　深度加工知识是深度学习的核心，传统课堂把这一部分内容大多集中在了作业训练与讲评中，而缺乏课堂中学习者真正的深度理解、意义构建、迁移同化等过程。此阶段主要依据S-ACIG深度加工过程进行，其中觉知（A）在前面阶段基本已经完成，因此重点是调和（C）、归纳（I）和迁移（G）。在"个性化-合作"学习过程中，分别采取了各类活动促进学习者深度加工知识。

　　学习评估指对学习效果的评估，主要指学业成绩和思维品质的可视化诊断，考察课堂深度学习的有效性与学习者发展水平。

　　行为主体中的"T"和"L"分别代表教师（teacher）和学习者（learner），以强调"学习者中心设计"而非学生（student）。该框架的路线是非线性的，具有循环的系统化特征，可作为课堂深度学习的教材组织、资源开发和教学活动实施的操作性框架。

　　（作者单位：西南大学教育学部教育技术学院/智慧教育研究院/深度学习研究中心）

义务教育3D打印课程数字化实施环境分析

沙 沙

3D打印是一种诞生于20世纪80年代的新兴技术，也称为增材制造技术，是一种集机械、计算机、数控和材料于一体的现代先进技术。[1] 3D打印技术突破了传统制造业技术在遇到形状复杂性、材料复杂性、层次复杂性和功能复杂性时的难题，并可以将虚拟的3D数字模型转变为实物，极大地简化了生产流程。3D打印技术对一些产品的研发成本和周期有明显的优化，特别是对面向功能的产品设计具有重大的推进作用。[2] 由于3D打印目前乃至未来在航空航天、汽车、生物医疗、电子、文化创意等诸多领域都有着重要的应有价值[3]，并且在此基础上可以进一步发展出4D打印（4D打印指制造出成品具有随时间发生特定形变的特点，从空间三维延伸到"空间加时间"的四维[4]）等更前沿的技术，因此也受到国家层面的高度重视。我国近年来颁布的《"十三五"国家科技创新规划》《中国制造2025》《国家创新驱动发展战略纲要》等文件中均多次提到3D打印（或增材制造）技术对社会发展的重要影响，并且注意到了一些行业领域可能因3D打印技术而出现颠覆性变化。

对我国的基础教育来说，课程设计必须对国家社会的发展方向有所反映。3D打印技术最初随高中通用技术课程被引入中小学课堂。2013年时，便有许多教师和学者认为3D打印技术非常适合作为学习内容进入中小学并为此进行了大量研究与实践。[5] 在高中阶段，3D打印技术已被纳入了通用技术课程。如《普通高中通用技术课程标准（2017年版）》中，必修模块中的"技术与设计1"就包含了与3D打印（三维打印）有关的内容。选择性必修的"技术与创造系列"更是单独将"产品三维设计与制造"列为一个内容模块。此外高中通用技术课程标准中的选择性必修内容"创造力开发与技术发明"模块，选修内容"新技术体验与探究"模块中也明确列入了与3D打印有关的内容。[6]在义务教育阶段，3D打印技术进入课堂的方式更为多样，课程形式包含了技术课程、创客课程、STEM（或STEAM）课程等多种形式。[7]2017年9月，教育部印发了《中小学综合实践活动课程指导纲要》，将3D打印列为初中阶段的一个推荐主题。这些课程形式的研究与实践已经形成了显著的成果，让业内普遍认同3D打印进入中小学课堂的可行性。[8]目前，3D打印课程的覆盖范围从起初的个别学校扩大到了市、区范围，3D打印课程的育人价值也越来越清晰。

一方面，尽管在中小学阶段开设3D打印技术的相关课程已经获得了教育行业的普遍认同，相关研究和实践成果也有不少，但另一方面，研究者也已看到了这一领域中存在的一些重点问题，包括3D打印引入课堂的教育理念不清晰、课程资源与教材不够完善、师资紧缺、标准缺失、保障不足等。[9]在义务教育阶段，由于没有类似"通用技术课程标准"等规范性文件的指导，上述问题就显得更为突出。本文拟就3D打印课程在义务教育实施过程中的一些关键问题，特别是关于数字化课程实施环境建设的问题进行探讨，以期推动义务教育阶段的3D打印课程良性发展，进一步提升其育人价值。

一、义务教育3D打印课程设计

（一）3D打印技术对学生核心素养发展的影响

2016年，中国学生发展核心素养研究成果发布[10]，迅速成为基础教育领域关注的重点。中国学生发展核心素养具体可分为三个方面及六大素养，具体包括：社会参与方面的责任担当、实践创新，自主发展方面的学会学习、健康生活，文化基础方面的人文底蕴、科学精神。发展核心素养提出后，国内的教育学者将其视为中小学课程DNA[11]和课程目标来源，是学生适应未来社会生存与发展所需的关键能力、必备品格与价值观念。[12]在2017年版的普通高中课程标准中，各学科的课程标准已结合中国学生发展核心素养和各学科自身特点凝练得出了各学科课程的学科核心素养。义务教育阶段的现行课程标准发布于2011年，当时还没有统领性的核心素养研究成果发布，但我们今天讨论义务教育课程改革与发展时，核心素养已成为一项必要的指导性要素。

将3D打印技术引入义务教育课堂，能够对学生的实践创新、学会学习、科学精神、责任担当、人文底蕴等核心素养的发展产生积极影响。其中，3D打印技术的相关课程对学生实践创新素养的发展促进作用最为明显。3D打印技术能够以一种最简便的方式让学生的三维创意转化为实物。在3D打印的相关课程中，学生可以将主要学习过程放在创作、创新而不是制作上。这解决了在课堂中培养学生实践创新素养时，学生的创意只停留在纸面上却难以通过物化方式呈现或检验的难题。虽然现在一些学校里也有激光切割等设备，能将学生的创作设计进行物化，但这类设备的操作难度要远远高于3D打印，特别对义务教育学段的教师和学生来说仍有较高的门槛。就目前的义务教育学段来说，3D打印技术在将创意进行物化方面的功能性及其促进学生实践创新素养发展的教学价值是不可替代的。

3D打印技术引入课堂后也会影响学生在学会学习、科学精神两项素养方面的发展。在许多3D打印相关课程中，学生可以在实物的设计和创作过程中完成学习。这种学习方式在传统的学科教学中较为少见，并且对学生的未来发展而言是一种重要的学习方式。科学精神中强调的科学价值标准和科学思维方式也在3D打印相关课程中有所体现。3D打印的完整过程展现了从数学（几何）和科学原理到3D模型再到实物的科学应用思维方式，以及一种基于实证方式检验学生的想法和设计正确与否的科学价值判断方式。此外，将3D打印与体现中国文化的建筑、艺术相结合，也能促进学生的文化底蕴和国家认同（是责任担当素养的重要表现）等方面的发展。

（二）不同形式3D打印课程的比较

在义务教育阶段，涉及3D打印技术的课程形式包括技术课程、创客课程、STEM（或STEAM）课程、综合实践活动等。这些课程虽然都围绕3D打印这一主题，但细究起来则各有侧重，以下对它们之间的异同做一些简单的对比分析。

3D打印本身是一项现代前沿技术，因此将3D打印主题作为技术课程来开设是最直接的思路。作为技术课程的3D打印课程，核心在于让学生学习并掌握技术。按照今天的课程设计理念，技术课程的课程目标和课程内容也不仅仅局限于让学生理解技术原理、概念和掌握技术操作，而是强调通过课程提升学生的核心素养，将项目式学习的思路融入课程内容的设计中，提倡探究式学习和技术实践，关注学生技术经验的建构、技术与工程思维的形成和技术文化。[13, 14]因此技术课程形式的3D打印课程，虽然以技术学习为核心，以学习理解技术原理、掌握技术操作、学会应用技术解决问题作为主要课程目标，但课程的构建中也必须加入核心素养发展、跨学科学习、项目式学习等理念。

创客一词译自英文单词"maker"，原指从事创造活动的人。国内的创客课程大多是一种"创客理念教育"，比较强调在创造过程中进行学习，将创客运动倡导的"动手操作、实践体验"理念融入教学过程中。[15]从创客自身的概念来看，创客课程较为强调造物，包括造物的过程和结果。与技术课程形式截然不同，创客课程形式的3D打印课程的重心落在"创造"上。对3D打印技术原理和概念的理解、技术操作的掌握，在创客课程中都是为学生创造提供支撑的基础。当然，学生在创造之前，仅学习3D打印技术还不够，还需要针对要创作的主题去学习相关的数学、物理、工程、人文知识来完成一个作品的设计。

STEM或STEAM课程是一种以理工科为基础的跨学科综合课程（STEAM即科学、技术、工程、人文、数学五个学科课程的首字母缩写），在国外也有"STEM+"课程的说法。一般概念上的STEM或STEAM课程只需要有跨学科学习的特征，而在学习目标侧重上可以偏向知识（如科学知识的学习、数学知识的学习），也可以偏向技术学习或工程实践。对3D打印主题的STEM或STEAM课程来说，由于突出了3D打印技术，因此这类课程都是以技术学习作为核心课程目标的。但与技术课程形式不同的是，STEM课程形式的3D打印课程还必须将3D打印技术与科学、数学知识（STEAM课程还包括人文知识）在课程目标、课程内容层面进行整合，并在教学活动中设计出综合运用知识和技能的一个局部或完整的工程实施过程。显然，一个典型的工程实施过程与我们前面提到的创客的创造过程是不一样的。创客的创造过程相对个性化，具有更高的自由度，而工程的实施过程则更体现过程的严谨性和通用性。

综合实践活动是基础教育阶段的一门必修课程。在义务教育阶段，综合实践活动课程实际上是由考察探究、设计制作、社会服务、职业体验等子课程构成，不同类型子课程的教育功能与活动方式也各有侧重。3D打印是目前综合实践活动课程框架下的一个设计制作类活动主题。从课程名称和主题类别上可以认为，综合实践活动形式的3D打印课程特点包含综合性、实践性及将设计制作为活动内容，表面上与前文分析的STEM课程、创客课程十分接近，但实际上综合实践活动更为强调的是促进学生素养的发展，具体包含了价值体认、责任担当、问题解决和创意物化四个方面。也就是说，对综合实践活动形式的3D打印课程而言，所有的技术学习、知识学习、设计与制作的实践活动过程最终都应指向这四方面素养的提升。这是综合实践活动与其他课程形式的一个显著不同之处。

综合来看，不同课程形式的3D打印课程在核心的课程目标与课程内容侧重上有一定差异，但仍能总结出一些共性。首先，所有课程形式的3D打印课程都重视学生学习过程与技术实践，课程设计都要把学生的技术应用实践放在重要位置上。其次，所有课程形式都强调探究式学习。无论是学习知识还是体验3D打印技术，学生都需要在一个创设好的情境中通过探究的方式达成学习目标。最后，所有的课程形式都具有学科综合性特点。STEM课程和综合实践活动自不必说，即便是技术课程形式的3D打印课程也必然要与数学、科学、物理甚至美术等学科综合在一起，否则就无法创设出一个相对真实的学习情境，也无法实现学生的深入学习和能力、素养的发展。这些共性特点是3D打印技术本身与义务教育阶段的学生发展特征所决定的。课程目标和课程内容的区别在前文已进行了初步分析：各种课程形式中有些关注3D打印技术本身的学习，有些偏向设计和造物的创作过程与结果，有些侧重跨学科的知识、能力综合应用，有些强调在学习3D打印过程中的学生素养发展。无论最终我们选择了哪种形式的3D打印课程，课程设计都离不开共性特征和差异性偏向。

（三）义务教育3D打印课程的课程设计理念

随着3D打印课程研究与实践的不断深入，相关成果已经可以支持我们开展一些理论层面的探讨。其中，3D打印课程的设计理念是比较贴近教学一线的。不同于数学、语文这类课程，3D打印课程没有太多的历史积淀和成功课程案例可供参考，也缺乏那样的课程开发团队和资源。因此3D打印课程在教学一线能否被师生接受，能否落地并实现预设的课程目标，课程设计都起着决定性作用。以下，我们从四个方面简单论述当前义务教育3D打印课程的设计理念，这些设计理念并不局限于某种课程形式，具有一定的通用性。

（1）基础课程与个性选择的协调

目前，3D打印课程在基础教育阶段并不是一门基础课，但其基础课属性却在逐步增强。这种趋势来源于两个方面：一是无论对我国的科技发展、社会进步，还是对学生的实践创新核心素养培养来说，3D打印技术都十分重要；二是从基础教育课程改革来看，综合实践活动已是义务教育的必修课程，且从2017年起教育部明确规定了综合实践活动在小学和初中阶段的课时，3D打印是其中一个可选主题。

需要注意的是，3D打印技术在"将创意转化为实物"方面具有其他技术无法替代的优势，因此在培养学生的创意物化、实践创新等能力或素养方面具有独特优势。在这一事实前提下，我们需要从基础课程的教育公平性角度来考虑3D打印课程，并建立起基础课程与个性选择相协调的基本理念。虽然3D打印课程还不是一门必修课，但课程开设与否会直接对学生的能力和素养发展产生影响。就课程的基础性来说，3D打印课程应当尽可能普遍开设。

当然，一方面，因为目前3D打印课程的开设和实施门槛较高，从现实来看要普及3D打印课程还有难度。相应的，我们需要在3D打印课程设计时尽量避免课程的开设难度过高，让学校在选择是否开设3D打印课程时，能从学生发展和兴趣的角度进行判断，而不是出于开课难度的考量。

而另一方面，由于3D打印及其相关技术的功能上限非常高，3D打印课程的个性选择特征也十分明显。有条件、有兴趣的学校、教师和学生可以围绕3D打印技术开展极其多样和复杂的教学活动。如果我们仅考虑降低3D打印课程的开课难度，将课程目标和课程内容设计的比较简单，那么具备更好教学条件和学习兴趣的师生的个性学习需求将无法得到满足。因此，我们需要在课程设计时将基础课程与个性选择进行协调。具体来说，一是课程本身要具有较低的开课门槛，让更广泛的学生可能受益；二是课程在设计上除了要保障达成基础的学习目标外，还要有一定的梯度，在活动内容上可供不同层次或偏好的学生选择。

（2）技术引领与人文底蕴的关联

3D打印技术最初进入中小学课堂是由产业引领的。一些工业领域的3D打印企业看到了3D打印具有成为中小学课程的可能，由此推动了早期的3D打印教育应用。但正如前文所提及的，在学校的实际教学中，这种仅靠技术引领的3D打印课程存在教育理念、课程资源等方面的诸多问题。我们都知道，3D打印课程显然不能完全由技术主导，最终还是要回到教育本身，符合课程规律。从综合实践活动的整体目标来看，价值体认、责任担当等人文主义精神在课程中必不可少，而这种人文精神仅靠技术引领是无法培养的。[16]

当前一些学校将3D打印作为技术课程、STEM课程、创客教育课程来开设时，人文性的缺失是比较严重的。即便是一些增加了少许艺术内容的STEAM课程，在人文底蕴方面依然不足。因此，3D打印课程需要从"立德树人"的角度来进行规划，通过课程内容的精心设计将3D打印技术与社会主义核心价值观、中华优秀传统文化等联系起来。虽然这种内容结合有一定难度，但就3D打印技术的特点来说并非无法实现。在实践中，我们已经看到了运用3D打印技术制作日晷、榫卯、龙舟、折扇等作品的案例，另有一些更为复杂的3D打印课程，在内容设计中对制作时的责任分工、合作交流予以体现。这些案例都已经成功地将"立德树人"理念融入3D打印课程，并且创生出一种具有中国特色、中国风格的课程设计方式。

（3）技术学习与工程探究的统一

所有的3D打印课程都必然要将3D打印技术本身的学习作为课程目标之一，甚至有不少3D打印课程将技术本身作为了学习的核心内容（主要是技术课程形式的3D打印课程）。但从我们今天所倡导的育人目标来看，单纯技术学习的价值相对有限。一个设计比较好的3D打印课程中，3D打印技术既可以是学习内容，又能够作为一种帮助学生进行探究的手段。学生应该在课程中运用3D打印技术完成探究、解决问题，同时又在这一过程中提高技术的认知和操作水平。这与我们当前基础教育中所提倡的重视探究、重视学习过程的课程理念是一致的。

当然，3D打印课程中的探究与传统学科课程中所说的科学探究并不完全一样。在义务教育阶段，物理、化学、生物、小学科学等学科课程标准要求的科学探究是一种以探究方式理解科学规律、掌握科学知识的学习方式；而在3D打印课程中，我们往往不将发现科学规律或学习科学作为课程主目标，而是更强调在一定的学习情景中通过设计与制作解决问题。这是一种工程探究范式：正如科学探究的倡导者施瓦布（Joseph Schwab）将科学家研究工作转化为课堂内的探究式教学类似[17]，工程探究也由工程师的工作方式转化而来，并需要学生在此过程基于工程规划、理论设计、创作实践、实用验证等环节来解决问题，从而发展问题解决、创意物化的能力。

（4）信息技术与课程要素的全面融合

3D打印高度依赖数字化技术。3D打印课程中，各类信息技术（或数字技术）与课程要素之间形成了全面融合。在许多传统课程中，我们见到更多的是信息技术辅助课程实施。像数学、物理等学科，并不存在离开信息技术后，无法实现课程目标、无法开展课程内容教学的问题。而3D打印课程中，各课程要素中的信息技术成分是不可分离的。信息技术不再是一种辅助课程实施的手段，而是从根本上融入了课程目标、课程内容、课程资源、课程实施环境、课程评价等要素中。

因此，3D打印课程需要构建数字化的课程实施环境。3D打印技术本身就包含了诸如3D建模、数字控制等信息技术组成部分。就技术学习和技术应用本身来说，离开了数字化环境就无法开展教学。在3D打印课程中，信息技术与课程教学体现出一种全方位的深度融合。在课程目标上，多数3D打印课程都将在信息化环境中运用技术解决问题的能力作为重点目标之一。此外，一个优质的3D打印课程还需要基于信息化平台实现教师培训、课程资源提供，帮助教师和学生开展活动。

二、3D打印课程实施环境建设

无论3D打印课程采用了哪种课程形式，我们都需要在教学实践中建设一个数字化课程实施环境。义务教育3D打印课程的数字化课程实施环境建设需要参考前面分析过的课程设计理念和3D打印技术的自身要求。常见的3D打印课程实施环境通常包括教材、3D建模软件、3D打印设备这3个核心组成部分，三者构成了一个整体。教材是课程内容的载体，是教与学活动的基本参考，也是3D建模软件和3D打印硬件如何有机融入课程和实现课程目标的依据。3D建模软件是学生发展实践创新素养的学习工具，也是支持教材内容转化为学生设计的工程探究工具。3D打印机是最终完成造物创作的制作工具，也最能体现3D打印课程的特征。

（一）教材的编写

一方面，3D打印这类课程是否需要教材有一定争议，特别是3D打印课程作为创客课程或综合实践活动开设时有不少相关领域的专家反对编写相关的教材，例如认为综合实践活动课程的教材会约束学生和教师的创造性，使得课程趋同，影响学生的个性发展等。[18]但另一方面，我们在实践中也看到，在广东、湖北等省，作为地方课程的创客和综合实践活动课程都编有教材，这是因为教材是师生教学活动的基本参考依据，具有"托底"功能，特别是对一些技术素养或教学水平不够高的教师来说，教材是教学质量的基本保障。3D打印课程也存在相同的情况。3D打印是一门前沿技术，并非所有学校都有深度理解这项技术的教师。因此，对区域性课程来说，教材是必不可少的。即便是校本课程层面，面对不同学生在动手能力、技术理解方面的差异，3D打印课程也应配编功能类似教材的课程资源包或学习指导手册，对不同程度学生起到整体学习保障的作用。

3D打印课程的教材内容一般主要包含三个方面。一是课程的具体内容，是为了实现已确定的课程目标而设计和编写出的教学内容路径。教材中的课程内容需要相对严谨和全面，并且与课程目标相呼应。二是课程实施中的教学活动组织与开展方式。教材是开展教学活动的基本参考，教师在备课时除了要明确"教什么""学什么"之外，还要合理地安排"怎么教""怎么学"。3D打印课程中的教学活动类型较多，包括知识讲解、教师示范、学生设计（建模）、打印制作、后期处理、作品展示、互动讨论、学习评价等。一些课程中包含了需要学生花费较长时间进行3D建模设计或需要长时间进行打印制作的主题内容，仅用课上时间无法完成全部教学活动。这就更需要在教材中安排好教学活动的组织和开展方式，明确哪些活动课上完成、哪些工作要课上与课下结合来做。教师和学生在使用教材时也可以根据自身条件对教材中的教学活动组织和开展方式进行局部修改，这样既能提高教学效率又能体现个性化教学的特色。三是教材中还需要编入学习评价的内容。常见的3D打印课程评价方式包括：学生自评与互评、工程报告撰写与分享、作品评价等。但由于3D打印的课程评价研究和实践尚处于起步阶段，目前相关教材中的学习评价主要以主观评价和过程评价为主。

前面分析过的义务教育3D打印课程设计理念对教材的编写也有指导作用。比如课程内容的编写需要体现一定的难度、梯度：课程内容既要符合一些师资和软硬件不够好的学校的开课条件，同时也要兼顾那些条件优越、学生兴趣和能力较强的学校的开课需求。在一本教材中，需要设计出选择余地较大的课程内容，供不同的教师、学生根据自身实际情况挑选教学主题。又如教材中可以设计以工程探究为主要的学习活动，通过教材中设定的栏目或模块引导学生进行自主探究或合作探究，也可以将一些项目式学习的理念融入探究活动的设计中。

（二）3D建模软件的设计

3D建模是学生将创意通过3D打印转化为实物的前提，3D建模软件在3D打印课程的实施环境中是必不可少的。3D打印刚刚进入中小学校时（主要用于高中通用技术课），不少学校给学生配备的都是专业3D建模软件。这些建模软件主要以从事三维设计的专业人员、工程师为用户群，对一般的中小学教师、学生来说上手难度过高，使用过于复杂。近年来，一些从事3D建模软件研发的企业已经意识到中小学校师生（特别是小学和初中阶段）使用专业3D建模软件存在困难，因此也开始着手开发和推广专门针对义务教育阶段教师和学生的3D建模软件。目前已经有不少初中校开始在3D打印课程中使用这种专门面向义务教育师生的3D建模软件。

义务教育阶段学生的典型特点是需要注意到的：一是学生的年龄跨度较大，认知、思维等能力处于发展中，不同年龄学生差异较大；二是学生已学过的与3D打印相关的其他学科知识（如数学、科学、物理等）随其年级而不同；三是学生的生活环境和成长背景差距较大。在设计面向义务教育阶段的3D建模软件时，需要充分考虑到不同年龄、不同年级、不同背景学生的实际情况和接受能力。较为简单的处理方式是将学生可能学习和用到的各种3D建模操作进行难度分级，然后根据课程所面向的学生的具体情况来确定将哪些难度的3D建模操作列入课程内容。

我们对小学和初中阶段可能涉及的3D建模操作难度进行了分级（见表1）：最简单的建模是对已有的三维模型进行简单编辑（如改变三维图形的长、宽、高等），最复杂则是使用工业级3D建模软件的高级功能进行建模。难度分级一方面可以指导建模软件设计者根据学生的实际认知水平、技术能力水平取舍3D建模软件的功能，另一方面也有助于在设计课程内容和编写教材时循序渐进地培养学生的3D建模技能。其中值得特别说明的是表1中难度等级为7的特殊模型的参数化建模。这是基于3D打印课程的教学实践提出的一种专门面向义务教育师生的3D建模方式。在STEM和创客形式的3D打印课程中，我们经常见到与机械结构有关的设计制作案例，其中常需要制作特定的齿轮、螺钉等零件。这些零件虽然常见且用途广泛，但其3D建模过程对义务教育阶段的学生来说是十分困难的，因此已经有一些3D建模软件中将这类模型制作为独立模块，并可以通过参数方式进行设计和建模。这种建模方式极大地扩展了义务教育阶段3D打印课程内容的选择范围。

表1　义务教育阶段学生3D建模操作难度级别及建模软件功能描述

难度等级	建模行为	3D建模软件的相应功能
1级	三维模型基本编辑	能够导入一个标准格式（如STL格式）的3D图形，在软件界面内可对三维图形进行简单编辑，包括改变图形的长、宽、高等基本参数，改变图形的坐标位置，沿不同的轴向旋转图形等
2级	基础三维图形	建模软件内应提供长方体、四面体、正棱柱、正棱锥、球体、圆台、圆锥等标准几何体
3级	二维图形三维化	可以将一个平面图形立体化为一个三维图形，包括平移三维化和旋转三维化
4级	文字三维化	可以将输入的文字转化为一个三维图形
5级	三维图形的几何变换	可以将一个三维图形根据一定的数学规则进行变换，包括条件复制、扭曲、仿射等
6级	三维图形间的运算	将单个三维图形视为三维空间内的点集，两个三维图形之间可以通过"交集""并集""差集"运算进行相消或叠加。学生可以通过简单图形之间的运算，构造出复杂图形
7级	特殊模型的参数化建模	针对一类或几类特殊形状的3D建模，由建模软件给出单独的建模工具组块，学生可通过关键参数的调整来进行特殊形状的建模。这类特殊形状包括：螺钉、螺母、齿轮等
8级	专业建模功能	除上述功能外，其他专业3D建模软件中的常备建模功能

（三）3D打印设备的选择

3D打印课程中最核心的设备是3D打印机。目前中小学配备的3D打印机主要是熔融沉积型3D打印机。这种3D打印机具有价格较低、操作简单的特点，并且在打印材料方面有配套的无毒可降解PLA打印材料，特别适合中小学生使用。

早期进入中小学校的3D打印机主要是工业用的低端机。这种3D打印机原本是面向专业工程师设计的，在高校和职业技术学校中可以直接用于教学，但在中小学校（特别是初中和小学阶段），其教学应用门槛较高。工业用3D打印机在义务教育阶段应用的主要问题有三个方面。首先，熔融沉积型3D打印机是基于高温熔化打印材料再逐层叠加成型的工作原理，在工作状态下，打印头温度在200℃以上。如果没有适当的保护措施，对年纪较小的学生来说十分危险。工业用3D打印机几乎都没有这方面的防护，甚至有些3D打印机连全封闭外壳都没有，这就造成了极高的安全性隐患。其次，虽然熔融沉积型3D打印机的使用比较简单，但其维护难度却超出了一般中小学校教师的能力范围。笔者曾调研过一些学校的3D打印机使用状况，发现中小学校有一定比例的3D打印机存在因打印头堵塞或其他小机械故障而弃置停用的问题。类似故障在使用3D打印机的工程师面前很容易修复，但对初中和小学教师来说，一旦出现这些问题，几乎就意味着整台机器报废，直接影响3D打印课程的开设。最后，一些工业3D打印机还存在着换料、调平困难，噪声大，打印后作品不易取出等问题。这些问题虽不至于导致课程实施受阻，但也会给教师增加不必要的麻烦或影响教学质量。

近年来，已经有少数3D打印设备企业意识到了上述问题，并着手在工业3D打印机的基础上针对中小学的课程需求进行设备改进。例如有些企业为3D打印机增加了防止误触打印头的安全锁，有些企业着手优化了3D打印机的操作系统和用户界面，有些企业设计了易于拆卸的打印头等。可抽取打印平台、自动调平、断电续打、断料续打等新技术也开始用于专门为中小学校设计的3D打印机上。这些改进预示着义务教育阶段使用的3D打印机正从通用工业设备向教育专用设备转变，这正与前文反复提及的3D打印课程必须降低开课门槛的思路一致。

（四）其他软硬件配备

除了教材、3D建模软件和熔融沉积型3D打印组成的基本课程实施环境外，现在一些条件较好的学校还为3D打印课程配备了专门的教学系统和其他硬件设备。目前已有专门针对3D打印课程的教学系统，主要用于学习评价和成果展示。这些系统需要包含能够在线浏览3D模型文件的播放工具，以便于教师在系统中展示3D模型参考样例和学生上传展示个人作品。此外，3D打印课程的教学系统大多还带有过程评价与学习记录功能。在硬件设备方面，便携式3D打印机、激光固化式3D打印机、3D扫描仪等设备都是学校可以扩展选择的。在3D打印课程的数字化课程实施环境建设上，基础环境建设比较简单，而高端或个性化环境建设则可以包含种类繁多的软硬件类型，这种搭配也体现了3D打印课程设计中基础课程与个性选择相协调的基本原则。

三、义务教育阶段3D打印课程的现存问题分析与发展建议

整体来看，我国义务教育阶段的3D打印课程呈现出良好的发展态势，认可和开设3D打印课程的中小学校也在逐年增加。但与快速发展相对应，目前已经开设或正在建设、研发中的3D打印课程仍存在一些亟须解决的问题。这些问题所带来的负面影响，将随着3D打印课程的推广越发突显，甚至将成为义务教育阶段3D打印课程的发展瓶颈。在今后的研究与实践中，需要充分了解这些问题，并研究相关的解决方法。

（一）现存问题分析

在课程方面，目前许多3D打印课程设计是以美国进步主义教育观、实用主义哲学为统领的，以杜威为代表的"做中学"理念占有主导地位。[19]实际上，尽管实用主义哲学和马克思主义哲学都十分强调实践，但两者却存在区别。实用主义哲学的实践观体现的是中性价值，或者说不涉及价值观的问题，而马克思主义的实践观则有明确的价值取向。这一点是实用主义哲学和马克思主义哲学在实践问题上的最大差别。[20,21]在一些从国外引进的STEM教育、创客形式的3D打印课程中，我们会发现其中的实践活动没有价值取向，也就是在"立德树人"方面有一定欠缺。一些课程甚至遵循了更极端的实用主义实践观，过于强调"有用性"，认为一些无法直接被使用的知识都是没有学习价值的。显然，对义务教育阶段的3D打印课程来说，课程设计的大方向必须回归到"立德树人"的教育根本任务上来。

在教材方面，目前主要的问题仍是教学活动内容不够精致。不少3D打印课程或教材的内容虽然能够在课堂上完成教学，但若细究教学过程就会发现课程内容中存在不少瑕疵。当然，3D打印课程作为新生事物，在课程内容上仍需长时间的积淀来逐步完善。现阶段，我们需要重点关注3D打印课程在实践探索过程中出现了哪些问题，以及应当如何解决，从而加速3D打印课程和教材内容的改进与迭代。此外，目前还缺少面向3D打印课程的学习评价机制与方法。在有效评价缺失的情况下，我们对各种3D打印课程的实施效果无法做出客观判断，甚至在某种程度无法确认课程目标是否合理，以及教学过程是否真实达成了课程目标。

在3D建模软件方面，软件功能与应用门槛之间的矛盾依然突出。虽然现在已经有了少量专门面向义务教育学生和教师的3D建模软件，但这些软件功能的合理性和软件的操作性仍需要进一步改进。实际上，义务教育阶段跨度为9年，小学生和初中生在几何知识、运算逻辑、推理能力等方面的差距较大。即便是当前面向义务教育阶段的3D建模软件，从学生的知识积累、认知水平来看，还需要进一步细分定位。

在3D打印机方面，目前制约教学应用的最大问题莫过于打印速度太慢。目前常见的熔融沉积型3D打印机的打印速度基本都在30~60mm/s。在这一速度下，课堂时间内能够完成的打印体积不超过5cm³。体积稍微大一些的模型就无法在课堂上完成制作，只能采用课上课下结合的方式完成，许多大型设计制作活动由于打印制作时间过长而难以实操，极大制约了课程内容的设置和教学组织方式。3D打印机存在的另一个显著问题是标准化缺失。虽然前文提到一些3D打印机设备企业已经开始研发教学专用的3D打印机，但这类设备上究竟需要哪些针对中小学生的部件或功能，目前仍是由企业自主确定，缺少通用的行业标准进行规范。而且，由于学校在设备采购过程中的专业性限制，在缺少标准引导的情况下，容易在选择3D打印机时忽略某些重要的安全保障或必要功能，给将来的教学使用埋下隐患。此外，目前国内的3D打印机还没有纳入国家强制质量认证（3C认证），因此在设备的质量管理上还存在着政策缺失的问题。

（二）未来展望

展望未来，笔者认为义务教育3D打印技术课程将在课程设计、数字化课程实施环境及课程影响等三个方面取得较大的进展。

首先是在课程设计上，3D打印课程将更多地体现现代信息技术与义务教育理念、课程的深度融合，并在课程目标上逐渐导向"立德树人"与"核心素养"的本源。课程设计者对3D打印技术教学要点的设计，也将从掌握技术向理解技术过渡。对义务教育阶段的学生来说，过于强调技术学习与技术应用的价值有限。我们并不想通过课程将学生培养为3D打印方面的专业技术人员；而且技术发展日新月异，学生当下学习的技术在步入工作后的实用性也难以保证。对学生来说，在实践中理解3D打印这类数控制造技术在创新过程中的作用，了解制造技术对社会发展的影响，切实促进其实践创新素养的发展才是课程意义所在。

其次是3D打印课程的数字化课程实施环境将进一步专业化和专用化。未来义务教育阶段的3D打印课程配套的3D建模软件、3D打印机等软硬件工具将更适合学生的发展阶段。并且，随着软硬件环境的优化，3D打印课程的内容（活动主题）也会有一定的变化。一些现在看起来不适合学生设计和创作的内容主题，未来可能会因3D打印相关软件和硬件的升级而进入课堂中。

最后是3D打印课程未来将对更多的学生产生积极影响。目前3D打印课程在一些区域内实现普及已经成为可能，随着我国义务教育的不断发展和升级，未来有条件开设3D打印课程的学校会越来越多。从义务教育课程改革的趋势来看，初中的3D打印课程将强化劳动教育属性，并与高中阶段信息技术与通用技术课程中的三维设计、三维制作模块进行衔接。我们希望在不远的将来，义务教育阶段的3D打印课程能对中小学生的动手能力、创造意识和创新素养发展提供更多助力。

（作者单位：人民教育出版社人教数字教育研究院）

参考文献
[1]陈双, 吴甲民, 史玉升. 3D打印材料及其应用概述[J]. 物理, 2018, 47(11): 715-724.
[2][3]史玉升.3D打印技术的工业应用及产业化发展[J].机械设计与制造工程, 2016, 45(2): 11-16.
[4]宋波, 卓林蓉, 温银堂, 等. 4D打印技术的现状与未来[J]. 电加工与模具, 2018(6): 1-7, 30.
[5]丁焱. 中小学开设3D打印课程的意义[J]. 中国现代教育装备, 2014(14): 84-85, 88.
[6][13]中华人民共和国教育部.普通高中通用技术课程标准(2017年版)[M].北京: 人民教育出版社, 2018: 11, 12, 39, 49, 70-73.
[7]王健潼. 中学3D打印创客课程开发及实践研究[D]. 沈阳: 沈阳大学, 2018.
[8]王春雪. 突泉一中3D打印校本课程设计研究[D]. 呼和浩特: 内蒙古师范大学, 2018: 11-14.
[9]张敏, 刘俊波.3D打印教育装备在中小学教育应用的现状和问题分析[J].中国现代教育装备, 2018(22): 14-16.

[10]核心素养研究课题组. 中国学生发展核心素养[J]. 中国教育学刊, 2016(10): 1-3.

[11]钟启泉. 基于核心素养的课程发展: 挑战与课题[J]. 全球教育展望, 2016, 45(1): 3-25.

[12]崔允漷, 邵朝友. 试论核心素养的课程意义[J]. 全球教育展望, 2017, 46(10): 24-33.

[14]教育部.普通高中信息技术课程标准(2017年版)[M].北京: 人民教育出版社, 2018: 44-48.

[15]杨现民, 李冀红. 创客教育的价值潜能及其争议[J]. 现代远程教育研究, 2015(2): 23-34.

[16]顾明远.中国特色社会主义教育理论建设要以马克思主义为指导[J].中国教育科学, 2018, 1(1): 4-11, 136.

[17]韦冬余. 论施瓦布科学探究教学的基本内涵[J]. 全球教育展望, 2015, 44(4): 28-35.

[18]郭元祥.综合实践活动课程实施过程中的若干问题及策略[J]. 全球教育展望, 2004, 33(2): 39-43.

[19]杜建群. 实践哲学视野下的综合实践活动课程研究[D]. 重庆: 西南大学, 2012: 81-87.

[20]赖德胜. 坚持以人民为中心发展教育[N]. 中国教育报, 2019-1-10(6).

[21]田心铭. 实践的唯物主义和实践的唯心主义——马克思主义和实用主义哲学的比较研究[J]. 北京大学学报(哲学社会科学版), 1989(1): 22-30.

从照明光环境看学生视力健康

宋　姚　王华建　刘　强

近年来，中小学生视力不良率持续增高，视力不良低龄化趋势明显，近视已经成为未来国民健康的严重问题。青少年视力健康问题一直牵动着习近平总书记的心。为此，习近平总书记作出重要指示："我国学生近视呈现高发、低龄化趋势，严重影响孩子们的身心健康，这是一个关系国家和民族未来的大问题，必须高度重视，不能任其发展，全社会都要行动起来，共同呵护好孩子的眼睛，让他们拥有一个光明的未来。"

2018年8月30日，教育部、国家卫生健康委员会、国家体育总局、财政部、人力资源和社会保障部、国家市场监督管理总局、国家新闻出版署、国家广播电视总局八部门联合发布《综合防控儿童青少年近视实施方案》，提出了防控儿童青少年近视的阶段性目标，明确了家庭、学校、医疗卫生机构等各方面责任，决定建立全国儿童青少年近视防控工作评议考核制度。

为响应该方案中关于改善学校照明环境的要求，各照明企业纷纷行动起来，为用科学的护眼照明保护学生视力做出努力。本文通过文献综述呈现了中小学生视力不良问题的现状；通过分析国内外最新的研究成果，结合作者对学校健康照明的理解，初步梳理、分析了影响视力健康的照明环境因素，并结合国内相关标准做出相应的参数解读。借此，希望帮助读者从照明角度出发，思考如何更好地保护学生视力健康。

一、中小学生视力现状

视觉是人类从外界获取信息的重要来源，视觉系统是人体的重要组成部分，视功能下降已经成为全球性公共健康问题。视力不良不仅是健康问题，还为各国政府带来沉重的财政负担：新加坡政府每年平均为每名7~9岁近视儿童直接花费148美元[1]；美国健康和营养调查报告表明，1999~2002年美国每年花费38亿美元治疗视力障碍[2]。

从20世纪70年代开始，全球近视率进入快速增长阶段。Susan Vitale对比美国1971~1974年和1999~2004年两个阶段的健康和营养调查报告数据发现：从20世纪70年代初到21世纪初这段时间内，美国近视率由25.0%上升到41.6%，其中黑人儿童近视率由1971~1974年的12.0%上升到33.5%，白人儿童由26.3%上升到43.0%。Williams在英国对6097名参与者进行了调查，在1998~1999年和2008~2010年两个调查时间段内，50~54岁年龄段近视率从27%上升到34%，55~59岁年龄段近视率从16%上升到32%[3]。作为全球人口密度最高的区域，亚洲（尤其是东亚和东南亚地区）近视率高于世界其他地区。Chen-WeiPan等人通过分析PubMeb和Embase数据，发现韩国19岁青年近视率高达96.5%[4]；LLKLin等人对我国台湾地区1983~2000年在校生近视率数据分析发现（见表1）：1983~2000年，我国台湾地区7岁儿童近视率由5.8%上升到21%，12岁学生近视率由36.7%上升到61%，15岁在校生近视率由64.2%上升到81%，16~18岁在校生近视率由74%上升到84%，其中高度近视率从10.9%上升到21%[5]。

表1　1983~2000年我国台湾地区在校生近视率（%）

年龄分布	1983	1986	1990	1995	2000
7岁	5.8	3.3	6.6	12.0	21.0
12岁	36.7	27.5	35.2	55.5	61.0
15岁	64.2	61.6	74.0	76.0	81.0
16~18岁	74.0	74.0	75.0	84.0	84.0

我国大陆形势亦不容乐观。黄达峰等于2005年、2010年、2014年分层随机抽取云南省28060名7~22岁汉族学生进行视力检查，结果表明（见表2），云南省汉族学生视力不良率在同一年龄分层中呈连续上升趋势，随着年龄增加，视力不良率增加[6]。

表2　2005~2014年云南省不同年龄组汉族学生视力不良率（%）

年龄	2005	2010	2014
7~9岁	21.10	27.40	35.09
10~12岁	38.30	45.33	59.41
13~15岁	60.21	67.94	77.11
16~18岁	79.63	82.34	87.03
19~22岁	88.50	90.43	90.15

为给河南省近视防治提供依据，许凤鸣等人对1985~2014年河南省7~18岁中小学生视力数据进行了分析，结果表明（见表3）：河南省中小学总体视力不良检出率呈上升趋势；小学生视力不良检出率在1985~1995年呈现增长趋势，1995~2000年有短暂下降，2000~2014年保持增长趋势；初中生视力不良检出率在1985~2014年一直处于增长趋势；高中生视力不良检出率在经历了1985~2010年的连续增长后，在2010~2014年出现下降[7]。

表3　1985~2014年河南省中小学生各学段视力不良检出率（%）

学段	1985	1991	1995	2000	2005	2010	2014
小学	11.9	16.8	20.0	17.7	26.8	33.6	37.6
初中	24.2	33.2	40.3	50.0	51.1	55.0	62.4
高中	67.7	52.3	49.6	58.0	77.6	77.9	70.1

　　乌鲁木齐市汉族小学生和初中生视力不良检出率（见表4）在1995~2010年处于逐渐上升趋势，2014年小学生视力不良检出率有所下降；而汉族高中生视力不良检出率在1995~2014年一直处于增长趋势；随着年级升高，乌鲁木齐市汉族学生视力不良检出率也在提升[8]。

表4　1995~2014年乌鲁木齐市各学段汉族学生视力不良检出率（%）

学段	1995	2000	2005	2010	2014
小学	15.3	20.9	32.7	38.8	32.5
初中	36.2	55.6	57.9	74.0	66.7
高中	52.2	77.7	80.7	84.8	87.0

　　根据南京市相关调研数据（见表5），1995~2010年南京市小学生视力不良检出率在1995~2005年处于快速增长阶段，从2005开始视力不良检出率增幅开始减缓；初中生视力不良检出率在2000年有小幅降低，而2005年又大幅增加，2010年增速减缓；高中生视力不良检出率在2000年处上升趋势，在2005年保持稳定，2010年视力不良检出率有小幅下降。南京市中小学生视力不良检出率随年龄增加而增加，且从2005年开始初高中阶段视力不良检出率在逐渐接近[9]。

表5　1995~2010年南京市不同年龄段中小学生视力不良检出率（%）

年龄段	1995	2000	2005	2010
7~12岁	17.0	31.9	51.5	52.0
13~15岁	56.3	52.1	83.4	85.0
16~18岁	75.7	88.0	88.0	85.5

　　崔雪丽根据沈阳市和平区中小学生1995~2015年体检资料，对相关区域中小学生视力不良检出率进行了分析（见表6）：沈阳市和平区低年级小学生视力不良检出率较为稳定，1995~2015年无明显变化；高年级小学生在2000年视力不良检出率增幅为4.1%，2000~2005年大幅增加，增幅达42.8%，2010年、2015年增幅下降为8.9%和7.1%；初中生视力不良检出率在2000年、2010年分别上升15.6%和30.9%，2010年、2015年增幅降缓，分别为6.3%和1.7%；高中生视力不良检出率增幅较为稳定，2000

年、2005年、2010年和2015年增幅分别为5.5%、9.3%、4.6%和4.8%。在1995年和2000年，随着年龄增加，中小学生视力不良检出率逐步提升，小学阶段高低年级差异较小，小学、初中、高中差异明显；2005年开始，小学高低年级和初中阶段视力不良检出率随年龄增加有显著上升；2005~2015年初中学生视力不良检出率开始接近高中[10]。

表6　1995~2015年沈阳市和平区中小学生视力不良检出率（%）

年级	1995	2000	2005	2010	2015
1~3年级	31.73	29.18	31.57	35.92	33.64
4~6年级	35.07	36.51	52.13	56.78	60.82
初中	50.91	58.85	77.03	81.91	83.32
高中	68.92	72.73	79.48	83.17	87.18

对比以上数据可以发现：我国各地中小学视力不良率整体呈现上升趋势，且随着年龄增加，视力不良率不断上升；大部分地区学生在初中阶段视力不良率有明显增加，初中阶段的视力不良率有和高中趋近的态势。

宋逸等人对2014年全国学生体质与健康调研中7~22岁汉族学生进行视力调查，结果显示：与2010年全国视力不良率比较，2014年全国学生视力不良率在7~12岁的小学生中为45.7%，比2010年增加4.6个百分点；在13~15岁的初中生中为74.4%，比2010年增加6.8个百分点；在16~18岁的高中生中为80.3%，比2010增加3.9个百分点；在19~22岁的大学生中为86.4%，比2010增加1.3个百分点。初中生视力不良率增幅最大，小学生次之，大学生增长最慢。在各年龄段引起视力不良的最主要原因为"疑似近视"[11]。2014年全国各地区汉族学生视力不良检出率为50.6%~76.2%。据统计，全国各地区视力不良检出率最高的3个省份依次为江苏（76.2%）、浙江（76.0%）、山东（75.9%），最低的为海南（50.6%）、贵州（52.9%）、新疆（57.6%）。与2010年比较，湖北、天津、云南已由全国中后水平跃居到较高水平。

二、影响视力健康的照明因素

近视形成原因至今尚不明确，但最近的流行性病理学研究发现，户外活动可以有效预防或延缓近视。根据相关研究，多巴胺可抑制眼球轴长的变化，而户外光照环境，可促进视网膜多巴胺的释放，从而抑制眼球轴向伸长。从我国教学实际情况看，青少年学生活动空间主要集中在室内，学生在教室的学习活动主要是近距离观察，因此非常有必要研究学生视力在室内照明环境下的发展。国内外的多个研究团队开展了相关工作，产生了不少值得关注的发现，集中体现在照明照度、光源光谱、光源频闪等的影响方面。

综合上述研究可以发现，学生视力健康（近视发展）与照度、光源光谱、光源频闪有较强的相关性。在评价学校照明环境及产品的过程中，这些成果可以作为相关法律法规及标准之外的补充。以下将重点介绍照度、光谱、频闪对视力的影响。限于篇幅，其他影响视力健康的照明因素（眩光、照度均匀度、显指、色温、动态变化等）在此不一一展开。

（一）照度对近视的影响

Pei-ChangWu等人对我国台湾地区16所学校693名学生随机抽样对比调研发现，适当的光照强度和光照时间不仅可以明显降低近视发生率，还可以缓解近视进一步发展。该研究同时发现，在高于1000lux的光照环境下户外活动超过200min，可显著抑制近视发生，如果曝光时间只有125~199min，环境光需要超过10000lux才能产生同样效用[12]。

Scott A. Read等人用18个月时间追踪记录101位年龄在10~15岁青少年每天的曝光量，并对测试少年眼轴伸长量进行定时测试，对比不同照度对于眼轴长度的影响（眼轴长度发生变化会引发近视风险），结果如图1所示：平均每天曝光量为（459±117）lux，每年眼轴伸长量为0.130mm；平均每天曝光量在（842±109）lux，每年眼轴伸长量为0.060mm；平均每年曝光量高于（1455±317）lux，每年眼轴伸长量为0.065mm。不同光照度对于近视和非近视测试者影响有明显不同：不同的照度分布对于近视患者的眼轴伸长有明显的影响，照度变化越大影响越大，且眼轴长度对于照度变化十分敏感，在短时间内，眼轴长度即发生变化；而对于非近视患者，低照度对于眼轴伸长量的影响明显高于中高照度，照度越高眼轴长度发生变化的时间越迟。对于近视患者，高照度可以降低近视加深速度；对于非近视少年，中高等照度环境即可有效预防近视的发生或推迟近视发生的时间[13]。

如果户外高照度环境可以改善视力情况，室内高照度环境是否有同样效果？Earl L. Smith开展的动物实验中，18只形觉剥夺恒河猴在正常照度房间内饲养，房间照度为15~630lux，照明开关周期为12h；8只恒河猴在另一个房间内，除增加4套高亮度灯具，可提供25000lux照度外，其他环境保持一致。这个房间同样以12h为周期开关普通照度灯具，另在每天正常开启提供正常照度的灯具外，需在中间时段开启6h的高亮度辅助灯具。经过150天观察测试：在高照度环境下，8只形觉剥夺恒河猴中有2只出现近视现象；而在正常照度下，18只实验对象中有16只出现近视（见表7）。室内高照度条件同样可以抑制或延缓恒河猴形觉剥夺性近视的发生[14]。

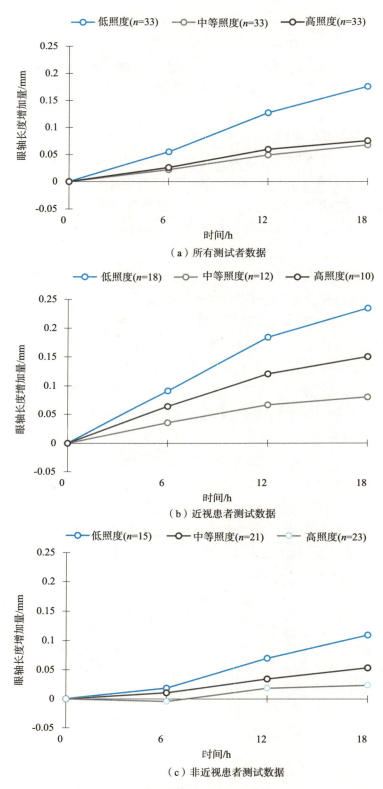

（a）所有测试者数据

（b）近视患者测试数据

（c）非近视患者测试数据

图1　三种照度下眼轴伸长量变化

表7　不同光照条件对恒河猴视力的影响

条件	样本总量（病变样品数量）	病变的样本比例
正常照度（15~630lux）照射12h	18（16）	88.9%
正常照度（15~630lux）照射12h 同时辅助照度（25000lux）照射6h	8（2）	25%

（二）光谱对视力的影响

照明灯具使用的都是白光，白光由多种不同波长的单色光按照不同的强度比例混合而成。人眼视锥细胞（L型视锥细胞、M型视锥细胞、S型视锥细胞）接收不同波长的光刺激，形成相应的电信号通过视神经细胞传递到视皮质，形成色彩缤纷的图像。3种不同的视锥细胞分别对558.9nm的红光、530.3nm的绿光和420.7nm的蓝光敏感。相关研究发现，红绿色盲人群的近视发病率要远低于普通人群，这提示我们，控制光环境中光波长的分布，可以减缓近视发展[15]。

复旦大学刘睿选取豚鼠和恒河猴为研究对象，分析单色光对于眼屈光度的影响[16]：

（1）3组豚鼠实验样本分别经等照度绿光（530nm）、紫光（430nm）、白光（5000K，参照组）照射后屈光度发生了不同程度的偏移，绿光照射组豚鼠屈光度由光照前的+4D的远视状态发展为光照12周后的（1.0±0.65）D，紫光照射组豚鼠屈光度由光照前的+4D发展为（6.69±0.55）D。与白光对照组相比，绿光照射组形成1.5D近视，紫光照射组形成4.25D近视（见图2）。

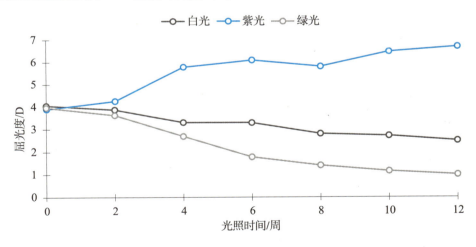

图2　不同波长等亮度照射下豚鼠屈光度随时间变化图

（2）使用红光（610nm）、蓝光（455nm）、白光（5000K，对照组）分别照射恒河猴，定时测量实验对象的屈光度。随着时间的推进，3组实验对象的屈光度均有下降，在试验器内，红光照射组下降幅度要大于白光和蓝光照射组；在整个实验观测期内，白光和蓝光照射组的实验对象之间无明显差别（见图3）。

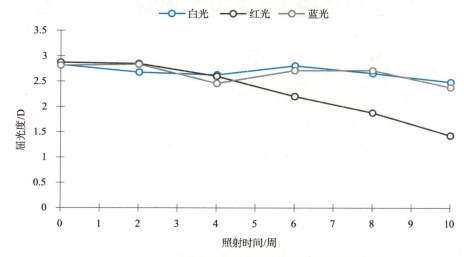

图3　不同波长等亮度照射恒河猴眼屈光度随时间变化图

通过动物实验可以发现，单色短波对于动物近视有明显的抑制和延缓作用，长时间照射红光会促进近视的发生，照射时间越久，促进作用越明显，但对于人类是否有同样作用，需要进一步研究。

（三）频闪对视力的影响

随着时代的发展，人类将越来越多的活动时间集中在室内，而室内照明更多依赖人工光源。迄今为止，还没有人工照明设备能完全模拟自然照明。因技术限制，人工光源在当前阶段无法避免频闪效应。作为一种异常的视觉体验，持续暴露于频闪光环境下引起的视疲劳目前已得到普通认同。由于人工光源的频闪效应，其对视觉系统的影响逐渐引起国内外学者的关注。

朱寅利以B6小鼠作为实验对象，分别用10Hz、5Hz、2Hz闪烁白光照射2周后测量实验对象的屈光度，并与非闪烁光照射对象和形觉剥夺实验对象屈光度进行对比，结果表明2Hz频闪光对于屈光度的影响最大[17]。

复旦大学邸悦以豚鼠作为实验对象，分别用5Hz、1Hz、0.5Hz、0.25Hz、0.1Hz频闪光照射，结果与对照组对比，各组都出现了明显的近视趋势，且0.5Hz频闪光照射下的豚鼠屈光度变化更为明显[18]。

现有实验都是采用低频率人工光源（频率不超过10Hz）。在低频光照射下，实验对象有明显的近视现象，但在高频光（现有正规教育照明灯具频率都超过90Hz）的照射下是否会引起近视或引起视觉系统其他改变，尚缺乏有效的实验数据，需要进一步开展研究。

三、教育照明发展及相关标准

（一）教育照明技术发展历程

教育照明装备发展基本和人类照明发展同步，根据发光源动力不同，可分为非电气化时代和电气化时代两个阶段。非电气化时代主要将化石能转化为光能用以照明；而电气化时代主要以电力作为驱动力，通过各种方式把电能转化为光能。现阶段国内教育照明装备主要以荧光灯为主，同时LED灯具也在逐步推广。

荧光灯依靠灯管内汞蒸气电离释放的紫外光，激发灯管内层涂布的荧光粉发光，可通过调整荧光粉实现光色改变。荧光灯主要分为卤粉荧光灯和三基色稀土荧光灯。近些年三基色荧光灯已逐步取代了卤粉荧光灯和白炽灯，用于公共照明场所[19]。

LED是最近几年发展起来的新型光源，其本质是半导体发光二极管（通过二极管中的电子和空穴复合将电能转化为光能）。白光照明用LED为蓝光二极管发出蓝光，蓝光激发黄色荧光粉发出黄光，黄光和蓝光混合得到白色光，可通过改变荧光粉成分调整LED白光光色参数。

经过多年发展，与三基色荧光灯相比，LED灯具在性能上已经全面超越传统三基色荧光灯，其主要优势如表8所示。

表8 三基色荧光灯具与LED灯具特性对比

指标项	三基色荧光灯具	LED灯具
光效	≈60lm/W	≥80lm/W
寿命	灯管8000~12000h	≥30000h
智能化	局限于调亮度	容易实现调光调色
配光精度	低（不利于照度均匀度）	高（利于照度均匀度）
环保	含汞	不含汞

（二）教育照明标准现状

目前国内教育照明行业依据的标准主要有：《建筑照明设计标注》（GB 50034—2013）、《中小学校教室采光和照明卫生标准》（GB 7793—2010）、《中小学校设计规范》（GB 50099—2010）、《中小学校普通教室照明设计安装卫生要求》（GBT 36876—2018）、《中小学及幼儿园教室照明产品节能认证技术规范》（CQC 3155—2016）、《中小学校及幼儿园教室照明设计规范》（DB 31/539—2011）。其各项相关指标比较见表9。

表9　不同标准对学校照明环境的要求

照明区域	标准	照度值	均匀度	显指	UGR
普通教室	GB 50034-2014	≥300	≥0.6	≥80	≤19
	GB 7793-2010	≥300	≥0.7	≥80	≤19
	DB 31 539-2011	≥300	≥0.7	≥80	≤16
	CQC 3155-2016	≥300	≥0.7	≥80	≤16
书写黑板	GB 50034-2014	≥500	≥0.7	≥80	/
	GB 7793-2010	≥500	≥0.8	≥80	/
	DB 31 539-2011	≥500	≥0.8	≥80	/
	CQC 3155-2016	≥500	≥0.7	≥80	/
美术教室	GB 50034-2014	≥500	≥0.6	≥90	≤19
	GB 7793-2010	/	/	/	/
	DB 31 539-2011	≥500	≥0.7	≥90	≤16
	CQC 3155-2016	≥500	≥0.7	≥90	≤16
实验室	GB 50034-2014	≥300	≥0.6	≥80	≤19
	GB 7793-2010	≥300	≥0.7	≥80	≤19
	DB 31 539-2011	≥500	≥0.7	≥80	≤16
	CQC 3155-2016	≥300	≥0.7	≥80	≤16

以上标准对教室照明灯具和照明参数都进行了要求，但最近几年国内照明技术发展迅猛，一些新的技术要求或照明需求在现有标准中尚未体现，比如目前标准对于智能照明设备的性能要求、对于教室的立面照度等尚缺乏相应的参数指标。

四、教室照明现状及改造案例

为了解国内中小学教学环境状况及存在问题，为政府制定政策、改善教学环境提供参考，多地政府开展了学校教学环境排查检测，其检测项目包括教室采光和照明状况[20~24]。从检测结果来看，目前教室光环境并不十分理想，比较突出的问题为黑板照度偏低、桌面照度均匀度不足（见表10）。

表10　不同地区教室照明条件合格率

地区	采光系数	桌面照度	桌面照度均匀度	黑板照度	黑板照度均匀度
北京市昌平区	55.3	78	/	35.33	/
合肥市	86	83.97	54.59	/	/
常熟市	94.3	75.7	92.4	31.4	97.1
天津市	/	85.07	65.67	79.15	52.24
重庆市	4	8	20	12	76

针对以上问题，以南京市某小学四年级教室为样本，对其照明方案进行改造。教室原照明方案为：单管T8荧光灯，教室照明用9套，黑板灯用2套；改造方案为：9套LED教室灯，3套LED黑板灯，改造用灯具参数见表11。

表11　改造用灯具参数

类型	LED黑板灯	LED教室灯
功率	36W	36W
额定光通量	2880lm	3000lm
光效	80lm/W	80lm/W
色温	5000K	5000K
显色指数	90	90

改造前，样本教室照度和均匀度都明显低于国内教室照明标准。不达标的教学光环境，不仅影响教学效果，对于学生的视力健康存在潜在风险。改造后的教室课桌面照度、黑板照度显著提升，更利于维护学生视力健康，同时可显著降低用电量（估算值）（见图4、表12）。

改造前　　　　　　　　　　　　　　　　改造后

图4　改造前后教室光照环境照片

表12　改造前后教室光照参数

指标	改造前	改造后	国家标准
桌面照度	185lux	425lux	≥300lux
桌面照度均匀度	0.45	0.80	≥0.70
黑板照度	298lux	630lux	≥500lux
黑板照度均匀度	0.55	0.81	≥0.7(0.8)
眩光（UGR）	23	15	≤19(16)
频闪（光波动）	20%~50%	≤3.2%	多指标
显指	70~80	>90	80
色温	6500K	5000K	3300~5500K
年用电量	1500RW·h	720RW·h	/

五、未来教育照明发展方向

北京工业大学电光源研究所李农借鉴马斯洛提出的人类需求层次模型，对人类照明需求进行了划分，分为五个层次（见图5）：安全需求、效率需求、舒适需求、审美需求、价值需求[25]。

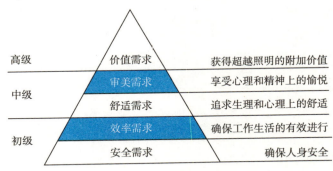

图5　人类照明需求分类

国内教育照明在经历多年发展后，在满足照明性能的前提下，开始尝试追求更高一级的舒适和审美需求，期望通过灯具硬件上的设计，配合软件调控，实现最佳的光环境，提升学校师生身心愉悦度，维护师生的身心健康。

照明新技术的发展促进了照明理念的更新与完善，如今照明已经从单纯满足视觉功能的需要，逐渐扩展到满足情绪、节律等深层次的需求。2002年，哺乳动物第三类感光细胞（ipRGC）的发现[26]，揭示了光照与作息节律的关系：白天明亮、夜晚黑暗的环境"信号"通过ipRGC传递给松果体，促进皮质醇和褪黑素的分泌，保证了健康的昼夜作息节律。相关研究发现，人类对照明的需求在不同时间、不同气候、不同工作生活环境下是不同的。另外，光照还会影响人的情绪，合理的照度、光色及动态变化会对改善情绪发挥积极的作用[27]。未来的教育照明应在满足视觉功能的前提下，为增加师生教与学的愉悦度，提升教与学的效果，保障师生生理和心理健康提供支持。

未来的教育照明应该是立体的。目前国内教室照明，只关注了某一单一平面照明效果，如黑板面、桌面，但是教室是立体空间，对于教室其他空间光照环境的设计缺乏足够关注。这主要会带来两个问题：①随着教育改革推进，素质教育在中小学全面铺开，教学过程已不限制在一间教室的两个面（课桌面和黑板面）之间，而是有了更多的选择，如多媒体仪器的使用、远程交互式教学设备的使用、美术和舞蹈教室等专业教室的启用。相对于传统教室单一的照明环境，以上所述的不同场景和不同类型的功能教室均具有与普通教室不同的照明需求，需要更为多元化的照明方案。②教学活动是联系师生的主要活动。在教学活动中，师生之间进行的不仅是知识的传递，更有情感的交流。在教学过程中，教师的体态语言具有十分重要的作用，而学生如何正确接收教师的体态语言传达出的信息？教师又如何在课堂上实时了解到学生对所学知识的掌握程度？这需要突破传统学校照明中课桌面和黑板面的平面照明要求，在学校照明中考虑增加立体照明效果：用灯光照亮教室，使教师和学生能清楚地捕捉到对方的面部表情和体态语言，以提升教学效率。

未来的教育照明应该是多彩的。Komberzi和Steidle将彩色光用于教室发现，在红蓝色的光照环境下，大学生的学习动机与创造力均比白光条件下更高。不同地区、不同年龄色彩心理存有差异，中小学生正处于心智快速发展时期，处于对外界环境感知的敏感期，研究适合我国学生需要的照明色彩十分必要[28]；合理的彩光照明不仅可以丰富学校的照明空间，还能促进素质教育的开展。

未来的教育照明应该是动态的。目前动态化照明的研究还主要集中于讨论教室光照度的变化和色温的调整，如不同色温变化对于学生学习、生活状态的影响：5000K的冷色温光有助于学生注意力集中，3000K的暖色温有助于学生放松。随着对教学模式研究的深入，未来教育照明的精细化分类设计将受到更多关注，将根据教学课程、教学内容、课间休息、课堂讨论、室外环境等因素，加入更多形式、色彩更加多样的情景化照明。

未来的教育照明应该是智能的。目前智能教室的设计仍处于探索阶段，对于控制模式的设定仍然比较粗放和单一。随着时代发展，未来教育模式将更为多样化，教学内容将更为精细化，这对智能系统的控制提出了更高要求：预设定模式已无法满足要求，再编程方案浪费生产资源且对使用者要求过高。因此，未来的照明智能控制系统应是基于大数据、可自学习、自调整、无需过多人工干预（特别是无需学校师生过多介入）的"傻瓜式"控制系统。

目前国内教育照明仍处于发展阶段，为学校提供健康、智能的照须产品是所有照明人和照明企业共同努力的方向。

（作者单位：浙江凯耀照明股份有限公司）

参考文献

[1]MCC LIM, G GAZZARD, E-L SIM, et al. Direct Costs of Myopia in Singapore[J]. Eye, 2009, 23(5): 1086-1089.

[2]SUSAN VITALE, MARY FRANCES COTCH, et al. Costs of Refractive Correction of Distance Vision Impairment in the United States, 1999~2002[J]. Ophthalmology, 2006, 113(12): 2016-2170.

[3]KATE M WILLIAMS, PIRRO G HYSI, et al. Age of Myopia Onset in a British Population-based Twin Cohort[J]. Ophthalmic & Physiological Optics, 2013, 33(3): 339-345.

[4]CHEN-WEI PAN, MOHAMED DIRANI, CHING-YU CHENG, et al. The Age-specific Prevalence of Myopia in Asia: A Meta-analysis[J]. Optometry and Vision Science, 2015, 92(3): 258-266.

[5]L L K, LIN, Y F, SHIH, et al. Prevalence of Myopia in Taiwanese School Children: 1983 to 2000[J]. Annals of the Academy of Medicine, Singapore, 2004, 33(1): 27-33.

[6]黄达峰, 李玉洁, 常利涛, 等.云南省2005~2014年汉族学生视力不良状况分析[J].中国学校卫生, 2015, 36(11): 1701-1707.

[7]许凤鸣, 张彦勤, 娄晓敏, 等.河南省中小学生1985~2014年视力不良动态分析[J].中国公共卫生, 2017, 33(12): 1756-1759.

[8]徐春霞, 林艺, 等.乌鲁木齐市1995~2014年汉族中小学生视力不良变化趋势[J].中国学校卫生, 2017, 38(10): 1536-1539.

[9]陈利萍, 周文.南京市中小学生1995~2010年视力不良状况分析[J].中国学校卫生, 2011, 32(12): 1485-1486.

[10]崔雪丽.1995~2015年沈阳市和平区中小学生视力不良状况分析[J]. 预防医学论坛, 2017, 23(3): 212-214.

[11]宋逸, 胡佩瑾, 等. 2014年全国各省、自治区、直辖市汉族学生视力不良现况分析[J]. 北京大学学报 (医学版), 2017, 49(3): 433-488.

[12]PEI-CHANG WU, CHUEN-TAN CHEN, et al. Myopia Prevention and Outdoor Light Intensity in a School-based Cluster Randomized Trial[J]. Ophthalmology, 2018(125): 1239-1250.

[13]SCOTT A READ, MICHAEL J COLLINS. Light Exposure and Eye Growth in Childhood[J]. Investigative Ophthalmology & Visual Science, 2015, 56(11): 6779-6887.

[14]EARL L SMITH, LI-FANG HUNG, JUAN HUANG. Protective Effect of High Ambient Lighting on the Development of Form-deprivation Myopia in Rhesus Monkeys[J]. Investigative Ophthalmology &Visual Science, 2012, 53(1): 421-428.

[15]QIAN YS, CHU RY, HE JC, et al. Incidence of Myopia in High School Students with and without Red-Green Color Vision Deficient[J]. Investigative Ophthalmology & Visual Science, 2009, 50(4): 1598-1605.

[16]刘睿. 单色光对豚鼠和恒河猴眼屈光度发育及光谱敏感性作用的研究[D]. 上海: 复旦大学, 2008.

[17]朱寅, 俞莹, 陈辉.闪烁光频率对C57BL/6J小鼠近视诱导的影响[J].中华眼视光学与视觉光学, 2012, 14(7): 434-437.

[18]邸悦. 频闪光对豚鼠正视化影响的研究[D]. 上海: 复旦大学, 2015.

[19]俞佳琪, 许建兴. LED灯具在教室照明中的优势及应用[J]. 光源与照明, 2016(1): 42-45.

[20]石艳, 管恒燕, 张明志.合肥市2014~2015年学校教学环境卫生监测结果[J].中国学校卫生, 2016, 37(8): 1207-1209.

[21]沈明珠, 冯佳茜. 常熟市中小学教室彩光照明与学生视力不良的相关性[J]. 中国学校卫生, 2018, 39(10): 1577-1579.

[22]芦丹, 郭红侠, 等. 北京市昌平区2014~2016学年中小学教学环境卫生监测结果分析[J].实用预防医学, 2017, 24(12): 1516-1519.

[23]叶盛, 刘盛鑫, 等. 天津市中小学教室照明现状与学生视力的相关性[J]. 中国学校卫生, 2018, 39(1): 13-15.

[24]陈小琴, 姚加飞.重庆市部分中小学校教室光环境调查与分析[J].照明工程学报, 2011, 22(2): 25-30.

[25]李农, 周萌萌. 人类照明需求层次理论与照明设计[J]. 照明工程学报, 2015(3): 48-51.

[26]DAVID M BERSON, FELICE A DUNN, MOTOHARU TAKAO. Phototransduction by Retinal Ganglion Cells that Set the Circadian Clock[J]. Science, 2002, 295(5557): 1070-1073.

[27]曾堃, 郝洛西. 适于健康照明研究的光与情绪实验方法探讨[J]. 照明工程学报, 2016, 27(5): 1-8.

[28]KOMBEIZ O, STEIDLE A. Facilitation of Creative Performance by Using Blue and Red Accent Lighting in Work and Learning Areas[J]. Ergonomics, 2017, 61(3): 456-463.

全国青少年校园足球特色学校足球场地设施现状调查与发展对策研究

唐勤勇

　　足球作为公认的世界第一运动，是竞技体育的重要组成部分，因其强烈的娱乐性、互动性、参与性和竞争性而具有广泛的群众基础，深受各国、各阶层人们的欢迎和喜爱。

　　中国青少年足球人才的培养曾经历过快速发展，也曾面临人才队伍严重萎缩，人才梯队青黄不接的尴尬境地。《中国青少年足球"十二五"发展草案》指出：青少年足球人才数量和质量不断下降是导致国家队和职业联赛水平长期徘徊不前的重要原因之一，校园足球真正动起来、热起来，才是改变中国足球目前状况的希望。在党和国家的高度重视之下，国家体育总局、教育部出台《关于加强全国青少年校园足球工作意见》（体青字〔2013〕12号），稳步推进校园足球布局城市、定点学校和部分非定点学校的足球运动开展，分阶段积极地发现典型经验和成功案例，查找存在问题等工作，对校园足球改革发展过程中出现的任何问题都不回避、不拖延。自2015年开始，教育部开始每年审定一批"全国青少年足球特色学校"，截至2017年底已正式批准20218所足球特色学校和102个足球特色县、区（即域内中小学60%以上是校园足球特色建设学校），2018年高等学校中有资格进行足球高水平运动建设的学校已经增加到152所。2017年12月，全国青少年校园足球工作领导小组第三次会议暨领导小组与校园足球改革试验区签署备忘录仪式上，内蒙古、上海、云南、厦门、青岛、郑州、武汉、深圳、成都、兰州、延边、滨州等地正式被确立为全国12个校园足球改革试验区，力求在精细化、上水平和提高质量上作出进一步的努力。纵观近年来校园足球的发展，用教育部体卫艺司司长王登峰的话总结就是，校园足球"热不热已现端倪，有没有已经突破，好不好已经起步，强不强任重道远"。

　　从现阶段看，我国校园足球发展尚有不少问题和矛盾没有解决，比如：怎样处理校园足球与其他运动项目的关系；如何扩大普及面，仅靠每周一节足球课和有限的课外足球活动是否能达成目标；竞赛体系如何建立；怎样克服资源保障不足——

特别是在足球场地设施条件方面。面对最后这一"老大难"问题，相关文件中的表述都是"改善""完善""加强"等，但具体的建设标准、人均面积、场地品质、安全系数，以及校园总面积与运动场地面积的比例、运动场地总面积与足球场地面积的比例等定量的规格和要求，都没有明确的规定。这导致在具体实施和检查评估中缺少客观的衡量标准，容易"得过且过"。对校园足球场地设施条件缺少具体数字的刚性要求，是制定校园特色足球学校和遴选足球特色学校过程中的一大缺憾。校园足球的发展离不开足球场地设施这一基本条件，场地设施条件的建设水平是影响未来校园足球发展的重要因素。

本研究旨在通过调研客观了解我国校园足球场地设施现状，结合国内外足球发展规律、青少年足球人才培养规律、足球场地设施建设规律等对我国青少年校园足球特色学校的足球场地设施建设情况进行分析，并针对所发现的问题提出校园足球场地设施建设方面的短期及中长期发展对策，为教育行政主管部门、体育行政主管部门、青少年足球特色学校、体育场地设施生产和建造厂家等提供决策的依据和参考。

一、研究内容和研究方法

本研究通过以下方式采集全国青少年校园足球特色学校的场地设施信息：从校园足球特色学校拥有量较大的山东省、河北省、辽宁省、四川省、内蒙古自治区、福建省、湖南省、北京市等地抽取部分学校，进行足球场地设施现状的实地调查与分析；对吉林省、黑龙江省、辽宁省、山东省等地部分中小学校进行问卷调查；在第一批和第二批全国青少年足球特色学校中随机取样，对其足球特色学校的申报表进行场地器材方面信息的专项查阅。研究对采集信息依照中国经济区域和行政区域划分，按校园足球特色学校整体发展、学段、区域和办学水平等维度进行分析，归纳演绎出校园足球特色学校在足球场地设施方面的基本现状，分析形成足球场地设施现状的基本因素及对足球特色学校发展的相关影响，提出改善和建设校园足球场地设施现状的发展对策。

二、调研结果与分析

本研究共发放和现场填写问卷统计表350份，收回有效问卷318份。查阅全国青少年校园足球特色学校第一批和第二批建设学校申报书800份（查阅第一批8726所学校中的760所学校，其中小学438所，中学322所；查阅第二批4755所学校中的40所中小学），掌握申报材料中的足球场地设施情况，用于对实地调研时获取的数据进行对比和申报书中的场地数据复核。抽取全国15所足球特色学校，对其人造草场地进行检验测试。调研结果与综合分析如下。

（一）青少年校园足球特色学校足球场地现状分析

（1）青少年校园足球特色学校概况

自2015年教育部颁布第一批全国校园足球特色学校至本研究数据采集时，我国共认定足球特色学校20218所（含小学、初中、高中、九年一贯制学校、完全中学、十二年一贯制学校），其中第一批获批8726所学校，第二批获批4755所学校，第三批获批6837所学校。本研究以实地问卷调查和实地调研的形式，对全国10个省（区、市）市的学校进行随机抽查，最终的318份有效问卷的地域分布情况是：北京市4所、河北省8所、内蒙古自治区19所、辽宁省50所、吉林省25所、黑龙江省14所、福建省11所、山东省115所、湖南省39所、四川省33所。

由图1可知，研究调研的10个省（区、市）318所青少年校园足球特色学校涵盖了小学、初中、高中共三个学段。其中，小学占本次调研学校总数的49%、中学（含九年一贯制学校）占23%、高中（含完全中学和十二年一贯制学校）占28%。城市区域的足球特色学校为237所，占总调查数的75%；农村区域为81所，占25%；重点学校120所，占本次调查学校总数的38%，普通学校198所，占62%。本次调查涉及学校在校生共695559人。

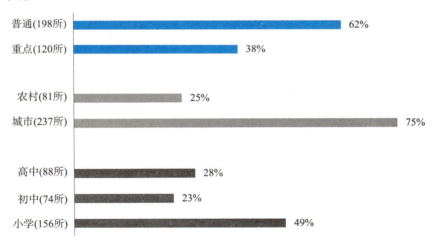

图1 调研样本学校基本情况

由图2可知，在对校园足球特色学校进行有无足球特长生的特招情况调查分析中得出：多数校园足球特色学校没有足球特长生特招的相关政策和选拔机制。在所调查的318所足球特色学校中，仅55所校园足球特色学校在足球特长生方面制定并实施了招收政策，占总数的17%；83%的（263所）校园足球特色学校并没有制定或实施足球特长招生的相关政策。通过与相关人员访谈，主要有如下原因：小学因招生划片制，所以主要集中在高中和初中学段才有相关特长生选拔制度。另外，从调研结果分析，各学段未建立足球特长生升学的学段衔接梯队及机制，致使选拔体制不完善，学生运动技术不系统，足球人才流失和断档，影响校园足球运动持续发展。因此足球特色学校和特长生的培训体系有待引起相关部门的重视，加以完善。

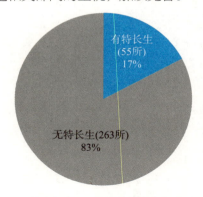

图2　样本校园足球特色学校特长生现状

由图3可知，在球队建设方面，目前我国青少年校园足球特色学校存在校队、年级队、班级队三种建制层次；校队中分男队和女队。调查发现：只有男队校队的学校84所，占26%；只有女队校队的3所，占1%；男女校队均有的187所，占59%；设有班级队的44所，占14%。由此可见，校园足球的学生整体参与度不是很高，校园足球文化建设层次不够深入，未能完全体现足球特色学校的特色含义，建设完全意义上的足球特色学校工作还需努力。女子足球可能是中国足球发展的突破点。从调研结果看，目前足球特色学校在女子足球队建设方面，与男队建设有较大差距，单独组建女子校队的学校仅占1%，而单独组建男子足球队的达到26%。女子足球队的建设尚需加强。

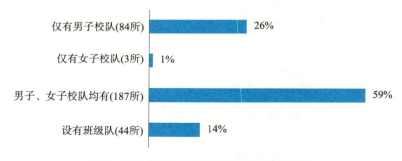

图3　样本校园足球特色学校足球队数现状

由图4可知，我国校园足球特色学校在球队每周训练次数安排方面，总体上趋向于每周组织3～4次和2～3次，其所占比例分别为41%、30%。有14%的学校一周只训练1～2次，训练次数不足。校园足球特色学校球队每次训练时长主要集中在1h，占比42%。训练时间短容易导致准备活动不足，学生容易受伤，也不利于运动技能学习和体能提高。

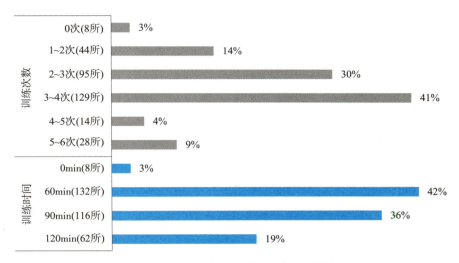

图4 样本校园足球特色学校足球队训练情况

由图5可知，当前我国校园足球在竞赛组织的层次和规模方面已经有了整体的框架和构成，校园足球特色学校在比赛规模和竞赛体系方面已逐步形成雏形。从学校球队所取得的运动成绩（参赛成绩以学校参赛最高成绩为统计数据）分析，当前我国校园足球竞赛多体现在省、市、区、县这一等级和层面上，其中以市级比赛为主且参与面较大，取得成绩也较多，其占总数的59%；区、县级成绩占19%。

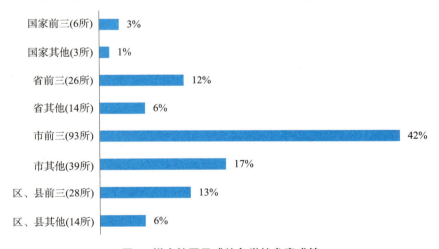

图5 样本校园足球特色学校参赛成绩

（2）青少年校园足球特色学校足球场地建造现状

根据《全国校园足球特色学校基本标准（试行）》，在条件保障方面，要求学校场地设施建设完备，场地设施、器械配备基本达到国家标准，能满足体育工作的需求，不断得到补充；学校要建设有适合学校条件的足球场地，足球及基本训练竞赛器材数量充足。发改委、国家体育总局、教育部、财政部联合下发的《关于印发中国足球中长期发展规划（2016—2050）的通知》中提出，2016年起的5年内，全国要修缮、改造、新建6万块足球场地，使每万人拥有0.5～0.7块足球场地，其中校园足球场地4万块，社会足球场地2万块。

1）足球场数量和面积

由图6可知，学校拥有的足球场数量统计中，建有1块足球场地的学校占总数的85%，2块场地的占12%。由此可见，我国校园足球特色学校足球场地多以一块为主，这将导致学校足球队训练与体育教学、其他学生足球活动产生一定冲突，增加校均足球场地数量应成为重点考虑的问题。调查中还发现有两所学校无足球场地。这种情况，说明在校园足球特色学校遴选、审核、验收方面还需进一步加强。另外，根据《中小学校建筑设计规范》（GB 50099—2011）规定，运动场应同时容纳全体学生做操之用，中学每个学生不宜小于3.88m²，小学每个学生不宜小于2.88m²。据统计，校园足球场地的生均运动场地面积为1.65m²，部分学校为0.2m²，远低于国家标准及实际需要。

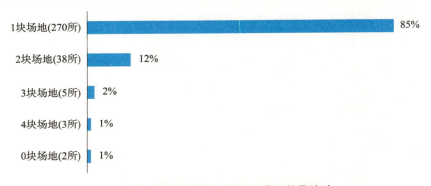

图6　样本校园足球特色学校足球场数量统计

2）标准足球场数量

由图7可知，校园足球特色学校标准足球场总数量为368块，其中：11人制场地103块，占比28%；7人制场地150块，占比41%，5人制场地113块，占比31%，3人制场地2块，占比1%；另有非标场地有5块。校园足球特色学校场地以7人制和5人制标准场地为主。长期在小场地训练，能够较好地提高学生的控球能力，但对提升学生长距离传球和足球视野开阔度等方面有不利影响。

图7　样本校园足球特色学校标准足球场数量统计

3）足球场建造时间

由图8可知，调查学校的足球场地建造时间情况是：2006年及以前38所，占12%；2007～2008年21所，占比7%；2009～2010年55所，占比17%；2011～2012年50所，占比16%；2013～2014年74所，占比23%；2015～2016年78所，占比25%；无场地的为2所。整体来看，学校足球场地建设数量逐年提高，反映了教育部门和学校对场地建设的重视。通过与学校访谈得知，2015～2016年场地增幅不明显，主要是受学校"问题跑道"事件影响。值得引起注意的是，有12%的场地是2006年及以前修建的（个别场地还是2003年修建），但依旧在使用，设施存在严重老化可能。

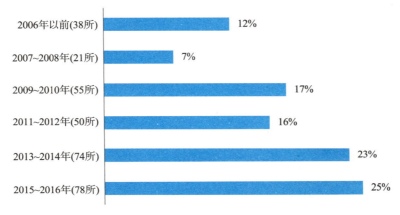

图8　样本校园足球特色学校足球场建造时间情况

4）足球场基础类型

由图9可知，我国校园足球特色学校足球场地基础类型多以水泥基础为主，其次是沥青、土质、砖，所占比例依次为66%、26%、7%、1%。其原因在于目前大部分校园足球特色学校的足球场地面层为人造草，适宜的基础为水泥和沥青；而从价格方面讲，沥青较水泥造价高，故多数学校采用水泥基础。值得一提的是，少数学校采用砖块为基础和面层，长时间在此运动地面活动，不利于学生身体健康和技术提高，应引起重视。

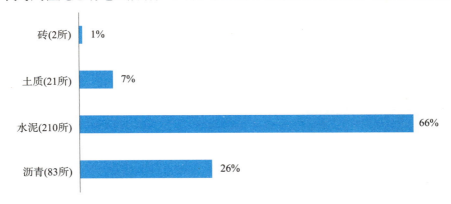

图9　样本校园足球特色学校足球场地基础类型现状

5）足球场面层材质

由图10可知，我国校园足球特色学校足球场面层材质主要为人造草，占总数的78%；其次是天然草、硅PU、土质场地，分别占6%、8%、4%；其他占3%。虽然天然草更适宜学生的足球训练和竞赛，但其维护成本高，气候适应性差，未被广大学校选用。

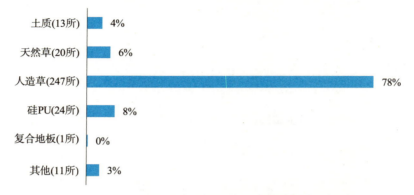

图10　样本校园足球特色学校足球场面层材质现状

6）足球场人造草

《工人日报》调查显示，目前国内足球场（包括校园足球场）普遍存在三大顽疾：首先是草丝质量差，运动性能不达标；其次是草丝和充沙胶粒不环保，存在健康隐患；最后是绝大多数人造草皮球场的基础都是沥青，其吸热性和不透气的缺点易造成球场表面温度过高，令运动员出现身体不适。对此，本研究组对人造草面层进行了较详细的考察。

人造草运动场地中草的高度在一定程度上影响足球的运动和运动场地的舒适度。由图11可知，当前多数学校足球场地选用的人造草草高为5cm，占总数的49%；2cm草高的场地占18%；3cm草高的场地占16%。通过与相关专家和学校足球教师及运动员的访谈了解并参考相关标准，学校采用5cm及以上的草高对于达到国家相关标准、促进学生技能提高和预防运动伤害事故有积极影响。

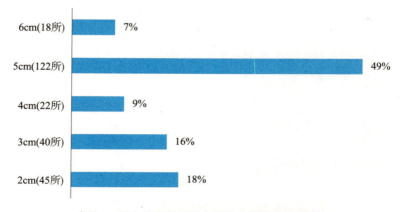

图11　样本校园足球特色学校人造草草高现状

足球场地草丝的质量好坏不仅影响着足球的运动轨迹，同时也对学生的身体健康有一定的影响。由图12可知，校园足球特色校所选用的人造草丝类型为单丝、网丝和混合丝三种类型，其中以单丝居多，占总数的78%。

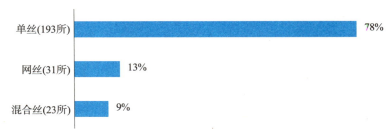

图12　样本校园足球特色学校人造草草丝类型现状

由图13可知，在对人造草足球场地草丝老化情况和草丝磨损程度的调研中，有28%的场地草丝褪色或变色，30%的场地草丝脆化，28%的场地草丝开裂，27%的场地草丝起毛，显现出场地草丝老化程度和磨损程度比较严重，场地性能不足，容易造成运动伤害。草丝掉毛更可能被学生吸入体内，对健康造成威胁，需及时更换。调研中还发现，由于草丝老化磨损程度严重，沙粒和颗粒裸露在外（甚至存在草丝全无只剩颗粒和沙子的情况），容易划伤擦伤皮肤。

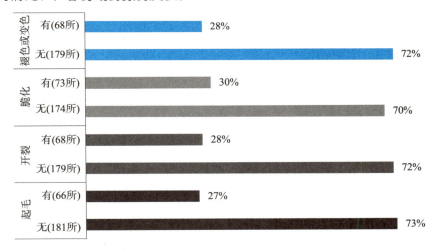

图13　样本校园足球特色学校人造草草丝老化和磨损程度现状

7）人造草足球场填充物

人造草填充物指填充在人造草面层草纤维空隙中的颗粒。配合不同的人造草面层，填充物的选择也有所区别。以第三代人造草为主的足球用人造草面层中同时使用石英砂与弹性颗粒两种不同材质的填充物。沙粒类的填充物建议选择粒径均匀的圆形、无棱角的石英砂或含硅量90%以上的天然铸造砂，以统一的填充厚度作为第一层填充物均匀填入人造草面层中，主要起到利用压重来稳定人造草面层的作用。由图14

可知，当前样本校园足球特色学校在场地铺设人造草中填充沙主要类型为河沙或石英砂，选用河沙的占61%、石英砂的占39%，没有学校选用铸造砂。河沙价格较低，而石英砂纯净度更高，化学、热学和机械性能也更好。

弹性颗粒作为第二层填充物均匀铺于沙粒填充层之上，主要作用是增加场地冲击吸收能力，提升场地的运动性能。在填充颗粒选择上，绝大多数学校选用再生颗粒即黑颗粒，占比92%；环保颗粒占比8%，占比较低。再生颗粒通常由轮胎和鞋底等回收粉碎后制成，凭借价格优势成为市面上使用最广的弹性颗粒，但在后续的使用中存在着老化变硬、粉化、吸热导致场地高温、挥发性有机化合物、含重金属等问题，已引起社会上对于这类填充物是否存在潜在健康与环境威胁的关注（目前相关研究尚未找到明确的证据证明确实存在此类危害）。这类填充物的另一个问题是回收原料的品质与稳定性难以控制，批次之间可能存在较大差异。环保颗粒价格较高，但相比再生颗粒健康环保且吸热量更小、老化速度慢，有的更具高弹性、不粉化等优点。

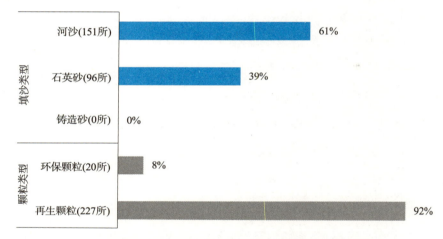

图14　样本校园足球特色学校人造草场地填充物类型现状

由图15可知，在填充物高度方面，以1.5～2cm居多，占总数的30%；2～2.5cm高度占26%；1～1.5cm高度占22%。一般来说，为达到标准足球场所需的性能指标要求，填充颗粒、填充沙和自由草苗高度比例应各占草丝高度的三分之一。从实际统计结果来看，目前我国校园足球特色学校人造草场地填充物填充不足，易导致场地弹性性能无法达到标准要求，自由草苗裸露过多，容易产生草苗折断，缩短场地使用寿命。

由图16可知我国校园足球特色学校人造草场地填充物使用情况，有20%的场地出现板结现象，13%的场地出现粉化现象，另有3%的场地存在异味。填充物的板结和粉化对足球场地性能产生很大的影响：板结容易对场地的渗水性、反弹率和足球滚动产生不利影响，粉化易导致场地弹性及对草苗和学生保护性能减弱。

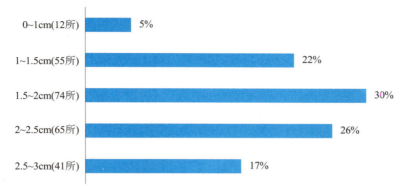

图15   样本校园足球特色学校人造草场地填充物高度

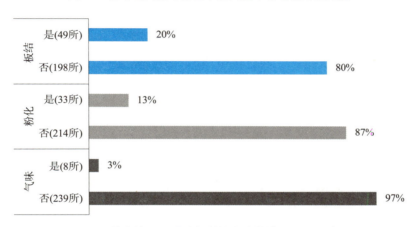

图16   样本校园足球特色学校人造草填充物使用情况

8）弹性垫层

弹性垫层是安装于基础与人造草面层之间的具有调节场地系统整体冲击吸收与回弹能力的中间层。弹性垫层所起到的作用是多方面的：安全性能方面可以在运动员跌落时提供更好的缓冲作用，减轻伤害；运动性能方面可以增强并保持人造草坪场地系统的弹性，降低长期使用中运动员下肢劳损性受伤的可能性；使用寿命方面，由于弹性垫层被上层的人造草坪面层所保护，所以不易受到直接的损坏及外界环境的影响，有助于更长期地维持场地性能接近新建时的水平。由图17可知，只有9%的学校人造草场地铺设弹性垫层，91%的学校足球场地中没有铺设弹性垫层，铺装比例很低。不铺设弹性垫层，场地弹性差，填充物容易板结，场地使用寿命降低，易产生运动伤害，不易达到国家标准要求。

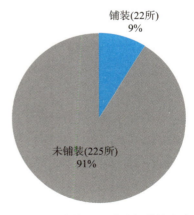

图17   样本校园足球特色学校人造草场地弹性垫层铺装现状

（3）青少年校园足球特色学校足球场地使用和管理情况

国家对学校运动场地的建造投入了大量人力、物力、财力，如果场地闲置无疑会造成极大的浪费。随着校园足球活动的深入开展，在教育与体育部门的鼓励下，有条件的学校正以各种方式扩大校园足球场地对公众的开放力度。校园足球场地不仅要作为学校足球队训练的专用场地，而且在大多数的情况下还用于日常体育教学活动。如何加强校园足球场地的日常管理和使用是每一个足球特色学校都需要认真考虑的事情，应制定相关的制度进行约束和管理。为响应我国全民健身活动的号召，党中央就学校体育场地是否对外开放曾做出具体要求，但考虑到实践中可能出现的一些问题，大多数地区未能付诸实施。

由图18可知，样本校园足球特色学校中有36%已对外开放，64%的学校足球场地未对外开放。在场地维护方面：68%的学校对校园足球场地定期进行打扫、清理工作，确保足球场地的正常运转，但缺少专业化的养护和维护工作，不利于场地的性能保持，易缩短使用寿命；32%的学校没有对校园足球场地进行清理和定期打扫工作。

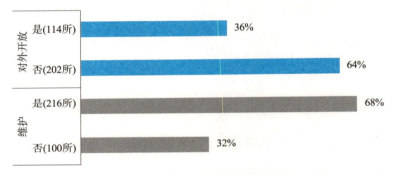

图18　样本校园足球特色学校足球场地使用现状

（4）青少年校园足球特色学校足球场地设施情况

由图19可知，样本校园足球特色学校的球门配备中，11人制、7人制、5人制、3人制足球门占比分别为19%、29%、28%、24%。足球门以7人制和5人制为主，与目前校园足球场地大小有关。与图7比较可以看出，样本校园足球特色学校的足球门配备相对充足。另外，有部分学校使用3人制足球门，应该与学校足球场地小场地化利用有关。但根据国家标准《中小学体育器材和场地　第15部分：足球门》（GB/T 19851.15—2007）规定，中小学用足球门分为1号足球门（11人制）、2号足球门（7人制）和3号足球门（5人制），并没有3人制专用足球门和标准。3人制足球门的生产、检验及安全质量问题需给予关注。调查还发现，有85%的样本校园足球特色学校的足球门能够正常使用，缺少球网的占14%，破损的占1%。从调研看，各学校足球场地的球门基本能保证足球活动的开展，但部分球门不稳定，存在安全隐患。

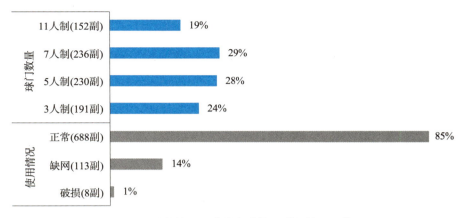

图19　样本校园足球特色学校足球门使用现状

　　由图20可知，在灯光设施建设方面，样本校园足球特色学校中仅有23%配备有灯光设备，77%的学校未配备灯光设施。调研中，有灯光设备的足球场地学生足球锻炼时间较长，也利于对外开放，能更好地充分利用场地。在电子计时记分系统方面，5%的学校配备该项设施，95%的学校未配备。配备电子计时记分系统的场地大都可以承接规格较高的比赛，且总体场地和设施质量相对较好。球场挡网方面，30%的学校有较完善的球场挡网，70%的学校未安装挡网。从调研情况来看，未安装球网的学校大多用墙体等保证球场处于相对封闭安全的状态，以保证学生体育活动的安全性。调研中发现，有19%的学校具备完整的供水系统，81%的学校没有配备。鉴于供水系统一般仅需配置在天然草场地，故占比较低。在场地排水设施建设方面，81%的学校建有排水系统，19%的学校没有完善的排水系统。学校大多采用内环沟的方式排水，既能保证人造草排水，也能保证塑胶跑道的排水，使足球场地具备全天候训练条件。

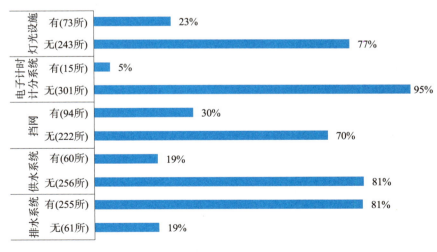

图20　样本校园足球特色学校足球场地设施现状

（5）青少年校园足球特色学校足球场地及周边的安全隐患

根据学校反映和调研组实地观察，青少年校园足球特色学校足球场地及周边的安全隐患主要集中在以下七个方面：一是缓冲区不足，易对师生运动安全和观看赛事活动带来不便和安全隐患；二是安全网缺失，足球易滚落球场外，砸坏公共财物或砸伤人员，造成场地外人员人身伤害；三是场地平整度不足，容易对球员产生伤害；四是草坪接缝开裂，容易绊倒；五是足球场中有固定物，不利于足球活动的开展；六是填充物不足，场地性能减弱或缺失，容易产生伤害事故，不利于运动技能的发挥和培养；七是养护缺失，场地中有碎石子，极易产生伤害事故，降低学生运动和学习的积极性。

（二）全国校园足球特色学校申报表信息分析（体育/足球场地设施状况）

通过对全国校园足球特色学校申报信息分析（样本地域分布情况，第一批760所：内蒙古40所、江苏40所、河南40所、河北40所、安徽30所、天津30所、山西30所、上海30所、浙江30所、安徽30所、江西30所、云南30所、广东30所、广西30所、贵州30所、新疆30所、湖南30所、湖北30所、陕西30所、宁夏30所、甘肃30所、福建30所、重庆30所、青海30所；第二批40所：北京10所、浙江10所、安徽10所、山西10所，本研究取得如下发现。

（1）足球场地配置率偏低、城乡分布不均且规格不一

分析显示，样本小学、初中和高中没有按标准配置室外足球场地的比例分别为40.3%、29.4%、19.1%，其中乡村初中、小学及镇区小学尤为落后，其足球场地未按标准配置率分别为44.5%、42.8%和43.1%。整体来看，小学足球场地未按标准配置率明显高于初中、高中，而乡镇中小学足球场地未按标准配置率又明显高于城区；城乡足球场地资源配置明显不均，一般而言，城市中小学优于乡镇中小学，乡镇中小学优于农村中小学。因此，由于场地不足乃至缺失而导致的中小学足球教学开课率不足问题亟须引起重视。同时，拥有足球场地的中小学校配置规格也十分多元，例如出于申报青少年校园足球特色学校需要，部分中小学（尤其是中西部经济欠发达地区和山脉丘陵地区）因地制宜，因陋就简，纷纷开辟"其他类场地"开展足球运动，培养足球兴趣。这种从实际出发的灵活做法应值得推广。除此之外，小学足球场地以5人制场地为主，11人制足球场地和7人制场地次之，占比分别为8.4%、3.6%、3.0%；初中足球场地以7人制为主，5人制场地次之；高中足球场地以11人制为主，7人制场地次之；其中初中、高中11人制足球场地配置率分别为12.7%和34.9%，7人制场地配置率则分别为10.0%和4.7%。可见，随着我国城镇化进程的日渐加快，城镇经济发展惠及中小学，加快了学校体育场地设施的改善与发展。但是，全国各地适合中、小学生身心发展需要的7人制足球场地和5人制足球场地的配置率仍然不高。

（2）足球场地面材质种类繁多且部分材质存在安全隐患

分析显示，各级各类中小学足球场地面大多选择铺设人造草皮、自然草皮或塑胶，其中：普通小学足球场对上述3种材质的选取比例分别为29.8%、17.9%和15.1%；初中足球场对上述3种材质的选取比例分别为24.6%、17.4%和12.3%；高中足球场对上述3种材质的选取比例分别为26.9%、26.1%和13.4%。这些材质相对柔软，不仅能够保证中小学生充分享受足球运动，而且能够有效降低运动损伤概率及磕、绊、碰等安全隐患。除此之外，水泥和泥地材质在各级各类中小学足球场中也占据一定比例，例如城区、镇区、乡村小学水泥足球场比例分别为6.0%、5.8%、5.9%，泥地足球场比例则分别为1.5%、2.9%、9.8%；城区、镇区、乡村初中水泥足球场比例分别为5.3%、1.3%、7.4%，泥地足球场比例分别为2.6%、15.0%、7.4%；城区高级中学足球场中水泥和泥地材质也占据一定比例，分别为8.5%和1.7%。这类材质相对坚硬，而且长时间、高频率使用会出现"脚底打滑""制动延迟"等现象，无形中增加了安全隐患。

城区中小学足球场以人造草皮为主，小学、初中、高中人造草皮足球场比例分别为69.5%、71.2%和70.4%；镇区中小学足球场仍有较大比例的土质、硅PU、水泥等材质，采用人造草皮的小学、初中、高中比例分别为18.0%、15.5%和9.8%。我国乡村小学与初中数量庞大且布点分散，其足球场材质与所处自然环境息息相关，往往因地制宜，故呈现多样性、异质性特点。

从全国校园足球特色学校申报表查阅中可以看出，学校体育场地（特别是足球场地）设施还有许多不尽如人意之处，面临的难题短时间内还不能从根本上得到解决。但随着国家教育经费投入的逐年增加，各级各类学校的办学条件还将得到进一步改善，包括足球场地在内的学校体育设施的数量和质量将进一步提升，学校体育场地建设的科学化、人性化进程也会逐渐加快，为校园足球等学校体育运动项目的发展提供更好的物质保障。

（三）部分青少年校园足球特色学校人造草足球场地实测情况

基于我国多数青少年校园足球特色学校场地采用人造草的现状，本研究对北京、辽宁、吉林、福建等省（区、市）不同学段的15所全国青少年校园足球特色学校人造草足球场地进行了实验测试，具体情况如下。

（1）研究方法及研究指标

以《国际足联人造草坪品质检测方法手册2015》的性能指标和实验方法为依据，对人造草足球场地物理性能测试指标进行测试，对比国家标准要求判定达标合格情况。人造草足球场地物理性能测试指标主要包括场地结构测试、球员/草皮相互作用测试、球/草皮相互作用测试三部分。测试指标及含义和测试方法见表1。

表1　人造草足球场地物理性能测试内容

项目		测试性能	测试方法
场地结构	平整度	草坪任意3米区域内表面高度差的程度	FIFA 12
	自由草高		FIFA 18
	填充物高度		FIFA 21
球员/草皮相互作用	冲击吸收	测试球员在草皮上奔跑时场地吸收冲击的能力	FIFA 04a
	垂直变形	测试草皮在受到冲击时的稳定性	FIFA 05a
	转动阻矩	根据球员转变方向时的能力测试鞋底和草皮之间另一类相互作用	FIFA 06
球/草皮相互作用	球反弹高度	测试草皮对球的弹性	FIFA 01
	球滚动距离	结合球和草皮的摩擦力，测量球在草皮上的滚动速度	FIFA 03

（2）实测结果与分析

针对实验测试内容，综合所有测试指标结果，目前所有测试的人造草校园足球场地无一块完全符合国家标准要求，且指标数值与国家标准值相差较大，场地单项指标合格率低（见表2）。所有场地中，垂直变形合格率7.14%，冲击吸收合格率14.29%，球滚动距离合格率14.29%，球反弹合格率为0，平整度合格率14.29%。这种现状是多种因素共同造成的结果。结合现场调研和测试情况，我们推断主要原因有以下六个方面：一是场地使用频率高，场地损坏严重；二是场地使用不当，专业维护保养缺失；三是场地建造时不达标，材料产品质量次；四是场地施工工艺不佳；五是填充物填充不足，减损场地使用寿命；六是场地已到更新年限，无经费或待批修建等。

表2　人造草足球场地物理性能抽测达标率

项目	国家标准GB/T 20033.3—2006	合格率/%	不合格率/%
垂直变形 VD	4～9mm	7.14	92.86
冲击吸收 FR	55%～70%	14.29	85.71
球滚动距离	4～10m	14.29	85.71
球反弹率	30%～50%	0	100
平整度	直径3m范围内凹凸应不大于10mm	14.29	85.71

不合格场地对学生可能造成多方面的健康或安全影响，其中包括：人造草褪色掉毛，易被使用者吸入体内，轻则引发咳嗽、胸闷等肺部病变，重则会引起呼吸困难、咳血等尘肺病症状；因人造草、填充颗粒老化过硬、流失、沙粒暴露带来的擦伤和灼伤；重金属超标带来的毒害和有害物质挥发；场地不平导致膝关节扭伤等伤害事故。

三、结论

经过几年的大力投入和不懈努力，我国校园足球事业已取得了较快的发展，场地和设施质量逐年得到改善。但由于历史欠账多、底子薄，在校园足球场地设施建设方面仍存在一些问题，需引起重视。

（一）校园足球场地设施配备不足

校园足球场地相对缺乏，人均足球场地面积不足。样本校园足球特色学校的生均运动场地面积为1.65m²，部分学校为0.20m²，远低于国家标准；绝大多数学校只有一块足球场地，足球运动与其他运动项目、足球队员和非足球队员在场地使用时间上存在冲突。足球场地是开展校园足球活动的基本物质条件和重要保障，场地设施不足会显著影响足球育人的效果，这是未来校园足球、校园体育大发展的最大瓶颈。发展校园足球场地设施是根本，没有充足的场地设施作为支撑，校园足球发展便失去了最基本的依托。另外，样本中有77%的足球场地未安装灯光设施，95%的足球场地未安装电子计时记分系统，70%的足球场地未安装挡网等设施。

（二）校园足球场地建设质量差

36%的样本校园足球场地为2011年以前建造，场地建设质量差，还有少数十年前建造的场地依旧超期服役使用。很多校园足球人造草场地平整度不足，场地施工工艺较差，草坪接缝存在开裂等现象；91%的样本学校人造草足球场地未铺设弹性垫层，场地弹性差，填充物容易板结，易产生运动伤害；草丝老化和磨损严重，有28%的场地草丝褪色或变色，30%的场地草丝脆化，28%的场地草丝开裂和27%的场地草丝起毛；只有8%的场地采用环保颗粒填充，92%的场地为再生颗粒；人造草足球场地填充物填充厚度以1.5～2cm居多，占总数的30%，2～2.5cm占26%，1～1.5cm占22%，填充物厚度明显不足，导致场地性能减弱；场地板结、粉化比较严重，有20%的场地出现板结现象，13%的场地出现粉化现象，另有3%的场地存在异味。

（三）校园足球场地设施建设监管不力

校园足球场地未经过权威专业机构或专家的检测及使用功能验收，比对国家标准相关指标要求，样本人造草足球场地物理性能单项指标不合格率85%以上，无一块场地完全符合国家标准，场地性能不完全适合足球运动项目的高水平开展，同时也影响了学生足球运动技能的正确掌握和提高。另外，仅有36%的样本学校足球场地对外开放，有32%的样本学校对校园足球场地无清扫维护工作，足球场地维护工作缺失或极其简单，专业养护和维护工作缺失，监督管理制度不完善。

（四）校园足球场地设施存在安全和环保问题

许多学校足球场地运动缓冲区不足；70%的足球场地未安装安全网；足球场地平整

度不足，场地内碎石杂物较多，场地使用功能不达标；草丝老化掉毛、沙粒、颗粒裸露在外，存在健康安全隐患；14%的足球门缺少球网，1%的足球门破损，少数损坏球门依旧在使用，部分球门易翻倒；3人制足球门无国家标准可依，存在生产及使用等质量安全隐患。

四、建议与对策

（一）加强校园足球场地及设施的标准化建设

重视制度法规建设，建立校园足球场地的质量标准，完善校园足球场地的各项指标量化标准，综合规划和设计校园足球特色学校场地设施。制定《全国青少年校园足球特色学校人造草足球场地建设技术要求》，对指标量化，并对器材设施提出定量要求，作为评定和督查校园足球特色学校条件保障的重要依据和指标。在此方面，中国教育装备行业协会体育分会已开展了可供参考的相关工作。该机构以足球场地实验数据为基础，结合国内足球特色学校场地实际现状和生产厂家情况，对比国际运动实验室LABOSPORT检测数据库，参考国际足联足球场地品质质量要求，与LABOSPORT共同制定了校园足球人造草足球场地建设技术要求（见表3）。

表3 校园足球人造草足球场地建设技术要求

项目		等级要求		
		初级	中级	高级
场地规格、划线和朝向		参照相应规格足球场相关规定		
场地结构	平整度	直径3m范围内凹凸应不大于10mm		
	填充颗粒和沙厚度	草丝高度1/3		
	自由草高	草丝高度1/3		
	草丝长度	30～50m		
	弹性垫层	≥1cm	1～2cm	≥2cm
运动员与人造草坪间的相互作用	冲击吸收	40%～70%	55%～70%	60%～70%
	垂直变形	3～11m	4～10m	4～9m
	转动阻矩	≥25N·m	25～50N·m	30～45N·m
球与人造草坪相互作用	球反弹率	≤75%	30%～65%	45%～65%
	球滚动距离	≤12m	4～10m	4～8m

重点加强对现有校园足球特色学校的足球场地和设施的规范化建设和改造，改善现有足球场地质量，修理和替换有问题的场地设施，以适应校园足球活动开展的需要。

（二）加大对校园足球场地建设质量的监管

建立和完善系统的校园体育（足球）场地管理使用规章制度，做好使用、管理和维护保养工作，积极推进现有足球场地设施在课余时间向学生开放，加强学校各类体育项目对场地要求的协调分配，提高场地设施的使用效益和效率。

加强学校体育运动场地的招投标管理，采购环保、耐用、质优价廉的场地材料和设施，选用技术过硬的铺装队伍施工，建立和加强场地设施采购、管理及评估机制，从场地设施的设计、检测、使用和验收等各个环节进行质量把关。

加大监督检测验收力度，聘请第三方权威专业组织机构对足球场地使用功能进行专业验收，对目前所有足球特色学校足球场地安全及使用功能进行监督检测，甄别不合格足球场地，对不合格场地进行整改。

（三）做好校园足球场地建设规划，吸纳社会力量共促发展

科学合理地制定中长期发展规划，各省市、各县区、各学校都要根据当地实际，依照上级教育行政主管部门的部署和安排，实事求是地制定校园足球场地设施的新建、扩建、改建、维护等方面的计划并有序推进。校园足球发展是一项长期的事业，各种资源由独立占有向共享发展。政府层面提供政策扶持及资源支持，加大政府对校园足球场地设施专项经费的拨付、使用与监管力度，同时应提倡、鼓励、支持社会力量和资源广泛参与（资助、维护、管理）校园足球场地设施建设，有效利用校外资源和多渠道资源支持，拓展校园足球场地收展空间。

（四）认真贯彻执行党的教育方针，筑牢校园体育发展的基础

加快发展校园足球是全面贯彻党的教育方针、促进青少年学生身心健康的重要举措，是提高国家足球运动发展水平的基础工程。校园足球面向广大青少年，必须牢牢把握住立德树人这一根本任务，坚持把育人放在第一位。推动校园足球不断地发展，必须要尊重学生健康成长的权益，正确处理重点培养与广泛参与的关系，个性特长与全面发展的关系，竞技性与群众性的关系，校园足球与学校体育的关系。要做到既符合足球运动的规律，又符合教育和青少年成长的规律；要充分发挥足球的教学、训练、竞赛等各环节的多元育人功能，推动体育与德育、智育、美育的紧密融合，使之成为完善学校教育、促进人才全面发展、培育校园文化的重要手段。要从国家战略的高度来认识学校体育（足球）场地设施的重要性，要严格按照国家的有关政策法规的标准，不折不扣地执行。要认真借鉴足球运动发达国家关于青少年足球发展和后备人才培养的基本经验和成功经验，调动全社会的资源和热情，科学、有效、灵活地解决当前体育（足球）场地设施严重不足的困难和问题。

（作者单位：中国教育装备行业协会学校体育装备分会）

参考文献

[1]国家体育总局.第六次全国体育场地普查数据汇编[G/OL].http://www.sport.gov.cn/pucha/index.html.

[2]李逸飞. 对云南省楚雄市布点小学校园足球开展情况的调查[D]. 北京: 北京体育大学, 2015.

[3]刘东风. 发达国家大众体育参与现状与测量研究[J]. 上海体育学院学报, 2016, 40(4): 27-31.

[4]毛振明, 席连正, 刘天彪, 等. 对校园足球的"八路突破"的深入理解: 论"新校园足球"的顶层设计之三[J]. 武汉体育学院学报, 2015(11): 5-10.

[5]王登峰. 加快发展青少年校园足球的愿景与使命[J]. 中国学校体育, 2015(11): 2-3.

[6]王格. 我国校园足球活动开展的现状、问题及对策研究[J]. 沈阳体育学院学报, 2011(2).

[7]吴健. 校园足球: 回归"真义"严防"跑偏"[J]. 中国学校体育, 2015(11): 10-12.

[8]吴健. 中小学场地器材设置的问题和对策[J]. 中国现代教育装备, 2012(10): 6-10.

[9]杨贵仁, 刘国永, 季克异, 等.中小学场地器材设施配备标准研究实验总报告[J].中国学校体育, 2006(3): 15.

[10]郑波. 成都市校园足球资源配置研究[D]. 成都: 成都体育学院, 2015.

学前教育玩教具与读物配备及应用情况调研报告
（湖北、江西篇）

赵华军　金锦秀

　　为了解当前各级各类幼儿园在学前教育装备配备与应用方面的现状和存在问题，研究幼儿园应用玩教具、幼儿读物实现儿童学习与发展的教育目标的情况，研制学前教育装备优化配备方案，特选取湖北、江西两省幼儿园发放问卷，开展学前教育装备专项调研工作。通过统计分析，本文从局部呈现了我国中部两省幼儿园装备的配置和使用状况，并对玩教具及幼儿读物配备方案研究提出了初步建议。

一、问卷调研基本情况

　　本次问卷调研的时间段为2018年5月至2019年6月，选取湖北、江西两省各级各类公办、民办幼儿园60所，共发放园长问卷60份（回收有效问卷60份），教师问卷300份（回收有效问卷268份）。调研问卷见本报告附表1、附表2。

　　样本园所情况：30所公办园，占比50%；20所民办普惠性幼儿园，占比33%；10所民办高端幼儿园，占比17%。10所示范性幼儿园，占比17%；20所一级园，占比33%；20所二级园，占比33%；7所三级幼儿园，占比12%；3所无级别幼儿园，占比5%。园所规模方面：6~9个班的园所30所，占比50%；9~12个班的园所20所，占比33%；6个班以下和12个班以上的均为5所，各占比8%。

　　样本教师情况：年龄20岁及以下51人，占比为19%；21~30岁91人，占比34%；31~40岁119人，占比44%；41~50岁25人，占比9%。教龄在3年及以下的新手教师为45人，占比17%；教龄4~10年的骨干教师105人，占比39%；教龄11~20年的成熟型教师110人，占比41%；教龄21~30年以内的稳定型教师23人，占比9%。学历方面，中专生39人，占比15%；大专生183人，占比68%；本科44人，占比15%；研究生2人，占比1%；职称方面，二级及以下教师166人，占比62%；一级教师51人，占比19%；幼儿园高级教师42人，占比16%；中学高级教师9人，占比3%（见表1）。

表1　样本园所与教师基本信息

属性类别	分类	样本量/所	占比
园所性质	公办幼儿园	30	50%
	民办普惠性幼儿园	20	33%
	民办高端幼儿园	10	17%
园所级别	示范性幼儿园	10	17%
	一级幼儿园	20	33%
	二级幼儿园	20	33%
	三级幼儿园	7	12%
	无级别幼儿园	3	5%
园所规模	6个班以下	5	8%
	6~9个班	30	50%
	9~12个班	20	33%
	12个班以上	5	8%
教师年龄	20岁及以下	51	19%
	21~30岁	91	34%
	31~40岁	119	44%
	41~50岁	25	9%
	50岁以上	0	0
教师教龄	3年及以下	45	17%
	4~10年	105	39%
	11~20年	110	41%
	21~30年	23	9%
	30年以上	3	1%
教师学历	中专	39	15%
	大专	183	68%
	本科	44	15%
	研究生	2	1%
教师职称	二级教师及以下	166	62%
	一级教师	51	19%
	幼儿园高级教师	42	16%
	中学高级教师	9	3%
	正高级教师	0	0

二、样本园所装备与应用情况

（一）玩教具和读物配置情况

（1）室内玩教具和幼儿读物投放方面：有40所幼儿园创设了室内角色区、建构区、益智区、表演区、科学区、阅读区和美工区，12所幼儿园创设了室内角色区、建构区、益智区、科学区和美工区，8所幼儿园仅创设了阅读区和美工区。

（2）户外区域方面：样本园所普遍创设了运动区，有42所幼儿园在运动区外创设了沙水区，另外38所幼儿园在创设沙水区的同时也创设了种植区。

（二）学前教育装备经费投入的基本情况

调研发现，样本园所用于玩教具（含自制玩教具）的年度投入经费占保教收费总额的3.5%~8.3%，平均值为5.9%；园所自制玩教具在玩教具总投入中占比平均值为15%，有明显的差异性。具体情况见表2。

表2　民办、公办幼儿园玩教具年度投入经费占比

玩教具投入经费占比		
平均值	民办（含普惠、高端）	公办
5.9%	3.5%	8.3%
自制玩教具投入经费占玩教具投入经费比重		
平均值	民办（含普惠、高端）	公办
15%	10.0%	20.0%

（三）玩教具配备情况

样本园所在室内区域中，大部分创设了角色区、建构区、表演区、益智区、科学区、美工区和阅读区。具体经费投入情况见表3。

可以看出，各幼儿园对阅读区的投入是最高的，达到了玩教具投入经费的11.5%；投入较少的是角色、表演和科学区；公办园投入经费明显高于民办园。

表3　幼儿园各区域投入经费占比

区域名称	平均值	民办（含普惠、高端）	公办
角色区	6.3%	5.0%	7.5%
表演区	5.0%	5.0%	5.0%
建构区	10.0%	5.0%	15.0%
益智区	6.3%	5.0%	7.5%
阅读区	11.5%	8.0%	15.0%
美工区	6.8%	6.0%	7.5%
科学区	6.3%	5.0%	7.5%

（四）玩教具配备标准的基本情况

在"园所玩教具配置标准"问卷中，有75%的教师表示会执行本省（市）制定的幼儿园玩教具配备目录（或标准）和上级教育部门制定的幼儿园验收或评估标准；25%的教师表示会根据"园所配置经验或者自己设定标准"进行配置。

对于园所在玩教具配置方面注重的因素中，教师选择首先考虑"玩教具的质量"，其次为"园所的办园特色"和"幼儿发展需求"。

（五）教师认可的玩教具类别

对于目前市场上的玩教具，教师最满意的类别为数学类、益智类，其他为建构类、阅读类、体育类、音乐类。

（六）玩教具对幼儿成长的促进作用

对于不同类别玩教具对幼儿成长的促进作用，教师的选择依次为益智类、科学类、阅读类、体育类、建构类。

（七）需要教师指导的玩教具

需要教师指导的玩具类别排序依次为科学类、益智类、音乐类、体育类；在幼儿自主游戏活动中，需要教师指导的玩具排序依次为体育类、益智类、科学类、语言类、角色和表演类。

（八）幼儿自主探索玩具

对于幼儿自主游戏，教师认为需要提供少量指导的玩具排序依次为体育类、益智类、角色表演类、美工类、阅读类、音乐类，幼儿自主无需指导的玩具排序依次为建构类、阅读类。

（九）园所需加强配备的玩教具

教师认为园所需要加强配备的玩教具类别依次为科学类、益智类、音乐类、角色类。

（十）幼儿读物对幼儿成长的促进作用

对于幼儿读物对幼儿各方面成长的促进作用，教师认为其排序依次为语言发展、心理发育、情感体验补充；在幼儿读物配置数量和方法上，参与调查的教师均认为"按班级幼儿人数人均10册以上"来配置。

（十一）幼儿读物在园所的应用

对于幼儿读物在园所的应用方式，75%的教师选择了幼儿自主阅读，25%的教师选择了教师主导下学习。对于园所如何应用阅读类材料，教师普遍认为"阅读区角布置、幼儿园绘本馆创设"是比较理想的方式。对于园所最需增补的幼儿读物，50%的教师选择"儿童科普类"，50%的教师选择了"儿童故事类"和"卡片挂图类"。

（十二）自制玩教具

对于园所自制玩教具，67%的民办园教师表示"大部分自制，少量购买"；来自公办园的教师则认为"大量购买，少量自制"。对于园所自制玩教具的类别，民办园教师的排序依次为角色类、益智类、表演类、美工类；公办园主要自制美工类。

（十三）户外玩教具

对于对幼儿发展重要的户外玩具教师的排序依次为攀登架、爬网、平衡木、三轮车、沙包、球、绳、小推车和沙水玩具。

（十四）玩具管理与收纳工具

玩具管理与收纳工具方面，67%的教师选择了玩具柜，16%的教师选择了玩具托盘，16%的教师同时选择了玩具柜、玩具托盘。在班级配备的玩具柜、玩具框和玩具托盘的数量中，公办园明显投入较多，每班投入玩具柜10个、玩具框20个、玩具托盘7个；民办园玩具柜投入为5个以下，明显不足。

（十五）玩教具使用遇到的问题

玩教具的质量问题是教师普遍担心的问题，其次是管理收纳和安全问题。

三、结论与建议

（一）幼儿园对学前教育装备的作用和投入认识有待提高

2010年7月，国务院颁布《国家中长期教育改革和发展规划纲要（2010—2020年）》，提出要大力发展学前教育，到2020年普及学前一年教育，基本普及学前两年教育，有条件的地区普及学前三年教育。同年，国务院颁布《关于当前发展学前教育的若干意见》，提出"坚持科学保教，促进幼儿身心健康发展。加强对幼儿园玩教具、幼儿图书的配备与指导，为儿童创设丰富多彩的教育环境，防止和纠正幼儿园教育'小学化'倾向。"经过近10年的努力，目前各地学前教育事业蓬勃发展、教育规模逐步扩大、办园质量不断提高，"入园难、入园贵"现象得到显著缓解。2018年11月，中共中央、国务院《关于学前教育深化改革规范发展的若干意见》明确提出："全面改善办园条件。幼儿园园舍条件、玩教具和幼儿图书配备应达到规定要求。国家制定幼儿园玩教具和图书配备指南，各地要加强对玩教具和图书配备的指导，支持引导幼儿园充分利用当地自然和文化资源，合理布局空间、设施，为幼儿提供有利于激发学习探索、安全、丰富、适宜的游戏材料和玩教具。"新形势下，学前教育正在处在从量变到质变的过程中。从上至下，与之相配套的学前教育硬件条件必须得到改善。幼儿园为了防止和克服"小学化"现象，落实坚持"以游戏为基本活动"的教育原则，为幼儿创设安全、合理的保教活动环境；重新认识学前教育装备对幼儿教育的重要性，科学配备种类多样、数量充足、质量可靠安全的学前教育装备已经成为广大幼教工作者的共识。这一点从园所内教育装备投入经费有所提升即可一窥。

（二）学前教育装备投入仍然不足，尤其是民办园

本调研发现，幼儿园在室内区域游戏和户外游戏玩教具投放中均有基本投入，且公办园投入比民办园大。各幼儿园的投入占到了保教经费的3%以上。室内装备方面，对阅读区的投入最高，达到了10%~20%；投入较少的是角色、表演和科学区。室外装备对运动区的投入较大，其次是沙水和种植区。玩教具的质量、安全、收纳成为教师普遍关心的问题。

（三）学前教育装备的应用研究情况

装备即教育，装备即课程。通过问卷，我们发现在学前教育装备的应用研究中，教师在教育理念和教育行为两方面均未体现学前教育工作的特殊性，没有真正落实"幼儿园以游戏为基本活动"的教育原则。教师重视集体教学，轻视幼儿自主游戏，出现了"真学习，假游戏"和"真游戏，浅学习"两种倾向。这一现状要求教师更多地研究幼教装备、研究儿童、研究教学策略，把玩教具物化的教育目标通过游戏活动挖掘出来，用于教育教学，让幼儿接受高品质的学前教育。

（四）修订《幼儿园保教设备配备标准》

自2013年起，全国各省先后试行各级各类《幼儿园保教设备配备标准》，而国家层面自1992年出台《幼儿园玩教具配备目录》后就再未出台相关的标准性文件，直至2018年才发布《幼儿园玩教具配备指南（征求意见稿）》。幼儿园如何建、玩教具如何配、环境是否绿色环保等装备建设工作，急需科学、系统、规范的标准性指导文件出台。为适应当前学前教育事业的发展需要，全国省级教育行政部门也需要出台规范标准，修订原标准，以此指引各级各类学前教育机构办学和设施设备的配备与使用行为。建议从以下几个方面修订相关文件。

保基本、促发展：修订配备的标准应为基层幼儿园贯彻落实《幼儿园工作规程》《幼儿园教育指导纲要（试行）》《3—6岁儿童学习与发展指南》规定的保育教育任务所配备的环境、区域、玩教具、管理等基本装备提供科学系统的指导框架，在过程中关注城乡差异、地域差异，做到分层分类制定标准，实现保基本、促发展的任务。

尊重规律、引领教育：装备背后是教育理念的支撑，幼儿园玩教具的提供要坚持以幼儿发展为本的教育理念，符合幼儿的学习方式和认知规律，充分保障儿童主动探索、自主构建的主体地位，使学前教育机构的装备满足保教工作需要，克服装备配备中存在的小学化、成人化倾向。

科学前瞻、面向未来：教育装备的研发要向下看（切合实际），也要向前看（注意理论的前瞻性和引导性），主动吸取现代教育技术成果中对学前保教活动及管理有益的内容，跟踪国内外学前教育发展动态，为未来发展预留空间。

（作者单位：赵华军，江西省教育技术装备站；金锦秀，武汉爱立方儿童教育传媒股份有限公司）

参考文献
[1]教育部. 3—6岁儿童学习与发展指南[EB/OL].(2012-10-09). http://www.moe.gov.cn/srcsite/A06/s3327/201210/t20121009_143254.html.
[2]刘焱. 儿童游戏通论[M]. 福州: 福建人民出版社, 2015.

附表1　园长问卷

一、园所基本信息

1.园所性质：

☐公办园　　　　☐民办园　　　　☐市州直属

☐县市直属　　　☐街道（乡镇）　☐其他（填写具体情况）＿＿＿＿＿＿＿

2.园所等级：

☐省示范园　　　☐市示范园　　　☐一级幼儿园

☐二级幼儿园　　☐三级幼儿园　　☐其他（填写具体情况）＿＿＿＿＿＿＿

3.幼儿园规模：

A. 共＿＿＿＿＿班，其中大班＿＿＿＿＿＿班；中班＿＿＿＿＿＿班；小班＿＿＿＿＿＿班。

B. 幼儿人数＿＿＿＿＿＿人

C. 教职工人数＿＿＿＿＿人

4.贵园设置的室内玩教具区域有：

☐角色区　☐表演区　☐建构区　☐益智区　☐阅读区　☐美工区　☐科学区

5.贵园设置的户外游戏区域有：

☐运动区　☐沙水区　☐种植区　☐其他（填写具体情况）＿＿＿＿＿＿＿

6.贵园每年用于玩教具的总投入约为＿＿＿＿＿＿万元，在年度经费中的占比约为＿＿＿＿＿＿%；自制玩教具在玩教具总投入的占比约为＿＿＿＿＿＿%。

7.贵园在各类玩教具的配备中，每学年所使用的资金占总体玩教具经费的比例是多少?

　　A. 角色区：☐ 5%以内　☐5%~10%　　☐10%~20%☐20%~30%以上

　　B. 表演区：☐ 5%以内　☐5%~10%　　☐10%~20%☐20%~30%以上

　　C. 建构区：☐ 5%以内　☐5%~10%　　☐10%~20%☐20%~30%以上

　　D. 益智区：☐ 5%以内　☐5%~10%　　☐10%~20%☐20%~30%以上

　　F. 阅读区：☐ 5%以内　☐5%~10%　　☐10%~20%☐20%~30%以上

　　G. 美工区：☐ 5%以内　☐5%~10%　　☐10%~20%☐20%~30%以上

　　H. 科学区：☐ 5%以内　☐5%~10%　　☐10%~20%☐20%~30%以上

二、园所玩教具、幼儿读物配备情况

说明：该表依据2014年发布的《湖北省幼儿园保教设备配备标准（试行）》制定。请在☐内打"√"或在＿＿＿＿＿＿上填写具体情况。

分区	名称	单位	配备状况			已配备玩教具件数/金额情况
			全园配备	部分班级配备	无配备	
角色区	娃娃家	套	☐	☐	☐	计___件___元
	医院	套	☐	☐	☐	计___件___元
	超市（货架）	套	☐	☐	☐	计___件___元
	理发店	套	☐	☐	☐	计___件___元
	快餐店	套	☐	☐	☐	计___件___元
	交通岗	套	☐	☐	☐	计___件___元
建构区	排列组合类	套	☐	☐	☐	计___件___元
	接插结构类	套	☐	☐	☐	计___件___元
	穿线编织类	套	☐	☐	☐	计___件___元
	螺旋结构类	套	☐	☐	☐	计___件___元
	桌面积木	套	☐	☐	☐	计___件___元
	中型积木	套	☐	☐	☐	计___件___元
	大型积木	套	☐	☐	☐	计___件___元
益智区	数形玩具	套	☐	☐	☐	计___件___元
	测量玩具	套	☐	☐	☐	计___件___元
	智力玩具	套	☐	☐	☐	计___件___元
	棋类	套	☐	☐	☐	计___件___元
	牌类	套	☐	☐	☐	计___件___元
科学区	磁性类	套	☐	☐	☐	计___件___元
	弹性类	套	☐	☐	☐	计___件___元
	力学类	套	☐	☐	☐	计___件___元
	平衡类	套	☐	☐	☐	计___件___元
	光学类	套	☐	☐	☐	计___件___元
	声响类	套	☐	☐	☐	计___件___元
	电类	套	☐	☐	☐	计___件___元
阅读区	儿童文学类图画书	册	☐	☐	☐	计___册___元
	科普类图画书	册	☐	☐	☐	计___册___元
	音像电子读物	册/MB	☐	☐	☐	计___册（MB）___元
	卡片类	册	☐	☐	☐	计___册___元
表演区	打击乐器	件	☐	☐	☐	计___件___元
	磁带、CD	片	☐	☐	☐	计___件___元
	头饰、服饰	件	☐	☐	☐	计___件___元
	道具	件	☐	☐	☐	计___件___元
	手偶、木偶	个	☐	☐	☐	计___件___元
美工区	工具类	件	☐	☐	☐	计___件___元
	绘画材料	套	☐	☐	☐	计___件___元
	手工材料	套	☐	☐	☐	计___件___元
	辅助材料	套	☐	☐	☐	计___件___元
	欣赏资料	套	☐	☐	☐	计___件___元

附表2 教师问卷

1. 受访者基本信息：

您的年龄_____岁，您的教龄_____年，您的职称是_____。

2. 您的最高学历：

□中专　　　　□大专　　　　□本科　　　　　　□研究生及以上

3. 您所在园的性质：

□公办　　　　□民　　　　　□市州直属

□县市直属　　□街道（乡镇）　□其他（填写具体情况）_____

4. 您所在幼儿园的级别：

□省示范园　　□市示范园　　　□一级幼儿园

□二级幼儿园　□三级幼儿园　　□其他（填写具体级别）_____

5. 您所在园按照什么标准配置本园的玩教具：

□1992年原国家教委颁布的《幼儿园玩教具配备目录》

□本省（市）制定的《幼儿园玩教具的配备目录（或标准）》

□上级教育部门制定的幼儿园验收或评估标准

□本园自设的配备标准

□本园的配置经验

□其他（填写具体标准）_____

6. 您认为幼儿园在玩教具配备上特别注重的是（选三项）：

□玩教具的品牌　　　□玩教具的材质　　　　□玩教具的质量

□玩教具的价格　　　□上级部门的具体验收要求　□本园的办园特色

□本园幼儿的发展需求

□其他（填写具体项目）_____

7. 您认为目前市场上较丰富的幼儿园玩教具是：

□体育类　□科学类　□数学类　□益智类　□语言类

□角色类　□表演类　□美工类　□音乐类　□建构类

□阅读类　□其他（填写具体项目）_____

8. 您认为幼儿园配备的哪些玩教具对幼儿的成长有明显的作用：

□体育类　□科学类　□数学类　□益智类　□音乐类

□语言类　□角色类　□表演类　□美工类　□建构类

□阅读类　□其他（填写具体项目）_____

9. 您认为哪些玩教具是需要教师指导的，哪些是让幼儿自主探索的。请打钩。

类型	教师主导	教师介绍幼儿游戏	幼儿自主教师少量指导	无需指导幼儿自主游戏
体育类	☐	☐	☐	☐
科学类	☐	☐	☐	☐
数学类	☐	☐	☐	☐
益智类	☐	☐	☐	☐
语言类	☐	☐	☐	☐
角色、表演类	☐	☐	☐	☐
美工类	☐	☐	☐	☐
音乐类	☐	☐	☐	☐
建构类	☐	☐	☐	☐
阅读类	☐	☐	☐	☐

10. 您认为贵园需要在哪些类别的玩教具上加强配备：

☐体育类　☐科学类　☐数学类　☐益智类　☐语言类

☐角色类　☐表演类　☐美工类　☐音乐类　☐建构类

☐阅读类　☐其他方面（填写具体内容）_____

11. 您认为对幼儿读物对幼儿的促进作用主要表现在哪些方面：

☐能促进幼儿语言发展　　　☐能促进幼儿心理发育

☐能作为幼儿情感体验的补充　☐能作为为幼儿生活体验的补充

☐其他方面（填写具体内容）_____

12. 您认为幼儿园幼儿读物数量配置数量和方法为：

☐规定小班250册以上，中班300册以上，大班350册以上

☐按班级幼儿人数人均10册以上

☐按各年龄段幼儿图书类别，每类3~5册以上。

☐其他（请简单说明）_____

13. 幼儿读物在贵园的应用形式是什么：

☐教师讲授，幼儿听　　　☐教师主导下的学习

☐幼儿自主阅读　　　　　☐其他（填写具体形式）_____

14. 贵园的阅读类玩教具一般应用于哪些地方：

☐阅读区角布置　　　　　☐幼儿园绘本馆创设

☐集体教学活动　　　　　☐其他（请简单说明）_____

15. 您认为贵园最需要增补哪些类型的幼儿读物：

☐儿童故事类　　　　　　☐儿童科普类

☐卡片挂图类　　　　　　☐热门动漫类

☐其他（请简单说明）_____

16. 您的幼儿园在开展自制玩教具活动中，一般情况是：

☐基本都是教师自制　　　　　　☐大部分自制，园方购买少量

☐园方大量购买，教师少量自制　☐教师不自制，园方统一购买

☐其他（请简单说明）_____

17. 在开展自制玩教具活动中，您一般会自制以下类别玩教具：

☐体育类　☐科学类　☐数学类　☐益智类　☐语言类

☐角色类　☐表演类　☐美工类　☐音乐类　☐建构类

☐阅读类　☐其他（请简单说明）_____

18. 户外玩具中，您认为对幼儿发展比较重要的玩具为：

☐滑梯　　☐攀登架　　☐爬网　　☐荡船　　☐秋千　　☐拱形门

☐钻筒　　☐钻网　　☐平衡木　　☐三轮车　　☐小推车　　☐飞盘

☐沙包　　☐球　　☐绳　　☐沙水玩具

☐其他（请简单说明）_____

19. 在玩具管理与收纳环节中，一般您会选择：

☐玩具柜　　　☐玩具框　　　☐玩具托盘

☐其他（填写具体工具）_____

20. 班级配备的玩具柜、玩具框和玩具托盘的数量分别为：

☐玩具柜_____个　　　　☐玩具框_____个

☐玩具托盘_____个　　　☐其他_____个

21. 从教师、家长、幼儿的反馈看来，幼儿园的各类玩教具在使用的过程中，遇到的突出问题有：（请列举前5个突出问题并简单阐述理由）

智慧教育与智慧教育城市的探索和实践

OKAY智慧教育研究院

一、行业发展与国家政策趋势

（一）行业发展趋势

（1）新型智慧城市发展迎来新机遇

一般认为智慧城市的概念最早由IBM在2009年提出。IBM对于"智慧"的定义提出了"3I"特征，即感知化（Instrumented），通过监控摄像机、传感器、RFID等设备打造"更透彻的感知"；互联化（Interconnected），通过宽带、无线和移动通信网络连接形成"更全面的互联"；智能化（Intelligent），通过高速分析工具和集成IT平台实现"更深入的智能"。

2014年8月，发改委印发的《关于促进智慧城市健康发展的指导意见》指出，"智慧城市是运用物联网、云计算、大数据、空间地理信息集成等新一代信息技术，促进城市规划、建设、管理和服务智慧化的新理念和新模式"。

在国际上，各国已纷纷开始智慧城市建设。国际战略管理咨询公司罗兰贝格自2017年3月开始，便针对全球在建的智慧城市战略进行跟踪测算。2019年3月，罗兰贝格公布了第二次测算的结果。罗兰贝格的智慧城市战略指数分为两大指标（见图1），一是行动领域，包括政府、健康、教育、交通、能源与环境、建筑6个领域；二是促成目标的因素，包含规划及基础设施和政策两大部分。其进一步细分则又涵盖了预算、规划、协调、利益相关者、政策和法律框架及基础设施等6个三级指标。

从2019年的最新测算结果来看，在全球153个智慧城市中，亚洲城市的表现更引人注目，平均得分领先于欧美城市。在排名前15的城市中，亚洲有8个城市上榜，欧洲为5个城市，北美仅为2个。而在亚洲，中国的表现最好，有5个城市跻身于前15，包括上海（第6名）、重庆（第8名）、深圳（第9名）、大连（第11名）和广州（第14名）。

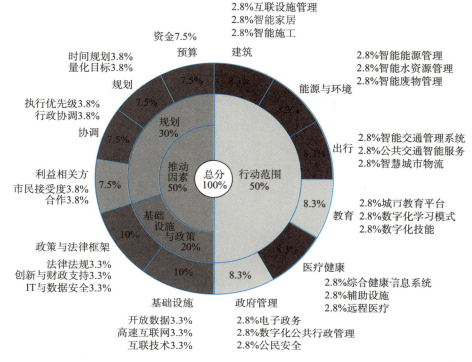

图1 罗兰贝格智慧城市战略指数指标构成

新一代信息技术的日渐成熟为新型智慧城市提供了发展条件。当前，我国各地城市通过顶层设计，结合多方资源优势，通过建设统一城市大数据平台、应用开发、智能设备、网络互联等发展智慧城市建设。智慧城市的各类智能应用越来越丰富多样，广泛存在于教育、经济、社会各个领域和部门。智慧城市的建设还将催生一批与之相关的新产品、新业态，形成新的产业链条，助推城市经济发展，为各行各业创造新的机遇与挑战。

智慧城市将城市看作一个完整的生态系统，将在创新城市治理模式、改革政府管理方式等方面发挥越来越重要的作用，对加快教育现代化、工业化、信息化、城镇化，提升城市可持续发展能力具有重要意义。

（2）教育的智慧化成为新型智慧城市中教育服务的基本要求

智慧教育是智慧城市的重要组成部分。2012年底，国家启动了全国智慧城市试点建设工作，经过多年发展，智慧城市建设取得了一定的成效。国家标准委《新型智慧城市评价指标（2016）》将教育服务作为成效类指标"惠民服务"之一，可见教育的智慧化也是构成智慧城市的基本要求。

智慧教育的最初实践是以单所学校为单位探索技术与教育融合条件下的创新教学模式的实验校。2015年以来涌现了一批智慧教育实验校，如北京密云三中、密云六中、河南汤阴一中等。随着智慧教育产品的不断发展和有效应用，越来越多的学校加入智慧教育的建设中，形成了区域内大规模的智慧教育学校。截至2017年，全国各地已有数千所智慧教育学校。随着规模化智慧教育学校的快速发展，以及智慧城市发展的需要，全国各地逐步从单所建设智慧教育学校转向区域整体打造智慧教育城市的模式。2018年，石家庄市藁城区、山西省大同市、山东省临沂市高新区等城区已全面开启智慧教育城市建设。

（3）建设智慧教育有助于破解城市教育服务难题

智慧教育城市的序幕已经开启。智慧教育将构建无边界学习生态，将在优化配置城市教育资源、促进教育公平、形成教育教学新业态、使城市化水平与教育发展匹配等方面发挥效用，满足市民终身学习的需要，最终实现以教育信息化全面推动城市教育现代化。

1）让城市智慧起来，推动城市教育现代化

随着智慧城市建设进入新阶段，信息技术与城市各个行业融合的模式和形态正在发生重大变化，对于提升城市治理能力和群众获得感具有重要意义。在教育领域，信息化是教育现代化的重要驱动力，是促进教育公平、提高教育质量、推动教育改革的有力抓手和有效手段。没有信息化就没有现代化。新一代信息技术的融入将重塑教育形态，教育将更加智慧，智慧教育将为教育现代化发挥不可替代的关键作用。

我国教育信息化总体上已进入初步"应用"与"融合"阶段，人工智能等新一代信息技术已开始对教育产业赋能。人脸识别、语音识别等人工智能技术应用在校园安防、课堂管理等方面；自适应学习、VR/AR等技术应用在课堂教学、教育机器人等方面。如今，我国上线的在线开放课程达1.25万门，国家精品在线开放课程1291门，选学人数突破2亿人次，超过6500万人次获得慕课学分。全国中小学互联网接入率达97.6%，学校多媒体教室普及率达93.4%，教学点数字教育资源全覆盖项目惠及边远贫困地区400多万名学生，国家数字教育资源公共服务体系基本建立，超过60%的教师和近50%的学生开通网络学习空间，"校校用平台、班班用资源、人人用空间"正逐步实现。

人工智能等技术不仅能从知识关联和群体分层层面分析学生知识掌握情况、推送学习建议和学习策略，更能从学习者的思考方式、个性学习特点等方面为学生提供个性化、定制化的学习内容和方法。以华中师范大学为例，学校通过采集学生在不同学习环境下的多模态数据，实现了学生综合素质的精准评价。学校先后建成了60余间智慧教室，开设了超过2200门在线课程，并为全校师生构建了在线学习和社交空间。

随着技术的进步和政策驱动，人工智能等技术的教育应用场景在校内和校外越来越丰富，学习者获得智慧教育的体验也越来越容易，教育服务将越来越智慧，城市教育现代化将得到巨大推动。

2）让区域间、城乡间、学校间教育均衡发展，促进教育公平

教育公平是社会公平的重要基础，为实现教育公平，世界各国均不遗余力地推行缩小教育差距、均衡发展的政策。随着人民群众不断增长的对高质量教育的需要与供给不足的矛盾不断凸显，推进义务教育均衡发展成为必然选择。

我国的教育失衡主要表现在区域间、城乡间、学校间办学水平和教育质量还存在明显差距。在区域间，我国东部地区、中部地区和西部地区学校办学条件和教育发展水平存在差距；同一地区内部经济发达地区和贫困地区学校办学条件和教育发展水平存在差距。在城乡间，城市居民和农村居民的子女获得教育机会和享受的教育资源是不一样的。在学校间，同一地区，学校资源的配置呈现不均衡状态。

习近平在给国培计划（2014）北师大贵州研修班参训教师的回信中说，"扶贫必扶智。让贫困地区的孩子们接受良好教育，是扶贫开发的重要任务，也是阻断贫困代际传递的重要途径。"让大山中的学生可以享受到与城市学生同步的优质教学与教育资源；让全国各地的学生可以进入同一个"课堂"；让学生可以获得个性化辅导；让教育管理者可以从大数据中获得全方位的信息。新一代信息技术的发展为中国教育带来了新的发展契机。

我国各级政府高度重视学校信息化建设，据教育部《2017年全国义务教育均衡发展督导评估工作报告》显示，宁夏回族自治区投入2.5亿元，建成了全国第一个以省级教育部门为单位的"教育云"。陕西省建立了教育大数据应用中心，网络覆盖到全省所有县（市、区）。湖北省近三年累计投入50亿元用于教育信息化基础设施建设，"政府政策支持、企业参与建设、学校持续使用"的建设、运行、维护机制初步形成。安徽省探索以县为单位、由优质学校辐射教学点和薄弱学校的"在线课堂"常态化教学模式。

基于互联网、大数据、人工智能等技术的网络学习、远程教育、资源云平台等教育信息化应用，实现了区域间、城乡间、学校间资源的优化共享，为更多的学习者，尤其是偏远和欠发达地区的学生，提供了更多的优质教育资源，让教育均衡发展，对实现教育公平起到了极大的促进作用。

（4）教育4.0时代来临

马克思主义教育学认为教育起源于劳动、起源于人自身发展的需要。从原始社会的原始教育到农耕时代的私塾教育，再到工业时代的学校教育，以及以信息技术的广泛应用为标志的现代教育，教育的演进过程也从口耳相传的传统教育1.0时代、班级授课制的传统教育2.0时代、搭载互联网内容的电子化教育3.0时代，进入到AI加持下的智慧教育4.0时代（见表1）。

表1　教育的演进过程

教育演进	农耕时代	工业时代	互联网时代	人工智能时代
	教育1.0	教育2.0	教育3.0	教育4.0
学习组织	非标准化私塾等	标准化学校	标准化学校	无边界的任意地点任意时间
媒介技术	纸笔、书本、印刷术	黑板、粉笔、书本	数字媒体与技术（互联网接入、数字资源、电子白板、触摸屏电视、移动设备等）	智能媒体与技术（人工智能、大数据、云平台、移动通信技术、资源共享、智能终端等）
教学形式	师徒、血亲经验传承	群体标准化班级授课	群体标准化班级授课	个性化教学
价值导向	功名；经验技能传递	知识传承；产业工人、人的社会化	知识导向；高效灵活传播	能力导向；按需学习，基于知识建构的深度自主学习；个性化学习支持与服务

从以上教育演进过程可见，学习组织、媒介技术、教学形式、价值导向等从古至今已发生了多次重大变化。大数据的积聚、算法理论的革新、计算能力的提升，以及5G时代的到来，必将推动AI智能终端飞速发展。在未来，借助AI智能终端，学习者学习的时间与空间将被打破，将实现无边界学习；每个学生的学习数据都将被记录；学习的方式更加多元化，每个学生的课程都是定制的；每位教师都有一个AI教学助手；未来学校将注重引导学生树立正确的世界观、价值观、人生观、民族观等的德育培养。未来的教育将真正拥有智慧，智慧教育时代正在快速向我们走来。

（二）国家政策

教育是民族振兴、社会进步的重要基石，党的十九大报告指出"建设教育强国是中华民族伟大复兴的基础工程，必须把教育事业放在优先位置，加快教育现代化。"当今社会已迈入信息社会，以教育信息化全面推动教育现代化建设已是普遍共识。

近年来，为推动教育信息化建设步伐，我国立足国情，相继发布《教育信息化2.0行动计划》《中国教育现代化2035》等相关政策，从国家战略层面引领，促进教育的变革与创新。

《教育信息化2.0行动计划》明确要求，到2022年基本实现"三全两高一大"的发展目标，并指出教育信息化2.0已经进入融合创新时代，教育信息化已成为推动我国教育系统性变革的内生变量，是实现"教育现代化2035"的主要引擎。

2018年7月，宁夏获批建设全国"互联网+教育"示范区。2019年1月，教育部办公厅发布《关于"智慧教育示范区"建设项目推荐遴选工作的通知》，2019年和2020年分年度各遴选5个以上地方积极、具有较好发展条件的地区，优先开展"智慧教育示范区"建设与实践探索。并于2019年5月将北京市东城区、山西省运城市、上海市闵行区等八个区域列入"2019年度'智慧教育示范区'创建区域名单",将江苏省苏州市、山东省青岛市列入"2019年度'智慧教育示范区'创建区域培育名单"。

《中国教育现代化2035》指出"加快信息化时代教育变革,建设智能化校园,统筹建设一体化智能化教学、管理与服务平台",为推动教育信息化融合创新发展,实现教育理念与模式、教学内容与方法的改革创新指明了方向。

从国家政策趋势倾向性来看,我国教育信息化将继续全面深入推进,人工智能、大数据等应用将在教育领域持续快速发展,大众会越来越多地体会到新一代信息技术对教育变革的促进作用。未来,当人工智能等新技术深度融入教育教学环节时,教学活动各个环节的时间成本将有效降低,高质量的、有效的智能化教学时代将全面开启。

二、智慧教育与智慧教育城市建设

近年来,大数据与人工智能等技术的发展给传统教育带来了冲击,也为教育变革提供了新的思路。学习者更多地呈现出对新技术极强的适应力和投入感,在认知方式和信息加工能力方面也具有顺应信息时代发展的先天优势。借助新技术构建新的智能化学习环境和学习生态将助力新时代的教育改革。在智慧教育环境下,学习和教学的方式会发生变革,教师所承担的工作形态会发生变革,课堂形态会发生变革。

（一）体系架构——构建智慧教育"4A生态体系"

2016年,教育部发布《教育信息化"十三五"规划》,指出:到2020年要基本建成"人人皆学、处处能学、时时可学"、与国家教育现代化发展目标相适应的教育信息化体系。

当前,随着物联网、云计算、大数据、人工智能等新一代信息技术的发展,利用新技术使"以传授知识"为中心的传统教育转变为"以满足学习者个体需求"为中心的教育正成为现实,让每一位学生学自己所应学、学自己所想学,有针对性地自主选择自己需要的学习内容,然后选择最合理的学习方法来实现高效的知识获取和巩固,从而实现个性化的智慧学习,逐步建成以人人、时时、处处、适应性内容（Any one、Any time、Any where、Adaptive content）为核心的智慧教育"4A生态体系"（见图2）。这种教育模式以体系化、生态化的视角考察技术在教育中的角色与定位,从以往对"教师教、学生学"的行为关注,转变为对教师和学生实际教育和学习需求的关注,更好地实现了技术与教育生态的融合。

图2 智慧教育"4A生态体系"

（二）建设与应用——重构区域智慧教育生态圈

2019年5月16日，习近平主席在"国际人工智能与教育大会"上强调，中国高度重视人工智能对教育的深刻影响，积极推动人工智能和教育深度融合，促进教育变革创新。教育部部长陈宝生也在会议发言中指出，智能技术对教育行业的渗透打破了传统教育系统的固有生态，使其开始向智能教育的新形态迈进，在这种技术环境下，将会构建出一种新型的灵活、开放、终身的个性化教育生态体系。

通过区域智慧教育生态圈（见图3）的搭建，为该区域的学习者提供高学习体验、高内容适配性和高教学效率的教育系统，将传统教育方式与现代教育技术和理念相融合，将校内与校外学习场景相融合，构建与现有教育体系相辅相成的新型学习、教学、管理模式，进一步推进优质教育资源共建共享与信息数据互联互通，体现教育公平理念。

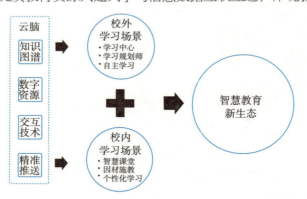

图3 智慧教育生态圈

（1）信息技术为智慧教育城市升级提供重要支撑

《国家中长期教育改革和发展规划纲要（2010—2020年）》指出："信息技术对教育发展具有革命性影响，必须予以高度重视"。经过多年发展，全国大部分学校已经具备信息化条件下的基本教学环境，教育信息化的初步应用已经基本实现。在这种背景下，建设区域智慧教育必须坚持以应用为驱动，把物联网、云计算、大数据、移动互联网等新技术和教育教学深度融合，通过汇集教学数据，使用数据模型、数据挖掘等数据处理技术，实现区域的智慧教学精准性。所以，促进信息技术在教育与教学过程中的深入应用、逐步实现教育与技术的深度融合，成为当前需要继续深入实践的重要课题。

1）物联网——打通智慧课堂局域网

受到传统网络限制，传统互联网无法满足数据高并发和易受网络环境影响断网、卡顿等问题。通过教室内物联网设备的部署，利用无线网络连接教师端、学生端、资源存储端及后台算法，让整个系统无障碍运转；同时通过智能投影、智能缓存、智能网络、智能Wi-Fi和智能管理等创新应用，让"无网授课"变为现实，并使得教室网络部署成本的大幅下降。以湖北利川思源实验学校为例。2018年1月3日，由于雨雪天气的影响，学校校园网光纤受损严重，对使用校园网的设备影响极大。但由于学校配备的云盒内置了物联网卡，使校园网自动切换到4G网络，保障了课堂的正常教学。

2）大数据、云计算——实现个性化精准学习

通过学习终端对学生学习情况的数据进行全流程采集，基于大数据与云计算技术，可以精准掌握每名学生的学习特点、知识掌握情况，并根据不同学生的特点为教师提供定制化的教学建议和课程内容，实施精准教学；真正意义上实现现代数字化教学的常态使用，高效保障教学通信，真正实现"学其所需"的精准推送，帮助学生做到"只做能让自己进步的那一道题目""只看能帮助自己解决问题的那一分钟微课视频"。以河南省汤阴一中为例，刘老师在提到她的学生张同学时讲道："张同学很内向，三角函数这个知识点掌握程度只有68%。你问她为什么，她也说不出具体的，就说是概念不清楚。等我看她的错题分析，显示97道题都是计算错误。我就教了她一些运算技巧，正确率很快就提上来了，而这些都是数据告诉我的。"

学校的基础设施环境是智慧教育常态化应用的重要保障，只有符合教学规律并能够为日常教学供无缝支持的硬件环境，才能够真正实现实体课堂与技术的紧密结合。

（2）为学生提供智慧学习的服务

2017年5月，北京师范大学智慧学习研究院发布了《2016中国智慧学习环境白皮书》，提出以"学习者"为核心的完整智慧学习系统（见图4），并指出：教与学的逻辑应遵循学习资源匹配、教学逻辑自治、学习体验丰富、学习反馈及时四个基本原则。[1]

2018年4月，教育部发布的《教育信息化2.0行动计划》明确指出要为学习者"构建智慧学习支持环境"，大力推进智能教育，开展以学习者为中心的智能化教学支持环境建设，推动人工智能在教学、管理等方面的全流程应用。

智慧教育"4A生态体系"在区域内的建设与应用，首先，能为区域带来学习环境的变化。通过智慧教育"4A生态体系"的学习环境在区域内的建设与应用，依托人工智能来构建无边界学习的环境，实现学生与教师的人际互动、人与技术工具的互动、技术

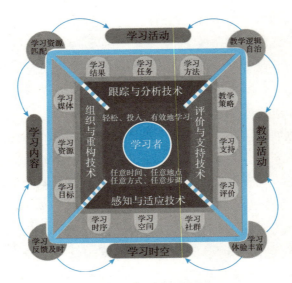

图4 智慧学习系统

工具与资源的互动、现实空间与虚拟空间的互动，推进个性化学习，促进教育精准化发展，从传统的、相对封闭式的校园变成突破了学校围墙的、线上线下相结合的、教育教学时空可以分离的新型校园形态。

其次，为区域带来学习模式的变革。学习者通过智能终端接收到的内容都是经过分析学习者当前学习状态和水平而推送的最适合的内容。在传统学习模式中，学习者通过做一套套的试卷以达到对内容的掌握，而智慧教育"4A生态体系"旨在把学习者从书山题海式的重复练习中解放出来，利用先进的学习工具和学习方法以十倍甚至百倍的效率去学习，让学习者把更多的精力花在学会解决问题上，真正提高学习的能力，而不是盲目重复，由此开启精准学习模式。

最后，通过提高学习效率为区域内家长、学生真正实现减负。2018年2月，教育部办公厅、民政部办公厅、人力资源和社会保障部办公厅、原国家工商总局办公厅印发《关于切实减轻中小学生课外负担开展校外培训机构专项治理行动的通知》。主要原因是近年来一些面向中小学生举办的非学历文化教育类培训机构开展以"应试"为导向的培训，违背教育规律和青少年成长发展规律，造成学生课外负担过重，增加了家庭经济负担，社会反响强烈。通过智慧教育"4A生态体系"的学习环境在区域内的建设与应用，学生可以大大减少课外补习，切实减轻学生和家长的负担。首先，当学生对知识点掌握较差时，系统会自动推送适应的微课视频；其次，学生参加课外辅导也仅需要针对性的点拨，时间大幅度减少，从而提高学生学习效率，提高教师教学效率。所以，智慧教育可以让更多教育资源得以集中，同时创造双向反馈机制，让我们更能了解"学生自己想要学什么"，在学生"应该学什么"和"渴望学什么"之间建立衡量标准，并注重引导，通过数据模型激发学生自主学习的热情，关注自身发展。教师通过大数据可以精准定位学生的学情，有针对性地关注每个学生，让学生只学不会的知识，从而减轻学生筛选学习内容的负担。

（3）为教师提供智慧教学的服务

通过智慧教育"4A生态体系"在区域的搭建与应用，教师将全面掌握学习成绩，开展针对性教学、网络教研活动，更加高效、便捷地进行网络备课，享受来自本地乃至全国优秀教师的备课资源，真正实现"无备"；对学生的作业和试卷进行自动批改和自动分析，实现"无批"；根据学习者特征进行快速分组，组织课堂协作学习；灵活控制学习终端，实时向学生推送相关学习资源；动态获取系统推送的优质教学资源。在教学过程中，"教"和"学"的关系发生变革，逐步实现以"学习者"为中心的教学模式，形成技术支持下符合学习者认知规律与能力发展需求的新型"教"与"学"。

教师根据学生课内、课外的学习数据实现"以学定教"。2017年3月，遵化一中引入智慧课堂进行深度教育信息化教改。通过智慧教学，纪老师对以学生为本的教育理念有了更深层次的认知，对智能终端软硬件的功能设计和教学资源流转的底层逻辑有了新的了解。她分享说："孔子提出'有教无类，因材施教'的教育理念，这成为我们一代又一代教育人奋斗的梦想，但由于班容量等因素的制约，我们只能把这些理念停留在书面上，不能落实到实际行动中。现在借助智慧教学的先进功能，我们可以做到课前、课中、课后对学生精准定位，从而接近我们的教育梦想。"

（4）为教师、学生提供智慧资源的服务

《教育信息化2.0行动计划》明确指出"利用大数据技术采集、汇聚互联网上丰富的教学、科研、文化资源，为各级各类学校和全体学习者提供海量、适切的学习资源服务"。由此可见，教育信息化2.0时代下的数字资源需要构建以个性化、智能化教学应用为核心的资源服务体系。

当前，我国数字教育资源发展的突出问题是资源供求失衡及整体应用水平不高。教育部门、学校投入大量财力、人力建设的资源库却应用不起来，主要原因是优质数字教育资源结构性短缺，无法真正满足师生的教学需求。所以，在教育信息化2.0时代需要树立新的数字教育资源观，即应用数据科学、新一代智能技术重构现有的数字教育内容与教学过程数据，构建大平台、大数据、大服务的教育资源服务体系，让教育资源成为教育内容载体与教学过程大数据的融合，建立以个性化、智能化为核心的一体化资源教育服务体系，为师生提供丰富的智能化教育资源服务[2]。

通过智慧教育"4A生态体系"在区域的搭建与应用，提供标签化、结构化、碎片化、体系化的知识体系；提供海量的种子资源；提供基于自适应算法分析技术、以用户使用数据为依据的资源筛选体系；提供用户生成内容（UGC）模式，帮助学校积累并管理一线生成的最鲜活、最有价值的教学资源，同时基于常态化使用过程中大数据的统计分析，实现资源的智能流转，从而实现区域内教育资源的均衡化。

湖北省利川市思源实验学校英语教师李老师提到备课资源时这样讲道："在备课的过程中，我能接收到系统推送给我的个性化资源，这些资源大多是一线教师课后分享出来的，符合实际，我能从中受到启发，所以我现在备课能达到事半功倍的效果。总体来说，我觉得智慧课堂能实现弯道超车，我们的学生没有去过大城市但能享受大城市的资源，我觉得这就是教育均衡发展的体现。"

（5）为管理者提供智慧管理的服务

2019年2月，中共中央办公厅、国务院办公厅印发《加快推进教育现代化实施方案（2018—2022年）》，提出创新信息时代教育治理新模式，开展大数据支撑下的教育治理能力优化行动，推动以互联网等信息化手段服务教育教学全过程。

目前我国教育管理信息化过程缺乏人性化和智能化，复杂的数据信息录入、导出、更新及表格制作等工作，无法让计算机直接代替人工；机构和学校的数据库都处于起步阶段，由于系统由各个子系统集成，导致收集的信息数据资源不够全面系统，难以支持及时精准的教育决策。

智慧教育"4A生态体系"在区域的搭建与应用可以实现以下功能：

智慧教育管理信息可视化。智慧管理对于信息的呈现可视化，管理员可通过视频窗口及动静态图片对数据和教育系统进行监管处理和统计分析，帮助决策者更直接客观地看到数据分析结果，了解数据之间的结构及逻辑关系，从而做出预测并更快地做出合适的决策。

智慧管理对大数据的采集和应用。智慧管理最重要的特征是对数据的采集及应用。相关教育机构可以将采集的数据用于对学生的管理，采集的数据可以全程记录学生的成长轨迹，减轻教师的工作量，让教师因材施教，挖掘学生的兴趣爱好。与此同时，智慧管理大数据还可应用于教学过程，教师可以结合考试情况全面了解学生对作业的完成情况，实现线上线下互补的智能教育服务体系，为学生高效定制个性化的教育方案，学习者的学习资源将在校内、校外进行流转，形成立体的教育生态。

信息时代教育管理信息化走向智慧管理是教育发展的必然趋势。学校和教育行业相关人士只有高度重视信息化建设，不断创新教学管理机制，积极运用现代化手段进行管理，才能加快智慧教育发展的建设步伐，最终实现智慧管理的目标[3]。

（6）为家长提供智慧家校共育的服务

通过智慧教育"4A生态体系"在区域的搭建与应用，以大数据、AI、互联网等技术为依托，家长可以一目了然地看到学生在校内外的学习行为和数据，从而有效地督促学生对尚未掌握的知识进行学习，使家长真正走近学校、走近教师，缩短家校距离，形成家校合力，同时提升学校教育的实效性，为家校沟通打下坚实的基础。家长真正助力学生在学校的教育，真正实现家校共育。

（三）衡量智慧教育城市的指标

（1）智慧教育城市的主要特征

1）以学习者为中心的教育新生态

智慧教育是教育变革和新型信息技术的集成整合，通过智慧教育城市的建设可以打通校内外资源和场景，实现校内外融会贯通，在校内学习基础上叠加个性化、定制化的优质课程和服务。在这种教育新生态下，教师批改作业的时间少了，学生学习的负担也减少了。而且智慧教育城市还可以突破地区和条件的限制，把其他地区的优质资源流转过来，逐步解决目前教育资源不均衡的痛点。

在智慧教育新生态下，教育能够更好地为学习者服务，满足学习者的需求，真正实现以学习者为中心的全新教育生态，标志着"学习者主权时代"的到来。

2）全面感知与记录

智慧教育城市中，学习者利用智能学习终端，可以通过感知技术充分采集数据、全程记录数据，经过数据分析为学习者提供学习指导，为领导者决策提供数据支持。

3）基于优质资源共享

城市各个部门的数据不仅在政府部门之间共享，也可以为市民、其他单位共享；基于数据开放共享，市民和其他单位可以有效利用数据，提供更加创新、智慧的服务。

4）基于数据支持的各教育机构的协同管理

各层级教育主管部门之间协同工作，提高工作效率，提高市民满意度。

（2）智慧教育城市的评价指标体系

本指标体系共包含7项一级指标，16项二级指标。评价指标说明见表2。

表2　评价指标

一级指标	二级指标	二级指标释义及评价方法
基础支撑环境	人人、时时、处处可学的网络环境	网络服务全覆盖，无线网络能支持移动学习、移动办公等应用
	师生配备智能终端的比例	师生配备终端的比例指教师与学生配备智能教学终端和智能学习终端的比例。一般而言，对于学生来说，如果要实现数据的全流程采集，保障对学生学情数据的精准分析，要求每一位学生配有学习终端方可实现；对于教师来说，在课前、课中、课后与学生互动离不开专用的教学终端，尤其在课堂上，在进行分组教学时更离不开终端对学生的管理，同时可以形成课前、课中、课后一体化教学及评价体系。因此，教师也需要人手一部终端，方便教学和管理

一级指标	二级指标	二级指标释义及评价方法
数字教育资源	资源平台进化的成熟度	学习资源进化指在数字化学习环境中，学习资源为了满足学习者的各种动态、个性化的学习需求而进行的自身内容和结构的完善和调整，以不断适应外界变化的学习环境。比如某个教师将自己的电子教案分享到后台系统，一方面后台专业评审人员可对其进行评价，另一方面通过学生或者其他教师使用该资源的频度、对该学习资源进行评价、打分、留言等，后台按照评价规则进行综合计分。最终评分排名靠前的学习资源将自动纳入智能课堂学习资源中心，让智能课堂学习资源中心成为一个能自我完善、不断进化的动态资源生态圈，确保智能课堂中学习资源朝着高质量方向转化
	数字化课程资源	按国标、省标教育信息化标准，建设校本数字资源库，全国教师的一线教学资源可通过流转机制流转至学校平台作为种子资源，促进优质教育资源均衡
	个性化学习资源	平台能够按照用户的个性化特征自动推送学生或教师所需要的资源，而且资源内容涵盖面广、资源类型丰富、更新及时、方便使用
无边界学习	课堂的无边界	可以突破传统课堂时空的界限，既可以是真实的常态课堂，也可以是网络化虚拟课堂，还可以是现实世界的生活课堂。学生能够突破学校的围墙，通过学习智能终端，利用一切可以利用的资源和空间进行学习
	课程的无边界	可以突破传统课程的学科边界，通过基于大数据的人工智能技术对每一位学生的学科薄弱点进行定位。比如，一位同学在物理知识点上的错误可能是因为计算错误而导致的，那他的薄弱点应该是数学学科的计算问题；可能因为审题导致题目做错，那他的薄弱点应该是语文学科的阅读，这些都需要大数据的支撑而实现
	教与学的无边界	可以突破传统的教与学的边界。教师和学生不完全是"传授者"和"接受者"的关系，通过教学和学习智能终端利用新技术实现师生共同参与教学活动，不再拘泥于预设的教学，而是追求一种平等、民主的师生关系。比如，语文课上教师和学生同读一本书、同写一篇作文
技术与教学场景的融合度	备课的智能程度	教师空间的资源可按照教师的教学进度、教学特点等向教师自动推送，教师无须再去搜索资源，真正实现"无批"，所以备课系统的智能程度是评价技术与教学融合度的一个重要指标
	教学流程基于数据教学的应用度	本指标用于评价教师能否利用智慧教学平台和资源平台进行教学设计和教学行为：教学设计可从教学目标和教学过程两个维度来评价，在教学目标中能够做到备学生与备内容相结合，关注学生的个体差异，以生为本；在教学过程中能把技术工具充分地融合至课堂，个性化教学；教学行为可从教法教学、学习指导、教学评价三个分项进行评价，教法教学是给学生自主学习的空间和时间、激发学生学习兴趣，学习指导是指能够利用技术反馈信息对教学进程、难度进行适当调整，为学生提供平等参与的机会、能对学生进行有针对性指导；教学评价是指利用大数据分析及时采用积极、多样化的评价方式鼓励学生个性发展
师生发展	教师发展	教师具备较高的信息素养，能进行信息技术环境下的教学设计；能利用网络教学平台开展混合式教学、参与校本和区域教研活动；能利用信息技术对教学对象、教学资源、教学活动和教学过程进行有效管理和评价
	学生发展	学生具备良好的信息素养，能利用工具获取、分析、加工、评价信息并创造信息、传递信息；在教师的指导下，应用信息技术灵活开展自主学习、协作学习、探究学习、个性化学习等

一级指标	二级指标	二级指标释义及评价方法
可持续发展机制	制度保障	区域政府有完善的教育信息化管理制度；有智慧教育应用绩效考评制度，并与职称评定、各类奖励挂钩
	发展规划	区域政府有科学的教育信息化中长期发展规划，规划具有整体性、可操作性、可评估性，明确分年度目标，有与规划相匹配的年度计划和实施情况
	资金投入	教育信息化基础设施和重点项目建设资金列入各级财政教育经费预算
市民的认可度	市民体验调查	本指标用于评价公众对智慧城市发展效果切身感受的情况；本指标评价通过调查问卷完成，评价得分方法由调查问卷确定

三、智慧教育城市发展之创新经验汇总

《教育信息化2.0行动计划》的出台标志着我国开始迈入教育信息化2.0时代。面对教育信息化的转段升级，需要打造新型智慧教育建设模式，更好地满足"互联网+教育"纵深推进的需要。当前，我国的智慧教育创新实践已经从百家争鸣、百花齐放的试点阶段，逐步过渡到经验总结与规模化推广阶段，一整套有效的智慧教育建设与运营体系已经形成。以下将从七方面总结智慧教育模式的创新经验，为未来规划布局和建设智慧教育城市提供可参考的依据，为各区域学习者提供个性化、多样化、智能化的教育服务，提升教育在经济社会发展中的引领与支撑作用。

（一）建设模式创新：政企共建，真正实现"人人通"

"十二五"以来，"宽带网络校校通""优质资源班班通""网络学习空间人人通"三项工程取得突破性进展，教育资源和教育管理两大平台广泛应用，有力促进了教育改革和发展。其中"三通"是教育信息化应用的基础保障，也是深化应用的必要条件；"十三五"以来，教育信息化的建设重点转向信息技术在教育教学和管理中的深度应用，为提高教育质量、提升教育管理、促进教育公平、推进教育现代化发挥支撑作用。

如果把政府投资构建的"三通两平台"比作"高速公路"的话，那未来的融合应用便是行驶在这条路上的"车马"，这两者相辅相成，才能呈现繁荣景象。根据《教育信息化2.0行动计划》，"到2022年，我国要基本实现'三全两高一大'的发展目标，即教学应用覆盖全体教师、学习应用覆盖全体适龄学生、数字校园建设覆盖全体学校"。在此过程中，"全覆盖"的、"全流程"的教育智能化升级的最后一公里，必然是实现"人人皆学、处处能学、时时可学"的终身化学习方式，也必然是人手一终端的实现形态。"全覆盖"的、"全流程"的教育智能化升级，很难完全依靠政府投入来支撑，所以新型的建设模式呼之欲出，政府构建完善基础设施、企业提供专业化服务、家长购买学习终端，或成为迈向未来繁荣景象的最好路径。

（1）政府投入："校校通"解决网络问题，"班班通"解决环境问题

"校校通"解决了网络问题，提供了视频直点播、网络课堂等大流量数据流通所需信息高速公路，提高了教育网络接入速度。"班班通"解决了环境问题，授课教师不论到哪个教室都使用同一种软件、同一种操作方法、同一种操作界面，便于教师操作和深化应用，减轻了教师的授课负荷，提升了教学效率，大大降低了教师培训、教研、竞赛等活动的复杂性。然而，"三通"中的"人人通"才是最终要实现的目标，其本质是要解决应用问题，解决信息技术与教育教学深度融合的问题。

在政府投资下，"校校通""班班通"已取得了阶段性胜利，为实现真正的"人人通"提供了网络和环境。在未来一段时间，政府还将继续修缮"高速公路"，通过基础设施建设的升级，彻底实现"校校通""班班通"。网络、环境问题的解决，是实现学习空间"人人通"的基础和保障。人手一终端才是最终解决"人人通"的关键，而我国中小学生数量接近2亿人，只靠政府投入远远不够。所以，还需要在政府的政策引领下，由企业、社会协力共建，鼓励学生自带设备进行智能化的学习，这也是未来智慧教育城市实现智慧学习的必然措施。

（2）家长买单：BYOD实现"人人通"最后一公里

BYOD是"自带设备"（Bring Your Own Device）的英文缩写，原指允许企业员工在工作期间利用自己的移动设备接入企业内部网络以完成自己的工作进程。在教育教学领域，BYOD则是一种教育信息化服务模式，即学校允许师生自带个人移动终端进入课堂并以此参与课堂教学与学习的技术应用模式。

在世界范围内，美国是较早倡导师生BYOD行动计划的国家。早在2011年美国就开始试行"中小学BYOD行动"，并涌现出了若干典型学区[4]。这些学区都在实践如何有效地将师生的个人化、个性化信息终端设备融入学校的课堂教学，从而变革传统课堂教学模式，最终达成优化教学效果的目标。

我国的一些学校也进行了各种BYOD行动的尝试。2012年，嘉定实验小学在上海市率先实施BYOD方案，在一年级开设了两个"苹果班"（学生自带iPad上课）。接着，闵行区罗阳小学成为上海市首所实现全员BYOD的学校，要求全校每位学生都自带数字化学习设备到校学习，实现数字化学习应用由试点转向常态化，并进入全面推进阶段。2018年，石家庄市藁城区人民政府决定在全区实行基于大数据的"精准教学"，政府负责教室基础设施（包括教师使用的教学智能终端）的建设，学习智能终端则通过BYOD来解决。通过这种模式，藁城区在2018年的第一个学期就实现了1万多名学生"人手一终端"的个性化、自主化、精准化的学习模式。

从现阶段的发展情况看，学校实践BYOD模式具有必然性与可行性。

首先，学生群体发生了改变。当前，"00后""10后"学生开始进入中小学甚至大学课堂。在数字化环境中成长的经历使他们已经潜移默化地接纳了新一代数字化技术

及其产品。这些"数字原住民"有能力也习惯于使用自带设备（笔记本电脑、智能终端等）进行学习。

其次，由学校单方提供信息化设备的模式存在缺陷。一是资金投入不足：由于政府投入有限及经济发展不平衡，各级各类学校在实现教育信息化过程中面临的最大问题往往是资金不足，甚至有些学校的基础设施不能满足基本的教学需要；而完成基础设施建设的学校，需要安排专业人员进行各种软硬件维护，因而会出现维护成本过高的问题。二是设备易损坏：学校的多媒体设备及机房使用率较高，由于部分师生不够爱护设备，设备受损的情况时有发生，这严重影响着课堂教学。

2018年4月教育部发布《中小学数字化校园建设规范（试行）》，在数字终端层面更明确指出，要为学生自带设备提供网络接入、充电、储存、专用课桌等使用配套服务。这一举措为"人人通"自带设备提供了强有力的政策基础，同时也明确了在中小学数字化校园的建设过程中基础设施仍旧是政府应当解决的问题。然而，我们也应充分考虑BYOD在具体实施过程中可能遇到的问题。在未来的区域智慧教育的建设中，需要多方共同探索、群策群力，共同解决问题，更好地利用BYOD行动实现课堂教学效果的最优化[5]。

（3）企业服务：从"IT"到"OT"的运营

在教育领域，我们发现成功的企业有一个共同的认知，即教育是以"服务"为核心的，企业纷纷从传统的"IT系统集成"思维过渡到进入校园的"OT运营服务"思维。

IT（Information Technology）时代企业提供的是技术保障，基础设施一旦安装到位，之后需要提供的就是售后维修服务了；OT（Operational Technology）时代企业与客户是两个互动的主体，企业不仅需要提供技术服务，还需要基于与用户交流沟通，提供一系列的售后及运营服务。教育行业的服务，更加不是简单的IT交付就可以满足，OT运营服务才是持续发展的思路。

智慧课堂的落成使用，技术层面是保障教师端、学生端、AP、充电柜等基础设施安装部署到位，完成教师的操作培训指导。但这仅仅是一个开始，企业还需提供驻场指导、学科教研等一系列的服务。而且在整个过程中，企业与用户是互动的，随时解决发现的问题，发掘新的用户需求，不断迭代产品和服务来满足用户。

在这样的互动过程中，企业与学校是并驾齐驱的，是共同成长进步的。企业提供基础服务的同时，通过介入专家引领、举办活动等方式让学校能获取最前沿的教学理念和管理方式；而学校也能有意识地进行教学和管理的深度变革。另外，企业的迭代服务跟进也是推动学校变革的利器。在这样的服务机制下，企业与学校共建教研型学校，学校通过教学模式、学习方式层面的变革，迎来内在的质的变化。

智慧教育城市的打造需要企业与政府、学校三方共建，需要政府的政策做引领，创新的模式做辅助，需要新颖的思维和视角应对变化。

（二）内容资源创新：可进化的教学资源动力系统

以生态观和可进化性来看待内容资源，在智慧教育的生态环境构建中，教育教学内容资源是生态中最核心的一个要素。从内容资源的建设方式发展来看，大致经历了如下三个阶段。

第一阶段：资源的电子化建设阶段。主要以建设独立部署的资源库为主，一种资源库由学校建设简单的服务器，完成学校的校本资源电子化及小规模的积累；另一种资源库由教育局统一建设，满足了当时发展所需的多媒体资源的建设与使用。

第二阶段：资源的数字化建设阶段。由各级教育管理部门主导建设的教学资源公共服务平台，资源初步数字化，批量购买并导入大量的内容，服务于各地区的教育教学。

第三阶段："大资源观"下的资源智能化建设阶段。"大资源观"由教育部《信息化2.0行动计划》提出，需要我们关注资源背后的知识、资源与知识的关系、知识之间的关系，需要具备灵活的资源生产方式，基于知识图谱的精细化资源构建方式及自适应匹配内容的资源流转方式。这样的"大资源观"下的智能平台是在前两个阶段基础上的进一步提升，也将是未来资源发展的必然趋势。

综上，从内容资源建设方式的发展过程来看，现阶段教学内容资源已经从匮乏阶段过渡到了极大丰富的阶段。目前教育者和学习者在教育资源方面面临的主要困境已经不是没有资源，而是如何筛选精品资源和获得适切性的资源，如何构建资源的可进化、可共建共享、可随需学习；另外，资源与知识的转化关系也是现阶段应关注的重点。

（1）UGC：灵活的资源生产方式

自人类诞生之初到现在，知识的产生方式发生了翻天覆地的变化。21世纪初，世界经济与发展组织在《以知识为基础的经济》报告中首次提出，人类社会正处在一个以知识为核心的新经济时代。知识爆炸绝非偶然，而是人类凭借自己的本能，正无时无刻不在生产、分享、流转、利用、消费知识，并以更快的速度、基于更先进的技术推动着知识产生方式的巨大变革。

在教育行业，世界各地的教师每时每刻都在用自己的聪明才智生产着优质的授课内容和学习内容，努力使学生从中受益。在此过程中，每一次课程设计的撰写与组织都是教学内容的诞生与沉淀，每一堂课堂教学的经验与感悟都是解决学生典型问题的重要依据，每一次经典案例的引用与借鉴都是对优质内容的肯定与锤炼升华。如果这些来自教育一线的高价值内容仅止步于教师的个人电脑，将是很大的遗憾。

UGC模式的产生让这些优质的教学内容不再只停留于个体的认知，而是基于先进的技术参与到知识的分享与流转过程中，从而被更广泛地利用，以更快的速度参与到"内容生产→广泛引用→教学实践→锤炼升华"的应用循环中，最终沉淀出的是鲜活的数字化资源，从而造福于更多的教育工作者和学习者。UGC模式在教育领域的应用，能够让更全面、更优质、更实用的教学与学习内容从一线教师和学生"教"与"学"的过程中自然诞生并即时流转，赋予教育生态自循环的动力，如同流动的血液般贯穿教学各个场景，为互联网时代的智慧教学与学习输送更加鲜活的养料。

（2）KSU：精细的资源建构方式

余胜泉在《泛在学习环境中的学习资源设计与共享》一文中提出了适合泛在学习环境与非正式学习的一种新型学习资源组织方式——学习元[6]。

学习元（learning cell）中的"元"有两层含义：一是指"元件"，按照《辞海》的解释即"机器、仪器的组成部分，其本身常由若干零件构成，可以在同类产品中通用"。此处的"元"特指学习元的微型化和标准性，即学习元可以成为更高级别学习资源的基本组成部分。二是指"元始"，就是"开始"的意思，即从无到有、从有到小、从小到大、从大到强、从强到久的过程。此处的"元"反映了学习元具有类似神经元不断生长、不断进化的功能，其本质指的是学习元的智能性、生成性、进化性和适应性。在理解学习元中的"元"字含义的基础上，学习元被定义为：具有可重用特性、支持学习过程信息采集和学习认知网络共享、可实现自我进化发展的微型化、智能性的数字化学习资源。

在学习元基础上衍生出来的KSU（Knowledge，Service and Unit），是以知识点为最小单位基础，流转可进化的资源，从而提供个体相应教学和学习服务的一种全新资源建构方式。具体而言，K是知识点，是最基础的"元"，在每一个K下面，会挂接匹配这个知识点的相关内容资源；S是服务，是指用户基于每一个知识点能得到的资源推送或面授学习的精准服务；U是单元（或称"个体"），是带有独立IP属性的教学者或学习者，每一个教学者生产的资源，会对应给最适合它的学习者。

KSU不单是一种资源的建构方式，也是一种资源的运营方式。教学者根据不同需要，可以对资源稍作改动，进而升级为二次原创后的新资源。利用这些资源，教学者发挥各自的教学特色、专长、技巧，输出的是一堂精品课，也是一个带有IP属性的"商品"，随之而来的便是接受这个"商品"的学生流量。

KSU是最贴近学校、贴近教学和学习的资源建设模式，也是一种"活"的资源建构模式和运营模式。基于科学、先进的资源内容知识图谱及教材体系，对资源进行标签化、碎片化、体系化管理，在积累最鲜活的校本资源的同时，提高了教师、学生获得优质、精准资源的效率。

（3）CIP：精准的资源流转方式

人们已经习惯在各行各业获得智能化内容推送，无论是在淘宝、京东收到适合的商品推荐，还是在头条、抖音收到喜欢的内容推荐，大众正享受着智能推荐带来的生活便利、精神愉悦。

内容智能推送（Content Intelligent Push）是人工智能时代背景下精准的资源流转方式。此模式未来如能广泛应用于教育领域，将显著提升教师的工作效率和学生的学习效益。对教师推送适合的备课资源，减轻教师的备课负担，提升教师的备课质量。学生不单单是推送学习内容，而是精准匹配适合这个学生的讲解内容，这样的内容带有独立的IP属性，让学生能真正享有学习内容的适配权。对于学习者，这种全新的方式不仅减轻了课业负担，同时大大提升了学习效果；不仅能让学习者自己掌控学习节奏，还能让他们自主决定在哪里学和在什么时候学。

内容的智能推送使得数字化资源能够流转打通，从底层的教学终端、学习终端，到校级平台、区级平台，再到顶层的云端，内容自下而上聚合、自上而下分发，最终实现教育资源的均衡发展。

（三）智能终端创新：专用定制的智能终端

（1）智能终端的发展与挑战

随着新一代信息技术的发展，传统以纸张和书籍为代表的知识载体已经无法满足知识快速产生与流转的需要，数字化内容的产生及物联网技术的发展，让优质的内容和服务触手可及。在技术改变教育的历史上，智能终端作为智慧教育的主要"入口"，被用来解决教师、学生等参与者的痛点，实现从多媒体时代到信息化时代，甚至智能化时代的跨越。

信息化时代，信息技术在我国各级各类教育中得到广泛应用。以应用为驱动，承载着各类硬件、教学应用及系统的智能手机、平板电脑等移动设备已经走进校园。但一方面来自不同厂家的在线备课系统、作业系统、教学评价系统等软件集成形成了"数据孤岛"，另一方面普通的平板电脑天然携带的社交性、娱乐性及对视力和书写能力的影响更成为引发家长与教师担忧的重要因素。

随着移动终端进入智能时代，人工智能技术的发展使得教学全场景数据的有效采集与反馈得以实现，内容、应用、平台一体化的智能终端应运而生。智能终端在课堂中的常态化应用，大量真实、完整、有效的教学数据在同一个智慧教育平台上的互联互通，实现了数据的有效留存与流转。利用人工智能、大数据技术对数据样本的分析，为所有师生进行千人千面的用户画像，满足师生的个性化需求，实现教学资源的精准推送。让学生根据数据反馈进行针对性学习，让教师根据数据反馈开展针对性教学。同时底层去除娱乐与社交化的设计，专属的封闭、高效的学习环境，使得学生更加专注于学习。

智能终端的蓬勃发展也引起了国家层面的关注，得到了政府的大力支持和引导。《河南省教育厅关于创建教育信息化2.0示范区的通知》明确指出，通过2~3年的努力将学生智能终端应用覆盖到70%以上的学校。《广东省教育厅关于新形势下进一步做好普通中小学装备工作的实施意见》中明确要求，到2020年实现教师人手一台终端、师生终端比5:1的目标。智能终端已成为教育领域应用的必然趋势，在学习终端和教学终端等方面取得了较大的突破与创新，实现了与教育教学的深度融合。

（2）学习终端创新

西安电子科技大学校长杨宗凯教授认为，教育信息化从1.0时代向2.0时代迈进，即从重点关注量变向重点关注质变转变；从强调应用驱动、融合发展，向注重创新引领、生态变革转变。如今随着技术与教育的深度融合，学习智能终端在全国数千所学校实现了真正意义上的常态化应用。透过这些成功的案例，我们不难发现这些智能终端都具备关注学生视力保护、维护学生书写习惯、去除娱乐化与社交化，避免学生注意力被分散等特点。

1）手写输入——维持传统书写习惯

手写的必要性首先体现在我国现在对于学生的考查还是采用纸笔考试的方式来进行，长期使用不具备手写功能的终端，很容易造成提笔忘字的问题出现，影响学生考试发挥。其次，美国普林斯顿大学及加州大学旧金山分校的研究人员发现，使用纸笔书写方式来记笔记与使用电脑打字记录相比，可以将学到的知识记忆更长时间，更容易接受新想法，并且能够更好地捕捉自己的思维。由此可见，一款适合学生的智能终端必须具备良好的书写输入功能。

然而，普通电子屏幕上的手写输入技术会对学生的书写习惯造成不良影响。创新型电子墨水屏手写输入技术的出现，可使墨水屏上书写的触感和体验如同在纸上书写一样自然流畅，能够满足学生对手写的需求。E-Ink墨水屏与SVG技术的结合，通过采集学生的书写行为轨迹进行建模，不仅能够对学生的答题思路进行深度分析，最基础的笔画错误也能够被及时纠正。

2）视力保护——呵护学生视力健康

据《国民视觉健康》白皮书显示，中国近视人口高达4.5亿人，尤其是在儿童及青少年当中，患病率极高。全国学生体质健康调研最新数据表明，学生近视率高居不下，小学生为31.67%，初中生为58.07%，高中生为76.02%，大学生为82.68%。

青少年近视问题引起了社会各界的高度重视，随着电子设备应用于学习，越来越多的人开始关注电子设备对视力的影响。智能感知技术的出现，使得对学生的用眼距离及时间进行识别与自动提示成为可能。对学生阅读和书写姿态的及时纠正，大大减轻了电子屏幕对视力的伤害。新型采用E-Ink墨水屏的智能终端，利用其在阳光照射下不反光的特性及接近纸张的显示效果，搭配弱化蓝光技术及智能感知技术的使用，可将使用智能终端对学生视力的伤害降到最低，让智能终端在保护视力与发挥智能优势间取得平衡。

3）网络控制——保障专属学习环境

在现代社会中，网络已成为大多数人生活和工作中不可或缺的一部分，但随着网络的方便化快捷化，越来越多的网络问题随之出现。学生利用电子产品通过网络学习是一把双刃剑，使用得当可以帮助青少年增长知识、开阔眼界；使用不当轻则会因耗时玩游戏、看视频、聊天等荒废学业，重则陷入网络世界无法自拔、网瘾成疾。所以在学生未形成完整的价值观、养成自控能力之前，安全的上网环境是必不可少的。

为了给学生创造一个绿色、安全的网络学习环境，就必须从根本上杜绝一切非学习类信息的干扰，专业的设备做专业的事情，使学生在智能终端上只能进行学习。目前已有学习终端产品通过对底层系统进程进行管理，从底层的操作系统就注入学习的基因，摒弃一切游戏化、社交化的功能，为学生定制了一个去娱乐化、去社交化、封闭、高效、专属的学习环境，让学生集中精力专注于学习。

（3）教学终端创新

历经上千所常态化应用院校的验证，教学智能终端极大地改善了现有的教学环境，全面提升了教学效率。教学工具的升级在更好地助力教学模式转变的同时，也对其自身提出了更高的要求。为了满足现代教学的需要，真正实现以数据为依据进行更精准、更有针对性、更个性化的教学，教学终端必须具备以下3项功能。

1）智能可见——满足课堂教学需求

在日常的课堂教学中，教学终端在与教室白板或一体机同步展示的过程是完整的屏幕展示，当教师调用内容时会同步展示给学生。然而，可能有一部分内容是教师不想要学生看到，或者需要在适合的时机才对学生可见，这在之前的教学中很难实现，大大影响了使用效果。

教学环境及教学模式的转变，使得师生之间的交互变得更加频繁。课上的即时交互帮助教师更快发现并解决问题，课上的习题演练及讲解就是最好的检测方法之一。在习题讲解过程中需要对学生选择性可见的功能：首先将题干公布给学生，此时答案则需要只对教师可见；在全部学生作答完成后，教师可根据需要自行选择是否对学生可见。此外，教师可根据学生的作答结果选取具有代表性的答案共享给学生进行试题解析，开展协作探究式的教学，从而强化学生的思维能力和自主解决问题的能力。

2）智能批改——减轻教师课业负担

作业批改是备课、上课之外的又一个基础环节，是课堂教学的延续，也是教学过程的重要组成部分，占据了教师的大量时间和精力。传统作业批改的滞后性，致使在课堂上学生有了问题往往没有时间讨论，可能造成一定程度上问题的积压。课后作业批改至少1~2天的滞后期，不能及时发现并解决问题，可能会变成学生知识体系中的漏洞。

拥有智能批改的教学终端，基于大数据技术，可实现选择题、填空题等题型的智能批改。在课堂练习中，教师可实时查看学生的答题结果、作答进度及学情分析，关注到每个学生的学习情况，做到当堂问题当堂解决。在课前预习及课后作业的批改中，更是大大减少了教师的工作量。基于图像识别技术，系统可自动识别教师手势批改，方便教师的操作，节约了教师的时间，提高了教师的工作效率。同时，批改结果实时反馈至学生，实现师生课堂到课后的及时互动，极大地缩小了问题积压存在可能性。

3）移动教学——打破教学空间壁垒

在传统的教学中，受限于硬件条件，教学往往依赖于一块黑板、一支粉笔只能在教室中完成。纸质作业堆积如山，更是将作业批改及学生辅导的空间范围限制在校园中，使得整个教学环境只能局限于校园内。

移动的教学终端充分发挥资源无边界和教学无时限的优势，使得随时随地备课、作业批改成为可能，逐步成为推动课堂教学改革的重要载体。在智慧化的教学环境下，教师在课堂上不但可以走下讲台，及时发现问题，为更好的分组式、分层式及互助式教学服务，学校的时间和空间局限性也能彻底打破，通过无处不在的网络在课前、课后营造一种无缝连通的教学空间，教师在任意地点、任意时间均能与学生开展多种形式的互动，对学生薄弱知识点进行针对性的加强，给予更加高效、个性化的教学指导，显著提升学习效果和效率。这些在传统教室环境下难以做到的事情，通过移动的教学终端将能更好地实现。

（4）智能终端发展趋势

1）无纸化——催生新的教学生态

完成作业是培养学生独立分析和解决问题能力的重要环节。目前基本所有学校的作业还是以纸质形式为主，学校大量印刷纸质习题、试卷等，学生在课上或课下完成后上交给教师批改。纸质作业印刷浪费了学校的印刷资源，大量的纸质作业存放也占据了学生本来就很窘迫的空间。教师批改好后，学生无法及时了解批改结果与批改建议，同时纸质作业不仅容易丢失而且不能远程直接调阅；如果学生有再次复习或者查看的需求，还需要浪费大量的时间去查找。

随着智能终端的迅速发展和广泛应用，利用终端开展无纸化作业及考试具有操作简单、公正客观、组考方便、阅卷迅速、评价科学等特点，弥补了传统作业及考试的不足，已经逐步成为一种重要的作业及考试方式[7]。

2）端存储——支撑教学常态应用

断电断网时智能终端无法使用的问题仍然是制约其常态化应用的关键障碍，但随着技术的发展，这一问题也有了相应的解决方案。未来将通过新技术的加入，实现智能终端本机存储及本机批改功能。当发生断网时，师生打开智能终端仍可继续备课、学习、做习题，作业在本机实现批改并给出答案和解析。当智能终端连接网络后，所有数据实时上传至云端，进行解析处理。通过将新的所需资源下载至终端，真正实现在无网状态下的正常使用，让日常教学不再受限于网络、电力等外界因素影响。

（四）物联网部署方式创新：IOE时代的物联网部署方式

（1）部署方式的发展与挑战

智慧教育是将科学技术深度融合到实际教学环境中，通过科学技术提高教学的效率，实现时时可学、处处能学的常态化教学。智慧教育的发展是一个宏大的系统工程，实现智慧教育的常态化发展，离不开完善的技术环境部署。

在实际教学场景中，教师上课教学需要保证课堂教学的连贯性，需要和学生实时互动，任何技术性问题都可能导致这堂课的失败，影响教学。在早期学校通过私有服务器的方式搭建技术部署环境。这种部署方式维护成本过大，给学校的管理带来很大的挑战，一旦服务器出现问题，便会使得全校的智慧教育设施无法使用。后来通过云部署模式，虽然降低了维护成本和管理难度，但是由于高并发量带来的网络延迟，严重影响了课堂教学的连贯性。如果出现网络中断，那么这堂课就无法进行下去。这些问题无法解决，学校的智慧教学便无法实现常态化，更无法实现真正的智慧教育。

面对当前我国学校管理和教学实际过程中遇到的问题，智慧教育的部署方式需要重新检讨和创新（见图5），既要考虑学校信息化设备管理能力，同时还要考虑实际教学过程中遇到的问题，使得智慧教育在学校能够实现时时用、处处用、普遍用的常态化教学。

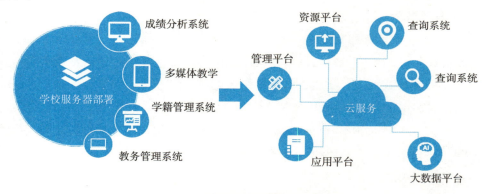

图5　智慧教育的部署方式创新

（2）部署方式的突破与创新

面对以上挑战，目前已经有很多学校采用新的部署模式——边缘计算。以校为单位，以班级为整体，通过在班级内布置物理计算节点设备打造新形态的智慧教学环境。这种集服务器、4G网络于一身的设备（云盒），可以同时连接学校内的校园网，通过无线AP进行信号传输。通过这种部署模式，可以解决现阶段科技与教学融合过程中遇到的学校管理和教学的实际问题。

1）轻部署——告别沉重的网络部署负担

云盒只需要部署在教室，学校无须专门提供专业机房，部署过程学校无须重新进行网络环境搭建，为学校节约了在网络环境重新搭建的经济成本，同时减轻了管理方面的压力和负担。每间教室部署一台云盒，在学校教学需求发生变化的时候，只需要在新增班级部署云盒即可（不必单独购买服务器），节省学校成本，部署更灵活，不会影响其他班级授课。当个别云盒出现问题的时候，不会造成学校大面积的智慧教学瘫痪。

2）智慧组网——告别课堂交互的信息孤岛

云盒部署中最重要的是对网络的部署，通过自动触发节点，进行智慧课堂智能组网上课。部署方式是按照"互联网→校园网→端设备→移动网络"的模式，自动连接各个网络进行数据传输。云盒具备端计算功能，通过端计算可以减轻云计算的压力，同时可以保证课上数据交互和常态化教学的需求。

3）智能缓存——保证课堂流畅性教学

云盒具备缓存功能，教师可以在任何场景备课，只需要提前将备好的资源发布，备课的信息便会从云端缓存到云盒，上课的时候直接调用即可，减缓了网络带宽的压力，保证了课堂教学的效率。师生互动时，不会察觉到网络的变化，从而可以全身心投入学习中，完成学习任务。通过云盒的"轻部署"方式，通过业务下沉规避网络不稳定或者断网带来的风险。

4）内置4G卡——停网不停学

云盒内集成4G卡。当学校网络中断时，4G网智能启动，可以保证课堂教学不中断，通过4G网络保证教师和学生之间的互动不间断，有效保证学校在停网状态下教学的不中断，保证学校常态化教学的开展。

5）移动学习——不再局限于课堂学习

学生的学习不仅限于学校，家中也是一个很重要的场景，所以要实现随时随地的学习，家庭的网络条件也需要考虑。学生回到家里如果网络状况正常，可以正常依靠智能终端完成作业。但由于各种原因，难以保证家家时时有网络。端部署即可开启端本身的移动网络，确保学生与教师正常的数据流转。若有些地区因为地处偏远，移动网络不能正常使用，那么系统将会自动调用智能终端之前在有网环境时存储的资料，通过端计算推送与学生相关的学习资料，保证学生自主学习内容及时更新。等学生回到学校连接网络之后，数据会自动重新上传，与教师端形成实时交互，让学生对网络的变化无感知，专注完成学习任务。

通过云盒这种轻部署方式建立网络连接点，将教师、学校、学生、家长连接到云端，从而建立基于云端的教育互联网信息化服务体系。为教师、学生、家长提供基于大数据的智能化、精准化教学云计算服务，同时解决"云"到"端"网络带宽不足所导致的信息延迟问题。通过本地化的缓存、离线存储使师生实时互动教学、离线学习成为可能。通过直连4G网络避免网络光纤中断所带来的网络失联问题。实现从教到学、从课堂到课外的全用户角色覆盖、跨终端支持，实现全过程数据收集，帮助教师提高教学效率、帮助学生实现个性化学习，帮助家长及时了解学生学情。实现优质教育资源共享，提供"时时能学、处处可学、人人皆学、终生可学"的智慧教育服务，实现网络环境下的教育模式创新。

参考文献

[1]北京师范大学智慧学习研究院. 2016中国智慧学习环境白皮书[R]. 北京: 北京师范大学, 2016.

[2]柯清超. 教育信息化2.0的数字资源观与发展对策[N]. 中国教育报.

[3]刘晓谦. 走向智慧管理的教育管理信息化新发展[J]. 科教导刊电子版, 2018(9): 203.

[4]叶飞, 李莉, 江涛, 等. 树莓派(Raspberry Pi)在冷链监控系统中应用的探讨[J]. 中国管理信息化, 2014(18).

[5]袁东斌, 徐智华. BYOD进课堂的必然性及其引发的教学变革[J] 中国信息技术教育, 2017(11).

[6]余胜泉. 泛在学习环境下的学习资源进化模型构建[J]. 中国电化教育, 2011(9): 80-86

[7]王丽, 李敬有, 王大鹏.高校公共计算机课程网络无纸化考试现状分析[J].中国现代教育装备, 2009(3): 33-34.

服务教育现代化的教育信息化平台发展趋势

四川生学教育科技有限公司生学教育研究院

2018年全国教育大会召开是我国教育改革与发展中的重大事件。会后颁发的《中国教育现代化2035》展示了我国教育改革与发展的现代化蓝图。在优先发展教育的国家发展战略下，教育信息化是国家教育现代化的重要组成之一，也是促进国家教育现代化的方式方法。

国家教育现代化的关键是促进学校教育的改革与发展，促进学校真正实现以人为本的发展理念。"加快信息时代的教育变革"是《中国教育现代化2035》的重要战略任务之一。为此，必须高度关注当前信息技术发展过程中信息技术及其设施设备对于促进学校转型发展和教学方式变革带来的影响，必须关注新型教育技术对提升人才培养质量产生的作用。

学校教育的信息化水平在一定程度上决定了我国教育改革的水平和教育现代化的程度。其中，决定学校教育信息化水平的因素是学校教育装备的配置，教育装备进校园的过程中不间断的更新换代、转型升级。目前，我国学校教育的基础设施与设备配置水平已经有了良好基础，但必须在教育现代化的高度，按照教育现代化对学校教育与人才培养的新需要，以立足当下、展望未来的视角，把脉教服务教育现代化的教育信息化平台发展趋势。

一、教育现代化对未来教育提出的要求

教育是国之大计、党之大计。教育的改革与发展需要以国家需求、社会需要和人的发展所需为行动参考。我国教育现代化建设现在已经成为国家教育改革与发展的目标，加快建设教育现代化，办好人民满意的教育，是当前我国教育改革与发展的重点所在。

当前，需要全面而科学地认识和理解教育现代化的本质与内涵，认识到教育现代化进程中未来教育与未来学校发展的本质特点。教育现代化是一个复杂的教育概念，

也是一个开放的教育范畴，既包括教育器物的现代化，也包括人的理念与行动现代化。教育现代化建设要求教育信息产业更新换代、转型升级，以应对国际和国内教育改革和发展的形势对于未来教育的期待和要求。

促进教育信息化发展，需要我们认真学习和领会习近平新时代中国特色社会主义思想，尤其是习近平同志关于教育信息化发展的系列重要讲话和指示，以《中国教育现代化2035》为指引，以实现《教育信息化2.0计划》为驱动，关注人才培养体系改革的国际视野和本土立场，聚焦信息化建设对于未来教育的需要和诉求，探究我国教育现代化进程中教育信息化平台发展的方向和重点。

（一）党和国家对于未来教育的要求

党和国家是教育现代化建设的坚强领导者，服务于教育现代化的教育信息化平台建设，需要按照党和国家对于未来教育全面布局的新要求向前推进。

（1）习近平总书记对教育信息化工作的重要论述

习近平总书记高度重视国家教育发展与改革，多次强调教育信息化在促进教育发展中的作用，通过教育信息化促进教育公平，促进优质教育资源的扩大。

2015年5月22日，习近平在给第一届国际教育信息化大会的贺信中提出："因应信息技术的发展，推动教育变革和创新，构建网络化、数字化、个性化、终身化的教育体系，建设'人人皆学、处处能学、时时可学'的学习型社会，培养大批创新人才，是人类共同面临的重大课题。中国坚持不懈推进教育信息化，努力以信息化为手段扩大优质教育资源覆盖面。我们将通过教育信息化，逐步缩小区域、城乡数字差距，大力促进教育公平，让亿万孩子同在蓝天下共享优质教育、通过知识改变命运"。

2018年4月22日，习近平在致首届数字中国建设峰会的贺信中提到："当今世界，信息技术创新日新月异，数字化、网络化、智能化深入发展，在推动经济社会发展、促进国家治理体系和治理能力现代化、满足人民日益增长的美好生活需要方面发挥着越来越重要的作用"。

2019年5月16日，国际人工智能与教育大会在北京召开，习近平向大会致贺信指出："中国高度重视人工智能对教育的深刻影响，积极推动人工智能和教育深度融合，促进教育变革创新，充分发挥人工智能优势，加快发展伴随每个人一生的教育、平等面向每个人的教育、适合每个人的教育、更加开放灵活的教育。中国愿同世界各国一道，聚焦人工智能发展前沿问题，深入探讨人工智能快速发展条件下教育发展创新的思路和举措，凝聚共识、深化合作、扩大共享，携手推动构建人类命运共同体"。

总之，习近平总书记对教育信息化发展的重要论述，为我国教育信息化建设指明了方向，推进了各界对于教育现代化背景下教育信息化发展的认识和认同。

（2）加快信息时代的教育变革是教育现代化的要求

信息技术对教育发展的影响日益凸显；只有顺应信息化的要求，教育发展才能更加可持续。这些要求主要表现为：充分利用现代信息技术，丰富并创新课程形式，建设智能化校园，统筹建设一体化智能化教学、管理与服务平台；利用现代技术加快推动人才培养模式改革，实现规模化教育与个性化培养的有机结合；创新教育服务业态，建立数字教育资源共建共享机制，完善利益分配机制、知识产权保护制度和新型教育服务监管制度；推进教育治理方式变革，加快形成现代化的教育管理与监测体系，推进教育管理的精准化和教育决策的科学化。

为此，需要着力构建基于信息技术的新型教育教学模式、教育服务供给方式及教育治理新模式，促进信息技术与教育教学深度融合，支持学校充分利用信息技术开展人才培养模式和教学方法改革，逐步实现信息化教学应用师生全覆盖；创新信息时代教育治理新模式，开展大数据支撑下的教育治理能力优化行动，推动以互联网等信息化手段服务教育教学全过程；加快推进智慧教育创新发展，设立"智慧教育示范区"，开展国家虚拟仿真实验教学项目等建设，实施人工智能助推教师队伍建设行动。

概言之，必须充分正视现代化进程中信息化在促进教育改革与发展中的作用。不仅要在教育现代化建设的国家顶层设计中为推进教育信息化建设提供坚实的制度基础与发展规划，而且要在实践中为学校教育现代化提供更全面而科学的设施设备基础支撑，为建设公平而有质量的教育服务。

（3）《教育信息化2.0计划》提出教育装备新要求

2018年4月13日，教育部印发《教育信息化2.0行动计划》。该计划是教育信息化的升级，其目标主要在于实现从专用资源向大资源转变，从提升学生信息技术应用能力、向提升信息技术素养转变，从应用融合发展向创新融合发展转变。

在教育信息化1.0阶段，以重视"三通两平台"建设为基础，重点推动"教育+互联网"模式的应用普及。进入教育信息化2.0阶段，以"三全两高一大"为目标，着力推进"互联网+教育"的融合创新发展。要实现教学应用覆盖全体教师、学习应用覆盖全体适龄学生、数字校园建设覆盖全体学校，信息化应用水平和师生信息素养普遍提高，建成"互联网+教育"大平台。

教育信息化2.0阶段，必须推动从教育专用资源向教育大资源转变、从提升师生信息技术应用能力向全面提升其信息素养转变、从融合应用向创新发展转变。这就需要努力构建"互联网+"条件下的人才培养新模式，发展基于互联网的教育服务供给新模式，探索信息时代教育治理新模式。实施数字资源服务普及行动、网络学习空间覆盖行动、网络扶智工程攻坚行动、教育治理能力优化行动、百区千校万课引领行动等八大行动，书写教育改革发展新篇章。

如何按照《教育信息化2.0行动计划》的要求，为学校教育提供更多更有助于教育教学变革的设备设施，促进学校教育质量的提升，是教育装备行业必须应对并回答的问题。

（二）先进教育理论中的人才培养观

教育改革与发展的关键是促进人才培养、促进学校教育质量的全面提升。为此，关注国际教育发展与本土教育改革中人才培养对于未来教育的新要求，是服务于教育现代化发展的教育信息化平台建设的重要任务和时代选择。

（1）全球化下人才培养的多元与多样

互联网的普及打破了地域和空间的限制，加大了世界上各地间的进一步联系，促进了全球化的进一步发展。全球性的企业流动、人口流动，对于教育体系产生了直接影响。

全球化发展需要具有国际化意识和胸怀及国际一流的知识结构、视野和能力达到国际化水准、在全球化竞争中善于把握机遇和争取主动的高层次人才。全球化的发展对国际化人才的需求量大面广，国际化人才是各国提高综合国力和国际竞争力的战略资源，培养高素质的国际化人才可使我国在国际人才竞争中争取主动。

这种多元与多样的人才培养要求及其方法，对于学校教育教学模式与方法产生了直接影响，需要学校拥有更为开放且丰富的教与学形态。

（2）国民素养与国际人才的双重需求

教育指向人的未来，教育效果指向人的全面发展。教育具有普适性，直指人的善性养成和素质培塑。人类的劳动生产力和生产效率不断提高，尤其是三次工业革命的发生，极大地丰富了人类的物质生活，为后期信息技术时代人类生活的包罗万象、丰富多彩蓄力奠基。在物质生活丰富之后追求更高的生活品质是人类生活的一种过程和趋势，人类对于品质的要求更多地是精神层面的认可，教育是满足人的生活品质提高的一种捷径。

国民素养与国际人才的培养都需要学校教育的变革，更需要借助现代教育技术的参与。这种技术参与包括扩大教与学的资源、改变教师的工作方式、建立不同的学习模式，由此满足人才培养中对国民素养与国际人才的双重需求。

（3）科学技术促进学校育人方式改革

"科技是第一生产力"是工业革命以来逐渐被接受的观念，而且科技发展也正在驱动教育变革，为教育发展带来了一系列机遇和挑战。当前，人工智能、大数据技术、物联网、互联网等新技术的发展正深刻改变着人们生产、生活和学习方式。一方面，科技进步在为教育带来丰富的教育资源及各种新式的教育教学方式、教育教学工具、教育教学团队、教育教学系统等，颠覆并改进了传统教育型态。这种变化激发了学校教育的创新活力，为高质量人才培养奠定了坚实基础。另一方面，科技进步在打破传统教育范式的同时存在脱离现实需要的隐患，可能忽视人的存在。教育是一项育人事业，人的成长有一个缓慢的过程，技术进步与更新换代一定程度上超越了教育发展的进度，人的观念和育人理念的转型速度一定程度上滞后于教育技术的变革，这会为教育发展带来隐患。

科技的产生是为服务于人的发展，教育的产生是为更好地培养人，科技介入教育变革的价值值得肯定，其隐患同样需要正视。科学技术需要服务于学校教育的育人需求，服务于教师教学专业水平提升的需求，服务于每个学生学习个性化的需求。必须高度关注以人工智能为代表的新技术在育人变革中的参与和贡献。

（三）信息化时代未来教育的新要求

未来教育是现代化的教育，推进信息化是实现现代化的基础和保障，教育场域内的信息化建设对于未来教育提出诸多要求，聚焦到学校教育层面即直观显现了信息化建设对于未来教育的新要求。

（1）教育发展的新理念

教育现代化建设需要有与时俱进的现代化的管理思维。教育是一项民生工程，教育改革关涉千家万户的核心利益。新时代教育现代化建设具有新的面貌，教育的管理理念、人才培养和教育发展观都将产生与教育信息化关联密切的新变化，未来教育的发生需要利用新技术新设备践行教育新理念。

第一，真正贯彻落实以人为本的教育理念。

坚持"人民为中心的发展理念，在教育领域中的体现就是坚持以学生为中心的教育思想。在教育场域中需要时刻将人的发展和进步当成教育工作的纲领和准绳，时刻将人的正当教育利益满足放置在教育工作的首位。

引入新的教育技术与手段，也是为了更好地实现以人为本的理念。现代教育中的教育者与受教育者都与传统不同，人的行为和理念的变化为教育带来诸多不确定性，教育工作需要依据每个人的特点与需求而开展，而且需要借助信息化的设备和手段更好地实现这个教育理念。

第二，全面实现人才培养的个体化需求。

人才是国家发展的智力基础，人才培养是一个国家兴旺发达的关键所在，教育的人才观在一定程度上是教育观念的改变。新时代强调教育现代化建设需要重点关注我国人才培养的不同方式与人才成长发展的不同需求。

《国家中长期教育改革和发展规划纲要（2010—2020年）》提出，要培养大批具有国际视野、通晓国际规则、能够参与国际事务和国际竞争的国际化人才。前已述及，新时代国际化的人才培养已经不能完全仰赖于传统的教育模式，信息时代的教育需要产生新的变化，人才培养需要适应时代发展的新要求。

更加注重因材施教是《中国教育现代化2035》的核心理念之一。要实现这个核心理念，必须借助现代教育技术的参与，运用各种新技术使教师能够在教育教学活动中关注到每个个体，为每个个体提供最为合适的教育教学服务和支持。

第三，实现教育与技术的融合发展。

以互联网为代表的信息技术与教育体系、学校系统、课堂教学之间正在形成更紧密的系统，呈现深度融合的特征。新技术、新设备促进教育与课堂的变化和进步，学校教育教学也对技术创新与设备更新提出要求。显然，在技术设备与教育教学之间存在一种互动的融合关系。

（2）未来教育的新形式

以教育信息化为代表的教育教学技术设备的变化，使教育工作者在国家教育现代化进程中更容易获得有助于改进教育活动的新信息，为改进和提升及教育工作方式创造了条件。换言之，未来教育是现代化的教育，信息化建设是未来教育改革的重中之重，信息化建设对于未来教育的新要求是新技术、新设备提供教育新方式。

第一，教育行政管理直接面对学校真实场景。

政府是区域教育发展的领导者，需要全面把握辖区内学校教育发展境况，传统的教育检查、督导等方式对于人力、物力具有较高要求，技术的进步为政府监管学校教育提供了新的可能。比如，上海市在长宁区进行的课程平台实验，通过各个学校课程平台的使用，由区教育局全程指导和监测区内各学校选课走班的实际情况。

第二，学校管理手段与方式的技术化。

随着教育信息装备的引入，学校教育的样态正在发生改变。教学中的电子白板、触控一体机、投影仪等电子教具的使用，为传统课堂带来了新的教育体验和场景。同时，从学校管理层面讲，校园监控设备、家校互动系统、学生签到系统、校园文化展示系统等相关教育装备的配置扩宽了学校教育发展的需要，学校层面需要全面掌握师生校内真实境况，需要不断更新既有的教育系统，不断提高满足师生例行教育需要的设备。

第三，教师与技术共同成为课堂的要素。

1946年世界上第一台电子数值积分计算机（ENIAC）出现，让信息利用、传播、加工和处理等技术进入了一个新时期，计算机也逐步被引入教育用来辅助教学。

当前，我国很多学校扎根教学环节的信息化基础配置，在大体上已经满足了常态化的教学需求，信息技术成为教学的重要手段和工具。在信息技术引领下，班级授课制一统天下的教学格局正逐渐被打破，教师层面教学改革中信息技术的介入与帮辅产生了显著的效应。

第四，设备与技术使教与学的反馈和诊断高质量。

信息化时代，一切变化都有可能。伴随信息化发展而成长的中小学生，是信息时代的"土著一族"，从小就接受信息化气息的熏陶，思维方式、生活习惯、学习方式都受信息化的影响。信息技术的变化快、容量大、参与人员多、互动性强、智能性，对学生学习的影响是巨大而深远的，教师教学反馈机制的建立有助于全面了解学生的学习境况，进而有针对性地提升学生学习效率。时代的发展并不意味着新旧文化的冲突或否定，而是在继承基础上的创新。学习中以书本媒介为中心和重点，以动作媒介来加深对书本的理解，以网络媒介为补充和应用延伸，学生层面学习效率提升要求增添辅助设备。

二、教育信息化平台建设的重点领域

信息化时代已经来临，信息化建设成为社会各领域改革与发展的必要环节，其中当然也包括教育领域。教育现代化与教育信息化密不可分，信息化时代的教育变革要求驱动教育信息化平台建设的勃兴与发展，教育领域对于教育信息化平台配置也有很高的期望和愿景。

以下从学校、学生和教师三个方面，探讨教育信息化平台建设对于教育现代化发展的影响，由此为学校教育信息化平台建设提供分析基础，亦可为未来学校教育装备行业发展提供导向。

（一）运用新技术新设备促进学校创新

教育信息化的关键，不仅是促进信息技术与教育教学深度融合，还包括利用现代技术加快推动人才培养模式改革，实施人工智能助推教师队伍建设行动，打造智能化校园，实现学校教育的转型升级。在教育现代化背景下，学校需要增加各种活动场馆建设，包括多功能教室、数字化图书馆、学校体育活动场所等设施，体现在以学生为中心、为学生身心发展与全面发展服务的现代学校思想，由此推动学校的变革与创新。

（1）推进学习者为中心的学校建设

传统意义上，教师是教育者，学生是学习者。但随着终身教育理念的推广与普及，学习者角色定位归属在各个群体的各个年龄阶段。信息化时代的教育，需要突破学校的地点和时空局限，为学习者提供广阔的学习空间和丰富的学习资源，让各个年龄阶段、处在各个场域的学习者都能够学习。信息时代的学校建设要关注以学习者为中心，主要体现在如下几个方面：

第一，关注以学生为中心的学校布局。

教育过程中关注学生的个性化培养，关注学生的学习动机与生涯规划，强调学生自主性的发挥。通过大数据的支持，实时观测学生学习的志向、兴趣与特长，编制个性化的学生成长方案。利用现代化的信息技术和手段，力推学生成为学习的主人。

第二，关注学生学习与成长的真实状态。

一是了解学生真正投入学习的时间有多少，注重学生的过程性评价，将对于学生的评测贯穿教育全过程。二是关注课堂教学的改良，注重新技术和新装备的配置，以技术调适教育生态。三是正视教育装备对于教育的真实影响，注重装备与系统的换代更新。

第三，关注学生自主学习的意识与能力。

信息化时代可以利用现代化的教育装备收集并整理学生成长的过程性数据。对于这些数据的处理、挖掘与利用，可为教学管理、教学评价以及学校决策提供支撑，为学生展示真实的自己和为其准确自我评价奠基；运用现代化的教育装备改变传统教学样式，容易激发学生的学习动机，进而培养其自主学习的意识和能力。

第四，关注学生群性发展需要与可能。

传统以应试为中心的课堂教学枯燥乏味、效率低下，师生之间为提高成绩而进行的应试训练弱化了师生之间的情感交互，学生与学生之间存在的多是竞争关系而少有合作学习。信息化时代的学校教育要改变师生、生生之间的淡漠关系，需要现代化的教育装备调适传统教育，以提高学校教育对于学生群性发展的需要与可能的满足。

（2）促进学校课堂教学方式的变革

信息化时代教育与技术的深度融合重在促进学校内教育教学的创新，实现学生学有所获、学有所得、学有成效。

第一，以新技术新设备创新教学方式。

实践表明，与传统教学方式不同，智慧教室、智慧课堂建设带来的直播教学是"同一课堂+两位教师"的一对一直播、一对多直播、录播与直播相结合的教学新样式，并且以视、听、说技术为支撑，改变传统的"一支粉笔一把戒尺"的"书院式"教学，教师在教学中除了言语讲授之外，还可以将学科知识以文本、图像、动画等形式呈现给学生。这些教学方式有效地促进了学校教育教学质量的提升。为此，需要从有效教学的视角思考和发挥教育教学新技术和新设备。

第二，以新技术新设备丰富教学形式。

信息技术走进教学，促成计算机、投影、多媒体播放器等其他辅助设备进入教学，可以实现声音、图像的有效传输和放映，为学生学习提供更多真实情景与虚拟现场，促使学生产生共鸣，让其在理解与体悟中接受和学习知识，为提升教学针对性和有效性奠基。

第三，以新技术新设备提供教学资源。

在过去，教材和教参是传统教学资源的"聚源地"，教学中教师将两者包藏的资料了然于心，完成教学并不困难。当前，信息技术发展为教学带来海量资源、最新资源和多样式资源，汇聚并呈现在课堂与学生面前。可视化、智能化、交互性的教育教学资源，改变了教师的教学观念与教学方式，为学生学习与成长提供了新空间。

第四，以新技术新设备改进教学评价。

评价是管理的需要，更是教学的需要，以班级成绩来评价教师在当前学校教学管理决策中比较普遍。事实上，对教师教学做好评价，不仅需要了解其备课过程中、实际教学过程中的信息，还要综合把握和处理其教学投入、过程和结果的全程数据，才能够实施科学评价。

第五，以新技术新设备创设教学环境。

随着信息化建设发展的加快，校园网络等配套设施建设达到一定水平，智慧教室、虚拟学社等成为"数字化""智能化"教育教学环境的显著特征。这些新兴教育教学环境需要激发学生参与学习与探究的内在主动性和积极性，需要为学生学习、观察、实践和思考提供机会、情境和情形，在一定程度上改变物理空间和时间的特定限制。

（二）运用新技术新设备改进学习评价

信息化浪潮对学生学习、生活乃至思维方式等都已产生巨大影响。客观讲，信息化时代，人类可以通过电脑、手机、平板电脑等数据终端缩短学习时间，随地随处学习，提高学习效率。因此，需要借助信息技术及其设施设备，有效促进学生的学习与发展，改进学习过程，提高学校教学效果和转变学习评价等。聚焦学生的学习与发展，是现代教育装备行业发展的根本所在。

（1）培育多元化学生学习方式

在信息技术的背景下，学校教育需要培养学生学习的自主性和能力，为终身学习和终身发展奠基。

第一，促进合作学习的生成。

传统学习是一个人的"单打独斗"，靠一个人的力量对未知进行探索。信息时代学习者的学习，需要从传统"书斋式"学习向创新型学习转变，由一个人独自学习扩大到群体间合作学习。

合作学习兴起于20世纪70年代初的美国，学习者以合作和互助的方式从事学习活动，共同完成学习任务，实现共同进步的学习目标。合作学习强调小组中的每个成员都积极参与学习活动，强调小组间成员之间的彼此合作、取长补短、共同提高，发挥学习者最高学习水平。与此同时，合作学习中小组成员共同分担学习任务，群策群力，有助于发挥学习者潜能；在共同完成学习任务的同时，不断提高学习能力与工作效率。而且，合作学习的发生能够增进学习者之间的感情交流，改善人际关系。

第二，发展自主学习的能力。

在信息化时代，知识获取的途径由单一的学校场域转向多元的社会空间，学习者可以借助互联网等信息化手段获取丰富的学习资源。信息时代是一个知识爆炸的时代，各种各样的学习资源通过互联网在世界的各个角落传播，知识的大量增加驱动学习者要学会有目的、有选择地自主学习。

自主学习是信息化时代重要的学习方式。自主学习突出了学习者的学习主动权，强调学习者围绕学习主题提出问题，开动脑筋，主动掌握整个学习过程，自发、自觉地投身学习，让学习者成为学习的主人，养成自主学习的习惯，实现自我发展。需要以新技术和新设备创造培育和提高学生自主学习能力的资源、机会和活动。

第三，建立泛在学习的场所。

我国有句古训：处处留心皆学问。这预示着学习活动时时处处都有可能发生，这也表示学习本身是泛在的，即无时不在、无处不有。泛在学习是学习者在任何地方、随时、使用手边可以取得的科技工具来进行学习活动的4A（any one、any time、any where、any device）学习。

信息化时代泛在学习关注学习者泛在的学习需求，信息技术装备的换代更新为学习者提供泛在的、适宜的学习支持。信息技术的不断发展使得人的认知、知识、经验不是仅仅存在于人的大脑中，而是广泛地分布在物理空间和社会空间，学习并不局限于在被设计的环境中，学习资源也广泛地存在于各种空间。

第四，实现个性化学习。

个性化学习是信息时代学习方式变革的重要体现。学习者个性化发展是教育现代化的要求，也是人的发展追求。人的个性化发展有赖于个性化学习，个性化学习是学习者全面发展的必要前提。

信息化时代使个性化学习成为必要与可能。一是信息时代所构建的学习化社会为每个学习者提供了"按需所求，量体裁衣"式的学习计划，并且提供了多样化的学习资源和学习机会；二是每个学生的学习方式本质上都是其独特个性的体现，客观上的这种差异决定了不同的学生所需的时间及所需的帮助不同。

第五，发展探究性学习。

信息化时代学习不再是传统的"师教生学"式学习，而是强调学习者的主动性，强调对其探究性意识和探索性精神的培养，因此探究性学习是当前信息化时代学习方式变革的重要体现。

探究性学习以改变学生的学习方式为着眼点，帮助学生主动探究知识，提高解决实际问题的能力，是一种有利于终身学习、发展学习的方式。一是问题性。问题意识会激发学生强烈的学习愿望，激发学生认识的冲动性和思维的活跃性，激发学生的求异思维和创造思维。二是开放性。提供开放的学习空间，探究时间由课堂延伸到课外，探究空间由课堂扩展到社会，走出课堂，由面向书本转向面向社会、面向生活，不仅是问题的开放，更重要的是培养学生的发展性思维。三是过程性。学习过程是一个发现问题、分析问题、解决问题的过程。探究学习强调过程，强调学生探索新知识的经历和获得新知的体验。

（2）实现学生学习的真实评价

教育活动与学习活动都需要有相应的评价。评价是把握活动过程的基础，是掌握活动效果的关键。学习评价作为学习系统的反馈调节机制，在学习与教学过程中起着重要作用。

在信息化时代，基于大数据、全过程、个别化的评价系统，可以提供学习者学习的背景性、过程性、结果性等各种信息数据，这些信息的分析和反馈更能够对学习者学习过程的各个环节进行行之有效的评测，让教育者与学习者及时了解到自身学习和发展存在的优势与问题。

与此同时，信息化时代学习者的学习方式已经发生了重要的变革，由此要求学习方式变革要将评价与教学有机地结合起来，推行形成性评价，建立形成性评价、阶段性评价、终结性评价相结合的评价体系。

第一，记录并保存学习的全过程信息、数据与资料。

学习是一个持续的过程。可以借助技术与设备记录学生参与学习活动的全程信息，包括文字性、视频性和实物性等各种资料与证据。新技术新设施将有助于这种过程记录的保存、分析和处理。尤其是在人工智能、大数据和网络技术的背景下，学校可以为每个学生建立学习过程记录，为开展学生学习评价提供客观真实、全面系统的证据。基于信息技术的学生电子档案袋，就是一种具体的表现。

第二，为学习活动的即时反馈提供数据与信息。

学习需要跟踪性评价，需要及时与即时的反馈。在当前班级授课制的课堂教学中，需要技术与设备为教师提供学生参与学习的即时信息，以便教师及时调整教学方式与内容，面对学习困难学生提供更具有针对性的指导和帮助，或者对那些学有余力的资优学生创造更多的挑战性学习任务和内容，真正在课堂教学中实现面向人人、全面发展和因材施教的教学。

目前这种收集教学即时信息与数据的教育设施设备已经出现，为提高教师课堂教学效率与质量提供帮助和支持。

第三，帮助学生开展自我评价。

评价包括外部评价和内部评价两种类型。就学生学习而言，学生的自我评价十分重要和必要。实现有效的学生学习自我评价，是现代教育教学技术大有可为的领域。目前，计算机顺应性测试（自适应性）系统就是一种自我测量与评估的方式。另外，还可以研究根据学生表现的各种数据与学习内容而自动生成检查和评估学生学习结果的测试系统，再结合学生对相关问题的回答，自动提供学生学习评价分析报告。

总之，需要运用技术与设备，将学习者、学习内容、学习过程、学习结果等各方面综合在一起研发出学习自我评价系统，为学生自我学习和自主学习提供支持。

（三）运用新技术新设备促进教师发展

百年大计，教育为本；教育大计，教师为本。有好教师，才可能有好教育，才有可能培养出社会需要的全面发展人才；加强新时代教师队伍建设，建设高素质、专业化、创新型教师队伍，是加快教育现代化的基础性工作。

在信息化时代，需要以新技术、新方法支持和保障教师队伍建设，需要思考和建设基于新技术和新设备支持的教师专业发展系统，支持教师教学活动的创新与发展。

（1）实现教师的角色多元多样

信息化时代的来临对于学校教育产生了很大的冲击，尤其是教师角色定位发生了很大的变化。随着技术的介入，教师可以从简单重复的教学工作中解放出来，更加专注于构建和谐稳固的师生关系和促进学生全面长远发展。信息化时代教师不再仅仅是传统意义上的知识传授者，也是学生学习的合作者，是学生发展的指导者与引领者。

当前，需要考虑如何运用新技术和新设备使教师在教育教学活动中实现这些多重角色的综合和整合，真正成为满足全体学生全面发展和个性发展的教育教学服务者和提供者。需要探索和建立信息化时代学校教师参与教育教学活动的新模式和新方式，使教师成为教与学活动设计的构划者、引领者、协作者，成为教学情境的创设者、学习工具运用的帮助者、协作学习的组织者。研究和发展教师在互联网背景下成为学生自主学习与知识主动建构的指导者和促进者。同样，教师也是学生学习活动的评价者、激发者。

当代教师必须以全面贯彻落实立德树人根本任务为己任，在工作中不再"填鸭式"或"主讲"，也不再是"启发式"的"主导"，而要面向每个学生个体，以学生发展为中心。育人能力在信息化时代更显重要，必须有更高要求、更多体现和更好效果。

总之，教师的作用必须由以传授知识为主转化为以培养学生学习能力和学习态度为主，教师教了多少知识不再是评价教师优劣的主要指标，学生学会多少知识才更重要。信息化时代教师的角色要由"一"变成"多"，由一种单一的角色转而成为多重角色的承载者。这些多角色的要求，为信息技术和新设备设施参与教师专业发展与教书育人提供了需求。

（2）促进教师的教育观念更新

观念是行动的前提，信息化时代教师需要与时俱进的教育观念，不仅要符合信息化时代的要求，也要符合当代青少年学生的特点。

首先，教师要将学生视作学习活动平等参与的主体，教育过程中要规避对于知识的单向灌输，要引入信息化的教育手段和设备，提高学生的学习兴趣，提升教学的效果和育人的针对性。

其次，教师要认识到，在信息丰富的当今时代，要有意识地不断提升和改进与教师职业发展相适应的知识结构和能力要求。知识结构和能力要求包括一般的教育专业知识、与教材有关的专业知识、教学推理能力和信息资源设计应用能力，等等。教师还必须帮助学生学会如何获取信息资源，以及如何有效地利用这些资源完成对知识的主动探索和意义的建构。

最后，教师要有正确应用信息技术的意识、态度和能力。教师需要认识到信息时代有效获取及利用信息的重要性，具有有效利用信息进行终身学习的新观念，具有利用信息为个人和社会发展服务的愿望。总之，信息化时代教师要掌握一定的信息技能，掌握信息技术基本知识，掌握常用软件工具的基本操作，掌握信息技术检索的主要策略与技巧，能够合理地检索并获取信息。

显然，现代信息技术能够为教师形成这些新观念提供有力的支持条件和保障。例如，要将师生平等的合作伙伴关系运用到教育装备与设备及其教育活动的研发过程中；要借助新技术与新设备的运用，帮助教师建立新的教育教学思想（包括支持学生的探究学习和合作学习）。

（3）改进教师的教育教学效率

信息化时代教育装备的引入，需要聚焦解放教师生产力与提高教师工作效率。当教师被新技术从传统的繁重教学工作中解放出来，教师才有更多时间和精力从事教育科研与教学研究，教师角色才能由"教书匠"向"研究型"教师转换，成为专业化教师。所以，新技术新设备要有助于教师研究每个学生是如何学习的，要有助于教师发现现有课堂教学实践中存在哪些问题，要帮助教师有意识地改进自身学习方式，掌握现代教育技能和知识。例如，要以新技术新方式帮助教师有效培养学生的高层次思维能力与解决问题能力，要以新技术和新设备帮助教师观察和分析自身课堂教学的状况，帮助教师针对自己所处的情境与个人专业能力发展状况，及时学习和适时修正个人专业发展的方向与路径，有效地促成教师专业潜能最大限度地发挥。

当前，最直接的需求就是建立线上线下相互结合的、满足教师个别化学习与发展需求的教师学习系统（培训系统），运用信息技术改变以往教师培训中单一的传统集中听会式的培训。基于网络、基于教师工作现场的教师培训系统可以突破时间、地域和空间限制，让教师可以在有网络的任何时间、地点接受高品质培训，促进教师专业成长。

三、教育信息化平台建设的三大系统

教育现代化建设离不开教育信息化建设，离不开学校教育装备行业的参与和发展。以下将基于上述国家教育现代化发展的需求，结合当前教育装备行业发展的现状，对未来学校建设中发展服务于教育现代化的教育设施设备这一重要领域予以探讨。

（一）促进学生发展的智能化学习系统

近年来，出现了诸多面向学校教育教学的智能教育教学支持系统，包括教师备课系统、电子化教学资源、课堂教学互动系统、考试阅卷分析系统、学校管理系统、学生选课系统、学生成长电子档案等。这些系统各有所长、各有侧重，但其突出问题在于片面注重传统的管理与应试，以面向教育管理者和教师为主，忽视学生的主体性，忽视学生主动学习的需求。

当代教育与心理理论认为，需要从教转向学，而且学习的含义也正在发生变化。有效的学生学习主要表现在以下方面：学习与外部世界产生意义；学习是以学生有效的理解为基础；学习是学生主动的知识建构；合作的、协作的学习更有价值；学习要在做和使用的过程中产生；不同的人有不同的学习。

总之，学习并非是简单的知识接受和技能训练，学习更需要与观察、实践、思考有机地结合在一起。建设面向学生发展的智能化学习系统，是要真正实现信息时代的教育变革和学生发展；这种智能化学习系统建设需要着力体现以下三点思想。

（1）面向学生与激发学生主动参与

信息时代的教育必须体现学生为中心的发展理念，教育技术与教育设备的研发与运用也必须体现学生参与和发挥学生主体作用的特点。只有这样，才能实现教育技术与教育、与课程、与学习的真正融合。

智能化学习系统需要面向每个学生，每个学生在其中有自我的学习空间，能够自动生成并推送适合并促进每个学生学习与发展的学习要求与学习内容，而不是简单地进行机械性的纠正错误式训练与练习。

这种学习系统必须具有真正高水平的人工智能，将教学技能与教学智慧融合其中。要能够根据学生学习记录，进行自动化的学习评价与分析，进而提供学生下一步学习的个别化计划与方案。

目前有很多关于学业成绩测量与分析的电子系统，主要用于学校和教师了解学生学业成绩，用于学校教学管理和教师教学。这些系统更多地是采用比较分析方法，呈现测量结果及其进展情况；也有一些电子化学业成绩考试分析系统采用与课程教材相配套的双向细目表方法，在测试系统中出现学生掌握学科知识与建构学科素养的状况，为学生提供学业考试分析报告。

在测试分析系统中，要运用心理学理论与方法，让学生学会正确地对待测量结果，养成积极面对考试的心态，调动他们不断改进和不断努力的学习愿望与激情。要将心理学的激励理论与方法，体现在个别化学习推送与学习评价之中。智能化学习系统必须体现出更多人情味，而不能简单训练学生或者规定学生完成必须的程序或任务。

（2）教师成为智能化学习系统要素

现代教育教学离不开教师的参与；同样，智能化学习系统也不能没有教师参与。要将教师作为这种智能化学习系统的建设者和合作者，使教师与学生产生互动，解决学生提出的问题。没有师生互动的智能化学习系统，可能都是缺少可持续发展性的。

所以，智能化学习系统不只是面向学生，也要面向教师，在学习系统中融入教师的参与，形成有教师支持的教学服务系统。开发者需要为教师参与智能化学习系统的支持和服务供路径，需要为教师掌握如何支持学生学习提供服务，需要收集教师对智能化学习系统运用提出的各种意见和建议。

人工智能将在教育教学中大有作为；但是无论怎样也不能忽视教师作为专业工作者在智能化学习系统中的参与和贡献。不能简单地以人工智能技术替代教师角色；而应考虑人工智能情境中教师参与角色的重新定位，使教师成为智能化学习系统中不可或缺的要素。

教师不仅要成为智能化学习系统的共同研发者，更要成为智能化学习系统运行的指挥者和支持者。

（3）为学生自主探究学习提供服务

智能化学习系统一方面可以课程与教材为参照，建立支持课程教学的学生学习系统，另一方面还需要构建促进学生自主与探究学习的学习情境、学习要求与学习内容（问题）。后者可以基于网络在线呈现，也可以是运用新技术的设备设施。

培养学生自主学习精神与学习能力，培养学生探究的创新精神与实践能力，是当今教育中人才培养的重要方向。为此，需要利用各种新技术新设备，为学习自主学习和探究学习创设条件，包括提供实验实践设施设备、实验实践活动环境与空间等，如基于虚拟技术、增强现实或3D技术等的创新学习工具或者场所。

目前以STEAM为代表的创客教育普遍受到重视，这就要以新技术与新设备为创客教育提供支持服务，为学生提供自主、合作与探究的器具与套件。要创造学生运用技术、运用设备开展动手实践探究的情境，使之学会观察与思考，形成良好的思维与品德。

（二）打造学校现代化发展的服务系统

学校是教育发展与改革的重要场所。信息时代的教育变革充分体现在学校教育教学的实践中。以下基于学校现代化发展的要求，从学校校园环境建设、学校安全与健康体系、课堂教学现代化设施、教师研修与学习发展系统等方面，讨论如何运用新技术新设备打造学校现代化发展服务系统。

（1）确保学生安全的校园安防系统

促进学生身心发展是学校教育的重要原则和基本要求，而保障学生安全是前提条件，是学校教育最重要的工作，需要借助技术设备使每个学生更加安全。

利用现代技术设备设施，实时监控学校校园内可能发生的情况，尤其是校内外人员进入学校的情况。建立基于人脸识别技术的人员甄别系统（可与公安部门联合），做到及时预警与预防，确保学生在校安全。

学校需要为每个学生提供健康与安全的监测与跟踪设备，实现即时的信息跟踪与异常信息（如生理方面异常信息）反馈；为学生提供个体活动跟踪定位与数据传输处理的穿戴设备，即是典型应用。这种穿戴设备还可以与公安系统网络、医疗急救系统网络实现链接，具有及时报警与获得支持的功能。

总之，要用现代信息技术为学生安全提供保障，而且这些系统要具有在社会、学校、教师和家长之间建立信息共享和责任分担的功能。

（2）支持教学变革的课堂服务系统

教育现代化在本质上是人的现代化，而人的现代化则需要具有学习的方法和学习的习惯，要使学习成为生活方式和生活习惯。需要进一步发展互联网下的教育与学习系统，需要利用大数据技术为学习者提供个性化的学习服务和支持，需要将人工智能技术运用于教与学的设计、诊断、指导与评价。教育技术与装备必须为全民学习、终身学习、个别学习与有效学习等提供有质量、持续的服务，在学校内外建立泛在学习系统，尤其是支持学校教学变革的泛在学习系统。

目前已经有一些课堂教学服务系统研制出来并在学校课堂中实现。但是，这些系统更多的是基于教师的"教"而展开，将课堂看成是一种程序化的过程，注重学生对知识和技能的掌握，并没有真正关注到学生学习的真实产生和全面发展的需要。

教学是一种专业，课堂教学是学生学习与发展的重要阵地，在班级授课制的背景下，课堂也是学生集体生活与交往的场所。因此，基于现代信息技术与设备的课堂教学支持服务系统，需要重新定位教学的含义。教学不是简单的传授，更不是灌输；教学是一种对话，是一种互动，也是一种生成。

教学过程中，需要教师与学生的主动参与、积极参与和创造性参与。在课堂教学中需要将培养学生的积极态度和正确价值观等作为首要要素考虑；这种课堂教学服务系统，要能够帮助教师更加有效地教，而不是增加教学负担与工作量；要能够吸引学生的参与，使每个人主动学习，而不是被动训练与被测量。

总之，基于现代技术设备设施的课堂教学服务系统必须超越传统的"应试"导向的课堂观念，必须超越既定课程的束缚，必须超越"目标达成"的评价思维，将课堂作为教师组织学生、指导学生、引导学生主动学习、自主学习、探究学习的场所，促使每个人在课堂中有效学习，在课堂外提供继续延展学习和深入学习的支持。

（3）支持教师研修的学习发展系统

教师研修是教师成长与发展的重要方面，也是教师管理的重要内容之一。在信息化的变革时代，教师必须不断地学习，才能胜任教育教学工作的需要，才能成为新时代所要求的高素质专业化创新型教师。如何在传统教师研修体系与发展现状的基础上，研发基于信息技术的新型教师研修系统，并将这种系统纳入学校发展与建设的整体框架之中呢？

目前，有诸多面向中小学教师的教师研修网，为教师提供自我学习与研修的支持和服务，为促进教师发展发挥了作用。然而，较多的教师研修网主要以教师完成继续教育的学习任务为导向，对于促进教师真实学习和获得发展产生的作用有限。

未来的教师研修系统需要将真正服务于教师、促进每个教师发展作为研发的首要思想基础，采用互联网、大数据、人工智能等各种技术，研发适合于不同教师的学习发展系统。

必须改变原先以知识传授为主、说教式研修的内容及其呈现方式。传统的黑板搬家式学习辅导课程（录像）并不能为教师提供多少有益的帮助。教师培训或者教师研修，更需要结合教师工作实践和学校实际，对教师进行针对性的诊断与指导，提供具有实践应用价值的意见。教师研修网需要与线下教师实践活动结合在一起，利用技术为教师提供真实的课堂教学分析，为教师解答教学中遇到的困难困惑。教师研修网中，需要为每个学校及其每个教师创设"学习空间"，供教师上传信息、提供资源、分享成果，实现线上理论学习与线下实践研讨相结合的教师研修模式。

需要建立更为开放、互动的教师学习社群。教师的教学具有特殊性、艺术性和创造性，每个教师都具有一定的教学知识经验与技巧。教师研修并不是从零开始，并不是要把教师都培养成统一的形态。事实上，教师需要相互学习、共同学习和共同研究，同伴互助是教师专业成长的重要方式之一。

这种教师学习专业社群需要不同成员的参与，尤其是需要资深教师或者专家的参与。要真正发挥"专家工作室"的作用，更要使这些专家参与到每个教师学习社群中。要借助技术的力量，使"名师"与教师学习社群联系起来。

最为关键的是，要为教师提供个别化学习方案。每个教师具有自身不同的特点，面对的学生人群也有巨大差异，从事教学的学科也不尽相同，专业成长与职业发展的轨迹也不一样，因此，要充分发挥新技术的优势，对教师学习、教师专业发展、岗位发展提供及时有效的诊断与指导，为教师提供个别化学习建议与要求。

（三）共建共享的高水平教育治理系统

教育现代化建设的一项重要内容就是全面提升教育治理水平和实现教育治理体系现代化。以下将围绕如何按照国家教育现代化的要求，以新的发展理念建设基于现代技术与设备的教育治理系统展开论述。

（1）学生发展信息的个人系统

完善的学生发展信息个人系统包括学生个人与家庭情况背景信息系统、学生身心发展健康水平（包括医疗）记录与监测系统、学生学习学校及其学业成绩系统、学生社会实践活动记录系统等。这种学生发展信息系统应该是连续的，有一定的共享性，具有可分析功能。

要在目前已有的学生学籍卡系统、学习成绩分析系统及综合素质评价系统的基础上进行合理修改和完善，使学生发展信息系统在不同学校之间可对接融合，要使这些发展信息伴随学生不同的学习阶段进入不同的学校。

（2）学校发展的决策信息系统

面向学校教育教学管理的系统已经有很多，包括学校自动化办公平台、学校档案电子化系统、学校经费管理系统、学校设备管理系统、教师队伍管理系统与学生学习选课体系、教师备课系统、学生考试成绩系统等。目前存在的主要问题是，多数信息系统之间并不兼容，无法运用不同系统的信息数据进行整体性分析与总结。由此，难以为学校全面管理和科学管理提供支持，甚至增加了学校工作量。

为此，需要以学校决策需求为导向，运用技术将这些信息系统进行整合统整，并且设计若干学校决策需要的关键指标、重点指标，定期或者自动生成数值，为学校管理者（包括教师）提供信息或者指导，由此使学校管理者具有更多基于证据而决策的思想，并改变其实践行动。

要将校本管理与校本发展的思想融入学校管理与决策信息系统之中，以结果导向的方法建立信息系统，真正使大数据运用于决策、运用于实践，而不是简单的数据仓库。

（3）教育舆情的信息调查系统

教育是一项复杂而艰巨的工作，涉及千家万户，是重要的民生之一，是人民群众美好生活的一个重要方面，也是国家发展与民族振兴的重要基础。因此，教育需要公正而透明的信息系统和公共管理服务平台，实现教育信息公平，实现社会教育舆情及时反映，使教育治理更为科学。

从办人民满意的教育出发，建立一个教育舆情信息调查平台系统。在国家、区域甚至学校层面建立教育信息调查系统，采用互联网技术，定时或者不定期收集来自不同利益方的各种教育舆情信息，借助科学的数据分析方法，为全社会、为决策者、为教育工作者提供相应的信息与数据。

（4）教育发展的决策服务系统

面向教育发展的决策服务系统有别于教育信息系统，其核心在于在拥有各种教育信息的同时，还拥有各种与教育相关的教育外信息，包括社会经济文化发展方面的信息；而且系统在拥有这些信息的基础上，能够自动生成与教育决策相关的各种指标及其参考指南。目前，国内在此方面已经开始探索，但尚未成熟，还没有进入实践层面。

建立这种决策服务系统，一方面要注意到各种信息数据的采集与汇总，另一方面要把这些信息与数据进行系统的智能化分析与提炼。这种决策服务系统需要具有"深度学习"的功能，能够为使用者提供最为简练与直观的信息获得。

四、教育信息化平台建设与运行的展望

推进教育现代化，建设教育强国，办好人民满意的教育，科技水平提升背景下的教育信息化建设及其关涉的学校教育装备配置至关重要。学校是教育信息化建设的主要实践场域。展望未来，教育信息化建设要继续以学校信息化建设为抓手，教育现代化需求驱动下的教育信息化平台建设要迎合时代发展需要，要坚持以人的发展为中心，要满足学校改革的需要，要适应未来学校发展的需要。

（一）坚持以学生为中心的建设思路

坚持以人民为中心的发展思想是习近平新时代中国特色社会主义思想的重要内容。在教育信息化与教育技术及其设备的发展过程中，必须充分体现这种以人为本的价值观。

教育信息化建设从1.0到2.0的变化，充分反映出随着我国互联网发展而产生的新型人际关系——供应者与使用者之间的关系变化，即由传统的、相对固定的对应关系日益转变为当前不断变化的动态关系。从教育本质出发，教育作为教育者与学习者共同参与的一种活动，需要具有真实、友善和积极的氛围，使学校教育的每个参与者获得真实的体验和真切的情感。由传统的教师中心、课程中心和课堂中心，转变为学生中心与学习中心，必须将互联网、大数据和人工智能等技术应用于关注每个学生、服务每个学生，要使教师拥有更多的教育教学技能和手段，不断地改进自身教育教学工作。

（1）强化以学生为中心的思想

正如习近平总书记所提出，"让互联网更好地造福于人民""坚持以人民为中心的发展思想"。当今互联网发展日益体现出用户需求、使用者中心、以人为本的特点，这是互联网发展的重要基础，与教育现代化的思想完全吻合。

信息时代的学校信息化建设必须惠及每个个体，教育装备设计要服务于以人为中心的核心原则，突出以学生为中心的原则。这种以学生为中心，主要体现在面向人人、面向学习、面向发展。

（2）注重使用者参与的功能

聚焦到教育装备设计层面，要坚持以服务人的发展为中心的思想，鼓励动员广大师生积极参与学校教育信息化空间建设，激发全体师生参与基于互联网教与学的创新与探索。

支持、服务并满足教师和学生基于信息技术的教与学需求，将互联网建设成为交流、反映、汇集教育声音与观点，集成、传播、分享教育教学智慧、理论与实践成

果，形成正确的教育观点、教育思想、教育共识的阵地，创建风清气正的互联网教育空间，使之成为每个师生的精神家园。

（3）体现公平与质量的要求

"努力让每个孩子都能享有公平而有质量的教育"是党的十九大报告中提出的要求，我们必须对此有充分的认识，而且要使之成为教育改革与发展的目标。教育技术装备对于学校教育的增质增效进一步提高了教育在国家发展、社会经济发展和人的发展方面的重要作用。

在不同发展时期，教育在这三者上的作用和影响是不一样的。在当今社会，以人为本已经成为首要理念的情况下，教育更需要关注人的发展，更需要有助于促进每个人的发展。因此，教育装备设计需要面向每个人，需要实现个性化教育。教育装备与教育的深度融合，首先就需要瞄准如何使每个人参与到教育之中，又如何使每个人得到各自应有的发展。

（二）体现学校变革的平台功能

随着终身教育从理念发展成为实践，教育从学校拓展到非学校（学习型社会），传统的学校教育面临着各种挑战，急需实现变革和转型。实现教育现代化的关键是学校教育的全面变革，将以人为本的教育思想落实到教育实践中，更加注重面向人人、更加注重全面发展、更加注重终身学习等思想，借助现代科技和设施转化为实践。

（1）平台上开展教学变革的探索

现代教育超越了传统学校、课程、教材、课堂、教室与专任教师的既有框架。换句话说，学校教育只是现代教育中的一个方面、一种方式或者一段历程。学校教育需要与外部社会生活和经济生产等各个方面联系并协同，共同促进人的发展。改变现有的教育教学模式，将是现代教育发展的重要趋势。

支持教学变革的课堂教学服务系统，不只是传统意义上的课堂教学系统，还可以包括提供学生实验与实践的设施设备系统，如开放式的教育设备与实验设施，综合性学生动手实验室或者活动室，以及团队合作式的专题研究实验室等。目前常说的微实验室、创新实验室、学科教室等均可以归入其中。

显然，学校教育装备的引入能够改变单一的传授式、封闭的阶段式的学校教育格局，能够为实现终身教育和建设学习型社会提供重要的支持。

（2）平台上实现因材施教的目标

现代化的本质就是人的全面发展；教育现代化的核心目标也应在于促进人的全面发展，尤其是通过教育活动中人的主动参与、积极参与和有效参与。重要的是，教师要成为教育发展的真正主体，学生要成为真正的学习主体。

为此，必须更加重视实施因材施教，确保每个学生获得应有的教学支持和教学服务。要在教育实践活动中，确保并提升每个学生的获得感、幸福感和安全感；学生需要从"受教育者"的被动位置，发展成为教育活动的积极参与者。这些教育效果的达成，必须要有学校教育装备的配置与更新。

（3）平台上创建学校发展共同体

在信息化背景下，开放是学校教育的重要特征之一。学校作为教育机构的概念正在发生变化；学校不再是唯一的教育或者学习场所；互联网使教育成为一个开放而多元的体系。所以，在互联网的背景下，学校与学校之间、学校与非学校之间，都需要建立学习共同体，成为教育发展共同体，共同致力于学生的学习与发展。这种共同体的建设需要更多地借助现代技术，实现不同机构之间教育元素的流动与分享，以使每个学生能够得到更多的教育支持和学习支持。

当前，必须鼓励并支持社会各界参与"互联网+教育"的行动，重点支持互联网企业参与教育领域，探索互联网与学校教育共生融合、协同发展的新形态。同时，支持企业与学校、教师的协同与合作，发展面向全体学生和促进学生全面发展的新型教育教学体系，建设更为丰富而又全面的在线优质教育资源及服务体系，促进学校教育的转型与变革，进而为升级适应未来学校教育发展的教育装备奠定基础。

（三）建立多方参与的运行机制

当今我国的教育装备行业发展尚未完全成熟，教育装备产业的集群效应尚未形成。以下尝试对符合新时代发展需要的教育装备行业发展新模式予以探讨。

（1）体现政府主导作用

教育是国家公益性事业，优先发展教育事业是国家战略。为此，在教育发展与改革中，教育装备行业发展同样要有国家参与。有必要在国家和地区层面建立统领计划和引导力量，鼓励有条件的省市创新支持服务体系。例如，建立专门的互联网教育与培训孵化器和产业基地。尝试非政府组织（社会中介组织）参与管理，从而形成政府职能部门、社会中介组织与互联网教育企业三位一体的结构形式，在三者之间形成社会管理和服务的合力，保证并促进互联网教育与培训的健康发展。

政府主导的另一个方面在于，政府需要为学校合理配置恰当的新型教育装备设备提供指导与支持，使每个学校（包括民办学校）都能够站在平等的或者基本的教育装备设施"起跑线"上，使教育公平首先在学校教育设备配置上得到落实。

此外，各相关政府管理部门之间应形成合力，增强对学校教育装备的协同管理意识。协同管理将有利于形成全覆盖管理、全方位服务、全过程监管的良好局面。教育部门发挥调整和指导的作用，尽量减少多部门、多头管理，保证最有效的职能运转，如设立教育装备管理推动委员会，以防止政府部门项目的重复推动，以及更有效地分配部门职责，为教育装备升级创造良好的外部条件。

（2）发挥社会力量贡献

教育需要全社会的参与和支持。目前，提供技术平台供教育机构入驻正成为教育装备行业的一种新兴模式。平台可以以第三方的身份管理入驻机构，既可以弥补政府力量的不足，又可以使企业在中观层面得到管理和服务。

平台型教育装备企业的整合能力已经突破了单一生产链条和产业的相关性屏障，形成了一个多点突破与多链延伸的网状结构。平台提供企业可以为教育装备企业提供公共服务，既能高效合理地使用资源，又能作为规范和促进其健康、有序发展的平台，甚至可以建立各项适合教育装备业态和模式运行的规章制度，并主导行使监督、协调、评估等多项行业自律的职能，让互联网教育产业可持续发展。

（3）形成校企合作模式

要注意的是，虽然教育装备行业发展迅速，但仍缺乏有效的资源整合机制。现有协调机制难以落实，不免造成资源管理分类交叉重复、结构不尽合理，产出效率和质量不够理想等问题。因此，学校和企业在引入教育装备的过程中，需要不断探索校企合作的新思维和新模式。例如，运用"互联网+"思维，大力进行校企合作模式的创新，改善并提高校企合作的质量。

其一，要鼓励教育装备企业与社会教育机构根据市场需求开发数字教育资源，为学校提供个性化的网络教育服务，找准双方的利益趋同点，提高教育产品的应用性。其二，要改变学校孤立、封闭的局面，进一步促进学校体系的开放，鼓励各级各类学校充分利用教育装备企业的资源形成合力，实现资源共享，优势互补，提高办学效率和质量。其三，对于需要与学校开展合作的教育装备企业，政府相关部门可以牵线搭桥，促成企业和学校的多样化合作。

总之，在信息技术快速发展的时代，在教育教学转型的过程中，教育信息化平台的创造和发展空间巨大，对应着在线教育体系的建立与传统学校课堂教学的变革需求。由于教育信息化的参与主体属于不同的管理部门，如何创新管理方式，促进适应未来学校教育发展的教育装备升级是一项值得深入探索的重大课题。

附　录

附录 I 大事记

1. 2018年1月5日，中国教育装备行业协会、中国出版协会、中国书刊发行业协会联合发布《2018年全国幼儿园图书配备推荐书目》。

2. 2018年1月15日，校车安全管理部际联席会议第五次会议在北京举行。

3. 2018年1月23~24日，2018年全国教育工作会议在北京举行。教育部党组书记、部长陈宝生作工作报告。

4. 2018年1月29~31日，中国教育装备行业协会六届二次理事会暨六届三次常务理事会在福建厦门举行。

5. 2018年2月2日，中国教育装备行业协会公布2018年度推荐产品名单。

6. 2018年2月5日，中国教育装备行业协会团体标准委员会批准《中小学创新创造实验室建设规范》等七个团体标准项目立项。

7. 2018年3月16日，2018年京津冀中小学实验教学说课交流活动在河北唐山举行。

8. 2018年3月26日，中国教育装备行业协会发布《教育装备行业企业信用等级评价规范（试行）》（T/JYBZ 001—2018）、《中小学学生作业本　基本要求》（T/JYBZ 006—2018）等六项团体标准。

9. 2018年3月30日，经国家标准委批准，中国教育装备行业协会成为团体标准试点单位。

10. 2018年4月24~25日，2018年全国教育信息化工作会议在重庆璧山举行。

11. 2018年5月5~7日，由教育部基础教育司主办的第三届全国基础教育信息化应用展示交流活动在北京举行。

12. 2018年5月11~12日，中国教育装备行业协会教育信息化装备分会、城市教育装备工作委员会、教育装备产融结合分会成立大会在四川成都举行。

13. 2018年5月11~13日，第74届中国教育装备展示会在四川成都中国西部国际博览城举行。

14. 2018年5月21日，中国教育装备行业协会教育装备研究院公布2018年第一批立项课题名单。

15. 2018年5月23日，国务院总理李克强主持召开国务院常务会议，确定加大困难地区和薄弱环节教育投入，推进多渠道增加托幼和学前教育资源供给。

16. 2018年5月28日，教育部在广州召开全国基础教育工程计划推进会。

17. 2018年5月，商务部发布的《中国展览业发展统计分析报告（2017）》显示，第73届、第72届中国教育装备展示会分列2017年教育类展会规模排行第一名、第二名。

18. 2018年6月7日，《智慧校园总体框架》（GB/T 36342—2018）、《多媒体教学环境设计要求》（GB/T 36447—2018）等一批涉及教育信息化的国家标准由国家市场监管总局、国家标准委发布，自2019年1月1日起实施。

19. 2018年6月9~10日，中国教育装备行业协会六届二次会长会议在浙江杭州举行。

20. 2018年7月18日，中国教育装备行业协会、中国标准化协会联合启动教育装备行业团体标准工作调研。

21. 2018年8月28日，教育部部长陈宝生受国务院委托，向全国人大常委会报告了关于推动城乡义务教育一体化发展提高农村义务教育水平的工作情况，表示将继续开展国家义务教育基本均衡督导评估认定，在本届政府任期内全面实现基本均衡。

22. 2018年9月10日，全国教育大会在北京召开。中共中央总书记、国家主席、中央军委主席习近平出席会议并发表重要讲话。

23. 2018年9月17日，在线课程国家标准《信息技术 学习、教育和培训 在线课程（GB/T 36642—2018）》由国家市场监管总局、国家标准委发布，自2019年4月1日起实施。

24. 2018年9月21日，中国教育装备行业协会信用评价工作委员会公布2018年教育装备行业企业信用等级评价结果和复审结果。

25. 2018年9月30日，教育部、国家统计局、财政部发布2017年全国教育经费执行情况统计公告。

26. 2018年10月16~17日，教育部中小学骨干教师"网络学习空间人人通"专项培训在浙江宁波举行。

27. 2018年10月16~17日，2018教育装备行业党性教育实践与提升干部综合素质培训班在贵州遵义举办。

28. 2018年11月17~19日，第75届中国教育装备展示会在江西南昌绿地国际博览中心举行。

29. 2018年11月18日，由教育部关工委、中国教育装备行业协会、江西省教育厅共同主办的"关心下一代明亮'视'界"专项培训在江西南昌举行。

30. 2018年11月，《中国教育装备行业蓝皮书（2018版）》出版发行。

31. 2018年12月21日，教育部公布2018年国家级教学成果奖获奖项目名单，上海市教育委员会教育技术装备中心竺建伟等完成的"引领学习环境重构的中小学创新实验室行动研究"获得基础教育国家级教学成果一等奖。

附录Ⅱ 2018年度相关政策法规目录

1. 2018年1月4日，教育部发布通知（教职成函〔2018〕2号），发布《中等职业学校茶叶生产与加工专业仪器设备装备规范》等十项教育行业标准。

2. 2018年1月10日，教育部办公厅发布《关于开展2018年"一师一优课、一课一名师"活动的通知》（教基厅函〔2018〕2号）。

3. 2018年1月15日，教育部、国务院扶贫办发布通知（教发〔2018〕1号），印发《深度贫困地区教育脱贫攻坚实施方案（2018—2020年）》。

4. 2018年1月19日，国务院发布《关于全面加强基础科学研究的若干意见》（国发〔2018〕4号）。

5. 2018年1月19日，国家发展改革委办公厅发布《关于做好〈关于加强和规范守信联合激励和失信联合惩戒对象名单管理工作的指导意见〉贯彻落实工作的通知》（发改办财金〔2018〕87号）。

6. 2018年1月20日，中共中央、国务院发布《关于全面深化新时代教师队伍建设改革的意见》。

7. 2018年1月24日，民政部发布《社会组织信用信息管理办法》（中华人民共和国民政部令第60号）。

8. 2018年1月30日，教育部、国家体育总局、北京冬奥组委发布通知（教体艺〔2018〕1号），印发《北京2022年冬奥会和冬残奥会中小学生奥林匹克教育计划》。

9. 2018年1月31日，教育部发布通知（教政法〔2018〕1号），印发《教育部2018年工作要点》。

10. 2018年2月6日，教育部办公厅发布《关于开展"师生健康中国健康"主题健康教育活动的通知》（教体艺厅函〔2018〕10号）。

11. 2018年2月7日，教育部等37部门发布通知（教职成函〔2018〕4号），印发《全国职业院校技能大赛章程》。

12. 2018年2月9日，教育部办公厅发布《关于公布2017年全国职业院校信息化教学大赛获奖名单的通知》（教职成厅函〔2018〕6号）。

13. 2018年2月11日，教育部办公厅发布通知（教技厅〔2018〕1号），印发《2018年教育信息化和网络安全工作要点》。

14. 2018年2月12日，教育部办公厅发布《关于规范管理面向基础教育领域开展的竞赛挂牌命名表彰等活动的公告》（教基厅〔2018〕4号）。

15. 2018年3月12日，教育部办公厅发布《关于加强全国青少年校园足球特色学校建设质量管理与考核的通知》（教体艺厅函〔2018〕18号）。

16. 2018年3月19日，教育部办公厅发布《关于开展全国学校体育教学、训练、竞赛及条件保障体系建设改革成果征集活动的通知》（教体艺厅函〔2018〕16号）。

17. 2018年3月20日，教育部办公厅发布《关于做好全国青少年校园足球特色学校、试点县（区）创建（2018—2025）和2018年"满天星"训练营遴选工作的通知》（教体艺厅函〔2018〕17号）。

18. 2018年3月21日，教育部办公厅发布《关于做好职业教育专业教学资源库2018年度相关工作的通知》（教职成厅函〔2018〕14号）。

19. 2018年3月22日，教育部办公厅发布《关于举办第三届全国基础教育信息化应用展示交流活动的通知》（教基厅函〔2018〕14号）。

20. 2018年3月28日，住房城乡建设部、国家发展改革委发布《关于批准发布〈普通高等学校建筑面积指标〉的通知》（建标〔2018〕32号）。

21. 2018年3月30日，教育部基础教育司下发《关于举办第六届全国中小学实验教学说课活动的通知》（教基司函〔2018〕14号）。

22. 2018年4月2日，教育部发布通知（教技〔2018〕3号），印发《高等学校人工智能创新行动计划》。

23. 2018年4月9日，教育部发布《关于加强大中小学国家安全教育的实施意见》（教思政〔2018〕1号）。

24. 2018年4月13日，教育部发布通知（教技〔2018〕6号），印发《教育信息化2.0行动计划》。

25. 2018年4月16日，教育部发布通知（教技〔2018〕4号），发布《网络学习空间建设与应用指南》。

26. 2018年4月16日，教育部发布通知（教技〔2018〕5号），发布《中小学数字校园建设规范（试行）》。

27. 2018年4月17日，教育部办公厅发布《关于贯彻执行〈普通高等学校建筑面积指标〉的通知》（教发厅函〔2018〕61号）。

28. 2018年4月20日，教育部办公厅发布《关于做好预防中小学生沉迷网络教育引导工作的紧急通知》（教基厅函〔2018〕21号）。

29. 2018年4月25日，国务院办公厅发布《关于全面加强乡村小规模学校和乡镇寄宿制学校建设的指导意见》（国办发〔2018〕27号）。

30. 2018年4月25日，教育部办公厅发布《关于2018年中小学教学用书有关事项的通知》（教材厅函〔2018〕5号）。

31. 2018年4月28日，民政部下发《关于在社会组织章程增加党的建设和社会主义核心价值观有关内容的通知》（民函〔2018〕78号）。

32. 2018年5月10日，教育部发布《关于开展中华优秀传统文化传承基地建设的通知》（教体艺函〔2018〕5号）。

33. 2018年5月10日，教育部办公厅发布《关于举办2018年教育厅局长教育信息化专题培训班的通知》（教技厅函〔2018〕41号）。

34. 2018年5月28日，教育部发布通知（教基〔2018〕5号），印发《中小学图书馆（室）规程》。

35. 2018年5月30日，教育部发布《关于开展国家虚拟仿真实验教学项目建设工作的通知》（教高函〔2018〕5号）。

36. 2018年5月31日，教育部发布《关于公布首批国家虚拟仿真实验教学项目认定结果的通知》（教高函〔2018〕6号）。

37. 2018年6月6日，教育部办公厅发布《关于开展"全国中小学生研学实践教育基（营）地"推荐工作的通知》（教基厅函〔2018〕45号）。

38. 2018年6月12日，民政部办公厅发布《关于在社会组织登记管理工作中加强名称管理有关问题的通知》（民办发〔2018〕11号）。

39. 2018年6月14日，教育部办公厅发布《关于利用管理信息系统做好〈义务教育学校管理标准〉实施推进工作的通知》（教基厅函〔2018〕48号）。

40. 2018年7月4日，教育部办公厅发布《关于开展幼儿园"小学化"专项治理工作的通知》（教基厅函〔2018〕57号）。

41. 2018年7月17日，教育部发布通知（教职成函〔2018〕8号），印发《中等职业学校焊接技术应用专业实训教学条件建设标准》等11项职业教育教学标准。

42. 2018年7月19日，教育部发布《关于同意宁夏建设"互联网+教育"示范省（区）的函》（教技函〔2018〕50号）。

43. 2018年7月24日，国家发展改革委办公厅、人民银行办公厅发布《关于对失信主体加强信用监管的通知》（发改办财金〔2018〕893号）。

44. 2018年7月30日，教育部办公厅发布《关于开展2018年度国家虚拟仿真实验教学项目认定工作的通知》（教高厅函〔2018〕45号）。

45. 2018年7月31日，教育部办公厅发布《关于组织申报全国青少年校园足球改革试验区的通知》（教体艺厅函〔2018〕52号）。

46. 2018年8月6日，国务院办公厅发布《关于规范校外培训机构发展的意见》（国办发〔2018〕80号）。

47. 2018年8月7日，教育部办公厅发布《关于开展人工智能助推教师队伍建设行动试点工作的通知》（教师厅〔2018〕7号）。

48. 2018年8月14日，教育部办公厅发布通知（教体艺厅〔2018〕3号），印发《全国青少年校园足球改革试验区基本要求（试行）》和《全国青少年校园足球试点县（区）基本要求（试行）》。

49. 2018年8月14日，教育部办公厅发布《关于公布2018年全国青少年校园网球特色学校名单的通知》（教体艺厅函〔2018〕58号）。

50. 2018年8月15日，教育部发布《关于做好普通高中新课程新教材实施工作的指导意见》（教基〔2018〕15号）。

51. 2018年8月17日，国务院办公厅发布《关于进一步调整优化结构提高教育经费使用效益的意见》（国办发〔2018〕82号）。

52. 2018年8月21日，教育部办公厅发布《关于贯彻落实〈推进互联网协议第六版（IPv6）规模部署行动计划〉的通知》（教技厅〔2018〕3号）。

53. 2018年8月30日，教育部等八部门发布通知（教体艺〔2018〕3号），印发《综合防控儿童青少年近视实施方案》。

54. 2018年8月30日，教育部办公厅、国家电影局发布通知（教基厅函〔2018〕67号），印发《第38批向全国中小学生推荐优秀影片片目》。

55. 2018年9月3日，民政部发布通知（民发〔2018〕115号），印发《"互联网+社会组织（社会工作、志愿服务）"行动方案（2018—2020年）》。

56. 2018年9月6日，国务院教育督导委员会办公室发布《关于加强学生营养改善计划食品安全工作的紧急通知》（国教督办〔2018〕1号）。

57. 2018年9月6日，教育部发布《关于公布2018年全国青少年校园足球特色学校、试点县（区）和"满天星"训练营遴选结果名单的通知》（教体艺函〔2018〕11号）。

58. 2018年9月13日，教育部、宁夏回族自治区人民政府发布《关于成立"互联网+教育"示范省（区）共建工作领导小组的通知》（教技函〔2018〕95号）。

59. 2018年9月14日，中共教育部党组发布《关于认真学习贯彻全国教育大会精神的通知》（教党〔2018〕50号）。

60. 2018年9月14日，教育部发布《关于同意湖南省建设教育信息化2.0试点省的函》（教技函〔2018〕71号）。

61. 2018年9月14日，教育部教材局发布《关于开展义务教育国家课程教材检查工作的通知》（教材局函〔2018〕51号）。

62. 2018年9月21日，国务院教育督导委员会办公室发布《关于开展中小学新建校舍室内空气质量（甲醛）排查、检测工作的通知》（国教督办函〔2018〕72号）。

63. 2018年9月26日，教育部办公厅发布《关于组织申报国家教材建设重点研究基地的通知》（教材厅函〔2018〕8号）。

64. 2018年9月30日，教育部办公厅发布《关于做好2018年度教育信息化教学应用实践共同体项目推荐遴选工作的通知》（教技厅函〔2018〕99号）。

65. 2018年10月10日，教育部办公厅发布《关于严禁商业广告、商业活动进入中小学校和幼儿园的紧急通知》（教基厅函〔2018〕77号）。

66. 2018年10月15日，教育部办公厅发布通知（教财厅〔2018〕4号），印发《教育课程教材改革与质量标准工作专项资金管理办法》。

67. 2018年10月15日，教育部办公厅发布《关于开展2018年度网络学习空间应用普及活动的通知》（教技厅函〔2018〕105号）。

68. 2018年10月17日，教育部、共青团中央、全国少工委发布《关于严肃规范红领巾等少先队标志标识使用的通知》（教基函〔2018〕8号）。

69. 2018年10月17日，教育部办公厅发布《关于加强中小学合成材料面层运动场地建设管理的通知》（教体艺厅函〔2018〕72号）。

70. 2018年10月29日，国务院教育督导委员会办公室发布《关于进一步加强中小学（幼儿园）安全工作的紧急通知》（国教督办〔2018〕4号）。

71. 2018年10月29日，教育部基础教育司发布《关于公布第六届全国中小学实验教学说课活动现场展示案例名单的通知》（教基司函〔2018〕47号）。

72. 2018年10月31日，财政部、教育部发布《关于提前下达2019年城乡义务教育补助经费预算的通知》（财科教〔2018〕118号）。

73. 2018年10月31日，财政部、教育部发布《关于提前下达2019年支持学前教育发展资金预算的通知》（财科教〔2018〕123号）。

74. 2018年10月31日，财政部、教育部发布《关于提前下达2019年改善普通高中学校办学条件补助资金预算的通知》（财科教〔2018〕124号）。

75. 2018年10月31日，教育部办公厅发布《关于公布2018年全国中小学生研学实践教育基地、营地名单的通知》（教基厅函〔2018〕84号）。

76. 2018年11月7日，中共中央、国务院下发《关于学前教育深化改革规范发展的若干意见》。

77. 2018年11月7日，教育部办公厅发布《关于做好2018年全国儿童青少年近视防控试点县（市、区）和改革试验区遴选工作的通知》（教体艺厅函〔2018〕77号）。

78. 2018年11月8日，教育部发布《关于完善教育标准化工作的指导意见》（教政法〔2018〕17号）。

79. 2018年11月21日，教育部、中共中央宣传部发布《关于加强中小学影视教育的指导意见》（教基〔2018〕24号）。

80. 2018年11月21日，教育部办公厅发布《关于切实做好岁末年初学校安全生产工作的通知》（教发厅函〔2018〕197号）。

81．2018年11月28日，全国青少年校园足球工作领导小组办公室发布《关于同意设立全国青少年校园足球改革试验区的函》（教体艺厅函〔2018〕84号）。

82．2018年11月29日，民政部、市场监管总局、国家发展改革委、财政部、国务院国资委发布《关于检查行业协会商会收费情况的通知》（民发〔2018〕141号）。

83．2018年11月30日，教育部办公厅发布《关于公布2018年全国青少年校园篮球特色学校名单的通知》（教体艺厅函〔2018〕89号）。

84．2018年12月12日，教育部发布《关于加强网络学习空间建设与应用的指导意见》（教技〔2018〕16号）。

85．2018年12月17日，教育部办公厅、工业和信息化部办公厅发布《关于开展学校联网攻坚行动的通知》（教技厅函〔2018〕142号）。

86．2018年12月25日，教育部办公厅发布《关于严禁有害APP进入中小学校园的通知》（教基厅函〔2018〕102号）。

87．2018年12月28日，教育部等九部门发布《关于印发中小学生减负措施的通知》（教基〔2018〕26号）。

特别说明

本书各篇报告所引用的事实性信息和统计调查数据均来自公开媒体信息、政府统计公报或学术研究文献，由于来源不同、口径不同、采集时点不同，可能存在不尽一致的情况，请读者在引用时注意核对。